21st CENTURY
实用规划教材

21世纪全国高等院校财经管理系列实用规划教材

广告策划与管理

原理、案例与项目实训

主　编　杨佐飞

北京大学出版社
PEKING UNIVERSITY PRESS

内 容 简 介

本书论述了广告的基本原理，阐述了广告的基本策划技能，围绕“基本原理—实务运作—实训案例”这一条主线展开。本书有以下创新特色之处：①内容新颖，体系完整。一方面在内容体系的安排上体现了由简单到复杂、由理论到实践的渐进过程，适用于教与学；另一方面在内容选择和体例编排上充分考虑了应用型本科学生知识结构的需要。②编写结构直观，体例设计活泼。较多地采用案例式、画面式、图表式、模块化的结构设置。具体模块有学习目标、案例导入、知识链接、本章小结、思考练习、案例分析等。③创设策划情境，便于合作研究学习教学模式的改革。④资源丰富，方便教师教学和学生自主学习。⑤理论与实践应用巧妙结合，突出核心能力的培养。

本书既可作为工商管理类专业的本科学生教材，也可作为广告策划管理工作第一线的各类策划人员系统学习的参考用书。

图书在版编目(CIP)数据

广告策划与管理：原理、案例与项目实训/杨佐飞主编. —北京：北京大学出版社，2014.3

(21世纪全国高等院校财经管理系列实用规划教材)

ISBN 978-7-301-23827-1

Ⅰ. ①广…　Ⅱ. ①杨…　Ⅲ. ①广告学—高等学校—教材　Ⅳ. ①F713.80

中国版本图书馆CIP数据核字(2014)第018873号

书　　名：广告策划与管理：原理、案例与项目实训

著作责任者：杨佐飞　主编

策 划 编 辑：王显超　李　虎

责 任 编 辑：王显超　万　里

标 准 书 号：ISBN 978-7-301-23827-1/C・0988

出 版 发 行：北京大学出版社

地　　址：北京市海淀区成府路205号　100871

网　　址：http://www.pup.cn　新浪官方微博：@北京大学出版社

电 子 信 箱：pup_6@163.com

电　　话：邮购部62752015　发行部62750672　编辑部62750667　出版部62754962

印　刷　者：北京富生印刷厂

经　销　者：新华书店

787毫米×1092毫米　16开本　24.5印张　580千字

2014年3月第1版　2019年1月第4次印刷

定　　价：48.00元

21世纪全国高等院校财经管理系列实用规划教材

专家编审委员会

主 任 委 员　刘诗白

副主任委员　（按拼音排序）

韩传模	李全喜	王宗萍
颜爱民	曾　旗	朱廷珺

顾　　　问　（按拼音排序）

高俊山	郭复初	胡运权
万后芬	张　强	

委　　　员　（按拼音排序）

程春梅	邓德胜	范　徵
冯根尧	冯雷鸣	黄解宇
李柏生	李定珍	李相合
李小红	刘志超	沈爱华
王富华	吴宝华	张淑敏
赵邦宏	赵　宏	赵秀玲

法 律 顾 问　杨士富

丛书序

我国越来越多的高等院校设置了经济管理类学科专业，这是一个包括经济学、管理科学与工程、工商管理、公共管理、农业经济管理、图书档案学6个二级学科门类和22个专业的庞大学科体系。2006年教育部的数据表明，在全国普通高校中，经济类专业布点1518个，管理类专业布点4328个。其中除少量院校设置的经济管理专业偏重理论教学外，绝大部分属于应用型专业。经济管理类应用型专业主要着眼于培养社会主义国民经济发展所需要的德智体全面发展的高素质专门人才，要求既具有比较扎实的理论功底和良好的发展后劲，又具有较强的职业技能，并且又要求具有较好的创新精神和实践能力。

在当前开拓新型工业化道路，推进全面小康社会建设的新时期，进一步加强经济管理人才的培养，注重经济理论的系统化学习，特别是现代财经管理理论的学习，提高学生的专业理论素质和应用实践能力，培养出一大批高水平、高素质的经济管理人才，越来越成为提升我国经济竞争力、保证国民经济持续健康发展的重要前提。这就要求高等财经教育要更加注重依据国内外社会经济条件的变化，适时变革和调整教育目标和教学内容；要求经济管理学科专业更加注重应用、注重实践、注重规范、注重国际交流；要求经济管理学科专业与其他学科专业相互交融与协调发展；要求高等财经教育培养的人才具有更加丰富的社会知识和较强的人文素质及创新精神。要完成上述任务，各所高等院校需要进行深入的教学改革和创新，特别是要搞好有较高质量的教材的编写和创新工作。

出版社的领导和编辑通过对国内大学经济管理学科教材实际情况的调研，在与众多专家学者讨论的基础上，决定编写和出版一套面向经济管理学科专业的应用型系列教材，这是一项有利于促进高校教学改革发展的重要措施。

本系列教材是按照高等学校经济类和管理类学科本科专业规范、培养方案，以及课程教学大纲的要求，合理定位，由长期在教学第一线从事教学工作的教师编写，立足于21世纪经济管理类学科发展的需要，深入分析经济管理类专业本科学生现状及存在的问题，探索经济管理类专业本科学生综合素质培养的途径，以科学性、先进性、系统性和实用性为目标，其编写的特色主要体现在以下几个方面：

（1）关注经济管理学科发展的大背景，拓宽理论基础和专业知识，着眼于增强教学内容与实际的联系和应用性，突出创造能力和创新意识。

（2）体系完整、严密。系列涵盖经济类、管理类相关专业以及与经管相关的部分法律类课程，并把握相关课程之间的关系，整个系列丛书形成一套完整、严密的知识结构体系。

（3）内容新颖。借鉴国外最新的教材，融会当前有关经济管理学科的最新理论和实践经验，用最新知识充实教材内容。

（4）合作交流的成果。本系列教材是由全国上百所高校教师共同编写而成，在相互进行学术交流、经验借鉴、取长补短、集思广益的基础上，形成编写大纲。最终融合了各地特点，具有较强的适应性。

（5）案例教学。教材具备大量案例研究分析内容，让学生在学习过程中理论联系实际，特别列举了我国经济管理工作中的大量实际案例，这可大大增强学生的实际操作能力。

（6）注重能力培养。力求做到不断强化自我学习能力、思维能力、创造性解决问题的能力以及不断自我更新知识的能力，促进学生向着富有鲜明个性的方向发展。

作为高要求，财经管理类教材应在基本理论上做到以马克思主义为指导，结合我国财经工作的新实践，充分汲取中华民族优秀文化和西方科学管理思想，形成具有中国特色的创新教材。这一目标不可能一蹴而就，需要作者通过长期艰苦的学术劳动和不断地进行教材内容的更新才能达成。我希望这一系列教材的编写，将是我国拥有较高质量的高校财经管理学科应用型教材建设工程的新尝试和新起点。

我要感谢参加本系列教材编写和审稿的各位老师所付出的大量卓有成效的辛勤劳动。由于编写时间紧、相互协调难度大等原因，本系列教材肯定还存在一些不足和错漏。我相信，在各位老师的关心和帮助下，本系列教材一定能不断地改进和完善，并在我国大学经济管理类学科专业的教学改革和课程体系建设中起到应有的促进作用。

2007 年 8 月

刘诗白　现任西南财经大学名誉校长、教授，博士生导师，四川省社会科学联合会主席，《经济学家》杂志主编，全国高等财经院校资本论研究会会长，学术团体“新知研究院”院长。

前　言

——小组实际策划项目创设情境下的合作研究性学习

随着我国社会主义市场经济的飞速发展，我国广告业进入较快发展时期，广告策划与管理受到了各行各业的普遍重视。进入21世纪以后，随着经济全球化的进程进一步加快，全球范围内的市场竞争日趋激烈，国内的广告业如何实现更进一步的发展，实现与国际广告业真正接轨，是摆在所有广告人面前的不可回避的问题。

广告策划与管理由于其独具的综合性与应用性、前瞻性与实操性，深受社会的重视，是整个广告活动的生命与灵魂，已被广泛运用于各类企业的经营、决策、管理过程之中。当前，许多广告主与广告代理已意识到广告策划与管理的重要性，建立了以策划为主体、以创意为中心的广告策划管理体系。但策划人才的奇缺，导致我国的广告服务质量不高，盲目性较大，难以满足企业营销需要，且广告国际化程度也偏低。鉴于此，广告课程教学必须紧紧抓住广告的艺术性与策划的应用性两方面的特性，既要注重广告基本理论的传授，又要加强学生实践能力的培养，使学生能够在学习的过程中做到理论密切联系实际，从而培养学生具备作为一个合格的职业经理人应当具备的基本素质。随着以合作研讨、培养学生核心能力为目标的课程教学改革的进一步深入开展，如何将项目合作课程体系设计与学生职业能力的培养紧密结合是当前亟待解决的问题。

为了达到这个教学目标，本书认为可以通过创设一个以实际策划项目运作的情境，将策划理论应用于实际项目运作，让学生在实践中领悟策划与管理的真谛。本书以学生小组建立虚拟策划公司进行一系列广告策划项目运作为过程内容，围绕“基本原理—实务运作—实训案例”这一条主线展开，目的是培养学生的合作沟通、广告调研、广告促销、广告创意策划四大核心能力，有助于学生在不断变化的市场环境中，从广告的角度去领略营销沟通之道。

基于以上小组实际策划项目创设情境下的合作研究性学习教学理念，本书有以下创新和特色之处。

(1) 内容新颖，体系完整。一方面在内容体系的安排上体现了由简单到复杂、由理论到实践的渐进过程，适用于教与学；另一方面在内容选择和体例编排上充分考虑了应用型本科学生知识结构的需要，同时密切关注广告策划的最新动态和最新成果，融入广告原理、广告管理、广告调研、广告策划的核心内容，充分吸引近年来国内外优秀广告原理与策划教材的精华，在形式、结构、内容三方面力求创新，凸现当前广告学、广告策划教材中以项目合作研讨教学改革的发展趋势，避免与同类教材的简单重复。

(2) 编写结构直观，体例设计活泼。本书吸收国外教材的优点，摒弃传统教材知识点设置按部就班、理论讲解枯燥的弊端，较多地采用案例式、画面式、图表式、模块化的结构设置。具体模块有学习目标、案例导入、知识链接、本章小结、思考练习、案例分析等。

(3) 创设策划情境，便于合作研究学习教学模式的改革。理论上以广告策划阶段为主要内容，具体实践应用以小组实际策划项目创设情境，建立虚拟策划公司开展项目策划工作，便于合作研究学习教学模式的改革。前三章为理论篇，着重培养学生的广告理论知识素养。第 4 章～第 11 章为实务运作篇，介绍广告策划的具体运作与过程。第 3 篇为实训案例篇，为学生进行广告策划提供范例和参考。通过巧妙的五次讨论课的设计将教学内容与项目实践有机地结合起来，旨在培养以知识为导向、以素质为基础、以能力为核心的广告策划应用人才。因而，本书力求使学生知识能力结构紧密适应当前经济与社会发展的需要。

(4) 资源丰富，方便教师教学和学生自主学习。编者在编写本书时力求语言简明通俗，结构严谨科学，并配以丰富的案例分析、补充阅读资料、思考练习等内容，便于教师教学和学生自主学习。编者在加强主教材编写的同时，还将进行立体化教材建设，向使用本书的师生提供系列的教学解决方案和教学资源，包括教学课件、视频案例、习题与案例集等，从而提高本书的使用效果。

(5) 理论与实践应用巧妙结合，突出核心能力的培养。本书设计的五次小组讨论课内容包括：到实际广告公司调查、拟定策划项目；成立虚拟策划公司及调研报告撰写；广告文案撰写；广告促销演示；广告策划书撰写。每次讨论均是真实而又独立的项目运作，都是课程小组成立虚拟的策划公司围绕着拟定的、不同的广告策划项目展开的，讨论内容采用多种方式，相互联系又环环相扣，最后形成完整的广告策划书，培养学生的合作沟通、广告调研、广告促销、广告创意策划四大核心能力，使学生在实践中不断加深其对理论的理解。

本书的编写得到了浙江万里学院市场营销教学改革创新实验区的大力支持，商学院院长蒋天颖教授、副院长孟祥霞教授对于此书的写作和出版给予了关心和支持，北京大学出版社也给予了热情的帮助。在书稿试用期间，商学院营销与会展系的同仁们提出了许多宝贵的意见，在此一并表示感谢。

编者在编写本书的过程中，参考了大量文献资料，借鉴吸收了国内外众多学者的研究成果，在此向这些文献的作者表示敬意和感谢。

由于编者水平有限，时间仓促，书中难免有疏漏之处，希望广大读者不吝赐教，我们将不胜感激，并会在以后的重印和修订中予以更正。

编　者

2013 年 11 月

使 用 说 明

广告策划与管理课程主要阐述广告的基本原理、广告策划、广告管理等主要内容。我们采用的是“小组实际策划项目创设情境下的合作研究性学习”的教学理念，在实践教学中，实行教师团队合作、大班理论授课、学生自主学习、小班分组讨论的模式。大班和小班的授课教师应互相配合、及时沟通，教学团队定期开会讨论教学内容，展开合作性教学研究。大班主要讲解知识理论体系，讲知识的背景、重点、难点和热点；小班主要为讨论课，主要就小组实际策划项目的展开进行讨论和师生互动；同时学生需在教师的指导和监控下进行自主学习，讨论课前须完成规定的任务，配合教师的教学安排，具体说明如下。

1. 课堂组织

课程改变了以往的单纯由教师进行理论讲授的教学组织形式，以“小组实际策划项目创设情境下的合作研究性学习”的教学改革为核心，采用“大班理论授课与小班分组讨论相结合、自主学习与合作学习相结合”的课堂教学组织形式。

由一位任课教师负责整个大班授课任务，讨论课时将一个大班分成若干个小班，团队的其他教师在需要时加入，负责小班的讨论课，开展团队协作教学。大班课学生一般在120人左右，小班课学生在30人左右。

2. 学时分配

如果课程为3学分，则计划课内学时为48，其中集中讲授33学时，小班讨论15学时；如果课程为2学分，则相应减少。具体学时分配见下表。

周次	章节/讨论	教学/讨论内容	课时
1	第1章(大班课)	广告与广告策划概述	3/2
2	第2章(大班课)	广告基本理论	3/2
3	第3章(大班课)	广告经营与管理	3/2
4	小班讨论(1)	讨论内容：企业广告部或广告公司调查。调查其组织结构、经营制度、工作流程及岗位设置，拟策划项目征求意见。撰写公司概况及访问心得总结。优胜小组评选“实践先锋”——考核合作沟通能力	3/2
5	第4章(大班课)	广告策划的准备阶段	3/2
6	第5章(大班课)	调查分析阶段	3/2
7	小班讨论(2)	讨论内容1：成立虚拟策划公司，明确岗位职责，小组成员角色分配；讨论内容2：调研报告撰写，优胜小组评选“调研之星”——考核调研能力	3/2
8	第6章(大班课)	战略决策阶段	3/2
9	第7章(大班课)	战术策略阶段Ⅰ——广告定位与表现策略	3/2
10	第8章(大班课)	战术策略阶段Ⅱ——广告创意与文案策略	3/2
11	小班讨论(3)	讨论内容：广告文案撰写。优胜小组评选“创意高手”——考	3/2

		核创意能力	
12	第 9 章(大班课)	战术策略阶段III——广告媒体与推进策略	3/2
13	小班讨论(4)	讨论内容：广告促销演示。优胜小组评选“促销大王”——考核促销能力	3/2
14	第 10 章(大班课)	文本形成阶段	3/2
15	小班讨论(5)	讨论内容：广告策划书撰写。优胜小组评选“策划精英”——考核策划能力	3/2
16	第 11 章(大班课)	实施测定阶段	3/2
汇总	大班课 11 次，共 33/22 课时；小班讨论 5 次，共 15/10 课时		48/32

3. 学习小组

在本课程的第一次课后，要求每个讨论班的学生以“自由组合为主，教师指定为辅”的原则组建研究团队，形成 5 人左右的研究小组。小组组成要本着互补原则，尽可能做到男女生搭配，不同寝室、不同性格和能力取向的学生搭配。

选出小组组长，为组内成员分配角色，成立虚拟策划公司，小组组长作为公司总经理协调各部门经理担任相应角色。各部门经理分别轮流担任各次讨论课需准备的实践访问负责人、调查分析负责人、文案撰写负责人、广告促销负责人、策划撰写负责人等。

各小组长在第二次课前，按照主讲教师的具体要求，提供小组名称、小组成员信息名单，包括学号、姓名、班级、电话、E-mail 以及将在小组中担任的角色。

在以后的讨论课中，每一位同学都要在完成课前作业和项目准备的基础上，就各组的项目运行积极参与讨论和发言，教师提出项目修订参考意见，小组要对讨论情况进行必要的记录、修改和调整，以便项目能顺利进展到下一个环节。研究小组内部要合理分工、团结协作，在组长的带领下，共同完成小组项目作业。

4. 考核评价

在考核方式上，综合考虑学生的课堂表现、作业质量和期末考试的结果，既有考核学生个人知识掌握和运用能力的指标，又有通过小组项目准备讨论等活动测量学生团队精神和合作能力的指标。平时考核包括出勤率、项目准备、讨论发言、作业完成等，占总成绩的 50%；期末考试成绩占总成绩的 50%，重点考查学生对基本概念、原理、方法的掌握情况。具体考核评价详见实训篇每章后的考核标准。

编　　者

2013 年 11 月于宁波

目　　录

第 I 篇　理论篇

第 1 章　广告与广告策划概述 3

1.1 广告概述 4

1.1.1 广告的概念 4

1.1.2 广告的构成要素 6

1.1.3 广告的功能与类型 7

1.2 广告与其他信息手段的关系 13

1.2.1 广告与市场营销 14

1.2.2 广告与新闻传播 14

1.2.3 广告与公共关系 16

1.3 广告策划概述 17

1.3.1 策划与广告策划 17

1.3.2 广告策划的特点 22

1.3.3 广告策划的作用 24

1.4 广告策划的内容与程序 26

1.4.1 广告策划的内容 26

1.4.2 广告策划的一般程序 29

本章小结 30

思考练习 31

案例分析 32

第 2 章　广告基本理论 34

2.1 广告与受众心理 36

2.1.1 个体心理与广告 37

2.1.2 社会心理与广告 42

2.1.3 Bedell 模型简述 44

2.2 广告定位理论 45

2.2.1 USP 理论 45

2.2.2 品牌形象理论 46

2.2.3 现代定位理论 48

2.2.4 品牌个性理论 50

2.3 广告传播理论 52

2.3.1 广告传播原理 52

2.3.2 5W 理论 54

2.3.3 AIDMA 理论 55

2.3.4 CS 理论 56

2.3.5 ROI 理论 57

2.4 广告营销理论 58

2.4.1 4P、4C 和 4R 理论 58

2.4.2 产品生命周期理论 61

2.4.3 整合营销传播理论 61

本章小结 63

思考练习 63

案例分析 65

第 3 章　广告经营与管理 67

3.1 广告组织 69

3.1.1 专业广告公司 69

3.1.2 企业广告组织 72

3.1.3 媒介广告组织 75

3.1.4 广告团体 76

3.2 广告经营 77

3.2.1 广告代理制度 77

3.2.2 广告公司的经营与管理 80

3.3 广告管理 84

3.3.1 广告管理的概念 84

3.3.2 广告管理的特点 84

3.3.3 广告管理的内容 85

3.3.4 广告管理的方法 88

3.3.5 广告审查制度 89

3.3.6 广告违法行为追究 90

3.4 对广告从业人员的素质要求 91

3.4.1 广告从业人员的心理素质 91

3.4.2 广告从业人员的思想道德素质 91

3.4.3 广告从业人员的知识结构和能力结构 92

本章小结 94

思考练习 94

案例分析 96

第Ⅱ篇　实务运作篇

第 4 章　广告策划的准备阶段 101

4.1　广告策划运作流程 103
4.1.1　广告策划阶段 103
4.1.2　广告策划运作流程 104
4.2　广告策划人员的组织 105
4.3　广告策划的类型与基本原则 107
4.3.1　广告策划的类型 107
4.3.2　广告策划的基本原则 109
4.4　工　作　计　划 110
本章小结 111
思考练习 111
案例分析 112

第 5 章　调查分析阶段 114

5.1　广告调查 115
5.1.1　广告调查的含义 115
5.1.2　广告调查的内容 116
5.1.3　广告调查的方法 124
5.1.4　广告调查的步骤 126
5.2　抽样设计和问卷设计 127
5.2.1　抽样设计 128
5.2.2　问卷设计 131
5.3　制订和实施调查计划 138
5.3.1　制订调查计划 138
5.3.2　实施调查计划 140
5.4　调查报告的撰写 141
本章小结 152
思考练习 152
案例分析 154

第 6 章　战略决策阶段 155

6.1　广告战略概述 156
6.1.1　广告战略的含义 157
6.1.2　广告战略的特征 157
6.2　制定广告战略 158
6.2.1　广告战略决策的程序 158
6.2.2　广告战略的选择 160
6.3　明确广告目标 163
6.3.1　广告目标的含义 163
6.3.2　广告目标的类型 165
6.3.3　影响广告目标的因素 166
6.3.4　广告目标的设定 167
6.4　广告预算 170
6.4.1　广告预算的概念 170
6.4.2　广告预算的内容 171
6.4.3　广告预算的分类 171
6.4.4　广告预算的方法 172
6.4.5　广告预算的分配 175
本章小结 177
思考练习 177
案例分析 179

第 7 章　战术策略阶段Ⅰ——广告定位与表现策略 180

7.1　广告定位策略 182
7.1.1　广告定位的含义 182
7.1.2　广告定位理论的发展 183
7.1.3　广告定位的意义 185
7.1.4　广告定位策略 185
7.2　广告表现策略 192
7.2.1　广告表现的含义 192
7.2.2　影响广告表现的因素 193
7.2.3　广告表现的载体 194
7.2.4　广告表现策略 195
本章小结 202
思考练习 202
案例分析 204

第 8 章　战术策略阶段Ⅱ——广告创意与文案策略 205

8.1　广告创意策略 206
8.1.1　广告创意概述 207
8.1.2　广告创意的过程 212
8.1.3　广告创意的思维方法 216
8.1.4　广告创意的技法 221
8.1.5　广告创意策略 223
8.2　广告文案策略 224
8.2.1　广告文案的特征与构成 224

8.2.2 对广告文案的要求 228
8.2.3 广告标题 229
8.2.4 广告正文 234
8.2.5 广告标语 240
本章小结 243
思考练习 244
案例分析 245
第 9 章 战术策略阶段III——广告媒体与推进策略 247
9.1 广告媒体策略 249
9.1.1 广告媒体的类型和特点 249
9.1.2 媒体计划 253
9.1.3 单一媒体策略 257
9.1.4 媒体组合策略 264
9.2 广告推进策略 268
9.2.1 广告市场策略 268
9.2.2 广告促销策略 269
9.2.3 广告心理策略 279
本章小结 280
思考练习 281
案例分析 283
第 10 章 文本形成阶段 285
10.1 文本形成前的准备 292
10.1.1 了解广告策划书 292
10.1.2 汇总广告策划内容 294
10.2 撰写广告策划书 294
10.2.1 广告策划书的格式 294
10.2.2 广告策划书的撰写程序 301
10.3 广告策划书的评估 303
本章小结 304
思考练习 305
案例分析 306
第 11 章 实施测定阶段 311
11.1 广告策划的实施 312
11.1.1 广告实施的程序 312
11.1.2 广告实施策略 313
11.2 广告效果的测定 320
11.2.1 广告效果概述 320
11.2.2 广告传播效果测定 323
11.2.3 广告销售效果测定 328
11.2.4 广告社会效果测定 332
本章小结 334
思考练习 335
案例分析 336
第Ⅲ篇 实训案例篇
项目实训一 345
企业广告部或广告公司调查 345
项目实训二 347
成立虚拟策划公司 347
项目实训三 349
调查报告的撰写 349
项目实训四 351
与策划主题有关的某品牌广告文案撰写 351
项目实训五 353
广告促销模拟演示 353
项目实训六 355
广告策划书撰写 355
案例一 357
宁波天宫庄园广告策划书 357
案例二 363
享净明月山——2011 年明月山主题活动策划案 363
参考文献 376

第Ⅰ篇

理论篇

第 1 章　广告与广告策划概述

学习目标

通过本章学习，应该达到以下目标。

知识目标：掌握广告的概念与构成要素，了解广告的功能和分类，熟悉广告与其他信息手段的关系。掌握广告策划的概念、内容与一般程序，了解广告策划的特点。

能力目标：能够正确认识广告，用广告理论分析、指导广告实践。

知识结构

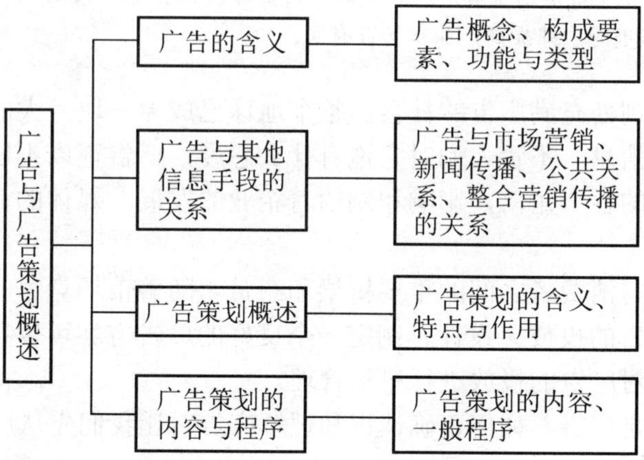

案例导入

柔顺出众，就是飘柔

宝洁公司著名的飘柔品牌自1989年10月进入中国以来，一直是洗发水市场第一品牌，其知名度、消费者使用率、分销率等各项市场指标多年来均遥遥领先。飘柔不仅为消费者带来了美丽的秀发和美好的生活，更以其推崇的自信优雅的生活态度成为消费者厚爱有加的品牌。在第三届中国商标大赛中，“飘柔”被全国25万消费者和专家一致评选为“最受中国消费者喜爱的外国商标”。之后也多次在全国性评奖中夺魁，成为消费者最喜爱的品牌之一。

飘柔通过大量的广告宣传，使“飘柔洗发水可以让头发柔亮顺滑”的观点深入人心，通过把浪漫的系列广告故事情节与产品合二为一，与受众产生交流，达到情感的共鸣。不同的场景，同样的主题，偶像剧般的剧情，层层递进，将头发柔亮顺滑的特点完美地表现出来。

飘柔的系列广告篇先后有偶遇篇、再遇篇、日出篇、寻觅篇、约会篇、见家长篇、求婚篇和柔顺新婚篇等，其中的柔顺新婚篇定位明确，充分运用“柔顺”这一功能诉求，吸引消费者眼球，以促进其购买行为。

【案例评析】

飘柔洗发水拍了一系列由人气偶像主演的浪漫爱情式的广告故事。这系列的广告创意，在于策划人的别具匠心，将产品宣传植入了一个大众容易接受的浪漫爱情故事之中。这个故事被分为五个部分，飘柔洗发水的“柔顺”特性贯穿五个部分，广告中多次出现女主角的柔顺秀发滑过男主角指间的画面，尽显飘柔洗发水能使秀发“柔亮顺滑、一触瞬间心动”的效果。

飘柔的诉求对象是年轻的、现代的、追求完美的自信女性，广告中所营造的浪漫气氛及唯美画面，还有女主角一头乌黑柔顺的秀发，很容易抓住女性的眼球，使人们产生对产品的美好联想，从而诱发人们的购买行为。好的广告创意必须做到使消费者在感觉不到任何推销压力的情况下，自觉地接受广告产品，恰好飘柔的这一系列广告创意就做到了这一点。飘柔在广告中表现出的亲和力，让消费者产生了强烈的品牌信任感。系列广告的目的在于增加消费者对广告产品的消费习惯和偏爱，加深消费者对此产品的好感和信心，从而确保已有的产品市场，并提高产品市场占有率。

当代社会是一个到处充满广告的社会，整个地球已成为一块巨大的广告牌，向世人传递着各种各样的广告信息。不管人们对它抱有什么态度，广告正以不以人的意志为转移的姿态渗透到社会生活的各个角落，影响和制约着企业的发展、媒体的命运，也改变了人们的日常生活。

广告是企业产品与消费者之间的重要桥梁和纽带。随着市场竞争的日趋激烈，越来越多的企业开始重视广告的投放。设计、制定一个良好的广告方案可以帮助企业在复杂多变的市场环境中更好地对广告的投放进行科学管理。

那么，到底什么是广告？如何正确认识和理解广告？让我们先从广告的含义说起吧。

1.1 广告概述

1.1.1 广告的概念

什么是广告？最简单的理解就是“广而告之”、“广泛劝告”。在西方，英文Advertising(广告)一词最早来源于拉丁文Adverture，其含义是“注意”或“诱导”。1905年，被称为美国广告之父的约翰·F. 肯尼迪(John F. Kennedy)提出了一个著名的广告定义：广告是“印在纸上的推销术”。他第一次提出了广告的营销属性，指出广告是营销的重要工具和手段。20世纪70年代以后，随着市场环境和传播环境的巨大改变，广告也在不断丰富着自身的含义，不断改变着自己的存在方式和活动方式。

在日常生活中，广告一般有广义和狭义之分。广义广告包括非经济广告和经济广告。非经济广告指不以盈利为目的的广告，又称效应广告，这类广告主要包括政府公告，政党、文化教育团体、宗教团体等的启事、声明，以及防止空气污染、美化公共环境、促进公共福利等方面的社会公益性广告，一般由各种广告媒介单位免费提供广告的空间和时间，创作人员免费提供广告的设计和制作。狭义广告是指以盈利为目的的经济广告，即商业广告。在现实生活中，绝大多数人所理解的广告实为经济广告。广告的类别见表1-1。

表1-1　广告的类别

类　别		举　例
广义的广告	商业广告(经济广告)	企业的有关广告，如可口可乐广告
	非商业广告(非经济广告)	公益广告、政治宣传广告、政府公告、征婚启事等
狭义的广告	特指商业广告(经济广告)	

国内外对于广告的定义有很多种，其中具有代表性的主要如下。

美国广告主协会对广告下的定义是：“广告是付费的大众传播，其最终目的为传递情报，改变人们对广告商品的态度，诱发行动而使广告主得到利益。”

美国市场营销协会(American Marketing Association，AMA)将广告定义为：“广告是由明确的广告主在付费的基础上，采用非人际的传播形式对观念、商品或者服务进行介绍、宣传的活动。”

《简明不列颠百科全书》对广告的解释是：“广告是传播信息的一种方式，其目的在于推销商品、劳务，影响舆论，博得政治支持，推进一种事业，或引起刊登广告者所希望的其他反应。广告信息通过各种宣传工具，传递给它所想要吸引的观众或听众。广告不同于其他传递信息形式，它必须由登广告者付给传播信息的媒介以一定的报酬。”

《辞海》中对广告的定义是：“广告是向公众介绍商品、报道服务内容或文娱节目等的一种宣传方式。”

1995年2月开始实施的《中华人民共和国广告法》(以下简称《广告法》)将广告定义为：“广告是指商品经营者或者服务提供者承担费用，通过一定媒介和形式直接或者间接地介绍自己所推销的商品或者所提供的服务的商业广告。”

以上广告的定义从不同的角度揭示了广告的本质属性，各有其合理性。各种定义之间并不矛盾，只是侧重点不同，这样有利于我们去把握广告的真正含义。

本书仅研究狭义广告，我们把广告定义为：广告是广告主以付费方式有计划地运用媒体将有关商品或服务的信息传递给消费者，唤起消费者注意，并说服消费者购买使用的一种信息传播活动。这个定义包含五层含义。

(1) 广告是一种付费的信息传播活动，有偿性是广告的基本属性。

(2) 广告的内容是有关商品、劳务、观念方面的信息。

(3) 广告的传播方式是大众传播，即社会化、群体化的传播，而不是个体传播。

(4) 广告的主体是广告主，广告的对象是社会公众，而不是个人。

(5) 广告的目的是说服消费者接受广告信息，促使其购买广告宣传的商品或劳务，以提高企业经济效益或树立企业良好的形象。

1.1.2 广告的构成要素

一则具体的广告是由广告主、广告信息、广告媒体、广告费用、广告代理、广告受众、广告效果等基本要素构成的。

1. 广告主

广告主又称广告客户，是广告活动的发起者。根据《广告法》的规定，广告主是指为推销商品或提供服务，自行或委托他人设计、制作、发布广告的企业、团体或个人，如工厂、商店、宾馆、饭店、公司、影院、农场、个体生产者、个体商贩等。

广告主对广告活动起主导作用，是广告信息传播费用的支付者，同时通过付费，获得了一份对媒体的控制权和主动权。广告主可以根据自身的整体经营战略，确定广告目标，控制广告内容、形式及广告推出时间和推出方式。因此，广告主对广告的发布具有一定的控制权，同时，广告主对自己的广告活动负有法律责任。若从传播与沟通的角度来看，广告主是广告信息的“信源”。

2. 广告信息

广告信息是广告所要传达的内容，它主要包括商品信息、劳务信息、观念信息等。商品和劳务是构成市场经济活动的物质基础。商品信息包括产品的性能、质量、产地、用途、购买时间、地点和价格等。劳务信息包括各种非商品形式的买卖或半商品形式的买卖的服务性活动的消息，如文娱活动、旅游服务、理发、浴室、照相、饮食，以及信息咨询服务等行业的经营项目。观念信息是指通过广告活动倡导某种意识，使消费者树立一种有利于广告主推销其商品或劳务的消费观念。如果说广告主是广告信息的“信源”，那么广告代理则是广告信息的“加工者”、“传达者”。

3. 广告媒体

广告媒体是广告信息的物质载体，是联结广告主与广告受众的纽带，是广告信息得以传播的工具。从人类上古时期口头广告的出现，到现代高科技广告的发展，人类科技的每一次飞跃，都促进了广告媒体的革命。交通运输广告、太空广告、人体广告、网络广告等新型广告正在不断地发展壮大，新型广告媒体的发展为广告提供了用之不竭的传播手段。各类媒体各有自己的特点，广告策划者应充分考虑广告产品的特性、媒体的性质及目标消费者的媒体接触习惯，选择媒体并进行媒体组合。从传播与沟通的角度来看，广告媒体是广告信息的“信道”。

4. 广告费用

广告费用即从事广告活动所需付出的费用，它包括服务费、设计制作费、发布费等。广告活动需要经费，利用媒体要支付各种费用，如购买报纸、杂志版面需要支付相应的费用，购买广播电台、电视台的播出时间需要支付的费用。即使自己制作广告，如布置橱窗、印刷招贴和传单等，也需要一定的制作费用。

5. 广告代理

广告代理是指受广告主委托，负责广告活动的策划与执行的广告经营机构。为广告主提供广告设计、制作、代理等各项服务，包括广告公司、制作公司及调查公司等组织。在广告主和广告媒体之间，广告代理扮演着沟通桥梁的角色，通过为二者提供双重服务发挥其主导作用。一方面，为广告主提供以策划为主导，以创意为中心的全方位、立体化服务；另一方面，为广告媒体承揽广告业务。广告代理的出现是广告活动进入专业化操作的标志。

6. 广告受众

广告受众是广告信息的接受者，是广告信息传播的对象，包括终端消费者、经销商及下游客户。这些受众可以是“此时此刻”的，更可以是“未来”或“潜在”的。事实上，凡是看到、听到或接触到广告的人，都可以称为广告受众。广告受众是广告活动的终点所在，广告成功与否，最终要看消费者的反应。若从传播与沟通的角度来看，广告受众是广告信息的“信宿”。

知识链接

受众与消费者的区别

受众与消费者是两个既有联系又有区别的概念。受众是相对于广告传播而言的，消费者则是相对于市场活动、广告活动而言的。当受众在接收到广告信息后采取了消费行为，才成为消费者。

7. 广告效果

广告效果是广告活动所要达到的目的。广告在播出前、播出中和播出后，都要进行广告效果的评估，以便及时调整广告策略或检验广告活动的成败。

广告的七大要素构成了广告活动的基本框架，它们之间是相互联系、相互制约的，具体如图 1.2 所示。

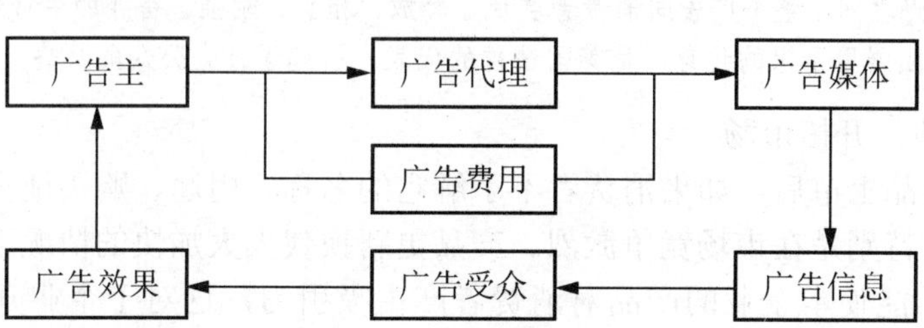

图 1.2　广告要素构成框架

(资料来源：白云华，才新. 广告策划[M].北京：清华大学出版社，北京交通大学出版社. 2009.)

1.1.3　广告的功能与类型

广告是现代市场营销活动不可缺少的组成部分，它是一种重要的营销工具和手段。对于企业来说，现代广告在创造市场、占领市场、发展市场、文化宣传方面起到了积极的推动作用。同时，广告分类是将广告根据不同的目的要求划分为不同的类型。合理的广告分类是广告策划的基础，它使整个广告策划正常运转，以取得最佳效果。

1. 广告的功能

广告的功能集中表现为以下几个方面。

1) 传递信息，沟通产销

广告是一种信息传播活动。通过广告，企业可以向消费者传播有关商品或劳务的信息，也可以将企业的文化和经营理念融入到广告信息中，传递给消费者。这些信息将生产者和消费者联系起来，在产销之间架起了一座桥梁，有利于物尽其用，加速流通。

案例 1-1

“白加黑”感冒药片的电视广告

画面上，一位白领男子在办公室一副倦态……接着以特写镜头突现精致包装的白黑两种颜色的药片。旁白：“感冒了……怎么办……你可以选择——黑白分明的方法。白天吃白片，不瞌睡；晚上吃黑片，睡得香。治疗感冒，白加黑。”广告将“白加黑”感冒药片既不影响人们日常工作，又能使人们夜里睡得香的功效传递给消费者，具有极强的诱惑力。

2) 激发需求，扩大销售

通过广告对商品或服务的优点、特色进行连续的、集中的展示，能够有效地调动和刺激消费者的潜在需要，诱发消费欲望，导致购买行为。一则好的广告，能起到诱导消费者的兴趣和感情，引起消费者购买该商品的欲望，直至促成消费者的购买行动的作用。

案例 1-2

万宝路香烟的广告

万宝路香烟最初推向市场时，尽管当时美国吸烟人数年年上升，但它销路平平。自从万宝路香烟广告1954 年问世后，引起了消费者极大的兴趣，万宝路香烟的销售量也奇迹般地在一年后提高了整整 3 倍，并一跃成为世界名牌香烟。万宝路当初的广告中有这样的画面：几个美国西部牛仔骑着骏马，潇洒地奔驰于绿地、河流、山野之间。整个广告向消费者展现了奔放、粗犷、刚强、奋斗的牛仔形象。这些牛仔是自我奋斗开拓事业的刚强男子汉的化身，是美国精神的代表，引起了社会公众的共鸣。

3) 促进竞争，开拓市场

当一种新商品上市后，如果消费者不了解它的名称、用途、购买地点、购买方法，就很难打开销路，特别是在市场竞争激烈、产品更新换代大大加快的情况下。企业通过大规模的广告宣传，能使本企业的产品对消费者产生吸引力，这对于企业开拓市场是十分有利的。

提高商品的知名度是企业竞争的重要内容之一，而广告则是提高商品知名度不可缺少的武器。精明的企业家，总是善于利用广告，提高企业和产品的“名声”，从而抬高“身价”，推动竞争，开拓市场。

4) 沟通情感，传递关爱

广告借助于艺术表现手法，能传递人与人之间相互关爱的情感美。孔府家酒“叫人想家”篇广告从情感诉求入手，挖掘贴近中国民众的家庭生活细节，经艺术化处理，唤起了消费者的想家、回家的情感共鸣，打动了很多消费者的心。

案例 1-3

孔府家酒“叫人想家”篇广告

主题：叫人想家。

背景音乐：《北京人在纽约》。

画面：雾霭晨曦中驶来一班客机，机场内一家人翘首企盼，渐渐露出既惊且喜的表情，他们终于迎来了远游的亲人(王姬饰)。

镜头切换：充满温情暖意的家庭，她送给亲人带回的礼物，家人为她接风洗尘。

同时，刘欢用他那极富磁性的嗓音唱道：“千万里，千万里，我一定要回到我的家，我的家，永生永世也不能忘。”

片末，王姬面向镜头意味深长地说：“孔府家酒，叫人想家。”

孔府家酒“叫人想家”篇广告，情真意切，令人回味无穷。其广告真正做到了让名人为产品服务，广告调动所有的因素为孔府家酒服务。另外，这则广告的广告词很有人情味，是典型的感性诉求，家的主题很能引起消费者的共鸣，尤其是家庭观念很强的中国消费者，所以这则广告能够打动消费者的心。

5) 引导时尚，倡导流行

广告作为大众文化形式，以一种独特的方式影响着大众，支配着其生活方式，这种方式就是倡导时尚(Fashion)。时尚，也常常被称作流行，是一种普遍的社会文化心理现象。具体地说，是指一个时期里相当多的人对特定的趣味、语言、思想及行为等各种模式的随从或追求。广告不断揭示隐藏于消费者内心不为人知的潜在需求并引导人们的消费趋势。人们在购买商品的时候，在脑海中对品牌形象的认知和记忆都是通过广告的形式表现出来的。

时尚文化主要是由大众传播媒介以大众传播的方式来实现其传播的，时尚信息经由人际传播渠道影响更多的消费者。时尚是广告作为大众文化现象的集中体现，这样，以追求商品时尚化为目的的广告，其影响就成为这样一个传播系统：广告→传播→时尚→消费者认知和接受→购买。消费者的认知和接受系统，将时尚作为判断商品优劣和是否值得购买的最主要标准。如果不考虑价格因素，几乎所有的消费者都会选择“时尚商品”，以认同群体规范，从而获得心理上的优越感和满足感。

例如，“动感地带”(M-Zone)这一针对年轻客户群体推出的时尚化移动通信品牌，融合了“时尚、好玩、探索”等元素，一经推出，立即受到了年轻人的喜爱。“我的地盘，听我的”这一新新人类消费形态的宣扬，通过电视、杂志、户外媒体等各种广告形式，引导和灌输着年轻人全新的通信时代的生活理念。“我的地盘，听我的”，是网络时代新新一代所认同的一种价值观念。这种认同会使人们不自觉地处于一种流行文化中。这种流行文化根植于消费者的生活方式，又深刻地影响和改变着消费者的生活方式。

6) 美化环境，丰富生活

广告作为一种艺术手段，通过各种绚丽多姿的艺术表现形式，美化了人们生活环境。美好的广告，实际上就是一件精美的艺术品，不仅真实、具体地向人们介绍了商品，而且让人们通过对作品形象的观摩、欣赏，引起丰富的生活联想，树立新的消费观念，增加精神上美的享受，并在艺术的潜移默化之中，产生购买欲望。

良好的广告还可以帮助消费者树立正确的道德观、人生观，培养人们的精神文明，并且给消费者以科学技术方面的知识，陶冶人们的情操。

案例 1-4

台湾“兰薇儿”春夏系列睡衣广告

广告主题：浪漫的夜晚，兰薇儿与您共享，创造温馨甜美的意境。

主标题：长夜如诗，衣裳如梦。

副标题：兰薇儿陪伴您，在夜的温柔里！

广告画面：一个美丽的青春少女身着睡衣舒适地俯卧在床上，悠闲自得地在灯光下翻阅画报。

广告正文：月色淡柔，灯影相偎，夜的绮思悄悄升起……在这属于你的季节里，兰薇儿轻飘飘的质感，高雅精致的刺绣，更见纤巧慧心，尤其清丽脱俗的设计，让你一眼就喜欢！今夜起，穿上兰薇儿，让夜的温柔轻拥你甜蜜入梦！

【案例评析】

这则广告充满了感情的色彩，它把睡衣的美与夜色的美水乳交融在一起，以奇妙的夜的情思和魅力衬托睡衣的温馨和甜美。从广告的标题、画面到广告正文都着力于情的渲染、美的抒发，给人一种如诗如画的美好的心理感受，极富打动人心的感染力量。

2. 广告的类型

根据不同的标准，广告可以进行不同的分类。最基本的分类是商业广告和非商业广告。商业广告是指那些传递有关经济方面的信息，目的在于盈利的广告。除了商业广告，还有非商业广告。非商业广告则指商业广告之外的一切广告，包括社会团体、个人的公告、声明、启事等不以获取经济利益为目的的信息。本书的讨论，除非特别指明，一般特指商业广告。商业广告可以按照不同的区分标准进行分类，如按广告的目的、广告的诉求对象、广告覆盖地区、广告媒介、广告诉求方式、广告产生效益的快慢、商品生命周期不同阶段等来划分广告类型。

1) 按广告的直接目的划分

经济广告的最终目的都是推销商品，取得利润，以发展企业(广告主)所从事的事业。但其直接目的有时是不同的，即达到其最终目的的手段具有不同的形式。以这种手段的不同来区分商业广告，又可以把其分为三类：商品销售广告、企业形象广告、企业观念广告。

(1) 商品销售广告。是指以销售商品为目的，从中直接获取经济利益的广告形式。此类广告又可分为以下三类。

① 报导式广告。通过对消费者如实报告和介绍商品的性质、用途和价格，以及商品生产厂家、品牌、商标等，促使消费者对商品产生初级需求，属于开拓性广告。

② 劝导式广告。以说服消费者为目标，通过突出商品的特优品质，使消费者对某种品牌的商品加深印象，刺激其产生选择性需求和“指牌购买”，属于竞争性广告。

③ 提醒式广告。在消费者已习惯于使用和购买某种广告商品后，广告主为了保持消费者的购买习惯，提醒他们不要忘记这个商品，刺激重复购买，以防止消费者发生偏好转移。

(2) 企业形象广告。是指以建立商业信誉为目的的广告，它不直接介绍商品和宣传商品的优点，而是宣传企业的宗旨和信誉、企业的历史与成就、经营与管理情况，其目的是树立企业自身的形象，沟通企业与消费者的公共关系，从而达到推销商品的目的。实践证明，企业形象广告不仅有利于商品的销售，而且对企业提高自身的社会地位、为企业在社会事务中发挥其影响力，以及从社会上招聘更多更好的人才、使企业能够加快发展速度等很有好处。

(3) 企业观念广告。这种广告又可分为政治性和务实性两类。政治性的企业观念广告，是通过广告宣传，把企业对某一社会问题的看法公之于众，力求唤起社会公众的同感，以达到影响政府立法或制定政策的目的。在这里，企业所关心的社会问题，一般是能直接影响企业的利益的。立法或政策将直接影响企业的长远利益。美国伯明翰钢铁公司通过企业观念广告向美国公民公告他们对进口钢铁的看法，从而赢得公众支持，使美国的保护钢铁工业的法案得以顺利通过，就是典型的一例。务实性企业观念广告，是建立或改变企业或某一产品在消费者心目中的形象，从而建立或改变一种消费习惯或消费观念的广告，而这种观念的建立是有利于广告主获取长久利益的。例如，在国外饮料市场中，在可口可乐独霸天下的情况下，生产七喜汽水的厂商有意识地通过广告宣传，把饮料分为可乐型与非可乐型两大类，从而使七喜饮料“脱颖而出”，打破了可乐型饮料的垄断地位，就是一个很成功的例证。

2) 按广告的诉求对象划分

商品的消费、流通各有其不同的主体对象，这些主体对象就是消费者、工业厂商、批发商及能直接对消费习惯施加影响的社会专业人士或职业团体。不同的主体对象所处的地位不同，其购买目的、购买习惯和消费方式等也有所不同。广告活动必须根据不同的对象实施不同的诉求，从而可以按广告的诉求对象对广告进行分类。

(1) 消费者广告。此类广告的诉求对象为直接消费者，是由生产者或商品经营者向消费者推销其产品的广告，因而，也可以称为商业零售广告。此类广告占广告的大部分。

(2) 工业用户广告。此类广告的诉求对象为产品的工业用户，由工农业生产部门或商业物资批发部门发布，旨在向使用产品的工业用户推销其产品。广告的内容一般为原材料、机器、零配件、供应品等，广告形式多采用报导式，对产品做较为详细的介绍。

(3) 商业批发广告。此类广告的诉求对象为商业批发商和零售商，主要由生产企业向商业批发企业、批发商或批发零售商推销其所生产或经营的商品。这种广告所涉及的都是比较大宗的产品交易，也多用报导式广告形式。

(4) 媒介性广告。此类广告的诉求对象是对社会消费习惯具有影响力的职业团体或专业人员，广告发布者——工商企业旨在通过他们来影响最终消费者。此类广告专用于介绍一些专业性产品，如药品和保健品，由医疗单位或医生来介绍。消费者考虑到权威的可靠性而购买使用。

3) 按广告的覆盖地区划分

由于广告所选用的媒体不同，广告影响所波及范围不同，因此，按广告的覆盖地区又可将广告分为全球性广告、全国性广告、区域性广告和地区性广告。

(1) 全球性广告。又称国际性广告，选择具有国际性影响力的广告媒介，如国际性报刊等进行发布。这是随着国际贸易的发展，出现了国际市场一体化倾向之后出现的广告形式。典型的例子有美国的可口可乐、百事可乐、万宝路香烟和柯达胶卷等产品广告。广告的产品多是通用性强、销售量大、选择性小的具有国际影响的产品。

(2) 全国性广告。选择全国性的传播媒介，如报纸、杂志、电视和广播等，发布广告，其目的是通过全国性广告激起国内消费者的普遍反响，产生对其产品的需求。同全球性广告一样，这种广告所宣传的产品也多是通用性强、销售量大、选择性小的商品，或者是专业性强、使用区域分散的商品。

(3) 区域性广告。选择区域性的广告媒体，如省报、省电台、省电视台等，发布广告，其传播面在一定的区域范围内。此类广告多是为配合差异性市场营销策略而进行的，广告的产品也多数是一些地方性产品，销售量有限，选择性较强，为中小型工商企业所采用。

(4) 地方性广告。此类广告与区域性广告相比传播范围更窄，市场范围更小，选用的媒介多是地方性传播媒介，如地方报纸、路牌、霓虹灯等。这类广告多为配合密切型市场的营销策略的实施，广告主主要是商业零售企业和地方性工业企业，广告宣传的重点是促使人们使用地方性产品，或认店购买。

4) 按不同媒体的广告划分

(1) 印刷媒体广告。包括报纸、杂志、图书、年鉴、产品目录、企业名录、电话簿、招贴画等。

(2) 电波媒体广告。包括电视广告、广播广告、电影广告、电子显示大屏幕广告、幻灯广告等。

(3) 户外广告。包括广告牌、海报、旗帜广告、交通工具广告、气球广告等。

(4) 销售现场广告。包括橱窗广告、柜台广告、墙面广告、地面广告、顶板广告、货架广告、空间广告等。

(5) 网络广告。是指通过互联网发布的广告。

(6) 直邮媒体广告。是指通过邮政系统将广告直接寄送给受众的广告。

(7) 其他媒体广告。这类广告包括礼品盒、购物袋、手提包、包装纸等。

5) 按广告诉求方式划分

按照广告的诉求方式来分类，是指按照广告借用什么样的表达方式以引起消费者的购买欲望并采取购买行动来划分的一种分类方法。它可以分为理性诉求广告与感性诉求广告两大类。

(1) 理性诉求广告。这类广告通常采用摆事实、讲道理的方式，通过向广告受众提供信息，展示或介绍有关的广告物，有理有据地进行论证接受该广告信息能带给他们的好处，使受众理性思考、权衡利弊后能被说服而最终采取行动。例如，家庭耐用品广告、房地产广告较多采用理性诉求方式。

(2) 感性诉求广告。这类广告采用感性的表现形式，以人们的喜怒哀乐等情绪、亲情、友情、爱情，以及道德感、群体感等情感为基础，对受众诉之以情、动之以情，激发人们对真善美的向往并使之移情于广告物，使他们对广告产品产生好感，进而购买使用。例如，日用品广告、食品广告、公益广告等常采用感性诉求方式。

6) 按广告产生效益的快慢划分

这种分类方法是按照广告发布的目的是引起顾客的马上购买还是持久性购买行为来划分的。按照这种分类方法，可以分为速效性广告与迟效性广告。

(1) 速效性广告。是指广告发布后要求立即引起购买行为的一种广告，又称直接行动广告。

(2) 迟效性广告。是指广告发出后并不要求立即引起购买，只是希望消费者对商品和劳务留下良好的深刻印象，日后需要时再购买使用的一种广告，又称间接行动广告。

7) 按广告商品的生命周期不同阶段划分

按照广告商品生命周期不同阶段可将广告划分为开拓期广告、竞争期广告、维持期广告。

(1) 开拓期广告。是指新产品刚进入市场期间的广告。它主要是介绍新产品的功能、特点、使用方法等，以吸引消费者购买使用(此阶段也是创牌阶段)。典型的开拓性广告有“康师傅”方便面刚刚上市时的广告，它的广告标识语是“‘康师傅’方便面上市了！”。这句简单明了的标识语是广告的主题，它告诉人们一种新的方便面上市了。这则广告的其他部分介绍了“康师傅”方便面的一些特点，使得消费者能够通过短短几句话对这种方便面有更多的了解。开拓期广告用来刺激对一种新产品或产品种类最初的需求，被大量用于产品生命周期的进入期。

(2) 竞争期广告。主要指商品在成长期与成熟期所做的广告。广告目的是表现某种品牌的产品与其他品牌的同类产品的区别。当产品进入生命周期的成长阶段并有其他厂商加入市场时，企业就应该运用竞争广告。竞争广告的目标不是为整个产品种类创造需求，而是要影响对特定品牌的需求。广告可以通过从强调品牌间的细微差别开始，同时重点加强消费者对品牌名称的记忆和对该品牌的肯定态度。这类广告的内容除了树立一种产品的品牌地位以外，还要宣传产品外形、性能、功能、价格等方面与其他产品的区别。通过竞争广告，企业能够树立自己产品在市场上的位置并与其他厂家争夺消费者。

(3) 维持期广告。主要是指商品在衰退期所做的广告。它主要通过宣传本身的厂牌、商标来提醒消费者，使消费者继续购买使用其商品。其目的是延缓其销售量的下降速度。

案例 1-5

“我的灵感，我的立邦”——立邦漆电视广告

广告画面主要内容：蓝蓝的天空，千百只鸟儿自由翱翔；广阔的田野，有人骑着单车，双手脱把，任意前进；高高的跳台，选手纵身一跃，多么洒脱；无边的大海，任我遨游，轻松自在；吹落手中的蒲公英，和同伴牵手共游，女孩的脸上满是欢笑；漫步沙滩，主人公牵一匹白马，浪漫无限；自然世界，绿色最美，雨点打在树叶上，淅淅沥沥；活力黄色，音乐自有主张；乐者一身红色西装演奏大提琴，充满干练；舞者身穿红色舞裙，长发乌黑，尽情飘逸。

【案例评析】

看到这则广告，人们会有一种很舒服的感觉。广告所用的颜色，给人一种柔美感。这许许多多的画面，组成了有生命力的广告。有静，有动，一切的一切都显得那么美好。蓝色，白色，绿色，黄色，红色。时尚的色彩，生命的色彩，灵感的色彩。

“我的灵感，源于我的立邦，挥就一片属于我的色彩。”画面出现潇洒泼油漆的动作，喜欢，就随心所欲好了，在这个张扬个性的时代，就请尽情发挥吧。

广告中泼洒油漆的动作非常潇洒，或许这也是观众喜欢它的一个理由。希望可以在自己的墙上也这样泼洒一把。观众喜欢这个广告，就是因为它给了我们很多梦想的空间，使人陶醉其中。

(资料来源：陶应虎. 广告理论与策划[M]. 北京：清华大学出版社. 2007.)

1.2 广告与其他信息手段的关系

广告学是综合了经济学、管理学、传播学、心理学、社会文化、艺术、法律等多学科的知识后形成的学科，广告与这些学科相互影响、相互渗透，彼此之间建立了密切的联系。因此，有必要讨论广告活动与其他学科活动间的关系。本节主要探讨广告与市场营销、新闻传播、公共关系等信息手段间的关系。

1.2.1 广告与市场营销

1. 广告与市场营销的相同点

1) 均为商品经济发展的产物

广告活动和市场营销都是商品经济发展到了一定程度的产物。市场营销学是在19世纪末、20世纪初资本主义经济迅速发展时期创建的，广告学也是在这个时期兴起的。从一开始，这两门学科就紧密联系，相互影响，密不可分。研究广告学，需要从市场营销的角度去审视、深入；研究市场营销学，又必须考虑广告的原理和运作方式。

2) 同属于经济范畴

市场营销是个人和群体通过创造并同他人交换产品和价值以满足需求和欲望的一种社会交换活动。它涉及需要、欲望、需求，效用、交换和交易，市场营销和市场营销者等概念，而这些概念对于广告活动是至关重要的。

广告是一种信息传播活动，但它的起点和终点都在经济领域，传递什么样的信息及如何进行信息传播，需要研究市场，了解营销环境，研究消费者，从满足消费者的需要出发；也需要研究产品，适应不同的市场环境，制定相应的广告策略，争取较好的传播效果。研究广告学离不开对市场营销理论的探讨。

3) 活动的最终目的一致

市场营销可以理解为与市场有关的人类活动，即以满足人类的各种需要、欲望为目的，通过市场把潜在交换变为现实交换的活动。广告也可以看成针对消费者的需要和欲望，刺激消费热情，调动潜在消费意识，最终促成购买行动的传播活动。因此，了解市场营销学的有关原理，对于把握、认识广告学的基本理论和运作方式是很有帮助的。

2. 广告与市场营销的不同点

按通常的说法，市场营销的可控要素有四种：产品、价格、渠道、促销，这就是营销学中的讲的4P。其中的促销要素包括广告、公共关系、人员推销、营业推广。也就是说，广告只是营销的促销推广要素之一，而不是营销中促销推广的全部。

市场营销学是以整个营销活动及其运动规律为主要研究对象的，广告也包括在其中。因此，市场营销学对广告学来说，具有一定的学科包容性，甚至可以说，广告学是营销学的一个组成部分；但广告学不等于市场营销学，广告学自有其特定的研究对象、范畴和内容。如果不弄清广告学与市场营销学的联系与区别，不仅会造成理论上的混乱，更会造成实际运作中的误区。如果无视广告只是营销的促销手段之一，过分夸大广告的营销功能，一味依赖广告营销，以为广告无所不能，必将导致营销的失败。

1.2.2 广告与新闻传播

广告与新闻传播有着密切的关系，如果从传播学的角度来讨论，它们都属于大众传播的研究领域，二者的传播形式也大致相似。但由于它们传播信息分工不同，各自形成了不同的传播特点和表达方式，有相似之处，也有区别。

1. 广告与新闻传播的相似之处

1) 重视对传播媒体的研究与应用

无论广告还是新闻，都对传播媒体有着强烈的依赖性。广告和新闻传播业能发展到今天，就是因为科学技术进步，使传播媒体种类丰富了，手段增加了，方式增多了。大众传播媒体传播信息范围广、速度快、影响大，但又因种类不同，传播特点各异，为取得理想的传播效果，新闻和广告都需要对其进行研究和把握，以便能适应各自特性，发挥优势。

2) 注重信息的传播

新闻和广告都是一种信息的传播，都是为了消除受众的不确定因素，为了扩大影响。新闻和广告所传递的信息都要求不能“有闻必录”，而要经过筛选，进行提炼和选择。如何进行提炼，选择什么样的信息，二者都要重点研究。

3) 对信息内容的要求和表达方式近似

广告和新闻都要求所传播的信息真实准确。真实是新闻的生命，对于广告来说也是如此。如果广告内容出现虚假，与企业、产品不符，产品和企业就会失去信誉，最终失去消费者，企业就难以经营和发展。信息内容的 5 个基本要素(时间、地点、人物、事件、原因)，广告和新闻也都要求能够交代清楚，能突出最重要的事实。同时都要求在表述上简洁生动、新颖动人，以便能引起受众的注意，满足受众的信息需求。

2. 广告与新闻传播的不同之处

1) 运作目的不同

广告是有偿服务，新闻是无偿传播，有着不同的运作目的，这是二者最根本的区别。广告活动的整个过程都要付费。因为媒体刊播广告，是根据广告主的意愿，目标消费者的需要，为了扩大广告主的影响，增加其利润。即广告最终为付出费用的广告主服务。

新闻传播则面向全体大众，采集、加工新闻的过程虽然要有一定的耗费，但从根本上说无须报酬，主要是实现社会效益，进行正确的舆论引导。

2) 对信息的认识和态度不同

广告和新闻虽然都重视信息的传播，但认识和态度却截然不同。新闻从大众的利益和需求出发，从新闻政策和新闻价值着眼，选择新近发生的、变动的事实，进行客观的介绍和报道。广告传递信息，则是自我宣传、自我强化，反映广告主的利益和意志。“王婆卖瓜，自卖自夸”是广告活动坚守的信条。

3) 在媒体经营中的地位不同

在大众传播媒体经营活动中，广告和新闻的地位是不同的。新闻是新闻媒体经营中的主业，通过提高新闻信息服务的质量，提升媒体的品位和竞争力，同时扩张广告资源，增加广告收入。广告是媒体信息服务的补偿与回报，同时为媒体的生存与发展提供了经济保障。

广告和新闻存在着一种相互依存的关系，但其传播地位的不同也是显而易见的。没有新闻传播，广告便没有立足之本；没有广告，新闻传播则不能持续发展。

4) 传播频率不同

在传播过程中，广告和新闻的频率也是不同的。新闻传播新近发生的事实，一种媒体一般只能传播一次，否则就是传播旧闻，是新闻工作的失误。即使广播电视采用滚动方式播出的新闻信息，也应随时反应变动的事实，传播频率在绝对意义上仍是一次。广告可反复传递广告主认可的信息内容，而且只有重复，才能强化空间和时间上的传播效果。

1.2.3 广告与公共关系

公共关系活动产生于 19 世纪末 20 世纪初，公共关系学也在此时萌芽，并在 20 世纪 50 年代兴起。公共关系传播活动是企业或者组织调整企业(组织)内部及外部的关系，沟通与社会大众的联系，树立良好形象，改善经营和行政管理的有效手段。广告与公共关系有着密切的联系，特别是现代企业管理需要进行综合的信息交流，加强整合传播，公共关系和广告就如同企业腾飞的两只翅膀，相互配合，相互补充。

1. 广告与公共关系的联系性

1) 广告活动需要公共关系的指导

广告与公共关系是战术与战略的关系。广告作为战术行动，其活动的各个环节、各个阶段都需要依据公共关系的总体战略来运筹。通过公共关系活动，可以更准确地了解广告的诉求对象，了解目标市场与广告覆盖面的一致性，可以帮助选择适合的传播媒体，确定适当的广告排期等。有公共关系的指导，企业的广告活动会更有针对性，目的性更强。

2) 广告活动需要公共关系的帮助

如果在开展广告活动的同时，也组织一些公共关系活动，就能为广告传播营造良好的气氛和环境，增强其说服力和传播效果，使诉求内容更易于被目标消费者所接受和认同。特别是企业为推出新产品、新品牌而开展的广告活动，由于公共关系活动促进了企业与社会公众之间的交流，在消费者心中树立了良好的形象，就可能引起目标受众对新产品、新品牌的注意，容易产生好感，调动起消费热情和购买欲望。

3) 公共关系活动需要广告活动的配合

公共关系是长远的、稳定的、具有战略性的信息传播活动，需要善于抓住各种契机。广告则可以随时随地发挥作用。企业在整合信息传播活动中，就需要这种战术与战略的配合，而且公共关系的许多内容，如 CI(Corporate Identity，企业识别)战略，也可以认为是广告活动。从某种意义上可以说，公共关系是放大的广告，也是广泛意义上的广告活动。

2. 广告与公共关系的差异性

1) 传播目标不同

公共关系着眼于宏观、长远目标的开拓，为企业或组织树立形象，增进社会公众的了解，协调内外关系。广告则侧重于微观经济领域，争取在短期内在最大市场范围内达到直接推销某产品或劳务的目标，满足于眼前利益。

2) 传播方式不同

公共关系主要通过大众传播媒体来树立企业形象，多采用新闻报道、新闻纪录片、记者招待会、新闻发布会等形式。强调“说真话”，做到准确、客观、实在，通过大量真实信息，进行双向沟通，引起社会注意，达到沟通效果。

广告则首先要能引人注意，产生吸引力，从而激发目标对象的消费兴趣和购买欲望，因此可以采取浪漫主义手法，可以夸张、渲染、幽默，以加深广告受众的印象，增强感染力，这与公共关系的传播形式截然不同。

3) 传播周期和范围不同

公共关系活动面向社会全体，业务内容涉及各个方面，信息传播具有长久性、综合性、战略性等特点，需要长期规划，随时进行宣传；广告传播是在一定时期内集中传播某些信息，内容比较单一，影响随广告活动的增减而变化，传播对象主要是目标消费者。开展公共关系活动是每个社会组织成员都面临的任务；而广告活动则主要是工商企业的需要，是为促进销售而服务的。

4) 传播的侧重点不同

广告侧重于竞争，公共关系侧重于和谐。广告的任务在于推销商品，它立足在竞争中发展自己，通过独特的富有吸引力的形象去赢得公众选择；公共关系则立足于组织与社会环境之间的和谐发展，目的是尽可能减少摩擦与冲突，倡导友善、协调、沟通和理解。

此外，广告学与心理学的联系也比较紧密。广告要取得理想的传播效果，研究了解消费者的心理活动是十分必要的。心理学是研究人的心理现象和心理活动的规律的科学，当然也包括对消费者心理的研究。消费者在购买活动中，具有什么样的心理状态，有哪些欲望和需求，会产生哪些购买动机，采取什么行动等；在接触广告信息过程中，消费者又有什么样的心理变化，如认知度、态度、理解度、记忆度、喜爱度等，都需要运用心理学知识。

1.3 广告策划概述

1.3.1 策划与广告策划

1. 策划的含义

策划就是根据现有信息资源，预测事物变化的趋势，确定可能实现的目标，在此基础上决定能产生最佳效果的资源配置与行动方式的过程。

(1) 一个完整的策划过程包括了预测与决策，预测是指对未来的发展趋势进行科学的分析和准确的评估，决策是指在预测的基础上对将采取的行动进行大胆的抉择。

(2) 策划既是一个思维过程，因为无论预测还是决策，都需要复杂的构思、分解、归纳和判断；又是一个实施过程，因为它还包括从拟定策略、方案落实到追踪、反馈及评估等一系列操作活动，故有人称之为“策划活动”。

人类的活动是一种有目的实践活动，其策划的思想及实践也源远流长。在中国古代，策划的名词性较强，与现在的计划、计谋、谋略、对策的意思比较接近。例如，“三思而后行”的“思”，“凡事预则立，不预则废”的“预”，“运筹帷幄之中，决胜千里之外”的“运筹”，“先谋后事者昌，先事后谋者亡”的“谋”等，这些都表现了一种古朴的策划思想，属于“出谋划策，策略规划”的策划范畴。

在现代社会中，策划观念的普及、策划手段的运用，都已经大大超出了古代的军事领域和现代的公共关系领域，而深入到了社会政治、经济、文化生活的各个层面。“策划”已经成为一种方法论意义的思维方式和运作方式，成为今天人们使用频率较高的词。

古今中外丰富的策划思想、策划理论和策划实践，为人类的策划宝库增添了永放光彩的宝贵内容，使人类社会伴随着时代的发展而提升自身各方面的质量。它也为紧随“策划”这一概念而提出的广告策划奠定了坚实的认识论和方法论基础。

2. 广告策划的起源和发展

1) 广告策划的萌芽阶段

(1) 市场的需要是广告策划产生的必要条件。人们所进行的最早的广告活动仅仅是简单意义的“广而告之”。这种“广而告之”虽然也有一定的目的性，即将自己的剩余产品交换出去，但是广告主并没有特定的计划，没有十分明确的销售目标，更缺乏准确的目标受众的确定，并没有产生真正意义上的广告策划。直至现代广告产生的初期阶段，伴随着商品交换规模的扩大，广告活动的范围也越来越大，广告的形式和手段越来越丰富，广告技术也在不断地进步，因而广告主对广告效果的需要积累到一定的程度，即如何将广告做得更好、更有效时，广告策划才有可能产生。这种需要是现代广告产生的前提条件，也是广告策划产生的必要条件。

(2) 广告学的学科综合性为广告策划奠定理论基础。1900 年美国学者哈洛·盖尔(Harlow Gale)在多年广泛调查研究的基础上写成《广告心理学》一书；1903 年美国西北大学校长、心理学家瓦尔特·狄尔·斯柯特(Walter Dill Scott)写成《广告原理》一书，为广告学的建立奠定了基础。这标志着广告开始从“术”的阶段走向“学”的阶段。而在理论研究过程中，广告学却呈现明显的学科综合性。它综合了数十门学科的研究成果，诸如管理学、营销学、传播学、心理学、公共关系理论等。广告学及其相关学科的建立与发展，为广告策划的出现奠定了理论基础。

(3) 广告公司的实践说明广告策划的必然性。1869 年，美国宾夕法尼亚州的费城成立了第一家专业广告公司——艾尔父子广告公司。这是具有现代意义的广告代理公司。其除了为广告客户购买版面，还为客户撰写方案，设计、制作广告，并制订广告计划。1902 年，艾尔父子广告公司专门设立了一个组织严密的、为国民饼干公司和标准石油公司策划公关活动的机构。美国史学家拉菲·豪威尔(Ralph Hower)在一本有关艾尔父子广告公司发展史的书中说：“从那时起，广告代理公司充分证实了自己策划和实施广告的能力”。因而它被广告史学家称为“现代广告公司的先驱。”

(4) 市场手段的更新是广告策划产生的条件之一。20 世纪 30 年代，伴随现代市场营销理论与实践的发展，市场调查被明确提到企业的经营管理活动中来。当时广告活动的重心是侧重于广告效果的分析研究，因而也使调研活动进入到广告活动中，并确立了其在广告活动中的地位。调研活动的出现，以及调研理论的发展和调研手段的科学与规范，使广告主和广告商能科学准确地对市场进行分析研究，从而决定所应采取的战略和策略，为广告策划提供了最有利的条件。

因此，艾尔父子广告公司的出现，调研活动的出现，特别是广告实践自身的发展，为广告策划的产生奠定了丰富的实践基础，并产生了广告策划的萌芽。

2) 广告策划的提出阶段

广告策划的萌芽虽然较早就出现了，但它作为一个概念的提出却是在 20 世纪中叶。紧随着爱德华·伯纳斯(Berners)在 1955 年提出策划这一概念，英国伦敦的博厄斯·马西来·波利特广告公司(BMB)的创始人之一、广告专家斯坦利·波利坦(Stanley Politan)于 20 世纪 60 年代在广告领域率先使用了这一概念。这一概念提出之后，逐渐影响到整个英国的广告界，并传播到了国外。美国以创作力见长的奇阿特·戴广告公司较早接受了这一概念。随后，广告策划思想及工作方法迅速地在西方广告界普及开来，现在许多国家都建立了以策划为主体、以创意为中心的广告经营管理体系。广告策划的出现既是现代广告实践和广告理论发展的结果，同时它又使广告学的结构体系更加丰富，使广告理论有了长足的发展，并且它也成为现代广告活动科学化、规范化的标志之一。

3) 广告策划的发展阶段

广告策划的发展阶段主要包括广告策划内容的发展、广告策划观念的发展、广告策划方法的发展。

(1) 广告策划内容的发展。伴随现代经济发展和时代的发展，广告策划的内容从简单发展到复杂，从一般性的单个广告活动策划发展到为广告运动所进行的整体广告策划。而在广告策划过程中的各个环节和步骤的内容也越来越丰富。当前，在我国相当数量的企业还处在运用现代市场营销理论和现代管理理论的初级阶段的情况下，广告策划者不仅要帮助企业进行整体广告策划，在某种情况下还要帮助企业进行营销策划、CI 策划等。

(2) 广告策划观念的发展。

第一，从推销观念向营销哲学观念的发展。营销哲学观念的发展与演变引导着广告策划者从对企业本身的关注发展为对企业、消费者、社会三者关系的关注，并通过广告对三者的关系予以最佳的协调。而在 20 世纪 90 年代提出的 4C(消费者、成本、便利、沟通)理论及整合营销沟通理论，更是引导着广告策划观念走向更高的阶段，使广告策划者从以 4P 为主的对企业本身的关注转向对市场全方位和更深层次的关注，树立起以消费者为中心的观念。

第二，广告策划本身也从单一的促销观念发展为竞争观念。在本阶段，广告策划在更深的市场层次上发展，体现为关注竞争对手的市场环境的变化。而竞争观念的建立，更使广告策划者注意到在现代激烈的市场竞争环境下广告所应承担的责任。

第三，广告策划的核心是广告创意。广告创意在广告策划中所处的地位愈加重要，广告策划者就愈加注重广告创意的质量，从而奠定了广告创意是广告灵魂的地位。因此，广告策划者越来越注重特定时代背景下的文化和消费心理与广告的关系，注重广告创意和广告表现中的文化及心理内涵，目的是通过广告策划，使广告行为满足市场需要甚至引导市场观念的发展。

第四，广告策划要适应不同时代和经济形态，观念应与时俱进。例如，20 世纪 20 年代流行的是“印在纸上的推销术”，30 年代则注重调研，40 年代电视机的出现推动“豪华广告”的发展，50 年代的“独特销售主张”，60 年代的强调产品个性的“形象时代”，70 年代的“定位理论”，80 年代的广告繁荣，90 年代则是繁荣之后的危机导致“低成本制作，高质量创意”的产生。

第五，广告策划体现了网络时代的特征。高新技术的发展使广告策划对互联网等新媒体的出现有了更多的关注，并及时地将其运用到广告活动中来，使广告的效力有了更大的提高，产生了一些新的广告运作模式和一些新的观念。

(3) 广告策划方法的发展。广告策划的方法如同其内容的发展一样，也从简单发展得越来越丰富。首先，是策划程序的完善与规范，从简单的出点子，到对广告策划全过程各个阶段的完善及其科学操作。其次，是在建立战略谋划的基础上，丰富发展策略手段，包括广告的市场策略、产品策略、定位策略、表现策略、媒体策略、实施策略等，形成广告策划的策略体系。再次，是多种学科的研究成果的引入使广告策划手段更加科学和丰富，如市场营销学中的市场研究方法，社会学中的研究方法，心理学中的说服手段，传播学中的传播手段及效果分析，文学艺术在广告创意和表现中的运用，计算机技术在广告设计中的运用，等等。

3. 广告策划概述

1) 广告策划的概念

对于广告策划，国内外学者给出过这样的定义：

“所谓广告策划，就是根据广告主的营销计划和广告目标，在市场调查的基础上，制定出一个与市场情况、产品状态、消费者群体相适应的经济有效的广告计划方案，并实施之，检验之，从而为广告主的整体经营提供良好服务的活动。”

“广告策划是根据广告主的营销策略，按照一定的程序对广告运动或者活动的总体战略进行前瞻性规划的活动。它以科学、客观的市场调查为基础，以富于创造性和效益性的定位策略、诉求策略、表现策略、媒介策略为核心内容，以具有可操作性的广告策划文本为直接结果，以广告运动(活动)的效果调查为终结，追求广告运动(活动)进程的合理化和广告效果的最大化，是广告公司内部业务运作的一个重要环节，是现代广告运作科学化、规范化的重要标志之一。”

中国港台地区常用的“企划(画)”一词，是从日语“企画”转化来的，与英语中的Strategy和Plan意思相近。有些内地企业就有“企划部”，还有“策划人”这一专门职业。

20世纪80年代中期后，我国广告界提出“以创意为中心，以策划为主导，为客户提供全面服务”的经营理念，广告策划在广告活动中的地位和作用越来越受到重视。

广告策划的宗旨是通过一系列的策划工作，使广告能够准确、及时、有效地传播有关产品(Products)、服务(Services)及观念(Ideas)的信息，以改变观念、刺激需求、引导消费、促进销售、开拓市场，获得较大的经济效益与社会效益。它的重要任务就是确定广告的目标、广告的对象、广告的计划、广告的策略与效果等原则问题。任何一个广告活动，必须首先明确广告为着什么目的而做，想要达成什么目标，应该怎样去行动，应该针对什么对象去行动，何时何地以何种方式去行动，如何行动将会取得最佳效果等，这些基本的原则和策略，都必须通过广告策划来确定形成。为解决这些问题，具有远见卓识的广告主或广告代理人都必然会进行广告调查研究，掌握市场信息，进行分析论证，提出广告活动的原则和战略策略；在这些原则与策略的指导下，进而拟定出广告行动方案，确定广告目标、广告对象、广告主题、广告方式、广告时机、广告地域、广告媒体、广告效果等一系列重要问题。这种对广告活动预先的设想规划正确与否，是决定广告活动成败的关键。

综上所述，广告策划是指根据广告主的营销战略目标，在市场调查的基础上，对广告活动的战略和策略各个环节进行的整体运筹和规划。它是广告战略战术的决策形成过程，解决广告应该“说什么”、“对谁说”、“怎样说”、“说的效果如何”等一系列重大问题。简言之，广告策划就是对广告运作的全过程做预先的考虑与设想，是对企业广告的整体战略与策略的运筹与规划。

正确理解广告策划的概念，有以下几个关键点。

(1) 广告策划的目的是追求广告进程的合理化与广告效果的最大化。

(2) 企业的营销策略是广告策划的根本依据，广告策划不能脱离企业营销策略的指导。

(3) 广告策划有其特定的程序，这种程序应该是科学、规范的，而不是盲目地凭空设想与随心所欲。

(4) 广告策划应该是广告运动的整体策划，停留在具体操作层面的“广告计划”并不是广告策划。

(5) 广告策划必须以市场调查为依据，良好市场调查为广告策划提供市场环境、消费心理、竞争对手等方面的重要信息。

(6) 广告的心理策略、定位策略、规划策略、创意策略、媒介策略及测试评估是广告策划的核心内容。

(7) 广告策划书(文本)是广告策划结果的一种可见的形式，它为广告运动提供运行的蓝图与规范。

(8) 广告效果的测定方法与标准应该在广告策划中预先设定。

2) 广告策划的要素

一项完整的广告策划活动是由其基本要素构成的，主要包括广告策划者、广告策划对象、广告策划依据、广告策划方案、广告策划效果评估等五项。缺少任何一个要素，广告策划都不能成立。

(1) 广告策划者是广告策划的主体，包括广告公司和广告主。一方面，广告策划是由广告公司代理广告主来进行的。因此，广告策划者是广告公司。但是对于广告公司的一项具体的广告策划项目来说，该广告策划是由广告公司内部组建的某个广告策划小组来执行的。因此，此时具体的广告策划者是这个广告策划小组。另一方面，广告主在广告策划过程中与广告公司密切配合，提供信息，参与意见，提出建议，最终审批。因此，广告主也是广告策划的主体。广告策划者是广告策划活动的神经与中枢，在广告策划过程中起着“智囊”的作用。

(2) 广告策划对象是所要规划的广告活动、广告商品或广告主。广告策划要为所要进行的广告活动制订广告目标、确定广告战略和策略、确定广告创意、拟定广告预算、测定广告效果等。以商品或服务为对象的广告策划为商品销售广告策划，以广告主为对象的广告策划属于企业形象广告策划。

(3) 广告策划依据主要来自于两个方面：一是广告主的营销战略和策略，必须在此基础上进行策划；二是事实与信息。广告策划所需要的事实与信息包括市场、产品、消费者、竞争者的状况和广告环境的情况，它既包括广告主本身的状况，也包括整个有关市场的状况。

(4) 广告策划方案是策划者为实现策划目标，针对策划对象而设计创意的一套策略、方法、步骤。策划方案必须具有指导性、创造性、可行性、操作性和针对性。广告策划有很多方法，诸如市场调查的方法、市场细分的方法、广告创意的方法、思维的方法、定位的方法、媒体排期的方法、广告预算的方法、广告策划书写作的方法等。但不论采用何种方法，都要科学、合理、适当。

(5) 广告策划效果评估是对实施策划方案可能产生的效果进行预先的判断和评估，据此判断广告策划活动的成败。如果经过广告策划，对实现企业目标和企业的营销目标毫无效果，广告策划就失去了其本来的意义。

广告策划的五大要素相互影响、相互制约，构成一个完整、系统的有机体系。

3) 广告策划与广告计划

在我们的日常生活中和企业的常规经营管理中，经常使用“计划”一词，而计划就含有谋划、制订计划和形成计划书两层含义。而一谈到策划，相当多的人就认为：策划就是计划，这里所指的计划是广义的计划。正因为如此，广告策划就不得不涉及广告计划，由于这是两个很容易混淆的概念，甚至有人认为广告策划就是广告计划，所以必须做出解释。这里所说的广告计划是个狭义的概念，即指广告计划的文本文件本身，而不是管理学中所指的把计划作为一种职能的广义概念。因此，广告计划是实现广告目标的行动方案，是侧重于规划与步骤的行动文件，也是广告策划所决定的战略、策略、方法、步骤的书面体现，是广告策划一系列思维与决策活动的最后归纳。

即使是管理学里的广义的计划，同策划也有明显的区别，见表 1-2。

表 1-2 “策划”与“计划”的区别

策划	必须有创意	自由无限制	掌握原则方向	What to do	灵活性大	开放性	挑战性大
计划	不一定有创意	范围一定按部就班	处理程序细节	How to do	灵活性小	保守性	挑战性小

广告策划与广告计划既有联系又有区别。

(1) 广告策划活动过程上的异同。二者都是对广告策划活动过程的反映。但是广告策划是这个过程的本身，是全局性、整体性的战略决策，是动态的；而广告计划则是这个过程的结果，是具体的、可操作的指导方案，是静态的。

(2) 广告策划客体上的区别和联系。二者都是决定广告策划的客体，如广告目标、广告战略、广告策略、广告主题、广告创意、广告媒体选择、广告效果评估等。但是广告策划侧重于对客体的决定行为，掌握原则与方向，具有创新性与超前性，挑战性大，因而需要经过长期专业训练的人员来从事广告策划工作；而广告计划则是这一行为结果的具体文本形式的体现、处理程序与细节，属于常规的工作流程，具有现实可行性，挑战性小，因而它只需要经过短期培训的人员即可操作。

(3) 广告策划书反映的侧重点不同。二者都可以通过广告策划书反映出来。但是广告策划书反映广告策划活动的全过程；而广告计划既是广告策划书重要和主要的组成部分，也可以是独立执行的文件。

(4) 二者互为前提和结果。广告策划是制订广告计划的前提；而广告计划则是对广告策划关于具体行动方案的决策结果的概括和总结。

总之，广告策划是集思广益的复杂的脑力劳动，是一系列围绕广告战略、策略而展开的研讨活动和决策活动；而广告计划是这一系列活动的归纳和体现，是广告策划所产生的一系列战略、广告策略的具体化。二者既相互联系、密不可分，又有区别。

1.3.2 广告策划的特点

一般来说，广告策划具有目标性、程序性、整体性、创造性、可调适性、可操作性、可测量性等特点。

1. 目标性

目标性是指进行广告策划时，应首先明确广告活动要达到什么目的，是为了扩大影响，提高知名度，创造名牌企业，追求社会效益，还是为了配合营销策略，抢占市场或促进产品销售，追求经济效益。一般来说，整体广告策划是以追求经济效益和社会效益相统一为目标的广告活动。广告策划目标的明确性是保证广告策划顺利进行的关键所在，也是制定广告效果的基本依据。

2. 程序性

广告策划包括市场调查、营销环境分析、消费者分析、产品分析、竞争对手分析、广告目标、广告诉求策略、广告表现策略、广告媒体策略、广告策划书撰写、广告策划的实施、效果评估等环节，每一个环节都不是独立的，而是有因有果、相互关联的，并且是极有顺序的一个整体，不可忽视任何一个环节，更不可忽略、颠倒其中的各项内容。

3. 整体性

广告策划要考虑到广告策划的主体、广告策划小组、广告策划方法及广告策划程序中的各个步骤，使广告活动成为一个和谐统一的整体，在统一的策略指导下进行。任何一个环节违背广告活动的整体策略，都将导致广告策划的失败。只强调某一部分或某些部分的广告策划是不完整的。

4. 创造性

广告策划在本质上是一种创造性思维活动，是集思广益的复杂的智力劳动，策划的手段和方法必须新颖、独特、扣人心弦，使受众印象深刻，打动对方的心。而智力劳动的本性就在于创造，要创造新的思想和方法。广告策划是面向未来的，未来的不确定性要求广告策划必须创造新的方法以解决新的问题。创造性是广告策划的本质特征。例如，Lee 牌牛仔的“曲线牛仔”定位，农夫果园“喝前摇一摇”的广告口号，野狼摩托“请你再等一天，有一部好车就要来了”的广告表现和媒体运用，都充满了出奇制胜的创造性，从而使广告获得极大的成功。

案例 1-6

克莱斯勒越野车

美国克莱斯勒公司的越野车广告让世人津津乐道：“你需要一辆四轮驱动的越野车，而克莱斯勒的吉普就是这样一种车。”久而久之，大家便把类似的车都称为吉普。这是一种非常理想的境界，看似朴素，实则包含了创新的真谛，是广告策划永远追求的。

5. 可调适性

广告活动处于一定的市场条件之下，随着宏观和微观环境、产品、消费者、竞争对手的变化而变化。同时，广告策划是一个过程，过程中自然会有学习和反馈，可调适是必然的。

可调适性不仅仅指广告策划的纸上计划制订，还包括具体执行的时候，或者当遇到突发事件时，根据具体的现实情况，做适当的调整。

案例 1-7

万宝路香烟

万宝路香烟以头戴鸭舌帽、身穿牛仔服的西部牛仔形象扩张美国市场，但在 20 世纪 70 年代开拓中国香港市场时却受到港人的抵制。香港人欣赏优美的风景和音乐，对策马、牧牛的牛仔形象嗤之以鼻。于是万宝路在香港的广告形象摇身一变，成了年轻洒脱、在事业上有所成就的牧场主，结果很快打开了销路。在进军日本市场时，考虑到日本的文化心理，万宝路的广告形象又摇身一变成为一个日本牧童，过着一种田园般诗意的生活。通过各种入乡随俗的变化，万宝路一直保持遥遥领先的市场份额。

6. 可操作性

广告策划的目的在于执行，以帮助广告主更好地实现广告目标。因此，广告策划要在战略和策略的指导下制定出一系列可以操作的方式方法，使广告策划的思想和意图能够真正落到实处，使广告效果和效益得以真正实现。而不具有可操作性的广告策划也将失去策划的意义，只能是纸上谈兵。这种可操作性包括环境条件的可能性、广告主的可承受能力、广告公司的可执行能力等内容。

7. 可测量性

广告策划不仅仅需要有目标，还应该是在计划执行之后可以测量效果的，这不仅可用于对广告策划成败的评价，也是对执行过程的测量。只有在效果测量之后，找出成功的原因和失败之处，才能对整个广告策划有一个完整的考量，才能促进今后的广告策划工作的开展。

但是，在强调可测量性的同时，必须认识到：如何定义广告的效果，如何测量，以及确定测量的周期都是棘手的问题。因为广告的效果存在延时性，并不是一经播出就能出现效果；并且，虽然广告的最终目的是促进销售，但是我们是否可以简单地拿增长的销售量作为测量广告策划效果的指标呢？这也是值得思考的问题。另一种测量的方法是测定品牌在消费者认知中的变化，分别有这样一些指标：认知度、美誉度、理解度、好感度……

所以，事后测量评估对于广告策划来说很重要，而如何测量同样重要。

1.3.3 广告策划的作用

广告策划的作用主要表现在以下几个方面。

1. 保证广告活动的目标性

广告方案是按照企业目标制定的。它运用科学的操作方法，集中丰富的实战经验，事先将各项活动都进行精细的安排。各项活动又紧紧围绕最终的总体目标展开，具有共同的指向性。在进行广告策划时，企业必须按照既定的广告方针执行，以保证广告活动能够有条不紊地开展，从而使广告活动更符合客观实际，更有效地避免广告活动的盲目性。

2. 保证广告活动的计划性

随着市场上广告活动日益增多，广告活动的范围、规模和经费投入日渐增大，所使用的工具、手段也日益复杂。广告不再是简单的购买播放时间或刊登版面的机械劳动，而发展成为一个极为复杂的系统工程。因此，现代广告必须具有高度的计划性，必须预先设计好广告资金的数额和分配、广告推出时机、广告媒体的选择与搭配、广告口号的设计与使用、广告推出方式的选择等，而这一切部必须通过策划来保证和实现。

3. 保证广告工作的连续性

促进产品销售、塑造名牌企业和产品形象，是广告的根本目的。要达到这一目的，并非短时间可以完成。不能当产品滞销、市场疲软或竞争激烈时才做广告，一旦打开市场，便偃旗息鼓，坐享渔利。虽然就单个广告活动来说，企业也取得了较好的成绩，但从整体来看，并未达到理想的促销效果，甚至相差较远。这样的广告活动由于缺少精心筹划，很难保证其连续性，也很难积累广告效果。

4. 保证广告活动的创造性

创造性地开展广告活动，使每一次广告活动都能为目标群体所接受，使之采取相应的购买行为，这是每一个广告活动追求的目标。广告人员的创造性是保证达成这个目标的关键所在。通过广告策划，可以把各个层次、各个领域的创意高手聚集起来，利用集体的智慧，集思广益，取长补短，激发创意，从而保证广告活动的各个环节都充满创意。

5. 保证广告活动的竞争性

广告策划能够发现企业的优势和劣势，据此采用恰当的广告策略，以提高企业的市场竞争力。在策划中要仔细分析竞争对手的状况，知道在什么条件下可以与对手竞争，什么条件下不能与对手竞争。虽然产品总会有不尽如人意的地方，但通过广告策划，就可以扬长避短，使其长处得到充分的宣扬，避开竞争对手的锋芒，化劣势为优势。从某种意义上来说，市场竞争就是策划的竞争。谁的策划更高明，谁就能赢得市场，在市场竞争中立于不败之地。

案例 1-8

后来居上的康师傅“每日 C”

“康师傅”的竞争对手“统一”率先以“鲜橙多”抢占果汁市场，对此“康师傅”采取有效的广告策划：①利用之前“鲜橙多”形成的“多喝多漂亮＝果汁饮料＝维 C”概念，直接给产品取名为“每日 C”，直抄“鲜橙多”后路。②广告诉求及表现更强力。“每日 C”不仅口味更丰富，功能更齐全，而且在包装上做文章，以满足不同场合饮用的需求。③运用“疯狂轰炸＋明星助阵”这种惯用的媒介组合吸引消费者。

正是由于“康师傅”有效的广告策划，再辅以强劲的终端销售策略，无论大小店铺，堆头最大、势头最猛的都会是“康师傅”，让“康师傅”在果汁市场逆转不利地位，迅猛赶超“统一”。

6. 保证广告活动的实效性

广告策划将企业的长期计划和短期计划相衔接，使广告活动的重点更突出。在策划中根据产品生命周期的不同阶段，采用不同的广告策略，兼顾眼前目标与长远利益，使整个广告活动的宣传效果更为显著。因为市场竞争的最重要原则就是效益第一，企业投资广告最直接的目的就是追求广告效果。想要达到这个目的，必须经过系统周密的广告策划。

通过广告策划，可以使广告活动自发地沿着一条最简捷、最顺利、最迅速的途径运动，可以自发地使广告功能最充分、最完全、最彻底，从而降低成本、减少损耗、节约广告费用，形成广告规模效应和累积效应，确保以最少的投入获得最大的经济效益和社会效益、近期效益和长远效益。

1.4 广告策划的内容与程序

1.4.1 广告策划的内容

广告策划要对整个广告活动进行全面的策划，主要包括对市场分析、广告目标、广告定位、广告创意表现、广告媒介、广告预算、广告实施计划及广告效果评估与监控等内容的策划。这些内容彼此间密切联系，相互影响又相互制约。虽然在这里我们暂时分别论述，但在后面的程序中，要将它们像串珍珠一样串起来，形成一条项链，使广告活动按策划的内容有条不紊地顺利实施。

1. 市场分析

市场分析是广告策划和创意的基础，也是必不可少的第一步。广告市场分析基于市场调查，通过一系列的定量和定性分析得出广告主和竞争对手及其产品在市场的地位，为后续的策划工作提供依据。市场调查主要是以产品营销活动为中心展开的，围绕着市场供求关系来进行。市场分析的主要内容包括营销环境分析、企业经营情况分析、产品分析、市场竞争性分析及消费者分析，通过深入细致的调查分析，了解市场信息，把握市场动态，研究消费者的需求方向和心理嗜好，并且明确广告主及其产品在人们心目中的实际地位和形象。根据所掌握的资料和信息，整理存在的问题并确定研究项目，进行 SWOT 分析。

调研的项目可以是以下几种。

1) 品牌研究

品牌是企业或商品区别于竞争对手的有效方法之一。许多广告就是为了宣传品牌，所以企业要把品牌使用的情况、意图和品牌形象等指标加以量化，进行统计分析，并选择代表性的商品开展长期性宣传活动，通过连续性的调查，掌握各种品牌以什么样的强度和方式渗透到消费者生活中去，以及这种发展动向。

2) 新产品开发研究

开发新产品是企业打击对手、抢占市场的手段。就产品本身的开发问题，广告公司要参与产品战略的拟定，提出新产品开发的方针、包装设计、产品命名等建议，要为广告主提供新产品的开发方法和思路，弄清与当时的文化、社会状况的密切关系。要注意的是，广告公司要站在消费者的立场上进行产品的开发研究，并向广告客户传达消费者的需求。

3) 生活方式研究

广告的目标受众除企业外，主要是消费者，所以，要进行消费者的研究，必须研究消费者的生活方式。企业必须始终掌握人们的实际动态，要听取人们的真实想法，弄清人们的实际生活状况，并据此制订广告计划。

4) 消费、流行趋势的研究

由于个人消费会受到经济景气指标的影响，会出现消费的高潮或低潮，因此个人消费如同时代的潮流一样，也可以找到某种发展趋势。消费和流行趋势研究的内容是时代变化和社会结构(人口、经济、交通、贸易等)、法律、制度、经济水平、国际政治等，以预测现在及未来的个人消费流行趋势。而且不仅仅停留在个人消费者的预测上，还要通过分析人们的生活行为和分析每年的畅销商品，来研究人们在消费方面的意识或行为上的变化等生活价值观的流行趋向。

5) 购买行为研究

大部分人都要在商店购买商品，了解商店里的购买行为，对企业来说等于收集消费者的生活信息。切实掌握消费者在商店里的购买行为，就可以向消费者提出新型生活的设想和建议。广告主就是以此为前提希望广告公司加以协作的。广告公司要研究消费者的购买动机、购买次数、选择购物商店的理由等。但由于购买行为的结果能够通过 POS(销售终端)数据被自动记录，因此研究的重点应放在无法通过数据记录反映的购买方式或行为举止等内容上。

6) 潜在市场研究

市场受社会环境变化的影响很大，广告主可能没有精力和水平对潜在市场进行专门的研究。广告公司受委托就要研究哪一种商品、服务或生活方式将会成为潜在市场的热点追求。例如，国际互联网、交互式多种媒体社会、日新月异的信息媒体和相关产业、老龄化社会政策、福利医疗、休闲等，都是有前途市场的发展方向。因此，要注意对这些热点问题的研究。

7) 竞争者研究

企业的存在必然有大小不等、类型各异的竞争者，所以广告主为了对竞争者进行有效的把握，往往委托广告公司对竞争者的历史、产品、品牌、营销策略、市场份额、资金实力等进行有效的研究。

2. 广告战略的制定

广告战略作为一定时期企业广告活动的指导思想和总体构思，具有全局性决策特点，是为实现总目标或根本利益而制定的行动纲领。

广告主通过 SWOT 分析后，整理广告客户的生存环境资料，明确了竞争商品的市场形象，然后着手拟定广告基本战略，即拟定旨在达到销售目标的广告战略方案。

1) 广告目标确定

广告目标是指企业广告活动所要达到的目的。确定广告目标是广告计划中至关重要的起步性环节，是为整个广告活动定性的一个环节。

2) 广告定位

广告定位是企业制定广告战略的起点。它利用广告为商品在消费者的心中找到一个位置，其关键点在于抓住消费者的心，并通过广告定位为其创造一个崭新的、恰到好处的购买理由，从而促使其产生购买欲望。

3) 确定广告创意

广告创意是将广告策划人头脑中的构想从无形转为有形的阶段，也是广告策划的重点。首先要对产品信息和消费者心理构成进行详细分析，然后确定能打动消费者的广告主题，再在此基础上进行广告创意，并将创意生动形象地表现出来。

4) 广告媒介选择和规划

媒介策划是针对既定的广告目标，在一定的预算约束条件下，利用各种媒体的选择、组合和发布策略，把广告信息有效地传达给市场目标受众而进行的策划和安排。广告活动是有价的传播活动，因此只有选择合适有效的媒介组合并进行科学的规划安排，才能使传播更有效。

5) 广告预算

“花的广告费一半浪费掉了，但却不知道是哪一半。”这句流传于广告界的名言透露出一个信息，即要对广告活动进行科学合理的预算，规定在一定的广告时期内，从事广告活动所需的经费总额、使用范围和使用方法。准确的广告预算能确保企业的广告活动顺利进行。

3. 广告策略的制定

广告策略是为实现广告战略目标所采取的手段和方法。广告策略的主要内容包括市场策略、产品策略、定位策略、创意策略、表现策略、媒体策略、实施策略等，从而构成广告策略体系。

在广告策划中，对产品和市场进行定位之后，广告媒体的选择就成为关键。制订媒体计划，就是如何选择最有效的媒体，并且充分地使用媒体达到广告的战略目标，把广告费用使用在准备开展业务或者扩大销售的目标市场上，这是使销售战略具体化的措施之一。

制订有效的媒体计划，应掌握以下几点。

(1) 明确目标。在确定媒体目标时，主要围绕着对象、时间、地点、次数和方式这五项广告要素考虑问题。

(2) 确定广告对象。要根据市场调查资料和广告战略，确定具体的广告对象是什么人，说明对象的基本情况，如年龄、性别、阶层、职业、文化程度、家庭状况、购买习惯等，越具体越好，决不能笼统、含糊，这样才能明确广告对象，选择有效的媒体。

(3) 确定广告宣传时间。根据产品定位考虑所宣传的产品是日常消费品还是高档耐用消费品或其他产品，是季节性产品还是长年销售产品，销售旺季是什么时候。广告应该根据商品的特性，选择最佳销售时间。广告时间必须安排在人们决定购买的时候，这样，广告才能取得最佳效果。

(4) 确定广告地点、范围。根据市场定位，确定广告的对象所在地，决定在哪里做广告，在多大范围做广告。

(5) 确定广告的次数。根据广告战略和广告预算要求，决定把产品信息传递给广告对象的次数和频率。

(6) 确定广告的方式。确定用什么方法把广告信息传递给广告目标受众对象。

4. 与公共关系和促销活动的配合

在广告策划工作中，除了市场调查、广告战略和广告策略的制定外，还必须谋求企业公共关系和促销活动的配合。因为关系到广告产品的最终购买行为的发生，所以，处理与协调企业的公共关系活动、促销活动与广告活动的配合关系，也是广告策划的重要内容。

1) 公共关系的配合

许多企业都注重通过公共关系的方式及手段将本企业的形象传播给社会各界，树立并提高本企业的形象。

在策划广告活动时，也多用公共关系来配合广告活动，成为广告活动的一个组成部分。

例如，新闻发布会、记者招待会、采访和专访、企业报道、宴会、发奖仪式、技术交流会、座谈会和赞助大型文体活动等，通过各种传播媒体扩大广告影响，达到对广告的支援作用。

2) 促销活动的配合

促销活动就是利用有利时机，配合广告活动，进一步强化广告活动的进行，起到扩大宣传、直接促进销售的作用。

促销的主要形式有展览会、展销会、订货会、产品专柜、品尝会、赠饮、表演、海报、立牌、有奖销售、赠送纪念品等。这些活动对于广告主来说，是直接的促销手段，也是广告活动中必不可少的重要组成部分，同样需要予以精心策划。

随着整合营销传播的作用越来越受到营销和广告人士的认同，广告主为了能在爆炸的媒体环境中追求产品的统一声音，希望广告公司同时也能承担起整合营销的传播功能。

5. 广告效果评估

广告发布出去之后，有没有达到广告的目的或有没有产生对其他方面的影响，就要对广告效果进行全面的评估。为了增加广告的有效性，还会在广告活动中，甚至广告活动前，进行广告效果的监控和评估。通过对广告效果的评估，可以了解消费者对整个广告活动的反应，对广告主题是否突出、诉求是否准确有效及媒体组合是否合理等做出科学判断，从而使有关当事人对广告效果做到心中有数。广告效果的评估和监控不能仅仅局限在销售效果上，传播效果作为广告效果的核心也应该受到重视。此外，广告还会对整个社会的文化、道德、伦理等方面造成影响。

1.4.2 广告策划的一般程序

前面所述是对广告策划的各个内容的简要概括，实际上广告策划是一种运动的状态，是遵照一定的步骤和程序进行运作的系统工程。

1. 准备阶段

(1) 成立广告策划专组。广告策划工作需要集合各方面的人士进行集体决策。因此，首先要成立一个广告策划专组，具体负责广告策划工作。一般而言，策划专组应主要包括：客户执行人员、策划创意人员、设计制作人员、媒介公关人员及市场调查人员。这些人员通常由一个策划总监或主管一类的负责人统领。

(2) 规定任务和人员安排，设定各项时间进程。这是对策划前期工作的落实。

2. 调查分析阶段

(1) 市场调查、搜集信息和相关材料。立足于与消费者的良好沟通，有选择地吸取营销调查的相关成果。或者通过直接调查获得第一手资料，或者通过其他间接途径搜集有关信息，最大限度地占有相关材料。

(2) 研究和分析相关资料。对所得的材料进行整理、归类，剔除多余信息，将有用信息总结分析，制定出真实确凿的数据报告，为进一步制定策略提供依据。

3. 战略决策阶段

战略决策作为关系到所有组织生存发展的重要活动，已越来越引起人们的广泛重视。做好战略决策是企业高层管理者和广告公司的共同职责，决定着广告活动的前途和命运。

(1) 制定广告战略目标。这是广告规划期内广告活动的核心，所有其他有关内容都是围绕这一中心展开的。不同的广告战略目标直接决定着后期广告开展的不同走向。

(2) 广告战略选择。根据广告战略目标，制定出广告战略，勾勒出广告活动的大致轮廓。处于不同生命周期的产品，其广告战略有明显的不同。例如，“脑白金”的广告活动，市场导入期采取的是高曝光率，追求高知名度的广告战略；而发展期采取稳健、理性说服，多种媒体组合的广告战略。此外，位于不同市场地位的广告主，其广告战略选择也应该有明显的区别。

4. 战术策略阶段

战术策略阶段是整个广告策划的核心运作阶段，也是广告策划的主体。

(1) 集中并总结归纳前期调查分析的成果，对调查研究结果做出决定性选择。

(2) 以策划创意人员为中心，结合相关人员对广告战略目标加以分析，根据广告战略选择确定广告的定位策略、诉求策略，进而发展出广告的创意和表现策略，根据产品、市场及广告特征提出合理的媒介组合策略、其他传播策略等。

(3) 这个阶段还包括广告时机的把握、广告地域的选择，广告活动的预算安排，与其他整合传播活动的配合及广告活动的评估标准等。

5. 文本形成阶段

文本形成阶段把策略思想用具体系统的形式加以规范化，把此前属于策略性、思想性的各种意向，以一种详细的展露和限定形式加以确定，以确保策略的实施。

(1) 制订计划。将在策略思考阶段形成的意向具体细化，确定广告运作的时间和空间范围，制定具体的媒介组合表，明确广告的频率，以及把广告的预算经费分配到具体各项事物上。

(2) 编制广告策划文本，即策划书。把市场研究成果和策略及操作步骤用文本的形式加以规范表达，便于客户认知及对策划结果予以检核和调整。

6. 实施测定阶段

(1) 计划实施与监控。按照策划书的规划，组织人员进行创作设计、媒介发布，以及一切需要在市场中实施的细节，并对整个过程进行监控和必要的调节。

(2) 测定与总结。在广告活动实施中进行测定评估，并及时地对广告策划做出适度的调整。在整个广告策划运作完毕后，按照既定的目标对广告活动效果加以评估，并对整个工作予以总结。

本 章 小 结

广告是广告主以付费方式有计划地运用媒体将有关商品或服务的信息传递给消费者，唤起消费者注意，并说服消费者购买使用的一种信息传播活动。广告由广告主、广告信息、广告媒体、广告费用、广告代理、广告受众、广告效果七个基本要素构成。根据不同的标准，广告可以进行不同的分类。按广告的直接目的划分，可分为商品销售广告、企业形象广告、企业观念广告；按广告诉求方式划分，可以分为理性诉求广告与感性诉求广告两大类；按商品生命周期不同阶段划分，可分为开拓期广告、竞争期广告、维持期广告。

本章还探讨了广告与市场营销、新闻传播、公共关系等其他信息手段之间的关系，广告策划是指根据广告主的营销战略目标，在市场调查的基础上，对广告活动的战略和策略各个环节进行的整体运筹和规划。广告策划的内容主要包括市场分析、广告战略制定、广告策略制定、与公共关系和促销活动的配合、广告效果评估。广告策划一般程序分为六个阶段，即准备阶段、调查分析阶段、战略决策阶段、战术策略阶段、文本形成阶段、实施测定阶段。

思 考 练 习

一、单选题

1. 广告的主体是(　　)。
A. 广告主　　B. 广告媒体　　C. 广告代理　　D. 广告受众

2. 商业广告的基本属性是(　　)。
A. 科学性　　B. 有偿性　　C. 可信性　　D. 系统性

3. (　　)是广告策划和创意的基础，也是必不可少的第一步。
A. 广告定位　　B. 市场分析　　C. 广告媒介　　D. 广告预算

4. 以建立商业信誉为目的的广告是(　　)。
A. 非商业广告　　B. 商品销售广告　　C. 企业形象广告　　D. 企业观念广告

5. “现代广告公司的先驱”是指(　　)。
A. 奇阿特·戴广告公司　　B. BMB 广告公司
C. BBC 广告公司　　D. 艾尔父子广告公司

6. 广告策划的核心运作阶段是(　　)。
A. 调查分析阶段　　B. 战略决策阶段　　C. 战术策略阶段　　D. 文本形成阶段

7. 最早出现的广告形式是(　　)。
A. 口头广告　　B. 招牌广告　　C. 彩楼广告　　D. 悬物广告

8. 广告主是广告信息的(　　)。
A. “加工者”　　B. “信道”　　C. “信源”　　D. “信宿”

二、多选题

1. 广告按照直接目的可分为(　　)。
A. 商品销售广告　　B. 企业形象广告　　C. 企业观念广告　　D. 劝导式广告

2. 非商业广告有(　　)。
A. 政治广告　　B. 公益广告　　C. 征婚启事　　D. POP 焦点广告

3. 按照商品生命周期不同阶段分类，广告可分为(　　)。
A. 开拓期广告　　B. 竞争期广告　　C. 维持期广告　　D. 衰退期广告

4. 从商业广告的诉求目的来划分，以推销商品为目的的广告可以分为以下几种(　　)。
A. 情感式广告　　B. 报导式广告　　C. 劝导式广告　　D. 提醒式广告

5. 广告策划活动由广告策划者、广告策划对象及(　　)等基本要素构成。
A. 广告媒体　　B. 广告策划依据
C. 广告策划方案　　D. 广告策划效果评估

6. 一般来说，广告策划具有目标性、程序性、整体性、创造性及(　　)等特点。
A. 可调适性　　B. 可操作性　　C. 可信性　　D. 可测量性

7．广告策划的内容主要包括(　　)、广告创意表现、广告媒介、广告预算、广告实施计划及广告效果评估与监控等。

A．市场分析　　B．广告目标　　C．广告定位　　D．广告代理

8．市场分析的主要内容包括营销环境分析、企业经营情况分析、产品分析及(　　)。

A．媒体分析　　B．价格分析

C．市场竞争性分析　　D．消费者分析

9．广告的构成要素有广告信息、广告媒体、广告代理及(　　)。

A．广告主　　B．广告经营者　　C．广告受众　　D．广告费用

三、判断题

1．广告受众就是消费者。(　　)

2．广告学是营销学的一个组成部分。(　　)

3．“王婆卖瓜，自卖自夸”是广告活动坚守的信条。(　　)

4．广告定位是企业制定广告战略的起点。(　　)

5．广告策划就是广告计划。(　　)

6．按商业广告的诉求方式划分，可以分为感性诉求广告与理性诉求广告。(　　)

7．从广告活动和市场营销活动的最终目的来看，二者并非一致的。(　　)

8．广告和新闻活动都重视信息传播，但二者认识和态度却截然不同。(　　)

9．广告和公共关系需要相互配合，二者的传播目标一致。(　　)

10．广告是指为推销商品或提供服务，自行或者委托他人设计、制作、发布广告的法人。(　　)

四、简答题

1．广告策划与广告计划有哪些联系与区别？

2．试述广告与市场营销、新闻传播的异同。

3．试述广告与公共关系的联系与区别。

4．广告的构成要素有哪些？

5．什么是广告策划？广告策划的特性有哪些？

6．试述广告策划的主要内容和一般程序。

案 例 分 析

“酷儿”的营销与广告

一种果汁饮料，媒体曝光率不高，也没有进行全国范围的大规模促销活动，上市仅一年，其全国市场占有率已超过10%。它就是可口可乐公司推出的果汁饮料——“酷儿”。“酷儿”的成功，主要在于其独特高效的整合营销传播策略。

开始传播行为之前，先研究“对谁说”、“说什么”、“如何说”。我们将“酷儿”沟通的成功总结为3点：火力集中、观点明确、会讲故事。

1．火力集中——对谁说

“酷儿”定位为儿童果汁饮料，目标人群为5～12岁的儿童和他们的母亲。在其他品牌将目标人群确定为年轻女性或家庭主妇的时候，“酷儿”选择了容易被人忽视的儿童饮料市场。“酷儿”的成功反过来印证了“儿童果汁饮料”这一精确定位的高明：避免与市场领导品牌展开正面较量，寻找细分市场机会，独辟蹊径。所有的沟通行为，无论是渠道策略、价格策略，还是广告表现、媒体策略，都瞄准了同一个目标对象，火力集中，避免浪费，而且“噪声”小。实践证明，儿童对父母购买行为的影响力比我们想象得要大。

2. 观点明确——说什么

有了“对谁说”的目标人群，“酷儿”品牌的核心价值就被顺理成章地确定为“乐趣、口感、营养”。虽然“酷儿”的口感酸甜，充分迎合了儿童的口味偏好，并且添加了维生素C和钙，为母亲增加了一点理性的支持理由，但这两点都不宜展开来细说。唯有“乐趣”，是个性，是无穷的表现空间，是沟通对象想要的东西。乐趣是一种感觉、一种体会，不是理性的说教和空洞的口号。因此，需要一种物化的载体，能够用真实可见的信息传递“乐趣”的感觉。蓝色大脑袋卡通人物“酷儿”，营造出了童话般的沟通氛围，所有想要传播的关于“乐趣”的观点都可以通过“酷儿”来实现。

3. 会讲故事——如何说

精彩的沟通总是通过讲故事或者举例子，借题发挥，“润物细无声”。讲故事方式更适合于儿童产品，因为具体的人、场景、情节、事情，会被我们记住和复述，引起我们会心一笑，而空洞无物的画面、过程、口号，则会被遗忘。“酷儿”编故事，讲故事，“乐趣”被融入故事，变成隐藏在故事背后的灵魂，而不再是空洞的形容词。

由于传播的策略非常明确，通过整合各种传播手段，包括上市童话秀、电视广告、促销活动、终端陈列和推广“酷儿”玩偶等，在不高的费用支持下，“酷儿”的传播就达到了很高的效率。

(资料来源：覃彦玲. 广告学[M]. 成都：西南财经大学出版社，2009.)

思考题

1．广告由哪些因素构成？

2．“酷儿”广告运用了哪些营销策略？有哪些可供借鉴的地方？

第2章 广告基本理论

学习目标

通过本章学习，应该达到以下目标。

知识目标：了解个体心理与社会心理概念；了解需要、动机和兴趣之间的关系；掌握广告定位理论；熟悉广告传播理论；掌握整合营销传播的实质。

能力目标：能够结合广告定位理论分析广告定位策略；能够运用整合营销传播理论指导营销实践。

知识结构

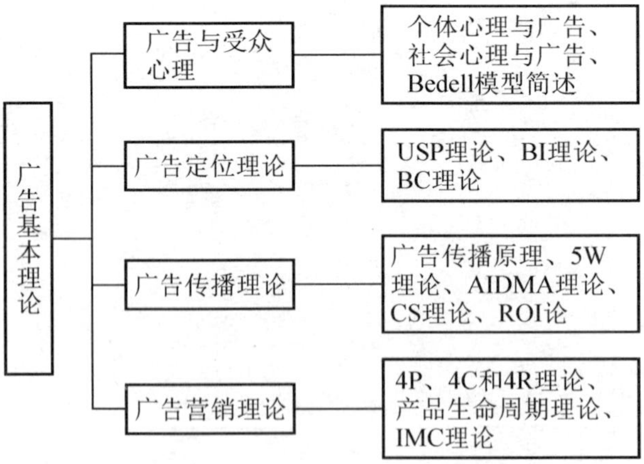

案例导入

哈撒韦衬衫

1951年，美国缅因州哈撒韦(Hathaway)衬衫厂的老板埃勒顿·杰蒂(Ellerton Jeti)找到刚开业3年的奥美广告公司创意总监大卫·奥格威(David Ogilvy)，他对奥格威说："我们准备做广告了。我们的广告预算每年还不到3万美元。但我可以向你保证，如果你肯接受，我绝不改动你的广告文案一个字。"奥格威接受了这个动人的建议。面对如此理解广告公司的客户，奥格威使尽了浑身解数。他决心要为哈撒韦衬衫做一套比乔治·葛里宾(George Cribbin)做的箭牌衬衫经典之作更好的广告，尽管他知道乔治·葛里宾广告预算是200万美元，但他手头只有3万美元。他需要一个奇迹。

曾有调查显示：能吸引读者的是那些能引起读者好奇心并促使他们探究的东西。哈罗德·鲁道夫(Hardd Rudolf)把这种东西称为"故事诉求"，并证明在广告中故事诉求越多献计献策也越多。奥格威决心用"故事诉求"做好这个只有6000美元利润的广告。

奥格威冥思苦想，想了很多种"故事模板"，有一种就是让模特乔治·蓝吉尔(George Langille)戴上一只眼罩，这源自奥格威幼年时崇敬的一位小学校长和一位大使的真实形象。最初奥美公司否决了这个方案而赞成另外一个看起来会更好些的方案。

某个阴湿的星期二早晨，在去摄影棚的路上，奥格威顺道去药店买了一只一块钱的眼罩。拍出照片后，蓝吉尔戴着眼罩，穿着哈撒韦衬衫，左手支腰的独特姿势吸引了所有的奥美人。他们一致决定用这张照片配上以"穿哈撒韦衬衫的男人"为标题的文案。广告最后刊登在《纽约客》杂志上。

这则戴眼罩男人的广告使哈撒韦衬衫一炮走红。世界各地的报纸都刊登谈论这则广告的文章。几十个厂家把同样的创意用于他们的广告，奥格威说仅在丹麦就看见过5种不同的版本。

接着，奥美公司又将蓝吉尔用于不同场景的系列广告中：在卡内基音乐厅指挥纽约爱乐乐团、演奏双簧管、开拖拉机、击剑、驾驶游艇、购买皮埃尔·奥古斯特·雷诺阿(Pierre-Auguste Renoir)的画等。为了帮助蓝吉尔克服在摄影机前的摆动习惯，他们甚至用铁管帮他固定住。

这则广告是如此成功，当埃勒顿·杰蒂将哈撒韦公司卖给波士顿一个金融家仅6个月后，这个金融家转手卖给别人，获利数百万美元。

这是第一批成功的品牌形象项目之一。奥格威回忆说："迄今为止，以这样快的速度、这样低的广告预算建立起一个全国性的品牌，这是仅有的一例……那是我事业的第一个转折点。"

画面：一个戴眼罩的仪表非凡的穿哈撒韦衬衫的中年男子(选用俄国贵族乔治·蓝吉尔男爵作模特)。他留着漂亮的小胡子，一手撑腰，目光有神，稍向右斜视(图2.1)。

图2.1 穿哈撒韦衬衫的男人

画面下方则是文案内容。

标题：穿哈撒韦衬衫的男人。

文案：美国人现在终于开始体会到，一套上好西服的效果会被一件大量生产的廉价衬衫所破坏，这实在是一件愚蠢的事。因此，在这个阶层的人群中，哈撒韦衬衫就日渐流行了。

首先，哈撒韦衬衫耐穿性极强，这已是它多年的传统了。其次，是因为它的剪裁，低斜度及专为顾客定制的衣领，使得你看起来更年轻、更高贵。整件衬衣不惜工本的剪裁，让你穿在身上倍感舒适。

下摆很长，可深入你的裤腰。纽扣是由珍珠母做的，它非常大，也非常有男子气。缝纫上，甚至带有一种南北战争前才有的那种高雅。

最重要的是，哈撒韦衬衫的布料是从世界各地进口的最有名的布料，如英国的棉毛混纺斜纹布、苏格兰奥斯特拉德的毛织波纹绸、英属西印度群岛的海岛棉、印度的手织绸、英格兰曼彻斯特的宽幅细毛布、巴黎的亚麻细布。穿上如此完美的衬衫，会使你得到诸多的满足。

哈撒韦衬衫是由缅因州渥特威小城的一家小公司的虔诚手艺人所缝制的。他们几代人在那里工作了已整整114年。

你如想在离你最近的店家买到哈撒韦衬衫，请写信寄到：C.F.哈撒韦，缅因州，渥特威城，即复。

【案例评析】

“穿哈撒韦衬衫的男人”广告由一幅写实性的照片和一篇精彩的文案组成。照片选用俄国贵族乔治·蓝吉尔男爵作模特，这位戴黑眼罩仪表非凡的男人穿着哈撒韦衬衫让人印象深刻。模特高贵的身份和潇洒的神态表现出哈撒韦的高级品位。他身后的背景是一间豪华的制衣车间，这就巧妙暗示出哈撒韦衬衫的制作精良，非同一般。这个以戴黑眼罩、穿哈撒韦而定位的广告形象由此风靡美国，哈撒韦衬衫成为高贵气派、风度非凡的象征。这则广告真正称得上图文并茂。在广告刊出的第一年，哈撒韦衬衫的销售量就增加了3倍之多，创作这一广告的奥美广告公司也扬名世界。

这确是一只带有“魔力”的眼罩。它蒙上了模特的一只眼，但却让成千上万的观众睁开了双眼，它犹如一道强烈的闪光，主动映入观众的眼帘，兴奋观众的神经，给“俊汉蒙上一只眼罩”这一细节就这样牢牢抓住了观众的视觉。

抓住观众视觉、引起观众注意，是广告有效传播的前提条件。引起观众注意的方法和手段有很多，从视觉的接受与观众心理角度看，与众不同、个性鲜明的“细节”诉求有无可比拟的效果。在这里，白色衬衣、黑色眼罩形成了强烈的色彩对比，给观众以视觉的冲击；而眼罩造成的局部残缺与模特整体形象的完美更将观众带到“求疑”的状态，引起了进一步的探寻。细节，在这里对观众生发的是一种视觉上的“震撼力”，它以其与“大场面、大气势”迥然有别的细腻、明晰，冲破了广告观众的第一道防线，树起公司可以信赖的形象。

广告基本理论是关于广告信息传播规律和广告运作机制的理论性概括，本章首先介绍个体心理与社会心理等基本概念，然后介绍广告定位理论、广告传播理论和广告营销理论等经典的广告理论，接着探讨如何才能取得好的广告效果，以及影响企业广告活动的主要因素及其相互关系，并结合案例探讨影响广告效果的主要因素。

2.1 广告与受众心理

广告是通过媒体传播产品信息，让受众对广告主所宣传的产品了解、认知、喜好、相信直至产生购买动机的过程。广告主应该根据目标受众的心理制定广告传播目标，设定广告主题，选择广告表现形式，传达他们希望了解的信息，塑造特定的品牌个性，满足目标受众的心理需求。因此，有效的广告必须研究目标受众的个体心理和在社会群体中的心理活动规律与特点。

2.1.1 个体心理与广告

个体心理是指个人所具有的或在个人身上所发生的心理现象。个体心理分为心理活动、心理过程、心理状态和心理特征四个方面。

1. 心理活动

心理活动的动力由需要、动机和兴趣等方面构成。

1) 需要

需要是个体在一定的生活条件下感到某种欠缺而力求获得满足的一种心理状态，是个体进行活动的基本动力和个体积极性的源泉。人的需要主要包括生理需要和社会需要。生理需要包括衣、食、住、行等方面；社会需要包括劳动、人际交往、自尊、成就、认识世界和审美享受等方面。

美国社会心理学家亚拉伯罕·马斯洛(Abraham Maslow)认为，人的需要有五个层次，分别是生理的需要、安全的需要、社交的需要、尊重的需要和自我实现的需要。这五个层次像阶梯一样从低到高，当人们某一个层次的需要没有得到满足的时候，人们会采取一些行为来努力满足自己的这一需要。而一旦当人在该层次的需要得到满足以后，这一层次的需要也就相应地失去了对人的激励作用。此时人会转向更高层次的需要，采取新的行为来满足自己新的需要。

在广告主题策划和信息传播过程中，有效的广告诉求往往既要满足目标受众的生理需要，也会重视受众的社会需要。例如，众多品牌的商务男装的广告，很注重服装在特定的场合所拥有的不同凡响的心里感觉。

2) 动机

动机是指激发和维持个人行为，并将此行为导向某一目标的心理倾向或内部驱力。当人的某种需要没有得到满足时，就会产生满足这种需要的行为动机。动机产生于需要，主要有两个方面的来源：一是人体自身的需要(内在条件)；二是外部刺激(外在条件)引发的动机。人的行为往往取决于其自身需要和外部诱因的相互作用。当人在个体需要强烈又有强烈诱因的条件下，就能引起强烈的动机，并且决定他的行为。动机作为一种活动的动力，具有三种功能：第一，引起和发动个体的活动；第二，指引活动向某一目标进行；第三，维持、增加或制止、减弱活动的力量。消费者的动机是决定购买的重要因素。

知识链接

消费动机的类型

由于人们在社会中所处的地位、环境、生活条件及所受教育的不同，他们的需求也不同，这就决定了人们消费动机的差异性和多样性。消费者的消费动机一般可分为以下几种类型。

1. 自尊型

具有这种动机的消费者，既追求商品的使用价值，又追求精神方面的高雅，购物时不愿讨价还价，更不愿在众人面前失去面子。因此，对同类产品，如果甲产品售价为 10 元，乙产品售价为 9 元，那么，这类消费者宁愿买标价 10 元的商品，而不愿买标价 9 元的商品。对这类消费者，在广告宣传中不宜出现“价廉物美”等词句。

2. 求实型

具有这种动机的消费者讲究的是产品的使用价值，要求产品经济实惠，不追求商品的外形美观和款式新颖。他们希望少花钱而买到称心如意的商品。对这类消费者，广告宣传要偏重于对商品的性能、质量、价格、作用、使用这种产品的好处等内容进行详细宣传，增强消费者的信任程度。

3. 求新型

具有这种动机的消费者喜爱商品的款式新颖、式样大方，他们追求时尚，追赶潮流，对商品的价格要求和使用价值的大小似乎不太注意。这种消费者大多是经济条件优越的青年人，属于冲动型的购买对象。针对这类消费者，在广告宣传中既要强调商品的外形，同时也应如实地介绍商品的性能、质量、用途及这种商品的不足之处。

4. 求美型

具有这种动机的消费者，比较重视商品的艺术价值，追求艺术化的商品。他们以文化艺术界人士和爱打扮的中青年人为多。针对这类消费者，广告宣传要讲究艺术性，对商品的造型、色彩、质地等内容尽可能用艺术的手法来表现，让消费者在艺术享受中产生购买欲望。

5. 求廉型

具有这种动机的消费者，在选择商品时只图价格便宜而不重视商品的质量、色彩、款式，经常喜欢买处理货，“打八折”、“出口转内销”等之类的商品对他们具有较大的吸引力。对这类消费者，在广告宣传中要强调物美价廉，突出价格便宜，激发他们的购买欲望，同时，也应说明商品质量等特征。

6. 求荣型

具有这种动机的消费者虚荣心比较强，如果别人购买了某种受到人们赞许的商品，他们会立即产生“求荣心理”。或者会争相购买，或者会千方百计搜求更新奇、更名贵的同类商品，以求超过别人，他们不太重视商品的质量、价格，只要能满足虚荣心就行了。针对这类消费者，广告宣传既要强调商品的好处，也要强调什么人是使用这种商品的最适合的对象，以正确指导消费。

7. 求速型

具有这种动机的消费者对商品比较熟悉，特别是对某种商品的质量、性能、商标、厂牌等特点都比较了解。他们购物时心中有数，不多过问，买了就走。针对这类消费者，广告宣传要突出商品牌子和企业名称，以加深他们对某种商品的记忆力。

8. 求名型

具有这种动机的消费者非常重视产品的质量，追求名牌。对这类消费者，在广告宣传中要突出对名牌和优质产品的形象宣传，以提高商品的知名度和企业的声誉。

消费者的消费动机是复杂的，上述几种消费动机类型，只是就一般而言的。事实上，消费者在购物时常常存在两种以上的消费动机，广告宣传应该针对消费者所特有的动机进行宣传和引导。

(资料来源：王军元. 现代广告学[M]. 苏州：苏州大学出版社，2007.)

3) 兴趣

兴趣是个体力求认识、探究某种事物或从事某种活动的心理倾向，表现为个体对某事物或活动的积极的选择态度和情绪反应。兴趣的基础是个体的需要。人的兴趣包括物质兴趣和精神兴趣、直接兴趣和间接兴趣等。

广告的目的之一就是要吸引受众注意和激发受众对广告及广告商品产生兴趣。了解目标受众的兴趣点往往是广告创意成功的关键。例如，纳爱斯牙膏广告，针对儿童的兴趣特点，采用了明亮鲜艳的色彩、可爱的卡通形象和富有吸引力的声音和音乐，从而在竞争激烈的市场上获得了成功。

2. 心理过程

在现代广告活动中，不仅要考虑广告的促销效果，而且已经开始重视消费者的认知、情感和行为变化。在消费者的决策过程中，广告起着十分重要而独特的作用。广告研究者从 20 世纪初就开始对影响广告受众的认知模式进行探讨，并形成了广告界认可的心理活动过程的基本模式：认知过程—情感过程—意识过程。

1) 认知过程

从人们的感官感觉到广告信息的存在，一直到知晓广告信息的内容，这是广告心理反应过程的第一阶段，即感觉—注意—知觉阶段。

广告传播能否影响消费者形成感知觉，关键在于广告图形能否强烈地吸引消费者的视线。当视网膜刺激图式的信息到达大脑皮层时，会受到大脑组织活动的接收。这种组织活动往往产生两种结果：一是使人看到了事物的形状；二是产生了与大脑组织过程相应的力的感受。因此，在广告图形中蕴藏着能够引起消费者注意的视觉张力和受感染的力场。在琳琅满目的商场里，在五彩缤纷的广告中，消费者常常会被那些醒目的提示、鲜明的色彩、独特的造型、新颖的形式、传神的照片、生动的文字所吸引。衡量是否引起注意，主要看消费者注视广告信息的接触效果。

2) 情感过程

从人们对广告信息进行消化和理解性思考，到引起强化(或弱化)的反应，产生对广告信息的判别和取舍，这是心理反应过程的第二阶段，即思维—兴趣—情感阶段。

情感是形象思维十分活跃的一个因素，它是连接广告主、设计师和消费者之间心理功能的中介和动力。情感可以使思维插上翅膀，趋于理解，化为感知，创造或再现生动的广告语境。情感的动力作用可以使设计更加生动、充满激情，可以使广告主题富有感染力，容易引起共鸣。情感还有助于设计师形成各自独特而有魅力的设计语言。综观一些富有创意的优秀设计作品，都是设计师的生活经验、价值取向及他们对外部世界的情感体验，这些作品阐释着广告创作者的情感、爱好和感受。

一则广告仅能引起消费者的注意是不够的，它往往是短暂的，而且无法促成购买行为的发生。消费者在接受一则广告时通常会产生两方面的反应：认知反应和情感反应。一般来说，认知反应能增强消费者对信息的了解，即事实的学习；情感反应则表现为广告在消费者心里所引起的情感体验。因此，在广告设计中借助于制造惊奇的广告创意、富有吸引力的广告色彩等，来激发消费者对广告产生浓厚的兴趣，不仅有助于维持消费者在较长时间内对广告的关注，也是加强广告传播效果的有效选择。

3) 意识过程

随着人们对广告信息储存时间长短和储存量多少的沉淀和积累，逐渐形成对外界新的广告信息判别的依据，一直到使态度趋向稳定并形成指导人们购买行为的固定观念，这是心理反应过程的第三阶段，即记忆—态度—信念阶段。

有效的广告不仅要能引起消费者注意，激发兴趣，还要能让消费者将有关商品信息存入记忆之中。记忆可能是有意识的、自觉的，也可能是无意识的、不自觉的。在人们的心理活动中，这两种情况有可能是交织在一起的。记忆反映着广告信息储存的时间长短和储存量的多少，表明广告文案对个体影响的深度和持续程度。态度体现着消费者对商品的评价，是指导消费行为的依据。信念是复杂的心理反应过程，广告信息和社会经验的积淀，能够使消费者对商品的态度趋于固定并产生自觉的消费行为。

总之，认知过程、情感过程和意识过程是心理反应的三个环节，体现了人类消费行为的复杂性。认知过程形成消费行为的基础，情感过程是催化剂，而意识过程反映着消费行为的目的性，是认知的提升，又调节着情感的演化。在任何环节上，都可能阻断信息的传播，影响广告的传播效果。

3. 心理状态

心理状态是指心理活动在一段时间里出现的相对稳定的持续形态，既不像心理过程那样容易变化，也不像心理特征那样稳定持久。人的心理活动多是在睡眠状态、觉醒状态或注意状态下展开的，不同的心理状态体现着主体的心理激活程度和脑功能的活动水平。注意就是一种比较紧张、积极的心理状态，是人们自觉清醒地反映客观现实的心理活动的基础。广告策划人员必须研究受众接触媒体时的心理状态。在不同的心理状态下，受众选择的媒体不同，对广告信息的接受和选择也不同。

4. 心理特征

心理特征是人们在认知、情绪和意志活动中形成的一些稳定而经常出现的意识特性。具体地体现在个体的性格、气质和能力等方面。

1) 性格

性格是个体对客观现实在态度和行为方式中经常表现出来的稳定的心理倾向性。它是人的个性的核心部分。个体对某些事物的态度和反应，如果在其生活中巩固起来，进而成为经验程序，就会变成他在一定场合中习惯了的行为方式，也就构成了他的性格特征。个体的不同的性格特征，还取决于各自的认识、情绪和抑制这些心理过程的不同特点。这些不同的心理过程的影响，构成了性格的理智特点、情绪特点和意志特点，对个体行为活动的自我调节起着一定的作用。

性格的某些特点相互联系，成为一个整体存在于个体身上，就使个体表现出具有某种经常性的稳定的态度，以及与之相伴的独特的性格，形成这个人不同于其他人的明显区别。人们不同的性格特点，往往表现于他们在消费活动中的态度和习惯性的行为方式上。消费者的个体性格对其购买态度、购买情绪、购买决策和购买方式的影响是客观存在的，其性格及其特点都会在这些方面表现出来，因此，我们可以通过观察、交谈和调查分析等手段，来认识消费者的个体性格，掌握消费者的性格类型。这对广告策划、设计人员来说，具有导向作用。

2) 气质

气质是人的心理活动和行为在动力方面的表现，是受人的高级神经中枢影响的、典型的和稳定的个性心理特征，俗称“脾气”。例如，速度与强度特点、稳定性的特点和指向性的特点等。消费者的气质不同会直接影响到对广告接受的快慢、强弱和时间的长短。

心理学认为，人的气质包括四种类型：兴奋型(胆汁质)、活泼型(多血质)、安静型(黏液质)和沉静型(抑郁质)。

(1) 兴奋型。这种人反应能力较强，但不平衡；兴奋过程强于抑制过程，容易兴奋而难于抑制，一般表现为情绪反应快而强烈，而理性抑制能力则较差；对外界事物的反应速度快，但不够灵活；脾气倔强，精力旺盛，不易消沉，耐受性和外倾性都较为明显。心理学上称兴奋型为胆汁质气质。

(2) 活泼型。这种人反应能力较强，而且平衡性、灵活性也较强；一般表现为情绪兴奋性高，活泼好动，富于表现力和感染力；对外界事物较为敏感，容易随着环境的变化而转变，精力分散，联系面广，兴趣宽泛，见异思迁，反应性和外倾性都较为明显。心理学上称活泼型为多血质气质。

(3) 安静型。这种人反应迟钝，但较平衡，灵活性较低，抑制过程强于兴奋过程；一般表现为情绪比较稳定，沉着安静，善于忍耐；对外界事物反应缓慢，行动迟缓，心理状态极少通过外部表现出来，耐受性和内倾性都较为明显。心理学上称安静型为黏液质气质。

(4) 沉静型。这种人反应能力较弱，但较为平衡；兴奋速度和对外界刺激的反应均较慢；一般表现为主观体验深刻，遇事敏感多心，言行谨慎；一旦接受了刺激，既易于激动也易于消沉，感受性和内倾性较为明显。心理学上称沉静型为抑郁质气质。

以上 4 种气质只是最一般的划分。事实上，在日常生活和消费活动中，纯属某种气质型的消费者极少，更多的是以某种气质为主，兼有其他气质的混合气质类型。因此，我们在判断某个消费者的气质时，并非一定要把他划归哪一类，而主要是观察与测定构成他的气质类型的各种心理特征，从而去发现他们的基本气质。

知识链接

消费者的消费行为类型

根据消费者的气质类型，可以把消费者的消费行为分为以下四种类型。

(1) 习惯型。这类消费者购买商品一般不经过复杂的挑选和比较，只是凭着自己的生活体验而决定购买行为，而且是经常重复稳定地购买某种商品。这类消费者以沉静型和安静型的气质为主，他们的广告接受心理特征表现为比较注意厂牌、商标及厂商的历史和信誉。

(2) 交际型。这类消费者善于交际，购物时观察敏锐，思维敏捷，并容易与售货员进行愉快的接触，博得对方的好感。但有时其兴趣和目标容易转移，对商品一时不能取舍，有时会因缺乏深思熟虑而轻率地做出购买决策。这种类型的消费者一般以活泼型气质为主。他们在接受广告信息时，售货员的态度往往起着决定作用。

(3) 冲动型。这类消费者一旦感到有某种需要，购买动机便很快产生并进入决策阶段。在购买过程中，如遇到诱人的广告和良好的接待，便会迅速愉快地成交；反之，如果售货员服务态度欠佳，则容易与人发生冲突。这类消费者以兴奋型气质的人为主，他们对良好的广告信息和售货员的良好态度比较注意。

(4) 想象型。这类消费者想象力特别丰富，注意力容易外移，兴趣容易受情绪的影响，购买商品时往往会把商品与自己向往的生活方式的诸种因素联系起来，只要符合其愿望，就乐意购买，不太重视商品的其他方面。这类消费者以兴奋型和活泼型气质为主，他们对广告的文本、图案和商品的外观造型、颜色甚至命名都比较重视。

(资料来源：王军元. 现代广告学[M]. 苏州：苏州大学出版社，2007.)

3) 能力

能力是个体能够顺利地完成某种活动并直接地影响其活动效率的个性心理特征。个体的能力主要表现为观察力、记忆力、想象力、思维能力和注意力，以及听觉、运算、鉴别能力和组织能力、协作能力等。在人们的购买活动中，这些不同种类的能力彼此联系，相互促进，共同发挥作用。但不同情形下的购买活动具有不同的能力活动结构，所需的能力强度也不相同，购买一般产品和特殊产品时的能力要求也有很大差别。

人的能力的形成和发展，同人的素质、社会实践、文化教育和主观努力等条件密切相关。由于每个人在这方面所具备的条件不同，个体与个体之间不仅存在着一般能力和特殊能力的差异，还存在着能力发展水平的差异。在购买活动中，消费者的购买行动的多样化，也在一定程度上反映出消费者能力的个体差异。购买者购买行为的果断程度，就可能反映出其对商品的识别能力、评价能力和决策能力，有时甚至是支付能力，而这其中，消费者对广告的认知能力、评价能力也在起着不可忽视的作用。

从以上分析可知，消费者的性格、气质和能力等个体心理特征对消费者的购买行为的影响非常大，是构成不同的购买行为的心理基础。广告心理学对个体心理、行为和特征的研究，目的就在于在通过广告策划与设计人员对消费者心理特征的分析，做到从实际出发，使广告宣传与目标受众的心理活动直接发生联系，做到有的放矢，以提高宣传效果。

2.1.2 社会心理与广告

社会心理是社会刺激与社会行为之间的中间过程，对广告活动有着较大的影响。研究个体在社会变化过程中的社会角色和自我、态度，以及社会影响中的从众心理、模仿、暗示和社会感染，对于认识广告受众心理规律、提高广告的心理效果都具有重要的实际意义。

1. 社会角色与自我

1) 社会角色

社会角色是个体与其社会地位、身份相一致的行为方式及相应的心理状态。在社会中，每个角色都代表着一系列有关行为的社会规范。角色规范是在长期的社会生活中形成的，并在个体的社会活动中表现出来。每个人都在社会中承担着一定的社会角色，在群体中形成相对固定的位置。人的角色包含三个层面：理想角色代表着他人或社会对个人的期望，知觉角色表示人们自身或与他发生关系的人对他的角色的看法，扮演角色则是指一个人怎样承担自己的角色。人们扮演其角色的行为，不但取决于社会的期望和自身的理解，还总是要伴随着特定的社会情境所带来的压力和机会而产生变化。

运用消费者的角色认同心理来进行品牌定位是广告策划中常用的手法。七匹狼服饰广告，通过一群粗犷、豪迈的男性形象，突出了七匹狼品牌的男性气质，赋予了品牌特定的角色特征。一些渴望和认同男子汉气概的消费者会对这个品牌情有独钟，正是因为其广告信息突出的品牌个性符合潜在消费者的角色认同。

案例 2-1

“七匹狼”广告创意

七匹狼男装广告通过诉求男人的优秀品质，巧妙地传达了七匹狼的文化品位与内涵。

开头简单的一句“男人，不会只有一面”，充满悬念。既然不会只有一面，到底有多少面呢？紧随其后依次介绍了男人的慈父面、慷慨面、自豪面和征服面。此为该广告的第一大部分。“今天，你要秀出哪一面？”镜头中出现了一匹体形彪悍的狼，接着是七匹狼的品牌标识。后面是第二大部分，通过电视画面先后介绍了男人优秀品质的温柔面、英雄面、孤独面、领袖面。最后，依然是“今天，你要秀出哪一面”，呼应广告中部的“今天，你要秀出哪一面”，前后呼应，加深了这个问题在观众脑海中的印象，从而突出了七匹狼的品牌个性。

2) 自我

自我就是个体对自己存在状态的认知。自我概念的形成一般会经历生理自我、社会自我和理想自我三个阶段。广告策划者要充分地挖掘目标受众的自我意识，尤其是在对社会自我和理想自我方面的追求，为产品品牌增加有效的个性色彩。在购买能力强的目标市场，消费行为已经成为许多人展现自我的重要方面。正如某服装品牌的广告语：“穿什么，就是什么。”

2. 态度

态度是个体对某种事物、观念或他人的稳定的心理倾向。态度的心理成分包括认知成分、情感成分和行为倾向成分三个方面，其中情感成分是态度的核心。态度具有调节功能、自我防卫功能、价值表现功能和知识功能。态度的改变通常有方向和强度两个维度，态度在方向上的改变是性质上的变化，态度在强度上的改变是程度上的变化。

广告主如果要培养消费者对产品及品牌的积极态度，所采取的广告策略就要在认知的基础上，进行有效的情感成分的渲染，在认同阶段通过整合营销传播以培养目标消费者的忠诚度。①

3. 从众心理与模仿、暗示及社会感染

1) 从众心理

从众心理是在群体压力下，个体在认知、判断、信念与行为等方面自愿与多数人保持一致的现象。影响从众心理的因素有两个：一是全体因素；二是个体人格因素，包括个体的自我评价和自信心。个体自我评价越高，从众行为越少；个体自信心越强，从众行为越少。

从众心理最早是 M. 谢里夫(M. Sheriff)在 1935 年的心理学实验中确认的。在实验中，用事先策划好的群体错误意见去影响被试验的个体，结果被试的人中有 1/3 的人按照错误意见做出判断，并推翻了自己原来的正确意见，证明了群体意见对个人的影响力。从众行为中，个体常常跟从错误的或和自己观点不符合的行为。消费行为中的从众现象也充分表明了这一点。例如，时尚这一社会现象，便是从众心理的集中体现。时尚，又称流行，是从众心理在消费行为和广告中最典型的体现。时尚作为社会文化现象，具有以下两个特征：首先，时尚是人们对某种特定的生活方式的随从和追求。例如，服装的流行、某种饮料的流行等，均表现出对特定趣味的嗜好和趋从。其次，时尚在同类现象中，表现出数量上的优势。只有相当多的人追求和随从同一种生活模式，才能称为时尚。基于这种心理，广告往往将产品塑造成时尚，以赢得更多的消费者。广告要引导时尚，可以从以下几个途径着手：利用名人或权威为产品做证言广告；设计巧妙公关活动，制造新闻效应；强调使用或拥有产品的心理优越感等。

2) 模仿、暗示及社会感染

模仿、暗示及社会感染作为社会影响的三种形式，属于大众社会心理现象。模仿是在没有外在压力的条件下，个体受到他人影响，仿照他人，使自己与之相同或相似的现象。暗示是在非对抗的条件下，通过语言、表情及肢体语言或符号对他人的心理与行为产生影响，使之接受暗示者的意见和观点，或者按照所暗示的方式去活动。社会感染则是一种较大范围内的信息与情绪的传递过程，即通过语言、表情、动作及其他方式，引起众人相同的情绪和行为，特点是双向性、爆发性和接受的迅速性。

① 覃彦玲. 广告学[M]. 成都：西南财经大学出版社，2009.

案例 2-2

"沐歌沐浴露"影视广告片

蓝天、白云、椰树、阳光、海浪、沙滩……

椰树下，主人公正悠闲地躺在用椰子壳做成的吊床上，轻翻一本时装画册。突然，有一滴露珠从天上掉下来，正好落在画中人的肩膀上。这晶莹剔透的"甘露"从何而来？

抬头望去，原来是从椰树上滴下来的椰树油(即椰树磷脂)。主人公随手拿起"沐歌"沐浴露的瓶子，把椰树上滴下来的"甘露"一滴一滴地接住。

海边，有一个用椰子壳做成的浴缸，清澈的水面上撒满了玫瑰花瓣，主人公在这里沐浴。欣赏着这美丽迷人的风光，品味着这沁人肺腑的芬芳，心情好极了！她情不自禁地用她那纤细修长的手指在自己的胳膊上弹奏起"沐歌"的旋律来：

"大地沐浴着花香，春雨的歌青草在唱，清清的山泉沐浴我心房。让梦沐浴着自由的飞翔……这是怎样的感觉，每一寸肌肤都在快乐地歌唱。"

【案例评析】

这则广告充满了感情，它把大自然风光的美与使用"沐歌"沐浴露的心情美水乳交融在一起，以美丽的风光和美妙的旋律传达"沐歌"的愉悦和快乐。广告画面着力于情绪的渲染，美丽的心情，给人一种如诗如画的美好的心理感受，极富打动人心的感染力量。

4. 家庭

家庭是社会生活的基本单位。与其他社会关系相比较，家庭关系最为密切、深刻。家庭的主要功能包括经济功能、生育功能、抚育和赡养功能、教育功能、感情交流功能、休闲与娱乐功能等。家庭还是购买和消费的基本单位。对于家庭的研究，尤其是家庭生命周期的研究，可以为广告策划提供很多重要信息。[①]

2.1.3 Bedell 模型简述

美国广告咨询专家克莱德·比德尔(Clyde Bedell)认为，广告效果是广告主题定位、广告本身传播效果及广告以外的营销因素三者综合作用的结果，可以用一个简式来表达广告效果与三个主要影响因素之间的因果关系，即 Bedell 模型：

广告效果＝广告主题定位×广告本身传播效果×广告以外的营销因素

其中，广告主题定位取决于产品品质(Item Appeal)、价格(Value Appeal)及品牌(Name Appeal)三个因素，简称 3A；

广告本身的传播效果受到其趣味性、说服力及传播内容这三个因素的影响；

广告以外的营销因素则包括广告时机的把握、广告投放后的营销策略，以及其他相关因素的强化或抑制作用等，如图 2.2 所示。[②]

Bedell 模型的内涵就是广告效果主要受到三个方面因素的影响：广告主题定位、广告传播技术和广告营销策略。首先，广告主题的定位是决定广告效果最关键的因素，广告所宣传的产品和服务给消费者带来的利益点，其品质好坏、价格是否合理，以及产品和企业

① 王宏伟. 广告原理与实务[M]. 北京：高等教育出版社，2007.

② 李宝元. 广告学教程[M]. 北京：人民邮电出版社，2004.

名称是否具有美誉度等，是一则广告能否取得成功的决定性因素。其次，广告本身的传播技术也是一个重要因素，如果广告符合传播学规律，传播内容具有很强的趣味性和说服力，则会收到好的传播效果。最后，要取得预期的广告效果，还需要在广告投放之后，采取一系列与环境相适应的营销策略及措施相匹配。因此，可以将 Bedell 模型视为一个关于广告理论的一般模型，由此可以引申出三大类广告基本理论，即广告定位理论、广告传播理论和广告营销理论。

- 广告效果
  - 广告主题中的3A
    - 产品品质
    - 价格
    - 品牌
  - 广告本身的传播效果
    - 趣味性
    - 说服力
    - 传播内容
  - 广告以外的营销因素
    - 广告时机
    - 广告投放后的营销策略
    - 其他相关因素的强化或抑制作用

图 2.2　广告效果的主要影响因素

2.2　广告定位理论

广告定位理论是关于如何准确把握广告主题，即广告所表达的中心思想，以科学有效地提高广告效果的有关学说和法则。广告定位理论分别是“独特的销售主张”(Unique Selling Proposition，USP)理论、品牌形象(Brand Image，BI)理论、现代定位理论、品牌个性(Brand Character，BC)理论。

2.2.1　USP 理论

20 世纪 50 年代被称为 “产品至上时代”。第二次世界大战结束之后，各国经济迅速扩张，人们收入增加，市场需求旺盛，大规模工业化生产方式普遍形成。在市场竞争中，企业面临的共同问题是：如何以 USP 说服消费者购买本企业的产品。这样，促使产品至上的独创性销售理论，成为当时占主导地位的广告理论。USP 理论是由罗瑟 · 瑞夫斯(Resor Reeves)于 1961 年在《实效的广告》(*The Reality of Advertising*)一书中首先提出的，即独特的销售主张理论。USP 理论认为，广告就是要发挥一种建议或劝说功能。它具有以下 3 个基本要点。

1. 独特性

广告信息必须包含一个植根于品牌深处的、没有被提出过的独特承诺，它是其他品牌未能提供给消费者的最终利益。它必须能够在消费者心目中占据特定的位置，从而使消费者坚信该品牌所提供的利益是独有的和最佳的。

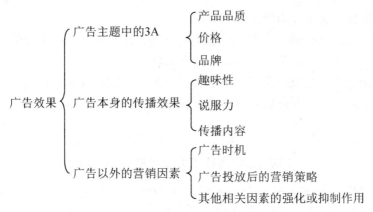

2. 销售点

广告产品必须对满足消费者的需求有实际的和重要的意义，广告能够以其强大的说服力和感染力与消费者沟通，能够很快地促使其采取购买行动。

3. 劝说力

广告要有一个清晰的、令人信服的独特的利益承诺。广告不是一个“展示橱窗式”的说教，而是能够激发购买行为的切实承诺。

USP 理论的心理基础就是人们的注意力和兴趣往往集中在那些重要的、有价值的或与自己需要相关的产品上，经常用产品某一独有的特征来辨别、认知某一产品。USP 理论正是利用人们认知的心理特点，在广告中宣传产品独有的特征及利益，引起消费者注意、理解、记住并产生兴趣，从而促使其做出购买决策和采取购买行动。

案例 2-3

M&M's 奶油巧克力糖果的电视广告

运用 USP 理论的代表之作是 M&M's 奶油巧克力糖果的电视广告，一句“只融在口，不融在手”的广告竟然连续使用了近半个世纪。其根本原因是人们平时在吃巧克力时都希望把巧克力粘在手上，而事实上有很多巧克力就是容易粘在手上、衣服上，甚至融得满脸都是；M&M's 奶油巧克力糖果不但不会粘在手上，而且突出了融在口中，把巧克力那独特的滋味也巧妙点出，让人垂涎三尺，不得不去购买。这就激发了消费者的购买欲望，或给消费者带来了实际的利益，而其他巧克力是不能提供这种滋味和方便的。再如，农夫山泉矿泉水经过细致的市场调查、研究，准确抓住了人们当前需要淳朴、自然、绿色的消费心理，采用了“农夫山泉有点甜”的广告语。该广告抓住了目前消费者“绿色”消费的心理或要求，以及口渴时畅饮带来甜蜜的滋味感受，其创意广告词不能不说是它 USP 理论运用的典范。

瑞夫斯利用 USP 理论还成功地进行了一系列广告宣传。例如，他为奇迹牌面包所做的广告语为“奇迹牌面包为您塑造八种健康身段”；为高露洁牙膏所写的广告语为“高露洁清新您的牙齿，也清新您的口气”等。这些广告产品都创造了令人信服的销售业绩。

2.2.2 品牌形象理论

20 世纪 60 年代中后期，随着科技的进步，新产品越来越多，大量模仿性产品的出现使得寻求 USP 变得越来越困难。在这种情况下，一个企业在市场中的生存和发展，日益依赖于企业在人们心目中的声誉和形象。市场走出“产品至上”时代，进入了“形象至上”时代。被称为“广告怪杰”的美国广告大师大卫·奥格威为品牌形象理论理论的创始人，奥格威在全球广告界负有盛名，他被列为 20 世纪 60 年代美国广告“创意革命”的三大旗手之一，“最伟大的广告撰稿人”。他主张“每个广告都是对品牌印象的长期投资”，通过树立特别的品牌形象以达到企业的营销目标，进而发展为 BI 理论。

BI 理论的基本要点如下。

(1) 广告最主要的目标是为塑造品牌服务，力求使广告中的商品品牌具有较高的知名度。

(2) 任何一个广告都是对广告品牌的长期投资。广告的诉求重点应具有长远性，为维护一个良好的品牌形象，可以牺牲短期的经济效益。

(3) 随着同类产品的同一化趋势。同类产品间的差异性日渐缩小，消费者往往根据对品牌的好恶来选择购买，因此，描绘品牌形象比强调产品的具体功能特征重要得多。

(4) 消费者购买时所追求的不仅是量的满足，质的提高，而且是感性需求的满足，即“实质利益+心理利益”，因此广告应尤其重视运用形象来满足消费者的心理需求。

“穿哈撒韦衬衫的男人”、“万宝路牛仔”、联合利华(荷兰)力士香皂的国际影星形象等，都是著名的成功范例。BI 理论的经典之作之一是奥格威创作的《戴眼罩的穿哈撒韦衬衫的男人》，该广告只用了 3 万美元就使一个默默无闻了 116 年的衬衫品牌在短期内成为一个具有全国影响的服装名牌。万宝路开始是以女性为目标市场的，20 世纪 50 年代开始，重新定位于男性市场，在“这就是万宝路的世界”的万宝路香烟广告中，通过广告与“牛仔”、“骏马”、“草原”的形象结合在一起，里奥 • 贝纳(Leo Burnett)塑造了万宝路粗犷豪放、自由不羁又浪漫质朴的品牌形象。到 1975 年，万宝路成为美国销量第一的世界知名品牌。

案例 2-4

力士香皂树立国际品牌形象的广告策略

作为国际风行的老品牌的力士香皂一直青春常在，70 多年来畅销全世界 79 个国家。为实现与各国消费者的心理沟通，力士在全球采用统一策略进行广告宣传。该公司把握了人们对偶像的崇拜及希望自己像心中偶像那样被人喜爱的心理，用众多明星针对各种不同文化消费群体大做广告。70 多年来，力士与无数世界著名影星签约，其中包括索菲亚 • 罗兰(Sophia Loren)、简 • 方达(Jane Fonda)、伊丽莎白 • 泰勒(Elizabeth Taylor)、奥黛丽 • 赫本(Audrey Hepburn)、陈冲、张曼玉等，一直保持了连续性、稳定性的广告诉求。通过国际明星的推荐，力士很快获得全球的认可，成功树立了力士国际品牌的形象。

知识链接

CI 理论与 CIS 设计

1. CI 理论

CI 的英文全称为“Corporate Identity”，译为“企业识别”或“企业形象”。20 世纪 70 年代，CI 理论作为一种企业系统形象战略被广泛运用至企业的经营发展当中，并掀起了一场风起云涌的“形象革命”。在 CI 理论的统摄下，广告只是其中一个组成部分，因此对广告“说什么”提出了新的要求和主张，即形成了广告理论中的 CI 理论。

CI 理论的基本观点如下。

(1) 广告内容必须与 CI 理论所规定的整体形象保持统一性，CI 理论中的广告应注意延续和积累广告效果。

(2) CI 理论中的广告应着眼于塑造公司整体形象，而不仅仅是某一品牌的形象。这是它比 BI 理论进步的地方。

在 CI 理论统摄下的成功广告之作当属 IBM 公司和可口可乐公司，它们的系列广告使 IBM 公司和可口可乐不仅成为了“美国国民的共有财富”，而且成为了世界级的超级明星。

2. CIS 设计

企业识别系统(Corporate Identity System，CIS)设计就是将一个企业经营理念与精神文化、组织行为方式和视觉形象通过一整套传播系统，传递给消费者，从而获得一种亲和力、认同感。CIS 包括 3 个子系统：企业理念识别(Mind Identity，MI)系统、企业行为识别(Behavior Identity，BI)系统和企业视觉识别(Vision Identity，VI)系统。

MI 系统反映一个企业的基本价值取向，包括企业经营战略、方针、价值观、文化。一般用简洁、明确的语言表达，如李宁公司的“一切皆有可能”，美特斯·邦威公司的“不走寻常路”。

BI系统是指在企业理念下所形成的一系列行为规范，一般通过日常经营活动和一些特殊活动(如公益活动、公共关系活动、促销活动、文体活动等)，将企业和品牌的形象动态地表现出来。

VI系统是企业形象视觉化的传达方式，表达的形式多、层次广，效果最直接。

MI系统是CIS的灵魂，BI系统是CIS的行为基础，VI系统则是CIS的关键子系统，三者共同形成了一个企业CIS的有机整体。

2.2.3 现代定位理论

USP理论和CI理论的共同点是在确定广告主题时，都是从产品或企业本身出发，即“由里往外”考虑问题。进入20世纪70年代以后，市场进入了所谓的“生活导向”时代。一个企业必须真正从消费者出发，深入到消费者生活中，“从外往里”思考问题，为消费者“设计和创造生活”。于是，衡量和确定广告宣传的产品在消费者心目中究竟处于什么位置，就成为广告策划的核心问题。

知识链接

广告定位理论

1972年，广告专家艾·里斯(Ai. Ries)和杰克·特劳特(Jack Trout)在《广告时代》杂志上，以“定位”(Positioning)为主题发表了一系列文章，提出了广告定位理论。他们的代表作是《广告攻心战》(*Positioning: Battle for Your Mind*)；1996年，特劳特总结整理了25年来的经验，发表了《新定位》(*The New Positioning*)，更加详尽地阐释了其定位理论思想。他们对定位的解释是：定位起源于产品，一件商品、一项服务、一家公司、一个机构，甚至是一个人。定位并不对产品本身做什么事情，而是对潜在顾客的心理采取行动，就是将产品在潜在顾客的心中确定一个适当的位置。

定位理论当初是被当成一种纯粹的传播策略提出来的，随着营销理论的发展，定位理论逐步演变成为营销策略的一个基本步骤。“营销之父”菲利普·科特勒(Philip Kotler)对“定位”的定义为：定位是对企业的产品和形象的策划行为，目的是使它在目标顾客的心理上占据一个独特的有价值的位置。因此，企业必须开发所有的营销组合因素，使得自己的产品特色符合所选择的目标市场，并在此基础上进行心理定位。定位既包括对现有产品的心理定位和再定位，也包括对潜在产品的定位。现在使用的“定位”一词，已经超越了“沟通传播技巧”的范畴，演变为企业营销策略的基本步骤。定位就是占领消费者的心智空间。

特劳特在《新定位》中列出了消费者的五大思考模式，帮助企业把握消费者的心智。这五种模式如下。

1. 消费者只能接收有限的信息

在超载的信息中，消费者会按照个人的经验、偏好、兴趣甚至情绪，选择接收部分信息。因此，能够引起消费者兴趣的产品信息，就有进入消费者记忆的先决优势。

2. 消费者喜欢简洁

七个字以下的广告语，比较容易让人记住。企业应当集中力量将一个重点清晰地注入消费者心中，突破消费者讨厌复杂的心理屏障。

3. 消费者缺乏安全感

消费者会购买别人都在购买的东西，因为从众行为可以减少不安全感。

4. 消费者对品牌的印象不会轻易改变

虽然新奇的品牌广告能引人注目，但是消费者脑子里真正记住的信息，还是他们耳熟能详的东西。

5. 消费者的想法容易失去焦点

消费者因为各种因素的影响，往往容易改变主意，失去关注的焦点。

定位理论的经典运用是七喜汽水的非可乐定位和艾维斯(Avis)出租汽车公司的“我们是第二”的定位。非可乐定位使七喜汽水一跃而起，成为美国市场上与可口可乐、百事可乐并驾齐驱的三大饮料之一。“我们是第二”的广告定位，使艾维斯出租汽车公司以弱胜强迅速成长壮大起来。

案例 2-5

“红橘汁”的广告定位

如何使一个已占据同类市场 70%份额的品牌继续发展？法国奥瑞金纳公司对“红橘汁”饮料的营销结果证明要善于主动出击。

1994 年 4 月，奥瑞舍纳公司围绕着“红橘汁”这一名牌饮料延伸出的新产品，展开了一场与其味道一样大胆的广告活动，目标是以这种新口感再赢得 10%的市场。奥瑞金纳公司认为：正如推出任何一种新产品一样，除了事前进行周密的市场调研和准备工作之外，还要相信自己的直觉。他们推出“红橘汁”之前就感觉它会成功，只是对它发展之大、之快始料不及。

虽然该公司的“橘汁”饮料在法国的橘味碳酸汽水市场处于霸主地位，在饮料市场排名仅次于可口可乐，但仍有一个相对年轻化的市场极具发展潜力。而且调查显示：在“红橘汁”13～18 岁这一最年轻的消费者群体中，普遍存在着喜欢更具冒险性口味的倾向。为保住这个消费者群体及吸引新的消费者，该公司对于橘汁的配料进行了大胆的改革：放入一种更酸的红橘，以取其鲜亮的颜色和少糖的口感，还增加了一种含咖啡因、略苦的亚马逊水果。于是新产品“红橘汁”在保持了“橘汁”原有的橘味和果浆的基础上，又具有了一种更富挑战性的味道，它的颜色对于青少年极有吸引力，因为它暗示着大胆、禁忌、坚定和隐秘的情感。

该公司把“红橘汁”定位成“橘汁”的“邪恶的小兄弟”，于是公司在广告设计上，把它的红瓶子变成了一种邪恶的力量，把自己推向毁灭的边缘。它的一系列广告都通过诙谐的暴力形式来表现其进攻性的一面，明确传达了一种幽默的意图。例如，瓶子想在森林中攻击一群孩子，结果却在追逐它的目标的过程中，自己挨打，被碾碎。

许多成年人对这些广告颇有微词，但“红橘汁”的目标受众青少年却喜爱它们，红色对于他们意味着刺激、冒险和行动。因此，在法国，该系列广告一直具有高达 73%的认知度。

【案例评析】

定位是企业在经营过程中，为适应消费者的不同需求，在市场细分化的基础上，努力使产品差别化，从而在消费者心目中占据位置、留下印象的营销方法。市场定位就是对公司的产品进行设计，从而使其能在目标顾客心目中占有一个独特的、有价值的位置的活动，也称产品定位。市场定位就是塑造一种产品在细分市场上的位置，其实质是使产品在消费者心目中树立某种形象，目的是影响顾客心理，增强企业及产品的竞争力，扩大产品销售，增加企业的经济效益。

进行市场定位和产品定位，是企业实施营销战略的重要策略的组成部分。为配合企业的市场营销战略，需要制定广告定位策略。广告定位就是通过广告的沟通，使企业、产品、品牌在消费者心目中确定位置的一种方法。

“红橘汁”抓住了13～18岁这一最年轻的、喜欢更具冒险性口味的消费者群，进行巧妙的市场定位和广告定位，通过广告诉求使得“红橘汁”形象符合目标受众的刺激、冒险和行动的心理特征，得到目标受众的高度认同，与其在法国获得高认知度与恰当的广告定位不无联系。

2.2.4 品牌个性理论

美国Grey广告公司对品牌内涵进一步挖掘，提出了“品牌性格论”，这是一种后起的、充满生命力的广告创意新理论。该理论可以用公式表示为：产品＋定位＋个性＝品牌性格。意思是广告在“说什么”时，不只是“说利益(产品)”、“说形象(定位)”，还要“说个性”。

BC理论的基本要点如下。

(1) 在与消费者的沟通中，从标志到形象再到个性，“个性”是最高的层面。品牌个性比品牌形象更深一层，形象只是造成认同，个性可以造成崇拜。例如，德芙巧克力的广告语为：“牛奶香浓，丝般感受”。品牌个性在于“丝般感受”的心理体验。能够把巧克力细腻滑润的感觉用丝绸来形容，意境够高远，想象够丰富。充分利用联觉感受，把语言的力量发挥到极致。

(2) 为了实现更好地传播沟通效果，应该将品牌人格化，即思考如果这个品牌是一个人，它应该是什么样子(找出其价值观、外观、行为、声音等特征)。

(3) 塑造品牌个性应使之独具一格、令人心动、历久不衰，关键是用什么核心图案或主题文案能表现出品牌的特定个性。

(4) 选择能代表品牌个性的象征物往往很重要。例如，“花旗参”以鹰为象征物；IBM以大象为象征物；“万宝路”以马和牛仔为象征物；BRAND'S鸡精以灯泡为象征物；骆驼牌香烟以驼脸人身为象征物等。

品牌个性论理论的成功之作是1972年的苹果牌牛仔裤广告。其广告画面是这样的：一匹没有鞍的马背上，骑着赤膊的二女四男，他们都穿着苹果牌牛仔裤。一只红苹果由下而上，在他们手中一一传递，女模特是著名影后，而且赤裸着上身。此广告将苹果牌牛仔裤“性感”、“反叛”、“个性主义”的品牌性格显露无遗。

案例 2-6

周杰伦——“动感地带”形象代言人

针对青少年群体的广告营销不胜枚举，但广告效果往往不尽如人意。原因自然很多，无论是创意的问题，还是表现形式的问题，根本的一点在于广告中所再现的亚文化氛围与目标受众真正的亚文化特质难以吻合。这样的广告很难真正打动那些富有个性的上帝们。而中国移动通信集团公司(以下简称中国移动)推出的“动感地带”这一品牌则成功提炼了青少年群体中的亚文化特质，将“短信文化”这一独特的流行文化表现深入目标群体之心。尽管业界对于它的营销方式有种种微辞，但其广告创意却值得称道。

“动感地带”(M-Zone)是中国移动为年轻时尚人群量身定做的客户服务品牌。为了赢得目标人群的青睐，中国移动可谓煞费苦心。首先启用在时尚一族中最受欢迎的周杰伦做其形象代言人。周杰伦几乎是时下新锐的代名词，且受欢迎度极高。而周杰伦在“动感地带”中对“动感地带”极富特色的短信服务的演绎更是既精确到位，又饶有趣味。广告中的年轻人发短信的状态很切合时下年轻人对短信的情有独钟。发短信在这些年轻人之中，不仅是一种方便快捷的信息传播方式，在某种程度上更是一种生活方式。这一亚文化的信息在“动感地带”广告中得到了准确的传递。周杰伦够酷的形象，以及广告中极富 hip-hop 特色的音乐背景更为其赚得目标群体的足够关注和认可。

如果说“动感地带”广告中对短信文化的表现已经契合了时尚一族的某种亚文化特质，那么其富有个性的服务又有力地支持了这一诉求。“动感地带”不仅资费灵活，同时还提供各种创新的个性化服务，给用户带来前所未有的移动通信生活。“动感地带”这一全新的客户品牌采用新颖的短信包月形式，同时还提供多种时尚、好玩的定制服务，可以容纳更多的时尚娱乐功能，为年轻一族提供一种新的、即时的、方便的、快乐的生活方式。“动感地带”的星座运势、娱乐新闻将目标直指时尚前卫的少男少女。

“动感地带”定位在“新奇”之上，“时尚、好玩、探索”是其主要的品牌特性。而“我的地盘听我的”口号更是已经融入青少年的亚文化之中。“动感地带”为年轻人营造了一个个性化、充满创新和趣味性的家园。它代表一种新的流行文化，用不断更新变化的信息服务和更加灵活多变的沟通方式来演绎移动通信领域的“新文化运动”。

【案例评析】

个性心理学的自我概念理论可以解释品牌形象代言人的作用机制。自我概念可以分为四个基本的部分：实际的自我——消费者实际如何看待自己，理想的自我——消费者希望如何看待自己，社会的自我——消费者觉得他人如何看待自己，理想的社会自我——消费者希望他人如何看待自己。

而品牌形象代言人往往会成为消费者的理想自我或理想的社会自我。如果名人的形象与产品的形象保持一致，或者产品的形象通过名人而得以塑造的话，消费者就会把自己的理想自我或理想的社会自我投射到产品或品牌上。于是形象代言人的作用就得以实现。下面以动感地带的形象代言人来解释这一过程。

中国移动的动感地带在选择品牌形象代言人时十分慎重，如曾请周杰伦作为其形象代言人，要分析周杰伦是否合适，就要首先分析动感地带的目标消费者及其追求的形象。

动感地带的目标顾客群的素描：15～25 岁年轻时尚一族；非常注重个性；有一点偏离主流；追求叛逆、不拘一格、自由、奔放、无拘无束，有些放荡不羁，绝不是乖孩子，不会太“过火”，因为他们渴望自由独立；比身边的哥们更“酷”；偶像绝对不是情意绵绵的情歌王子，也不是日流、韩流。

周杰伦正好是这类年轻人的理想自我：周杰伦的形象与个性是一个整天戴着鸭舌帽，穿着运动 T 恤和宽松牛仔裤，第一眼看上去有点坏坏的小子。他我行我素，独树一帜。

因此，周杰伦非常符合动感地带的目标消费者的理想自我形象，作为动感地带的形象也就特别合适，如图 2.3 所示。

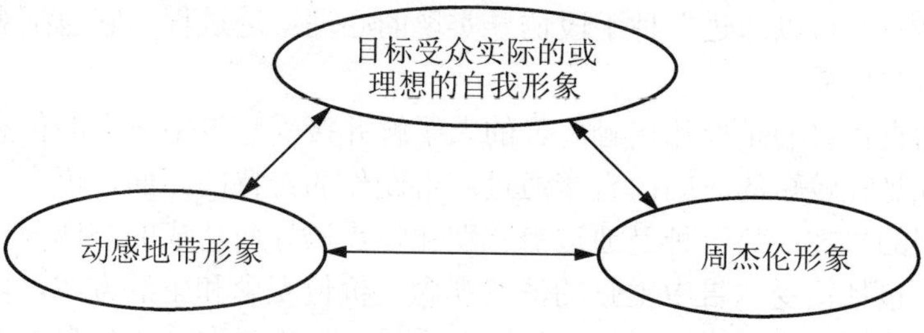

图 2.3　自我概念与品牌形象代言人的关系

(资料来源：张红明. 品牌人格化：品牌价值实证研究[M]. 武昌：华中科技大学出版社. 2007.)

2.3 广告传播理论

2.3.1 广告传播原理

传播由信源、信宿和信息三个基本要素组成。信源是传播信息的来源，是信息的发出者，又称传者；信宿是信息传播的目的地和对象，是信息的接收者，又称受者；信源通过传者和受者预先约定的符号和信号来传递，这些符号和信号即为信息。传播信息的渠道称为信道，又称信息媒体。在人际传播时，传者把信息传给受者，要想保持人际传播的畅通，受者就要对传者传送的信息做出回应或反馈，这时受者又变成了传者，过去的传者又成了受者，信息就开始了交流，形成双向沟通。因此，信道与反馈就构成信息传播的要素。

信源的信息很多，要想有效传播给受者，就需要对信息进行加工，即把信息变换为适应于通过信道传播的符号和信号，这个过程称为编码；受者在信道上看到这些符号和信号，就需要把它转换为原信息，这个过程称为解码。编码和解码又构成了信息传播的重要因素。

在信息传播中，存在的可能歪曲信息内容，妨碍传者、受者对信息共同理解的因素，称为噪声。噪声分为信道噪声与语义噪声。由于噪声的影响，信息不能得到有效传播。为提高信息传播效果，必须防止信息中途丢失和被歪曲，应选择合适的信息传播渠道，采用易被受者正确理解的编码。基本的传播模型如图 2.4 所示。

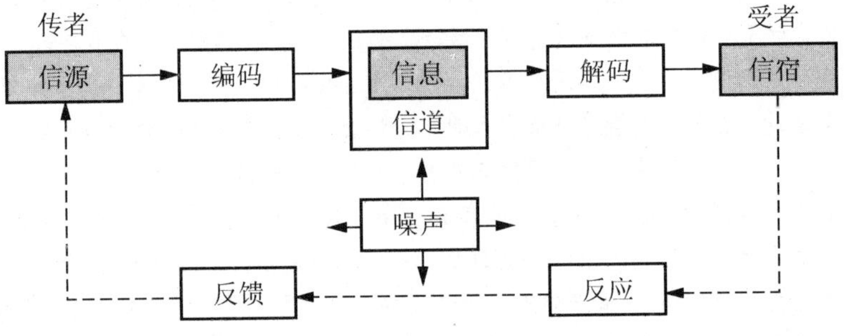

图 2.4 基本的传播模型

1. 广告传播的诱导性原理

广告传播的诱导性原理：广告信息作为外界刺激作用于受者，引起预期的观念改变和购买行为，这是一个可以通过多种手段诱导实现的心理渗透过程。它包括观念的传播、情绪的传播和行为的传播。

广告传播的直接目的是要让接触广告的人了解并接受广告中包含的信息。要实现这一过程，一种情况是在较短的时间内直接通过广告制作的奇特的画面，语言、音响、色彩等引起受众的强烈的兴趣；另一种是通过潜移默化逐步诱导而达成的。诱导受众逐步接受广告宣传的内容，包括接受广告中主张的消费观念、价值观念和生活方式，以一种无形的力量使受众对广告传播者的观点意见趋于认同。诱导力的大小取决于信息的诱导性强弱的程度。策划制作广告的一切努力几乎都同提高广告诱导力有关，所以诱导性原理被人们视为指导广告策划、制作传播的重要依据。

2. 广告传播的二次创造性原理

广告传播的二次创造性原理指的是广告传播是一个完整的创造性过程。这种创造性不仅表现在传播者在广告的设计制作、选择传播途径等方面，还体现在广告信息的接受者方面。广告信息的接受者会通过再造想象，在接受传播信息的过程中发挥创造性。信息接受者接受信息同样也是一个创意的思维过程，它可以面对无数信息，根据自己的生活经验加以选择性地注意，选择性地理解，选择性地记忆，而后通过想象、联想等一系列心理活动，做出自己的判断和反应。所以从人的创造性发挥的角度来说，广告传播是一个二次创造过程。广告传播者应该深刻了解广告传播过程中二次创造性原理，这对制作并传播广告信息是有积极意义的。

3. 广告传播的文化同一性原理

信息在传播中能否被接受或其接受程度，决定于双方共同的经验区域的大小。共同的经验区域越大、越广阔，传播就越容易，接受程度就越高。也就是说广告传播的效果同传受双方的文化状况密切相关。广告传播客观上要求传播者与接受者有共同的文化基础。文化作为潜在的支配者、诱导者，时时刻刻促进或制约着广告传播过程的实现及其效果。

从文化角度来看，广告传播是一种文化活动。要实现有效的传播，广告信息的制作者、传播者与其接受者应具备共同的价值观念、类似的行为模式及其他文化方面的共同性。这种共同性越多，传播的效果就越佳。它可以根据文化背景共同性的大小确定广告传播方式，同时应注意广告中文化水准要与受众的文化水准相适应。广告制作者应有极强的文化意识，要清醒地看到广告传播在本质上也是一种文化交流，时时从文化的角度去观察广告信息接受者的情况，从文化的角度去调查广告传播成败的深层次的原因。

案例 2-7

立邦漆“龙篇”广告

立邦漆“龙篇”广告是这样的：画面上有一个中国古典式的亭子，亭子的两根立柱各盘着一条龙，左立柱色彩黯淡，但龙紧紧攀附在柱子上；右立柱因为涂抹了立邦漆，色彩光鲜，表面光滑如镜，龙都滑了下来(图 2.5)。

立邦漆《龙篇》
等级：8.3分
代理：中国广州
作品介绍：龙是中国传统的图腾，在中国的园林、宫殿、城门等地方，龙是最好的装饰符号。广告正是利用这些户外环境和龙的符号进行创意：攀附在柱子上的龙，因为涂了立邦漆，龙就滑了下来，立邦漆的特点非常戏剧化地表现出来。
GPC评价：这是一个非常棒的创意，非常戏剧化地表现出了产品的特点，这种表现方式在同类产品的广告创作中是一个突破。结合周围的环境进行贴切的广告创意，在这一点上这幅作品是非常完美的例子。

图 2.5　立邦漆“龙篇”广告

说明：左立柱色彩黯淡，但龙紧紧攀附；右立柱色彩光鲜，龙却跌落到地上。

【案例评析】

此广告忽略了文化因素。

从广告本身的3个因素考虑，这个创意没有问题。但是，广告设计和发布者显然忽略了一个重要问题，就是广告与文化的联系。

龙是中国的图腾，在一定意义上是中华民族的象征。每个国家对传统文化的理解不同，在中国的文化中，龙的内涵非常丰富。广告一旦忽略了与文化的联系，就会使受众感到不舒服甚至产生厌恶。

2.3.2 5W 理论

传播指的是人类交流信息的一种活动，其目的是建立共同的认识并共享这种信息。传播学是随着 20 世纪 40～50 年代电子传播媒介的飞速发展而形成的，它是研究人类一切传播行为和传播过程发生、发展的规律，以及传播与人和社会的关系的学问。

作为一种跨学科研究的产物，传播学同时具有政治、经济、文化、教育、娱乐、技术等方面的特征。由此看出，我们所说的广告具有的“通告”、“诱导”、“教育”的功能都属于传播学的内容之一。

而作为传播学正式形成的第一个标志就是美国学者哈罗德·德怀特·拉斯韦尔(Harold Dwight Lasswell)于 1948 年在《传播在社会中的结构与功能》一文中，首次提出了构成传播过程的 5 种基本要素，并按照一定结构顺序将它们排列，形成了后来人们称为 5W 模式或拉斯韦尔程式的过程模式。5W 模式是：谁(Who)→说什么(Says What)→通过什么渠道(in Which Channel)→对谁(to Whom)→取得什么效果(with What Effects)，其称谓来自模式中五个要素同样的首字母“W”。这五个要素各有其自身的特点，分别如下。

“谁”就是传播者，在传播过程中担负着信息的收集、加工和传递的任务。传播者既可以是单个的人，也可以是集体或专门的机构。广告传播必须明确广告主，这是由广告传播的目的和责任所决定的。

“说什么”是指传播的讯息内容，它是由一组有意义的符号组成的信息组合。符号包括语言符号和非语言符号。信息具体是指思想观念、感情、态度等，这里的信息不是泛指任何方面的信息，而是限于广告所“诉求”的信息。“诉求”就是“意欲传播”、“意欲告诉受众什么”的意思。广告主只有把诉求的信息传播给受众，才能实现广告传播的目的。

“渠道”是信息传递所必须经过的中介或借助的物质载体。它可以是诸如信件、电话等人际之间的媒介，也可以是报纸、广播、电视等大众传播媒介。

“对谁”就是受传者或受众。受众是所有受传者，如读者、听众、观众等的总称，它是传播的最终对象和目的地。

“效果”是信息到达受众后在其认知、情感、行为各层面所引起的反应。它是检验传播活动是否成功的重要尺度。

5W 模式构成了 5W 理论(图 2.6)的基本内容。5W 理论对广告传输的五个要素，即广告主、广告信息、广告媒体、广告受众和广告效果之间的关系进行了系统的研究。这五个要素又构成了后来传播学研究五个基本内容，即控制研究、内容分析、媒介分析、受众分析和效果分析。

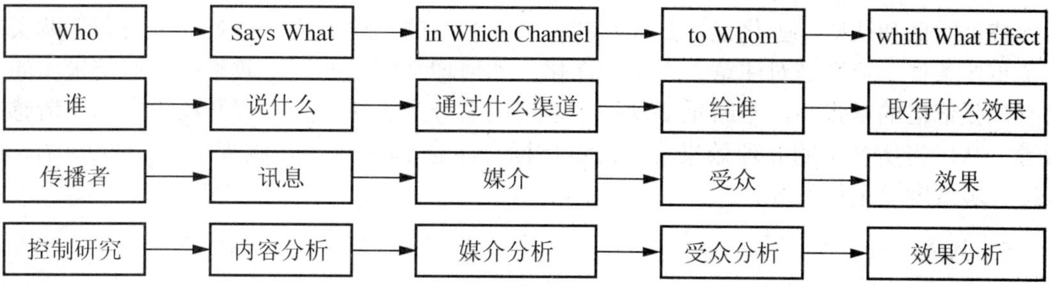

图 2.6　5W 理论

由此可以看出，对于广告而言，拉斯韦尔的 5W 模式具有重要的意义，定义的五要素构成了广告运动的全部内容。

2.3.3　AIDMA 理论

该理论最初是由美国广告学家 E. S. 路易斯(E. S. Luis)于 1893 年提出的。他认为消费者在接受广告时的心理活动遵循如下顺序：吸引注意(Attention)、唤起兴趣(Interest)、激发欲望(Desire)、增强记忆(Memory)和促成行动(Action)。对应这五种心理活动，相应有五种基本广告传播策略。

1. 吸引注意

注意是人们对特定事物指向性和集中性的心理活动，可分为无意注意和有意注意两种基本状态。一般而言，消费者只注意与自己密切相关的事物和自己感兴趣的事物。如何引起消费者的注意呢？可以结合消费者的心理需求，通过制造悬念、激发好奇心和欲擒故纵等手法；也可以采用各种刺激心理反应的手法，引起和集中人们的注意，如增强信息的强度、对比度、重复度、新奇感等形成足够强烈的刺激；还可以从空间、时间、色彩、字体、动感、语言、形象等多个方面，引起消费者的无意注意。

2. 唤起兴趣

当消费者对某一产品或服务产生注意后，便会在大脑皮层引起兴奋，继而产生一种愉快的体验，这就有助于对内容产生兴趣。可以从内容和形式两方面来引发人们的兴趣，在内容上要满足“利、奇、知、实、新”的要求；在形式上要满足“情感活动”的要求。例如，对一般日用品，广告宣传重点在于物美价廉；对保健产品，则要突出产品具有使人健康长寿的作用；对于国债、基金产品，其广告要强调收益较高而风险较低的特性。

3. 激发欲望

欲望是消费者针对某种产品或服务产生购买想法的心理状态，具有明确而强烈的指向性。商业广告的任务就是促销，而促销的前提就是激发消费者欲望，使其产生购买或消费冲动。这就要求广告具有明确的主题，突出广告产品特性，强调该产品或服务所能给消费者带来的利益。在宣传形式上，可以采用正面诉求、反向诉求、障碍清除诉求，或运用知觉诉求、理性诉求和情感诉求等多种方法。

4. 增强记忆

记忆是大脑的重要机能，是指能记住经历过的事情，并能在一定条件下重现。记忆包括保持、回忆和认知。强化记忆是提高和扩大知名度的重要手段，也是促进消费者购买的一个重要条件。记忆是对注意、兴趣的深化。如何增强广告的记忆效果呢？通常采用的方法有加强记忆的紧张性，不断重复刺激，运用比喻夸张手法，在内容开场景中加入情感因素等。从广告所产生的心理效果看，衡量指标有注意率(阅读率、收视率等)、认知率、偏好度、忠诚度及记住率等。

5. 促成行动

广告的最终目的就是促成消费者的购买行动。消费者在欲望的支配下，经过比较最终决断是否采取购买行动。实际运作中，广告常会采用一些辅助手段，加强“示范效应”，以提高人际传播的影响力；突出宣传完善的服务措施；宣传品牌和商标，方便消费者指认购买；在销售现场配置广告，渲染气氛等。信息传播按照广告金字塔形式，呈现为逐渐“散漏”的过程。例如，某广告的目标受众是16～49岁的女性消费群体，假如在广告覆盖范围内，有1000万目标受众，注意率为20%，其中感兴趣的占50%，感兴趣者中产生购买欲望的又占50%，有欲望者中能够记住的占50%，最后真正购买者只是记住者中的70%，形成了金字塔递减态势，结果真正购买的人数只有目标受众的1.75%。所以，在广告信息传播过程中，引起“注意”是十分重要的，广告有效与否首先取决于它有没有视觉冲击力。

广告主的有针对性的诉求，引起消费者的注意，使消费者对广告主的产品产生兴趣，进而刺激起消费者的欲望，并最终促成购买行为。例如，现在刊播的某一广告，假定注目率为50%，注目的人中有70%感兴趣，感兴趣者中60%有购买欲望，有欲望的人中有80%买了商品，那么受广告影响而购买商品的人就是50%×70%×60%×80%，等于16.8%。这个数字是购买商品的人数占全体消费者的人数的比例。

2.3.4 CS理论

传播扩散(Communication Spectra，CS)理论与AIDMA理论相关，其关注的焦点不是受众的接受反应，而是传播者的目标管理。CS理论认为，广告信息传播如同光谱(Spectra)，呈现为扩散状。一个新产品进入市场后，广告目标是分阶段循序渐进的，如图2.7所示。

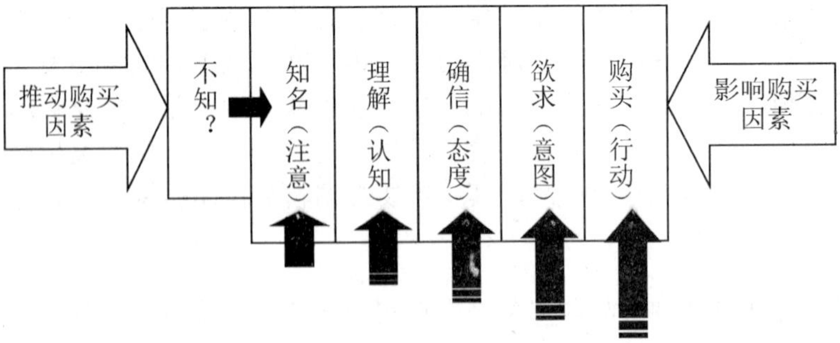

图2.7　广告目标分阶段设定

首先是知名阶段，要让消费者知道广告主和产品名称；其次是理解阶段，给消费者更多关于产品功能、用途的信息，使其理解产品特性；然后是确信和刺激欲求阶段；最后，在购买行动阶段，广告应以促销为目标。据此理论，广告传播者应分阶段设立广告目标，对广告活动进行目标管理。结合产品生命周期来看，不同阶段的目标受众、广告目标和广告策略各不相同，广告扩散呈现为“螺旋”状，如图2.8所示。

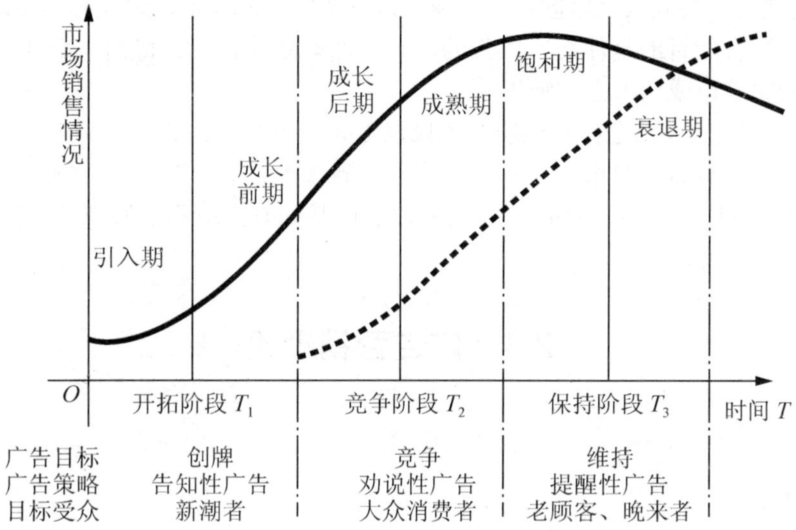

图 2.8　产品生命周期与广告策略的关系

(资料来源：李宝元. 广告学教程[M]. 3 版. 北京：人民邮电出版社，2010.)

广告螺旋(Advertising Spiral)理论是由奥特·克莱普那(Otto Kleppner)于 1925 年在《广告创意》(*Advertising Procedure*)中最先提出的。其基本观点是产品在市场上要经历一定的生命周期，从引入期到成长前期处于开拓阶段，从成长后期到成熟期属于竞争阶段，从饱和期到衰退期则是保持阶段。因此，在不同阶段，广告传播的重点受众群体和策略是不同的。

(1) 开拓阶段的广告目标是创新，目标受众主要是新消费者，广告策略是告知性的。

(2) 竞争阶段的广告首要目标是击败竞争对手，广告策略是面向大众进行劝说为主。

(3) 保持阶段广告目标是维持市场占有率，广告对象是消费者中的老顾客、晚来者，广告策略是提醒式的。

在保持阶段之后，企业会对旧产品加以改良，积极开发产品的新功能或用途，开发新产品，而后让产品以新的面貌进入原有市场或开发出新产品进入新市场，此时产品就进入了第二周期的开拓。如此周而复始，整个市场在动态上呈现出三阶段互相衔接、循环更替和螺旋发展状态。广告传播的诉求方式和表现内容应顺次进行，适应市场发展趋势，才能收到较好的传播效果。

2.3.5　ROI 理论

ROI 理论是 20 世纪 60 年代美国著名广告人威廉·伯恩巴克(William Bernbach)所在的 DDB 广告公司提出的。基本观点如下。

(1) 一个优秀的广告作品应该具备三项基本特质，即关联性(Relevance)、原创性(Originality)和震撼性(Impact)。

(2) 关联性要求广告主题及创意要与商品关联，与目标市场的生活形态相关，与企业预期的受众行为相关；原创性要求广告要突破常规、出人意料、与众不同，没有原创性，广告就缺乏吸引力和生命力；震撼性要求广告能够深入到人性的深处，冲击消费者的心灵，没有震撼性，广告就难以给予人留下深刻印象。

(3) 同时实现“关联”、“原创”、“震撼”是一个广告的要求，因此必须明确解决下列5个基本问题：广告的目的是什么？广告的对象是谁？品牌有什么特别的个性？何种媒体最合适？受众的突破口或切入点在哪里？

应用ROI理论的成功之作是威廉·伯恩巴克为金龟车创作的“次品”广告。他首先深入工厂找到了广告与商品的相关性——“这是一辆诚实的车子”，然后又充分发挥原创性，出人意料地说“这是一辆不合理的车子”，并以车门某处有肉眼不易发现的微伤的“次品车”画面，使消费者深受震撼。

2.4 广告营销理论

2.4.1 4P、4C和4R理论

1. 4P理论

1) 4P理论简介

4P理论，也就是4Ps营销理论，它产生于20世纪60年代的美国，是随着“市场营销组合”的理论而出现的。詹姆斯·O. 麦肯锡(James O. Mckinsey)于1960年在其《基础营销》一书中将原本“市场营销组合”中的众多要素概括为四类：产品(Product)、价格(Price)、渠道(Place)、促销(Promotion)，即著名的4P。1967年，菲利普·科特勒在其畅销书《营销管理：分析、规划与控制》第一版中进一步确认了以4P为核心的营销组合方法，见表2-1。

表2-1　4P理论中各要素的特点

4P	特　点
产品(Product)	注重开发的功能，要求产品有独特的卖点，把产品的功能诉求放在第一位
价格(Price)	根据不同的市场定位，制定不同的价格策略，产品的定价依据是企业的品牌战略，注重品牌的含金量
渠道(Place)	在产品销售过程中，企业往往并不直接面对消费者，而是通过经销商和销售网络等分销渠道来销售产品的，企业与消费者的联系是通过分销商来进行的
促销(Promotion)	企业注重通过销售行为的改变来刺激消费者，以短期的行为(如折扣让利、买一送一等)吸引其他品牌的消费者或导致提前消费来促进销售

2) 4P理论的意义

4P理论的提出奠定了管理营销的基础理论框架。该理论以单个企业作为分析单位，认为影响企业营销活动效果的因素有两种：一种是企业不能够控制的，如政治、法律、经济、人文、地理等环境因素，我们称之为不可控因素，这也是企业所面临的外部环境；另一种是企业可以控制的，如生产、定价、分销、促销等营销因素，我们称之为企业可控因素。企业营销活动的实质是一个利用内部可控因素适应外部环境的过程，即通过对生产、定价、分销、促销的计划和实施，对外部不可控因素做出积极动态的反应，从而促成交易的实现并达到个人与组织的目标。

2. 4C理论

随着市场竞争日趋激烈，媒介传播速度越来越快，4P理论越来越受到挑战。1990年，

广告学教授罗伯特·F. 劳特朋(Robert F.Lauterborn)在美国《广告时代》(*Advertising Age*)上发表文章，第一次提出了4C的新的营销理论。

1) 4C理论的内容

4C营销理论中的4C分别指代Customer(顾客)、Cost(成本)、Convenience(便利)和Communication(沟通)。4C中各要素的特点见表2-2。

表2-2 4C理论中各要素的特点

4C	特　点
顾客(Customer)	主要指顾客的需求。企业首先必须了解和研究顾客，根据顾客的需求来提供产品。同时，企业提供的不仅仅是产品和服务，更重要的是由此产生的客户价值(Customer Value)。 例如，汽车企业针对不同身份、不同收入人群对汽车的不同需求，推出奔驰、宝马到吉利、奇瑞等不同价位、不同档次、不同性能的汽车。
成本(Cost)	不只是企业的生产成本，或者说4P中的Price(价格)，它还包括顾客的购买成本，同时也意味着产品定价的理想情况，应该是既低于顾客的心理价格，也能够让企业有所盈利。此外，这中间的顾客购买成本不仅包括其货币支出，还包括其为此耗费的时间、体力、精力及购买风险。 例如，A从广州大学城到天河电脑城去购买电脑设备，除了购买电脑设备本身所花费的价格成本外，A还需要付出坐车的费用、运输的费用及所花费的时间和精力，乃至后期的维护成本等
便利(Convenience)	企业要为顾客提供最大的购物和使用的便利。这种便利性应该贯穿于产品从企业生产和进入市场到消费者使用后期乃至产品生命终结过程的每一个环节。 例如，麦当劳、肯德基在几乎不到几秒的时间内，为顾客送上薯条、可乐和烤鸡翅，并提供“宅急送”外卖服务，可以通过电话或者网上预订；ebay、淘宝网、当当网等购物网站让顾客随时随地可以上网购物，并且可以选择网上银行付款或者货到付款等多种付款方式
沟通(Communication)	被用以取代4P中对应的Promotion(促销)。4C营销理论认为，企业应通过同顾客进行积极有效的双向沟通，建立基于共同利益的新型企业/顾客关系。这不再是企业单向的促销和劝导顾客，而是在双方的沟通中找到能同时实现各自目标的通途。 例如，可口可乐公司在与消费者的沟通中，了解到消费者对茶饮料、果汁饮料等非碳酸饮料及无糖碳酸饮料有着很大的需求，因而不断推出雀巢茶、美汁源和酷儿等多个非碳酸品牌，以及全新无糖碳酸饮料——零度可口可乐

资料来源：王艺. 广告学[M]. 广州：暨南大学出版社，2010.

2) 4P理论与4C理论的关系

4P理论与4C理论的关系如图2.9所示。

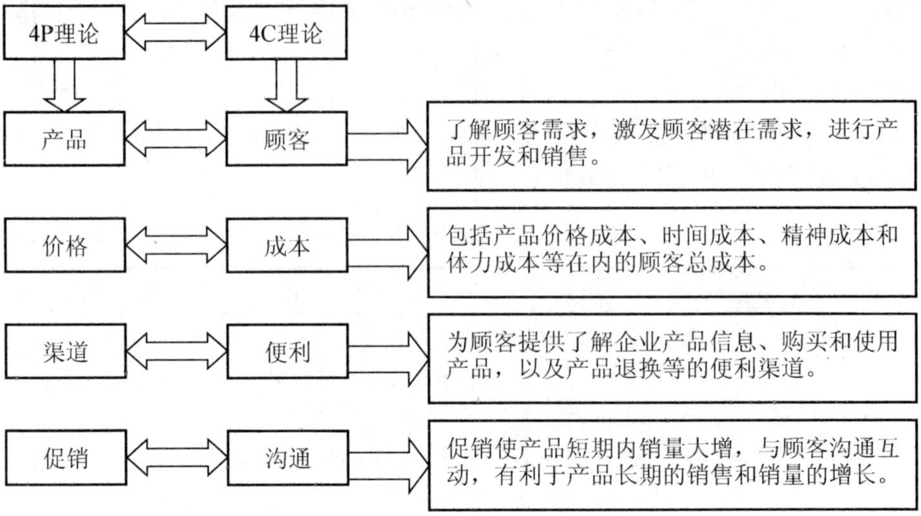

图 2.9　4P 理论与 4C 理论的关系

3. 4R 理论

4R 营销理论是由美国学者唐·E. 舒尔茨(Don E. Schultz)在 4C 营销理论的基础上提出的新营销理论。该营销理论认为，随着市场的发展，企业需要从更高层次上以更有效的方式在企业与顾客之间建立起有别于传统的新型的主动关系，即营销应朝关联(Relevance)、反应(Reaction)、关系(Relationship)、回报(Reward)等方向发展。

1) 与顾客建立紧密的关联

为了提高顾客的忠诚度，赢得长期而稳定的市场，企业必须通过某些有效的方式在业务、需求等方面与顾客建立关联，形成一种互助、互求、互需的关系，把顾客与企业联系在一起，以大大减少顾客的流失。

2) 提高企业对市场的反应速度

在相互渗透、相互影响的市场中，对企业来说最现实的问题不在于如何制订、实施计划和控制，而在于如何及时地倾听顾客的希望、渴望和需求，并及时做出反应，满足顾客的需求。而不听顾客诉说，并且对顾客的反应迟钝，均不利于市场的发展。

3) 重视企业与顾客的互动关系

4R 营销理论认为如今抢占市场的关键已转变为与顾客建立长期而稳固的关系，把交易转变成一种责任，建立起和顾客的互动关系。而沟通是建立这种互动关系的重要手段。例如，对经典的 AIDA 模型“注意—兴趣—渴望—行动”而言，营销沟通基本上可完成前三个步骤，而且平均每次和顾客接触的花费都很低。

4) 将回报作为营销的最终目的

企业要满足客户需求，为客户提供价值。因此，营销目标必须注重产出，注重企业在营销活动中的回报。一方面，回报是维持市场关系的必要条件；另一方面，追求回报是营销发展的动力。一切营销活动都必须以为顾客及股东创造价值为目的。营销的最终价值在于其能给企业带来短期或长期的收益。

2.4.2 产品生命周期理论

美国学者西奥多·里维特(Theodoer Levitt)于 1965 年发表在《哈佛管理评论》上的一篇文章中提出了产品生命周期理论。他认为，产品生命周期是指一个产品从研究开发、投入生产、进入市场直至在市场上消失，被另一个产品代替的过程。根据市场销售的增长和获利能力，他把产品生命周期分为四个时期，即导入期或引入期(Introduction Stage)、成长期(Growth Stage)、成熟期(Maturity Stage)、衰退期(Decline Stage)，每个时期产品的产量和成本、销售量与利润、知名度、市场竞争态势都有很大的不同，相应采取的营销策略包括广告诉求重点也有所不同。

产品生命周期各阶段的主要特征及广告诉求重点如下。

1. 导入期

这一阶段新产品研究开发后开始推向市场，销售量有限。由于研制成本和推销宣传费用高，企业获取利润很低，甚至亏本。

这一阶段多采用开拓性广告，诉求重点在介绍新产品的特点，促使消费者对商品产生初步的需求。

例如，康师傅方便面、娃哈哈、脑白金等新产品刚投入市场时采取轰炸性、突击性广告攻势，便于在短期内造势，达到短期见效的促销效果。

2. 成长期

这一阶段产品逐渐或迅速被消费者知悉、接受，企业开始大批量生产，成本显著下降，销售额迅速上升，利润得到增长。同类产品进入市场，参加竞争，使产品供应量增加，价格降低，企业利润达到最高点而逐步减缓增长速度。

这一阶段的广告诉求内容以说服为主，加深消费者对某一品牌商品的印象，刺激选择性需求。

3. 成熟期

这一阶段市场进入相对饱和状态，潜在顾客已经很少，市场竞争进一步加剧，产品售价更低，促销费用增加，销售额下降，新产品或新的代用品开始出现。消费者的消费习惯可能有所转移或改变。

这一阶段的广告以提醒消费者为目的，刺激重复购买，提高购买率。

4. 衰退期

衰退期指产品已逐渐老化，转入产品更新换代的新时代。除少数或个别的名牌产品外，市场销售量日益下降。市场竞争突出地表现为价格竞争，价格不断被迫下跌，利润额逐渐趋向于零。不少企业纷纷退出市场，或转向另一轮新的循环。

这一阶段的广告目标是延缓产品的衰退。

2.4.3 整合营销传播理论

1992 年，全球第一部整合营销传播(Integrated Marketing Communications，IMC)理论专著《整合营销传播》在美国问世。作者是在广告界极富盛名的美国西北大学教授唐·E. 舒尔茨及其合作者斯坦利·I. 田纳本(Stanley I. Tannenbaum)、罗伯特·F. 劳特朋。

整合营销传播的核心思想是将与企业进行市场营销有关的一切传播活动一元化。

1. 整合营销传播的概念

整合营销传播是一个关于营销沟通计划的概念，美国广告公司协会(American Association of Advertising Agencies，4As)是这样给整合营销传播进行定义的："整合营销传播是一个营销传播计划概念，要求充分认识用来制订综合计划时所使用的各种带来附加值的传播手段——如普通广告、直接反映广告、销售促进和公共关系——并将之结合，提供具有良好清晰度、连贯性的信息，使传播影响力最大化。"

整合营销传播一方面把广告、促销、公关、直销、CI、包装、新闻媒体等一切传播活动都涵盖到营销活动的范围之内；另一方面则使企业能够将统一的传播资讯传达给消费者。所以，整合营销传播也被称为 Speak with One Voice(用一个声音说话)，即营销传播的一元化策略。

我们把整合营销传播定义为：整合营销传播是统筹运用各种传播方式并加以最佳组合，以特定的目标群体为传播对象，传送基本一致的营销信息，促进联系和沟通的系统传播活动。①

2. 整合营销传播的主要观点

整合营销传播的主要观点如下。

(1) 以消费者为中心。整合营销传播的核心和出发点是消费者，企业树立品牌的一切工作都要围绕着消费者进行。

(2) 以资料库为基础。企业必须借助信息社会的一切手段知晓什么样的消费者在使用自己的产品，建立完整的消费者资料库(用户档案)。

(3) 以建立消费者与品牌之间的关系为目的。建立和消费者之间的牢固关系，使品牌忠诚成为可能。

(4) 以一种声音为内在支持点。坚持以一个声音说话，更要与整体的营销理念保持一致。

(5) 以各种传播媒体的整合运用为手段。强调各种传播手段和方法的一体化运用，必须传播一致的品牌形象。

整合营销传播以消费者为中心，重在与传播对象的沟通。它的目的就是影响特定受众的行为，建立起品牌与消费者之间的稳固、双向的联系。强调各种传播手段和方法的一体化运用。广告、公关、促销、CI、包装、新媒体等，都是传播信息的工具。但要注意进行最佳的组合，发挥整体效应，使消费者在不同的场合、以不同的方式，接触到同一主题内容的信息。整合营销传播的理念强化了广告是营销的一部分的观念，并且广告传播作为营销传播的一部分，不仅其自身要始终坚持以一个声音说话，更要与整体的营销理念保持一致。这使得广告传播进入了一个系统化的时代，那种依靠狂轰滥炸的广告和几句假大空的呐喊就想要征服消费者的时代，已经一去不复返了。

① 倪宁. 广告学教程[M]. 北京：中国人民大学出版社，2001.

本章小结

广告基本理论有广告定位理论、广告传播理论、广告营销理论。广告定位理论有USP理论、BI理论、CI理论、现代定位理论、BC理论；广告传播理论有5W理论、AIDMA理论、CS理论、ROI理论；广告营销理论有4P和4C理论、产品生命周期理论、整合营销传播(IMC)理论。

USP理论认为广告具有三个基本要点：独特性、销售点、劝说力。BI理论主张每个广告都是对品牌印象的长期投资，通过树立特别的品牌形象以达到企业的营销目的。CIS即企业形象识别系统，包括企业理念识别(MI)系统、企业行为识别(BI)系统和企业视觉识别(VI)系统3个子系统。定位就是将产品在潜在顾客的心中确定一个适当的位置。BC理论认为品牌性格由产品、定位和个性构成。

5W理论：Who(谁)、Says What(说了什么)、in Which Channal(通过什么渠道)、to Whom(向谁说)、with What Effect(有什么效果)。AIDMA理论要点：吸引注意(Attention)、唤起兴趣(Interest)、激发欲望(Desire)、增强记忆(Memory)和促成行动(Action)。ROI论认为一个优秀的广告作品应该具备三项基本特质，即关联性、原创性和震撼性。

产品、价格、渠道、促销即构成4P营销理论。4C营销理论中4C分别指代Customer(顾客)、Cost(成本)、Convenience(便利)和Communication(沟通)。产品生命周期分为四个时期，即导入期或引入期、成长期、成熟期、衰退期，每个时期产品的产量和成本、销售量与利润、知名度、市场竞争态势都有很大的不同，相应采取的营销策略包括广告诉求重点也有所不同。整合营销传播理论要点：以消费者为中心；以资料库为基础；以建立消费者与品牌之间的关系为目的；以一种声音为内在支持点；以各种传播媒体的整合运用为手段。

思考练习

一、单选题

1. (　　)是个体能够顺利地完成某种活动并直接地影响其活动效率的个性心理特征。
   A. 性格　　B. 气质　　C. 能力　　D. 情感
2. (　　)是指激发和维持个人行为，并将此行为导向某一目标的心理倾向或内部驱力。
   A. 需要　　B. 兴趣　　C. 能力　　D. 动机
3. (　　)是个体对某种事物、观念或他人的稳定的心理倾向。
   A. 需要　　B. 兴趣　　C. 态度　　D. 动机
4. 5W理论由(　　)首次提出。
   A. E.S.路易斯　　B. 哈罗德·德怀特·拉斯韦尔
   C. 威廉·伯恩巴克　　D. 艾·里斯
5. 产品(　　)的广告以提醒消费者为目的，刺激重复购买，提高购买率。
   A. 导入期　　B. 成长期　　C. 成熟期　　D. 衰退期
6. 产品(　　)的广告诉求内容以说服为主，加深消费者对某一品牌商品的印象，刺激选择性需求。
   A. 导入期　　B. 成长期　　C. 成熟期　　D. 衰退期

7．ROI 理论是 20 世纪 60 年代美国著名广告人(　　)所在的 DDB 广告公司提出的

A．大卫·奥格威　　B．罗瑟·瑞夫斯　　C．里奥·贝纳　　D．威廉·伯恩巴克

8．USP 的具体含义是(　　)。

A．Unique Selling Proposition　　B．Unlike Selling Promotion

C．Unique Selling Promotion　　D．United State Proposition

9．4R 营销理论是由下列哪一位美国学者在 4C 营销理论的基础上提出的新营销理论。

A．麦肯锡　　B．罗伯特·F. 劳特朋

C．西奥多·里维特　　D．唐·E. 舒尔茨

二、多选题

1．(　　)是心理反应的三个环节。

A．认知过程　　B．记忆过程　　C．情感过程　　D．意识过程

2．人的气质包括四种类型：(　　)。

A．兴奋型　　B．活泼型

C．安静型　　D．沉静型

E．多动型

3．传播由(　　)三个基本要素组成。

A．信号　　B．信源　　C．信宿　　D．信息

4．CIS(Corporate Identity System)即企业形象识别系统，包括(　　)三个子系统。

A．企业理念识别系统(MI)　　B．企业行为识别系统(BI)

C．企业视觉识别系统(VI)　　D．企业信息识别系统(MI)

5．心理活动的动力由(　　)等方面构成。

A．需要　　B．动机　　C．兴趣　　D．能力

6．USP 理论认为，广告就是发挥一种建议或劝说功能。它具有以下三个基本要点：(　　)。

A．原创性　　B．独特性　　C．销售点　　D．劝说力

7．ROI 理论是 20 世纪 60 年代美国著名广告人威廉·伯恩巴克所在的 DDB 广告公司提出的，基本观点有(　　)。

A．关联性　　B．独特性　　C．原创性　　D．震撼性

8．麦肯锡于 1960 年在其《基础营销》一书中将原本“市场营销组合”中的众多要素概括为 4 类(　　)。

A．产品　　B．价格　　C．渠道　　D．促销

9．4R 营销理论是由美国学者唐·舒尔茨提出的新营销理论，内容包括(　　)。

A．关联　　B．反应　　C．关系　　D．回报

三、判断题

1．态度在强度上的改变是性质上的变化，态度在方向上的改变是程度上的变化。　(　　)

2．个体自信心越强，则从众行为越少。　(　　)

3．消费者购买商品的所谓购买理由与消费理由是一致的。　(　　)

4．今天，只要好话说尽，消费者就会购买企业的商品。　(　　)

5．名人广告既有独特的优势，但同时又有局限性。　(　　)

6．在一个具体的广告表现中，同时宣传优点和特点，越多越好。　(　　)

7．ROI 理论认为一个优秀的广告作品应该具备三项基本特质，即反应性(Reactivity)、原创性(Originality)和震撼性(Impact)。　(　　)

8．整合营销传播也被称为 Speak With One Voice，即营销传播的一元化策略。　(　　)

9．ROI 理论是 20 世纪 60 年代美国著名广告人菲利普·科特勒所在的 DDB 广告公司提出的。(　　)

10．4C 营销理论中 4C 分别指代 Customer(顾客)、Cost(成本)、Convenience(便利)和 Communication(沟通)。　(　　)

11．美国学者西奥多·里维特(Theodoer Levitt)于1965年发表在《广告时代》的一篇文章中提出了产品生命周期理论。 (　)

12．广告学教授罗伯特·F. 劳特朋在美国《哈佛管理评论》上发表文章，第一次提出了4C的新的营销理论。 (　)

四、名词解释

USP理论　5W理论　ROI论　AIDMA理论　4R理论　整合营销传播

五、论述题

1．谈谈你对USP理论的理解，试举例分析其在广告运作中的作用。

2．定位理论的主要观点及具体策略是什么？

3．试分析整合营销传播产生的背景、本质及其发展前景。

4．什么是产品生命周期理论？其各阶段的主要特征与广告诉求重点各是什么？

5．罗瑟·瑞夫斯讲："USP是表述的哲学，品牌形象是感受的哲学。"谈谈你的看法。

6．《定位》作者提及："美国广告中怪事不断，明显地变得越来越不赏心悦目，但却越来越有效了。"在中国似乎也有验证，如脑白金。试结合有关理论加以论述。

7．箭牌衬衫的声誉与它每年200万美元的广告费密切相关。与之展开竞争的哈撒韦衬衫虽然只准备付出3万美元广告费，但却想使自己的广告强过箭牌。如果是在现代广告策划的背景下，请问这个广告目标实现的可能性有多大？

8．这个穿哈撒韦衬衫的男人，在右眼上戴着一个黑色的眼罩。如果这个广告出现在中国市场上，效果会如何？它当时为什么获得了巨大的成功？

案例分析

万宝路的西部牛仔形象

万宝路香烟可以说是全世界最知名的香烟品牌，也是全世界销量最好的香烟之一，到1997年其品牌价值达到了476.35亿美元。但在1950年，万宝路香烟在美国却是一个名不见经传，马上要被市场竞争淘汰的品牌。

1954年，菲利浦莫里斯公司的决策者们在对香烟市场的趋势进行审慎分析之后，决定采用里奥·贝纳广告公司的建议，为万宝路做"变性"手术，塑造出一个铁铮铮的男子汉形象。从此，万宝路起死回生，如有神助一般，走向辉煌。

万宝路香烟全盘地保留了女子万宝路香烟的烟丝配料的口味，却在里奥·贝纳公司的策划下形成了一个闻名遐迩的崭新形象——香烟盒上细细的线条改为男人喜欢的大面积的红白几何图案，象征力量的红色作为主要色彩，原有隽秀的英文烟名改为有力的字体，包装则采用当时首创的平开式盒装新技术，大胆选用人们熟悉的被公认最具有大丈夫气概的美国西部牛仔形象——一个目光深沉，皮肤粗糙，浑身散发着粗犷、豪迈气概的铁铮铮的男子汉，手指中总是夹着一支冉冉冒烟的万宝路香烟，如图2.10所示。

在电视和电影广告中除牛仔猎奇的形象之外，还加配以口琴为主的美国西部音乐，把一个独来独往、骑术高明、足智多谋、力大超群的牛仔形象表现得完美无缺。

经过一系列广告宣传，万宝路终于在群雄激争的美国市场上以独特鲜明的形象鹤立鸡群，夺得香烟市场霸主宝座。

美国金融界权威杂志《赛比世》专栏作家斯特鲁·布洛尼克(Stnl Blonick)通过对1 546位万宝路香烟的爱好者调查表明：真正使人迷上万宝路的不是它与其他烟之间微乎其微的味道上的差异，而正是万宝路广告给香烟所带来的感觉上的优越感，即万宝路的硬汉子牛仔广告给万宝路香烟罩上的一种男子汉气概、个人英雄主义的气概、大美国主义气概，消费者购买万宝路香烟也正是购买这种气概，获得这种感觉上的满足。

图 2.10　万宝路香烟广告

如今，万宝路已成为世界上最畅销的香烟之一，几十年来，其主体形象几乎没有改变，而且它已成为美国文化的一部分。

思考题：

1．什么是品牌形象？品牌形象的构成因素有哪些？

2．万宝路的品牌形象是什么？其强调的核心价值是什么？

3．谈谈万宝路目标市场定位所给你的启示。

第3章 广告经营与管理

学习目标

通过本章学习，应该达到以下目标。

知识目标：掌握各类广告组织的类型、机构设置及职能；了解广告代理的含义；熟悉企业的广告管理及广告公司管理；了解从业人员素质要求；熟悉广告管理的内容。

能力目标：能够准确构建广告组织架构；能够胜任企业广告主管的岗位职责，对企业的广告进行管理。

知识结构

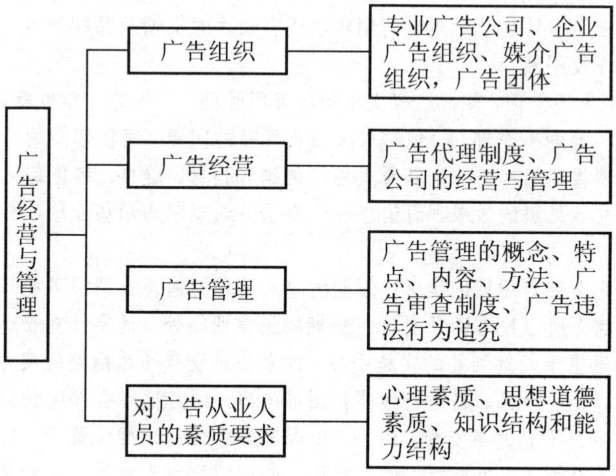

案例导入

广告部门与销售部门的关系

在整个策划活动中，广告策划与营销区域战略的紧密配合是一项很重要的内容。中国传媒发展的新方向——媒介的区域影响，它要求广告策划与营销战略的配合方式与以前有所不同，需要做一些调整和改变。首先确定广告策划的重点，然后围绕广告策划，集中人力、财力，确定营销区域的战略；或者先确定营销区域的战略，然后再集中人力、财力，并围绕这些营销区域展开重点广告宣传，这些都是广告策划中关键的问题。

对有商品销售的企业来说，广告策划与营销是紧密相连的。严格地说，企业的广告策划更应该让精通营销的人去创作、管理、选择。现在许多国际大公司往往把广告策划与营销联系在一起，而国内一些企业也把企业的策划与广告交给销售部门管理，这不能不说是一种先进的管理。

广告部门与销售部门究竟应是什么关系呢？

在中国，企业管理广告的部门称谓可以说是五花八门。例如，联想电脑公司称为“品牌市场部”，长虹集团称为“企划管理中心”，泸州老窖股份公司以前称为“宣传中心”(后来改为“销售公司市场部”)，郎酒集团称为“策划部”，托普集团称为“企业发展部”，蓝光集团称为“策划中心”，万贯集团称为“企划部”，全兴集团称为“广告宣传部”，五粮液集团称为“公共关系部”，希望集团称为“宣传部”，沱牌集团称为“办公室”，万达集团称为“销售部”，四川蓝剑集团称为“广告信息部”。笔者查找了很多熟悉的公司，最后只找到了海尔集团称为“广告部”。对管理广告部门的称呼真可谓花样百出，现在真正称为“广告部”的却非常少，而在对营销部门的称谓上则比较统一，一般称为“销售公司”或“销售部”。

对广告部门与销售部门的关系的协调和管理，有以下几种情况。

(1) 广告与销售是两个独立的部门，两个部门的负责人是平级，上级分管领导也是两个不同的领导。这样的设置就会出现一种矛盾：销售部门往往埋怨广告部门所做的广告脱离了销售，甚至认为广告部门有浪费广告费的嫌疑，而广告部门对销售部门的指责也有反驳的理由，说销售跟不上是销售部门自己存在问题，而且还提出，做广告并不只是针对短时的销售，还有长远的规划及品牌形象。这样，广告部门与销售部门往往是各执一词，扯皮不断。

(2) 很多公司考虑到上述原因，就把广告交由销售部门管理，广告的工作也就完全围绕销售工作展开，广告部门成为销售公司下属的一个部门。但这样又会出现新的问题，销售部门的广告当然是针对销售而做的，而且总公司每年对销售部门都有一个衡量其业绩的销售指标，这样，销售部门就希望广告对销售会产生很快的效果，甚至是立竿见影的效果，而销售部门为了得到短期的销售业绩，所做广告当然也更多的是短期行为。

事实上，广告并非完全针对短期的销售。短期的令人满意的销售业绩很可能只是昙花一现，对公司的长远利益甚至是一种损害。所以广告除了要针对短期的销售业绩外，还要针对长远的规划，要有通过广告来树立品牌形象的一些着重于长远利益的实施手段。如果公司没有通过前期的实力策划运作，要想得到消费者的认可，并销售出自己的产品，将是一件非常困难的事。而且把广告部门放到销售公司内，这样的不合理设置还会引起一些意想不到的事发生。例如，中国某著名公司这样设置了一段时间，就出现了一些原来未曾想到的扯皮事，甚至闹了一些笑话。该公司把广告部门设置于销售公司内是为了精简部门，提高工作效率，在宣传上也未增设其他部门。接着，扯皮事就来了，原来的厂报、简报、对外的新闻宣传等一直是广告部门负责，而现在这些工作也划到了销售公司。原来的广告部直接由集团公司的领导负责，这些工作就容易开展；而现在广告部因为交给了销售公司管理，销售公司主管的只是销售，因此厂报、简报、对外的新闻宣传工作就没人负责了，于是这些工作就被停止或淡化了，一直处于瘫痪状态，而这些工作对集团公司来说显然也是非常重要的。有时记者到该公司进行新闻采访，这些免费宣传对公司来说应该是求之不得的大好事，对公司的形象宣传将起很大的作用，结果却找不到该由哪个部门主管，该由哪个部门接待记者并向记者提供资料，记者到了该公司只有碰壁。销售公司因为习惯于给钱做广告，而这种不给钱的新闻宣传平时不在自己的工作职责内，也不在自己平时工作的计划和考虑之列，所以虽然明知新闻宣传对公司的发展非常有利，但即使想接待记者，也不知道该怎样给记者提供资料及素材，只好谢绝记者采访，成为公司的一大损失。试想，广告的收视率、阅读率远没有新闻宣传高，影响又怎能与新闻宣传相比。

【案例分析】

针对上述矛盾，我们认为可以通过以下几种方法协调和管理广告与销售部门。

(1) 广告部门应该管理销售部门。这样，广告部门除了计划销售的广告外，还可以做一些为了公司长远利益和发展的形象、品牌广告。而且广告部门还要对销售部门的销售情况实行监管，这样也便于把广告与销售紧密结合起来，广告做到哪里，销售队伍就要跟到哪里。这样也便于立即了解广告做了以后销售业绩怎么样，是广告未做到位还是销售队伍素质不行，或是销售的中间环节出了问题。

(2) 广告部门负责人属于副总级，把广告和销售分成两个独立的部门，但这两个部门的总负责人都是一个人。全兴酒厂、五粮液酒厂现在就是这样设置的。这种设置有一个要求：广告部门的负责人除了精通广告业务外，最好也要全面了解营销知识。

(3) 广告部门是销售部门的下属部门。公司另外再设一个部门分管品牌、形象、对外宣传，这两个部门是互相独立的，海尔公司就是这样设置的。在海尔销售公司中有一个广告部主管广告，另外还有一个企业文化部分管对外宣传。

(4) 销售部门负责人属于副总级。在销售部门内设一个广告部，主要针对销售做广告，公司另外再设一个部门做品牌、形象、对外宣传，这个部门除此之外还对销售部门的销售、广告实行监督、调查。销售部门的广告应该侧重销售，另外一个部门的广告应该侧重品牌、形象及长期的战略宣传，这个部门的负责人应属于副总级或者是公司的第一负责人，最好是第一负责人，这样更便于监督、协调。这样设置的好处是：销售公司的广告围绕自己的销售来展开，销售更有针对性，广告费用的使用也更有利于销售，而另外的一个部门虽然不具体管理销售公司的广告，但对其广告的效果、销售情况实行监督、跟踪调查，并及时向有关负责人汇报，便于销售公司更有效地使用广告费和及时调整销售策略，这样也更有利于销售。特别是在缺乏对广告、营销两方面都精通的人才，工作人员只具备某一方面的知识的情况下，这种设置就更为合理，可以让员工避其短而用其长，彼此配合，各自发挥优点、互为补充。

(资料来源：吴粲，李林. 广告策划学[M]. 北京：中国人民大学出版社，2007.)

3.1 广告组织

广告组织是从事有关广告工作的专门机构。广告组织是为了对广告工作实行有效管理，以便更好地完成各项广告业务而设立的，是对广告活动进行计划、实施和调节的经营机构。具体来说，广告组织包括各类专业广告公司、企业广告、媒介广告组织及广告团体。

3.1.1 专业广告公司

专业广告公司又称广告代理公司，是专门从事广告经营的企业，包括广告公司、广告代理商和广告制作机构。这是一种从事广告经营和制作的商业性劳务服务行业。

1. 专业广告公司的机构设置

专业广告公司的机构设置由客户服务部、市场调查部、创作部、媒介部、营销服务部、公共职能部等组成。

1) 客户服务部

客户服务部是直接与客户发生接触的专职部门，负责接洽客户，协调广告主与广告公司的关系。在广告公司接触到一位客户时，首先由客户部做初步接触，由客户部提供有关资料，如产品知识、市场情况、广告费用预算及市场计划等。客户部在对这些资料加以整理后，便会同其他有关部门制定出初步的广告计划方案和工作日程，由各部门执行。在广告活动进行过程中，客户部门还负责与广告客户的联络和信息反馈，负责对广告的设计、创作和实施过程进行监督。因此，客户部工作人员都扮演着双重角色，对外代表广告公司，对内则代表客户的利益。

2) 市场调查部

市场调查部主要负责对广告实施前的有关产品、消费者、市场等进行调查分析，对广告计划、营销计划和广告作品的事中测验，以及对广告实施后的效果进行调研和总结。因而它的工作贯穿于整个广告活动的始终。这要求广告调研人员具有丰富的专业知识和技能，了解广告产品的各项基本性能，并能够把握市场的变化趋势和市场调查程序，具有一定水平的文字写作能力。调查总监领导调研小组制定调查的方案和执行计划，在规定的时间和预算内决定收集的资料来源及需要调查的内容，然后由调研小组执行实施细则，包括调查的时间、地点、方式及人员安排等。最后将调研所得数据编入电脑进行统计分析，形成调查报告以书面的形式交于其他部门，为广告决策及广告主的市场决策提供客观依据。

3) 创作部

广告创作部门负责广告的设计、创作和制作。广告创作部门的工作内容具体地可细分为文稿、画面和制作合成。文稿人员负责广告文稿(标题和正文)的设计创作，是广告创意的关键，它要求文稿人员具有较强的语言能力和创造性的思维，以及非凡的写作才能，要能用精炼的语言来表达广告的创意，传达广告信息，展开对消费者的宣传。图画或摄影人员的工作任务是为广告配上相应的画面，要求有艺术性、富有情趣和容易引发人们的联想，增强广告的记忆效果。广告的制作合成人员的任务则是完成广告文稿与广告画面的设计合成。这些工作往往由文稿人员和广告画面创作人员共同承担，或由专职员工负责。在定稿之后，便可送去制作。广告活动要求广告创作人员同样熟悉各种类型的媒介，并根据不同的媒介要求，进行广告的创意研究、广告设计、创作和制作，同时还要求创作人员熟悉各种媒介广告的制作过程，并对广告的制作(印刷或摄影、录像)过程和制作质量进行监督。

4) 媒介部

媒介部门负责制定广告的媒介策略、选择广告媒介，以及与有关媒介部门接洽联络。这些工作任务要求媒介部门的工作人员有丰富的媒介知识，熟悉各种媒介的特性和有关媒介部门的情况，并同有关媒介部门保持着一定的联系。在广告活动中，媒介部门不仅要为广告活动制定广告媒介策略，为广告计划和广告预算的制订提供具体意见，而且，在广告实施过程中，还应与有关媒介单位保持经常性的联系，对广告的实施进程进行监督，并在实施完毕后代理媒介向广告主收取广告费。

5) 营销服务部

随着广告公司对整合营销传播的重视和应用，有些全面广告公司在机构设置上专门设置了营销服务部，通常包括销售推广、活动赞助、直销营销和公共关系。广告公司提供的销售推广和活动赞助营销服务包括为客户设计竞赛、抽奖、奖金或特别赠送活动及为商业开发预备资料等。这些营销专家协助客户确定是否应该赞助活动、如何赞助活动。有些广告公司设置了专属营销部进行直效营销活动的策划，并将这些活动与企业的主要广告活动整合起来。在当今这个整合营销传播盛行的时代，广告公司发现越来越多的客户要求将所有的传播形式与广告努力整合为一体。有些全面服务广告公司正在自己的营销业务范围中增加公共项目，希望能够更多地控制客户的营销传播，确保整合营销传播的真正实现。

6) 公共职能部

和其他行业一样，广告公司也必须管理自己的商务活动。因此，广告公司也设有行政部、财务部、人事部，拥有向客户推销本公司服务的销售人员。行政部主要为公司的运作提供协调功能；财务部除了对自身公司财务进行管理和监控外，还要对每次广告策划活动的经费预算进行核查和控制；人事部主要负责对公司内部员工的激励和奖惩，还要随时为公司注入新鲜“血液”，保证公司人员的正常流动，制定积极的人力资源考核方法，激励公司员工发挥出自身的最大价值。

2. 专业广告公司的分类

专业广告公司按其功能可分为四类：全面服务性广告公司、有限服务广告公司、广告代理商和广告制作机构。

1) 全面服务性广告公司

全面服务性广告公司即一般人所谈及的广告公司。这种广告公司为客户提供全面性的服务，包括市场调查、广告计划的广告策略拟订、广告的设计与创作、选择媒介、制定预算、广告效果预测、信息反馈处理、公关服务等。专业广告公司具有七大服务标准内容。

(1) 产品研究。广告公司通过市场调查，收集有关产品各方面的资料，并经研究分析之后，为广告客户提供制定广告策略所需的产品研究资料。

(2) 市场调查与预测。广告公司可以代客户进行市场调查与预测，通过分析市场调查资料，为广告客户找出潜在顾客和现实顾客，并提出市场环境对企业的影响，为后续战略与策略的提出提供依据。

(3) 产品销售分析。广告公司对产品的销售渠道和销售网络的情况进行一定的调查了解，使广告能在分销网的建立健全和良性运转的基础上发挥作用。

(4) 媒介分析。广告公司应能够为广告客户选择最有效而又最便宜的媒介，把广告信息传播到消费者的心中。

(5) 拟订广告计划。为客户提供有关确定产品市场、改进销售网点、改变价格策略、创作广告作品、应使用的广告媒介、广告诉求主题、广告信息内容、广告预算和广告活动内容的建议和咨询意见，以达到最佳的促销效果。

(6) 执行广告计划。在制订广告计划后，广告公司必须把广告计划中的建议付诸实施，负责到底。

(7) 配合客户的其他市场活动，以使广告活动发挥最大的效益。

2) 有限服务广告公司

有限服务广告公司只承担广告活动中的部分工作，如有的广告公司只负责承担广告的创作、制作和发布，不承担或只承担简单的广告策划与广告调查。这类公司只能帮助企业广告部门解决某些特别需要。

3) 广告代理商

广告代理商也是专业广告组织的组成部分之一。他们本身不承担广告的创作和制作任务，只承担广告主与广告媒介之间的联系工作，负责为广告主寻找广告媒介，或为广告媒介寻找广告主，并从中收取佣金。广告代理商就是通常所说的广告经纪人。

4) 广告制作机构

广告制作机构一般是指一些美术社、摄影社、装潢社等，广告制作机构只负责广告的设计、创作和制作，而不负责广告的策划和发布，只收取制作费用。

3. 专业广告公司的地位和作用

在广告代理制度得以发展并日趋完善之后，专业广告公司的功能越来越齐全，所发挥的作用也越来越大。它们为企业进行广告调查、广告策划和广告创作，并为广告的发布选择合适的媒介。专业广告公司承担着广告信息的加工、处理任务，是联系广告主和广告媒介之间的桥梁和纽带。对广告主而言，他们代理广告主的广告业务，为广告主节省大量的人力、物力和财力；而对于媒介而言，他们代理媒介寻找广告主，并在广告发布之后代理媒介向广告主收取广告费用。专业广告公司的作用具体表现为以下几点。

1) 帮助广告客户制定较完善的广告策划

功能齐全的广告公司具有丰富的广告经验，拥有专业的和经验丰富的广告人才，与广告媒介联系密切，与其他地区的广告代理业有业务往来，并拥有齐全的和完备的广告调查机构，掌握着商品市场动态，能为广告客户制定完善的广告策划方案，设计制作高水平的广告作品。

2) 帮助广告客户及时了解广告效果

广告公司可以为广告客户进行广告效果测试，并进行反馈处理，总结经验，修订计划，提高广告作品制作水平。

3) 帮助广告客户节省广告费用

在委托广告公司负责办理广告业务之后，多数工商企业都只需设立精简的广告机构来处理日常的广告事务即可，这样既节省广告开支，又能收到较好的广告宣传效果。

3.1.2 企业广告组织

许多规模较大的工商企业都在其组织机构内设有广告部，或设立附属广告公司，办理广告业务。这些工作过去是由业务部门或销售部门承担的，现在因为专业化分工的发展，而出现单独设立广告部门的趋势，其负责人也多为企业的高层领导人物，增加了广告业务在全盘经营中的重要性，提高了广告工作的地位。

1. 企业设立广告部门的原因

在企业的营销活动中，企业的广告组织承担的责任是十分重要的，但是广告部门并不能取代广告代理公司。一般地讲，广告主会把监督的责任交给本公司的广告组织，而把策划、创意、制作等业务委托给外界的专业广告公司，其主要原因在于：

(1) 广告活动的策划是一件繁复的工作，需要各方面专业知识的配合，广告主的广告组织一般个案经历比较单一，缺乏更专业的技术与技巧，自然代替不了广告代理公司的工作。

(2) 广告代理公司对于广告主，就像是一个营销推广方面的得力助手，广告主常常可借广告代理公司的服务获得市场资料、业界动态等，甚至可以得到许多免费或廉价的咨询、协助。

(3) 如果广告主自行策划制作广告，势必要增加人事管理、硬件设备等成本支出，而委托企业外部的广告公司来做，就不存在这些问题。

2. 企业广告部门的行政隶属关系

公司自设的广告部的地位及其隶属关系因企业的情况而异。一般而言，有直接隶属于总经理的，也有直接隶属于负责销售的副总经理的，还有隶属于销售部或业务部的。此外，在大型企业里，由于产品众多，每一类产品的生产和销售部门都有其自己的广告人员或组织。这些不同的隶属关系都是各企业根据实际需要而自己决定的，其原则是以获取最大效率为标准。其基本模式如下。

1) 总经理直辖制

广告部门与生产、销售部门等并列，作为企业主要部门，直接归总经理领导。

2) 负责销售的副总经理直辖制

广告部作为企业一级下属机构，直接隶属于负责销售的副总经理，对其负责。

3) 市场营销辅助制

广告部作为企业的二级下属机构，隶属于销售部门，在工作上对销售部门负责。

4) 集权制

大型企业在总厂或总公司下，设立广告部，作为其一级下属机构，向上直接对总经理负责，对下则统管企业的下属分厂或分公司的全部广告工作。

5) 分权制

大型企业的各下属分厂或分公司都设立广告部，作为分厂或分公司的直属机构，负责本分厂或分公司的广告工作，只对分厂或分公司负责。

6) 附属广告公司制

这种类型的隶属关系，一般在大型或特大型工商企业中才有。广告公司作为一个独立法人单位，在组织机构和功能上具有与一般专业广告公司一样的特点，其行政关系和财政关系则不具有完全独立的性质，在业务上专门负责其总公司的广告业务。

3. 企业广告部门的工作职责

企业广告部门是企业管理系统的有机组成部分，是企业销售的推进器。它的主要工作职责如下。

1) 参与制订销售计划

广告部门虽然不能单独制订企业的销售计划，广告经理也不是销售主管，但是，广告经理应当参与企业销售计划的制订工作。因为销售计划与广告投入有很大的关系，不了解销售计划，广告投入就会成为“盲人骑瞎马”。

2) 制定广告计划和预算

广告部门根据企业的整合营销策略，制定目标、广告计划及广告经费预算，然后再将预算的情况以书面形式向上级汇报，以请求批准。当然，广告预算的内容不仅包括广告设计、制作费用和广告媒体发布费用，还应包括广告部门维持正常工作所需要的各项费用。

3) 推荐广告代理机构

企业广告职能部门在对所选择的几家候选的广告公司的规模、信用、服务水平、服务范围等进行考察的基础上，邀请少数候选的广告公司访问企业，并且将预先设计的实验广告项目提供给各公司进行设计，然后进行评审、打分，写出综合评审报告，呈报上级，上级主管经讨论决定后，与所选择的广告代理公司签订合同。

4) 维护与广告代理公司的关系

在实际工作中，由于种种原因，广告代理公司与企业，尤其是企业的管理层，在广告的投入、创意的内容、媒体的组合等认识方面可能存在一些差异，作为广告的职能部门应当充当好两者沟通的桥梁。

5) 及时反馈广告信息

广告发布后，企业广告职能部门要随时跟踪、监测广告的数量、进度和效果等，并及时向企业高层管理人员提供有关广告业务方面的信息，以及解决实施广告计划中遇到的各种问题的方案。

4. 企业广告管理的类型

企业在广告组织系统中被称为广告主，又称广告客户，是指出资做广告的主体，是广告信息的发出者。首先，广告主是决定广告目标和广告信息内容的主体，一则广告是为了促进商品或服务销售，还是为了树立公司形象，或是为了寻找货源，都由广告主决定；其次，广告主是广告运动的出资人，承担广告策划、设计、制作及发布费用，同时也是广告传播的受益人；再次，广告主要对所传播的内容及结果负责，一方面是商业责任，保证在广告信息中所承诺的产品优点能够兑现，所传播的信息真实有效；同时也包括社会责任，不得损害国家利益、不得诋毁竞争对手。

企业内部一般都设置相关部门全面管理企业的广告，在名称上有所区别，有的叫作广告部、策划部，有的附属在市场营销部门。企业设置专门机构来统筹本企业的广告具有专业公司不可替代的作用。企业的广告部门代表企业选择广告公司、监督广告进程和广告质量，以及代表企业评估广告效果。在这个过程中能够保障广告符合企业战略目标，也有利于及时抓住新出现的广告机会，调整广告策略。从目前我国企业的广告管理现状来看，所设置的广告组织可以分为公关宣传型、销售配合型和营销管理型。

1) 公关宣传型

公关宣传型的广告管理模式是基于企业广告的宣传功能定位，将企业广告机构纳入行政管理系统，作为企业行政职能部门的一个分支机构存在。这种模式比较注重企业的形象塑造和企业的内外信息沟通，同时，该模式存在一些问题，作为企业行政部门容易从企业愿望出发，缺乏时效性和针对性。

2) 销售配合型

销售配合型的广告管理模式是目前企业普遍采用的一种模式，企业的广告机构从属于销售部门。也就是企业的广告机构在营销主管的管理下，与其他营销部门并列，共同服务于企业营销活动。销售配合型模式表现出明显的层级性，企业的广告部门，既是企业的广告管理部门，又是企业的广告执行和营销服务机构。该模式有利于广告更好地发挥销售配合的效果，但正因为过分强调了对销售的配合，反而影响了企业对广告的长期规划管理，并且由于管理和执行层次繁多，往往也会影响广告传播的效率。

3) 营销管理型

营销管理型的广告管理模式将企业广告部门从具体的销售层次中解放出来，提升为其他职能部门并列的独立机构，成为企业营销的重要推广组织和企业实施整体发展战略的重要组成部分。它注重将企业广告的宏观决策、组织管理和具体实施结合起来，减少了企业广告的管理层次，加强了企业广告的统一管理和长远规划，有利于企业广告资源的充分开发与合理调配。

不管企业采用何种广告管理模式，其广告基本运作程序却是大体一致的，也就是企业广告运作一般都要经过广告决策、广告计划、广告执行三个阶段。在具体运作中，我国企业广告主要有自我执行和委托代理执行这两种方式。其中，自我执行就是企业配置了功能齐全的广告部门组织，能够承担企业广告运作的一切工作和职责。这与我国的广告代理制尚未完全成熟有关。而实际情况是，企业广告运作要达到完全自我执行，难度极大，有必要实行部分代理，以减少不必要的损失。相应地，广告代理制的出现是社会分工的结果，广告公司能够为企业提供更加专业化的全面服务。委托代理执行的方式能极大提高企业广告效率，增强企业广告的投入产出比，是现代广告发展的需要，也符合企业发展的根本利益。

3.1.3 媒介广告组织

广告媒介中发展最早的大众化传播媒介是报刊，媒介广告组织最早也在报刊部门出现。早期的报刊广告是由广告主起草，送由报刊发行单位的编辑审定的，不设广告专职部门，也没有专职广告人员。随着商业的发展，报刊广告数量增多，并开始讲究排列，注重广告效果。为了加强管理，提高广告作品水平，报刊单位开始出现专职的广告组织。在广播、电视、报纸和杂志四大媒介发展起来后，这些媒介单位也相应地设立了媒介广告组织，并且日臻完善和复杂化，成为这些媒介组织的有机组成部分。

1. 媒介广告组织的机构设置

媒介广告组织因其广告业务规模不同，有的比较精简，有的则发展得很完善，职能齐全，机构也很复杂。

1) 报纸广告组织的机构设置

报纸广告组织的机构设置制度一般有两种类型：列举制和综合制。

(1) 列举制。在报社总编辑下设编辑部、广告部、发行部、印刷业务部等各主要业务部门。编辑部负责报纸各版面的编辑出版，在广告业务上则负责为广告安排版面。发行部专门负责报纸的发行、收订，以及发行事务的安排、发行渠道的组织、报纸的发放等。印刷业务部则负责报纸的印刷事务，包括与印刷厂的联系工作、印刷时间安排和印刷计划安排，并监督印刷工作，检查印刷质量。报纸的广告部是专门负责报纸广告业务的职能部门。它承担广告业务的接洽、签约、设计制作和实施发布等工作，并负责外来广告作品的编辑、检查审核和安排发布时间与版面的事宜。大型的报纸单位一般还在广告部下设调研、艺术、分类广告、策划、普通广告、娱乐广告、广告编辑、校对、分发、印刷监制和出纳等专业小组，分别负责广告的调研、策划、设计制作、实施发布和财务管理等专业业务。

(2) 综合制。为一般小报所采用，在总编辑下设编辑部，编辑部内设广告组，其下再设编辑、营业、分类广告等专业小组。

2) 杂志广告组织的机构设置

杂志广告部门也同报纸一样，根据机构大小、业务量多少而设置。小型杂志社由于其业务量小，一般不单独另设广告机构，由编辑、美工和发行人员兼办广告业务。而大型杂志这一般有一套与大型报社相类似的机构设置。总编辑室下设编辑组、美工组、印刷业务组、发行组和广告业务组等专业小组。编辑负责文字编排，而美工则负责美工设计和杂志版式设计，他们都在一定程度上参与广告的编排制作工作。尤其是美工组，杂志广告的版式设计、图画创作一般由他们去完成。印刷业务组负责杂志的印刷事宜。发行组专门负责发行。广告组则负责广告业务的联系接洽、签约、策划和设计制作，以及广告实施发布等事宜，其工作量也相当可观。

3) 广播广告组织的机构设置

由于业务量相对较大，一般广播媒介单位的机构设置都很健全，有独立的广告部。在广告部下设业务、编辑、导演、录音、制作合成、财务等部门，并按工业、农业、商业、外贸等设立专业小组，负责接洽业务、制作广告和实施发布等工作。

电视媒介单位的广告机构设置基本与广播单位相同，但增加了摄影、摄像、美工人员等。

2. 媒介广告组织的工作任务

媒介广告组织的工作任务，主要是负责发布广告、设计制作广告和搜集广告反馈。

1) 发布广告

广告媒介是实施广告的工具和手段，是传播广告信息的载体。他们的主要任务就是发布广告。广告的来源主要有两方面：一是直接受理广告客户的广告，二是广告公司代理承揽的各项广告业务。媒介广告部门与本地或外地的广告公司签订合约出售一定的广告版面或广告时间，以便各广告公司有计划地安排版面或时间发布广告。

2) 设计制作广告

广告媒介单位在接受广告任务时，一部分广告已制作成广告作品，只是负责安排版面或时间。但有的广告客户只提供广告资料和广告要求，需由广告部门负责策划、设计和制作，如报纸、杂志、广告的文稿撰写、美工设计；电台、电视广告的脚本撰写、演员排演、录音录像、拍摄、剪辑等。

3) 收集广告反应

广告媒介部门在发布广告之后，往往收到许多人来函来电，提出查询或投诉，媒介广告部门应定期整理，向广告主反映，加强与广告主或广告代理公司之间的联系，及时掌握广告反应，稳定广告客户的信心。

3.1.4 广告团体

广告团体主要指广告行业组织，由从事广告业务、广告研究、广告教育或与广告业有密切关系的组织和人员自愿组成，对促进广告行业的业务交流、沟通协调及增强行业自律和管理具有重要的作用。

广告行业组织按照地域范围可分为国际性广告行业组织、地区性广告行业组织和国内广告行业组织。

国际性的广告行业组织主要有国际广告协会(International Advertising Association，IAA)、世界广告行销公司(WAN)等。它的出现，对于协调、促进各国广告界的交流与合作，提高广告业务水平做出了重要贡献。

创建于1938年的国际广告协会，是目前最大和最权威的国际广告组织，总部设在美国纽约。它是由个人会员和团体会员组成的非营利性组织，会员遍布世界96个国家和地区。该协会每两年召开一次世界广告会议，交流广告经验并探讨有关广告理论与实务方面的问题。中国于1987年5月12日，以“国际广告协会中国分会”的名义加入了国际广告协会。

世界广告行销公司，由世界各地著名的广告公司组成，总部设在英国伦敦。该组织主要为成员提供业务帮助，如培训人员、交流国际经济与市场动态的信息等。

地区性广告行业组织如亚洲广告协会联盟等。亚洲广告协会联盟，简称亚广联，成立于1978年，是由亚洲地区的广告公司协会、与广告有关的贸易协会和国际广告协会在亚洲各国、各地区的分会等联合组成的洲际广告行业组织，每两年召开一次广告会议。它是一个松散型的组织。我国于1987年6月14日以“亚洲广告联盟中国国家委员会”的名义加入亚广联。

中国最早的广告行业协会组织，是1927年由上海六家广告社成立的“中华广告公会”，后几经改名，在1933年定名为“上海市广告同业公会”，新中国成立后更名为“上海市广告商业同业公会”。

1979年中国的广告市场得以恢复和发展，广告行业组织也获得飞速发展。1981年，中国对外经济贸易广告协会成立；1983年，中国广告协会成立。随后，全国相继成立了省、市、地、县等各级广告协会，各地区的媒介也先后成立了广告协会组织。

其中，中国广告协会是国内最大的全国性广告行业组织，会员为团体会员，由国内的广告经营单位联合组成，每两年举行一次会议。其最高权力机构是会员代表大会。它对我国的广告行业具有较强的指导力和监督力。

3.2 广告经营

广告经营是指各类广告代理公司、广告制作机构及各类媒体单位，经国家广告代理机关批准，利用一定的技术和设备，为广告主提供广告策划、设计、制作、代理或发表方面的服务，并从中获取经济收益的行为。

3.2.1 广告代理制度

广告代理制度指的是广告代理方(广告经营者)在广告被代理方(广告客户)所授予的权限范围内来开展一系列的广告活动，就是在广告客户、广告公司与广告媒介三者之间，确立以广告公司为核心和中介的广告运作机制。它是国际通行的广告经营与运作机制。广告业现代化的主要标志之一就是在整个产业结构中，广告代理公司处于中心地位。而对于相对滞后的我国大陆的广告业而言，媒介处于中心和强势地位，有“强媒介弱公司”的说法。广告代理制的最终确立与实施仍是我国广告业今后发展的努力方向和基本趋势。

1. 广告代理制度的产生与发展

伴随着社会经济的发展需求和广告业自身发展的内在要求，广告代理制从最初的萌芽——广告代理店演变成为现代的、能够为客户提供系统而又全面的综合服务的广告公司，其间经历了漫长的岁月。

早期的广告代理，从属于报业。因为最早承揽并发布广告的大众传媒是报纸，此时的广告代理主要是报纸广告版面的销售代理，被称为“版面销售时代”。1841 年，美国人沃尔尼·B. 帕尔默(Volney B. Palmer)在费城建立了第一家脱离媒体的、独立的广告代办处，专门为他所代理的各家报纸兜售广告版面，充当广告客户的代理人，并从报社收取 25%的佣金。它被视为是现代广告代理的最早萌芽，也是美国乃至世界上最早的广告代理店。

1865 年，乔治·P. 罗威尔(George P. Rowell)在波士顿创办了与今天的广告代理公司更为相似的媒介掮客公司。他与百家报纸签订了版面代理合同，收取报社 25%的佣金，再把版面分成小的单位零售给广告主，获利丰厚。1869 年罗威尔又出版了《美国报纸导读》，公开发表美国和加拿大多家报纸的估计发行数量，并向广告代理商和广告客户提供各报的版面价格，为广告客户选择媒介提供了参考依据。罗威尔所从事的广告版面的买卖业务虽然仍是单纯的媒介代理，但比早期的广告代理又进了一步。它正式摆脱了报社附庸的地位，减轻了媒介经营广告的风险，初步具备了真正意义的广告代理性质。

1869 年，弗朗西斯·W. 艾尔(Francis W. Al)在美国开设了艾尔父子广告公司。其经营重点从单纯为报纸推销广告版面，转向为客户提供专业化的服务。他站在客户的立场上，向报社讨价还价，帮助客户制订广告策略与计划，设计与撰写广告文案，建议与安排合适的广告媒介。同时，艾尔父子广告公司实行“公开合同制”，规定广告代理店为广告客户和广告媒介提供服务，其代价是将真实的版面价格乘以一定的比例作为佣金，还进一步将广告代理佣金固定为 15%。这一制度于 1917 年在美国得到正式确认，并一直沿用至今成为国际惯例。广告历史学家称艾尔父子广告公司为“现代广告公司的先驱”。

这一时期独立的、服务专业化与多样化的广告代理公司的出现，广告客户与广告公司的代理关系及广告代理佣金制度的建立与确认，标志着现代意义上的广告代理制度的真正确立。

自艾尔父子广告公司奠定广告代理制度的基本形态之后，经过约半个世纪的发展，到了 20 世纪 30 年代以后，专业意义上的广告代理制在美国基本形成，并相继在广告业比较发达的日本、法国等国家和地区普及，逐渐成为国际通行的广告经营机制。广告公司开始全面代理广告客户的广告活动，在广告客户授予的权限范围内，完成有关环节的各项工作，包括市场调查、广告策划、广告设计与制作、广告文案撰写、广告发布、广告效果测定等一系列服务项目。广告公司的广告代理方案获得广告客户的认可并付诸实施后，可以从所代理广告的媒介刊播费中获得 15%的媒介代理佣金，在制作过程中各项支出总额的基础上获得 17.65%的加成。

广告代理制的确立与实施，确立了广告公司在广告运作中的中心地位，对广告公司的实力与水平提出了更高的要求。随着经济全球化趋势的日益加强，广告经营的国际化、规模化成为必然。同时，现代高新科技特别是通信技术的不断发展，也使得全球性的广告媒介和全球性的广告运作有了可能。20 世纪 70～90 年代，西方许多大型广告公司相继实施了规模化经营的发展战略，走上了国际化发展的道路。国际化、规模化的广告经营，大大降低了广告成本，增强了广告公司的活力与实力。

进入21世纪，整合营销传播成为广告公司的努力方向，对广告公司的全面代理能力提出了更高的要求，广告代理的业务范围又进一步扩展。在广告代理活动变得更为精细的同时，又要求广告代理公司能够根据消费者的具体情况确立统一的传播目标，有效通过各种不同的传播手段向消费者传达本质上一致的声音，为广告客户提供包括广告传播、公共关系、形象策划、包装与新媒介、直销、CI等内容的综合型服务，为企业的整体市场营销战略提供全面的、专业化的服务。这与广告代理兴起之初的简单的媒介代理已有了根本的不同，对当今的广告代理公司无疑是巨大的新挑战。

2. 广告代理制的内容

广告代理制主要包括广告公司的客户代理和媒介代理、代理服务的业务范围及代理佣金制等内容。客户代理和媒介代理构成了广告公司代理业务的主要范畴。广告代理制突出了广告代理公司在广告运作中的中心地位和作用。

广告代理具有双重代理的性质：一方面它全面代理广告客户的各项广告活动。在广告代理制度下，广告客户必须委托有广告代理权的广告公司代理其广告业务，不得与广告媒介单位直接联系发布广告(分类广告除外)，这样可以有效保证广告客户的广告投入的效益。另一方面它又代理媒介的广告时间与广告版面的销售，为媒介承揽广告业务。也就是说媒介单位不能直接面对广告客户承接广告的发布、设计和制作等业务，这些活动都应该归属于广告公司的业务范畴。

广告公司在双重代理、双向服务的过程中，其劳动收入主要来自为媒介出售广告版面和广告时间而获取的佣金。按国际惯例，大众传播媒介的佣金是广告刊播费的15%，户外媒介的佣金为广告刊播费的17.65%。在中国，承接国内广告业务的代理费为广告刊播费的10%，承办外商来华广告的代理费为广告刊播费的15%。

国际广告界在收取广告制作费方面也有一定的标准，即广告客户除了如数提供给广告公司各项广告制作支出外，还要给广告公司17.65%的加成，这是对广告公司代理其广告制作活动的报酬。而这也正好与媒介代理佣金的比例一致。

3. 实施广告代理制的条件及意义

一方面，全面实施广告代理制的必要条件是需要有与之相匹配的完善的市场经济环境和成熟的广告市场环境，没有经济的繁荣，没有发达的市场经济体制和良好的行业环境，广告代理制就不可能顺利推行；另一方面，广告公司自身的状况和能力又是能否成功实施广告代理制的决定性因素。

广告代理制的实施，涉及广告市场中广告客户、广告公司和广告媒介这三个主体。而在以广告代理制为基础的广告经营机制中，广告公司处于广告市场的主导地位，从本质上说，广告公司是实行广告代理制的中心环节。

广告公司要从事广告代理活动，首先必须获得有关政府管理部门的认可，并取得合法的代理资格，才能在规定的范围内从事相应的广告代理活动。即广告公司代理广告业务必须得到广告客户或广告媒介的认可与委托。其次，提高广告公司自身的代理能力是增强其竞争能力的唯一途径，而高水平的各类广告专业人才、精良的广告制作设备和先进有效的内部管理机制是实现这一途径的有力保障。再次，具备充足的流动资金和雄厚的经济实力是媒介代理的前提。

目前，中国正大力发展社会主义市场经济，这有利于广告业的长足发展，有利于广告代理制的全面实施。但同时中国的市场经济体制还未发育成熟，全面推行广告代理制的市场经济环境还不完全具备，在广告业高速发展的背后，也存在着一些阻碍广告业规范发展的消极因素。其中最大问题就是广告客户、广告公司、广告媒介三者之间的关系还没有真正理顺，分工不明确、广告行为不规范、行业结构不合理等问题使得广告经营秩序混乱。

广告代理制的实施，有利于促进广告行业的科学化、专业化建设，有利于提高广告业的整体水平和消除行业内的不正当竞争，明确广告客户、广告公司、广告媒介各自的权利和义务。只有真正全面推行国际通行的广告经营机制——广告代理制，才能使广告市场的三个主体各司其职、各就其位，充分发挥广告业对经济发展的巨大促进作用，使广告业朝着健康、规范的方向发展；而本土广告公司在中国加入世界贸易组织后，在面临着跨国广告公司、国际性传播公司、营销顾问公司等业内、业界间的激烈竞争时，只有不断提高自身实力，改变服务观念和方式，从零散运作转向集约运作，从经验型服务转向专业化和科学化服务，才能在资本力量和专业化服务的新一轮洗牌中不被淘汰出局。只有这样，广告业才能迅速地适应并融入到国际大市场中，顺利实现与国际市场的接轨，在激烈的国际竞争环境中求得生存与发展。

3.2.2　广告公司的经营与管理

1. 中国广告公司的发展现状

经过近 30 多年的发展，中国的广告市场迅速成长为一个充满生机和活力的市场，成为全球广告市场增长最快的国家之一。2010 年，全国广告经营额从 1981 年的 1.2 亿元增加到 2010 年的 2 340.5 亿元，增加了 1 000 多倍，年均增长速度接近 30%，大大高于同期国内生产总值(Gross Domestic Product，GDP)的增长比例。2011 年互联网广告收入 356 亿元，互联网受众数量为 4.5 亿，互联网人均广告费达 78 元。截至 2011 年，中国全国广告经营单位达到 29 万余户，广告从业人员 167 万多人，广告经营额 3 125 亿元，分别比上一年同期增长 21.8%、13.03%、33.54%。这样的发展速度在世界上是罕见的，也体现了中国市场经济的迅猛发展。

但是，从总体上看，中国广告业的发展还处于起步阶段，与世界广告业的发展相比，还有很大差距。

目前，中国广告公司普遍存在以下问题，应充分引起注意。

(1) 重拉轻维。即重视拉广告而轻视维系客户。广告公司应将以高质量的广告和优质服务来维系客户作为主要的工作。缺少这一点，广告公司就不可能有所谓的科学管理和发展。拉广告似乎是中国的特色，这不仅拉大了我国广告业与世界广告业的距离，也导致收回扣这类不正之风屡禁不止。轻视客户维系导致了很多大企业广告至今仍是“打一枪换一个地方”，而广告水平低使很多本来很有希望的产品最后夭折。

(2) 重创意轻市场。中国很多广告公司，特别是一些素质不高的公司，普遍把广告局限在艺术领域，认为广告无非是几幅漂亮画面和几句好话，这就是创意的全部内容。广告创作中既不考虑广告对象，也不分析竞争对手；既无市场调查，也无策划。其结果只能是陈词滥调泛滥，广告千篇一律。

(3) 重表现轻主题。目前，中国从事广告的人员大多从艺术院校毕业，使得广告表现越来越好看，但文不对题、曲高和寡的现象严重。同时，广告界真正受过营销训练的人才却很少。如何进行广告策划、定位，如何与企业的经营战略相配合，这方面工作很薄弱。这也与中国目前大多把广告专业简单设在新闻与艺术专业中有关。

(4) 零敲碎打现象严重。现代广告是一项系统工程，要使广告成功必须认真对待每一个环节，并将它们有机地组合起来。由于轻视维系客户，轻视市场，轻视广告总体策划，也导致了广告很难在广告主的总体营销中起到应有的作用。

2. 广告公司的经营原则

1) 依法经营的原则

依法经营是广告公司生存的前提，或者说是广告公司的生命，这是任何一个广告公司在从事广告经营活动时所必须坚持的第一位的原则。

广告活动是以法律为前提的活动，同时又是法律规定的活动。依法经营包括两个方面的意思：一是广告公司要符合广告管理法律、法规，尤其是要遵守《广告法》及相关的管理法规。《广告法》作为广告领域的根本大法、最高之法，规范了广告主、广告经营者和广告发布者之间的行为准则，既是对广告公司的限制，又是对广告公司的保证，即广告公司存在和活动的合法性。广告公司的权利、义务和责任在法律、法规中的明确规定，使广告公司在广告活动中有法可依。二是广告公司的活动要符合国家的相关法律规范，如《中华人民共和国民法通则》(以下简称《民法通则》)、《中华人民共和国反不正当竞争法》、《中华人民共和国消费者权益保护法》等。

2) 人才经营的原则

广告公司经营活动的开展是以高素质、高能力的广告专业人才力保证的。广告公司是属于知识型、智能型、技术型的企业法人组织。广告公司的工作不属于简单操作或重复操作性工作，而是具有独立性、创新性、技能性的独特工作，它完全是依靠广告公司中人员的智能与创造来维持其存在和不断发展的。“广告公司的财富随员工下班而消失”正是道出了广告公司与其他公司的显著性差异。

奥美广告公司如果没有大卫·奥格威，洛德暨托马斯广告公司如果没有约翰·肯尼迪(John Kennedy)和克劳德·C. 霍普金斯(Claude C. Hopkins)，DDB广告公司如果没有威廉·伯恩巴克，想必不会在那个时代出现辉煌。

3) 优势经营的原则

优势经营是指广告公司根据自己的具体情况而确立自己的发展战略，形成自己经营特色。优势经营的本质就是广告公司的经营定位。

广告公司要根据自己的具体情况，选择经营优势，发展经营特色，推动公司获得较大的经济效益和社会效益。

4) 非业务冲突原则

广告公司只能为某一类产品的一个客户服务，以防止形成“业务冲突”的出现。一般情况下，广告公司应该十分珍惜与代理客户之间所形成的信任关系，不应该再接受与该企业有着直接竞争关系的广告业务。这已经成为美国、英国等国家广告界行业的惯例。

1973 年，美国广告公司协会发表了一份题为《关于业务冲突理想的政策》的指导性文件。文件建议："广告公司与广告客户界定业务冲突，最好以各个产品类型为基本界线，而不以整条产品线为划分准绳。"

美国一个软饮料制造商划了一条界限：被任何人饮用的任何其他品种或其他品牌的饮料都和他营销的饮料有冲突。根据这一界定，承担啤酒、矿泉水，甚至咳嗽糖浆广告业务的广告公司都不能成为他的代理。

在国际上，除日本之外(1992 年 1 月之前，电通广告公司同时拥有丰田轿车和日产轿车的广告代理，而后，日产转为博报堂代理)，美国、英国等国广告公司在经营过程中大都避免出现"业务冲突"现象。我国广告公司在迅速发展时，只有逐渐与国外经营惯例、原则相适应，才能与国际广告经营接轨。

3. 广告公司的经营内容

1) 美国广告公司的经营内容

美国广告经营业协会对本国广告公司制定了"经营准则"，即规定了广告公司必须具备的能力和必须开展的经营活动。其具体包括以下几个方面。

(1) 要研究广告主所要进行广告的商品或劳务在市场竞争中的地位，通过与其他同类商品或替代品相比较，找出其具有的优点和缺点。

(2) 要对广告主的商品和劳务的显现市场和潜在市场进的行定位。广告公司必须对广告主商品或劳务的目标市场状况，广告主商品在市场上可能的销售量，销售时期和季节变动，现在市场上同类商品的销售情况，广告主的主要竞争对象及竞争对象的数量和竞争能力等进行市场调研。

(3) 要研究影响广告主商品与营销的各种主要因素。

(4) 要了解各种具体媒体的性能、特点、传播对象、使用条件等方面的情况。

(5) 要向广告主提出广告计划和建议。

(6) 实施广告计划。具体包括：进行广告设计和制作，与媒介公司确定使用的时间与空间合作，将广告制品送往媒介公司，进行广告效果测定，划拨广告费。

(7) 要协助广告主进行销售活动。包括非人员销售活动，如庆典活动、社会活动、社会福利资助等公共关系活动及营业推广的一些活动。

(8) 其他项目。包括包装设计、销售调查与研究、推销员培训、推销商品使用的宣传手册设计等。

2) 中国广告公司的经营内容

(1) 向广告主介绍广告的功能及各类广告的作用。

(2) 根据广告主的要求提供市场调查、研究和预测，制定广告策略。

(3) 向广告主提出广告建议及各类与广告有关的咨询。

(4) 为广告主提供广告计划、设计、制作及策划等

(5) 为广告主进行企业统一形象及识别系统设计。

(6) 联系媒体，提供媒体策略和广告实施方案。

(7) 实施广告方案。

(8) 对广告效果进行调查、检测与评估。

4. 广告公司的内部管理

加强广告公司的自身管理，对于广告公司的生存和发展，以及对于广告客户来说都具有重大意义。广告公司的管理具体包括广告公司业务管理、财务管理、人事管理和行政管理。

1) 业务管理

广告业务是广告公司的支柱，有效地进行广告公司业务管理，是广告公司赖以生存的基础。主要由客服部、调查部、创作部、媒介部等组成。在广告公司业务管理上，要明确分工协作、各司其职，又要求相互协调、密切合作。

2) 财务管理

广告公司的财务管理是对公司经营活动中资金的形成、分配、使用进行计划、组织、协调、控制、监督和核算。具体内容是：收取广告费、参与广告预算的制定、监督广告预算的执行、公司行政费用的管理、财产及物资出入账的管理、专项基金的管理、交纳税金等。

3) 人事管理

人事管理是指广告公司对员工的管理。“广告业属于知识密集、技术密集、人才密集的高新技术产业。”广告业存在和发展的核心就是高素质能力的人。企业的竞争是市场竞争，市场竞争归根到底是人才的竞争，在广告公司里对人才的管理就显得尤为重要。广告公司人事管理的内容包括：

(1) 人员的录用。

(2) 人员的考核。

(3) 人员的定级、晋级及奖惩。

(4) 人员的培养。

4) 行政管理

广告公司的行政管理就是围绕公司的广告战略和广告目标的实现而展开的计划、组织、指挥、协调和控制过程。行政管理的目的就是实现企业内部工作的有序化。

5. 广告公司的收费制度

中国国家工商行政管理局在1993年7月颁布的《关于进行广告代理制试点工作的若干规定(试行)》中，对于我国广告代理制中的代理费的收费标准明确规定为广告费的15%。虽然广告公司的代理佣金主要来自媒介，其15%的媒介佣金比例是固定的，但这容易引起广告客户的不满，因为对于广告公司而言，媒介传播广告的总费用越高，广告公司的代理收入就越多。为缓解双方矛盾，此后又出现了协商佣金制、实费制、议定收费制、效益分配制等收费制度。

(1) 协商佣金制。就是广告客户与广告公司经过协商确定一个小于15%的佣金比例，广告公司在得到媒介15%的佣金后，将超出协议佣金比例的部分退还给广告客户。这在一定程度上保护了广告客户的利益，主要适用于媒介支出费用较大的广告代理业务。

(2) 实费制。就是按照广告公司实际成本支出、劳务支出计算其广告代理费。广告公司依据各项实际支出的凭证向广告客户如实报销，并根据各项业务所花费的时间获取相应的劳务报酬。同时广告公司在获得媒介广告刊播费15%的代理佣金后，须向广告客户如实报告，并退出超过其劳务费用的部分。但如果其所获得的媒介代理佣金低于劳务费，则由广告客户补齐所缺部分。

(3) 议定收费制。这是实费制的补充形式，就是广告客户与广告公司针对具体个案，在对广告代理成本进行预估的基础上，共同商定一个包括代理佣金在内的总金额，由广告客户一次性付清给广告公司。此后在实际运行过程中，广告公司自负盈亏，与广告客户无关。议定收费制可以避免广告客户与广告公司之间可能引发的付费纠纷。

(4) 效益分配制。就是广告公司可以按一定的比例从它所代理广告的实际销售额中取得相应的利润。但如果广告不能促进销售，则得不到利润回报。这就将广告代理的权利和责任紧紧捆绑在一起，使广告公司必须承担广告代理活动的风险。

3.3 广告管理

3.3.1 广告管理的概念

广告管理是国家管理经济的行为，是中国工商行政管理的重要组成部分。

一般来说，广告管理有广义的广告管理和狭义的广告管理之分。

广义的广告管理包括广告公司的经营管理和广告行业及广告活动的社会管理两方面的内容。前者是广告公司对自身内部及经营活动的管理；后者则是政府职能部门、广告行业自身和社会监督组织对广告行业及广告活动的指导、监督、控制和查处，是对广告本身的管理。

狭义的广告管理专指对广告行业及广告活动的社会管理。本节所分析的广告管理指的是狭义的广告管理。

广告管理是工商行政管理机关会同广告行业协会和社会监督组织，依照一定的广告管理法律、法规和有关政策规定，对广告行业和广告活动实施的监督、检查、控制和指导，以达到保护合法经营，取缔非法经营，查处违法广告，维护广告行业正常运行的目的。广告法规则是广告管理机关依法对广告行业和广告活动行使管理职权的依据。广告管理和法规是广告市场健康、有序地运行的保证。

现代广告管理有三种最基本的途径：国家行政法规管理、广告行业自律和广告社会监督。

3.3.2 广告管理的特点

广告管理是对广告行业和广告活动的管理，由广告管理的对象、方法、内容和范围的独特性，决定了广告管理具有自己独有的不同于其他管理的特点。这些特点可包含以下几个方面。

1. 明确的目的性

在中国，国家通过行政立法，对广告行业和广告活动进行管理，其目的就在于使广告行业适应国家宏观经济形势发展的需要，促进广告业健康、有序地发展，保护合法经营，取缔非法经营，查处违法广告，杜绝虚假广告，保护消费者的合法权益，有效地减少广告业的负面影响。

2. 规范性

广告管理作为国家管理经济的行为，是严格依法进行的。世界上的许多国家都设置了专门的广告管理机构并制定了一系列有关广告管理的法规来规范和约束广告行业的发展，使广告行业做到有章可循、有法可依和违法必究。因此，广告管理具有规范性和强制性的特点。

3. 多层次性

广告管理的多层次性是指政府行政立法管理、广告行业自律和社会监督管理的多层次相互协作管理。之所以要对广告行业和广告活动实行多层次相互协作管理，是因为任何广告管理法规即使再完备，都不能包罗万象、尽善尽美，在许多领域和地方，常常会发生一些新情况、新问题，这就需要各级广告行业协会和社会监督组织，通过自律、监督的有效途径来加以解决。正是由于广告活动的复杂性和广泛性，世界上绝大多数国家往往采用以政府行政立法管理为主，同时以广告行业自律与广告社会监督作为其必要的辅助与补充，来加强对广告活动的管理。

3.3.3 广告管理的内容

广告管理的主要内容有：对广告主的管理、对广告经营者的管理、对广告发布者的管理、对广告信息的管理，以及对户外广告的管理、对广告收费的管理。

1. 对广告主的管理

对广告主的管理是指广告管理机关依照广告管理的法律法规和有关政策规定，对广告主参与广告活动的全过程进行的监督管理行为。由于广告主是广告活动的最初提出者，是广告及服务费用的实际支付者，故其对是否做广告，做多少广告，何时、通过何种方式做广告，以及选择哪家广告代理商和广告发布者设计、制作、代理、发布广告等，都有绝对的自主权。

根据现行广告管理法律、法规的有关规定，广告管理机关对广告主管理的内容主要包括以下几个方面。

(1) 要求广告主必须具备合法的主体资格。

(2) 广告主的广告活动应在其经营范围或国家许可的范围内进行。

(3) 广告主委托他人设计、制作、代理、发布广告，应委托具有合法经营资格的广告经营者、广告发布者进行。

(4) 广告主必须提供保证广告内容真实、合法、有效的证明文件或者材料。

(5) 广告主应依法申请广告审查。

(6) 广告主在广告中使用他人名义、形象的，应当事先取得他人的书面同意；使用无民事行为能力人、限制民事行为能力人的名义、形象，应当事先取得其监护人的书面同意。

(7) 广告主发布烟、酒广告，必须经过广告管理机关批准。

(8) 广告主设置户外广告应符合当地城市的整体规划，并在工商行政管理机关的监督下实施。

(9) 广告主应合理编制广告预算，不得把广告费用挪作他用。

2. 对广告经营者的管理

广告经营者特指专业从事经营的广告公司，是广告活动的重要主体之一。对广告经营者的管理主要包括：对广告经营者的审批登记管理、广告业务员证制度、广告合同制度、广告业务档案制度和广告经营单位的年检注册制度。

1) 对广告经营者的审批登记管理

对广告经营者的审批登记管理，是广告管理机关依照广告管理法律、法规对广告经营者实施管理的开始，属于政府的行政管理行为。广告经营者只有在获准登记、注册，取得广告经营资格后，才能从事广告经营活动。否则，即为非法经营。严格地说，广告经营者要取得合法的广告经营资格，必须符合《民法通则》的有关规定和企业登记的基本要求，必须具备广告法规中规定的资质条件，必须按照一定法律程序依法审批登记。

广告经营者的审批登记程序主要包括受理申请、审查条件、核准资格和发放证照四个阶段。

2) 广告业务员证制度

广告业务员是专职从事承揽、代理广告业务的工作人员(以下称广告工作人员)，而“广告业务员证”则是广告业务人员外出开展广告业务活动的有效凭证。凡经批准经营广告业务的经营单位，其广告业务人员都必须按照国家工商行政管理总局颁发的《关于实行〈广告业务员证〉制度的规定》，领取《广告业务员证》后，方可从事广告业务活动。

广告业务人员申请办理《广告业务员证》，必须接受专业培训与考核，然后向所在地的工商行政管理机关提出书面申请，并提交本单位证明文件和有关材料，经省、自治区、直辖市或其授权的省辖市工商行政管理机关审核批准后，发放《广告业务员证》。

3) 广告合同制度

广告合同制度是指参与广告活动的各方，包括广告主、广告经营者和广告发布者，在广告活动前为了明确相互的权利和义务，必须依法签订协议的一种制度，以保护参与广告活动的各方的正当权益不受侵害。

4) 广告业务档案制度

广告业务档案制度是指广告经营者(包括广告发布者)对广告者所提供的关于主体资格和广告内容的各种证明文件、材料，以及在承办广告业务活动中涉及的承接登记、广告审查、广告设计制作、广告发布等情况的原始记录材料，进行整理、保存，并建立业务档案，以备随时查验的制度。

5) 广告经营单位的年检注册制度

广告经营单位的年检注册制度是广告管理机关依照国家广告管理的法律、法规和政策规定，面对广告经营单位一年来的经营状况进行检查验收的一种管理制度。它是各级工商行政管理机关对广告经营单位实施规范化管理的重要内容之一。任何广告经营单位都必须经过年检注册，取得《广告经营单位年检注册证》后，才有资格继续经营广告业务，否则，即为非法经营。

3. 对广告发布者的管理

广告发布者管理是广告管理机关依法对发布广告的报纸、期刊、广播电台、电视台、出版社等单位和户外广告物的规划、设置、维护等实施的管理。

广告管理机关依法对广告发布者实施管理的主要内容如下。

1) 对广告发布者经营资格的管理

以广播电台、电视台、报纸、期刊和出版社等为主体的广告发布者(或广告媒介)，其主要职责是宣传党的路线、方针、政策，发布信息，传播新闻，同时兼营广告发布业务，传播经济信息。而广告发布者以收费的形式，兼营广告发布业务，传播经济信息，属于一种广告经营行为，所以，广告管理机关必须对其实行专门管理。要求广告发布者在发布广告前，必须到当地县级以上工商行政管理局办理兼营广告业务的登记手续，并由其审查是否具备直接发布广告的条件。对符合条件的广告发布者，广告管理机关依法予以登记，并发给广告经营者资格证明。广告发布者只有办理了兼营广告业务的登记手续，并取得广告经营资格证明后，才能经营广告发布业务，否则，即为非法经营。

2) 对广告发布者提供的媒介覆盖率的管理

媒介覆盖率是媒介覆盖范围和覆盖人数的总称，它随媒介的不同而有不同的名称。其中有广播电台的覆盖范围与收听率，电视台的覆盖范围与收视率，报纸、期刊等印刷媒介的发布范围与发行量，以及户外场所的位置和人流量等。真实的媒介覆盖率是广告主、广告经营者实施广告战略和广告发布者确定收费标准的重要依据。因此，广告管理机关应该加强对广告发布者提供的媒介覆盖率的真实性进行管理，这对维护广告发布者的声誉，树立媒介自身形象，拓宽广告发布业务来源和保护广告主、广告经营者的合法权益，有着积极重要的作用。

3) 对广告发布者利用媒介时间、版面和篇幅的管理

广告发布者虽然拥有对媒介的使用权，但是并不能无限制地扩展广告刊播的时间、版面和篇幅。国家行政管理机关往往利用其行政职能，对媒介刊播广告的时间、版面和篇幅做出限制性的规定和控制，以确保媒介履行更为重要的社会职能，实现健康有序的发展。

4. 对广告信息的管理

广告信息包括广告信息内容及其表现，它以广告作品的形式，经媒介的发布完成传播。对广告信息的管理是世界各国广告管理中尤为重要的内容。

1) 对广告内容的管理

对广告内容的管理，集中到一点，即对广告内容的真实性、合法性进行的管理，以确保广告内容的真实、合法与健康。

《广告管理条例》第三条规定："广告内容必须真实、健康、清晰、明白，不得以任何形式欺骗消费者。"《广告法》第七条规定："广告内容应当有利于人民的身心健康，促进商品服务质量的提高，保护消费者的合法权益，遵守社会公德和职业道德，维护国家尊严和利益。"《广告法》第七条对广告中不得出现的内容，《广告法》第十四条、第十七条对药品、医疗器械和农药广告中不得出现的内容都做了明确规定。

2) 对广告表现的管理

广告作为一种"劝说"的艺术，必须借助一定的表现方法和形式，才能将商品或服务的信息传达给广告受众，并尽可能使其留下深刻的印象，以促进购买行为的实现。广告的表现方法和形式就是广告表现。

广告表现必须符合一定的社会规范。对广告表现的管理，其内容主要包括：对广告表

现真实性的管理，对广告表现合法性的管理，对广告表现道德性的管理，对广告表现公益性的管理，对广告表现独创性的管理，对广告表现可识别性的管理等。

5. 对户外广告的管理

一般来说，户外广告的设置不得妨碍交通，不得有损市容和风景区的优美环境，不能破坏古物建筑等。户外广告要与社会人文环境、自然环境相适应。

与其他户外形式的管理相比，户外广告的管理较为复杂，它涉及工商行政管理、城建、环保、公安等部门，其规划管理也主要由这些部门负责。在当地县级以上人民政府的组织下，上述部门共同就城市或者地区户外广告设置的区域、地点、规格、质量和安全等问题做出统一规划，报当地人民政府批准后，由工商行政管理机关负责监督实施。

6. 对广告收费的管理

广告收费是指广告经营者、广告发布者在承接和完成广告主委托的广告业务后，所收取的广告设计费、制作费、代理费和发布费。

对广告代理费主要实行国家定价管理，其标准是法定的、全国统一的，即广告经营者承办国内广告业务的代理费，为广告费的10%，承办外商来华广告的广告代理费，为广告费的15%。

对广告发布者收费的管理，基本上实行备案价格管理，即以广播电台、电视台、报社、杂志社等四大媒介为主的广告发布者，根据自身的收听率、收视率和发行量，以及在全国或地方的覆盖率和影响，来制定自己的收费标准，然后报当地工商行政管理机关和物价管理部门备案。

户外广告场地费、建筑物占用费的收费标准，必须由当地工商行政管理机关会同物价、城建部门，根据当地经济发展的程度，户外广告的设置区域、场地、建筑物的位置好坏、人流量大小、是否在商业中心和闹市区等因素，共同协商制定，并报当地人民政府批准。它一经制定并获得当地人民政府批准，就必须严格依照执行，任何单位或个人不得随意更改。

3.3.4 广告管理的方法

广告活动既有别于其他经济活动，也有别于新闻等信息传播活动，这就形成了适应广告活动的管理方法，主要有法律、行政、经济、以消费者监督为主的社会监督、行业自律和道德教育等方法。

1. 政府法律管理

1995年2月1日正式施行的《广告法》，是中国目前管理广告的最主要、最权威的专门法律，任何从事广告活动的单位和个人都必须认真贯彻实行。同时施行的广告管理法律、法规、规章及规范性文件，现已有100多种。这些法律法规和文件，使中国广告管理工作日趋体系化，也是指导、制约和处理广告活动的依据。

广告从业人员需要遵纪守法，自觉地在国家允许的范围内开展广告业务活动，各级工商行政管理部门则根据这些法律法规的内容，运用行政手段对广告活动进行监督、检查、控制和指导。

2. 广告行业自律

广告行业自律是指广告行业的自我监管。它是广告业发展到一定阶段的产物，是目前世界通行的一种行之有效的管理方式。

广告行业自律是由广告主、广告经营者和广告媒体自发成立的民间性行业组织，通过自行制定的广告行业自律章程、公约和会员守则等一系列规则，对自身从事的广告活动进行自我约束、自我限制、自我协调和自我管理。广告行业的自律具有非强制性、道德约束性和灵活性的特点。广告行业自律组织一般有广告公司协会、广告主协会和广告媒体协会等。广告行业自律在加拿大、法国、英国等广告业发达的国家十分盛行。

广告行业自律有助于企业减少广告中的夸张和误导性承诺，从而加强广告的效果，减轻政府监管工作的压力，促使广告主出于自我保护的目的，对违法广告进行积极的监督，客观上起到了保护消费者的作用。

3. 社会监督机制

广告的社会监督机制是指社会各界和消费者组织，按照国家广告管理的法律、法规，对广告活动进行日常监督，对违法或虚假广告向政府广告管理机关举报与投诉，并向政府立法机关提出立法请求与建议。广告的社会监督包括消费者组织监督、广大群众监督和舆论监督三个层次，其中最主要的是消费者组织对于广告的监督。

消费者组织是维护消费者权益的强有力组织。我国的消费者组织包括中国消费者协会和各地设立的消费者协会。近些年，消费者组织在广告监管中发挥的作用越来越大，成为广告社会监督的重要力量。

实践证明，消费者自我保护意识越强，越能够自觉地对广告进行监督。随着各国消费者运动的深入开展，越来越多的消费者提高了自我保护意识，积极进行广告监督。广大群众的监督促进社会监督的不断发展。

4. 教育与处罚结合

注意加强平时的教育培训，如定期举办业务培训班，学习有关广告法规政策，主管部门及时下发传达各种文件材料，提醒广告业务中应该注意的问题等，使企业、媒体和广大广告从业人员能够充分了解广告管理的重要性，熟知广告管理的有关内容，做到“防患于未然”，自觉规范广告业务活动，这是比法律制裁、行政和经济处罚更为有效的方法。

采取处罚的方式来加强管理，也是必要的手段。处罚也是一种教育。例如，运用经济手段也能为调节和控制广告活动发挥一种杠杆作用，通过税收、价格、奖惩等方式，也不失为实施广告管理的有效方法。

3.3.5 广告审查制度

广告审查制度是目前世界各国普遍采用的保证广告真实性和合法性的一种重要的法律制度，一般是指广告审查机关在广告交付设计、制作、代理和发布前，对广告主主体资格、广告内容及其表现形式和有关证明文件或材料的审查，并出具与审查结果和审查意见相应的证明文件的一种审查制度。广告审查制度是对广告内容和广告主主体资格等进行审核的把关制度，对于抵制虚假违法广告的产生、维护消费者的利益有着重大意义。

1. 中国广告审查的内容

《广告法》规定，广告审查的内容主要包括：对广告主主体资格的审查，即审查客户有无做某项内容广告的权利能力和行为能力；对广告的内容和表现形式的审查，是审查广告是否违反广告管理法规和其他法律、法规的规定；对广告主提供的证明文件的审查，是看证明文件是否真实、合法和有效。

2. 中国广告审查的程序

1) 广告客户或其代理人申请广告审查

广告主对广告的真实性、合法性有提供证明的义务。申请广告审查，应填写国家广告管理机关制定的《广告审查申请表》，同时提交下列资料：申请审查的制作文稿或广告样品；申请人的营业执照副本或其他主体资格证明；广告管理法规规定的各类广告的相关证明；广告管理机关规定出具的其他证明。

2) 广告审查机构受理审查

(1) 广告审查机构的初审。初审是指对广告制作前的文稿的审查。

(2) 广告审查机构的终审。终审是指对供发布的广告样品的审查，申请者可以直接申请终审，终审结果自通过审查之日起一年内有效。

3) 广告审查机构做出审查合格与否的决定

广告审查完成后，广告审查机构做出审查合格与否的决定。有关承接登记、初审、终审全过程的记录材料应按一定的规则进行归档，以备查验。

3.3.6 广告违法行为追究

1. 广告违法行为

广告违法行为是指广告活动中广告主、广告经营者和广告发布者违反我国广告管理的法律法规的行为。

广告违法行为的表现形式主要有：①无证无照经营广告业务；②超越范围经营广告业务；③广告主未交验合法证明就发布广告；④违禁广告；⑤虚假广告。

2. 广告违法行为责任追究

中国广告管理的法律法规依照广告违法行为的情节轻重、危害严重程度，规定了行政、民事、刑事三种法律责任。一般的违法行为责任人，应承担相应的行政责任和民事责任；严重违法行为的责任人，应承担相应的刑事责任。

1) 行政责任

根据《广告管理条例》第十八条规定，广告管理机关的行政处罚方式主要有七种：①停止发布广告；②责令公开更正；③通报批评；④没收非法所得；⑤罚款；⑥停业整顿；⑦吊销营业执照或者广告经营许可证。

2) 民事责任

根据《民法通则》第 134 条规定，承担民事责任的方式主要有：①停止侵害；②消除妨碍；③消除危险；④返还财产；⑤恢复原状；⑥修理、重做、更换；⑦赔偿损失；⑧支付违约金；⑨消除影响、恢复名誉；⑩赔礼道歉。以上方式，可以单独使用，也可以合并使用。

3) 刑事责任

广告违法行为中的刑事责任，是指广告主、广告经营者和广告发布者在广告活动中的违法行为性质恶劣、后果严重，非法所得数额较大，触犯了刑律，构成了犯罪所应承担的法律责任，由司法机关追究其刑事责任。

3.4 对广告从业人员的素质要求

广告从业人员的素质是以自信、热情、开放的职业心理为基础，并具有良好的职业道德，配之以广告专业知识结构和能力结构的一种整体职业素质。

3.4.1 广告从业人员的心理素质

1. 自信和进取的心理

自信和进取是对广告人员职业心理的最基本的要求。一个人有了自信心和进取心，才会激发出极大的勇气和毅力，最终创造出奇迹。

2. 热情的心理

广告从业人员应有一种热情的心理。热情的心理，能使广告从业人员兴趣广泛，对事物的变化有一种敏感，且充满想象力和创造力。广告从业人员也需要凭借热情的心理，来与各种各样的人打交道，结交众多的朋友，拓展工作的渠道。

3. 开放的心理

广告工作是一种开放性的工作，从事这种工作的人需要有一种开放的心理。广告工作是一种创造性很强的工作，这种工作要求人们以开放的心理，不断接受新的事物、新的知识、新的观念，在工作中敢于大胆创新，作出突出的贡献。

3.4.2 广告从业人员的思想道德素质

广告从业人员要讲究广告工作的职业道德。广告从业人员不仅要具备广博的知识和多方面的能力，更重要的是必须具备良好的思想道德素质。

1. 恪尽职守，诚信守诺

广告从业人员要热爱本职工作，对工作极度地负责任，有强烈的职业责任感，能充分履行本职工作的社会责任、经济责任和道德责任。不能从事任何与履行职责无关或相悖的事务，不能违背国家和政府的法纪和规章制度。玩忽职守、自由散漫、无组织无纪律的行为，都是不道德的。

2. 努力学习，有效工作

广告是实干的事业，广告从业人员只有积极钻研业务，努力勤奋学习，才能维持工作的高水准。不学无术，碌碌无为，工作中常出差错，以致给公众、组织乃至整个社会带来损失，都是不道德的表现。

3. 知法、守法和用法

广告从业人员与任何公民一样，受法律的约束。既要知法、守法，还要懂得运用法律来保护组织的权益。具有法律意识，在遇到有违法乱纪的行为时，能勇敢地站出来予以揭露、控告或制止，绝不能听之任之，更不能同流合污、知法犯法。

3.4.3 广告从业人员的知识结构和能力结构

广告从业人员的知识结构和能力结构是广告从业人员基本素质的重要组成部分。健全的知识结构不仅是广告从业人员基本素质的重要组成部分，而且是其创造性地开展广告工作的保证。

1. 广告从业人员的知识结构

广告从业人员的知识包括以下内容。

1) 广告专业知识

广告专业的学科知识包括：广告组织、广告管理、广告媒体、广告策划、广告战略、广告调研、广告心理、广告文案、广告创意、广告制作、广告传播、广告效果等。

2) 背景学科知识

广泛的背景学科知识，如管理学类学科，包括管理学、行为科学、市场学、营销学等；传播学类学科，包括传播学、新闻学、公共关系学等；社会学和心理学类学科，包括社会学、心理学、社会心理学等。

3) 操作性学科知识

操作性学科知识对提高广告从业人员的实际工作能力有直接的帮助，如写作学、演讲学、社会调查学、计算机应用、社交礼仪知识等。

4) 方针政策知识

广告从业人员应熟知党和政府的有关政策、法令、法规，了解社会的政治、经济、文化诸方面的现状及未来的发展趋势。

另外，广告从业人员有时也会根据特定的需要，开展某些特定的广告工作。例如，企业的产品由内销转为外销，需要组织开展国际广告工作，这时，广告人员就有必要了解国际关系、国际市场营销、国际广告等方面的专业知识和有关国家的政治和经济情况。

广告从业人员的知识结构应该是一种动态、开放的结构，它能够随时吸收新的知识，不断丰富和发展自己。静态和封闭的知识结构是没有发展前途的，它会因跟不上时代前进的步伐而被淘汰。

2. 广告从业人员的能力结构

广告从业人员的基本能力有以下几个方面。

1) 书面和口头表达能力

能写会说是广告工作对广告从业人员的最基本要求。广告人的卓越沟通能力主要体现在两个方面：一是书面沟通的能力，能很好地把策略与创意思想以书面的形式呈现出来；二是口头表达的能力，即业内常说的“提案贩卖能力”。

2) 组织协调能力

广告计划、方案的实施，工作千头万绪、具体繁杂，没有良好的组织能力是很难顺利做好工作的。组织能力是广告从业人员从事广告活动的重要保证。在筹划一项广告活动时要深思熟虑，精心准备，制定详细周密的计划、措施方案，设想可能发生的种种情况；在活动开展过程中，要穿针引线、烘托气氛，左右逢源、应对自如；在活动结束后更要认真总结，仔细归纳得失利弊，任何经验教训都是下一次活动的基础和依据。协调能力是指广告从业人员要随时并善于发现组织内外、组织与公众之间的矛盾和不平衡；善于发现各类公众对组织产生的误解或不信任，及时加以沟通和协调。

3) 广告策划能力

广告从业人员必备的专业能力之一就是广告策划能力。

广告策划能力可以说是广告从业人员最为重要的职业化能力之一。虽然广告从业人员的其他能力也非常重要，但广告策划能力可以说是这些要素的集中外在体现。广告从业人员必须具备把科学的广告策划普遍规律(程序)和艺术的广告创造思路结合起来的能力，必须能够迅速专业地策划出各种创新性的广告方案，来解决面临的各种广告难题。

4) 信息捕捉能力

广告人员要具备眼观六路、耳听八方的能力，保持灵敏的信息嗅觉，善于观察他人不易察觉的信息，并设法把信息转化为企业的广告机会。牛顿提出万有引力定律是受到了苹果落地的启发；笛卡儿把二维空间发展成三维空间，门捷列夫把化学元素排列成周期表的形式，据说都是睡梦中捕捉到的灵感。

5) 人际交往能力

广告人必须具有与人打交道、与人沟通的能力。完整准确的信息传递、周密细致的策划执行、文字画面的完美表现，无不依赖于人与人的精诚合作。衡量一个广告从业人员能否适应现代社会需求的标准之一，是看他是否具备善于与他人交往的能力。广告从业人员必须懂得各种场合的礼仪、礼节，善于待人接物，善于处理各类复杂的人际关系。广告从业人员在平时要注意培养自己的良好性格、儒雅风度、学识修养，在社交活动中要热情、自信；注意仪表、举止；面带微笑，运用温和、幽默的语言处理广告事务。在社交活动中应对领导、同事、合作者和其他公众表示关心和尊重。

6) 持续学习能力

在不断变化、飞速发展的信息社会中，广告从业人员还须具备持续学习、不断更新、与时俱进的新知识、新观念辨别吸收能力。广告从业人员只有具备一个良好、开放的学习心态和归纳新知识、新方法的头脑，才能在迅速变动的社会发展环境中与时俱进，及时调整与充实自己的广告基础知识、专业素养和广告技巧能力。

7) 顽强的毅力

广告工作不可能是一帆风顺的，这就要求广告从业人员具备百折不挠的韧劲，“不达目的不罢休”。

8) 倾听与理解能力

广告从业人员在开展广告活动时，要善于倾听。态度要诚恳、耐心，要能从别人冗长、反复的发言中抓住要领，或从众口交加、激烈言辞中找出问题症结。具备分析问题的能力，并能用简洁清晰的语言加以复述，表示理解，并做出一定的解释，或提出解决问题的办法。

9) 开拓创新能力

创意是广告的灵魂，创造性贯穿于整个广告活动运作的始终。要求广告从业人员具备丰富的想象力和创造力。有强烈的主体意识和主观能动性，才能引起公众的兴趣和好感，把广告工作做得别具一格，卓有成效。为此，广告从业人员应具有广博的知识、多样的爱好，耳聪目明、勤于思索、精于构思。只有博采众长、融会贯通，立志刻意求新，才能独创一家。

10) 审美能力

广告是科学性和艺术性的结合，广告人在整个广告活动的全过程，都必须不断体验美和表现美。所以，广告人应该具有一定的美术知识和较强的文字驾驭能力。广告从业人员的审美能力必须从理论和实践两方面来提高，要靠平时的观察、学习和长期的培养、积累。

本 章 小 结

广告组织是对广告活动进行计划、实施和调节的经营机构。具体来说，广告组织包括各类专业广告公司、企业广告部门、媒介单位广告部门及广告团体组织。专业广告公司又可称为广告代理公司，是专门从事广告经营的企业，包括广告公司、广告代理商和广告制作机构。企业广告部门是企业管理系统的有机组成部分，是企业销售的推进器。企业广告管理的类型可以分为公关宣传型、销售配合型和营销管理型。

广告代理制指的是广告代理方(广告经营者)在广告被代理方(广告客户)所授予的权限范围内来开展一系列的广告活动，就是在广告客户、广告公司与广告媒介三者之间，确立以广告公司为核心和中介的广告运作机制。广告代理制主要包括广告公司的客户代理和媒介代理、代理服务的业务范围及代理佣金制等内容。

广告管理有广义的广告管理和狭义的广告管理之分。广义的广告管理包括广告公司的经营管理和广告行业及广告活动的社会管理两方面的内容。狭义的广告管理专指对广告行业及广告活动的社会管理。现代广告管理有三种最基本的途径：国家行政法规管理、广告行业自律和广告社会监督。广告从业人员的素质是以自信、热情、开放的职业心理为基础，并具有良好的职业道德，配之以广告专业知识结构和能力结构的一种整体职业素质。

思 考 练 习

一、单选题

1．专业广告公司的机构设置一般由客户服务部、市场调查部、媒介部、营销服务部和(　　)公共职能部等组成。

A．计划部　　B．代理部　　C．联络部　　D．创作部

2．专业广告公司的(　　)主要负责对广告实施前的有关产品、消费者、市场等进行调查分析。

A．客服部　　B．市场调查部　　C．创作部　　D．媒介部

3．广告业现代化的主要标志之一就是在整个产业结构中，(　　)处于中心地位。

A．广告主　　B．广告媒体　　C．广告代理公司　　D．广告受众

4．大型企业在总厂或总公司下，设立广告部，作为其一级下属机构，向上直接对总经理负责，对下则统管企业的下属分厂或分公司的全部广告工作。这种企业广告部门的行政隶属关系的基本模式是(　　)。

A．集权制　　B．总经理直辖制　　C．分权制　　D．附属广告公司制

5．按国际惯例，大众传播媒介的佣金是广告刊播费的(　　)。

A．10%　　B．15%　　C．16.7%　　D．17.5%

6．(　　)就是按照广告公司实际成本支出、劳务支出计算其广告代理费。

A．协商佣金制　　B．议定收费制　　C．实费制　　D．效益分配制

7．(　　)已经成为美国、英国等国家广告界行业惯例。

A．依法经营原则　　B．人才经营原则　　C．优势经营原则　　D．非业务冲突原则

8．业内常说的“提案贩卖能力”是指(　　)。

A．书面沟通能力　　B．口头表达能力　　C．广告策划能力　　D．信息捕捉能力

9．(　　)可以说是广告从业人员最为重要的职业化能力之一。

A．书面沟通能力　　B．口头表达能力　　C．广告策划能力　　D．信息捕捉能力

二、多选题

1．目前，中国企业内部设置的广告组织可以分为(　　)。

A．对外联络型　　B．公关宣传型　　C．销售配合型　　D．营销管理型

2．媒介广告组织的工作任务，主要是负责(　　)。

A．发布广告　　B．设计制作广告　　C．搜集广告反馈　　D．广告评估

3．广告内容必须(　　)和明白，不得以任何形式欺骗消费者。

A．独特　　B．真实　　C．健康　　D．清晰

4．广告公司是属于(　　)的企业法人组织。

A．知识型　　B．艺术型　　C．智能型　　D．技术型

5．广告的社会监督包括(　　)三个层次。

A．消费者组织监督　　B．审计监督

C．广大群众的监督　　D．舆论监督

6．对广告主提供的证明文件的审查，是看证明文件是否(　　)。

A．独特　　B．真实　　C．合法　　D．有效

7．中国广告管理的法律法规对广告违法行为，规定了(　　)三种法律责任。

A．行政　　B．民事　　C．经济　　D．刑事

8．(　　)是对广告人员职业心理的最基本的要求。

A．自信　　B．进取　　C．热情　　D．开放

9．广告人员要有强烈的职业责任感，能充分履行本职工作的(　　)。

A．行政责任　　B．社会责任　　C．经济责任　　D．道德责任

10．广告从业人员的知识结构包括(　　)。

A．广告专业知识　　B．背景学科知识

C．操作性学科知识　　D．方针政策知识

11．广告管理的方法除政府法律管理外，还有(　　)。

A．广告行业自律　　B．社会监督机制　　C．群众监督机制　　D．教育与处罚结合

12．广告公司的经营原则是(　　)。

A．依法经营的原则　　B．人才经营的原则

C．优势经营的原则　　D．非业务冲突原则

三、判断题

1．广告主设置户外广告应符合当地城市的整体规划，并在工商行政管理机关的监督下实施。(　　)

2．广告主发布烟、酒广告，必须经过广告管理机关批准。(　　)

3．广告业务人员都必须领取《广告业务员证》后，方可从事广告业务活动。(　　)

4．广告经营者在办理工商注册、税务登记后，就能从事广告经营活动。(　　)

5．专业广告公司按其功能可分为四类：全面服务性广告公司、有限服务广告公司、广告代理商和广告制作机构。(　　)

6．广告代理制主要包括广告公司的客户代理和媒介代理、代理服务的业务范围及代理佣金制等内容。（　）

7．广告部作为企业的二级下属机构，隶属于销售部门，在工作上对销售部门负责。这种企业广告部门的行政隶属关系的基本模式是分权制。（　）

8．广告管理模式基于企业广告的宣传功能定位，将企业广告机构纳入行政管理系统，作为企业行政职能部门的一个分支机构存在。这种企业广告管理类型是销售配合型。（　）

9．1865 年，弗朗西斯·W. 艾尔在波士顿创办了与今天的广告代理公司更为相似的媒介掮客公司。（　）

10．1869 年，乔治·罗威尔在美国开设了艾尔父子广告公司。其经营重点从单纯为报纸推销广告版面，转向为客户提供专业化的服务。（　）

四、简答题

1．简述专业广告公司的机构设置及各部门主要工作职责。

2．简述企业设立广告部门的原因及其职责。

3．什么是广告代理制度？简述广告代理公司的组织架构和运作流程。

4．广告违法行为的表现形式主要有哪些？如何处理广告违法行为？

5．中国广告管理机关对广告主管理的内容主要包括哪些方面？

五、论述题

1．法国广告评论家罗贝尔·格兰(Robert Gurland)曾经说："我们呼吸着的空气，是由氮气、氧气和广告组成的。"请结合实际谈谈你对这句话的理解。

2．在广告公司、广告主与广告媒体这三个主体中，广告主拥有绝对的主动权，广告媒体享有媒体资源的独占权，而广告公司只有依靠专业服务能力才有立足的价值。随着我国加入 WTO 后，外资广告力量的不断加入，以及相关替代行业如公关、咨询业的兴起，面临更加激烈竞争的国内广告公司将如何寻求新的生存发展之道，找到适合自己且具有竞争力的经营模式？

3．"他山之石，可以攻玉"。跨国广告公司在长期经营中积累了雄厚的资金，建立起了规范的运作体系，拥有很强的品牌建设能力和经营管理能力，特别是它们在实施本土化策略和在市场扩张方面独具特色。本土广告公司可以从中汲取哪些经验教训？

案例分析

挑选广告机构：内部还是外部

广告计划的第一步是决定用内部广告团队还是用外部广告公司。有的公司由一批内部人员开发整合营销传播计划和广告计划。部分原因是部门内部人员更理解公司的使命和营销信息。这些公司的管理者相信，他们可以通过外聘少量营销专家及广告专家，开发出有效的广告计划。撰写文案和拍摄、录制、编辑广告，以及安排、买卖媒体时间(电视媒体或广播)和广告位(杂志、报纸、广告牌)等工作可以外包出去，而 IMC 的其他工作则由内部完成。

最近，加拿大财产及灾害保险业经历了历史上最糟糕的两年。加拿大最大的保险公司之一——协邦保险(Co-operators)的管理层厌倦了与广告公司打交道。这些广告公司似乎根本不了解协邦保险公司或整个保险行业存在的问题。于是，协邦保险公司成立了一个内部营销团队，任务是重振公司的知名品牌，把品牌认知与特定的属性联系起来。该团队通过内部研究和数据挖掘描绘了公司顾客的特征，并聘请了一名顶尖创意总监帮助创作新广告，结果就产生了名为"Heritage"的电视广告。这个广告及配套宣传材料的焦点是一个农场主协会，协会成员信赖一个有同情心、友善、喜欢分享、正直诚实的加拿大保险公司。广告及整个传播活动非常成功。

但是，由内部人员负责广告创作也有缺点。一个问题是，公司可能变得因循守旧，意识不到其他促销或广告机会。内部团队也可能不具备足够的专业知识来完成所有必要的职能。结果可能变成削减广告成本，而不是利用广告公司的知识和专长。在全球市场中，公司内部成员缺乏对国外目标市场的语言、习惯和购买行为的必要了解，所以必须有所选择。

而管理层应该考虑以下因素：公司规模；可以投入媒体的资金量；客观性；产品的复杂程度；创造力。

从公司规模上看，小客户对广告公司通常没有吸引力，因为收益不大。从投入媒体的资金来看，受雇于小客户对广告公司而言似乎不经济，因为更多的资金必须花在制作广告而不是购买媒体时间或广告位上。在这方面，有一个75∶15∶10经验法则，即75%的资金用于购买媒体时间或广告位，15%的资金用于支付广告公司进行创意，10%用于广告的实际制作。但对于小客户来说，资金分配比例更可能是25∶40∶35，即75%的资金用于广告创意和制作，只有25%的资金用于购买媒体。因此，除非75%的广告预算可用于购买媒体，否则明智的做法可能就是由内部团队或小广告公司负责所有的广告活动。

与内部团队相比，广告公司可能更客观公正。内部创意人员很难保持不偏不倚，不受组织内其他人的影响。组织内的其他人可能并不完全理解广告艺术层面。外部创意人员就不会面临这些影响和压力。

另一个问题是复杂产品的广告，因为外部广告公司的人一开始很可能难于理解这一复杂的产品。让他们熟悉情况，往往要花费相当多的时间和资金。因此，对于一些复杂的产品来说，启用内部团队可能会更好；而一些通用的或标准化的产品则更适合聘用外部广告公司。

最后一个要考虑的问题是创造力。广告公司声称它们能提供更好的创意，许多时候也的确如此。但是，内部团队也可以只在广告设计阶段聘用兼职创意人员。因此问题就变成了是把整个项目外包出去，还是只使用广告公司的创意人员及其他专家。

如果最终决定选用外部广告公司，那么为了利用广告和传播计划扩大受众，公司就要投入大量资源。

(资料来源：Clow K E, Baack D. 广告、促销与整合营销传播[M]. 冷元红译. 北京：清华大学出版社，2008.)

思考题：

1．企业实施广告时使用内部广告团队与使用外部广告公司有什么区别？
2．广告主应该如何挑选广告代理机构？
3．挑选广告公司有哪些步骤？应该遵循什么标准？

第Ⅱ篇

实务运作篇

第4章　广告策划的准备阶段

学习目标

通过本章学习，应该达到以下目标。

知识目标：掌握广告策划具体流程，了解广告策划的分类与原则，了解广告策划人员的组织安排与职责，熟悉广告策划的工作计划。

能力目标：能够正确认识广告策划，灵活运用理论，展开广告策划实践；能够联系实际，结合某一个企业的产品品牌拟定一个策划项目主题，从而进入下一个策划环节。

知识结构

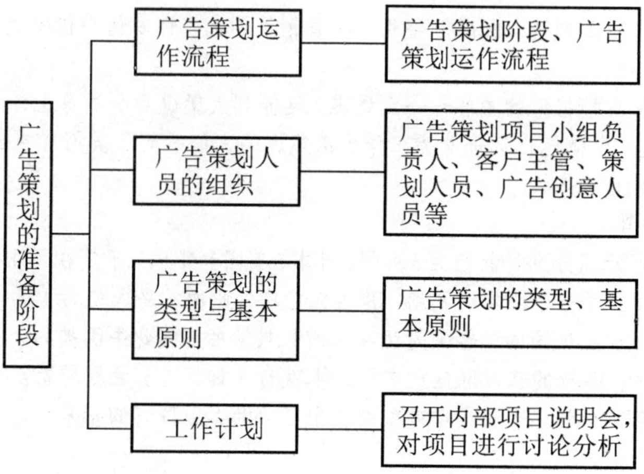

案例导入

大堡礁启示录

——世界上最好的工作，2009年最美妙的旅游策划

2009年5月6日澳大利亚大堡礁“护岛人”的全球选拔工作结束，幸运儿英国人本·索撒尔(Ben Southall)获得了这份半年时间收入为15万澳大利亚元(相当于70万元人民币)的“世界上最好的工作”。他将有6个月的时间徜徉于白沙碧海之中，每天的工作就是巡视珊瑚礁，喂海龟、观鲸鱼，然后拍照，写报告……向世人展示大堡礁的风情美景。至此，从2009年1月9日开始掀起的全球大堡礁推广活动达到了高潮。

澳大利亚大堡礁久负盛名，但因为随着海洋升温及游客增多，大堡礁的珊瑚虫一度濒临灭绝，经过一段时间的休养生息，大堡礁生态环境得到了恢复，知名度却已大不如从前。哈密尔顿岛素有澳大利亚“大堡礁之星”的美誉，岛上终年气候舒适宜人，活动多姿多彩，但由于当地旅游业受到金融危机冲击，旅客量大减。于是，昆士兰旅游局通过这样一个精心策划的活动来推广其旅游产业。

为提升大堡礁的国际知名度，昆士兰旅游局策划了一次网络营销活动：2009年1月9日，澳大利亚昆士兰旅游局网站面向全球发布招聘通告，并为此专门搭建了一个名为“世界上最好的工作”的招聘网站(www.islandreefjob.com)，招聘大堡礁看护员。网站提供了多个国家的语言版本，在短短几天时间内，吸引了超过30万人的访问，甚至一度导致网站瘫痪，官方不得不临时增加数十台服务器。

“世界上最好的工作”共吸引来自全球200个国家和地区的近3.5万人竞聘。包括11 565名美国人、2 791名加拿大人、2 262名英国人和2 064名澳大利亚人，来自中国的申请者有503位。这次招聘活动吸引了全球人的目光，据昆士兰旅游局称，整个活动的公关价值已经超过了7 000万美元。

目前，这一由澳大利亚机构CumminsNitro策划的事件，已经被包括英国路透社在内的知名媒体评为“2009年堪称经典的网络营销案例”。并在2009年戛纳国际广告节上赢取了11项全场大奖(Grand Prix)中的2项，同时还收获了4项金狮奖。

【案例评析】

这个旅游策划之所以能够取得如此大的成功，当然离不开策划者的精心策划，特别是对市场大环境及公关营销手段的把控。该项策划精心酝酿一整年，在营销策划上有许多值得借鉴之处。

1. 概念造势极其成功

昆士兰旅游局成功将直接推广的主体——大堡礁，延伸到大堡礁看护员身上，再将看护员工作塑造成“世界上最好的工作”这一个概念，让那些为工作生活焦虑的人们看到了美好和希望，纷纷为之倾注目光和行动，使活动一开始就直达人心。

2. 市场细分匠心独具

澳大利亚的前五大客源国分别是新西兰、英国、日本、美国和中国，于是在昆士兰旅游局招聘网站“世界上最好的工作”上，建立了七个版本的网站，覆盖面极广。此次护岛人将看护的汉密尔顿岛是中国旅游团尚未开辟的旅游路线，加上中国的游客又是近年来增长最快的，因此中国被列为重中之重的客户，自然也受到额外的待遇。例如，海选的官方网站仅中文版本就有3种，昆士兰旅游局甚至在北京进行了现场招聘。而针对第一客源的英国市场，则为大堡礁配套推出了“世界上最好的蜜月目的地”、“世界上最好的度假目的地”等系列宣传。

3. 逆势策划吸引眼球

在金融风暴席卷全球、大量工厂裁员、工人失业这样一个人心惶惶的时刻，澳大利亚昆士兰旅游局恰当其时推出以惬意的工作环境和工作内容，以每小时1 400美元的超高待遇招聘所谓的“大堡礁看护员”，吸引了全球无数人的眼球，应聘人的视频短片、竞选活动进程等信息在网站上广为流传，大大提高了“护岛人”招聘活动的影响力和关注度。媒体更是为之疯狂激动，不惜用大量的版面进行免费的报道。

4. 网络营销造势凌厉

“世界上最好的工作”所有关键环节都在网上展开，昆士兰旅游局从一开始就建立了活动网站。旅游局在全球各个办公室的员工则纷纷登陆各自国家的论坛、社区发帖，让消息在网友中病毒式扩散。此次活动的参赛规则是全世界任何人都可通过官方网站报名，申请者必须制作一个英文求职视频，介绍自己为何是该职位的最佳人选，内容不可多于 60 秒，并将视频和一份需简单填写的申请表上传至活动官方网站。这几乎没有门槛，但又自娱自乐的方式吸引了许多人参与。活动官方网站的合作伙伴是 Youtube，借助 Youtube 在全球的巨大影响，活动本身又得到了进一步的口碑和病毒式传播。

5. 互动体验高潮迭起

主办方充分利用了网络的交互性使活动的影响力不断延伸。一方面，为了充分进行网络造势，投票选拔过程中有一个“外卡选手”环节，入选的选手，需要通过自己的不断拉票，累积人气，从而争取一个提前晋级的面试机会。投票者在通过确认的过程中，都会好好浏览一下这个做得很漂亮，实质上是旅游网站的照片网站，领略大堡礁的旖旎风光、万种风情。更重要的是，投票者的邮箱未来会不定期收到来自大堡礁的问候。据悉，截至 2009 年 3 月 10 日，网站的页面浏览量总量达到了 4 000 万。另一方面，由护岛人的职责可以看出，昆士兰旅游局推出这一活动，正是想通过对大堡礁的真实体验，与受众互动，推销大堡礁的旅游价值，让关注人群切实感受到大堡礁的美景和游乐。

广告策划是广告发展的必然产物。早在 20 世纪 60 年代，西方广告界便建立了以策划为主体，以创意为中心的广告策划管理体系，掀起了一股广告策划的热潮。广告策划成为现代广告活动规范化、科学化、专业化的主要标志之一。广告策划在整个广告活动中处于指导地位，贯穿于广告活动的各个阶段，也涉及广告活动的各个层面。策划能力是广告经营单位实力的体现与象征。广告策划可以说是广告公司的统筹安排者，是广告行为具体任务的规划者。广告策划是一个系统的工作，需要做好事前的各项准备工作。

4.1 广告策划运作流程

4.1.1 广告策划阶段

广告策划是一个比较长的过程，在这个过程中，不同阶段有不同的任务、侧重点和中心内容，把握广告策划的阶段划分，有助于策划人员明确策划各个阶段的特性和任务，保证广告策划按部就班地顺利完成。

根据广告运作的实际情况，采取广义和狭义两种划分方法，前者指对广告策划从准备到实际运作再到广告作品和广告评估、监控的全过程进行阶段划分，称为全程策划；后者则是指对除广告准备、广告作品、广告监控评估过程之外的实际策划运作进行阶段划分，称为项目策划。

1. 广义的策划阶段划分

在对广告策划进行广义的阶段划分时，市场营销学对企业市场营销的阶段划分为我们提供了有益的启示。

美国营销学者菲利普·科特勒将其市场营销学著作命名为《市场营销管理——分析、规划、执行和控制》，直接表明了对企业市场营销阶段划分的认识。他认为，企业的市场营销要经过分析、规划、执行和控制四个阶段。在分析阶段，企业通过市场营销信息系统，分析在市场中面临的机会和问题；在规划阶段，企业通过市场营销规划系统，研究和选择目标市场，辨认细分市场，对产品进行定位，根据企业在市场中的角色和产品在生命周期中所处的阶段制定市场营销策略；在执行阶段，企业通过市场营销组织系统按照营销策略进行市场营销活动；在控制阶段，企业通过市场营销控制系统，监测营销计划的执行情况，评估企业进行市场营销的能力，对市场营销中出现的问题进行诊断并且提出解决方法。

由此不难发现，广告策划从准备到监控的全过程与此非常相似，因此，我们借鉴这种阶段划分的方法，将广告策划运作划分为分析、规划、执行和控制四个阶段。各阶段的内容见表 4-1。

表 4-1　广义策划阶段划分

阶　段	内　容
分析阶段	市场调查：对营销环境、消费者、产品、企业和竞争对手、企业和竞争对手的广告的分析
规划阶段	广告目标、目标市场策略、产品定位策略、广告诉求策略、广告表现策略、广告媒体策略、促销组合策略的研讨及决策。制订广告计划、确定广告费用预算、研讨并确定广告效果预测和监测的方法、撰写广告策划书文本及策划修改
执行阶段	广告表现计划的实施、广告媒体计划的实施、其他活动的实施
控制阶段	广告效果的监督与评估、广告策划的总结

2. 狭义的策划阶段划分

根据广告项目的实际策划运作的各个步骤在对象、内容、目标上的不同，将广告公司内部策划运作分为市场分析、战略规划、制订计划和形成文本四个阶段，它们分别包括以下的步骤(表 4-2)。

表 4-2　狭义策划阶段划分

阶　段	内　容
市场分析阶段	市场调查：对营销环境、消费者、产品、企业和竞争对手、企业和竞争对手的广告的分析
战略规划阶段	广告目标、目标市场策略、产品定位策略、广告诉求策略、广告表现策略、广告媒体策略、促销组合策略的研讨及决策。制订广告计划、确定广告费用预算、研讨并确定广告效果预测和监测的方法、撰写广告策划书文本及策划修改
制订计划阶段	确定广告策划的时间、地点、范围、媒体、频率等内容和广告费用预算
形成文本阶段	撰写广告策划书文本、广告策划的内部审核与修改、广告策划提案、广告策划书的修改和定稿

4.1.2　广告策划运作流程

在着手进行广告策划之前，需了解广告策划的运作流程。广告策划作业的常规运作流程见表 4-3。

表 4-3　广告策划运作流程

运作流程	主要工作内容	备　注
组建广告策划项目小组	为广告策划作业提供人员保障；小组成员在小组负责人的领导下完成相关作业任务	内容详见 4.2 节
广告公司内部项目说明会	广告策划任务立项后，召开项目说明会，由小组负责人或客户服务人员介绍客户的情况、广告目标、想法等，明确项目任务	让小组成员对项目有一个整体的了解
拟订工作计划	根据企业要求、市场状况、策划小组具体情况、行业规律，拟订有关作业部门的工作任务和完成期限等计划	工作计划须符合实际情况和客观规律
下达工作任务	按工作计划布置各部门、各人员的具体作业任务	各部门、各人员须按期按质按量完成任务
广告策划的战略决策	策划小组在客户的协作下，讨论项目的指导性广告战略，并最终确定广告战略	战略决策须得到客户的协助，也须得到客户的最终认可
广告策划的战术策略	策划小组在广告战略的指导下，依据市场调查分析的结果，对广告活动进行战术策划	战术策略是广告活动设计的具体依据
广告策划的文本形成	将广告策划内容汇总，编写广告策划书	广告策划书是广告活动的行动纲领
召开提案会	客户与策划项目小组共同参会，由客户服务人员向客户提供广告策划书。客户审核广告策划书，无异议后批准	广告策划书往往要在客户的要求下进行修改
广告策划的执行	实施广告策划，把广告策划内容转化为可视、可听的广告作品，并通过相关媒体发布	也包括广告公关活动、促销活动的实施
广告效果评估	评估广告活动的效果，进而评估广告策划的效果	通过评价本次广告活动的效果，也有利于指导下次的广告活动

4.2　广告策划人员的组织

广告策划的具体工作有创意、文案、整体框架构思、协助广告制作、媒体计划、市场定位、市场调查、制订预算、监督执行、效果评估等多方面。因此，广告策划需要集合各个方面的人士进行集体决策，一般需要成立一个广告策划小组，具体负责广告策划工作。策划小组由不同的专业人员构成，并根据策划需求进行分工。通常情况下，一个策划小组应当包括小组负责人、客户服务人员、市场调研人员、策划人员、创意设计人员、文案撰稿人员、广告设计与制作人员、市场调查人员、媒体策划人员、公关人员等，这些人员一般都来源于广告公司内部。广告公司的组织机构与职能划分如图 4.1 所示。

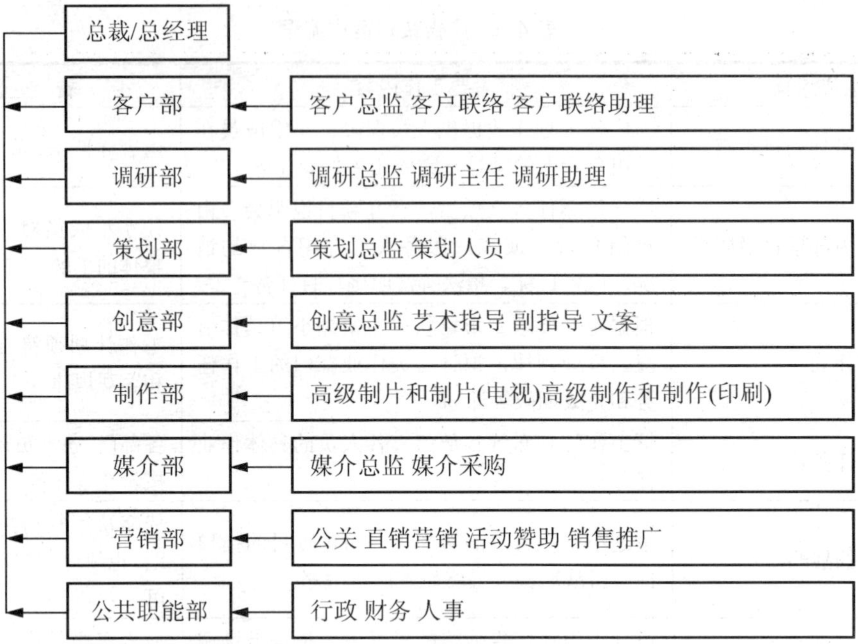

图 4.1 广告公司的组织机构与职能划分

1. 广告策划项目小组负责人

广告策划项目小组负责人可视该项业务的重要性，由总经理、副总经理、创作总监、客户部经理、策划部经理等人担任，负责该广告策划项目的整体运作的领导、资源的配置与协调、质量的控制等工作。

2. 客户主管

客户主管(业务主管)也称 AE，是英文 Account Executive 的缩写形式，一般由客户部骨干担任。客户主管负责广告公司与广告客户之间、广告公司内部各部门之间的关系和业务的协调、进程控制及利润管理等工作。

3. 策划人员

在外资广告公司和 4A 广告公司中，通常不设置专门的策划部门，其广告策划的职能设置在客户部，这有利于广告公司更好地为客户提供高效率的服务。因此，客户主管还要负责广告策划、编制广告计划的工作。而对于专门设置广告策划部门的广告公司，特别是以策划为主营项目的广告公司，广告策划和编制广告计划的工作则由广告策划部门的部门主管和骨干人员担任。

4. 创意设计人员

创意设计人员负责创意质量，要求创造能力较强。往往和策划部人员或设计部人员集中在一起。

5. 文案撰稿人员

文案撰稿人员应具有较强的营销思维，能够将广告观念和信息通过文案“销售”给广告对象，专门负责撰写各种广告文稿，包括广告正文、主体标题、新闻稿，甚至产品说明书等。

6. 广告设计和制作人员

广告设计和制作人员主要负责广告创意和广告表现工作，并制定广告表现策略。广告设计和制作人员必须有很强的理解能力和将创意转化为文字和画面的能力，一般由广告公司的创意部门和设计制作部门的人员担任，负责各种视觉形象的设计。除广播广告外，其他广告都需要美术设计人员，它是策划小组很重要的组成部分。

7. 市场调查人员

市场调查人员负责广告和市场调查的组织、执行和调查结果的分析，要求能进行市场调查，有写作、研究和分析市场报告的能力。一般由广告公司市场调查部门的人员担任。

8. 媒体策划人员

媒体策划人员负责媒体策略的制定。要求熟悉每种媒体的优缺点和价格，与媒体有良好的关系，并能按照广告战略部署购得所需媒体空间和时间。一般由广告公司媒体部门的人员担任。

9. 公关人员

公关人员负责公共关系活动的组织、执行，配合广告活动的开展。要求能提出公共关系建议，并进行各种必需的公共关系活动。一般由广告公司公关部门的人员担任。

在策划小组的组成方面，应注意根据负责策划公司的规模、性质和广告策划项目的不同，广告策划小组的内部构成可以差异化。人员构成可不尽相同，可增可减，可以部分整合，也可以部分再细化。例如，可以把创意设计人员和文案撰写人员整合为小组的一个部门，也可以把市场调查人员细分为文献调查人员、实地调查人员、资料整理人员和调查报告撰写人员等。另外，在开展工作时，要求小组成员分工不分家。虽是各有职责分工，但策划工作关联性很强，在具体工作时需要密切配合，只有充分利用好人力资源，形成合力，才能出色地完成广告策划任务。

4.3 广告策划的类型与基本原则

4.3.1 广告策划的类型

广告策划是广告实务中最重要和最主要的工作。根据不同的分类标准，我们可以将广告策划分为以下几类。

1. 根据广告策划的规模不同进行分类

根据广告活动的复杂程度，以及持续的时间长短、影响的深度和广度等，将广告策划分为单项广告活动策划和广告运动策划。

1) 单项广告活动策划

单项广告活动的时间较短，通常在一年之内，最短可至一个月；有明确单一目标的单项广告活动，讲求实效，通常只面对一个产品，或者一个地区，甚至某一个经销商；涉及的媒体数量也很少，媒体组合简单。整体来说，由于此类广告活动侧重于具体的行动方案，所以广告活动的策划有较大的独立性。

2) 广告运动策划

广告运动又称广告战役，是广告主基于长远的广告战略，在较长的时期内持续展开的、围绕明确统一主题的一系列广告活动。它是更加宏观的统筹规划，目标往往是企业或品牌或商品的长期发展；广告运动的周期通常在一年以上，涉及的地理范围比较大，通常包括所有既有市场和潜在市场，以及企业供应商和经销商的渠道推广；运用到的媒体种类和组合也非常丰富，广告投入的费用也较大。与单项广告相比，广告运动的策划庞大复杂，受到外界因素影响也大。

2. 根据广告策划的目的不同进行分类

在广告策划中，尤其是广告活动的策划，由于是针对某一个单一的广告目标，广告策划的种类也因此分为：促销广告策划、上市广告策划、危机广告策划、形象广告策划、经销商广告策划、劝服广告策划、解决问题广告策划等。不同目的的广告策划在时间长度、反应速度、投放量、投放时段(版面)、媒体选择、费用等具体方面也会有所不同。

这几种类型的广告策划在特性上的区别见表 4-4。

表 4-4　不同目的广告策划的比较

比较项目	促销广告策划	形象广告策划	观念广告策划	解决问题广告策划
目的	直接促销	树立形象，增强信任	传达观念，说服受众	直接解决紧迫问题
对效果的追求	直接达到最大的促销效果	逐渐使企业或产品形象为受众认知	逐渐使所要传播的观念为受众所接受	使问题得到顺利解决
时间	时间短	时间较长	时间较长	时间短
见效速度	见效快	见效慢	见效慢	见效快
费用	集中投入较多的费用	持续投入稳定的费用	持续投入稳定的费用	集中投入较多的费用

3. 根据广告策划的对象不同进行分类

虽然多数广告策划都是直接针对消费者(终端)进行的，但是企业在进行市场营销的过程中，为了保证良好的销售业绩，不但要保持稳定的消费群体，而且要保持经销商、代理商、经纪人的积极性，保证营销渠道的畅通，这是做好整个价值链所必需的。

根据对象的不同，广告策划还可以分为以消费者为对象的广告策划和以中间商为对象的广告策划。二者的主要区别如下。

(1) 以消费者为对象的广告策划注重产品优势的宣传和对消费者使用产品能够获得的利益的承诺；以经销商为对象的广告策划注重产品市场前景和获利可能的承诺。

(2) 以消费者为对象的广告策划比较注重声势；以经销商为对象的广告策划更注重信息传播渠道的选择。

(3) 以消费者为对象的广告策划通常采用大众媒体来进行；以经销商为对象的广告策

划常常采用分众媒体，如某一行业的专业媒体、直接邮寄广告来进行。

除此之外，根据广告产品生命周期的不同阶段，广告策划还可以分为开拓性广告策划、劝说性广告策划、提醒性广告策划等类型。广告策划者首先要明确广告策划的类型，才能够根据其特性采用不同的策略。

4.3.2 广告策划的基本原则

广告策划的特点决定了广告策划的原则，也决定了广告策划活动不是随心所欲的行为。在进行广告策划时必须遵循以下几项基本原则。

1. 真实性原则

所谓真实，就是使之符合实际和现状。广告策划的真实性是指广告策划的内容必须以事实为基础，是对客观实际的准确把握和真实反映。唯有真实、客观，才能赢得消费者的信任，达到最终的促销目的，才会因广告活动而长久获利。如果违背了真实性原则，不仅会给消费者造成损失和痛苦，而且会损害企业的产品形象，使其受到法律的制裁和道义上的指责。

广告在很多时候需要借助艺术的表现形式，以增强感染力。没有艺术感染力的广告，不是好的广告。但真实性在任何时候都是基础，而艺术性只能为真实性服务，处于从属的地位。

2. 创新性原则

一项广告能达到应有的宣传效果，新颖性、启发性和吸引力是不可缺少的。别具一格、独树一帜、标新立异，应当是广告策划追求的目标。这就要求广告策划者在广告创意、设计、制作过程中要善于标新立异。只有创新才能有吸引力，才能给媒体受众留下深刻印象，并影响其购买行为。为了使策划富有新意，可参考以下思路：①大胆设计，敢于开创前人没有发现的新形式；②移植与再造相结合；③角度转换，逆向思维，寻求突破；④排列组合，以旧翻新。

3. 效益性原则

讲求实效是广告策划的基本要求。企业进行广告策划时，除了考虑策划的目标外，还必须考虑企业的资源状况。任何一个广告活动都应讲究投入产出，讲究实际效果。经过广告策划的广告活动要获得广告效益。不能为获得效益而服务的广告策划，既不是广告所需要的，也不是企业所需要的。而这里所说的广告效益包括广告的经济效益、社会效益和心理效益。广告策划要做到这三种效益的统一。

4. 针对性原则

策划广告的对象是各不相同的，所存在的问题也是千差万别的，要达到的广告目的也就不尽相同。因此，针对性是保证策划广告具有个性特色的一个重要原则。

广告必须具有针对性，通过对策划对象做大量细致的调查研究，来找出存在的具体问题和发展的有利时机，而后再确立与之相适应的、行之有效的广告策略和战略。

5. 法律道德性原则

广告传播的各种信息，不仅影响广告主的生产经营活动，而且影响着人们的人生观、价值观、审美情趣及消费观念。因此，广告策划必须重视社会公共利益，维护民族尊严；不能违反国家保密规定；不能用不正当手段贬低竞争对手，以欺骗诱惑消费者；不能做虚假广告以损害消费者的利益等。此外，广告策划必须遵循伦理道德原则，不能违背人们的价值观念、宗教信仰、图腾禁忌、风俗习惯等。

案例

美加净修护系列化妆品广告

2006年10月，上海家化美加净护肤品在CCTV-6播出的美加净修护系列产品广告片内容如下。

蒋雯丽："宝宝想什么呢？"

孩子："妈妈，长大了我要娶你做老婆。"(孩子很天真)

蒋雯丽："你说什么？"(有点惊讶)

孩子："我要娶你。"(孩子很认真)

蒋雯丽："那爸爸呢？"(逗小孩)

孩子："那爸爸……我长大了，爸爸就老了呀。"(两人很幸福地拥抱在一起)

话外音：年轻肌肤，来自美加净修护系列，丰富的多效修护精华，有效对抗衰老，年轻肌肤看得到。

孩子："妈妈永远也不会老!"(最后出现话外音：美加净修护系列)

后续：有不少网友都针对蒋雯丽在CCTV-6播出的美加净化妆品广告，表示了不理解和批评，甚至指出该广告有"儿子想娶妈妈"的乱伦嫌疑，让人难以接受。但也有一些网友认为不必追究该广告，没这么严重，童言无忌，就好像每个女孩小时候多半会说"长大了我要嫁给爸爸"一样。蒋雯丽认为这则广告表现的就是一种母子之爱，希望大家宽容对待。专家表示乱伦之说实不妥当。上海家化认为，美加净作为一个历史悠久的民族品牌，长期以来一直贴近消费者的需求，一直宣扬家庭、亲情、温馨的品牌价值，无意借助离奇的广告创意吸引消费者和媒体的关注，希望更多的网友以包容、健康、阳光的心态去理解这类广告片。

最后，上海家化迫于舆论压力，将广告中母子对话的部分剪去，只播出后半部分，才平息了这场风波。

4.4 工作计划

广告公司得到客户的正式代理委托立项后，就要制订具体的工作计划，为后续的广告策划做好充分的准备。这个阶段的工作主要是召开内部项目说明会，对客户委托代理的业务项目进行具体的讨论和分析，确认这项业务推广的重心和难点，对各部门、各相关人员进行分工，并制定各项工作的目标任务、完成日期。

拟订工作计划的注意事项如下。

(1) 在征求小组成员的意见和建议后，遵循效益优先原则，根据人员专长进行有机整合。

(2) 要让全组人员了解各自工作目标和明确具体的工作任务。

(3) 指派小组负责人，明确划分负责人职责和权力。

(4) 在客观条件和行业规律允许的前提下，工作进程的制定须充分尊重客户要求。

(5) 要注意完成的相关资料的归集，要求资料具有完整性、条理性和准确性，以确保在使用时方便快捷、准确可靠。

本章小结

广义的广告策划运作划分为分析、规划、执行和控制四个阶段。狭义的广告策划运作分为市场分析、战略规划、制订计划和形成文本四个阶段。广告策划的运作流程有：组建广告策划项目小组、广告公司内部项目说明会、拟订工作计划、下达工作任务、广告策划的战略决策、广告策划的战术策略、广告策划的文本形成、召开提案会、广告策划的执行、广告效果评估。

广告策划人员的组织人员有广告策划小组负责人、客户主管、策划人员、广告创意人员、广告文案人员、广告设计和制作人员、市场调查人员、媒体人员、公共关系人员。

广告策划可根据广告策划的规模、目的、对象不同进行不同的分类。广告策划的基本原则有真实性原则、创新性原则、效益性原则、针对性原则、法律道德性原则。

思考练习

一、单选题

1. 广义的广告策划运作划分为分析、规划、执行和(　　)四个阶段。

A. 计划　　B. 决策　　C. 控制　　D. 反馈

2. 狭义的广告策划运作分为市场分析、战略规划、制订计划和(　　)四个阶段。

A. 集体决策　　B. 形成文本　　C. 专家讨论　　D. 征求意见

3. (　　)负责广告公司与广告客户之间、广告公司内部各部门之间的关系和业务的协调、进程控制及利润管理等工作。

A. 客户主管　　B. 创作总监　　C. 总经理　　D. 策划人员

4. (　　)专门负责撰写各种广告文稿，包括广告正文、主体标题、新闻稿。

A. 创意设计人员　　B. 媒体策划人员　　C. 策划人员　　D. 文案撰写人员

5. (　　)是广告经营单位实力的体现与象征。

A. 决策能力　　B. 策划能力　　C. 执行能力　　D. 评估能力

二、多选题

1. 根据广告活动的复杂程度，以及时间的持续长短、影响的深度广度等，将广告策划分为(　　)。

A. 单项广告活动策划　　B. 广告运动策划

C. 长期广告策划　　D. 短期广告策划

2. 根据广告产品生命周期的不同阶段，广告策划可以分为(　　)等类型。

A. 进攻性广告策划　　B. 开拓性广告策划

C. 劝说性广告策划　　D. 提醒性广告策划

3. 广告策划时必须遵循真实性原则、创新性原则、效益性原则和(　　)等基本原则。

A. 公正性原则　　B. 公开性原则　　C. 针对性原则　　D. 法律道德性原则

4. 广告效益包括广告的(　　)。

A. 经济效益　　B. 环境效益　　C. 社会效益　　D. 心理效益

5．以经销商为对象的广告策划常常采用分众媒体如(　　)来进行。

A．某一行业的专业媒体　　B．大众媒体

C．直接邮寄广告　　D．电视

三、判断题

1．广告策划书是广告活动的行动纲领。　(　　)

2．以消费者为对象的广告策划注重信息传播渠道的选择；以经销商为对象的广告策划比较注重声势。　(　　)

3．广告的真实性在任何时候都是基础，而艺术性只能为真实性服务，处于从属的地位。　(　　)

4．以消费者为对象的广告策划通常采用大众媒体来进行。　(　　)

5．广告公司得到客户的正式代理委托立项后，就要拟定具体的广告文稿，为紧接着的广告策划做好充分的准备。　(　　)

四、简答题

1．广告策划要遵循哪些基本原则？

2．广告策划有哪几种类型？其运作流程如何？

3．广义与狭义的广告策划各有几个阶段？

4．简述广告策划人员的组织机构与岗位职责划分。

5．概述广告策划的流程。

6．收集某手机产品的资料，在春节黄金周之前做好春节的促销广告策划，我们应该把握哪些流程？

案 例 分 析

新飞“寻人事件”尘埃落定

2006 年 4 月 8 日，一个春意盎然的周末，上海的崔泗森先生收到了一份特殊礼物——新飞上海销售分公司王建国经理亲自送来的一台新飞最畅销的“双冠王”新冰箱，以表达新飞对崔先生这个忠实用户的谢意，并以实际行动实现了对消费者的承诺。

事情还得从 2005 年年底说起。2005 年岁末，新飞公司收到《解放日报》转来的一位上海用户崔泗森的来信，信中称自家的新飞冰箱已经使用了 21 年，从未出现过任何故障，又舍不得处理掉，由于马上就要搬家了，希望新飞公司能将这台冰箱回收。由于信中没留电话，新飞上海分公司按照地址实地找寻，却发现崔先生家已经人去楼空。为了找到这位忠实的用户，表达企业对用户的感谢，新飞公司在全国 30 余家媒体刊发了一篇名为“新飞冰箱，22 年后你在哪里？”的文章，在上海的《新民晚报》、《解放日报》等权威报刊的显要位置都刊登了这篇文章。

终于在文章刊发 7 天后，新飞上海分公司等到了崔先生的电话。崔先生在电话里说，在给新飞公司去信后不久，他们就搬家了，原以为这件事就这样不了了之了，没想到新飞这样大的企业会竭尽全力去寻找他这样一个普普通通的用户。在寻找崔先生的过程中，还发生了许多让新飞人始料不及的事。在文章刊发后 10 天内，新飞公司收到了河南、江苏、山东等地的近百位用户的电话，均称自家的新飞冰箱使用了 20 年左右的时间，至今完好无损、正常使用。目前，新飞公司已经将这些用户的详细资料登记备案，以便日后为他们提供更好的服务。

其实，在整个事情的发展过程中，也有人对新飞公司此举产生质疑：只不过是一个普通的用户，联系不上就算了，值得这样大费周折吗？诚然，崔先生只是目前仍在使用新飞第一代产品的众多用户中的一个，但是从崔先生的信中，新飞人感受到的不仅仅是他们一家人对新飞产品的珍爱，更多的是众多消费者对国产品牌的殷切希望——早日创出属于我们自己的世界名牌！年近花甲的崔泗森先生感慨寄语：“为什么欧洲会掀起一股‘非中国制造商标’的潮流，就是因为有些厂家生产的低质产品流入国际市场，损害了‘中国制造’的形象。而像生产新飞产品这么优秀的厂家，应该得到回报，那就是用户真心实意的支持，我家就用了两台新飞冰箱，通过我的现身说法，我的亲戚朋友用的都是新飞冰箱。希望贵公司生产更好的产品，赶超国外名牌!”这场新飞“寻人事件”虽然圆满结束了，但是要真正实现消费者的这一重托，新飞公司还有很长的路要走。

(资料来源：张应龙，杨蕾. 新飞“寻人事件”尘埃落定[N]. 市场报，2006-04-28(11版).)

背景介绍：

2005年，国内冰箱行业经历了一场新的洗牌运动。首先是TCL集团与日本东芝集团宣布在冰洗领域深度合作，并在广东南海成立了合资公司，快速切入冰洗市场；与此同时，格林柯尔制冷王国分崩离析，海信接手科龙，深入冰箱领域；另外，一向以保守著称的四川长虹，一举收购美菱电器，开始进军冰箱、冷柜业务，成为白电行业新的追逐者。一系列的变化，使一度并称中国冰箱业“四大家族”的海尔、新飞、科龙、美菱的排名发生巨大调整。其中新飞冰箱连续三年销量稳居行业前两强，连续十年销量前三强，引起业内关注。

据中国行业企业信息发布中心的监测信息显示，2005年，按销量排在前十名的冰箱品牌依次是：海尔、新飞、西门子、容声、美菱、伊莱克斯、荣事达、LG、海信、澳柯玛。十强的市场份额合计为83.38%。前三大品牌份额合计47.05%，接近国内市场的半壁江山。监测信息显示，作为较早进入城市家庭的家用电器，冰箱在国内已发展了20多年。而且，第一代购买冰箱的家庭，目前已基本完成了一次替换升级。每年进入替换期的冰箱数量都在快速增长，使得升级换代将会逐渐超过首次购买，成为冰箱的主流需求。这就决定了中国冰箱市场必将更加细分化，并逐步走向高端化、多样化。在产品细分、多样化方面，新飞公司表现较为突出。其推出的节能、杀菌双重功效于一身的超级双冠王冰箱，受到各地消费者的一致好评。但此案例中虽没有直接诉求新飞公司的产品质量，却通过寻人事件巧妙地达到了策划的效果，扩大了新飞冰箱的知名度。

品牌就是国际竞争力。没有品牌做龙头，中国企业在国际竞争中举步维艰。中国今天正成为世界工厂，但不能永远只做世界的“打工仔”。只有全力打造自主品牌，中国才能在世界经济格局中占据一席之地，才能在未来占据经济生物链的上游，实现可持续发展。

思考题：

1. 2005年冰箱的市场竞争态势如何？新飞冰箱是如何做到从中脱颖而出的？
2. 此案例策划的成功之处是什么？

第 5 章　调查分析阶段

学习目标

通过本章学习，应该达到以下目标。

知识目标：全面、准确了解市场调查的原理，掌握广告调查的方法和步骤，熟悉市场分析的方法与内容。

能力目标：能够制订调查计划，结合策划项目编写调查问卷；能胜任实施调查活动和运用计算机进行基本的统计分析工作；具有一定的提出对策的能力，会撰写调查报告从而进入下一个策划环节。

知识结构

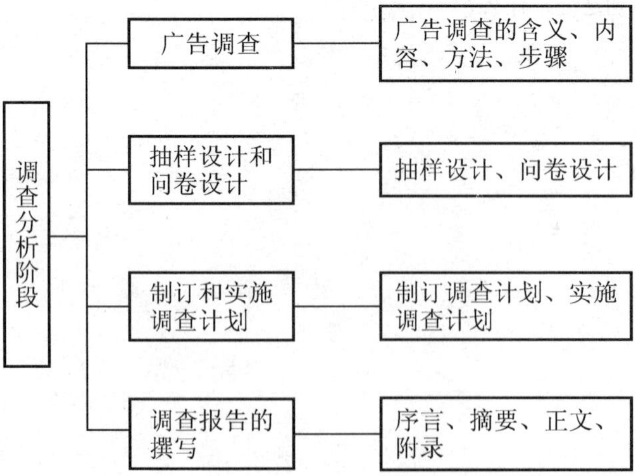

案例导入

宝洁公司的市场调查

一个称为“贴身计划”的摸底市场调查静悄悄地铺开。“润妍”品牌经理带十几个人分别到北京、大连、杭州、上海、广州等地选择符合条件的目标消费者，和他们48小时一起生活，进行“蛔虫”式调查。从被访者早上穿着睡衣睡眼朦胧地走到洗手间开始洗脸梳头，到晚上洗发卸妆，女士们的生活起居、饮食、化妆、洗护发习惯尽收眼底。在调查中，宝洁公司发现，消费者认为滋润又具有生命力的黑发最美。

宝洁公司还通过一、二手资料的调查发现了以下的科学证明：将一根头发放在显微镜之下，会发现头发是由很多细微的表皮组成的，这些称为毛小皮的物质直接影响头发的外观。健康头发的毛小皮排列整齐，而头发受损后，毛小皮则是翘起或断裂的，头发看上去又黄又暗。而润发露中的滋养成分能使毛小皮平整，并在头发上形成一层保护膜，有效防止水分的散失，补充头发的水分和养分，使头发平滑光亮，并且更滋润。同时，润发露还能大大减少头发的断裂和摩擦，令秀发柔顺易梳。

宝洁公司市场调查表明，即使在北京、上海等大城市，也只有14%左右的消费者会在使用洗发水后单独使用专门的润发产品，全国平均还不到10%。而在欧美国家、日本等发达市场，约80%的消费者都会在使用洗发水后单独使用专门的润发产品。这说明国内大多数消费者还没有认识到专门润发步骤的必要性。因此，宝洁公司推出润妍一方面是借黑发概念打造属于自己的一个新品牌，另外就是把润发概念迅速普及。

(资料来源：何佳讯. 广告案例教程[M]. 上海：复旦大学出版社，2002.)

【案例评析】

企业的经营总是在一个不断变化发展的环境中进行的，而广告活动也必须在一定的市场范围和背景下展开，总是受一定的社会、政治、经济、文化等多种因素的影响和制约。任何成功的广告作品的创作都离不开对特定环境的市场调查与分析。宝洁公司的润妍品牌的迅速普及就是和基于市场调查后进行准确的市场定位有关。

广告活动是在市场的各种条件制约下进行的，要使广告传播达到预想的效果，需要对广告机会进行分析。从宏观上说，广告策划首先就是发现市场空隙，抓住各种可能出现的广告机会。因此，必须对影响广告机会的企业经营环境、产品、消费者等要素进行调查分析，以能切实把握广告主企业所面临的市场营销机会和广告机会，提出相应的广告战略策略。

5.1 广告调查

5.1.1 广告调查的含义

广告调查是围绕广告活动而组织开展的调查研究活动。它是市场调查的一个组成部分，是整个广告活动的开端和基础。为了实现广告目标，需要广泛地收集信息。广告调查是指广告策划人员为了达到广告目标，运用科学的调查方法，对与广告活动相关的资料进行收集、整理、分析、评价和运用的过程。

广告调查和市场调查既有联系也有区别。

市场调查是企业制定经营战略，为进行市场预测和经营决策而开展的调查活动，包括市场随机产品调查、销售调查、消费者调查等诸多方面。广告调查是其中的一部分内容。

广告调查是对进行广告活动的有关要素的调查。它具有市场调查的一般特点，要求调查的主体明确、方法科学、过程连续、内容系统、结果反馈等；涵盖了市场调查中的相当一部分内容。但也有其自身的特殊性，如资料来源特殊、技术复杂、覆盖面广、效益直接等。广告调查是市场调查的典型化和纵深化。企业在实际操作时，既要充分利用市场调查已经获取的资料信息，也要为寻求广告机会而延续和深入开展广告调查。

5.1.2 广告调查的内容

资深广告人叶茂中在中央电视台《人物新周刊》栏目专访中，曾说过这样一句话："我对创意的总结，其实是80%靠脚，20%才是用脑。"每一次创意，他都要跑到市场上去，与客户的代理商聊天，与消费者聊天，好创意往往是在聊天的过程中诞生的。有一次，叶茂中在与一位大夫聊天时，大夫突然说起一个病例："有一个人60多岁了，可他的心脏和血管就跟30岁的人一样。"于是，一句广告语就这样出来了——30岁的人，60岁的心脏；60岁的人，30岁的心脏。

由此可见，广告调查是广告策划的基础。广告调查为广告创意和设计提供依据，为寻求广告最佳诉求点提供依据，为合理选择媒体和媒体组合提供依据。改革开放初期，在相当长的时间内，广告调查并未引起人们足够的重视，这主要表现为：一方面，很多广告主不愿花钱做广告调查，认为这是一种浪费；另一方面，广告公司缺乏广告调查的意识、经验和能力，难以提供令广告主满意的广告调查报告，这在很大程度上导致了中国广告活动的盲目性和低效性，造成了巨大的广告费用的浪费。时至今日，随着市场的发展，人们已意识到广告调查的重要性。广告策划不是单凭经验和艺术就能进行的，它必须从广告调查开始，通过调查，为广告活动提供真实可信的全面资料。只有这样，才能使广告达到预期的效果，使广告投资获得最大收益。

广告调查的范围非常广泛，凡是与广告活动有关的市场营销因素及其他一切环境因素等，都可列入广告调查的范围之内，主要包括：市场环境调查、广告主企业调查、产品调查、消费者调查、竞争者调查、广告媒体调查等。

1. 市场环境调查

环境，即与广告活动相关联的各种外部宏观因素的集合，它主要包括一个国家和地区的经济环境、政治法律环境、社会文化环境、科学技术环境和自然环境等。广告要在复杂多变的环境下驾驭市场，就必须认真地调查分析和研究营销环境。

1) 经济环境

经济环境是指广告所要投放市场的经济情况，即一个国家或地区的经济规模、经济发展水平、经济特征及涉及经济生活的各个方面。

一个市场的经济规模的大小常用国民生产总值(Gross National Product，GNP)或GDP、人均收入等指标来衡量。如果一个国家的GNP高，则反映该地区的市场容量大，同时人均可支配收入也高，反映了该地区人们的现金收入水平高。在这种情况下，一个大的市场容量和居民较高的货币支出，为广告作用的发挥创造了良好的外部条件。2012年，中国GDP

达到 51.9 万亿元，比 2011 年增长 7.8%，市场潜力依然很大。人均 GDP 排在第一位的是上海，其次是北京、天津。经济高速发展的上海成为世界各大跨国公司竞相争夺的宝地。

一个国家的经济特征也会影响广告活动的开展，如基础设施的建设、城市化水平的高低、经济活动能力的高低等。例如，一个市场的互联网建设水平较低，上网用户较少，则会大大影响网络广告的投放效果，传统媒体将成为广告投放的主要媒体形式。

2) 政治法律环境

政治环境包括国家政策、法令、条例、重大活动、事件、政治现状的走向等。例如，中国近年来对药品、保健品行业的整顿，如出台新的药品审查制度、禁止地方标准的药品在媒体上发布广告、取消健字号等，就对医药产品的广告和市场推广产生了重大影响。

广告活动还要受其政治和法律环境、管理监督环境的控制和影响。政治和法律环境是指那些控制和影响社会各种组织和个人的法律、政府机构。不同国家的政治形态和法律规定差异很大，如有关儿童广告、医疗广告、烟草广告等相关规定，各国差异就非常大。从事国际市场营销的企业，必须研究各地的法律规定，避免触犯当地的广告法规。对广告进行监督，主要是通过法律政令监管、行业自律、舆论监督、消费监督等途径来实现的。

3) 社会文化环境

社会文化环境一般泛指一个国家或地区的价值观念、宗教信仰、风俗习惯、审美观念等各种行为规范。广告既是经济行为，也是文化行为，它是文化的承载者，同时也必然受到文化的影响和制约。目标市场的文化环境调查，对选择正确的广告主题和广告表现形式，具有重要意义。无数个广告案例告诉人们，广告要想打动消费者群体，绝不能与特定的文化相抵触，一旦与文化格格不入，再好的广告创意也不会有任何建树，严重的甚至会影响产品形象和企业的声誉。广告要有针对性地向目标消费者进行诉求，必须研究文化、社会阶层、参考群体等因素。

4) 科学技术环境

科学技术是第一生产力，它对整个社会经济的发展起着推动作用。技术的每一次飞跃，都会为社会创造新的市场需求，为企业提供新的市场机会。手机的不断更新换代充分见证了这一点。从最初的模拟制式手机到 3G(将无线通信与互联网等多媒体通信结合的新一代移动通信系统)手机，从完成简单的语音通话，到提供网页浏览、电话会议、电子商务等多种信息服务，小小的手机大大改变了人们生活方式，创造了新的市场需求，同时也为国产手机企业提供了的新的市场机会。

科学技术的发展也将影响消费者的消费方式、购买行为和购买习惯。例如，网络技术的发展，使消费者网上购物、信用卡网上消费逐步流行，提高了购物效率。但由于网络技术的不完善，也给网上消费带来了一定的风险。

5) 自然环境

自然环境，即广告投放地区的地理位置、气候条件、地形地貌、交通运输等情况。自然环境是人类赖以生存和发展的基础。近几年来，随着可持续发展战略的提出，以保护环境、节约资源、强调人与自然和谐发展的循环经济成为社会的主导。企业正在努力发展循环经济，实施绿色营销，通过生态广告、绿色广告，体现企业的社会责任，树立企业良好的社会形象。由于绿色广告倡导积极健康的生活方式，符合人们“以人为本”的人生观、价值观，是一个有利于人类可持续发展的广告传播活动。

案例 5-1

丰田的绿色广告

画面上 1/3 的空间是蓝天，2/3 的是绿草地，草地上有一架童车。蓝色天空的位置有小朋友幼稚的白色字迹：“老爸的童年，怎么才能原样留给我？”下面四排小字的文案这样写道：“满足孩子的心愿，是我的动力。要把美丽世界原原本本地留给孩子，不仅需要我的努力，更要大家都行动起来，为善待自然、保护环境多作一份贡献。让全世界的人们都做出承诺，我是 1%，也是 100%。”

2. 广告主企业调查

无论是产品广告，还是企业形象广告，对广告主企业的调查都非常必要。广告主企业调查主要包括基本情况的调查和企业形象的调查。

1) 广告主企业基本情况的调查

广告主企业的基本情况包括企业历史、企业在同行业中的地位、企业规模、设备技术、资金、人员素质、经营理念、经营方向、经营范围、经营状况、管理水平、营销能力、营销战略目标等。对广告主企业基本情况的调查，是为制定有的放矢的广告战略目标和广告策略服务的，特别是对实施企业的观念诉求，这种调查尤为重要。企业形象广告，要体现企业的经营理念和文化，如澳柯玛的广告语“没有最好，只有更好”，表达了追求卓越的精神；海尔的广告语“真诚到永远”，表达了企业对消费者的根本态度和中华民族文化对“诚信”的肯定和推崇。如果一个企业有悠久的历史、较高的美誉度，广告诉求就可以突出其光辉的历史，如兰陵酒厂的广告语“兰陵美酒，中国老字号”；如果一个企业实力雄厚、拥有完善的服务，广告诉求点就可以突出其规模和服务，如香港恒生银行的广告语“充满人情味，服务态度最佳的银行”。

2) 广告主企业形象的调查

消费者在购物时，往往会凭借企业形象来选择商品，因此，广告策划者要了解广告主企业在社会公众中的形象如何，从而确定其广告目标和广告诉求重点。

首先，要寻找与企业有关的公众，调查他们对企业的广告接触度、认识度、评价度、印象度等，从中了解企业知名度和美誉度，得出企业目前的形象。其次，将企业目前的形象与企业自身设定的形象相对比，找出差距，确定新的目标，广告目标要体现这一目标。如果企业形象属于低知名度高美誉度，则广告目标要放在提高企业知名度上，广告宣传要加强力度，扩大企业的影响力；如果企业形象属于低知名度低美誉度，则广告目标要放在提高企业美誉度上，通过提高企业美誉度，带动知名度的提高；如果企业形象属于高知名度低美誉度，则说明企业形象很糟糕，广告目标应放在努力扭转恶名，重新塑造企业形象上，通过危机策划，逐步改变公众对它的印象；如果企业形象属于高知名度高美誉度，则说明企业形象很完美，企业在社会上名声大、声誉好，广告要继续维护其良好形象，多做形象广告、公益广告，体现企业的社会责任，赢得更多公众的理解和支持。

3. 产品调查

美国广告大师威廉·伯恩巴克曾说过：“如果我要给广告人忠告，那就是在你开始工作之前，先要彻底地了解你所要宣传的产品，你的聪明才智、你的煽动力、你的想象力和创造力，都是从对产品的了解中产生的。”这句话再一次印证了产品调查的重要性。产品调查主要包括产品特性的调查、产品生命周期的调查、产品品牌形象的调查。

1) 产品特性的调查

产品特性主要指产品的生产特点、外观特点、功能属性、附加价值、产品定位、价格、市场供求状况等。

产品的生产历史、工艺过程、技术指标、原材料构成了产品的生产特点，要尽量找出其与同类产品相比的优点作为广告诉求的重点。例如，泸州老窖的“老窖酿酒，格外生香”的广告语，就充分体现了其辉煌的历史。泸州老窖的国宝窖池，始建于公元1573年，是我国酿酒史上保留下来的建造时间最早、保存最完整、连续生产使用时间最长的珍贵遗产。由于400多年的日积月累，窖池已形成了400多种有益微生物，1996年11月被国务院确定为全国重点文物保护单位，列为国宝，成为名副其实的“中国第一窖”。泸州老窖国宝酒电视广告，以老酒师传授酒经的场景为表现重点，配上“老窖酿酒，格外生香”广告词，深得消费者的喜爱。

产品的外观特点，主要指产品的外形、颜色、包装、款式、规格等。如果产品具有独特的外观特点，广告中应充分展示，以便在第一时间吸引消费者的关注。

产品的功能，尤其与市场上的同类产品相比，广告产品具有哪些突出的功效和优势，这是产品调查的主要内容，往往产品的差别优势将成为广告诉求的重点。例如，草珊瑚牙膏广告，突出了其防止牙疼的功效；洁银牙膏广告，则突出了其防止口腔溃疡的功效；冷酸灵牙膏广告，则以“冷热酸甜，想吃就吃”，突出了其抗过敏的独特功效。再如，在牛仔服市场上大多厂家宣传自己的品牌“领导新潮流”、“最漂亮”、“高品位”时，Lee牌则抓住贴身这一诉求点——“最贴身的感觉”，表现了Lee与众不同的功效。

产品除了本身的功效外，有的还能给消费者带来物质上或心理上的附加价值，对产品予以高档的定位，目的在于让产品在消费者或潜在消费者心目中形成某个概念。例如，名牌手表、名牌服饰、名车、高档别墅，对消费者“地位”、“荣誉”、“富有”等心理上的附加价值的宣传在广告中也屡见不鲜。

案例 5-2

立邦借“我的色彩”篇广告寻求战略转变

2006年是立邦在华投资第15周年，立邦提出了自己的战略目标，同时推出一系列市场推广活动。转变广告宣传策略，把所有净味全效的产品广告停播，转而播放“我的色彩”品牌篇广告。促销活动如火如荼，推出以“灵感、色彩、我的立邦”为主题的2007年元旦促销活动。

“我的色彩 我的立邦”篇广告文案如下。

相信吗？色彩，已经超乎平常所视，它正触动着我们情感的演变：或一片思绪的回眸，或一种嗅觉的唤醒，或一次记忆的停留……的确，我们正徜徉在这场色彩之旅中，激励着每个人对色彩新的感悟，而这一切，我们曾经茫然。

想象渴望空间，灵感随之跃然。正是怀着这样的信念，鼓舞我们不断去探索，去体验，去面对，个性的色彩得以真正表达。

顷刻之间，立邦漆处处绽放，变幻成各样的造型和无限的缤纷，感染着我们生活的每个角落。当色彩尽情释放，一个属于我们的全新居家空间已然呈现。

从此，我们深信不疑：我的灵感，源于我的立邦，挥就出一片属于我的色彩。

广告表现：立邦以“我的色彩我的立邦”取代沿用了15年的广告语“处处放光彩”，分别以自然、自由、激情、纯洁、时尚为五个篇章的主题，表达生活中所需要的灵感。

【案例评析】

从立邦1995年第一个“蒙古小屋”篇品牌广告，到“小屁股”篇品牌广告，再到现在的“我的色彩”篇品牌广告，同样是品牌广告，同样是色彩体现，但其所体现的内容明显有了质的飞跃。“蒙古小屋”篇广告体现的是：立邦是墙面粉刷材料商，能够给你带来意想不到的色彩体验。主要目的是告诉人们，如果要装修，请选择立邦，将给你的家居带来意想不到的惊喜。

而“我的色彩”篇广告所体现的是：色彩是一种生活方式，是一种个性体现。选择立邦，是选择一种生活方式。主要目的是告诉人们，要实现自然、自由、激情、纯洁、时尚的人生梦想，请选择立邦。而做出这种个性、张扬、自信、有品位选择的，正是“80后”。品牌定位与麦当劳的“我就喜欢”、中国移动的“我能”一样，锁定有消费欲望和能力的年青白领一族。相应地，立邦的企业定位就从一家装饰材料商跃升为一家提供不同生活方式的服务商。这与IBM“全球最大的信息技术和业务解决方案公司”的企业定位有异曲同工之处，这使立邦谋求企业转型、打造全球最大涂料企业的雄心显露出来。

2) 产品生命周期的调查

产品生命周期的调查，主要调查广告产品处在生命周期的哪一个阶段。产品的生命周期包括引入期、成长期、成熟期、饱和期和衰退期。产品处于不同阶段，其工艺成熟程度也不同，消费需求特点不同，市场竞争情况也不同，因而，广告的策略也是不同的。有关产品生命周期的内容，在本书2.4节中做了详细的阐述，在此不再赘述。

3) 产品品牌形象的调查

品牌是指用于识别一种产品或服务的生产者或销售者的名称、术语、标记、符号、设计或者上述这些的组合。品牌是产品的重要组成部分，不同品牌在市场上的影响力和价值各不相同，一个强势品牌往往具有较高的品牌资产，同时也具有较高品牌知名度和忠诚度。2013年世界最有价值的品牌及其资产见表5-1。

表5-1　2013年世界最有价值品牌前10位

排　　名	品牌名称	品牌价值/亿美元
1	苹果	1043
2	微软	567
3	可口可乐	549
4	国际商用机器公司	507
5	谷歌	473
6	麦当劳	394
7	通用电气	342
8	英特尔	309
9	三星	295
10	路易威登	284

睿富全球最有价值品牌中国榜2013年发布的第19届报告中，海尔品牌价值以992亿元位居榜首；国美第二，价值716亿元人民币；五粮液第三，价值702亿元；其后是中国一汽、美的、TCL。可见，强势品牌的资产价值远远高于有形资产。大卫•奥格威曾说：“每一时期的广告都是对品牌的长期投资。”广告是宣传品牌、树立品牌的重要手段和工具，因此，对产品品牌形象的分析成为产品调查的一项重要内容。

对产品品牌形象的分析，主要包括对品牌名称、标识、吉祥物、形象代言人的分析，对品牌个性的分析，对品牌价值的分析，对品牌构建模式的分析等。品牌代表着特定的商品属性以及企业的价值、文化和个性，广告要深入挖掘品牌内涵，体现品牌所代表的价值、文化和个性。例如，“劳斯莱斯”的品牌内涵——世界一流的高级豪华车，性能优良、精雕细刻、坚固耐用；“奔驰”的品牌内涵——高绩效、安全和声望；“美的”的品牌内涵——“美”的事业，把创造完美作为企业精神、经营理念和行为准则；“海尔”的品牌内涵——“一流的产品，完善的服务”，表现其产品质量可靠，服务上乘。

4. 消费者调查

消费者调查是广告调查中最主要的部分，其内容主要包括目标消费者的一般情况调查及需求、动机、行为的调查。

1) 目标消费者的一般情况调查

广告首先要明确目标受众，再分析目标消费者的年龄、性别、职业、文化程度、经济收入、社会地位等基本状况。

不同性别、年龄、职业、教育背景和社会经济地位的目标受众，往往有不同的消费倾向。例如，男女性别不同，存在动机、行为的巨大差异。男性消费者较理智与自信，比较看重事业的成功与个人的魅力。从对广告的接受来看，表现英雄主义、潇洒大度、豪爽畅快、扮演保护者的角色、逻辑思维较强的广告，比较容易被男性接受。例如，一些剃须刀与打火机的广告，有棱有角，给人沉稳的感觉，深受男性喜爱。而女性消费者的心理则比较细腻，偏重于情感，形象思维较强，愿意扮演照料别人的角色。从对广告的接受来看，那些表现关爱、亲缘关系，以及温馨浪漫、美丽动人的广告更容易被女性接受，所以针对女性的商品广告较多的是愉悦可人、委婉美丽，着力在感情的诉求上。

再如，不同年龄段的消费者基本需求、购买能力、购买动机也存在很大的不同。从歌曲的选择来看，年轻人偏爱流行歌曲，而老年人会选择经典老歌。从购买能力上看，35～50岁的消费者群，购买力最强，50～65岁的消费者群中也有许多人购买力很强，因此，很多产品广告要以这两个阶层为目标受众进行创作。另外，消费者的购买动机也体现了年龄的差别，如，果冻的消费对象可以是儿童，也可以是年轻人。喜之郎将它的“水晶之恋”果冻的消费对象定位为年轻人。年轻人与其他年龄的人相比，最突出的特点是追求浪漫的爱情，所以喜之郎的“水晶之恋”果冻，以男女爱情作为诉求点，充分符合了这一年龄段的消费者心理。

案例 5-3

喜之郎“水晶之恋”广告片

画面主要为两种：一是两颗心；二是男女两人的恋爱镜头。

声音及旁白如下。

水晶之恋果冻代表爱的语言：绿色，偏偏喜欢你；紫色，有你更精彩；黄色，谢谢你的爱；红色，真的好想你；透明色，我只在乎你；粉红色，爱你一生不变。明天的明天，你还会送我水晶之恋吗？一生不变，水晶之恋。

创意说明：用不同的滋味代表不同的爱情观念，用不同的色彩述说新世纪恋人新的爱情语言，多元化成为爱的主题，也使众多少男少女为之心动。但不管怎样的爱，不管爱得如何五花八门，永恒的承诺依然是恋人们心底深处的愿望，所以多色的“水晶之恋”都有相同的“心”形态，象征着“一生不变”。

除此之外，不同的文化层次、收入水平、社会地位，也会使消费者的生活方式与消费特点存在很大的差别。例如，中等收入水平的消费者比较注重产品的实用性、有效性，而高收入水平的消费者则会对那些强调身份感的高档产品的广告表现出极大的兴趣和热衷。

2) 目标消费者的需求、动机、购买行为的调查

消费者购买产品，最关心的是产品能否满足自己的需要，而只有真正能满足消费者需要的广告诉求，才能引起消费者的注意。1879 年宝洁公司推出了象牙香皂，广告以这种香皂的两大特点为主题进行诉求：一是它带有 V 形凹痕，可以很容易折成两半，符合了当时人们希望延长使用期的要求；二是它能飘浮，即使在河水里洗衣服，也不必担心香皂会沉下去。象牙香皂的这两项设计，充分满足了当时市场的需要，得当的广告宣传使其迅速成为国际知名品牌。由此可见，研究消费者需求、满足消费者需求，是广告策划的基础。

需求是引发动机的内在原因，而动机则是行动的动力，消费者具体购买什么产品来满足自己的需要，取决于其购买动机。购买动机因人而异，存在很大的差异。消费者的具体购买动机有：求实动机、求美动机、求名动机、求新动机、求异动机、求便动机、求信动机、从众动机等。各类动机所追求的目标是不一样的，广告策划者应根据不同的购买动机，采取相应的广告策略，以增强广告的投入效果。另外，在研究消费者的购买动机时，一定要注意动机的系统性、主导性和内隐性。

购买行为的调查主要包括购买方式和购买决策的调查，如消费者一般在什么时间、什么地点购买，一次购买多少，多长时间购买一次，购买决策主要受哪些因素的影响等。一般消费者在购买过程中，容易受亲朋好友的建议、时尚风俗的变化、购买风险的增加等因素的影响。所以，广告要强调连续性，适当地进行信息的轰炸，使广告贯穿于消费者的整个购买过程中，有利于广告效果的提高。

5. 竞争者调查

商场如战场，每一个企业及其产品，要想在激烈的市场竞争中占有一席之地，就必须对市场的竞争态势进行分析研究，了解竞争对手，尤其是主要竞争对手的情况，这样才能“知己知彼，百战不殆”。

1) 正确识别竞争对手

竞争对手可分为直接竞争对手、间接竞争对手、潜在竞争对手。直接竞争对手是指生产经营同类产品的企业。例如，海尔的直接竞争对手是长虹、康佳、海信等同行业者，它们以相似的价格，针对相同的目标顾客，提供类似的产品或服务。间接竞争对手是指生产经营种类不同，但用途相同的产品的企业。例如，保龄球馆与游泳馆、羽毛球馆、篮球馆形成竞争，因为它们都提供健身服务，相互之间会争夺客源。潜在竞争对手是指与自己争夺同一顾客购买力的企业。目标市场相同或相似的企业都可以看作自己的潜在竞争者，因为消费者的购买力是有限的，购买了这家企业的产品，就有可能无法再购买其他企业的产品。广告策划者首先要正确识别产品的竞争态势，调查了解目前是否存在竞争，市场上有多少竞争对手，直接竞争对手、间接竞争对手、潜在竞争对手分别是谁，在众多的竞争对手中，主要的竞争对手是谁等。

2) 调查主要竞争对手的基本情况和产品情况

了解主要竞争对手的生产经营历史、生产规模、设备技术、资金状况、组织管理能力、

营销能力、创新能力、领导及员工的整体素质等基本情况是竞争者调查的主要内容。同时还要全面掌握主要竞争对手的产品情况，包括产品的品质、服务、价格、市场占有率、产品的优势与劣势、新产品开发情况、产品的生命周期、产品的销售策略、产品在消费者心目中的印象和位置等。通过对主要竞争对手的综合调查和分析，可以了解竞争者的长处和短处，并与广告产品进行比较，认清广告产品在市场中的位置。要注意发现竞争者对市场或策略估计上的失误，如果发现主要竞争对手存在主要的错误观念，就可以利用这些弱点，制定相应的策略，抢占市场份额。

案例 5-4

不含咖啡因的七喜汽水

美国的七喜汽水挤进可口可乐、百事可乐垄断的美国饮料市场，成为第三大饮料，在很大程度上得益于其对竞争对手产品情况的调查。该公司通过调查发现，在美国有相当一部分人希望能减少或完全消除食品中对健康有害的咖啡因。于是七喜汽水的生产厂商对主要竞争对手可口可乐和百事可乐进行了咖啡因含量的调查，结果发现每 12 盎司(1 千克≈35.27 盎司)的可口可乐中含有咖啡因 34 毫克，同量的百事可乐中含有咖啡因 37 毫克，而七喜汽水则不含咖啡因，也没有掺入人工香料、防腐剂和色素。在获得这些资料之后，七喜汽水找到了正确的广告出击方向。七喜汽水的电视广告中，反复强调七喜汽水与可口可乐、百事可乐相比，不含咖啡因。这一独特性的宣传，正切中了人们对饮料中咖啡因含量的担忧，同时也击中了可口可乐和百事可乐的要害。因而七喜汽水在美国饮料市场的销售量在极短的时间内迅速上升到第三位，在非可乐饮料中独放异彩。

3) 调查主要竞争对手的广告情况

对主要竞争对手的广告情况的调查，包括其以往及目前的广告目标、广告定位、广告诉求对象、广告诉求点、广告表现形式、媒体策略的运用、广告费用的投入、广告效果及广告与其他促销方式的配合等。通过对主要竞争对手广告情况的调查，分析总结竞争者在广告方面的优势和劣势，并与自身相比较，找出差距。对于自身的优势，要在今后的广告宣传推广中继续保持；对于自身的劣势要及时改正。通过对竞争对手广告情况的调查，找出目标市场的薄弱环节和出击方向，为广告策划提供必要的依据。

6. 广告媒体调查

广告媒体调查是指对各种广告传播媒体的特征、效能、经营状况、覆盖面、收费标准等进行的调查。通过媒体调查，企业可以根据广告的目的要求，运用适当的广告媒体，取得更好的广告效果。

1) 报刊媒体调查

(1) 媒体性质。例如，报纸是日报还是晚报，是机关报还是行业报，是专业报纸还是知识性、趣味性报纸等；杂志是专业类杂志还是大众类杂志，是月刊还是季刊、年刊等。

(2) 媒体发行量。发行量越大，覆盖面越广，千人广告费用就越低。在调查报刊媒体发行量的同时，还要调查在发行范围内各地区的比例，以便了解报刊在各地区的接触效果。

(3) 读者层次。从年龄、性别、职业、收入等方面调查报刊读者的构成情况及其阅读时间、种类等。

2) 广播电视广告媒体调查

(1) 传播范围。调查广播电台和电视台节目的覆盖范围。

(2) 节目编排和构成。调查媒体广播电视节目的组成，了解有特色、质量高的节目，以确定广告投放时段。

(3) 视听率。调查各个广播电台、电视台节目的收听收视率，确定广告受众收听收看广播电视节目的时段及对广告节目的关注程度等。

3) 其他广告媒体调查

其他广告媒体调查，包括交通广告、路牌、霓虹灯广告，就要通过调查交通人流、乘客人数来测算。邮政广告，则从发信名单中，通过随机抽样方式抽出样本，派员实地访问进行调查。

5.1.3 广告调查的方法

广告调查的主要任务就是广泛收集与广告活动相关的各种信息材料，由于所需材料多而又繁杂，调查人员必须掌握相应的方法，以保证广告调查活动的顺利进行。广告调查的方法多种多样，按资料来源主要分为文献调查和实地调查两种。

1. 文献调查

文献调查是指利用现有的文献、档案等既存资料进行广告调查的方法，它是对二手资料的调查研究。这种方法的最大优点就是省时、省力、省费用，且资料广泛。随着电脑的普及及其在信息处理能力方面的进步，调查人员已经能够轻松获取大量相关信息。而且随着人们对信息的日益重视，大多数单位也都在建立和完善自己的资料库，这也为文献调查提供了更为有利的条件。

进行文献调查，关键在于熟知文献来源。文献来源主要分为企业内部和企业外部。企业内部资料是指企业自身的资料库、档案库所存留的营销记录与相关资料，如企业的相关活动介绍、产品目录、价格清单、历年销售记录、财务报表、市场报告、客户名单及客户函电等资料，这些资料可以帮助调查人员深入了解企业和产品，避免出现虚假广告；企业外部资料是指通过函索或走访的方式，向有关机构索取的文献资料，如从政府的有关部门获取当地社会经济发展、人口等方面的资料，从图书馆获取市场贸易统计等方面的资料，从行业协会和商会获取行业内部的会员名单及其经营状况的资料等。除此之外，还可以从消费者组织、学会、研究所、信息咨询中心、媒介调查与研究公司等机构收集资料。文献调查的资料来源非常丰富，关键在于如何去发现和寻找。

在运用文献调查法时，需格外注意资料的准确性和时效性。因为市场改变非常迅速，一旦使用过时或尚未确定的二手资料，就很有可能会陷入某种错误，因此要做好甄别工作。同时，也要做好资料的筛选和整理工作，使之类别化、条理化和系统化。

2. 实地调查

实地调查是指通过对调查对象进行实际调查，而直接获取一手资料的方法。这种方法最大的优点是真实，能够及时发现市场机会和威胁，但比较费时、费力，且费用高。常用的调查方法有访问法、观察法、实验法、问卷调查法等。

1) 访问法

访问法是指调查人员与被调查者，通过有目的的谈话，获取所需资料的一种调查方法。根据调查人员与被调查者的接触方式不同，访问法又可以分为面访、电话调查、邮寄调查和网上调查。

面访是调查人员与被调查者面对面交谈，而获取一手资料的过程。这种方法的优点在于：可以在调查中直接听取被调查者的意见，观察他们的反应，保证一手资料的真实准确；访问的内容可以较为深入，增加调查的广度和深度；可以控制谈话的节奏和气氛，在谈话的同时，展示样品或其他文字材料，能够保证自己提出的问题得到对方的答复；可以增加感性认识，促进双方情感的交流。但这种方法的缺点在于：费用高、耗时多、样本少，只能选取少量有代表性的调查对象，如果选择不当，会影响调查结果的准确性。这种方法对调查人员的素质要求比较高，要求调查人员具有一定专业知识、沟通能力和观察能力，心理素质也要过硬。

电话调查是调查人员通过电话这一通信工具向被调查者询问，而获取一手资料的过程。这种方法的优点在于：成本低，简便快捷，只要有良好的通信设施，随时随地都可以进行调查。但这种方法的缺点在于：无法判断被调查者的真实性；只能简单地提问和回答问题，不能深入进行交谈；被调查者可以不必找任何理由挂断电话，不易取得调查对象的合作。

邮寄调查是将调查表邮寄给被调查者，请求调查对象按照规定的要求和时间填写，并寄回的一种调查方法。这种方法的优点在于：节省费用，调查区域广泛，被调查对象作答自由度大，可以避免调查人员的偏见。但这种方法的缺点在于：回收率低，漏答现象严重，难以得到全面而可靠的资料。

网上调查是将调查问卷发表在互联网上，由点击页面者自愿作答，而获取一手资料的过程。这种方法的优点在于：操作简单，费用低廉，调查范围广，信息反馈及时，而且网上调查也具有趣味性和保密性的特点。但这种方法的最大缺点是，样本对象的局限性，由于受计算机普及程度等客观条件的限制，网民还只是一个年龄段较集中的特殊群体，这就可能造成因样本对象的局限性问题而带来调查误差。另外，由于网络的真实性较差，对所获信息的准确性和真实性程度也难以判断。

2) 观察法

观察法是指调查人员在某一特定的营销环境下，通过对调查对象的行动、反应直接观察，获取所需资料的一种调查方法。在广告调查中，观察法常用于检测销售点的客流量，某地段的人流量、车流量，某户外广告的注目率等，也可以通过观察消费者的行为，来测定某品牌的市场偏好和促销效果。随着科学技术的发展，人们设计了一些专门的仪器来观察消费者的行为，如摄像机、照相机、监视器等，但使用较多的还是人员的现场观察。例如，对××超市的顾客购物情况进行观察，可以填写表5-2。

表5-2　××超市顾客购物情况观察表

日期：2011-10-01

时间		顾客基本情况						顾客购物情况		
		男性			女性			食品	日杂	服装
时	分	老	中	青	老	中	青			

在运用观察法时，由于被调查者是在不知不觉中接受调查的，因此，所获取的资料比较真实、客观，具有较高的准确性和可靠性。但这种方法只能观察外部现象，难以深入了

解被调查者的深层心理状况，而且所需时间较长、费用高。使用观察法，必须具备三个条件：第一，所需信息必须是能观察到的，或者是能从消费者行为中推断出来的；第二，所要观察的行为必须是重复性的、频繁的；第三，所要观察的行为必须是相对短期的。

3) 实验法

实验法是指调查人员通过实验对比，获取所需资料的一种调查方法。它一般分为实验室测试和市场测试两种，通常用于在广告活动展开前探究消费者对产品口味、包装、价格的反应，或在广告推出前探究消费者对广告主题、广告文案的反应等。

其中，市场测试是广告调查中最常用的方法。例如，某连锁超市要检验店内两种POP(Point of Purchase，销售现场)广告的效果。该连锁超市根据店面大小、地理位置、交通流量和经营年限，选择了12家在统计上具有可比性的超市。从这些超市中随机地选出4家使用第一种POP广告，另有4家被随机地选出使用第二种POP广告，剩下的4家则不使用任何POP广告。调查人员分别收集各家超市在实验前7天、4周实验过程中和实验后7天的销售数据。结果表明，使用第一种POP广告的超市销量至少翻了一番，而使用第二种POP的超市的销量只有少量增加，不使用POP广告的超市则没有任何变化。根据这一结果，该连锁超市的经理认为，第一种POP广告在促进销售上效果显著，于是决定使用了第一种POP广告。这就是典型的市场测试法的运用。

这种方法的优点在于科学性，通过实验所获得的数据和情况比较客观、可靠，可以为广告决策提供依据。但在实验中也会出现一些非实验因素的干扰，如消费者的偏好、竞争者的策略等，在一定程度上会影响对实验结果的比较。

4) 问卷调查法

问卷调查法是指调查人员将调查内容设计成问卷表，发给被调查对象，请对方按要求回答并回收，获取所需资料的一种调查方法。它的优点在于：成本低，调查范围广，被调查者有比较充裕的时间思考问题，收集到的资料比较真实。但问卷调查法的效果如何，关键取决于调查问卷的质量，能否设计科学、合理的调查问卷，将直接影响到问卷的回收及资料的真实性与有效性。那么，如何设计一份高质量的调查问卷呢？这个问题将在5.2节中详细介绍。

5.1.4 广告调查的步骤

广告调查的目的是更好地为决策者提供有效信息。为了使调研结果更有效、更真实，合理的广告调查是关键，需要经过下列几个步骤。

1. 确定调查目标

广告调研的内容很多，涉及的范围很广，需要大量的人员、经费、时间和设备。如果没有明确的调研目标，就很难确定合适的调研人员、费用、幅度、时间长短、设备多少及选用什么样的调查方法。

调研目标的确定是制订广告调研计划的第一步，是一个由抽象到具体，由一般到特殊的过程。调研人员首先要限定调研的范围，找出企业营销活动和广告活动中存在的问题；然后根据现有的基础资料、企业运转的实际情况、生产经营活动、产品的现状及企业外部资料，进行合乎逻辑的推理和科学的判断，提出几个假设目标；最后缩小问题范围，确定调研目标。

2. 设计调查方案

确定调查目标后，就要拟订具体的调查实施计划，即做好对广告调查活动本身的设计和安排，它是指导调查工作的依据。广告调查方案一般包括：①广告调查目标；②广告调查内容；③广告调查对象和范围；④广告调查方法；⑤广告调查人员、经费和工作量安排；⑥广告调查实施进度表；⑦广告调查预算。对于拟订好的广告调查方案，必须进行可行性分析。通过专家评定或小样本试用等方法，发现问题，反复修改，使之具有高度科学性。

3. 搜集信息

搜集信息包括一手资料和二手资料的搜集，即要通过文献调查和实地调查等方法来获得调研方案中的各项资料信息。在实施调查阶段，要注意对整个调查过程的有效督导和监控，以确保调查工作的顺利进行和调查资料的真实性。

4. 整理分析资料

在实施广告调查以后，如果收集的资料较为准确和完备，就需要进行整理和分析。整理和分析资料的过程即对资料进行研究的过程。

整理资料的工作主要有：编校，对搜集来的资料加以校对核实，消除其中不符合实际的成分，如不完整的答案、前后矛盾的答案及调查员的偏见等；分类，即把经过编校的资料进行归类，并制成各种统计图表，以供资料分析时使用。编制统计图表的工作可由计算机完成。

分析资料是一项难度很大的工作。首先，要计算各类有关资料的平均数、标准差和百分率，使人们对调查结果有一个基本而又清晰的认识；然后，采用图表形式找出资料之间的交叉相互关系；进一步，需要使用相关系数和其他统计检验方法来测定资料间相互关系的密切程度；最后，运用一些较复杂的统计技术，如相关分析、因子分析、多元回归分析、聚类分析等方法，对信息资料进行多变量分析，找出变量之间的相互关系。结合各变量的内在联系，从中得出合乎实际的结论。

5. 编写调查报告

广告调查报告是广告调查工作的书面总结报告，应建立在客观反映市场情况和如实分析数据资料的基础之上，是调查工作的最后成果，也是分析企业广告机会、进行广告决策的依据。

广告调查的结果，一般以调查报告的形式提出，调查报告一般包括三个部分的内容：①前言，简要说明调查的目的和方法、调查结果；②主体，详细分析调查资料，得出相关结论，提出建议；③附录，主要有调查问卷、调查分析方法说明、统计图表和公式及参考数据等。

5.2 抽样设计和问卷设计

当我们决定采用直接调研来收集有关市场信息之后，需要解决的问题是所需的资料从什么对象那里获得，而解决这个问题即确定调查对象的整体性质与数量，决定进行普查或者抽查的问题。普查需要调研人员对总体的每一个单位都进行调查，这种方法的优点在于保证了调研结果的代表性，但需要花费的组织工作量大、成本较高，确定整体的数量比较困难。一般来说，在市场调研中，调查总体对象多、范围广，并且受到经费、时间的制约，多数情况会采取抽样调查。本节内容将介绍抽样设计和问卷设计。

5.2.1 抽样设计

1. 抽样技术的分类

抽样的目的是通过抽样方法从总体中选取一些样本，并通过对这些样本的描述来精确地描述样本总体的各种特征。选择样本个体的方法取决于使用概率抽样还是非概率抽样。前者是客观地选择样本，而后者是主观地选择样本。下面将详细介绍各种抽样技术，抽样技术的分类如图 5.1 所示。

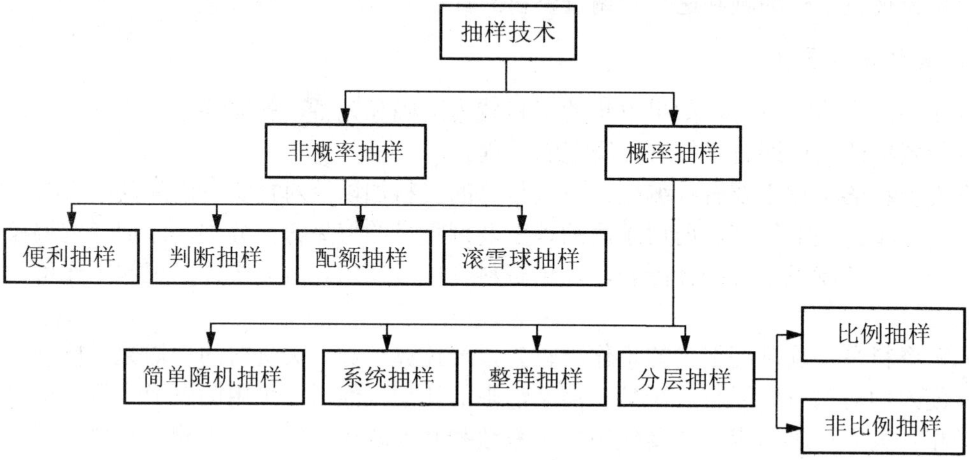

图 5.1　抽样技术的分类

2. 概率抽样

概率抽样是按照随机原则进行抽样，是指在总体中的每个单位具有被抽中的同等可能性。采用概率抽样方法，调研者可以从总体中获取具有不同特征的个体的信息，排除了人们有目的地主观挑选的影响，依据样本调查结果推算总体，并且能够计算出比较准确的抽样误差。但是概率抽样方法在所需的人力、财力和时间上都要高于非概率抽样。

为了达到概率抽样的目的，人们创造了多种多样的抽样方法，其中主要有简单随机抽样、系统抽样、分层抽样和整群抽样。

1) 简单随机抽样

简单随机抽样又称单纯随机抽样，是最基本、适用范围最广、最能体现随机原则的方法。抽样时，总体中每个个体都应该有独立的、等概率被抽取的可能。常用的抽取方式有抽签法和随机数字表法。

(1) 抽签法。实际上就是把总体中的每一个个体都编上号码并做成签，充分混合后从中随机抽取一部分，这部分签所对应的个体就组成样本。

(2) 随机数字表法。利用随机号码表抽选样本，是最常用的一种随机抽样法。随机号码表又称乱数表，它是将 0～9 的 10 个自然数，按编码位数的要求(如两位一组、三位一组、五位甚至十位一组)，利用特制的摇码器或电子计算机，自动地逐个产生一定数目的号码，编码成表，以备查用。这个表内任何号码的出现，都有同等的可能性。使用这种方法要注意去掉可能发生重复的数字，以及超出了总体单位数的数字。利用这个表可以大大简化抽样的烦琐程序。

简单随机抽样的方法操作起来比较简单，并且能够保证总体中的每一个单位都可以有同等的被抽取的机会。但是由于简单随机抽样需要能够确定一个比较完整的抽样框，对于每个调研活动来说，制定这样完整的抽样框是非常困难的。

2) 系统抽样

系统抽样也称等距抽样，它是首先将总体中的各单位按一定顺序排列，根据样本容量要求确定抽选间隔，然后随机确定起点，每隔一定的间隔抽取一个单位的一种抽样方式。一般来说，进行等距离抽样之前，必须获得一份总体单位表，另外调查人员必须确定一个间隔，并在这个间隔的基础上选择单位，样本距离可以通过如下公式来确定：样本距离＝总体单位数/样本单位数。例如，需要从容量为 5 000 的总体中抽取一个容量为 50 的样本，此时抽样距离为 100(5 000/50)。在 1 到 100 之间选出一个随机数，如 5，该样本就由个体 5、105、205、305、405、505 等组成。

系统抽样虽然过程简单，容易理解，但是在单独使用时，系统抽样也面临着简单随机抽样总体大、不便于编号的困难，所以在大规模的调查中，常把它与其他抽样方法结合起来使用。

3) 分层抽样

分层抽样是将总体分成若干层，再从各层中随机抽取所需要数量的基本单位，综合成一个调查样本的一种抽样方式。分层随机抽样在分层时，要将同一性质的基本单位分成一层，但层与层之间的基本单位特性的差异较大。即分层后要做到层内个体特性相似，基本代表了这个层的某一特征，层间个体特性相异，代表了每个层之间不同的特征。

分层抽样适用于总体基本单位特征差异大，且分布不均匀，采用单纯随机抽样有可能使样本集中于某些特征，代表性差的情况。这种方法实质上是分层与单纯随机抽样的结合。

分层抽样又可分为比例抽样和非比例抽样。比例抽样是指每一层样本的比例同在总体中各层次所占的比例完全一样，非比例抽样则比例不一样。一般而言，较小的层次对调查结果具有更为重要的意义时，应采用非比例抽样。比例抽样和非比例抽样举例分别如图 5.2 和图 5.3 所示。

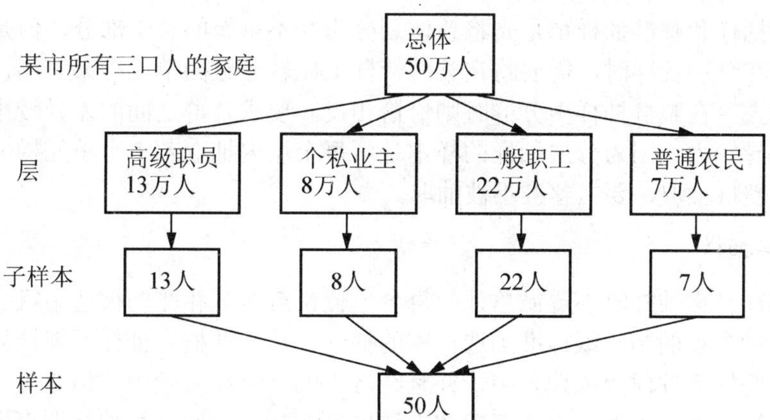

图 5.2　比例抽样示意

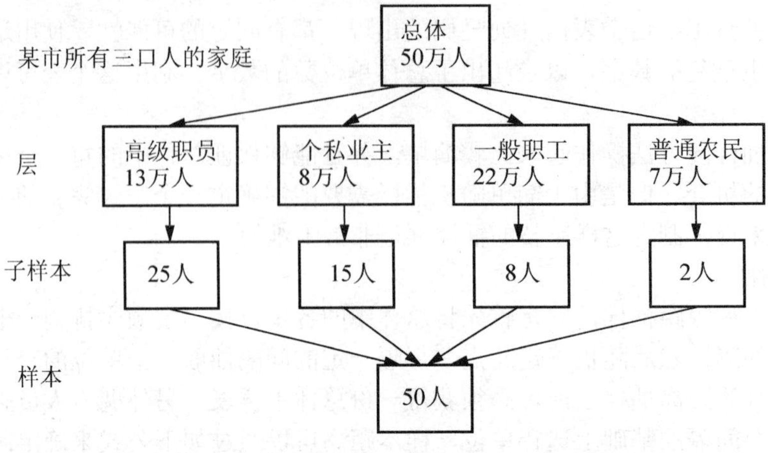

图 5.3 非比例抽样示意

这里要分析的例子是某市所有三口人的家庭购买商品房的情况。在总体中，高级职员占 26%，个私业主占 16%，一般职工和普通农民分别占 44%、14%。一般情况下职工的收入总是较低，因此他们中较少有家庭会买商品房，而他们在比例抽样中所占的比例却很高。收入较高的高级职员和个体户家庭多数会购买商品房，而他们在比例抽样中所占的比例却不高。所以在非比例抽样中，调整了样本中各职业的比例，高级职员占 50%，个私业主占 30%，一般职工占 16%，普通农民占 4%。

4) 整群抽样

整群抽样是先将总体划分为若干互不重叠的群，然后在所有的群中，再随机地抽取若干个群，对抽中的这些群内的所有个体或单元全部进行调查的抽样方法。

步骤如下。

(1) 确定分群的标准，如自然行政区域、班级等。

(2) 将总体(N)分成若干个互不重叠的部分(N_1，N_2，N_3，…，N_i)，每个部分为一群。

(3) 根据总样本量，确定应该抽取的群数。

(4) 采用简单随机抽样或系统抽样的方法，从 i 群中抽取确定的群数。

(5) 对抽取到的群内所有单元进行调查。

虽然分层抽样和整群抽样都是先将总体划分为互不重叠的若干部分，但是划分的原则是不一样的。在分层抽样时，需要将在某些特性上比较一致的单元分为一层，而各层之间的差异性则较大；在整群抽样中分群时则恰恰相反，要求各群之间的差异较小，而每个群中各单元的差异较大。因为分层抽样的样本是从每个层内抽取若干个单元构成的，而整群抽样则是要么整群抽取，要么整群不被抽取。

3. 非概率抽样

非概率抽样是指抽样时不遵循总体中每个单位都有客观相等的被选中机会的原则，而是按照调查人员主观的判断或标准抽选样本的抽样方法。非概率抽样不能计算抽样误差，经常被用于一些探索性问题的调查中，并且经济上的支出相对较少。但是对非概率抽样所显示出来的特征在多大程度上能代表整体无法做出判断，因此这种抽样调查出来的结果并不适合推广到总体。

由于在有些调查中得不到总体完整的名单，或者使用随机抽样的方法选取样本过于昂贵，这时就要使用非概率抽样的方法来选取样本。非概率抽样经常使用的方法有四种：便利抽样、判断抽样、配额抽样、滚雪球抽样。

1) 便利抽样

便利抽样是根据调查人员的方便与否来选择样本的方法，如访问路过的行人或找一些在家的居民进行访问等。这种抽样方法偏差比较大，一般用于探索性调研。

2) 判断抽样

判断抽样是凭借调查人员的主观意愿、经验和知识，从总体中选择具有典型代表性的样本作为调查对象的方法。这种抽样方法适合样本量小、抽样单位不易分门别类地调查。但由于调查的准确性依赖调查人员对调查对象的了解程度、判断水平和对调查结果的解释情况，所以判断抽样的结果容易受到怀疑。

3) 配额抽样

配额抽样，也称定额抽样，是非概率抽样中使用最为广泛的一种。配额是指划分出总体各类型，并分配给一定数量，而组成调查样本的方法。通常是按照某些特性(这些特性与所研究的总体特性应有较强的相关性，并且它们的各种取值在总体中所占的比例是已知的)将总体细分为几个次总体，然后将总体样本量按照各次总体中所占的比例分配，这样在选择样本单元时，可以为每个访问员指派配额，要求他在某个次总体中访问一定数额的样本单元。因为它与分层随机抽样具有相似之处，所以又可称为分层判断抽样。

4) 滚雪球抽样

滚雪球抽样又称参考抽样，它是以“滚雪球”的方式，通过少量样本获得更多的调查单位，即通过使用初始受访者的推荐来选取更多受访者的抽样方法。这种抽样方法主要适用于低发生率或在少见的总体中进行抽样，因找寻同类样本需要花费很大的代价。

5.2.2 问卷设计

1. 问卷的结构

问卷是访问员与被访者之间进行交流的一种沟通工具。问卷是一种事先按一定原则设计好的调查表，平常我们所做的访问大部分部是以问卷的形式进行的，按照访问员问，被访者答，访问员做记录的形式来完成，其中会有少部分问题由被访者填写。在一般情况下，一份完整的广告调查问卷，由以下五个部分构成。

1) 标题

标题要简明扼要，一般由调查对象加上调查内容加上“调查问卷”字样组成。例如，“浙江省服装消费行为市场调查问卷”。

2) 问卷说明

问卷说明，是问卷的第一部分，其内容一般包括以下方面：①称呼、问候，如“先生、女士：您好”。②访问员介绍，如“我是××市场调研公司的访问员”等。③简述调查研究的目的，如“我们正在进行关于市民绿色环保意识和行为的调查”等。④说明作答的意义或重要性，如“您的回答十分重要，将有助于我们改善服务质量”等。⑤说明作答对受访者无负面影响，如“说明答案并无对错之分，只要出于自己的真实想法即可，同时保证结果绝对保密”。⑥说明回答所需的时间，如“做完所有题目大约花费您 15 分钟”等。⑦说明作答方式，如要求受调查者多选或单选，打勾还是画圈等。⑧说明接受访问后的答谢，如说明如何、什么时候、给予何种礼品或酬金等。⑨致谢等礼貌用语，如“谢谢您的合作”等。⑩署名和日期，如“××市场调查公司”，“2012 年 1 月 15 日”。

3) 甄别部分

甄别部分主要用来判断受访者是否真正符合项目的要求。因为每次的访问都只访问每户中一个最合适的被访者。甄别部分的主要内容是将不符合要求的被访者排除，找出合格的被访者。

4) 主问卷

主问卷部分即问卷的主体部分，主要是询问被访者一些项目中设计的主要问题。依据调查的目的，设计若干问题，要求被调查者回答。怎么设计合理的命题，是取得有效资料的关键。

5) 背景资料

背景资料部分用来记录被访者的一些背景资料。这一部分主要是了解被访者的职业、年龄、个人及家庭收入等情况，有的被访者会对这些问题比较敏感，特别是关于收入的问题，因此在问背景资料前一定要向被访者做好解释。

2. 问卷设计的步骤

1) 确定所需信息

这就是说要清楚想从什么样的人那里得到什么样的信息，调查的目标应尽可能精确、清楚，对调查对象应有尽可能多地了解，这将为以后的调查奠定良好的基础。

2) 搜集有关资料

搜集有关资料的目的有三个：其一是帮助研究者加深对所调查问题的认识；其二是为问题设计提供丰富的素材；其三是形成对目标总体的清楚概念。

3) 确定问卷的类型

不同类型的调查方式对问卷设计是有影响的。例如，面访调查中，由于调查者与被调查者是面对面的，因此可以询问较长的、复杂的和各种类型的问题；在电话调查中，提问只能是比较简单的问题；邮寄问卷是自己独自填写的，被调查者与调查者没有直接的交流，因此问题也应简单些并要给出详细的指导。在确定问卷的类型时，应综合考虑这些制约因素：调研费用、时效性要求、被访对象、调查内容等。

4) 确定问题的内容

要遵循两个原则：第一个原则是确定某个问答题的必要性，第二个原则是必须肯定这个问答题对所获得的信息的充分性。对于被调查者“不能答”或“不愿答”的问答题，调研者应当想办法避免这些情况的发生，鼓励被调查者提供他们不愿提供信息的方法有如下几种：①将敏感的问题放在问卷的最后。此时，被调查者的戒备心理已大为减弱，可能愿意提供信息。②给问答题加上一个序言，说明有关问题的背景和共性，克服被调查者担心自己行为不符合规范的心理。③利用“第三者”技术来提问题，即从旁人的角度涉入问题。

5) 确定问题的类型

一般来说，调查问卷的问题有两种类型：开放性问题和封闭性问题：

开放性问题，又称无结构的问答题。指可以让被调查者充分地表达自己的看法和理由，不具体提供选择答案的问题。开放性问题比较深入，但是难以统计分析，且无用信息较多。具体举例如下：

(1) 自由式。即问题不拟定答案，可自由发表意见。例如：

您最喜欢的手机品牌是什么？

(2) 语句完成式。即提供一个不完整的句子，要求被调查者填空，一般用于广告到达率的调查或品牌知晓度的调查。例如：

当我口渴时，我想喝__________。

(3) 文字联想式。列出一些词汇，每次一个，让被调查者写出他脑海中涌现的几个字或几句话，一般用于产品、企业命名的调查。例如：

当您看到“可口可乐”这个词，您会想到什么？按顺序写下来。

可口可乐：__________、__________、__________、__________。

封闭性问题，又称有结构的问答题。它规定了一组可选择的答案和固定的回答格式，一般而言，封闭性问题的主要形式有：二项选择题、多项选择题、顺位题型等：

(1) 二项选择题。要求受访者在两个答案中加以选择。这种形式只适用于不需要反映态度程度的问题。例如：

请问您喝过青岛啤酒吗？

A. 喝过　　B. 没喝过

(2) 多项选择题。又分为单选题、无限多选题和限制多选题。

① 单选题。一个问题多个答案，但只能选择其一，它要求问题答案的设计必须是穷尽的和相互排斥的。这种形式的优点是答案分类明确，但排斥了其他可能存在的情况。例如：

您购买方便面最重要的原因是什么？

A. 方便　　B. 好吃　　C. 便宜　　D. 营养　　E. 其他_____

请问您的年龄？

A. 16 岁以下　　B. 17～29 岁　　C. 30～39 岁

D. 40～49 岁　　E. 50～59 岁　　F. 60 岁以上

② 无限多选题。一个问题多个答案，可任选一项或多项，不限制受访者选择答案的最多数目。这种形式的优点是能较多地了解被调查者的态度，但不易于统计。例如：

请问您半年来聚会时常喝哪几种品牌的啤酒？

A. 蓝带　　B. 燕京　　C. 青岛　　D. 雪花　　E. 珠江　　F. 其他______

您购买方便面的原因主要有哪些？

A. 方便　　B. 好吃　　C. 便宜　　D. 营养　　E. 其他______

③ 限制多选题。限制受访者选择答案的最多数目。例如，上例中“请问您半年来聚会时常喝哪几种品牌的啤酒？”限制选择最多的两项。

(3) 顺位题型。给出若干个答案，要求被调查者根据自己的态度排序。从形式上归属于多项选择题，这里单独呈现作为一个题型说明。例如：

您喜欢喝的饮料依次为(请依据您的喜好程度，在空栏中分别标上序号，1 表示最喜欢，2 表示喜欢，3 表示一般，4 表示不喜欢，5 表示最不喜欢)：

可口可乐______　　百事可乐______　　美年达______　　雪碧______

七喜______　　康师傅______　　娃哈哈______

请问您半年来聚会时常喝哪几种品牌的啤酒？(请按下面的代码填写，每个横线上填写一个)。最经常喝的是______，其次是______，第三是______。

A. 蓝带　　B. 燕京　　C. 青岛　　D. 雪花　　E. 珠江　　F. 其他

6) 确定问题的措辞

为了避免偏差的产生，设计调查问卷中的问题措辞时应考虑以下几点。

(1) 避免模糊性问题。问卷条款必须清楚明确，具有确定的具体含义。问句中对时间、地点、人物、事件、频率等界限都应该有一个特定的范围，而不应只概括地表示，避免使用模糊语言和容易引起误解的词句。例如：

① 你喜欢哪一种护肤品？

这个问题就很模糊，种类划分标准不明确，容易引起歧义。这就是说，问卷中所提出的问题有多种回答的可能性，应该从品牌、功能等方面对种类划分标准做明确说明。

又如：

② 通常情况下您会选择什么品牌的啤酒？

A. 大梁山　　B. 青岛　　C. 嘉士伯　　D. 壹周纯生　　E. 百威　　F. 其他

对于“通常情况”这种表述，调研对象很难迅速做出反应，这个“通常情况”是指在家中饮用时？还是平时宴客时？应交代清楚场景。问卷应尽量避免使用“通常情况”、“一般情况”、“正常情况”等泛指的词语，此问题可改为“通常朋友进行聚会时您会选择什么品牌的啤酒？”。

再如：

③ 您最近经常看电影吗？

其中“最近”可能是指近几天，也可能是指一个月或半年，“经常”可能是每周几次，也可能是每月几次或每年几次，这样，被调查者回答的标准就会有区别，因此，应改为“过去的 3 个月您看过几次电影？”

因此，问卷提出的问题应十分清晰严谨，简明易懂，具体明确，使回答问题者能确切地知道提问的意图。

(2) 避免双重性问题。双重性问题，实际上是一道题目问两个内容的问题，而可能使一些答卷者无所适从，难以作答。例如：

您觉得应该增加新闻节目并减少娱乐节目吗？

这个问题就属于双重问题，那些同意增加新闻节目，但不同意削减娱乐节目的被访者就可能无法回答。

(3) 避免假设性问题。假定性问题指用虚拟语气构成的问句，如“假定……你是否会……”、“如果……你将会吗……？”，这样的问题多见于意愿调查中。意愿调查目的就是根据所得资料进行某种行为习惯变动的预测或对某种事态可能引起的心理和行为后果进行预测。但假设性问题的答案无论肯定与否，其含义实质上都是不明确的，因为问题本身不成事实，只有理论上的意义，不足以为信。例如：

如果您在超级市场中看到一个产品正在打折，您是否会给予更多的关注？

A. 非常肯定　　B. 肯定　　C. 一般　　D. 否定　　E. 非常否定

上述问句就是假设性语句，得到的答案就不足为信。

(4) 避免诱导性问题。诱导性问题是指由于问句的措辞、内容等方面的原因，使被访者不得不选择某种答案，即问题的提问实际上就是要求被访者选择某种答案。例如：

您是否和大多数人一样认为北京牌电视机最好？

别人都说海尔电冰箱好，您是否也是这样的看法？

问题要中性化，避免提带有倾向性或诱导性的问题。上述问句中的“大多数人”和“别人都说”就带有明显诱导性，问卷中应避免出现这类词语。

(5) 避免否定性问题。问卷中的否定语句，极容易导致误解。例如：

大学生在考试时不必有人监考，你同意吗？

在这例中，问题采用了否定句的形式，如果被访者赞成“大学生考试需要有人监考”这种观点，反而需要选择“不同意”这一答案。虽然我们都知道双重否定等于肯定，但是，我们的思维方式还是比较习惯于直接的肯定，而不是双重的否定。如果将问题改为“大学生在考试时需要有人监考，你同意吗？”就简单明了多了。

(6) 避免窘迫性问题。调查问卷中涉及敏感问题时，问卷设计应遵守保密原则，提出的问题应是被访者能够且愿意回答的，避免提困窘性问题。敏感性问题是指涉及私人生活，以及大多数人认为不便于在公开场合表态或陈述的问题，如私人财产调查、不轨行为调查及其他私人生活情况调查。在对此类问题调查时，问卷设计若不注意方式、方法、措辞等，就会使拒答率变得相当高，或者得不到真实的答案，从而使调查失去意义。

7) 确定问题的顺序

设计调查问卷中问题的顺序应遵循以下原则：先易后难，敏感性和开放性题目置于问卷的最后；按信息的类型、次序排列题目；按问题的逻辑顺序排列题目。

8) 确定格式和排版

一般最好将问卷分成几大部分，条理清楚，便于被访者回答。每一部分中的多个问答题都编上号，这些号码将与数据处理时的变量编码相对应。

9) 问卷的测试

预调查所选的样本一般是一些比较方便找到的被调查者，如研究者的同事、朋友、家人等，预调查时要允许和鼓励受访者对问卷的所有方面给予批评分析。

10) 制成正式问卷

经过以上步骤，最终制成正式问卷。

3. 量表的设计

在调查问卷中，每个问题都可以对应一个或多个变量，如何测量这些变量，需要一定的工具，这就是量表。精确程度由低级到高级可分成四种类型：定类量表、定序量表、定距量表和定比量表。

1) 定类量表

定类量表，又称命名量表，是最低水平的量表。它用数字来识别调查对象或对调查对象进行分类，而且数字与个体之间是严格的一一对应的关系。例如：

被访者的性别(记录)

① 男　②女

您家里的空调是什么牌子的？

① 科龙　②美的　③海尔　④春兰　⑤三菱

⑥ 松下　⑦格力　⑧华宝　⑨海信　⑩其他

这里的数字没有数量化的关系，定类量表所得的资料适用的统计方法是频数分析，如百分数、众数等。

2) 定序量表

定序测量也称等级测量，其取值可以按照某种逻辑顺序将研究对象排列出高低或大小，确定其等级及次序。定序测量的工具称为定序量表。定序量表是一种排序量表，它比定类量表的水平高，不仅指明了各类别，同时还对个体给出数字表示其具有某种特征的相对程度，如销量的顺序、质量等级、竞赛名次等。这里给出的只是相对的程度，并不能指明其绝对差距。

定序量表一般是关于看法或态度的问题。普通的等级如下。

(1) 非常重要、重要、一般、不重要、不知道。

(2) 很好、好、一般、不好、很不好。

(3) 非常同意、同意、无所谓、不同意、非常不同意。

定序量表所测量的是定序变量，所能应用的统计方法有百分数、四分位数、中位数、序相关系数等。

3) 定距量表

定距量表比定序量表又进了一步，它不仅指明大小，而且还有相等单位，但没有绝对零点。例如，温度有高低之分，但没有绝对零点，摄氏温度为零时，华氏温度为 32 度。由于没有绝对零点，因此定距量表只能进行加减运算，不能进行乘除运算。

在调查研究中，我们经常用定距量表测量消费者的品牌偏好，并用 5 级或 7 级来反映消费者对品牌的态度。例如，用 1～5 表示满意的程度，则可以这样提问：

	非常满意	满意	一般	不满意	非常不满意
请问您对某品牌的售后服务满意吗？	1	2	3	4	5

可以运用定距量表测量数据的统计方法除了适用于定类量表和定序量表的全部方法之外，还有计算算术平均值、标准差、积距相关系数、T 检验和 F 检验等。

品牌形象测量量表见表 5-3。

表 5-3　品牌形象测量量表

问卷题项	A 品牌	B 品牌	C 品牌
1．品牌知名度大	4	5	5
2．品牌值得信赖	5	4	5
3．是电信和信息设备市场的领导者	3	5	5
4．发展潜力大	3	4	4
5．科研开发能力强	4	5	4
6．值得付出更多钱去购买	4	5	5
7．物有所值/性价比高	5	4	3
8．产品或服务出现问题总能得到妥善解决	5	4	4
9．提供适合我们需要的广泛的电信和信息设备	4	5	3
10．根据客户特殊的需求迅速提供新的业务和功能	3	4	5

注：使用 1～5 级表示，其中“5”表示“非常同意”，而“1”表示“非常不同意”。

4) 定比量表

定比量表具有定类量表、定序量表和定距量表所有属性，还具有绝对零点。例如，一个人月收入是 5 000 元，是另一个人月收入的 2 倍。定比量表的数量化程度比定距量表更高了一个层次。其测量结果不仅能进行加减运算，而且可以进行乘除运算，并能做各种统计分析。

4. 问卷设计的原则

1) 穷尽性原则

穷尽性是指所列出的答案包括所有可能的情况，不能有遗漏，不至于部分调查对象因为所列答案中没有合适的选项而放弃回答。对有些不具穷尽性的问题，可以在所列出的若干答案后加上“其他”或“其他(请说明)”以供选择。需注意的是，若一项调查结果，选择“其他”的比例较高，说明答案设计不恰当，有些重要的带普遍性的类别没有列出，难以达到调查目的，应重新设计答案。

2) 互斥性原则

互斥性是指一个问题的不同答案之间不能相互重叠、相互包含或交叉，必须相互排斥，互不包容。即对同一个问题，只能有一个选项适合调查对象。只有这样才能够使调查者正确解释所得资料。例如：

您经常看报吗？

A. 从不看　B. 偶尔看　C. 有时看　D. 经常看　E. 几乎天天看

对这个问题的回答就是不明确的，因为“偶尔看”、“有时看”、“经常看”之间的界限本来就很模糊，加之人们理解上的偏差，有人认为“每 1～2 天看一次”是看得少，属于“偶尔看”，但对有些人来说这种频率就是相当高了，这样就可能造成较大的误差。

3) 对称性原则

在提供带有对比性的选项时，要全面考虑，避免片面化，否则设计出的问卷无法客观反映被访者的观点态度。特别是对有对比意义的选项，数目要对称，防止产生误导。例如：

贵公司去年广告费用约为 200 万元，您认为今年广告经费投入应(　　)。

A. 适度增加　B. 维持不变　C. 稍作压缩　D. 大幅减少　E. 取消年度预算转入明年

本题提供的 5 个选项“重心偏移”，C～E 3 项含有“减少”之意，含有“增加”之意的仅一项，容易给被访者以选择有关“减少”选项的暗示。

4) 通俗性原则

通俗性原则即答案中不要使用陌生的、过于专业化的术语，问句要简短，尽量使用简单的、口语化的语言。例如：

您的性格属于(　　)。

A. 胆汁质　B. 多血质　C. 黏液质　D. 抑郁质

题中涉及的 4 个选项是心理学专用术语，很多被访者可能因不懂其含义而无法回答。有必要换另外同义的通俗说法，或对这 4 个选项加以说明。

5) 梯度性原则

对问卷中涉及渐进性的问题，在顺序上要尽量适应被访者的心理习惯，应设计若干具有梯度的选项，而且梯度间距应该合理。例如：

您上周阅读长篇小说多少部？

A. 0部　B. 1～10部　C. 11～20部　D. 21部以上

对于本题而言，由于选项之间梯度太大，绝大多数被访者可能选择前两项。而且，对于选择B项者，也无太大实际统计意义。所以，应该缩短间距。另外，在一周内看10多部甚至20多部长篇小说，也不符合客观实际。可以考虑将答案选项改为："A．未读或不足1部；B．1～2部；C．3～4部；D．5部以上"。

6) 能力性原则

被访者能不能回答某个问题，需要考虑问题的信息被访者是否知道、是否记得住、是否表达得出来。

在某些场合，被访者可能对回答问题所需的信息一无所知，如问一位男士他的妻子喜欢哪一种牌子的长筒丝袜，就属于这种类型。问被访者从来没有接触过的品牌或商店也会产生同样的问题。如果此类问题的表述方式暗示着被访者能够回答，而且答案是现成的，在这种情况下，得到的答复除了瞎猜外，没有什么价值，这就产生了测量误差。

第二个有关这方面的问题就是人们都会遗忘，调研人员在设计关于过去行为或事件的问题时，应该意识到特定的问题可能对被访者的记忆力要求过高。例如，"您在电影院里看到的最近的一部电影名是什么？"，"谁是主角？"，"您当时买爆米花了吗？"，"爆米花的价格是多少？"，"您还买了其他小吃吗？"，"为什么买或不买？"。被访者一般记不住这些问题的正确答案。为了避免可能折磨被访者记忆力的繁重问题，时间期限应该保持相对短。例如，问被访者："请问去年以来，您用过哪些品牌的香皂？"被访者自然容易被难住，应该这样问：

① 现在您用什么品牌的香皂？________

② 最近3个月您还用过什么品牌的香皂？________

再者，问题不应该超越被访者的能力和经历。例如，问一个10岁的孩子当他结婚时会买哪种汽车是无意义的，就像问一些父母他们10岁的孩子是否会在聚会上喝酒一样。10岁的孩子不能准确地预测这种购买行为，对于家庭购车他们知之甚少；同样，大部分父母不知道10岁的孩子会在聚会上发生什么，所以他们的回答至多是一种猜测。

5.3 制订和实施调查计划

每项市场调查工作都需要不少人协同工作，他们的活动必须按照一定的程序进行，只有这样才能够使每一步工作的完成都为下一步工作的顺利进行创造条件，从而最大限度地减少调查的费用浪费和时间浪费；每项调查工作都是有时间要求的，必须在既定的时间内完成，因此，每一项调查工作都需经过精心组织，并按照预定的工作程序进行。

5.3.1 制订调查计划

1. 调查纲要的拟定

提出调查纲要是企业管理部门的责任，其目的主要在于帮助调查人员明确调查的范围和工作目标，使调查人员避免因在某些不必要的问题上纠缠而浪费时间、资金和人力，并保证调查工作的重点，使调查人员能够集中时间和精力研究必须解决的问题。调查纲要应简明扼要，调查纲要一般应包括对销售目标的说明、对调查原则的说明和调查预算费用的说明等内容。

2. 设计调查方案

一个完善的调查方案一般包括以下几方面内容。

1) 调查目的

根据市场调查目标，在调查方案中列出本次调查的具体目的要求。

2) 调查对象

广告调查的对象一般为消费者、零售商、批发商，零售商和批发商为经销调查产品的商家，消费者一般为使用该产品的消费群体，在以消费者为调查对象时，要注意到产品的购买者和使用者是否一致。例如，对婴儿食品的调查，其调查对象应为孩子的母亲。此外，还应注意到一些产品的消费对象主要针对某一特定消费群体或侧重于某一消费群体，这时调查对象应注意选择产品的主要消费群体，如对于化妆品，调查对象主要选择女性；对于酒类产品，其调查对象主要为男性，

3) 调查内容

调查内容是搜集资料的依据，是为实现调查目标服务的，应根据调查的目的确定具体的调查内容。例如，调查消费者行为时，可按消费者购买、使用、使用后评价三个方面列出调查的具体内容。调查内容要全面、具体、条理清晰、简练，避免面面俱到，内容过多，过于烦琐，避免把与调查目的无关的内容列入其中。

4) 调查问卷表

调查问卷表是调查的基本工具，调查问卷表的设计质量直接影响到调查的质量。设计调查问卷表要注意以下几点。

(1) 调查表的设计要与调查主题密切相关，重点突出，避免可有可无的问题。

(2) 调查表中的问题要容易让被调查者接受，避免出现被调查者不愿回答或令被调查者难堪的问题。

(3) 调查表中的问题次序要条理清楚、顺理成章、符合逻辑顺序，一般可将容易回答的问题放在前面，较难回答的问题放在中间，敏感性问题放在最后；封闭式问题在前，开放式问题在后。

(4) 调查表的内容要简明，尽量使用简单、直接、无偏见的词汇，保证被调查者能在较短的时间内完成调查。

5) 调查地区范围

调查地区范围应与企业产品销售范围相一致，当在某一城市做调查时，调查范围应为整个城市；但由于调查样本数量有限，调查范围不可能遍及城市的每一个地方，一般可根据城市的人口分布情况，主要考虑人口特征中收入、文化程度等因素，在城市中划定若干个小范围调查区域，划分原则是使各区域内的综合情况与城市的总体情况分布一致，将总样本按比例分配到各个区域，在各个区域内实施访问调查。这样可相对缩小调查范围，减少实地访问工作量，提高调查工作效率，减少费用。

6) 样本的抽取

调查样本要在调查对象中抽取，由于调查对象分布范围较广，应制定一个抽样方案，

以保证抽取的样本能反映总体情况。样本的抽取数量可根据市场调查的准确程度的要求确定，市场调查结果准确度要求越高，抽取样本数量应越多，但调查费用也越高，一般可根据市场调查结果的用途情况确定适宜的样本数量。具体抽样时，要注意对抽取样本的人口特征因素的控制，以保证抽取样本的人口特征分布与调查对象总体的人口特征分布相一致。

7) 资料的搜集和整理方法

市场调查中，常用的资料搜集方法有人员走访、电话采访、邮寄问卷、现场观察、产品试验、销售试验、网络调查、抽样调查、召开座谈会及德尔菲法等。资料的整理方法一般可采用统计学中的方法，采用 SPSS、Excel 数据分析软件，可以很方便地对调查表进行统计处理，获得大量的统计数据。

3. 调查人员配备及培训

1) 组织领导及人员配备

市场调查项目的组织领导，可由企业的市场部或企划部来负责。针对调查项目成立市场调查小组，负责项目的具体组织实施工作。

2) 访问员的招聘及培训

访问人员可从高校经济管理类专业的大学生中招聘，根据调查项目中完成全部问卷实地访问的时间来确定每个访问员一天可完成的问卷数量，核定需要招聘的访问员人数。对访问员须进行必要的培训，培训内容包括：①访问调查的基本方法和技巧；②调查产品的基本情况；③实地调查的工作计划；④调查的要求及注意事项。

4. 费用预算

市场调查的费用预算主要有调查表设计印刷费、访问员培训费、访问员劳务费、礼品费、调查表统计处理费用等。

5. 拟定市场调查工作日程表

市场调查工作日程表应采用简明的表格形式，列出整个调查项目所包括的主要工作阶段，并说明各阶段的时间分配和人员安排。通常需要在工作日程表中列明的主要工作阶段有：文献调查、实地调查、资料整理分析和市场调查报告的起草、修改与定稿。由于客观情况是在不断发生变化的，因此调查工作日程表应具有相当的灵活性。在时间上，必须根据各项工作的具体要求进行分配。

5.3.2 实施调查计划

市场调查的各项准备工作完成后，开始进行实际的调查工作。组织实地调查要做好两方面工作。

1. 做好市场调查的组织领导工作

市场调查是一项较为复杂烦琐的工作，要按照事先划定的调查区域确定每个区域调查样本的数量、访问员的人数、每位访问员应访问样本的数量及访问路线，每个调查区域配备一名督导人员，明确调查人员及访问人员的工作任务和工作职责，做到工作任务落实到位、工作目标和责任明确。

2. 做好市场调查的协调、控制工作

调查组织人员要及时掌握市场调查的工作进度和完成情况，协调好各个访问员间的工作进度；要及时了解访问员在访问中遇到的问题并帮助解决，对于调查中遇到的共性问题提出统一的解决办法；要做到每天访问调查结束后，访问员首先对填写的问卷进行自查，然后由督导员对问卷进行检查，找出存在的问题，以便在后面的调查中及时改进。

5.4 调查报告的撰写

广告调查报告是将调查中收集到的各种材料加以整理、分析后，以书面形式向组织和领导汇报调查情况的一种文书。广告调查报告的内容主要包括：介绍调查的目的，交代所要解决的问题；介绍调查的内容，得出调研数据并进行分析；对市场发展趋势做出预测，并给予论证；提出建议、方案和步骤，预测可能遇到的风险并提出相应对策等。

规范的广告调研报告，一般应该包含序言、摘要、正文和附录四个组成部分。

1. 序言

广告调研报告序言部分主要介绍调研课题的基本情况，包括封面、目录和索引。

(1) 封面。封面一般只有一张纸，其内容包括：①调研报告的题目或标题，必要时可加上一个副标题；②调研机构的名称；③调研项目负责人的姓名及所属机构；④调研日期。

(2) 目录。目录是关于调研报告中各项内容的完整一览表，但是不必过于详细。调研报告的目录和书的目录一样，一般只列出各部分的标题及页码。

(3) 索引。如果报告中的图表特别多，为了方便阅读查询，可以专门再列一张图表索引，也可以分别列出图表的资料索引。其内容与目录相似，列出图表号、名称及其在报告中的页码。

2. 摘要

摘要是对市场调查获取的主要结果的概括性说明，是整个报告的精华。阅读调查报告的人往往对于调研过程中的复杂细节没有什么兴趣，他们只想最快地知道调研所获得的主要结果和主要结论，以及他们如何根据调研结果进行下一步的活动。因此，摘要可以说是调研报告中极其重要的一个部分，它也许是从调研结果得益的读者唯一的阅读部分。

摘要的篇幅一般较短，最多不超过报告内容的 1/5。它可以包括下列各方面的非常简要的资料：①本产品与竞争对手当前的市场状况；②产品在消费者心目中的优缺点；③竞争对手的销售策略和广告策略；④本产品广告策略的成败及其原因；⑤影响产品销售的因素是什么；⑥根据研究结果应采取的行动或措施等。在阐述结论性资料时，必要的话还应加上简短的解释。

3. 正文

正文是一份调研报告的主干部分，调研报告的正文必须包括调研的全部事实，必须对研究的背景、目的、方法、过程、结果及所得结论和建议做详细的阐述。调研报告的正文之所以要包含全部必要的资料，主要是为了让阅读报告的人能了解所得调研结果是否客观、科学，另外，也可以让阅读报告的人能够从调研结果中得出他们自己的结论，而不受调研人员解释的影响。

1) 研究背景

在这一部分内容中，研究者要对研究的由来或受委托进行该项研究的原因做出说明。说明时，可能要引用有关的背景资料作为依据，分析企业经营、产品销售、广告活动等方面存在的问题。背景资料不仅可以作为调查目的的铺垫，还可以作为调研结论和建议的佐证，与调研结果相结合来说明问题。

2) 研究目的

研究目的通常是针对研究背景中所分析的存在问题提出的。它一般是为了获得某些方面的资料或对某些假设做检验。但不论研究目的为何，研究者都必须对本研究获得的结果列出一张清单。

3) 研究方法

在这一部分中，需要加以叙述的内容如下。

(1) 研究地区。即说明研究活动在什么地区或区域进行，选择这些地区的理由是什么。

(2) 研究对象。即说明从什么样的对象中抽取样本进行研究。通常是指产品的销售推广对象，或潜在的目标市场。

(3) 访问完成情况。指原来拟定研究多少人，实际上收回的有效问卷是多少，有效问卷回收率是百分之多少，问卷丢失或无效的原因是什么，采取什么补救措施等。

(4) 样本的结构。指根据什么样的抽样方法抽取样本，抽取后样本的结构如何，是否具有代表性，与原来拟订的计划是否一致。

(5) 资料采集。指是入户访问，还是电话访问；是观察法，还是实验法等。如果是实验法，还必须对实验设计做出说明。研究如何实施，遇到什么问题，如何处理等。

(6) 访问员介绍。即访问员的能力、素质、经验对研究结果会产生影响。所以，对访问员的资格、条件及训练情况也必须简略地介绍。

(7) 资料处理方法及工具：指出用什么工具、方法对资料进行简化和统计处理。

4) 研究结果

研究结果部分是将研究所得资料报告出来，包括数据图表资料及相关的文字说明。在一份调研报告中，常常要用若干统计表和统计图来呈现数据资料，不仅如此，研究人员还要对图表中数据资料所隐含的趋势、关系或规律加以客观描述和分析，即对研究结果做出解释。对研究结果的解释包括三个层次：说明、推论和讨论。

(1) 说明。指根据研究所得结果来叙述事物的状况、现象的情形、事物发展的趋势、变量之间的关系等。说明不是对数据结果的简单描述，而是利用已有的资料或逻辑关系做较为深入的分析。

(2) 推论。指根据样本的数据来推论总体。推论不是简单地用样本的研究结果来代替总体，还必须考虑到样本的代表性。当样本的代表性强时由样本直接估计总体结果的误差就小，反之，则容易犯错误。在问卷研究结果的推论中，如果研究中对抽样误差做了估计，那么就可以根据抽样误差对总体做出估计，如果研究中无法估计抽样误差，如非概率抽样，推论就必须十分小心。

(3) 讨论。指对研究结果产生的原因做分析。讨论可以根据理论原理或事实材料对所得的结论进行解释，也可以引用其他研究资料做解释，还可以根据研究者的经验或主观设想做解释。

5) 结论和建议

在这一部分，要说明研究获得了哪些重要结论，根据研究的结论提出具体的建议和对策，供决策者参考。对策和建议是撰写调查报告的主要目的，要注意建议的针对性和可行性，要能够切实解决问题。

结论的提出方式可以是用简洁而明晰的语言对研究前所提出的问题做明确的答复，同时简要地引用有关的背景资料和研究结果加以解释、论证。建议是针对研究获得的结论提出可以采取哪些措施、方案或具体行动步骤。

4. 附录

附录部分主要是呈现与正文相关的各种资料，以备读者参考。附录的资料可用来证明或进一步阐述已经包括在报告正文之内的资料。在附录中呈现的资料种类一般包括：调查问卷；抽样有关细节的补充说明；访谈提纲；研究获得的原始数据图表(正文中的图表只是汇总后的图表)、参考文献等。

案例 5-5

宁波天宫庄园调研报告

近年来乡村旅游业飞速发展，随着政府的支持和人们的关注，消费市场潜力巨大。宁波天宫庄园休闲旅游有限公司抓住这个潮流，成立后，通过对湾底村乡村休闲旅游进行有序地开发，取得了很大的进展，在宁波地区旅游行业中也有了一定的知名度。但是近几年来，和天宫庄园类似的休闲旅游项目不断涌现，给天宫庄园带来了一定的竞争压力。为此，经对天宫庄园休闲旅游项目进行详细调研，通过一系列分析发现问题所在，并提出了相应的对策措施。

一、市场分析

1. 环境分析

1) 整体环境分析

随着经济的发展，闲暇时间的增多，中国国内旅游发展的空间不断扩大。从 2009 年来看，发展旅游消费还是比较乐观的，金融危机对旅游业的影响相对趋于缓和，中国旅游经济全年总体上仍将保持平稳增长。宁波旅游资源丰富多样，文化底蕴深，旅游业已成为国民经济支柱产业。宁波已成为浙东旅游中心，并正成为长江三角洲(以下简称长三角)南翼中心旅游城市。据统计，2009 年，宁波市共接待入境旅游者 80.05 万人次，同比增长 5.74%；接待国内游客 3 962 万人次，同比增长 14.3%；实现旅游总收入 530.53 亿元，同比增长 17.8%。

目前，随着消费水平的提高，都市消费群体对休闲农产品的要求越来越高，不再满足于吃农家饭、住农家屋、体验农事等一系列单调的活动，虽然郊野乡村的生态环境依然是吸引游客的一个重要条件，但游客更渴望在农业旅游中体验新奇、刺激、时尚等现代休闲娱乐元素，而创意手法的巧妙运用则可将这些元素渗透于休闲农业中，形成创意休闲农业，这就给天宫庄园的发展创造一系列的机遇与条件，整体环境看好。

2) 天宫庄园环境分析

天宫庄园休闲旅游区(以下简称天宫庄园)是全国农业旅游示范点，隶属宁波市鄞州区下应街道湾底村，地处宁波南郊，东临东钱湖，北靠鄞州中心城区，西接宁波高教园区，距宁波市区仅 5 000 米，交通十分便捷。

(1) 优势。环境好，风景秀美；产品新鲜，质量高；一些活动模式独特，受欢迎程度较高；娱乐设施完善；管理服务水平较高。

(2) 劣势。天官庄园位于宁波鄞州区下应街道湾底村，交通不方便，目标市场局限于宁波地区；门票收费偏高；游乐项目缺乏创意；品牌知名度低；旅游景点面临淡旺季人流量的不协调。

(3) 机会。都市休闲农庄这种业态的休闲方式在欧美是比较流行的，在我国也只有沿海的几个城市有类似的项目。在宁波仅有天官庄园与双虹阁庄园，市场机遇与需求很大。政府各职能部门高度重视，支持乡村旅游发展。

天官庄园集休闲娱乐、乡村生产体验、观光旅游等为一体的都市型休闲旅游区，为国家发改委重点开发的现代农业旅游示范区。作为全国最大的果桑基地，这里有独特的桑果活动。有足够优越的条件吸引更多的游客。

(4) 威胁。直接竞争对手——双虹阁庄园，景点同质化严重，市场需求日趋个性化，面临其他知名景区(点)如滕头村的挑战。

2. 企业分析

宁波天官庄园休闲旅游有限公司成立于 2004 年，在公司建立之初，主要是以田园风情、特色农庄、康体保健、乡村度假四大主题为建设目标，发展湾底村的旅游业，打响在宁波地区的知名度，吸引更多的消费群体。

公司一方面做好宣传册编印、宣传片制作、形象广告发布和旅游促销推广等常规的宣传工作，因地、因时、因人地策划促销活动，寻找宣传的亮点，制造新闻的视觉冲击力，吸引人们的眼球。例如，2008 年在宁波举行的第三届中国梁祝爱情节，就争取到了指定用酒和饮料，还赞助了高档次的大型梁祝交响音乐会，给新人们留下了深刻的印象。

另一方面以节造势，把重点放在举办天官庄园的桑果节上。至 2009 年桑果节已成功举办了五届，主要内容包括桑园采风、桑果采摘、桑园寻宝、亲子游乐、动手 DIY、传统民间文艺表演、林间攀爬、自助烧烤等。瞄准以宁波市区小朋友为主的学生市场，以此形成“1 带 2”型的消费市场。

3. 产品分析

这里的产品指的是旅游产品。天官庄园总面积 1 600 亩(1 亩≈666.67 平方米)，以生态农庄为特色，集新农村展示、文化旅游、亲子游乐于一体的国家现代农业示范区、全国农业旅游示范点，2009 年，被评为国家 4A 级旅游景区。经过五年的建设与经营，目前天官庄园景区已建成桑果园、深加工基地(酒厂)、酒文化公园、盆景园、科普基地、植物世界、净土寺、西江古村、村民新居、宁波市非物质文化遗产展示中心、《今天我最强》节目拍摄基地等项目；环区景观还有葡萄园、梨园、牡丹园、人生长廊、科普长廊、健身中心等，适合儿童、青少年活动，更有森林攀爬、真人 CS 镭战区、游乐城、烧烤垂钓等 20 多个景点，被誉为“都市里的村庄，城市中的花园”，是宁波市近郊最大的乡村旅游区。2007 年接待游客总数 29.655 万人次，实现旅游总收入达 717.57 万元。

天官庄园旅游开发的最大特色是“都市里的村庄”，其主要体现在一、二、三次产业联动发展，“绿旧新乐”协调开发。

(1) 绿。天官庄园拥有全国最大果桑基地，是国家发改委重点开发的现代农业示范区、宁波市区唯一大型农业庄园和鄞州区“百家园”工程重点项目。是远近闻名的“桑果之乡”。

(2) 旧。村里比较完整地保留了西江古村的历史风貌，保留了古村落群、老戏台、老店铺、水街等江南特色怀古建筑，吃的“土”，住的“古”，玩的“老”，在宁波市区有相当的独特性。有机整合发展了宁波非物质文化遗产博物馆、宁波服装博物馆。西江古村农家乐，还集中解决了住宿餐饮和娱乐的问题。

(3) 新。主要体现在新农村建设。全村以创建全国文明村为目标，以“人民第一，创业万岁”为口号，坚持把农民群众的根本利益作为建设社会主义新农村的出发点和落脚点，发扬艰苦创业的精神，取得了显著成效。近年来相继获得全国创建文明村镇工作先进单位，省、市、区三级基层先进党组织，省文明村，省全面小康建设示范村等荣誉称号。

(4) 乐。主要指乡村旅游及农家乐项目的开发建设。至 2009 年已建成 15 个参观点、3 条游览线，形成一个以桑果文化为内涵，集农林观光采摘、科普教育、乡村休闲为特色，一、二、三产复合的都市休闲旅游区。至今，天宫庄园先后获得了“全国农业旅游示范点”、“浙江省首批三星级乡村旅游示范点”、“浙江省农家乐特色示范村”等多项荣誉称号。

4. 消费者分析

1) 天宫庄园目标市场较为分散

近年来，旅游市场开始进入“散客时代”，散客化趋势在休闲资源丰富的市郊尤为明显。宁波天宫庄园也同样如此。消费者主要有四大类：外来游客，宁波本地人，学生团体，公司、组织团体。宁波的经济比较发达，吸引外来游客不少，另外，还有在宁波就读的高校学生及宁波企业组织团体。在占主要的散客群体中，主要有个人游、亲子游、老人游等，这对天宫庄园来说也是一个比较大的客源。

2) 消费者对庄园认知较为单一

经对 100 份有效问卷调查得知，很多人对“庄园”的印象多局限于农家乐、马场等形象中。而天宫庄园的休闲旅游设施不仅仅局限于传统意义上的农家乐等方面，它还涉及很多像森林攀爬、烧烤垂钓、科普基地、净土寺、西江古村等多元化的休闲场所，能满足不同人群对休闲场所的需要，如图 5.4 所示。

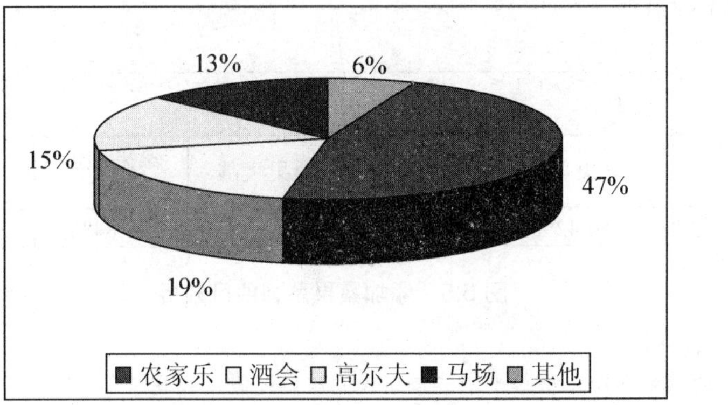

图 5.4　庄园认知

3) 消费者需要心灵得以充分释放的野外休憩场所

据调查，从消费者选择休闲地方的心理分析来看，高达 90%的人群认为工作劳累需要寻找心灵释放的野外休憩场所，35%的消费者选择去野外露营烧烤，53%的人选择去海滩庄园度假村休闲娱乐，12%的人选择登山蹦极、野外攀爬。天宫庄园无论在宁波本地还是周边的知名度，都不及奉化滕头村、宁波凤凰山、东钱湖等地。因此它所建立的顾客群体也不是非常的广泛，仅仅通过传统的口碑营销传播来推进庄园的旅游，短期内效果不佳，因而必须加强品牌传播，提高知名度，从而吸引更多的消费人群。

4) 1 000 元左右的每人次消费是消费者普遍能接受的消费额度

据调查分析，10%的人会选择一个月左右旅游一次，11%和 16%的人选择三个月和半年出行一次，而 63%的人对于旅游的出行都不一定，这些人大多可能是没有好的旅游去处可选，或者没有足够的时间去游玩。根据消费者愿意一次性旅游花费的额度分析来看，19%愿意出 500 元以下，74%愿出 1 000 元左右，只有 7%的人群愿出 3 000 元以上。可见，1 000 元左右的消费额度，是来天宫庄园消费者普遍能接受的。这些因素都和个人的消费观念、经济和生活方式等有关，如何才能让消费者来接受天宫庄园的服务，共同结伴游玩，是天宫庄园迫切需要解决的一个重要难题。

5. 竞争分析

1) 特色桑果节活动竞争力分析

企业要想在市场上有竞争力就要有自己的特色项目。天宫庄园是以其特色项目为突破点的，据调查，去过天宫庄园的 67 人中，有 45%人认为天宫庄园的特色桑果节活动一般，44%的人持喜欢态度，非常喜欢和不喜欢各占 4%，非常不喜欢的占 3%。这说明天宫庄园的特色桑果活动只能吸引一小部分的人群，大部分的人都认为这个活动不具有显著的竞争力。

2) 希望增加的桑果系列项目分析

企业文化是企业所独有的、在企业长期发展过程中形成的企业价值观和经营哲学。天宫庄园要增加自己公司的文化底蕴，就要加强特色项目的进一步深入拓展。调查发现，希望增加的桑果系列项目中，桑果独创美食在其中比例最高。桑果独创美食约占 33%，桑果舞会约占 16%，桑果婚庆约占 13%，桑果大战约占 22%，其他种类约占 15%，如图 5.5 所示。

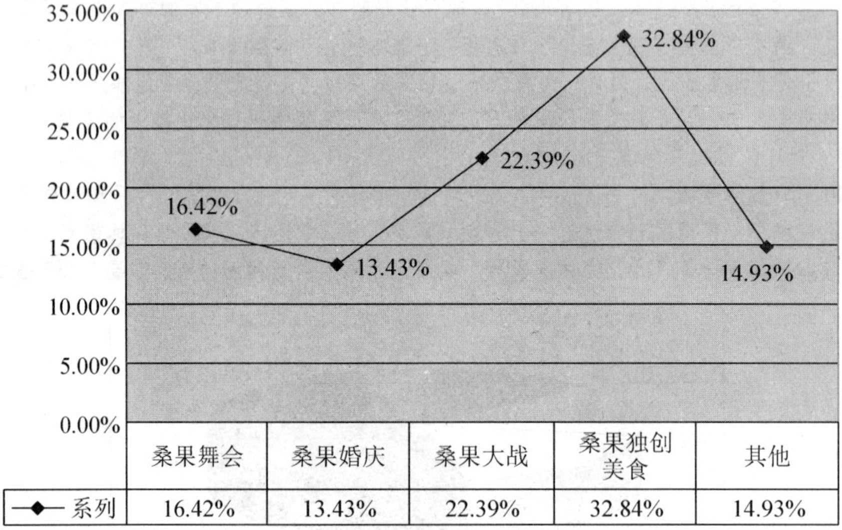

图 5.5　添加桑果系列项目分析

3) 竞争对手比较分析

竞争对手之一的双虹阁庄园坐落于宁波市东钱湖旅游度假区环湖东路，位于区内五里塘，名字取自东钱湖十景之一的“双虹落彩”。项目有养殖、观赏、垂钓、餐饮、住宿、棋牌、茶艺、烧烤、捕鱼、杨梅采摘、划船等。特色菜肴以东钱湖湖鲜和农家菜为主，尤以营养丰富的放养中华鳖系列菜最为突出。是休闲、娱乐、聚会、特色饮食于一体的圣地。但天宫庄园最大的竞争对手是奉化的滕头村。具体分析见表 5-4。

表 5-4　竞争能力对比分析

对比项目	天宫庄园	滕头村
地理位置	天宫庄园位于鄞州区下应街道湾底村，区域面积 1 600 亩，距鄞州新城区仅 3 000 米。东临风景秀丽的东钱湖，西接宁波高教园区	紧倚江拔、甬临公路，地处萧江平原，剡溪江畔。位于奉化城北 6 千米，离宁波 27 千米，至机场 15 千米，距溪口 12 千米
项目竞争	参观类：植物园、人生长廊、科普长廊、盆景园、净土寺、西江古村、宁波非物质文化遗产、宁波服装博物馆、欢乐城堡；采摘类，主要还是以桑葚、草莓、蜜梨、葡萄为主；参与类：烧烤、真人 CS、“今天我最强”水上竞技活动、攀爬区	东区主要景点有：白鸽广场、喷泉广场、农家乐、梨花湖、盆景园、千鱼公园；游艺项目主要是与动物有关系列活动；西区主要有：玫瑰采摘区、奇花异果棚、草莓采摘区、婚庆园、晒谷广场、石窗馆、田园烧烤区、犁耕活动区；游艺项目也是结合农田的有关活动
特色项目	植物园、“今天我最强”水上竞技运动、烧烤、真人 CS 等项目	学生社会实践基地是全国“我能行”体验基地，以培养学生创新精神和实践能力为重点，开设“爱国主义、生态环保、科学普及、军事国防、劳动技能、磨难拓展”等六大教育

续表

对比项目	天宫庄园	滕头村
宣传渠道	主要是广告宣传为主	网络宣传、媒体宣传、广告宣传
企业理念	天宫庄园旅游开发的最大特色是“都市里的村庄”，其主要体现在一、二、三次产业联动发展，“绿旧新乐”协调开发	集“精品、高效、创汇、生态、观光农业”于一体的发展格局，是养生，休闲，旅游的良好场所，到处散发着山村田园的静谧之美

(1) 滕头村的优势分析。

① 地理位置优越。奉化滕头村周边有著名的蒋氏故居，可以带来一大部分游客的集聚效应。②与学校合作密切。一方面可以达到旅游的效果，另一方面可以培养青少年的创新精神。③项目有显著的乡村特色。内有独轮车送公粮大战、大滚缸、拉大碾、磨豆浆、打草鞋、捉泥鳅、摸螺蛳、照黄鳝、叉鱼、打陀螺等具有明显乡土气息的项目，这些都是其他两个庄园所没有的。④发展格局多元化。集“精品、高效、创汇、生态、观光农业”于一体，是养生，休闲，旅游的良好场所，到处散发着山村田园的静谧之美。

(2) 滕头村的劣势分析。

①地理位置较偏。奉化滕头村位于奉化，相比位于宁波鄞州区的天宫庄园地理优势来说，相对有些不足。②项目融入的宁波元素不够鲜明。奉化滕头村位于奉化，相比于天宫庄园来说，融入宁波本土的元素较少。

6. 广告分析

1) 天宫庄园广告分析

(1) 庄园认知途径单一。通过问卷调查结果显示，游客知道、了解庄园之类的旅游场所最重要的途径是周围朋友、同学的介绍宣传，这类占了38%，而网络、电视这类媒体所占比例相对较小，通过旅行社知道的更是只占了14%。通过网络搜索表明庄园所进行的宣传除了网站、广告视频外再没有其他的手段，这也说明了庄园旅游在宣传方面做的不多，游客认知的途径狭窄。所以，全国范围的庄园广告市场是一个相当大的空缺，资源没有得到充分利用，如图 5.6 所示。

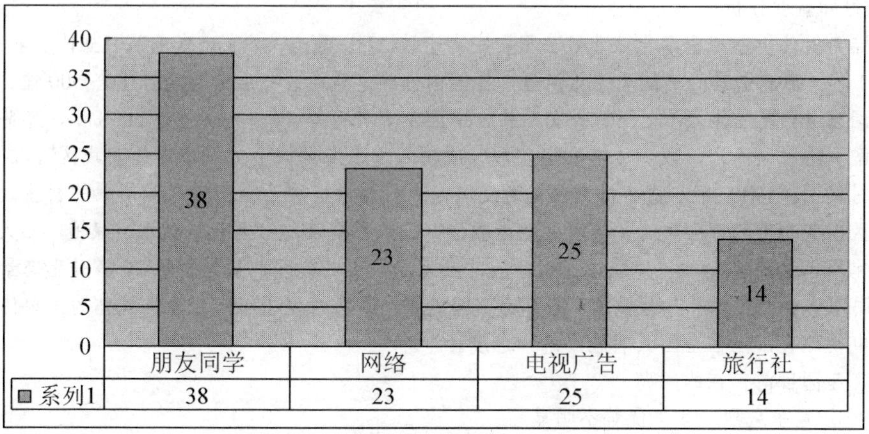

图 5.6 庄园认知途径

(2) 消费者对天宫庄园的具体了解并不多。经调查得知，消费者对天宫庄园的宣传力度也不是很满意。100 位受访者中知道天宫庄园的有 67 个，但对天宫庄园宣传到位的情况不满意的占了 60%，持无所谓态度的占了 28%，而满意的只占了 12%。宣传不到位，消费者就少了更多了解庄园的机会，这对天宫庄园来说是极其不利的。另外，天宫庄园在宣传方面有一个专用的网站以供浏览，还和宁波电视台合办举行大型户外竞技活动《今天我最强》节目，吸引了不少人到宁波天宫庄园参加竞技录制节目，但除此之外基本没有其他的媒体方式吸引全国消费者的注意。由于地方电视台传播本身受区域范围的限制，传播范围有限。因此，天宫庄园可以在省级或全国性的电视台中播放广告，或赞助大型电视娱乐栏目。

从表 5-5 中，可以看出大多数的消费者对天官庄园的建设经营持无所谓的态度。在经营模式同意度模块里，对其不同意的消费者占了 16.43%，同意的占了 26.87%，这表明天官庄园的经营模式对消费者来说存在着肯定性，但这毕竟是很小的一部分，这与庄园建设定位模糊、宣传缺乏特色有关。在婚庆项目建设方面，同意建设的占了 37.32%，远多于不同意的 25.38%，这表明了婚庆项目在很大程度上符合消费者的需求，有了一定的客源基础。消费者不同意甚至是无所谓，有两个原因：①庄园的环境设备等比不上其他的婚庆场所。②没有过婚庆体验实践，消费者对其没有信心。因此，庄园应及时宣传婚庆项目建设所具备的优势，打造不一样的结婚庆典，以吸引消费者眼球。

表 5-5　天宫庄园经营模式、婚庆项目同意度与年龄分析

项目同意程度		年龄			
		25 岁以下	25～35 岁	35～45 岁	45 岁以上
经营模式	非常不同意	4.48%	1.49%	0.00%	0.00%
	不同意	2.99%	4.48%	2.99%	0.00%
	无所谓	34.33%	11.94%	5.97%	4.48%
	同意	11.94%	7.46%	1.49%	2.99%
	非常同意	2.99%	0.00%	0.00%	0.00%
婚庆项目	非常不同意	1.49%	1.49%	0.00%	0.00%
	不同意	14.93%	4.48%	2.99%	0.00%
	无所谓	22.39%	7.46%	4.48%	2.99%
	同意	11.94%	8.96%	1.49%	2.99%
	非常同意	5.97%	2.99%	1.49%	1.49%

2) 滕头村知名度分析

宁波市滕头村位于浙江省奉化城北 6 公里，距离宁波 27 公里。以“生态农业”、“立体农业”、“碧水、蓝天”绿化工程，形成别具一格的生态旅游区，在国内外颇享盛名。先后荣膺全球生态 500 佳、世界十佳和谐乡村、国家 4A 级旅游区、全国首批文明村、中国十大名村等 40 多项荣誉。2008 年，滕头村从全球 113 个申报案例中脱颖而出，以“生态和谐实践”成功入选上海世博会“城市最佳实践区”，成为全球唯一入选的乡村案例。1998 年，滕头村抓住机遇发展起乡村旅游，成为全国最早收门票的村庄之一。滕头生态旅游景区以其秀美的田园风光，丰富的旅游内涵，投入巨资实施“蓝天、碧水、绿地”三大工程。目前全村的绿化率已达到 67%，并建成了江南情园、农家乐、农民公园、盆景园等 20 多处生态景观，营造了“花香日丽四季春，碧水涟涟胜桃源”的江南田园美景。滕头村以报纸电视新闻媒体为主要传播信息渠道，很少有电视广告，但在全国具有较高的知名度。

二、天官庄园目前存在的问题

1) 周边市场竞争激烈，竞争优势不明显

宁波位于长三角的南翼，上海、杭州既是宁波主要的客源市场，同时也是较为激烈的外部竞争对手。至 2006 年年底，上海已拥有 5 家全国农业旅游示范点；杭州已建成开放且具一定规模的休闲观光农业园区 158 个，农家乐休闲旅游村 83 个，对宁波乡村旅游构成了一定的威胁。同时，绍兴、湖州等地乡村旅游也有极大的发展，并且面对相同的客源市场，对天官庄园等宁波乡村旅游的发展提出了巨大的挑战，原有的竞争优势难以发挥最佳效应。

2) 逗留时间短，休闲体验项目需深度开发

目前天官庄园乡村旅游游客的停留时间基本在 1 天左右，大多都是以看农家风情，吃农家菜，或者参加各种节庆活动等旅游方式，一天以上的大都是游览传统游线，休闲体验项目需深度开发。

3) 服务理念不到位，管理有待进一步跟进

天官庄园乡村旅游从业人员大多是农民，普遍文化素质不高，服务意识不强，这与城市居民所要求的服务质量还有较大的差距。从业人员整体对服务意识和服务技术的把握还不够成熟，难以适应现代消费需求。

4) 宣传不到位，知名度不高

(1) 天官庄园的品牌宣传不到位。对宁波来说，这个庄园广告市场是一个空缺。在宁波，比较有名的是天官庄园和双虹阁庄园。但它们的知名度也只是在当地比较大，对于外地的游客来说可能不是很了解。通过问卷调查分析，发现消费者对天官庄园的具体了解不多，对天官庄园的宣传力度也不是很满意。宣传不到位，消费者就少了更多了解庄园的机会，这对天官庄园来说是极其不利的。

(2) 天官庄园独特项目宣传不到位。天官庄园不止是一个纯粹的旅游景点，它还包含了大量独特富有趣味的活动，如桑果节、《今天我最强》等。桑果采摘是一个很吸引人的活动，它所带来的经济效益占了庄园收入很大的一部分。但是庄园经营的项目必须时时存在新意才能吸引广大消费者，于是又推出了《今天我最强》的娱乐活动。活动很新颖，但是受到的关注不是很多，因为它所采取的宣传方式具有局限性。活动为了扩大影响力，选择和宁波电视台进行合作，在公交车的电视机上滚动播出。因此，接触到的消费群体很有限，只是宁波本地及搭乘公车的人士。外地消费者不能及时全面地得到宣传内容，就不能彻底了解独特项目活动所具备的优势以至失去吸引力。

三、建议与对策

1. 建议

(1) 广告方面。天官庄园应该做好庄园广告，不仅要抓好本地市场，外地市场也要进行宣传，给消费者更多了解天官庄园的机会，促进本身旅游收入的提高。

(2) 管理方面。聘请善于经营、策划的乡村旅游专门人才和管理人员，加强对失地农民培训、农村劳动力培训和职校培训，组织休闲观光和“农家乐”旅游从业人员，进行民俗风情、乡土文化知识及礼仪礼貌、餐饮服务、市场促销等方面进行系统培训。

(3) 庄园项目。庄园项目应差异化，需有自己独特的特点。庄园活动项目有自己独特新颖的地方，消费者才能体会到独一无二的休闲娱乐享受。

2. 对策

1) 举办宁波首届中外酒类文化节

天官庄园是宁波的一处旅游景区，但景区的知名度并不是很高，只限于宁波本地区和附近几个省市，所以举办展会可以增加门票收益，增加天官庄园的知名度。在宁波天官庄园里举办这次展会既达到了展会的目的，也对天官的系列产品起到宣传的作用，5月桑果成熟，在展会期间或之后参加天官庄园的桑果节系列活动，还可以参观天官的酒厂，使人们可以了解到红酒的制造过程，达到视觉和味觉双丰收。

2) 天官庄园特色婚礼

人们常说：“人生在世，有四大喜事：他乡遇故知，久旱逢甘雨，洞房花烛夜，金榜题名时。”结婚是几乎每个人必将经历的过程，是人生的大事，谁都想拥有一场别样的婚礼，享受他人的羡慕与祝福，天官庄园特色婚礼就是满足新人需要的这样一个平台。

天官庄园特色婚礼可分为两个系列：集体婚礼与个性婚礼。婚礼采取中西合璧的模式，既有中国的传统婚庆，又能在天官庄园的酒文化广场体验西方婚礼酒会，合理地运用了天官庄园的优势发展特色婚庆，既提高了庄园知名度，又使新人体验到人生最动人的时刻。

3) 宁波土特产评选活动

目的：把宁波主要的土特产评选出来，成为宁波主要的品牌产品，代表宁波的文化和宁波独特的绿色食品，宣传宁波的乡村休闲文化，提高宁波农产品的绿色知名度。产品宣传突出“绿色，健康，环保”的新型生活理念。

天官庄园的酒和饮料是第五届梁祝爱情节的指定饮品，同时要争取使天官庄园的饮品成为宁波所有展会的指定饮品，提高天官庄园饮品的知名度，使它成为宁波接待外宾和领导的指定饮品，只有具备文化内

涵的产品，才能有利于宣传。在全国范围内进行连锁经营，寻找代理商，传播健康的生活理念，传达优质的服务态度，才是使天宫庄园品牌长驻消费者心中的不二法则。

4) 天宫庄园迎世博旅游体验活动

2010 年 5 月 1 日开始在上海举行为期六个月的世界博览会，宁波滕头村是全球唯一入选上海世博会的乡村实践案例。滕头村曾被评为“世界十佳和谐乡村”，是中国乡村城市化的代表之一。天宫庄园作为宁波的特色休闲旅游品牌，如何在世博会期间吸引旅客来天宫庄园参观体验，将是又一个需要考虑的问题。可以通过“天宫庄园世博形象大使选拔赛”、“低碳环保服装秀”、果树认养、桑果采摘等体验营销活动吸引旅客，扩大天宫庄园的知名度，通过开发旅游特色产品，团购 VIP 会员卡等价格特殊服务提高顾客的满意度，从而培养忠诚顾客。

附

宁波市庄园休闲旅游调查问卷

女士/先生：您好！

为研究需要，目前正在进行一项有关宁波市庄园休闲旅游的问卷调查，希望您能协助我们做好本次调查。该问卷不记名，回答无对错之分，请您真实回答并在对应题项中打“✓”或打分。谢谢！

(一) 庄园认知

1. 说到“庄园”，您会想到哪些关于“庄园”的活动？(可多选)
   A. 农家乐　B. 酒会　C. 高尔夫　D. 马场　E. 其他
2. 您所知道的宁波休闲旅游类场所有哪些？(可多选)
   A. 摩尔庄园　B. 双虹阁庄园　C. 三石庄园　D. 滕头村
   E. 天官庄园　F. 其他
3. 您是通过什么途径知道这些地方的？(可多选)
   A. 朋友或同学　B. 网络　C. 电视广告　D. 旅行社介绍　E. 其他
4. 您喜欢庄园、度假村这类休闲旅游的地方吗？
   A. 非常不喜欢　B. 不喜欢　C. 一般　D. 喜欢　E. 非常喜欢

(二) 休闲方式

1. 您通常选择休闲的场所是哪里？(可多选)
   A. 游乐场　B. 农家乐　C. 酒吧 KTV　D. 购物广场　E. 其他
2. 您喜欢自己组团还是参加旅游团？
   A. 自己组团　B. 参加旅行团　C. 其他(包含个人旅游)
3. 您多久去一次休闲场所？
   A. 1 个月　B. 3 个月　C. 半年　D 不定期
4. 不能按计划去休闲庄园游玩的情况下，您会改去其他地方吗？
   A. 会　B. 不会　C. 不一定

(三) 消费习惯

1. 工作劳累之余，您认为需要寻找心灵释放的野外休憩场所吗？
   A. 非常需要　B. 不需要
2. 您会选择哪种室外休闲旅游的方式？(可多选)
   A. 露营烧烤　B. 海滩度假　C. 登山蹦极　D. 野外攀爬　E. 乡村庄园
3. 您一次庄园类旅游大概需要花费多少元？
   A. 500 元以下　B. 500～1000 元　C. 1000～3000 元　D. 3000 元以上
4. 对于已经去过且认为比较有意思的休闲旅游的地方，您还会选择重游吗？
   A. 会　B. 不会　C. 不一定

5. 按您对旅游场所所考虑方面的主次，以1、2、3、4、5为序，填以下列表(1为最先考虑，5为最后考虑)。

知名度□　　风景□　　娱乐设施□　　度假设施□

民俗风情□　　服务□

(四) 品牌评价

1. 您去过宁波天官庄园吗？

A. 去过　　B. 没去过(直接回答第五部分)

2. 天官庄园要添加休闲项目，您认为它最好在哪方面做出改善？

A. 婚庆服装　　B. 摄影场地　　C. 休闲娱乐　　D. 其他_______

3. 在品牌推广上，您认为天官庄园应该从哪方面进行？

A. 特色活动　　B. 广告宣传　　C. 开发新项目　　D. 其他_______

4. 您喜欢天官庄园的桑果节活动吗？

A. 非常不喜欢　　B. 不喜欢　　C. 一般　　D. 喜欢　　E. 非常喜欢

5. 您希望桑果节增加什么样的项目，能吸引您再次参加(可多选)?

A. 桑果舞会　　B. 桑果婚庆　　C. 桑果大战　　D. 桑果独创美食　　E. 其他_____

6. 您对天官庄园所有项目中的哪些比较满意(可多选)?

A. 桑果系列　　B. 科技园　　C. 西江古村　　D. 植物世界　　E. 葡萄园

F. 月亮湾烧烤　　G. 快乐城堡　　H. 丛林攀爬　　I. 婚俗房　　J. 服装博物馆

K. 净土寺　　L. 酒文化广场　　M. 非物质文化遗产展厅　　N. 牡丹园　　O. 其他_____

7.下面是对天官庄园的一些不同的意见，请您对这些意见的同意程度进行评判。

	非常不同意	不同意	无所谓	同意	非常同意
(1) 庄园门票收费很贵	1	2	3	4	5
(2) 庄园风景与环境很好	1	2	3	4	5
(3) 庄园中亲自动手采摘桑果的模式很独特	1	2	3	4	5
(4) 庄园的果园产品很新鲜	1	2	3	4	5
(5) 庄园的宣传很到位	1	2	3	4	5
(6) 我喜欢庄园的经营模式	1	2	3	4	5
(7) 宜增加其他惊险刺激类项目	1	2	3	4	5
(8) 庄园的婚庆项目很有特色	1	2	3	4	5
(9) 我对天官庄园旅游感到很满意	1	2	3	4	5

(五) 常规调查

1. 您的性别:

A. 男　　B. 女

2. 您的年龄:

A. 18岁以下　　B. 18～25岁　　C. 26～35岁　　D. 36～45岁

E. 46～55岁　　F. 56岁以上

3. 您的职业:

A. 学生　　B. 工人　　C. 农民　　D. 教师　　E. 公务员

F. 公司职员　　G. 个私业主　　H. 自由职业者　　I. 其他

4. 您的教育程度:

A. 高中(中专)以下　　B. 大专　　C. 本科　　D. 研究生

5. 您的月平均收入

A. 1 000元以下　B. 1 000～2 000元　C. 2 000～3 000元　D. 3 000～5 000元　E. 5 000元以上

本章小结

广告调查是指广告策划人员为了达到广告目标，运用科学的调查方法，对与广告活动相关的资料进行收集、整理、分析、评价和运用的过程。广告调查是广告策划的基础。广告调查主要包括环境调查、消费者调查、产品调查、竞争者调查、广告主企业调查。广告调查的方法多种多样，按资料来源不同，主要分为文献调查和实地调查。实地调查是通过对调查对象进行实际调查，而直接获取一手资料的调查方法，它主要包括访问法、观察法、实验法、问卷调查法等。

根据是否随机，抽样可以划分为概率抽样和非概率抽样两大类，前者是客观地选择样本，后者是主观地选择样本。概率抽样包括简单随机抽样、系统抽样、整群抽样和分层抽样；非概率抽样包括便利抽样、判断抽样、配额抽样和滚雪球抽样。

广告调查的步骤：确定调查目标、设计调查方案、搜集信息、整理分析资料、编写调查报告。广告调查报告的内容主要包括：介绍调查目的，介绍调查的内容并进行分析，预测市场发展趋势，提出建议，预测可能遇到的风险并提出对策。它主要由序言、摘要、正文、附录四个部分组成。

思考练习

一、单选题

1. 广告调查是对进行广告活动的有关(　　)的调查。
   A. 产品　　B. 用户　　C. 要素　　D. 市场
2. 泸州老窖的“老窖酿酒，格外生香”的广告语，就充分体现了其(　　)。
   A. 包装　　B. 质量　　C. 工艺　　D. 历史
3. 冷酸灵牙膏广告，以“冷热酸甜，想吃就吃”，突出了其(　　)。
   A. 工艺　　B. 款式　　C. 功效　　D. 包装
4. (　　)是凭借调查人员的主观意愿、经验和知识，从总体中选择具有典型代表性的样本作为调查对象的方法。
   A. 判断抽样　　B. 配额抽样　　C. 定额抽样　　D. 便利抽样
5. (　　)是指由于问句的措辞、内容等方面的原因，使被访者有意无意地不得不选择某种答案。
   A. 双重性问题　　B. 诱导性问题　　C. 假定性问题　　D. 敏感性问题
6. (　　)不仅指明大小，而且还有相等单位，但没有绝对零点。
   A. 定类量表　　B. 定序量表　　C. 定距量表　　D. 定比量表
7. (　　)即问卷的主体部分，主要是询问被访者一些项目中设计的主要问题。
   A. 问卷说明　　B. 甄别部分　　C. 主问卷部分　　D. 背景资料部分

二、多选题

1. 广告调查的范围主要包括：市场环境调查、广告主企业调查、产品调查和(　　)等。
   A. 消费者调查　　B. 价格调查　　C. 竞争者调查　　D. 广告媒体调查
2. 社会文化环境一般泛指一个国家或地区的(　　)等各种行为规范。
   A. 价值观念　　B. 宗教信仰　　C. 风俗习惯　　D. 审美观念
3. 产品调查主要包括(　　)。
   A. 市场调查　　B. 产品特性的调查
   C. 产品生命周期的调查　　D. 产品品牌形象的调查

4．竞争对手可分为(　　)。
A．直接竞争对手　　B．间接竞争对手　　C．潜在竞争对手　　D．合作竞争对手
5．广告调查的方法多种多样，按资料来源主要分为(　　)两种。
A．网络　　B．图书　　C．文献调查　　D．实地调查
6．实地调查常用的调查方法有(　　)等。
A．访问法　　B．观察法　　C．实验法　　D．问卷调查法
7．概率抽样的抽样方法，其中主要有(　　)。
A．简单随机抽样　　B．系统抽样　　C．整群抽样　　D．分层抽样
8．非概率抽样经常使用的方法有(　　)。
A．便利抽样　　B．判断抽样　　C．配额抽样　　D．滚雪球抽样
9．规范的广告调研报告，一般应该包含序言、摘要和(　　)四个组成部分。
A．目录　　B．正文　　C．附录　　D．备注
10．调查纲要一般应包括(　　)等内容。
A．对销售目标的说明　　B．对调查原则的说明
C．调查预算费用的说明　　D．应用说明

三、判断题

1．市场调查是广告调查的一个组成部分。　(　　)
2．如果一个国家的国民生产总值高，则反映该地区的市场容量大。　(　　)
3．广告首先要明确目标受众是谁，再分析目标消费者的年龄、性别、职业、文化程度、经济收入、社会地位等基本状况。　(　　)
4．实地调查的最大优点就是省时、省力、省费用，且资料广泛。　(　　)
5．量表的精确程度由低级到高级可分成四种类型：定类量表、定距量表、定序量表和定比量表。　(　　)
6．调查表中的问题次序要条理清楚、顺理成章、符合逻辑顺序，一般可遵循较难回答的问题放在前面，容易回答的问题放在中间，敏感性问题放在最后。　(　　)
7．市场调查结果准确度要求越高，抽取样本数量应越多，但调查费用也越高。　(　　)

四、名词解释

广告调研　访问法　问卷调查法　概率抽样　非概率抽样　定距量表

五、简答题

1．简述广告调查和市场调查的联系与区别。
2．广告调查的主要内容有哪些？
3．通过观察、调查等方式，分析消费者是如何进行购买决策的。
4．简述问卷设计的步骤和原则。
5．广告调查的含义、步骤是什么？主要有哪些调查方法？
6．如果在问卷中出现了以下问题，您觉得是否妥当？请说明原因。
(1) 金利来是男人的象征，请问您对它的印象如何？
(2) 您认为我们公司推出的新产品饮料美味又可口吗？
(3) 您喜欢哪一种化妆品？
(4) 假如超市进行“赠送 10 元电影大片促销活动”，您会来超市消费吗？
(5) 通常情况下您会选择什么品牌的啤酒？

六、论述题

1．如果想了解某个城市空调的购买和使用情况，采用什么调查方法比较合适？为什么？
2．如何撰写一份合格的广告调查报告？
3．资深广告人叶茂中在中央电视台《人物新周刊》栏目专访中，曾说过这样一句话：“我对创意的总结，其实是 80%靠脚，20%才是用脑。”你对此如何理解？

案例分析

准确的调查让奶球牌糖果广告获得成功

奶球牌糖果是史维哲·克拉克公司的产品，它是一种装在一个小小的黄棕色盒子中的糖果，是青少年们在看电影时爱吃的一种零食。

但是，史维哲·克拉克公司不满足于现有的市场，他们想让年龄较小的儿童成为消费对象。这就涉及品牌的重新定位问题。

史维哲·克拉克公司首先分析潜在消费者的心理。调查表明，奶球牌糖果最佳的潜在消费者是已经略为懂事的儿童，他们平均年龄在十岁以下，喜欢吃糖果，而且对糖果极端敏感、机灵。

那么，当有关糖果的想法出现时，这些儿童的心中想到的是什么呢？当他们想到糖果时，会联想起糖棒的概念，如赫西(HerShey's)、杏仁乐(Almond Joys)、银河(Milk Ways)、雀巢(Nestle's)等品牌的糖棒。这些品牌都享有很高的知名度，且花得起大钱做广告宣传。相比之下，奶球牌糖果并无优势。

如果把奶球品牌继续定位为糖棒形象，这意味着史维哲·克拉克公司必须花费数百万美元的广告费，才能与那些已享有很高知名度的竞争者们分享市场。如何以最少的花费让奶球牌糖果进入潜在消费者的心中并深深扎下根呢？这的确是一个困难的问题。

经过再三的调查分析，公司的管理层发现了竞争者的一个弱点：市场上的糖棒都很小，不耐吃，一个小孩一般两三分钟就可以吃掉一根价值5美元的赫西牌糖棒。这使得这些小消费者们感到不高兴，因为他们的零用钱是有限的，而糖棒这么容易变小。因此，小消费者们有了如下抱怨。

“买了糖棒，我的零用钱就用不了太久。”

“不是我吃得太快，而是糖棒变得愈来愈小。”

“告诉你，吮吸糖棒不能太快，否则的话，一会儿就没了。”

这些小孩的想法启发了史维哲·克拉克公司，他们决定利用竞争者的弱点，将竞争者所花费的数百万美元的广告费为己所用。于是，一种新型奶球糖出现了，它们装在盒子里，每盒有15颗。小孩可以把它们分开一颗颗地吃。显然，一盒奶球糖果比一根糖棒要吃得久一些。糖棒的另一耐吃选择品，这就是奶球牌糖果的重新定位。

根据市场调查和对竞争对手的分析，奶球牌确定了新的市场定位，这种定位是否成功呢？还需要看看实际的宣传效果。对于大多数经常为糖果做广告的人来说，他们从没有以耐吃为特点进行过广告制作。后来的广告是这样的：

“从前有个小孩，他有张大嘴(一个小孩站在一张巨大嘴巴的旁边)……

……心爱的糖棒(这个小孩正在将一根接一根的糖棒塞入大嘴巴中)。

……但是它们并不耐吃(这个小孩把糖棒吃光了，大嘴巴变得很恼火)。

然后，他发现了巧克力盒子里的奶球糖(这个小孩将奶球捧起，大嘴巴开始舔它的下颚)。

大嘴巴爱上了奶球，因为它们耐吃(小孩把一颗颗奶球滚到大嘴巴的舌头上去)。

小孩和大嘴巴合唱了一首歌(实际上是广告歌谣)：

“当糖棒只是一段回忆时，你仍然会吃你的奶球，为你的嘴巴弄些奶球吧(小孩和大嘴巴都展开了笑容)。”

这则广告不但止住了奶球牌糖果销售下滑的趋势，而且在以后的几个月中，大大增加了史维哲·克拉克公司的销售额和品牌知名度。

思考题：

1. 市场调查有哪些方法？步骤又是什么？
2. 奶球牌糖果市场定位是什么？
3. 奶球牌糖果销售成功的原因是什么？

第 6 章　战略决策阶段

学习目标

通过本章学习，应该达到以下目标。

知识目标：熟悉广告战略的含义，了解广告战略的类型与广告战略目标，熟悉广告预算的因素，掌握广告预算经费的方法。

能力目标：能够正确认识广告战略，根据调查分析结果合理制订广告战略目标；能进行广告战略总体决策，并能制定广告预算，从而进入下一个策划环节。

知识结构

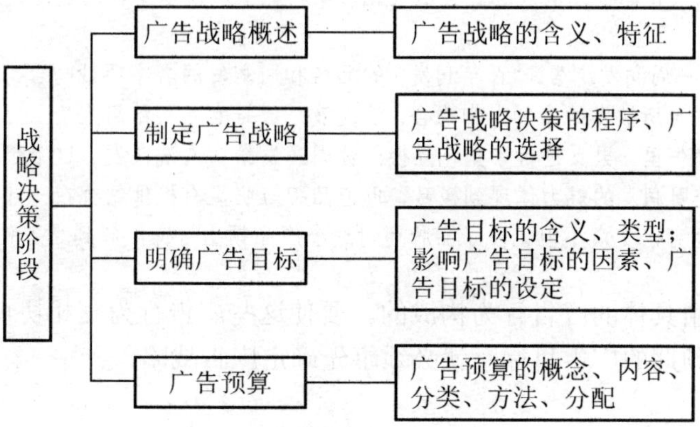

案例导入

百年润发广告案例

“百发润发”不仅是一句广告语，更是一种意境、一种美好情感的凝聚。中国广告取得了令世人瞩目的成就，在数不胜数的广告中，“百年润发”电视广告品牌形象的独特定位、商业性和文化气质的完美结合，以及给人心灵的震撼，堪称是具有中国特色的经典之作。

“百年润发”是重庆奥妮系列产品中的一个，目前在市场已上市的有奥妮皂角、奥妮首乌和百年润发(又分青年型和中年型两种)。在“百年润发”广告里，“文化气”和“商业气”天衣无缝地结合，融汇成具有中国情感的民族品牌，这与国产商品“洋名风”、“霸气风”形成鲜明对比，有助于记忆度的加强，辨识率的提高。

在京剧的音乐背景下，周润发百年润发广告篇为观众讲述了一个青梅竹马、白头偕老的爱情故事。男女主人公从相识、相恋、分别和结合都借助于周润发丰富的面部表情表现了出来：爱慕状、微笑状、焦灼状、欣喜状。而白头偕老的情愫是借助于男主人公周润发一往情深地为“发妻”洗头浇水的镜头表现出来的。

主人公是白头偕老的结发夫妻，头发在中国历史上本身就有着深沉的文化内涵，此时配以画外音“青丝秀发，缘系百年”，然后推出产品“100 年润发，重庆奥妮!”，把中国夫妻从青丝到白发、相好百年的山盟海誓都融入了“100 年润发”中。

【案例评析】

(1) 广告目标——品牌百年润发。百年，时间概念，将品牌悠远的历史表露无遗，增加了品牌的时间厚重感；润发，则将品牌的产品属性及品类特点很好地体现出来，一语中的。

(2) 广告定位——植物一派。百年润发不仅注重奥妮品牌的植物一派的功能表达，还更多地注入了情感因素，将品牌定位从一般的功能性描述上升到感性高度，更为难能可贵的是百年润发的情感传递是通过传播生活形态来完成的。广告中出现了铿锵的锣鼓、婉转的京胡，借古抒情，将古老的形式现代化，这是大胆创新，也是民族文化的继承和发扬。突出文化气质，赋予产品以丰富的联想，更能增强广告作品的震撼力和感染力。

(3) 广告主题——周润发广告。“百年润发”的品名和周润发的名字巧妙吻合，周润发的年龄和外形气质与百年润发品牌本身所散发的亲和力相吻合。洗发液一般是女人买给男人用，生活中通常也都是女人照顾男人。而在这则广告里，男女进行了角色互换：让周润发给女人洗头发。这个想法，由于点破了女性内心深处的渴求，而把周润发的魅力体现到极致，也把品牌与明星有机地结合在一起。一系列完美的创意让人击节三叹、回味无穷，受众不但记住了品牌还对这个产品顿生好感，起到了多种宣传效果。

广告活动是由具体的广告行为构成的。要使这些广告行为互相协调配合，产生共同的广告效应，达到预期的广告目标，就必须事先确定广告战略。

6.1 广告战略概述

广告战略决策是广告策划的中心环节，是决定广告活动成败的关键。一方面，广告战略是企业营销战略在广告活动中的体现，另一方面，广告战略又是广告策划活动的纲领，它对广告市场和定位策略、诉求和表现策略、创意和媒介策略等都具有统率作用和指导意义。

6.1.1 广告战略的含义

战略本来是一个军事术语，《现代汉语词典》中将战略解释为指导战争全局的计划和策略，《辞海》中战略也泛指重大的、带有全局性和决定性的计谋。

企业战略是指企业为了适应未来环境的变化，寻求长期生存和稳定发展而制定的总体性和长远性的谋划与方略。广告战略是企业战略的一部分，是指在较长时期内指导广告全部活动的带有全局性的宏观谋略。

广告战略决策指的是对广告活动进行整体策划的过程。即在企业营销战略的指导下，依据企业的营销计划和广告战略目标，在市场调查研究基础上，对企业的广告活动进行整体的规划和控制设计，制定一个与市场、产品、消费者及社会环境相适应的、经济有效的广告计划方案的过程。具体来讲，广告战略决策内容应包括：分析研究市场环境及自身现有资源和条件，确定广告战略目标，制定广告基本战略，制订广告战略实施行动计划，编制、确定广告预算等。

6.1.2 广告战略的特征

广告战略具有以下几个特征。

1. 全局性

广告战略是从宏观角度来定义的，会影响企业的未来发展方向，因而具有全局性。一方面，广告战略是企业营销战略的一部分，既要体现企业营销总体构思的战略意图，又要服务于企业的营销战略；另一方面，还要着眼于广告活动的全部环节，广告战略统率广告指导思想、广告重点、广告目标、广告策略、广告创作、广告实施、广告效果评估等广告活动。

2. 指导性

广告战略解决的是整体广告策划活动的指导思想与方针的问题，对广告策划的实践性环节提供宏观指导，对各个具体环节具有指导意义，能使广告活动有的放矢、有章可循。

3. 竞争性

广告战略要针对主要竞争对手的广告意图，制定出符合实际情况的抗衡对策。作为市场竞争产物的广告活动，在广告战略的确定中，要考虑企业、产品、市场等方面的竞争因素，做出好的广告策划，使自己立于不败之地。

4. 目标性

广告战略要解决广告活动中的主要矛盾，保证广告目标的实现。广告战略的目标性体现在企业的营销目标和广告战略目标两个方面。营销目标是在企业战略思想指导下，在战略期内企业全部市场营销活动所要达到的总体要求，广告战略目标是广告活动所要达到的预期目标。没有广告目标或者广告目标不明确，广告战略决策也就失去了意义。

5. 稳定性

广告战略是在市场调查的基础上经过分析研究制定的，对整个广告活动具有“牵一发而动全身”的指导作用，在一定时期内具有相对的稳定性。当然，随着条件和环境的变化，广告战略具有一定的适应性。

案例 6-1

百威啤酒公司进军日本市场的广告战略

百威啤酒是美国最畅销的啤酒，长久以来被誉为“啤酒之王”。百威啤酒之所以成功，除了确实是美国首屈一指的高品质啤酒外，还与其卓越的市场策略和广告策略有着重要关系，其市场策略和广告策略从百威啤酒成功进军日本市场可见其一斑。

百威啤酒是 1981 年进入日本市场的，1982 年在日本进口啤酒中名列前茅，销量比 1981 年增加 50%，1984 年就取得了销售 200 万瓶的业绩。

企业必须为自己的产品确立正确的目标。百威啤酒能取得成功首先在于它把握了日本年轻人市场的变化，确立了以年轻人为诉求对象的广告策略。日本年轻人有购买实力，有更多时间去追求自己喜欢的事情，新奇而又昂贵的产品很能吸引他们。他们有自己的口语表达方式和独特的语言，往往是市场舆论的制造者和领袖。如果想用广告来打动他们，就必须认识他们，了解他们对事物的看法。只有这样，才能推出有效的广告打动年轻人的心。

百威啤酒先将主要的广告对象设定为 25～35 岁的男性，他们的生活形态是：平常都喝啤酒，对运动与时装都非常感兴趣，喜欢多姿多彩的休闲活动。这个对象的设定与百威啤酒原本就有的“年轻人的”和“酒味清淡的”形象十分吻合。

设定目标后，百威啤酒就把重点放在杂志广告上，专攻年轻人市场，并推出特别精致的激情海报加以配合。广告的诉求重心是极力强化品牌的知名度，以突出美国最佳啤酒的高品质形象。在行销的第一、第二阶段里，广告传播都建立在“全世界最有名的高品质啤酒”这一概念上，视觉上重点强调标签和包装。

6.2 制定广告战略

广告战略宏观指导企业的广告策划活动，广告策划的每一个环节，都要在广告战略的指导下进行。广告战略决策，应遵循一定的程序，在企业营销战略的指导下，在深入分析研究企业资源和能力的前提下，科学合理地进行制定和做出选择。

6.2.1 广告战略决策的程序

广告战略决策一般包括以下四个阶段：第一阶段，确定广告战略思想；第二阶段，分析内外环境；第三阶段，确定广告战略任务，选择广告战略方案；第四阶段，确定广告策略。其中，广告战略目标的确定、广告战略方案的选择和广告预算是关键，将在后面的章节中重点介绍。

1. 确定广告战略思想

广告战略思想是广告活动的指南。只有在思想认识上达到一定高度，企业才能解决为什么做广告的问题。

1) 积极进取的思想

持此思想的企业看重广告的作用，在思想上和行为上是积极进取的，战略目标是扩张型的，战略姿态是进攻型的，对市场环境反应敏捷，一般在市场中处于二、三流的位置。有竞争实力的企业多采用此观念，如百事可乐。

2) 高效集中的思想

持此思想的企业重视广告的近期效益，强调集中优势兵力打歼灭战，以集中的广告投资和大规模的广告宣传，在某一个市场上或某一段时间内形成绝对的广告竞争优势，以求短期内集中奏效。一般具有较强经济实力、产品生命周期较短的企业采用此思想。

3) 长期渗透的思想

持此思想的企业重视广告的长期效应，强调“持之以恒、潜移默化、逐步渗透”。一般面临竞争激烈，产品生命周期长的企业采用此思想。

4) 稳健持重的思想

持此思想的企业对广告的作用也比较重视，但在思想和行为上却比较谨慎，一般不轻易改变自己的战略方针。主要以维持企业的现有市场地位和既得利益为主要目标，其战略姿态是防御型的。一般处于领导地位的企业多采用此思想。

5) 消极保守的思想

持此思想的企业对广告的战略作用不很重视，在思想和行为上比较消极被动，广告活动的主要目标在于推销产品，畅销就停，缺乏市场营销意识。

2. 分析内外环境

1) 内部环境分析

内部环境分析主要是指对产品和企业的分析。产品分析包括对产品自身属性的分析，如成本、费用、产量、价格、特点、性能、寿命等；产品供求关系分析，如滞销、畅销、供不应求还是供大于求；产品方案分析，如产品政策、产品规划、新产品开发计划及产品品种之间的搭配和构成等。企业分析包括对企业规模、企业观念、企业文化的分析。

2) 外部环境分析

外部环境分析主要是指分析市场环境、消费者、竞争对手，同时也要分析政治、经济、技术、文化等宏观环境。分析外部环境主要是为了找出外部环境中的问题与机会，从而把握有利因素、消除不利因素，制定出正确的广告战略。广告战略环境分析如图 6.1 所示。

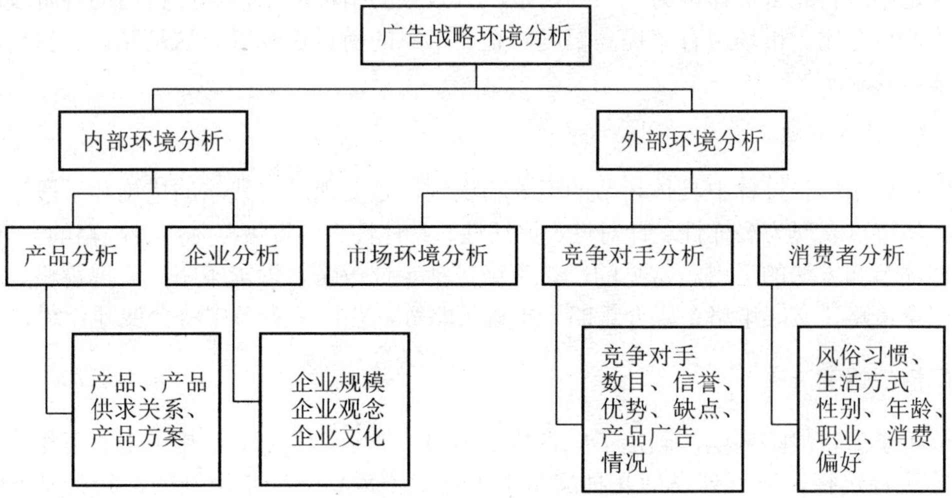

图 6.1 广告战略环境分析

3. 确定广告战略任务

广告战略任务主要包括确定广告内容、目标受众、广告目标，以及确定广告效果。

1) 确定广告内容

确定广告内容主要是明确广告的诉求范围和诉求重点。广告诉求是指告诉视听者认知什么，要求视听者做什么，即通过广告传播，来促使消费者认知和行动。

广告诉求的范围主要包括商品广告诉求、劳务广告诉求、企业广告诉求、观念广告诉求和公共关系广告诉求等几大类。其目的是让消费者认知广告的内容信息，并通过广告来促使消费者产生印象。

广告诉求的重点则是指在广告诉求的范围内突出宣传的内容。例如，商品广告诉求，有的突出宣传商品的新功能，有的突出宣传商品的使用效果，有的突出宣传商品的优质原料等，明确广告内容是进一步确定广告目标、选择广告媒介、提出广告设计方案和确定广告策略的先决条件。

2) 确定目标受众

广告的效果体现在与其产品有关的那部分受众身上。只有明确了广告宣传的目标受众，广告策划者才能根据目标受众的社会心理特征，采用心理战略确定广告的形象和媒体，以符合消费者的关心点，使目标受众成为广告宣传的主要接受者，从而提高广告宣传的实际效果。

3) 确定广告目标

确定广告目标是指广告要达到的目的，即通过广告宣传要得到的结果。广告目标必须为企业的营销目标服务。因此，广告宣传的目标是通过宣传提高广告商品的知名度，树立品牌形象，促使消费者在购买同类商品时，能够指牌认购，达到扩大产品的市场占有率的目的，使企业赚取更多的利益，这是广告的最终目标。

4) 确定广告效果

在广告战略指导思想中已经明确广告的主要目标，但那还是比较抽象的，在广告宏观战略的制定中应将此目标体现为一系列衡量广告效果的指标体系，如广告活动各阶段的销售额增长的百分比、市场占有率提高幅度，企业形象的衡量指标等。这是制订和执行广告计划的基本要求。

4. 确定广告策略

广告策略是广告过程中具体环节的运筹和谋划，是实现广告战略的措施和手段。广告策略的具体特点表现为多样性、针对性、灵活性、具体性。广告策略是广告战略的一部分，属于具体环节和方法的运用。常见的广告策略包括定位策略、诉求策略、表现策略、预算策略、创意策略、文案策略、媒介策略、推进策略等，在以后章节中将会展开介绍。

6.2.2 广告战略的选择

在分析了广告战略环境，确定了广告战略思想、战略任务之后，接下来的工作就是对广告战略进行选择。以下列举的几种战略手段是广告策划中经常用到的，具有显著的实效性。

1. 集中战略

选中一个目标市场，采取立体式广告，在最短的时间内突破一点，取得市场优势，然后再逐步扩大到其他地区。

案例 6-2

差异化集中战略的突围

甲公司是美国本土一家软饮料公司，美国软饮料市场几乎被百事可乐和可口可乐两大巨头占领，而且甲公司企业规模较小，也无法通过规模经济实现成本领先，最终甲公司决定专门致力于果蔬饮品的生产，实行差异化集中战略的突围。由于碳酸饮料容易使人发胖，人们也越来越关注健康，甲公司果汁饮品始终强调“营养健康”，并根据不同人群特征，研究开发出不同的技术，生产不同类型的产品，比如针对女性顾客，推出益气补血的枣类饮品、富含维C的番茄汁、胡萝卜汁等，针对一些肥胖人群推出一些低糖、减肥的果蔬饮品等，秉承“营养健康”的理念，甲公司在果蔬饮品上越做越出色，在激烈的软饮料市场为自己赢得了一席之地。

分析:

1. 根据资料判断甲公司采取的是何种经营战略?
2. 该种战略可以有哪些分类，并根据资料分析甲公司采取了哪些战略(至少说出两种)?
3. 说明该种战略选择的适用条件。

【案例解析】

1. 集中化战略是针对某一特定购买群体、产品细分市场或区域市场，甲公司在众多的软饮料中选择了果蔬饮料，由此可以看出选择的是集中化战略。

2. 集中化战略可根据集中化的内容分为：产品集中化战略、顾客集中化战略、地区集中化战略、低占有率集中化战略。集中化战略根据实施方法可分为：单纯集中化、成本集中化、差别集中化和业务集中化等。

甲公司由于专门致力于果蔬饮品的生产，所以采取了产品集中化战略；由于甲公司根据不同的人群特征，研究不同的技术来满足不同顾客的需求，所以也采用了差异化集中战略。

3. 选择集中化战略的企业应该考虑外部适用条件和内部资源条件，适应集中化战略的条件包括:

第一，企业具有完全不同的市场用户群;

第二，在相同的目标市场群中，其他竞争对手不打算实行重点集中的战略;

第三，由于地理位置、收入水平、消费习惯、社会习俗等因素的不同，将形成专门化市场，这些市场之间的隔离性越强，越有利于专一化战略的实施;

第四，行业中各细分部分在规模、成长率、获得能力方面存在很大的差异。

2. 进攻战略

针对竞争对手的弱点，以主动进攻的态势抢占市场，志在必得，赢得同类市场的制高点。

案例 6-3

今麦郎剑指康师傅

康师傅作为城市市场方便面的第一品牌、行业第一强劲，强势地位一直无法撼动。而今麦郎公司前期则采取“农村包围城市”的策略，在确立了自己在农村市场的强势地位后，开始进军城市市场，投入巨资，实施对康师傅的战略进攻，试图改变康师傅一统城市方便面市场的格局。

今麦郎为了在城市市场建立差异化的优势，推出了今麦郎弹面，诉求弹面才好吃，以便与康师傅的口味诉求建立差异，并邀请葛优、张卫健担任代言人，进行了一系列的广告轰炸。

1. 上品直击康师傅要害

今麦郎在电视热播的上品广告，代言人葛优继续保持着他那幽默的神态和语气讲道："红烧牛肉面，老是一个味，群众不满意，产品该升级了，上品卤蛋红烧牛肉面，有料就是不一样，高一年级的味道。"

这则广告看似是今麦郎对自己的红烧牛肉面所做的产品升级广告，实则是对康师傅的强势产品红烧牛肉面的攻击。广告语中"红烧牛肉面，老是一个味，群众不满意，产品该升级了"的语句，显然是冲着康师傅红烧牛肉面的"就是这个味"而来的，不仅一下子把康师傅置于产品不创新、形象保守的被动境地，而且使康师傅的优势一下就变成了劣势；而后话锋一转"上品卤蛋红烧牛肉面，有料就是不一样，高一年级的味道"，向消费者清晰地传达了这样一种信息：厌倦了康师傅的老口味，想要更好的产品，那就选择今麦郎的升级产品——上品。

2. 弹面＋上品，让康师傅腹背受敌

当康师傅的口味受到今麦郎的致命攻击时，今麦郎就势推出弹面产品，发挥弹面诉求的威力。这是一款高档方便面，虽然面体对消费者的影响力低于口味，但不能说不重要。如果康师傅想要在口味的强势地位上进行面体升级来展开对今麦郎的战略防御，那么这条路已经被今麦郎给堵死了。

3. 渗透战略

瞄准竞争对手的同类产品在市场上的已有地位，通过广告渗透及营销扩散战略，把自己的产品打入同类产品所占市场。

案例 6-4

海马汽车：县级渗透战略

2009 年年初，海马汽车瞄准微型车市场，将微型车市场定为海马产业的市场出口。与长安和上汽、通用、五菱等老牌微型车企业向下延伸销售网络不同的是，海马微型车的销售点立足于乡下，然后结合百强县和二、三线城市的布局，全面推进 4S 店、2S 店和 1S 店的网络建设。

海马目前分别有海南和郑州两个生产基地，郑州基地主要负责微型车的生产，其产品开发将立足"两微"：微型客车和微型轿车。

实施网络的逐步发展、县级渗透，是海马汽车"下乡"的指导方针。由于海南基地与郑州基地在产品上存在明显的差异性，海马微型车通过河南的区位优势来拓展自己的销售网络，以中原为中心逐渐辐射，全面铺开。第一阶段重点开拓河南、山西、河北、山东、广东等地区。

海马型微车希望通过县级渗透策略，在未来可以做精、做大、做强微型车市场，成为微型车市场上的主流品牌。

4. 心理战略

心理战略主要针对消费者心理需求和感受对某一产品或消费观念进行引导，从而使消费者对某一产品或企业产生兴趣，进而转化为购买行动。

案例 6-5

白加黑感冒药片

白加黑感冒药的广告在众多的感冒药广告竞争大战中，给消费者留下了深刻的印象，其成功的关键在于对市场的细致了解并运用独特的广告心理战略。普通感冒药的特点，有一个共性就是服用后容易犯困，这主要是因为一般的感冒药中含有扑尔敏的成分。在节奏紧张的现代，现代人即使患感冒还要工作，普通感冒药的缺陷就暴露出来了。启东盖天力制药股份有限公司通过对消费者心理需求的分析，生产出白天和夜晚分别服用的感冒药“白加黑”，为其占领市场打下了良好的基础。特别是其广告活动的精心策划，“白天服白片，不瞌睡；晚上服黑片，睡得香。清除感冒，黑白分明。”广告定位鲜明而准确，符合消费者感冒了不想影响工作的心理诉求，并同时出现在各类媒体上，实施高密度、立体轰炸，达到了预期的轰动效应。盖天力人还巧妙地挖掘、提炼出该产品的新闻价值，以配方新、疗效好、服用方便等新闻性要素吸引记者采集报导，在短短的两个月时间里，消息、通讯频频见诸新闻传媒，“黑白分明”感冒药形象已深入人心，其广告形象已被众多的人们接受并认可，在感冒药市场上产生强大的冲击力。成功的产品开发及全新的广告策划终于使“白加黑”迅速成名，180 天就投放市场达 4 万箱，创产值 1.6 亿元，占有相当的市场份额，在同档次的西药感冒药中，销售仅次于“康泰克”，成为一个很有竞争实力的品牌。

5. 名牌战略

名牌战略针对消费者追求产品的附加值，并以此获得荣耀感及身份、地位象征的心理，引导消费者产生购买行为。例如，金利来领带、宝马汽车等产品，其价值已超越简单的功能价值，其身份、地位的符号意义更明显。

6.3 明确广告目标

广告目标是广告战略要素之一，是广告战略内容中最重要的部分。企业投资广告的最直接的目的就是要以最低的投入达到最好的营销产出，为实现企业经营目标服务，为进一步建立企业形象、品牌形象的长远目标服务。

6.3.1 广告目标的含义

广告目标是广告活动所要达到的预期目的。作为广告活动的总体要求，广告目标规定着广告活动的总任务，决定着广告活动的行动和发展方向。企业通过确立广告目标，对广告活动提出具体要求，来实现企业的营销目标。

广告是企业营销策略的一个组成部分，广告目标与营销目标、广告指标、广告效果是有机联系的，但它们之间也存在着明显区别。因此，为了使广告目标这一概念有一个清楚的表述，有必要对上述三个概念加以分析。

1. 广告目标与营销目标

广告目标与营销目标是既有联系又有区别的两个概念。

1) 广告目标与营销目标的联系

营销目标是企业全部市场营销活动所要达到的总体要求，它包括市场开拓目标、利润目标、销售增长率目标和市场占有率目标等；而广告目标就是促成企业上述营销目标的实现。这两者的共同之处是，开拓市场，增加销量，增长利润。

2) 广告目标与营销目标的区别

广告目标不同于营销目标，二者的区别主要体现在以下几个方面。

(1) 营销目标是销售产品，而广告目标是销售信息。一般而言，营销目标是促进销售，为企业创造利润。具体的营销目标表现在市场占有率、销售额、利润额、销售量、投资收益等方面。广告目标主要是通过传递信息，以公司及产品在消费者中知名度的提升、态度或观念的转变，并最终促成购买行为来认定的。

(2) 广告目标影响营销目标的实现，但营销目标的实现受诸多因素影响。产品广告本身并不能直接达到销售的目的，而只是促进销售的一种重要手段。广告可以提高产品知名度，树立品牌形象，推动产品销售，以促成营销目标的实现。但营销目标的实现除了广告之外还有产品质量、价格、销售渠道、人员推销、市场条件等其他因素影响，广告目标只是影响营销目标的多种因素之中的一种。

(3) 广告目标的效果具有延时性，而营销目标的效果具有即时性。营销目标通常以一个限定时间为衡量标准，如一个月或者一个季度。在一个限定的时间里，如果企业的销售额、利润率达到了既定的要求，营销目标也就实现了。广告目标的效果可能在短时间难以显现出来，如今年投入广告费用可能要到明年才见效。

(4) 广告目标是无形结果，营销目标是有形结果。营销目标的表示通常是有形的，通过一些具体的措施和明确的数字来表现出来，它以准确无误的计量单位来说明，如销售渠道和网点、利润数字、上货率等。广告目标的表示在很多情况下是无形的，虽然也力求定量化，但在实施之后所达成的结果常常很难具体化，如消费者态度、记忆、知名度、品牌形象等，许多属于心理状态，很难用具体的数字对这种模糊性质加以测定。

2. 广告目标与广告指标

广告目标与广告指标是既有联系又有区别的两个概念。

1) 两者的联系

广告目标是指广告活动所要达到的目的，着重揭示行为、活动方向。广告指标是指衡量广告活动效果的数量、质量等方面的计量标准。例如，企业广告目标是扩大销售、增加利润，其广告指标就是在数量上有具体规定，如销售额增长20%，利润增长18%。

2) 两者的区别

(1) 广告战略目标包括广告指标。广告指标是广告目标的一部分，是对广告目标的具体化和数量化。

(2) 广告目标只有一个总目标或几个主要目标，广告指标可以是多种多样的，并且能够考核。

3. 广告目标与广告效果

广告目标与广告效果也是既有联系又有区别的两个概念。

1) 两者的联系

广告效果是广告作品通过广告媒体传播之后所产生的作用。一般表现为广告的经济效果、心理效果、社会效果。广告目标也涉及经济、心理、社会等方面，两者在内容上是相同的。广告目标的主要内容是增加产品销售，提高产品的知名度，而这正是衡量广告效果的中心内容。

2) 两者的区别

广告目标是广告活动的预定目的，而广告效果则是广告活动实际达到的目的。由于广告活动过程中各种因素的影响，广告效果可能超过广告目标，也有可能达不到预定广告目标，即广告效果与广告目标可以是一致的，也可以是不一致的。

6.3.2 广告目标的类型

不同企业处在不同时期，由于其经营目标、竞争环境、营销目标、营销策略等方面的差别，广告目标也会有所不同。

1. 广告内容目标

广告内容目标即广告所传播的信息内容要达到的目标。一般来说，从广告内容这一角度，企业广告目标可分为以下四种类型。

1) 创牌广告目标

创牌广告目标一般用于提高消费者对新产品的认知度、理解度和品牌商标的记忆度。通过对产品的性能、特点等的宣传介绍，促使消费者产生初步的认识和兴趣，劝导广告受众产生尝试新产品的心理，进而逐渐接受新产品。

2) 保牌广告目标

保牌广告目标是为了增强消费者对广告产品的偏好，加深消费者对此产品的好感和信心，从而保持已有的产品市场，并逐渐提高产品的市场占有率。例如，多年以来，宝洁公司在中国洗发护发市场、可口可乐公司在中国饮料市场上的系列广告宣传就是这两家企业为了实现保牌广告目标而采取的举措。

3) 竞争广告目标

竞争广告目标旨在提高广告产品的市场竞争能力，广告的诉求重点在于突出本企业产品与竞争产品的差异，并努力转变消费者对竞争产品的偏好态度，促使广告受众转而购买和使用本企业的广告产品。

4) 形象广告目标

形象广告目标的目的在于争取社会公众对本企业或产品形成正确全面的认识，提高企业整体知名度和美誉度，树立良好的企业形象。诉求重点是与企业形象有关的信息，包括价值观念、经营方针、服务宗旨、管理水平等企业经营理念；员工素质、服务标准、社会活动等企业行为；企业名称、商标、商品品牌等企业视觉要素，旨在赢得社会各界的了解、好感、信赖和合作。例如，恒源祥在 1996 年春节推出的电视广告，在澳洲大草原上用 14 000 头美利奴羊奔跑聚成“恒源祥”三个大字，气势磅礴，创意单纯而震撼，体现了恒源祥公司在毛线行业中作为“龙头老大”所具有的形象和实力。

2. 广告效果目标

广告效果目标是指广告活动所要达到的效果指标，可以划分为广告传播效果目标和广告销售效果目标。

广告传播效果目标是指广告活动所要达到的心理指标，主要包括广告受众对广告信息的收视率、阅读率及注意、理解、记忆、态度等方面的内容。广告传播效果目标应该具体明确，要以数字和时间说明。例如，某制药企业为其产品确定的广告传播效果目标是“在主要目标城市中，广告投放的 12 个月内，40 岁以上患者对品牌的认知度超过 50%”。

广告销售效果目标是指广告活动所要达到的促销指标，主要包括销售增长率、利润增长率、市场占有率等内容。由于企业的营销活动要受到较多因素的制约，广告宣传只是其中的一个因素，所以广告销售效果目标的制订需要有一定的弹性。例如，某制药企业为其产品确定的广告销售效果目标是“在12个月内进入北京、天津、广州、武汉、成都五个主要目标城市，产品在医院和药店的使用率超过40%，总的销售收入为2 000万～2 500万元”。

广告目标的类型是多种多样的。企业应根据自身的需求来确定广告目标，以取得更好的广告效果。在广告目标多元化的情况下，企业应分清哪些是主要目标，哪些是次要目标，哪些是长远目标，哪些是近期目标，以便于拟订广告计划。

6.3.3 影响广告目标的因素

广告活动在一个时间段内预计要达到的广告目标并不是可以随意制订的，要制订出正确合适的广告目标，就必须系统地分析和全面地考虑影响广告目标制定的因素。这些因素包括企业的经营战略、产品的供求状况、产品生命周期、市场环境、目标受众等。

1. 企业经营战略

不同的经营战略应该制定不同的广告目标。当企业采取长期渗透战略时，企业的广告目标也应该是长期的，运用各种广告形式传播企业和产品的品牌形象；当企业采取集中经营战略时，企业的广告目标多为短期的，在短时期内用各种广告传播手段达到预期效果。

2. 产品的供求状况

市场上的产品供求状况也会影响企业广告目标的制定。如果产品供不应求，市场需求量大，企业的广告目标就应该定在塑造企业和品牌形象上；如果产品供过于求，企业应该先分析产品滞销的原因，再针对原因制定解决滞销问题的广告目标；如果产品基本供求平衡，企业广告目标则应该放在激发、扩大市场需求上。

3. 产品生命周期

产品的生命周期也会影响企业广告目标的确定。产品所处的生命周期不同，企业的广告目标侧重点应该也有所不同。成长期，主要传播产品信息，创牌广告目标及形象广告目标常常是该阶段应着重考虑的；成熟期，为保证已有的市场份额，保牌广告目标应作为企业考虑的重点；衰退期，由于有更好的替代品出现，广告的促销作用一般显得较为薄弱，此时广告目标不应定位过高，以延缓产品衰退为主。

4. 市场环境

市场环境的变动会影响广告目标的制定。广告目标应该针对产品在市场中发展的不同情况而制定，根据市场环境的改变而做出调整。市场环境包括宏观环境和微观环境。宏观环境主要指人口环境、经济环境、政治环境、法律环境、自然物质环境、社会文化科技环境等；微观环境主要指供应商、竞争对手、营销中介、最终顾客、投资者、公众等。这些因素都直接或间接影响产品在市场中的发展。因此，制订广告目标应该建立在对市场环境做充分分析的基础上。

5. 目标受众

广告是针对目标受众而做的，广告只有对目标受众有效才能起到传播和促进销售的作用。因此，目标受众也会对广告目标的制定有着重要影响。企业可以以产品的认知度、广告的回想率、品牌知名度和消费者态度的转变作为广告活动的目标。消费者的购买行为一般要经历认知、了解、信任、行动这个基本过程，这也为广告目标的制定提供了方向。

6.3.4 广告目标的设定

企业在制订广告规划时，应首先设定广告目标，但对如何设定广告目标并测定其广告效果，人们有数种不同的看法。具有代表性的观点有以下几种。

1. 以产品销售情况来设定广告目标

企业根据产品的销售情况，如销售数量、销售金额、市场占有率等来设定明确而具体的广告目标。扩大产品的销售规模，意味着企业能从中获得更大的经济收益。这种设定方式简单、易行，特别是对直接营销的商品，其优势更为明显。因为对直接营销的商品，直邮广告、电话广告可以直接与广告受众联系，消费者是否购买可以很快得知。但对于大多数消费品的营销而言，由于广告效果的体现不太明显，因此，以产品销售情况设定广告目标应结合其他因素进行。

2. 以消费者的行为来设定广告目标

当广告目标不能直接以产品的最后销售效果设定时，企业可以引导或改变广告受众的消费行为来设定广告目标。例如，某些企业设定的广告目标是广告受众在做出购买决定前采取某种明确的行动，如向企业索取更详细的产品资料、网上访问该企业主页、电话或信件咨询等。对这类消费者，企业可以采取直接营销方式，由推销人员上门洽谈，从而提高推销访问的针对性和效率。

3. 以传播效果来设定广告目标

以传播效果来设定广告目标，就是提高产品的知名度，让更多的广告受众了解产品，心理上接受和偏爱广告产品。这类广告目标的设定，从短期看，未必有明显效果，但却是大多数企业经常采用的方式。它以消费者知悉广告内容后的心理效果作为测定广告效果的目标，如广告是否在正确的时间、为正确的对象所知晓，广告受众是否产生了应有的记忆和理解、形成了预期的感觉和联想、建立了对产品有利的偏好等。

知识链接

品牌认知及层次

1. 品牌认知

20 世纪 80 年代，大卫 • A. 艾克(David A. Aaker)提出了“品牌价值”的概念，同时也推出了多个品牌建设的方法和理念。其中，在行业内被广泛认同的是品牌建设的四段里程，即品牌知名—品牌认知—品牌联想—品牌忠诚。

这个理论，为品牌建设提供了可复制的模式，即一个成功的品牌，首先应该具备比较高的知名度；然后是受众对该品牌的内涵、个性等有较充分的了解，并且这种了解带来的情感共鸣是积极的、正面的；最后，在使用了产品、认可了产品价值后，还会再次重复购买，成为忠诚的消费者。

2. 品牌认知度

品牌认知度是指消费者对品牌的了解、记忆和识别程度。具体表现为消费者在想到某一类别的产品时，在脑海中想起或辨别某一品牌的程度。品牌认知度是评价品牌社会影响力大小的重要指标。

根据品牌被想起的难易程度，将品牌认知度划分为 4 个层级：无认知度(Unaware of Brand)、提示认知度(Aided Awareness)、未提示认知度(Unaided Awareness)和第一提及认知度(Top of Mind)。4 个层次呈金字塔形，从底层往上发展，实现难度逐渐加大，如图 6.2 所示。

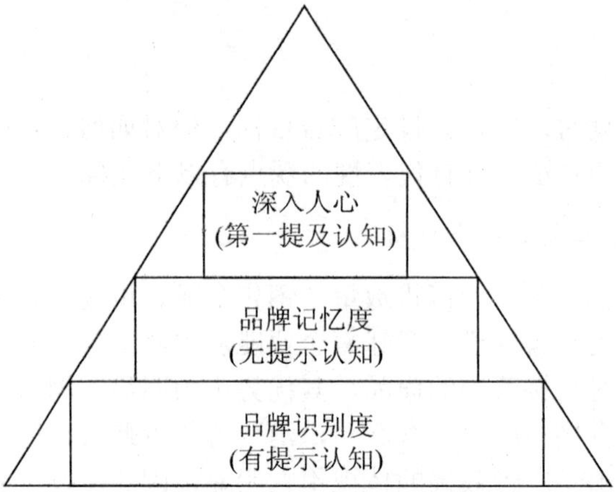

图 6.2　品牌认知度金字塔

(1) 无认知度是指消费者对品牌没有任何印象。

(2) 提示认知度是指消费者在经过提示或某种暗示后，想起某一品牌，但不十分了解，只是在消费者大脑里有一个粗略或不清晰的印象。

(3) 未提示认知度是指消费者在不需要任何提示的情况下能够想起来某种品牌。例如，谈到电视机，我们马上想到松下、康佳、TCL；提到汽车，奔驰、宝马、本田、大众等品牌可能浮现在我们的脑海里。显然，消费者对这些品牌有较深印象。他们在选购这类产品时，首先会考虑这些品牌。

(4) 第一提及认知度是指消费者在没有任何提示的情况下，所想到或说出的某类产品的第一个品牌。一般来讲，消费者对这类产品有较强烈的偏好，进而形成了一定的品牌忠诚度。在消费者的心目中它总是处于其他品牌前面，如可口可乐、宝马等。

3. 品牌认知度模型

用户或者消费者对于一个品牌的评价会从两个角度着手：没有提示的情况下对一个品牌的记忆情况和经过提示后对这一品牌的识别情况。所以在实际的品牌研究中，我们对品牌认知度的测量也是通过品牌识别度和品牌记忆度两个测试指标进行的。

品牌识别度是品牌认知的较低程度，为品牌记忆度的基础；而品牌记忆度比品牌识别度要高一个层次，它是建立在消费者自主记忆的基础上的，具有更强大的品牌位置，品牌记忆是消费者很熟悉的品牌；而品牌记忆度在很大程度上反映了品牌深入人心的程度。品牌深入人心是品牌认知的最高程度，它处于金字塔形顶端，深入人心的品牌应是消费者最熟悉、最认同甚至最喜爱的品牌。它是被测试者在无任何提示的情况下，脱口而出所回答出的第一个品牌。品牌识别度和品牌记忆度是衡量品牌认知度的重要指标，如图 6.2 所示。根据品牌识别度与品牌记忆度二维坐标构成品牌认知度模型，如图 6.3 所示。

品牌记忆度(%)

C区 品牌识别度低，品牌记忆度高（过渡区，品牌经营好，品牌推广不够，了解的人不多）	A区 品牌识别度高，品牌记忆度高（成熟品牌，知名度高）
D区 品牌识别度低，品牌记忆度低（初始阶段，品牌经营和推广需要加强）	B区 品牌识别度高，品牌记忆度低（知名度高的不成熟品牌）

品牌识别度(%)

图 6.3　品牌认知度模型

在图 6.3 中，各坐标的意义如下：纵轴表示品牌记忆度(%)，横轴表示品牌识别度(%)。认知度图被全体品牌的识别度和记忆度的平均值划分为四个区域(A 区、B 区、C 区、D 区)，被测试的品牌其识别度、记忆度分布在图中，其中：

【A 区】品牌识别度高，品牌记忆度高；【B 区】品牌识别度高，品牌记忆度低；

【C 区】品牌识别度低，品牌记忆度高；【D 区】品牌识别度低，品牌记忆度低。

品牌认知模型可以帮助我们了解我们的产品或品牌的认知广度与深度，与其他品牌相比较的情况及其目前的市场状况，并针对自身品牌采取相应策略。例如，是大规模做广告还是加强与消费者的个人联系度或者针对特定对手出击。

4. 确定广告目标的 DAGMAR 原理

1961 年，美国学者 R. H. 格利(R. H. Golley)发表了《根据广告目标测定广告效果》(*Defining Advertising Goals for Measured Advertising Results*，*DAGMAR*)一文，指出广告效果是在信息传播过程中发生的，应以信息传播影响消费者心理变化的传播为视点，来考察分析广告效果的发生过程。这个理论简称 DAGMAR 理论。DAGMAR 模式把消费者的行为划分为四个阶段：知名—理解—确信—行动。

一般来说，信息传播以未知为起点，经知名到行动，共经过四个阶段，可表示如下。

(1) 知名(Awareness)：消费者知晓品牌名称。

(2) 理解(Comprehension)：了解获悉该产品的功能、特色，予以理解。

(3) 确信(Conviction)：建立选择这一品牌的信念。

(4) 行动(Action)：表现出希望得到产品说明书等有关资料，愿意参观本产品的展览会，到商品经销店考察等行动。

DAGMAR 方法的核心就是认为广告目标根本不同于营销目标，广告目标是特指一个给定时期内针对特定受众所确定的一项宣传任务。这种任务应该是具体的，在书面上是可以度量的，有起始点、确定的受众和期限。格利认为，广告工作纯粹是一种信息传播性质的行动，其成败的关键取决于它是否把信息在正确的时候以恰当的成本传达给适当的人士。为此，广告目标应以可度量的广告效果来设定，测定广告效果的方法即制订广告目标的方法。

根据 DAGMAR 理论，设置广告目标有两个要点：首先是确定广告的传播任务；其次是将传播任务具体化，形成可度量的指标。

根据格利的建议，全美广告主协会在 20 世纪 60 年代提出了制定广告目标的 6M 法，即一个广告目标应该包括以下六个基本要素。

(1) 商品(Merchandise)。指准备推出的产品或劳务，其主要诉求点何在？

(2) 市场(Market)。即广告要影响的是哪些人？

(3) 动机(Motive)。即消费者为什么购买或为什么不买？

(4) 信息(Message)。即广告要传播的主要创意、信息是什么？主要想改变受众什么样的态度？

(5) 媒体(Media)。即怎样传播广告信息？

(6) 测定(Measurement)。指以什么准则和方法测定广告效果？

在实际确定广告目标时，可以以这六个“M”为线索具体检验有关问题，逐次确定一则广告应达到的具体目标。

6.4 广告预算

广告策划的中心任务是以尽可能少的经费达到最佳的广告效果，广告预算的作用就在于使广告经费得到科学、合理的使用。因此，广告预算也是广告战略的一项重要内容。

6.4.1 广告预算的概念

广告预算是广告主根据广告计划对开展广告活动费用的匡算，是广告主进行广告宣传活动投入资金的使用计划。它规定了广告计划期内开展广告活动所需的费用总额、使用范围和使用方法。

广告预算不仅是广告计划的重要组成部分，而且是确保广告活动有计划顺利展开的基础。广告预算编制额度过大，就会造成资金的浪费，编制额度过小，又无法实现广告宣传的预期效果。广告预算是企业财务活动的主要内容之一。广告预算支撑着广告计划，它关系着广告计划能否落实和广告活动效果的大小。

广告预算不同于企业的其他财务预算。一般财务预算包括收入与支出两部分内容，而广告预算只是广告费支出的匡算，广告投入的收益由于广告目标的不同而有不同的衡量标准。它或许反映在良好社会观念倡导上，或许反映在媒体受众的心理上，也有可能体现在商品的销售额指标上。有许多广告主错误地认为，广告投入越大，所取得的效果也就越大。广告策划者通过对大量广告活动效果的实证分析，得出：当广告投入达到一定规模时，其边际收益呈递减趋势。美国广告学家肯尼斯·朗曼(Kenneth Longman)经过长期的潜心研究，也得出了类似的结果。在利润分析的基础上，他创立了一个广告投资模式，如图 6.4 所示。他认为任何品牌产品的广告效果都只能在临限(Threshold，即不进行广告宣传时的销售额)和最大销售额之间取值。

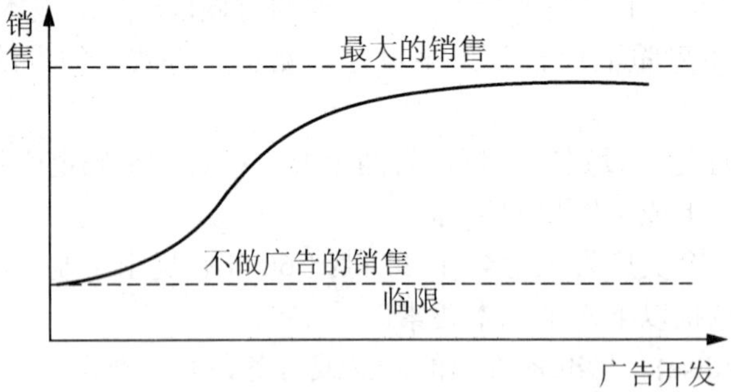

图 6.4　广告效果与广告投入之间的关系

肯尼斯·朗曼认为，任何品牌的产品即使不做广告也有一个最低销售额，即临限。广告的效果不会超过产品的最大销售额，产品的最大销售额是由广告主的经营规模、生产能力、销售网络及其他因素综合决定的。朗曼认为，理想的广告宣传活动应该是以最小的广告投入取得最大的广告效果。当广告效果达到一定规模时，广告投入就是一种资源的浪费。

广告预算标志着企业对广告的投入，因此，在进行广告预算时要注意纠正一些错误的认识。

一是广告投入就会有效益。这不一定。如果广告活动有深入的调查、周密的策划、明确的广告目标与广告对象，以及新颖的、有效的策划与创意，那么，广告投入越多，效益就越好。但是，如果没有计划，缺少周密、细致的调查，盲目开展广告活动，随意开支广告费，那么，广告费投入再多，也很难说会取得预期效果。

二是广告投入会增加成本，削弱企业与产品的竞争力。其实，广告费只要控制在适度范围内，并不会增加成本、影响销售、削弱竞争力。一般情况下，企业会把运输费、包装费等作为成本加在产品价格上，但大多数产品的广告费只占了销售成本的一小部分。因此，广告投入一般会增加成本，但并不会影响售价，也不会削弱企业与产品的竞争力。

三是投入广告费简直就是一种浪费。在国外，不做广告的企业是没有实力的企业，不做广告的产品不是好产品的观念已成了人们的共识。但在中国，人们还不能完全意识到这一点。尤其是广告客户们广告意识较差，对广告投资畏首畏尾，顾虑太多，怕浪费了来之不易的资金而舍不得投入广告费。其实，通过广告，既宣传了产品，塑造了企业形象，又能获得收益，何乐而不为。现今产品已进入质量无差异化时代，知名品牌越宣传越值钱，无形价值越高。通过广告挣来的利润，不仅够支付广告费，而且收获巨大。所以应将其视为有利投资，而不要看成是负担或无意义的浪费。

6.4.2 广告预算的内容

广告预算的内容包括广告活动中所需要的各种费用。具体地说，广告预算包括以下几个方面的内容。

(1) 广告调查费。包括市场调查研究费用，购买所需资料和情报等费用。

(2) 广告制作费。包括照相、翻印、制版、录音、录像、文字编辑、美术设计等费用。

(3) 广告媒体费。购买广告传播媒体的版面和时间费用。

(4) 广告行政管理费。包括工资、办公、出差和管理费用等。

一般来说，上述广告费用四个方面内容的支出比例大体是：广告制作费用约占广告预算的 10%；购买传播媒体的版面、位置和时间的费用约占广告预算的 80%；调查研究与购买调研资料的费用约占广告预算的 5%；行政与管理费用约占广告预算的 5%。当然，每个企业的管理情况是不同的，因而其广告费用的内容和支出的比例也会有一些区别。

6.4.3 广告预算的分类

从不同的角度划分广告预算费用，有不同的广告预算类别。

1. 按用途分类

广告费用可分为直接广告费与间接广告费。

(1) 直接广告费是指直接用于广告活动的设计制作费用和媒体传播所需要的费用。

(2) 间接广告费是指广告部门用于行政管理的费用。

在对广告费用的管理上，要尽量减少间接广告费的比例，增加直接广告费的比例。

2. 按使用者分类

广告费用可分为自营广告费与他营广告费。

(1) 自营广告费是广告企业自营广告业务所要使用的广告费用。

(2) 他营广告费是广告企业委托其他广告专业部门代理广告活动所支付的费用。

在通常情况下，他营广告费用大，但比自营广告费的使用效果好。

3. 按使用方式分类

广告费用可分为固定广告费和变动广告费。

(1) 固定广告费。是指通常用于广告人员的行政开支和管理费用，其支出相对稳定。

(2) 变动广告费。是指因广告实施量的大小而起变化的费用。

在使用时要注意变动广告费的投入与广告目标效益的联系。

企业为开展广告活动而支付的相关费用名目繁多，非常繁杂，很难确定哪些费用应该列入广告预算费用，哪些费用不能够列入广告预算费用。美国《印刷品》杂志提供了一种区分广告活动的各种费用的方法。它将所有费用分为三种类型，并且分别列入白、灰、黑三种颜色的表中。白表中所列费用为必须列入广告预算费用，作为广告费用支出的经常项目；灰表中所列费用为可以作为广告预算费用支出也可以不作为广告预算费用支出的项目；黑表中所列费用为绝对不可以列入广告预算费用的项目，见表 6-1。

表 6-1 美国广告预算费用白灰黑表

分类		主要费用	
白表	可支出的广告费	广告媒体	报纸、杂志、电视、电台、电影、户外、POP、宣传品、DM、幻灯、招贴、展示等
		制作费	美术、印刷、制版、照相、电台与电视设计、与广告有关的制作费
		管理费	广告部门薪金、广告部门事务费、顾问费、推销员费、房租费，以及广告部门人员的工作旅费
		杂费	广告材料运费、邮费、橱窗展示安装费、其他
灰表	考虑支出的广告费	样本费、示范费、客户访问费、宣传卡用纸费、赠品、办公室报刊费、研究调查费	
黑表	不得支出的广告费	社会慈善费、旅游费、赠品费、包装费、广告部门以外消耗品费、潜在顾客招待费、从业人员福利费等	

6.4.4 广告预算的方法

广告预算的方法多达几十种。选择什么样的广告预算方法，要根据实际情况而定。现在选择其中几种主要的方法加以介绍。

1. 销售额百分比法

销售额百分比法计算公式如下：

广告费用＝销售总额×广告费用与销售额的百分比

2. 利润额百分比法

利润额百分比法计算公式如下：

广告费用＝利润总额×广告费用与利润额的百分比

3. 销售单位法

销售单位法是以每单位产品的广告费用来确定计划期的广告预算的一种方法。这种方法以产品销售数量为基数来计算，操作起来非常简便，适用于那些薄利产品确定广告费用。通过这种方法也可以随时掌握企业广告活动的效果。它的计算公式为：

$$广告费用总额=\frac{上年度广告费用}{上年度产品销售数量}\times 本年度计划产品销售量$$

或 $$广告费用总额=单位产品分摊的广告费用\times 本年度计划产品销售量$$

销售单位法对于经营产品比较单一，或者专业化程度比较高的企业来说，非常简便易行。相反，对于经营多种产品的企业，这种方法比较烦琐，不实用，并且灵活性较差，没有考虑市场上的变化因素。

4. 目标任务法

目标任务法是指根据广告主的营销目标，确定企业的广告目标，根据广告目标编制广告计划，再根据广告计划具体确定广告主的广告费用总额。它的操作过程如图 6.5 所示。美国市场营销专家阿尔伯特·费雷(Albert Fery)将目标任务法的操作程序归纳为 7 个步骤，具体情况如下所示。

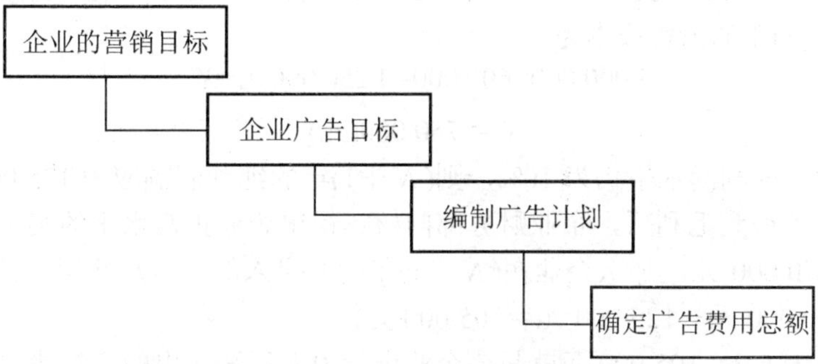

图 6.5 目标任务法的操作过程

目标任务法的操作过程如下。

(1) 确定广告主在特定时间内所要达到的营销目标。

(2) 确定企业的潜在市场并勾画出市场的基本特征，包括：

① 值得企业去争取的消费者对广告产品的知晓程度及他们对产品所持有的态度；

② 现有消费者购买产品的情况。

(3) 计算潜在消费者对广告产品的知晓程度和态度变化情况，以及广告产品销售增长状况。

(4) 选择恰当形式的广告媒体，以提高产品的知名度，改变消费者对产品所持有的不利于产品销售的态度。

(5) 确定广告暴露频次，制订恰当的广告媒体策略。

(6) 计算为达到既定广告目标所需的广告暴露频次。

(7) 计算实现上述暴露频次所需的最低的广告费用，这一费用就是广告主的广告预算总额。

5. 量力而行法

量力而行法是指企业根据自己的经济实力，即财务承受能力，来确定广告费用总额。这种方法也称“量体裁衣法”，许多中小型企业都采用这种方法。

“量力而行”是指企业将所有不可避免的投资和开支除去之后，再根据剩余来确定广告费用总额。以下例子就可以充分说明量力而行法的具体运用。

某企业在 N 年的经营情况见表 6-2。

表 6-2　某企业 N 年的经营状况损益

项　　目	金额/元
销售总额	1 000 000
销售成本	600 000
销售毛利	400 000
销售费用(管理费用)	200 000
广告费用	100 000
纯利润	100 000

假如该企业$(N+1)$年的销售额预测为 1 250 000 元，并且企业的销售成本按比例同步增加，那么$(N+1)$年的销售成本为

$$1\,000\,000/600\,000=1\,250\,000\text{元}/X$$

$$X=750\,000(\text{元})$$

如果该企业的纯利润水平仍为 10%，则$(N+1)$年的纯利润额应为 125 000 元。在销售总额扣除销售成本得到毛利后，企业财务部门核算得出企业正常水平的奖金和其他管理费用总额应该是 270 000 元，那么企业在$(N+1)$年所要投入的广告总费用应该是 105 000 元(500 000 元－270 000 元－125 000 元＝105 000 元)。

推算过程见表 6-3，105 000 元就是该企业用量力而行法求出的广告费用总额。

表 6-3　某企业$(N+1)$年的经营状况损益表

项　　目	金额/元
销售总额	1 250 000
销售成本	750 000
销售毛利	500 000
销售费用(管理费用)	270 000
广告费用	105 000
纯利润	125 000

6. 竞争对抗法

竞争对抗法是指广告主根据竞争对手的广告费开支来确定自己的广告预算的一种方法。

主要有市场占有率法和增减百分比法。

1) 市场占有率法

广告费用＝(对手广告费/对手市场占有率)×本企业预期市场占有率

2) 增减百分比法即竞争比照法

广告费用＝本企业上年广告费×(1±竞争对手广告费增减率)

6.4.5 广告预算的分配

广告预算方法着重解决企业对广告活动的经费投入的方法问题。而广告预算的分配则着重解决广告经费的使用问题。

在广告预算中根据不同需要确定了广告活动经费投入的方法及总额之后，便要在广告预算总额的范围之内将其按照一定的目的、要求进行合理的分配。广告预算的分配是广告预算的具体规划阶段，广告预算分配的恰当与否，直接影响到广告战略的实现。

1. 影响广告预算分配的因素

广告预算的分配必须考虑到对广告活动产生直接或间接影响的条件因素。一般说来，广告预算分配要考虑以下几种因素。

1) 产品因素

广告预算分配首先应该考虑产品因素，然后根据产品状况，做出合理的广告经费分配。产品是新产品还是老产品，与上一代产品差别大还是小，是内销还是外销，是日用的还是特购的，是处在产品生命周期的引入期和成长期还是成熟期或衰退期，等等。以产品生命周期而论，处于引入期和成熟期的产品，一般要投入较多的广告费用，而对于成长期和衰退期的产品则应适当减少其广告经费。

2) 销售因素

广告预算分配要考虑销售目标、销售范围、销售对象、销售时间等因素。不同的产品有不同的销售目标，销售额高、利润率高的产品广告经费分配也要较多，反之较少。不同销售范围其广告经费分配要不同。例如，本地销售和外地销售、国内销售和国外销售，一般本地销售和国内销售分配广告经费要少，而外地销售、国外销售分配的广告经费要多。不同销售对象其广告经费分配也不同。销售对象是集团消费还是个体消费，消费者的收入、需求有何不同。这些因素也会影响广告预算分配，不同的商品有不同的销售时间，广告宣传时间有长也有短，时间长则广告费用多，时间短则广告费用少。

3) 竞争因素

广告预算分配还要考虑竞争因素。对市场竞争激烈、竞争对手多且强、市场范围大、供应大于需求的产品，应投入较多的广告经费。而对市场竞争缓和、市场范围小、供不应求、竞争对手少而且弱的产品，则应投入较少的广告经费。对市场占有率低又有潜力可挖的产品应投入较多的广告经费，而对市场占有率高、市场已饱和的产品应投入较少的广告经费。

4) 媒介因素

广告媒介租用是广告投资的主体，通常要占到广告总投资的 70%～90%。广告预算分配还要考虑广告媒介因素。电子媒介，尤其是电视，融声、光、电为一体，声色并茂、传播广、覆盖率高，分配经费就多。报刊广告图文并茂、传播面广，传播速度快，分配广告经费也较多。而一般的直邮广告、招贴广告、POP 广告等分配的广告经费就少。

5) 经济因素

广告预算分配还要考虑整个经济背景。例如，国际国内的经济形势、政府的经济政策、通货膨胀因素、社会自然阻力等大的经济环境。一般说来，经济环境有利时要投入较多的广告经费，反之则相应减少。

2. 广告预算的分配方法

1) 按广告的商品类别进行分配

按广告的商品类别进行分配即按同一企业的不同产品类别进行广告预算分配。通常将同一企业的不同产品分为几大类，凡可以一起做广告的产品归为一类，然后确定每类产品在一定时期的广告经费。按产品的类别分配经费，应根据产品的生命周期、产品的竞争状况、产品的市场占有率、产品在企业产品体系中的地位、产品的利润水平、产品的销售潜力等因素综合考虑。这种分配通常对企业的发展具有战略意义。

2) 按传播媒体进行分配

按传播媒体进行分配即根据传播同一广告内容所需不同的媒体进行经费分配。广告媒体费用一般占预算费用总额的 70%～90%，而广告的传播效果又主要是通过媒体传播效果来体现的。因此，按照传播媒体的不同来分配广告预算是企业常用的方法。这种预算分配的目的在于使用综合的传播媒体以达到广告目标所期望的信息传播效果。

按传播媒体进行分配有两种方法，一种是用于综合媒体的不同媒体之间的广告预算分配，即根据不同的媒体需求，分配广告经费。另一种是用于单一媒体的同一类型媒体内的广告预算分配，即根据同一媒体在不同时期的需求来分配广告经费。这种分配方法主要用于单一媒体的广告宣传。总之，按传播媒体分配广告经费，要根据产品、市场、媒体的使用价格等因素综合考虑。一般说来，在广告预算中首先应该保证的是传播媒体的经费。

3) 按广告的区域分配

这里的广告区域，指的是广告信息传播的地区，实质上是产品销售地区。在广告策划中将不同的广告地区进行切块，然后根据各个区域分配广告经费。按广告的地区进行分配，要根据各个地区对商品的现实需求和潜在需求、市场细分和目标市场的分布及市场竞争状况等合理分配广告费用。一般说来，产品销售容易的地区要比销售困难的地区少分，人口密度低的地区要比密度高的地区少分，地方性市场的广告经费要少于全国性市场的经费。总之，广告经费的分配要向产品销售量大的和潜在销售量大的区域倾斜，其最低界限应不少于维持产品在该地区竞争地位所需的基本费用。

4) 按广告的对象进行分配

如果企业的销售目标比较集中、比较典型，企业还可以考虑采用按广告对象分配的方法。这里的对象是指广告信息传达的受众，通常是广告产品的消费者。一般说来，对以工商企业、团体用户为对象的广告则应多分配广告费。这种方法的优点是有利于提高广告宣传的效果，有利于广告预算及其效果的检验与测定。

5) 按广告的时间进行分配

这里的广告时间，指广告活动进行的时间。用这种方法进行广告预算分配主要有两种情况。一种情况是按广告活动期限长短分配，有长期性广告预算分配和短期性广告预算分配，还有年度广告预算分配、季度广告预算分配、月度广告预算分配。另一种情况是按广告信息传播时机进行广告预算的分配。对于一些季节性、节日性、流行性商品，要合理地把握广告时机，采用突击性广告预算分配和阶段性广告预算分配抢占市场。对于一些季节性强的商品和一些新上市的产品，用短期性广告和突击性广告预算分配方法。

6) 按广告活动分配

如果企业在规划期内要组织几次大型的广告宣传活动，在广告经费的安排上，则可根据各个广告活动的需要来加以分配。在总费用水平确定的前提下，按各个活动的规模、重要性和技术难度投入广告费用。对于持续进行的广告活动，在广告经费的安排上，也要根据不同阶段和时期的广告活动加以统筹分配。

7) 按广告的机能进行分配

在采用以上广告预算分配方法的同时，为了便于对广告财务的管理和监督，企业还经常采用按广告的不同机能分配广告预算的方法。按广告的机能分配广告预算，一般可按广告媒体费、广告制作费、一般管理费和广告调研费进行分配。这些费用还要按照是企业自营广告还是他营广告，还是两者兼而有之的广告的不同情况而加以细分。

本章小结

广告战略是企业战略的一部分，指在较长时期内指导广告全部活动的带有全局性的宏观谋略。广告战略决策指的是对广告活动进行整体策划的过程。广告战略决策的程序为确定广告战略思想、分析内外环境、确定广告战略任务、确定广告策略。广告战略的选择有集中战略、进攻战略、渗透战略、心理战略、名牌战略等。广告目标是广告活动所要达到的预期目的，与营销目标、广告指标、广告效果既有联系又有区别。影响广告目标的因素有企业经营战略、产品的供求状况、产品生命周期、市场环境、目标受众。

广告效果是在信息传播过程中发生的，应以信息传播影响消费者心理变化的传播为视点，来考察分析广告效果的发生过程。这个理论简称 DAGMAR 理论。DAGMAR 模式把消费者的行为划分为四个阶段：知名—理解—确信—行动。制订广告目标的 6M 法，即商品、市场、动机、信息、媒体、测定。

广告预算是广告主根据广告计划对开展广告活动费用的匡算，是广告主进行广告宣传活动投入资金的使用计划。广告预算包括广告调查费、广告制作费、广告媒体费、广告行政管理费等。广告预算的方法有销售额百分比法、利润额百分比法、销售单位法、目标任务法、量力而行法、竞争对抗法。影响广告预算的因素有产品因素、销售因素、竞争因素、媒介因素、经济因素等。

思考练习

一、单选题

1．一般具有较强经济实力、产品生命周期较短的企业采用的广告战略思想是(　　)。

A．积极进取　　B．高效集中　　C．长期渗透　　D．稳健持重

2．一般面临竞争激烈，产品生命周期长的企业采用的广告战略思想是(　　)。

A．积极进取　　B．高效集中　　C．长期渗透　　D．稳健持重

3．一般处于领导地位的企业多采用的广告战略思想是(　　)。

A．积极进取　　B．高效集中　　C．长期渗透　　D．稳健持重

4．(　　)是指告诉视听者认知什么，要求诉听者做什么。

A．广告诉求　　B．广告媒体　　C．广告代理　　D．广告效果

5．(　　)一般用于提高消费者对新产品的知名度、理解度和品牌商标的记忆度。

A．创牌广告目标　B．保牌广告目标　C．竞争广告目标　D．形象广告目标

6．多年以来，宝洁公司在我国洗发护发市场上的系列广告宣传是为了实现(　　)而采取的举措。

A．创牌广告目标　B．保牌广告目标　C．竞争广告目标　D．形象广告目标

7．在产品成熟期，为保证已有的市场份额，(　　)应作为企业考虑的重点。

A．创牌广告目标　B．保牌广告目标　C．竞争广告目标　D．形象广告目标

8．购买广告传播媒体的版面和时间的费用是(　　)。

A．广告调查费　B．广告制作费　C．广告媒体费　D．广告行政管理费

9．(　　)是以每单位产品的广告费用来确定计划期的广告预算的一种方法。

A．目标任务法　B．销售单位法　C．量力而行法　D．竞争对抗法

10．广告目标 6M 法指的是商品、市场、动机、媒体、测定和(　　)

A．确信　B．记忆　C．行动　D．信息

二、多选题

1．广告战略策划的特征具有目标性、竞争性和(　　)。

A．全局性　B．指导性　C．原创性　D．稳定性

2．广告战略策划的程序一般包括(　　)

A．确定思想　B．分析环境　C．确定任务　D．确定策略

3．广告战略任务主要包括确定(　　)。

A．广告内容　B．广告受众　C．广告目标　D．广告效果

4．一般来说，从广告内容这一角度，企业广告目标可分为以下几种类型：(　　)。

A．创牌广告目标　B．保牌广告目标

C．竞争广告目标　D．形象广告目标

5．影响广告目标的因素除了企业的经营战略、产品的供求状况、产品生命周期外，还有(　　)等。

A．媒体　B．价格　C．市场环境　D．目标受众

6．广告效果目标是指广告活动所要达到的效果指标，可以划分为(　　)。

A．广告接收效果目标　B．广告传播效果目标

C．广告销售效果目标　D．广告实际效果目标

7．广告销售效果目标是指广告活动所要达到的促销指标，主要包括(　　)等内容。

A．收视率　B．销售增长率　C．利润增长率　D．市场占有率

8．影响广告预算分配的因素除媒介因素、经济因素外，还有(　　)。

A．产品因素　B．销售因素　C．竞争因素　D．政治因素

9．竞争对抗法是指广告主根据竞争对手的广告费开支来确定自己的广告预算的一种方法，主要有(　　)。

A．利润率法　B．市场占有率法　C．收视率法　D．增减百分比法

三、判断题

1．广告战略是广告过程中具体环节的运筹和谋划，是实现广告策略的措施和手段。(　　)

2．广告是企业营销策略的一个组成部分，广告目标与营销目标、广告指标、广告效果是有机联系的，但它们之间也存在着明显区别。(　　)

3．当企业采取集中经营战略时，企业的广告目标多为长期的，在长时期内用各种广告传播手段达到预期效果。(　　)

4．如果产品供不应求，市场需求量大，企业的广告目标就应该定在塑造企业和品牌形象上；如果产品基本供求平衡，企业广告目标则应该放在激发、扩大市场需求上。(　　)

5．市场环境包括宏观环境和微观环境，其中宏观环境主要指人口环境、经济环境、政治环境、竞争对手、营销中介、投资者等。(　　)

6．DAGMAR 模式把消费者的行为划分为 4 个阶段：知名—理解—确信—行动。(　　)

7．广告投入越大，所取得的效果也就越大。 (　　)

8．广告投入会增加成本，削弱企业与产品的竞争力。 (　　)

9．就用途方式分，广告费用可分为自营广告费与他营广告费。 (　　)

四、名词解释

广告战略　进攻战略　广告目标　DAGMAR 原理　广告目标 6M 法　广告预算

五、简答题

1．什么是广告战略？广告战略有哪些特征？

2．简述广告战略决策的程序。

3．如何针对不同情况选择广告战略？

4．什么是广告目标？广告目标与营销目标有何联系和区别？

5．广告目标有哪些类型？确定广告目标时应考虑哪些因素？

6．简述制订广告目标的 6M 法。

7．什么是广告预算？编制广告预算有哪些方法？

六、论述题

1．影响广告预算分配的因素有哪些方面？如何分配广告预算？

2．广告投入越大，所取得的效果也就越大吗？请说明原因。

3．有人认为广告投入就会有效益；有人认为广告投入会增加成本，削弱竞争力；又有人认为投入广告简直就是一种浪费。你是如何认为的？

案 例 分 析

克利斯多炸薯条的“一揽子计划”

克利斯多物品公司是一家食品行业的行销公司，它推出了新产品：冰冻炸薯条。该产品是克利斯多公司在数年中首次上市的新产品，而且也是该公司第一种进入全国性冰冻产品市场的产品。

冰冻炸薯条是全美国 46%主妇的采购物品。这一市场主要由一种品牌控制，其上一年销售额占全部销售额的 55%，其余的市场由 6 个小品牌和全国各地的配销商及店铺品牌分管。公司决定进入这一市场，并进行大量的广告活动。公司为广告活动制订了市场占有率目标。

①在炸薯条购买者中，达成 80%的知名度。②在那些知名者中，达成 70%知道克利斯多产品是高品质产品。③在那些了解者中，达成 60%的偏好度。④在那些偏好者中，达成 45%的人购买克利斯多炸薯条。⑤在那些信服者中，达成 40%的人购买克利斯多产品。

面对许多各种不同的成本因素，公司为产品制订了年预算与投资计划。此外，还要考虑以下几点。

(1) 上一年市场主导公司在广告上估计花费 2 000 万美元，并预计每年以此数目的程度继续花费下去。

(2) 克利斯多公司的代表建议，在第一年中每箱炸薯条要给零售商 3 美元津贴，以确保其能够给予新产品冰冻空间。

(3) 本产品的另一特征是大量供应折价券。

(4) 公司领导虽热衷于产品的成功，但并不热衷花大量金钱在广告上。

这样，以克利斯多公司传统的广告与销售比率 2.5%计算，其第一年的广告费预算是 320 万美元。

(资料来源：黎瑞刚. 现代广告运作[M]. 南昌：江西科学技术出版社，2004.)

思考题：

1．影响或决定广告预算的因素有哪些？

2．案例中的克利斯多公司采用的是什么广告预算方法？

第 7 章　战术策略阶段Ⅰ——广告定位与表现策略

学习目标

通过本章学习，应该达到以下目标。

知识目标：熟悉广告定位和广告表现的含义，了解广告表现的因素，掌握广告定位、广告表现的策略和方法。

能力目标：能够熟练运用广告定位策略、广告表现策略，从而进入下一个策划环节。

知识结构

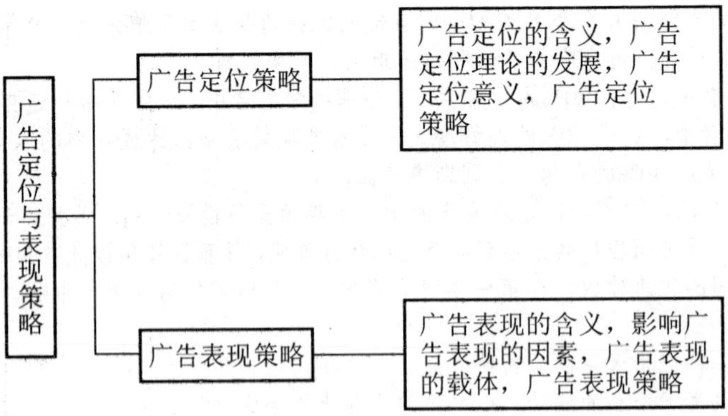

案例导入

农夫果园，喝前摇一摇

两个身着沙滩装的胖父子在一家饮料店前购买饮料。

忽然发现小店的牌子上写着一句“农夫果园，喝前摇一摇”。

父子俩感到很奇怪，但还是按照自己的节奏，摇晃了起来。

美丽的售货小姐满脸狐疑地看着他俩。

(镜头一转)画外音：农夫果园由三种水果调制而成，喝前摇一摇。

(远景)两个继续扭动屁股的父子走远。

统一集团的果汁广告主打女性消费市场，喊出“多喝多漂亮”的口号，康师傅、健力宝、汇源等公司的果汁广告也纷纷采用美女路线。康师傅签约梁咏琪为“每日 C 果汁”摇旗呐喊；健力宝聘请亚洲流行天后滨崎步作为“第五季”的形象代言人；汇源在宣传了一阵子冷灌装以后，邀请时下最红的韩国影星全智贤出任“真鲜橙”的代言人。PET 包装的果汁市场，一下子美女如云。

而后来的农夫果园不为女色所惑，出手不凡，又一次运用了差异化策略，以一个动作作为其独特的品牌识别——“摇一摇”。

同时，在感性认同上，“摇一摇”使得宣传诉求与同类果汁产品迥然不同，以其独有的趣味性、娱乐性增添消费者的记忆度(图 7.1)。

图 7.1　农夫果园喝前摇一摇广告篇

【案例评析】

在产品推出前的策划中，为区别于牵手等混合果蔬饮料，农夫果园不是直接打出混合饮料的概念，而是通过“喝前摇一摇”的侧面去让消费者充分感受到混合饮料的概念。“农夫果园——喝前摇一摇”这一广告诉求，是对 30%果汁浓度最好的诠释，一个经常被用作行业中消除饮料内沉淀误会“如有沉淀，属正常，请摇匀后再喝”的句子，变成了一种时尚的喝法，他在暗示消费者，我是高于通常那些饮料浓度的果汁。“喝前摇一摇”，“摇一摇”背后有很多内涵，既是 30%的浓度，也是农夫果园的一种真实和厚重，更代表了一份实在和深情。在这种层面上，这句广告语已经不同于寻常的一句广告语，是对行业规则的创新，是对人性最真实的关怀，是对消费者选购一个产品瞬间心理的关注，是对消费者一种追求的演绎，不仅使消费者享受了口味鲜美的饮料，更是在消费体验中增加了娱乐性、趣味性，有利于消费者获得愉悦的心情。

一个广告语的形成毕竟是背后整个产品策略的凝聚，在这个广告语形成的这一刻，就已经注定了“农夫果园”上市的成功，而且会取得吸引业界眼球的销量。这之后的热销也充分证明了这一诉求策略的成功。

农夫果园以“喝前摇一摇”这一广告主题，明确了与其他混合果蔬饮料的区别，突出了由三种水果调制而成的产品定位，通过适当的表现策略，将农夫果园是水果饮料这一信息恰当地传递给了受众，达到了如期的效果。

7.1 广告定位策略

定位观念源自于美国两位著名的广告人艾·里斯和杰克·特劳特。在广告运用历程中，定位观念的提出对广告策略的确立具有划时代的意义。在现代广告策划中，定位显然是广告策划中具有关键作用的环节。定位是否合理不仅关系到广告运作的效果，而且也决定了广告诉求的方向。

7.1.1 广告定位的含义

我们现在所处的社会是一个信息爆炸的社会。过多传播的信息一方面使我们有可能更多地了解我们周围，但另一方面，却使我们的心智受到越来越大的压力。面对着蜂拥而至的信息，我们能做的是什么呢？方式多种多样，但有一点是肯定的，绝不会有闲情去细细品味每一则信息。

由此，在这个信息传播过多的社会中，去谈论广告信息对受众的冲击力，实在是对广告过于迷信了。在一天平均接触到 1 500 则广告信息的情况下，加上产品、信息的均质化、类型化，往往会使所做的广告淹没于信息的海洋中。根据哈佛大学心理学家乔治·米勒(George Miller)的研究，一般人不能同时与 7 个以上的单位打交道。当问一个人他所记忆的某一类别产品的全部品牌数目时，很少有人能说出 7 个以上的品牌名称，而这还是他很感兴趣的产品类别。对兴趣低的产品，一般消费者通常只能说出一二种品牌而已。受众记忆力有限，要记住那些年复一年更新换代极快且数量越来越多的品牌谈何容易。

过多的广告产品、品牌信息与受众容量形成了尖锐的矛盾。在众多的产品和品牌中，受众购买决策所面临的问题不仅是买什么，更主要的是接受和选择哪一个品牌。如何解决这一矛盾呢？艾·里斯和杰克·特劳特在 20 世纪 70 年代早期提出了“定位”(Positioning)观念，主张在广告策略中运用定位这一新的沟通方法，创造更有效的传播效果。他们认为：“在传播的丛林沼泽中，唯一有效的方法是集中火力于狭窄的目标，实施市场区隔。一言以蔽之，就是‘定位’。”

那么，什么是定位呢？定位就是确定位置。产品定位就是给产品在市场上确定一个位置，即根据消费者对于某种产品的重视程度，面对企业的产品予以明确的市场位置。

广告定位是指广告宣传活动中，企业通过突出商品符合消费者需要的个性特点，确定商品的基本品位及其在竞争中的方位，使消费者树立选择该商品的稳固印象。广告定位能够确保广告活动有明确主要的目标市场，避开盲目的恶性竞争，发挥广告的最大效果。

这里需要说明的是，产品定位与广告定位是两个不同的概念。前者是确定产品在市场上的位置，后者则是确定产品在广告中的位置。但两者又有密切的关系：广告定位是产品定位在广告中的体现。广告定位策划的任务，就是要解决在广告中给产品确定一个什么地位，突出一个什么形象，创造消费者对产品的何种特有印象等问题。广告定位离不开产品定位。产品定位越明确，广告定位才越准确。所以，确定广告定位，应该从产品定位分析开始，产品在人们心目中居于什么地位，能够给人们带来什么好处和利益，知名度和信任度如何，这一切构成了产品在人们心目中的形象(即位置)，这种形象就是广告定位所追求的效果。

反之，广告定位又影响产品定位。一个树立了以消费者为中心的经营思想的企业，应该懂得要提高产品在消费者心目中的地位，就必须首先要有针对性地进行广告宣传工作，并通过广告来实现产品定位，使之引起消费者的注意，进而引导消费者的购买。

7.1.2 广告定位理论的发展

广告定位理论的发展共经历了四大阶段。

1. USP 阶段

在 20 世纪 50 年代左右，美国的罗瑟·瑞夫斯(Rosser Reeves)提出广告应有“独特的销售主张”(Unique Selling Proposition，USP)。他主张广告要把注意力集中于商品的特点及消费者利益之上，强调在广告中要注意商品之间的差异，并选择好消费者最容易接受的特点作为广告主题。

在 50 年代末期，随着产品时代被市场营销时代代替，确立“独特的销售主张”就变得日益困难。但是，USP 理论中的基本思想则被随后的广告思潮所汲取。因而，直至今日，许多广告人把 USP 赋予诸多的现代意义，为当代广告活动所采用。

案例 7-1

宝洁公司洗发水的 USP

美国宝洁公司在洗衣粉、香皂、洗发水等市场上不断开发出自己的同质化系列产品。一开始，广告界人士大多认为，宝洁公司所生产的系列“软性”商品应该注重情感诉求的广告策略。但宝洁公司却依仗 USP 策略这把广告营销的利器，使它的系列洗发用品和洗洁用品狂潮般地占领了许多国家的高档洗发和洗洁用品市场。自 1988 年在中国成功推出“海飞丝”洗发水之后，宝洁公司从消费心理的角度，深入地研究了消费者的不同消费需求及消费习惯等因素，在 1990 年到 1994 年又先后在中国市场推出了“飘柔”和“潘婷”两款不同品牌的洗发水。为了使自己的产品能很快激活消费者的消费欲望，宝洁公司对自己不同品牌的洗发水推出了不同的功能诉求点(USP)。

海飞丝——有效去头屑及防止头屑再生；

飘柔——洗发护发二合一，令你的头发飘逸柔顺；

潘婷——含有维他命 B_5，兼含护发素，令你的头发健康，加倍亮泽；

沙宣——由世界著名护发专家推荐，含有天然保湿因子，使头发润泽发亮；

润妍——适合东方人发质的中草药黑发洗发露。

宝洁公司正是因为采用 USP 向消费者强调了各种产品的特殊功效和利益，从而满足了目标市场中多元化的消费需求，集合了不同偏好的消费群体，使自己的产品在追求个性化的市场中具有强劲的销售力。所以说，成功的 USP 策略再加上频繁的广告重复，是实施“一品多牌”战略的企业使自己的产品打开市场大门的金钥匙。当然，使用 USP 要有长远目光，注意恰当地与品牌形象相结合。瑞夫斯曾说过，“我们深信，太丰富的品牌形象却没有传达诉求点是广告营销的一个极端；但太生或者太裸露的 USP 同样也是一个极端”，“当我们面临这种两难抉择时，最好还是把感觉融合到诉求中去”。

2. 形象广告阶段

20 世纪 50 年代以来，西方经济发达国家的生产得到迅速发展，新产品不断涌现，同类产品在市场上竞争十分激烈。许多广告人通过各种广告宣传和促销手段，不断为企业提高声誉，开创著名品牌产品，使消费者根据企业的名声与印象来选择商品。此时期，涌现出一大批著名的广告人，广告思想都以树立品牌形象为核心，在客观的广告实践上，推动了企业营销活动的开展。这一时期最具代表性的人物就是被称为“形象时代建筑大师”的大卫·奥格威。他的著名命题之一就是：“每一广告都是对品牌印象的长期投资”。

知识链接

广告大师奥格威的广告准则

奥格威是著名的奥美国际广告公司创始人，生于 1911 年英国苏格兰，早期曾做过厨师、厨具推销员、市场调查员、农夫及英国情报局职员。于 1948 年在美国创立奥美广告公司。随后因创作许多富有创意的广告而赢得盛誉。奥美公司在其经营管理下，发展迅速，现今已经成为在世界 53 个国家或地区设有 278 个分公司的国际性跨国广告公司。

大卫·奥格威提出的广告信条，成为当今优秀广告公司的广告运作的参考准则。

(1) 绝对不要制作不愿意让自己的太太、儿子看的广告。诸位大概不会有欺骗自己家人的念头，当然也不能欺骗我的家人，己所不欲勿施于人。

(2) 在美国一般家庭，每天能接触到 1 518 个广告，为了引起消费者注意，竞争变得越来越激烈。如果大众愿意倾听广告者的心声，则其心声必须别具一格。

(3) 广告是推销技术，不是抚慰，不是纯粹美术，不是文学，不要自我陶醉，不要热衷于奖赏，推销是真刀真枪的工作。

(4) 绝不能忘记——你是在花广告主的钞票，不要埋怨广告创作的艰难。

(5) 不要打“短打”，你必须努力，每次都要“全垒打”。

(6) 时时掌握主动，不要等到广告主催促才去做，要用出其不意的神技，让他们惊讶。

(7) 一旦决定广告活动的实施，不要徘徊，不要妥协，不要混乱，要单刀直入地进行，彻底地猛干。

(8) 不要随便地攻击其他的广告活动，不要打落鸟巢，不要让船触礁，不要杀鸡取卵。

(9) 每一个广告，都是商品形象(Brand Image)的长期投资，丝毫不允许有亵渎品牌形象的行为。

(10) 展开新的广告活动以前，必须研究商品，调查以前的广告，研究竞争商品的广告。

(11) 说什么比如何说更重要，诉求内容比诉求技巧更为重要。

(12) 如果广告活动不是由伟大的创意构成的，那么它不过是二流品而已。

(13) 广告原稿，必须是具体地表现商品的文案规范(Copy Platform)，明确地传达商品的功用，寻找商品最大功用是广告作业中最大的使命。

3. 广告定位阶段

1969 年，艾·里斯和杰克·特劳特在美国《产业行销杂志》(*Industrial Marketlng Mgazine*)上发表了一篇名为《定位是人们在今日模仿主义市场所玩的竞赛》的文章，文中使用了“定位”一词。广告定位阶段自 20 世纪 70 年代初期产生，到 80 年代中期达到顶峰，其广告理论的核心就是使商品在消费者心目中确立一个位置。正如艾·里斯和杰克·特劳特所指出的：“广告已进入一个以定位策略为主的时代，想在我们传播过多的社会中成功，一个公司必须在其潜在顾客的心智中创造一个位置。”“在定位的时代，去发明或发现了不起的事物并不够，甚至还不需要。然而，你一定要把进入潜在顾客的心智，作为首要之图。”

4. 整合营销传播阶段

无论是“独特的销售主张”、“品牌形象”还是“定位理论”，都是一脉相承的，在理论上逐步完善起来的，以至于进入 20 世纪 90 年代以后，整合营销传播理论的兴起，也与这些创作理论有一定的继承和联系。

定位理论的重点，在于考虑如何在广告内容上与消费者进行“沟通”。而整合营销传播，又进一步从传播角度提出如何与消费者进行“接触沟通”的问题，把广告表现战略(如何创作广告内容)和广告媒体策略(如何与消费者接触沟通)有机地结合在一起，使与消费者沟通的方法更完美。

这就是广告定位理论的发展和形成过程，从这样的思路来看广告定位理论的形成发展，认识上就会更深刻，对广告定位理论也会有一个完整的认识。

7.1.3 广告定位的意义

1. 正确的广告定位是制作成功广告的基础和前提

在现实的广告活动中，不管你有无定位意识，愿意或不愿意，都必须给拟开展的广告活动进行定位。科学的广告定位对于企业广告战略的实施与实现，无疑会带来积极的、有效的作用，而失误的广告定位必然给企业带来利益上的损失。

2. 正确的广告定位有利于进一步巩固产品定位

在某些情况下，错误的产品定位可以被正确的广告定位所挽救。但需要说明的是，在产品生产之前，必须有正确的产品定位，而一旦确定了产品在消费者心目中的位置，就要竭尽全力保持住这个位置，特别是要借助于正确的广告定位来加以巩固和促进。

3. 准确的广告定位是说服购买的关键

消费者并不会因为广告做得动听、漂亮而购买商品，消费者并不愚蠢，也不会因为自吹自擂就买广告商品。定位要分析的是消费者为了什么理由才可能买你的产品，他们想知道什么，在什么时间，在什么地方想听到或想看到你的广告。正确的广告定位为广告表现提供了最基本的题材。正如很多消费者评价的：“广告的可看性强了，可不知所云的广告更多了”，这正是没有定位或定位不清晰的表现。有准确的定位是评价一个广告作品的重要标志，也是说服购买的关键。

4. 准确的广告定位有利于商品识别、促进销售

在现代营销市场中，生产和销售某类产品的企业很多，造成某类产品的品牌多种多样。广告主在广告定位中所要突出的是自己品牌的与众不同，使消费者认牌选购。尤其在我国整体消费水平还较低的情况下，消费购买需要更多信息，商品之间的差异有时显得很重要，在这种情况下，强调商品区别的广告也会显得很有效。

7.1.4 广告定位策略

广告定位策略可分为实体定位策略和观念定位策略两大类。

1. 实体定位策略

实体定位策略就是在广告宣传中突出商品的新价值，强调广告商品与同类商品的不同之处和所带来的更大利益的一种定位策略。在具体应用上可分为市场定位、功效定位、品质定位、价格定位、外形定位、服务定位等。

1) 市场定位

市场定位就是指把市场细分的策略运用于广告活动，将产品定位在最有利的市场位置上，并把它作为广告宣传的主题和创意。例如，“金利来，男人的世界”，金利来把市场定位在事业成功、追求卓越、具有高品味的成功男士上，“金利来”领带就是身份、地位、荣誉的象征，它能够给消费者带来心理上的满足感；万宝路香烟把产品市场定位于铁骨铮铮的男子汉上，广告中出现的一个个奔放、粗犷、刚毅、奋斗的西部牛仔形象，让消费者感受豪情。

案例 7-2

江中健胃消食片的市场定位

江中制药公司在市场调查中发现，儿童助消化药的主要购买者是 3～12 岁的孩子家长，他们认为是否为“儿童专用”直接影响到他们的购买决策，而且“儿童助消化药”是一个早已形成的市场。知名的制药公司几乎没有涉及儿童这块目标市场。所以将“儿童”作为消费者细分变量，生产“儿童装江中健胃消食片”。

在广告中反复向消费者告知，“专给儿童用的，解决孩子不吃饭问题”，从而吸引家长不断尝试和购买，使“儿童装江中健胃消食片”成为消费者心中该类产品的第一。为了鲜明地让消费者将儿童型与成人型江中健胃消食片区分开，广告片的主角启用了极具亲和力的影视明星肥肥(沈殿霞，已故)，而“成人型江中健胃消食片”电视广告仍继续沿用小品明星郭冬临。

2) 功效定位

功效定位是指从产品的功能这一角度，在广告中突出广告产品的特异功效，使该品牌产品与同类产品有明显的区别，以增强竞争力。例如，中华中草药牙膏除了洗净牙齿的基本功效外，还满足消费者“预防上火，健康牙龈”的特殊需求，具有清热去火的特殊功效；高露洁牙膏将产品定位在防治蛀牙；广州洁银牙膏广告定位突出防治牙周炎，“要将牙病防，洁银帮你忙”；冷酸灵牙膏则突出防治遇冷热酸甜牙疼的功效，“冷热酸甜想吃就吃”。美国宝洁公司仅洗衣粉就设计了汰渍、奇尔、奥克多等 9 种品牌，采用这种多品牌战略，就是从功效上满足不同消费者的需求，或洗涤能力强，或有护色功能，或含有漂白粉等。洗发水中，如“海飞丝，去头屑”等这些都是功效定位。

又如，我们知道，世界上有三大手表生产国(地区)。其中，中国香港表销量从原来落后于瑞士、日本一跃而上，成为三强之首，这其中的奥妙何在呢？

中国香港是一个以金融为中心的地区。它所生产的手表无论从质量还是技术、工艺方面都无法与瑞士的“劳力士”、“雷达”，日本的“西铁城”、“双狮”表相比。香港的手表商经过仔细研究手表市场，发现瑞士、日本的手表虽好，功能却比较单一。香港表若想打入市场，与瑞士、日本的手表竞争，必须独辟蹊径。针对瑞士、日本手表的单一功能定位，香港推出了多功能定位的手表。他们设计制作了时装表、运动表、笔表、链坠表、情侣表、儿童表、计算表、打火表、时差表、报警表、里程表等。香港表因其功能众多畅销全世界，获得空前成功。

3) 品质定位

品质定位是指从商品的品质着眼，通过显示广告商品的质量、优良性能等吸引消费者。例如，“这辆新型劳斯莱斯汽车在时速 60 英里(1 英里＝1 609.344 米)时，最大噪声来自电钟。”用噪声低这样的品质来吸引消费者；“晶晶亮，透心凉”，准确简明地说明了雪碧饮料内不含色素、解热消暑的质量特点；金霸王电池的承诺：“比普通电池耐用多至七倍”，让人觉得品质优良，物有所值；“日丰管，管用五十年”，给人品质优良的印象；康师傅方便面上市之际，把广告定位在“香喷喷，好吃看得见”上，并对这些看得见的香喷喷用料进行了重点宣传；“德芙”巧克力“如丝般的感觉”；雀巢咖啡“味道好极了！”，麦斯威尔咖啡“滴滴香浓，意犹未尽！”，都是从产品品质出发的定位。

突出商品的品质，要具体实在，能让消费者感觉到，不要太抽象笼统。如果使用“质量可靠、性能优良、省优部优、全国一流”这样的广告语言来说明商品的品质，就不会给消费者留下什么印象。

4) 价格定位

利用价格来突出商品的特点，也是一种定位方法。采用价格定位策略，要根据目标市场消费者的消费水平来确定产品价位，可以分为高价位和低价位两种。当产品定位为高档豪华品时，应采用高价位；当产品定位为大众普及品时，就应采用低价位。例如，“世界上最贵的香水只有快乐牌”；“为什么你应该投资于伯爵表，它是世界上最贵的表”，这是一种高价位的策略。雕牌洗衣粉广告：“只买对的，不选贵的”；日本松下电器公司生产的 SL-30 录像机的广告语“用购买玩具的钱买一台高级录像机”，也是一种低价位策略。

价格定位往往可以根据消费者的心理特征来确定。消费者有时会对有些产品追求其象征性价值，得到心理上的满足。一件衬衣，10 元钱卖不出去，100 元却卖出去了，就是反映这样的消费心理。特别是在许多同类产品中，价格往往与质量有一定的联系，采用何种价位策略，应认真研究产品质量特点和消费者的心理状态。

案例 7-3

美国米勒啤酒的广告定位

美国有一家米勒啤酒公司新推出一种“海雷夫”啤酒。广告商开始为该啤酒策划广告时，以豪华的场面为背景，以优雅漂亮的小姐做模特儿，用金纸做外包装，让人看上去同高档香槟差不多。结果给人的印象是，它是一种价格较高的女性享乐饮料，很受妇女和社会中的高收入者欢迎，但这些人多是轻度使用者，米勒公司决定把“海雷夫”献给那些“真正爱喝啤酒的人”。

米勒公司经市场调查发现，根据对啤酒饮用程度的不同，可将消费人群分为两类，一类是轻度饮用者，另一类是重度饮用者，而且其饮用量是轻度饮用者的 8 倍。结果一出来，米勒公司马上意识到他们面对的是怎样一个消费群体：多数为蓝领阶层，年龄在 30 岁左右，爱好体育运动。于是，米勒公司果断地决定对“海雷夫”啤酒进行重新定位，改变其原先在消费者心中“价高质优的精品啤酒”形象。将其消费人群从原先的妇女及社会高收入者转向了“真正爱喝啤酒”的中低收入者。重新定位还表现在米勒公司的新广告上。整个广告是面向那些喜好运动的蓝领阶层的。广告画面中出现的都是一些激动人心的场面：年轻人骑着摩托车冲下陡坡，消防队员紧张地灭火，船员们在狂风巨浪中驾驶轮船……甚至还请来了篮球明星助阵。定位准确了，米勒啤酒销路大开。

5) 外形定位

外形定位是指强调产品的外形特征，以区别其他同类产品，突出自身产品的个性。外形特征包括产品大小、造型、结构、色彩等。许多手机在广告中重点诉求其超薄、超小就是这类定位。高露洁有一种三重功效的牙膏，膏体由三种颜色构成，这种独特的色彩给消费者全新的感受，在广告宣传中突出了产品外形定位。大众汽车金龟车“甲壳虫”的广告语“想想小的好处”，突出轿车小巧的特点，在普遍追求大而豪华的消费观念中异军突起，独占鳌头。

案例 7-4

想想小的好处

作者：威廉·伯恩巴克(William Bernbach)。
产品：德国大众(Volkswagen)金龟车。
标题：想想小的好处(Think Small)(图 7.2)。

图 7.2　想想小的好处

正文：
我们的小轿车并没有多少新奇之处。
一二十个学生恐怕挤不下。
加油站的那伙计也不想答理它。
对于它的外形，从来没有人拿正眼瞧它一下。
事实上，连驾驶我们这种廉价小轿车的人们也没有仔细想过：
一加仑汽油可行驶 27 英里。

5 品脱的汽油顶得上 5 夸脱。(注：1 品脱＝1/2 夸脱＝0.5682615 升，这里意指耗油量仅为其他汽车的一半，难怪加油站的那伙计也不想答理它。)

从来不需要防冻剂。

一副轮胎可以行驶 40 000 英里。

我们为你精打细算，你也觉得习以为常，这便是你根本没去想它的原因。

只有当你能在那狭小的停车点泊车时，当你去更换那小面值的保险卡时，当你去支付那小数额的维修费时，当你开着这金龟车去以旧换新时……

你才想起了小的好处。

6) 服务定位

服务定位是指产品的服务在同类产品中具有明显的优势时，突出强调产品服务。产品服务包括产品的售前、售中、售后服务。许多产品在广告宣传时着力承诺优质服务就属于产品服务定位。

2. 观念定位策略

观念定位策略是指广告策划中根据公众的接受心理，确定商品的附加形象，宣传商品的新理念的一种定位策略。常见的观念定位策略有心理定位、逆向定位、是非定位、比附定位、文化定位、情感定位等。

1) 心理定位

心理定位着眼于产品带给消费者的某种心理满足和精神享受，往往采用象征和暗示，赋予产品某种气质性归属，借以强化消费者的主观感受，如凯迪拉克、奔驰、宝马汽车，都以其豪华气派营造名流象征。法国洋酒在中国市场推广中，为了撑起其价格昂贵的神话，在诉求上采取心理暗示，试图树立起高贵气派的观念，人头马、轩尼诗莫不如此，“人头马一开，好运自然来”，没有任何实质性承诺，完全是心理暗示。

2) 逆向定位

逆向定位是利用有较高知名度的竞争对手的声誉来引起消费者对自己产品的关注、同情和支持，以达到在市场竞争中占有一席之地的广告定位策略。这是针对人们所持有的逆反心理思维而采用的定位策略；采取逆向定位反其道而行之，利用社会上人们普遍存在的同情弱者和信任诚实的人的心理，反而能使广告获得意外收获。

艾维斯轿车租赁公司的“我们第二，所以我们更努力”，这项广告活动就是一个著名的逆向定位战略。艾维斯公司的规模仅次于出租汽车业的“老大”赫兹公司，连年亏损。为走出困境，艾维斯公司决定重新设计自己的广告，其中最成功的是把自己定位于行业第二——“在出租车行业中，艾维斯不过是第二，那么为什么还租用我们的车呢？所以我们更努力!”结果，由于采用逆向定位策略，给顾客和社会留下了良好的印象，公司的经营业绩逐年上升。

3) 是非定位

是非定位又称区别定位和反类别定位，是从观念上人为地把商品市场加以区分。在广告中注入一种新的消费观念，并通过新旧观念的对比，让消费者明白是非，接受新的消费观念。最有名的例子是美国七喜汽水的是非观念定位。

案例 7-5

七喜汽水的是非定位

七喜汽水为了挤进饮料市场，把七喜汽水定位成“一种非可乐型饮料”，人为地创造出一种新的消费观念：饮料分为可乐型和非可乐型两种，可口可乐是可乐型饮料的代表；而七喜汽水则是非可乐型饮料的代表，促使消费者在两种不同类型的饮料中选择。

他们打出的广告标题是：“你过去到现在一直用一种方式思考吗？现在可以改变了。”广告口号则是：“七喜，非可乐。”

这一口号被美国广告界公认为是一个辉煌的、划时代的广告口号，它打破了传统的思维习惯，不是在七喜汽水瓶里找到“非可乐”的构想，而是在饮用者的头脑中找到它。因此，此口号打出的第一年，七喜汽水的销量就上升了15%。

是非观念是一种以守为攻、变被动为主动的定位方法，适用于三流企业、三流产品。这样可以避开一、二流企业的锋芒，另辟市场，从侧面与其展开竞争。

4) 比附定位

比附定位是指通过与竞争品牌的比较来确定自身市场地位的一种定位策略。其实质是一种借势定位或反应式定位。借竞争者之势，衬托自身的品牌形象。在比附定位中，参照对象的选择是一个重要问题。一般来说，只有与知名度、美誉度高的品牌做比较，才能借势抬高自己的身价。

5) 文化定位

文化定位是强调产品悠久浓厚的历史文化特性，突出产品历史文化优越感的定位策略。例如，百年张裕葡萄酒、全聚德烤鸭、诗仙太白酒等都是具有深厚的历史文化底蕴的产品，采取历史文化定位就顺理成章。

案例 7-6

黄鹤楼的文化修炼

奥美广告创始人大卫•奥格威在其品牌形象论中提出“最终决定品牌市场地位的是品牌总体上的性格，而不是产品之间微不足道的差异”。大师观点中品牌性格即品牌个性，没有品牌文化做支撑的品牌个性是空洞而缺乏吸引力的，而没有文化的品牌终将因为缺乏持久的竞争力而被淘汰出局。

3 000 年的荆楚文化为武汉这座城市提供了非常深厚的人文气息内涵，武汉地处两江交汇之地，素有“九省通衢”之称，早在商周时期就是南方连接中原的战略据点。以商代盘龙城为标志，3 500 多年的建城史使武汉积淀了底蕴丰厚的文化。明清以后，武汉逐步发展成为华中地区最大的工商业城市，近现代以来更成为中国的制造业中心和重要工业基地之一。黄鹤楼位于湖北省武汉市，濒临万里长江，雄踞蛇山之巅，挺拔独秀，辉煌瑰丽，素有“天下江山第一楼”之美誉。千百年来，无数文人墨客登临黄鹤楼留下了太多名诗佳句和美好的传说。唐代诗人崔颢一首“昔人已乘黄鹤去，此地空余黄鹤楼。黄鹤一去不复返，白云千载空悠悠。晴川历历汉阳树，芳草萋萋鹦鹉洲。日暮乡关何处是，烟波江上使人愁。”已成为千古绝唱，更使黄鹤楼声名远扬。今天，武烟集团秉承黄鹤楼千年之气韵，精心打造出一款高档卷烟品牌“黄鹤楼”，依托深厚的荆楚文化，为黄鹤楼进行了卓有成效的文化修炼，为品牌注入深刻灵魂。

“黄鹤楼”以金色色系、典藏配方、特色工艺、雅香风格著称，定位为中式经典，以天赐淡雅香示人，形成独特的品牌风格。在黄鹤楼的文化理念中，天赐淡雅香是其神，黄鹤古楼是其形，金色色系是其彩，典藏配方是其魂，特色工艺是其基，方方面面构成了立体的、丰满的、具有独特人文魅力的黄鹤楼品牌文化。而“黄鹤楼 1916”的产品命名，更加反映了对历史、对民族产业的尊重和自豪感。这种历史的厚重与锐意创新的姿态，形成了黄鹤楼体现“传统文化和价值回归”的新价值观，塑造了一种源远流长、经得起时间考验的品牌气质。

6) 情感定位

情感定位是根据产品的目标市场，针对目标消费者，创造性地赋予产品特定的情感，触及消费者心理，使其产生情感共鸣的定位策略。例如，阿尔卑斯奶糖的“真情十年”、邦迪创可贴的“生长难免有创伤”、山城啤酒的“山城啤酒 知心朋友”等广告都体现了情感定位策略。

案例 7-7

黄鹤楼的雅香风格情感定位

什么是定位？品牌应当确定什么样的定位与风格？这是长期困扰品牌管理者的难题，对于烟草品牌的管理者而言，这个命题的难度显然更大。

中国烟民已经熟悉、习惯并认可了云南产卷烟浓郁芳香风格、湖南产卷烟清香雅致感受、上海产卷烟饱满大气体验，很难让他们对其他的香型风格产生兴趣。但是，武烟集团的决策者深知，没有风格支撑的品牌在竞争中只能在他人之后随波逐流，终难成气候。

当“天赐淡雅香”成为黄鹤楼烟草品牌传播语确定下来的时候，黄鹤楼的情感定位也随之确立，一个飘逸、洒脱、自信、脱俗的“雅”字将黄鹤楼的风格演绎得淋漓尽致。这句非常出彩的“天赐淡雅香”，点睛之处在于一个“赐”字，将黄鹤楼的独有、珍贵演绎得淋漓尽致，好似“此物只应天上有，人间难得几回品”；而一个“雅”字则将黄鹤楼雅致、脱俗的风格渲染得入木三分，“雅”既是风格，也是品位，其间可见黄鹤楼动人之处。

这“天赐淡雅香”，不单单是为黄鹤楼标明了风格属性，通过巧妙的情感定位用淡雅香将黄鹤楼从众多的烟草品牌准确、鲜明地区分出来，有别于浓香型、清香型、混合香型等。更重要的是，淡雅香为黄鹤楼品牌注入了深刻灵魂，对于消费者的吸引力已经超越了品牌本身，上升到诉求、响应、共鸣的境界。

观念定位法不仅仅只有上述介绍的几种。由于观念的流动性、可塑性，观念定位法也不拘一格，没有一个固定不变的模式，只要定位能最终抓住消费者的心，有利于广告目的的实现，就是成功的定位。

知识链接

三步营销定位法——从产品定位走向营销定位

1. 找位

满足谁的需要(Who)，即选择目标市场的过程。

在市场分化的今天，任何一家公司和任何一种产品的目标顾客都不可能是所有的人，因为顾客是由形形色色的人组成的群体，你不能使他们都满意；同时也不是每位顾客都能给他带来正价值，优秀顾客带来大价值，一般顾客带来小价值，劣质顾客带来负价值。事实上，诸多企业的营销成本并没有花在带来价值的顾客身上，而花在了不产生价值或产生负价值的顾客身上，浪费了大量的资金和人力。因此，裁减顾客与裁减成本一样重要。中国有个词为“舍得”，舍得舍得，有舍才有得。因此定位的第一步就是裁减顾客的过程，也是选择目标顾客的过程，当然也是顾客选择你的过程。

2. 定位

满足谁的什么需要(What)，即产品定位的过程。

产品定位过程是细分目标市场并进行子市场选择的过程。这里的细分目标市场与选择目标市场之前的细分市场不同，后者是细分整体市场、选择目标市场的过程，前者是对选择后的目标市场进行细分，再选择一个或几个目标子市场的过程。

对目标市场的再细分，不是根据产品的类别进行，也不是根据消费者的表面特性来进行，而是根据顾客的价值来细分的。顾客购买产品，总是为了获取某种产品的价值。产品价值组合是由产品功能组合实现的，不同的顾客对产品有着不同的价值诉求，这就要求企业提供诉求点不同的产品。

3. 到位

如何满足需要(How)，即进行营销定位的过程。

在确定满足目标顾客的需要之后，需要设计一个营销组合方案并实施这个方案，使定位到位。这不仅仅是品牌推广的过程，也是产品价格、渠道策略和沟通策略有机结合的过程。可见，整个营销过程，就是定位和到位的过程，到位也应该成为广义定位的内容之一。例如，东芝的“火箭炮”，定位于“音质绝好”，那么产品配备了“超重火箭炮低音”，并不断改进音质，品牌命名为“火箭炮”，推出较高价位，将其放在高档和专业商店分销，广告推广重点诉求伴音技术。

两位美国人弗雷德·克劳福德(Fred Crawford)和瑞安·马修斯(Ryan Mathews)，通过对世界著名成功公司的研究，总结出他们成功的共同特征：产品稳定、价格诚实、距离便利(容易接近)、独特体验和服务践诺。这基本上与营销的4P要素相吻合。更令人惊奇的是，调查结果显示：最出色的公司也只是在5个属性中的一个属性方面有绝对优势，在另一个属性上保持领先，而在其他3个属性上保持平均水平。这就使每一家公司面临着选择：把哪一个属性做得最出色，把哪一个属性做得优秀，而把哪3个做成平均水平。这是一个取舍的过程，也是营销定位的过程。营销定位成功的例子比比皆是(而非产品差异化)，戴尔电脑成功于易接近性，星巴克成功于独特体验，沃尔玛成功于天天低价，而他们的产品并非与别人有多大的不同。

总之，营销定位法的核心是在确定目标市场后，通过对目标市场的细分找到产品差异化的定位点，然后通过营销组合来突出这一定位点，或固化这一定位点。如果无法找到产品差异化的定位点，那么就在营销差异化方面找到定位点。

(资料来源：屈云波.营销方法[M].北京：企业管理出版社，2005.)

7.2 广告表现策略

广告表现就是借助各种手段将广告的构思、创意转化为广告作品的过程，即创意的物化过程。广告表现的好坏直接影响广告效果的实现。

7.2.1 广告表现的含义

1. 广告表现的内涵

广告表现就是把有关商品、劳务和企业等方面的信息，通过广告创意，运用各种符号及其组合，以形象的、易于接受的形式表现出来，达到影响消费者购买行为的目的。广告表现的最终形式是广告作品，这个概念包含下面几层意思。

1) 广告表现的内容有一定的范围

从大的方面看，主要是有关商品、劳务和企业方面的信息。具体到一则广告作品中，其内容则要根据这次广告活动的目的来决定。由于一则广告作品的信息含量有限，广告所表现的内容需要经过浓缩、加工，要求具有丰富的内涵，必须摘取精华，高度概括，突出诉求重点，成为消费者容易接受和理解的信息，从而形成较强的说服力，给消费者留下深刻印象。

2) 广告表现是一种创造性活动

广告不可能强迫消费者接受某些信息，只能通过艺术手法吸引和影响消费者，引起注意，促使其产生兴趣。所以广告不仅仅是商品、劳务、企业信息的简单再现，而是凝聚了广告人智慧的一种创造性的表现与表达。广告需要借助于文学、绘画、舞蹈、电影、电视等多种艺术门类的表现手段和方法，将它们创造性地加以组合。如果广告作品缺乏创造力，就难以有感染力，枯燥无味，则不能吸引目标受众。

3) 广告作品是广告创意的物化形式

广告作品是广告信息的载体，是广告客户与消费者的交接点，是联系广告主与消费者的纽带和桥梁。广大消费者是通过广告作品来认识和了解有关的商品和企业的。广告创意中那些独特新颖的“Ideas(想法)”要通过广告作品中的主题、色彩、构图、故事情节、广告形象、音乐音响等来加以表达，将它们物化为一件广告作品。如果广告作品不能有效地传达广告创意中的那些“Ideas”，势必会影响广告的传播效果，达不到预期的目标。

4) 广告作品能提供商品信息

广告作品并不是纯粹的艺术品，广告作品具有欣赏价值，具有艺术性，这些只是手段，更重要的是提供商品信息，艺术性是为了影响消费者的感官，促使其产生购买欲望，促成购买行为。创作广告作品，必须认识到这一特性，处理好艺术与广告目标的关系。大卫·奥格威曾经说过，你的广告是要销售量，还是掌声，答案是前者。广告创作必须与销售、利润、品牌密切联系在一起，其艺术性才有价值。

5) 广告创作体现集体智慧

广告创作活动是个人能动性和集体智慧的结合。广告创作的成果，是众人智慧的结晶，是众人能力和作用的集合。在广告作品的形成过程中，个人的作用是必要的，但集体的创作更要重视。要注意发挥广告创作小组的作用。

2. 广告表现的法则

一则成功的广告作品，应符合 AIDMA 法则，即要能吸引注意→唤起兴趣→激发欲望→增强记忆→促成购买。AIDMA 法则也称 AIDMA 理论，本书第 2 章已做详细介绍，这里不再赘述。

7.2.2 影响广告表现的因素

广告表现应该采取哪些方式？怎样才能获得成功？达到广告的目的，主要取决于下面几个因素。

1. 广告主状况

广告主企业处于什么状况，对广告表现影响极大。主要包括：企业生产经营的基本情况，如产品特别是广告商品的质量如何，在消费者心目中处于什么位置，印象如何；流通渠道是否畅通，经销系统是否健全、运转正常；企业文化建设成就如何，企业经营理念、企业形象等状况如何；广告之外有哪些促销活动等。广告有成功的表现，首先就要企业有较好的表现条件，为运用各种表现手法奠定基础。大卫·奥格威说得好：广告的内容比表现内容的方法更重要。有些企业不注重自身建设，不在提高产品或服务质量上下工夫，就难以有上乘的广告内容，企图通过一些广告表现手法哄骗消费者，那是没有用的，广告也不会取得成功。

2. 广告商品特征

广告商品特征也是影响广告表现的重要因素。要认真研究和认识广告商品的特征，研究其在人们日常生活中、在市场中和在社会中的位置。某一商品是高档品还是大众用品，对于人的生活有哪些特殊的用途，产生哪些特别的价值；在市场中所处的生命周期、市场占有率如何，与同类商品比较，有哪些特别之处，在消费者的心目中地位如何；竞争对手具有哪些特色，采取哪些销售策略和广告策略等；对于自然环境、人体健康和安全有哪些影响和作用等。如果广告商品是一高档化妆品，其表现基调就应该高雅、优越；如果是药品，就不仅要突出其疗效，还要注意介绍正确的用药方法；如果是汽车，具有环保方面功能的表现就不应忽视。

3. 消费者特性

任何一个企业和产品，都是为特定的消费群体服务的，因此，广告是向目标消费者进行信息传播的，具有针对性。目标消费者的性别、年龄、职业、受教育程度、家庭状况、经济收入等基本情况，和由此产生的价值观念、社会态度、消费方式、购买行为及鉴赏水平等，都对广告表现有很大的影响。目标消费者不同，对广告表现的要求也会不一样。如不注意把握目标消费者的特性，一味依凭自己的认识，盲目追求创作感觉，其结果只能是孤芳自赏，不会产生理想的传播效果。

4. 时代特色和人文特征

当前社会处于何种状态、有什么样的时代特征、价值观走向、社会道德标准、流行趋势等方面，都是广告表现所要考虑的内容。广告是时代和社会的一面镜子，一方面是反映广告内容再现了当时社会、经济、文化等实际状况，另一方面也要求广告表现要顺应社会发展潮流，符合当代人们的思想认识，这样，所传递的信息内容才易于被目标受众接受。另外，广告地区的人文特点也要特别注意，如不同地区、民族对色彩的不同认识，语言表达具有不同方式和含义等，也都对广告表现产生影响。

7.2.3 广告表现的载体

广告主要是运用语言、图像等符号系统来表现有关信息内容的。从符号分类上看，广告表现载体可分为语言文字和非语言文字两大系统。

1. 语言文字系统

语言文字系统即广告作品中的语言文字部分，包括平面广告中的标题、正文、随文、标语口号，广播电视广告中的解说词，以及商标、商品名称、价格、企业名址等。有无声语言和有声语言之分。平面广告中，大部分采用无声语言，广播和电视广告的语言都是有声的，但出现在电视屏幕上的广告文案也可以说是无声的。网络媒体运用多媒体技术，兼具平面媒体和广播电视媒体的特性，广告语言更能有效地刺激受众的感官。

运用语言文字来表现广告信息，需要掌握以下三个特点。

1) 要掌握好词语创造的随意性特点

词语是能够随意组合的，但必须约定俗成，符合社会语言习惯和承受能力。创造和产生新的词语，要在人们能接受和理解的基础上进行。

2) 要掌握好语言开放性的特点

在语言的选择上，既要扬弃，又要吸纳，创造活泼、生动、贴切、富有刺激性的广告语言是无止境的。要深切感受生活，丰富想象，敢于创新。

3) 注意需要非语言符号的补充

当语言表现已穷尽其力时，应注意运用非语言手段来表现、配合。广告往往能够创造流行语，这种语言之所以能够流行，就在于恰当地运用了语言文字的符号系统。广告语言有特殊的表达方式，要意义明确、语句贴切；简明易记、饶有趣味、具有独创性；还要能够与商品有密切联系。这是有无限创造力的领域。

汉语言有着丰富的文化底蕴，为广告创作运用语言文字系统提供了广阔的天地。但需要引起广告创作者注意的是，语言文字的运用、创新，不能影响中华民族文化的健康发展，不能伤害传统语言精髓的承继。在一些广告作品中，随意运用谐音，滥用成语等是不能提倡的创作倾向。

2. 非语言文字系统

非语言文字系统即语言之外的能够传递信息的一切手段。在广告表现中，非语言主要有图像、色彩、构图、音乐音响等要素。

1) 图画

平面广告中的插图，包括绘画和照片两个部分，电视广告中的摄影面可视为一种活动的图画。运用图画，可以直观地表现广告商品，增加注意力和说服力。

2) 色彩

色彩是广告表现的一种重要手段，能够刺激受众，形成品牌个性与风格，产生强烈的心理效果，产生联想，促进购买。

3) 构图

构图就是对构成广告作品的元素进行编排和布局，以能达到最佳的视觉效果。

4) 音乐、音响

在广播和电视等广告中，经常要运用音乐和音响，以增强广告的艺术表现力和打通消费者的多个感觉系统。音响有环境音响、产品音响、人物音响等。音乐可进行原创或从现有的作品中选用。

其他还有广告情节、广告人物形象等，也是非语言文字手段，也属于广告表现的构成要素。

7.2.4 广告表现策略

广告表现策略，也称广告诉求策略，是指用语言和非语言形式把广告创意反映在广告作品中的诉求方式。一般地说，应根据不同的产品特点、不同的消费者特点，采取不同的表现策略。从广告诉求角度来看，常见的广告表现策略有三种：理性广告表现策略、感性广告表现策略、情理交融的广告表现策略。

1. 理性广告表现策略

理性广告表现策略是指直接向消费者实事求是地说明产品的功能、特点、好处等，让接受信息的消费者进行理性的思索，做出合乎逻辑的判断、推理和选择。当广告集中宣传产品特性、性能、购买利益时，阐述最重要的事实并做利益承诺是最常用的手法。阐述的语言要求精炼、准确。经常采用直接陈述、提供数据佐证、列图表、与同类产品类比等方法，提供给诉求对象以信息。例如，总督牌香烟有 20 000 个滤嘴颗粒过滤；小天鹅洗衣机 7 500 次运行无故障；乐百氏纯净水的“27 层净化”；富康轿车：座椅 30 万次耐久性实验、288 小时整车暴晒考验、50 000 次车门开启耐久性实验、4 000 公里轮侧冲击实验、3 800 多个焊点逐一撕裂实验等。理性广告表现策略多用于工业品及高档耐用消费品的宣传。

根据不同的分类标准，理性广告表现策略有以下这些类型。

1) 一面诉求和两面诉求

一面诉求是指只向消费者介绍本企业产品的优点，其他方面只字不提。一面诉求对受教育程度低的人有效。例如，舒肤佳以“除菌”为轴心概念，诉求“有效除菌护全家”，并在广告中通过踢球、挤车、扛煤气罐等场景告诉大家，生活中会感染很多细菌，用放大镜下的细菌“吓你一跳”。然后，舒肤佳再通过“内涵抗菌成分‘迪保肤’”之理性诉求和实验来证明舒肤佳可以让你把手洗“干净”，另外，还通过“中华医学会验证”增强了品牌信任度。

两面诉求是指既指出本产品的优点，同时也指出其微不足道的缺点。此法难度较大，慎重使用。两面诉求对受教育程度高的人有效，对文案的见解最初持反对意见的人，由于两面诉求也有可能会改变态度。

2) 鼓励诉求和恐怖诉求

鼓励诉求是指在广告文案中使用肯定的语言告之消费者选用此商品的正确性。有时此种文体采用奖励形式出现在广告文案中。如金龙鱼的“1∶1∶1”。看似简单的“1∶1∶1”概念，配合“1∶1∶1 最佳营养配方”的理性诉求，既形象地传达出金龙鱼由 3 种油，即花生油、菜籽油与色拉油调和而成的特点，又让消费者“误以为”只有“1∶1∶1”的金龙鱼才是最好的食用油。虽然对“1∶1∶1”的概念有所怀疑，却也让中国的消费者真正认识了调和油。

恐怖诉求是指利用人们害怕生病、衰老、死亡等恐惧心理，提醒消费者购买或使用某种商品可能避免的不利。例如，两面针的电视广告就是利用人们对病菌危害人体健康的恐惧，在广告中宣称，只要使用两面针，就可以消除病菌。又如，某席梦思床垫曾在报纸上刊登一只全身长满黑毛的大昆虫，并在画面旁写道：“此乃一只温带臭虫。它吸血，最喜欢席梦思里暖融融的温馨。也许您今天夜里就跟它相伴而眠。”广告接着介绍该公司生产的新型席梦思，是用一种让温带臭虫讨厌的材料制成的。读者看了广告后，惊恐之余纷纷解囊抢购，广告效果可想而知。

案例 7-8

禁毒电视广告

有一则禁毒的电视广告堪称恐怖诉求的经典：画面中展示一个天真无邪的小男孩刚刚学会爬行，独自在家里爬来爬去，对事物的好奇，竟使他扶着桌沿，颤抖着双腿，从桌子上拿起一把锋利的匕首。在不懂世事的孩童眼里，匕首成了他的一个玩具，一会儿用细嫩的小手拿着锋利的刀刃；一会儿轻轻扬起胳膊，匕首从眼际一擦而过；一会又将匕首伸向口中……广告在最后，打出“吸毒，犹如稚嫩的孩童玩刀，会给身体造成伤害”的主题。整则广告没有出现任何血腥、恐怖的画面，但小男孩的一举一动却牵动着每一个观众的心，匕首可能给小男孩造成的伤害，让人将心紧紧地提到嗓子眼。惊恐之余，让人有所领悟，成人吸毒犹如儿童玩刀，都会给自身造成无法估量的损害，广告所给人心理上造成的震撼力不言而喻。

3) 直接诉求和间接诉求

直接诉求是指直截了当地叙述诉求点，赤裸裸地表示说服企图，可正向诉求，也可正话反说，是最经济的表达方式。

间接诉求是指婉转地表达说服意图，作用是促使消费者改变已有的态度，但如果消费者不能充分理解广告主意图时，就会毫无效果。在比较广告和隐蔽的刺激广告中常采用这种表现方式。

4) 先后法诉求和详细法诉求

先后法诉求是指在广告创作时，把主要的诉求信息放在开头部分，结尾时再用不同的语言予以重复，而在中间部分进行要点解说。

详细法诉求是指按照广告诉求信息的重要性、新颖性，具体地予以删减、排序。此法是根据消费者购买决策习惯总结出来的，实用性强。

2. 感性广告表现策略

感性广告表现策略是指依靠图像、音乐、文字的技巧，诱导消费者的情绪，使其产生购买欲望的一种广告表现形式。这种策略主要是运用情感对购买行为的支配作用，通过以情感人的方式求得广告效果的完善。对于化妆品、食品或礼品等都可以运用这一策略。这种广告策略把商品的特性、用途结合于人们的心理感受，以喜怒哀乐的情感方式在广告中表达出来，营造消费者在使用该产品后的欢乐气氛，给消费者以心理上、情绪上的满足。这种易于引发消费者的丰富想象，易于引发消费者对产品产生情感联系的广告策略，可以使消费者对该产品保持较长时期的好感。人的行动往往可能受到感情的支配，广告一旦激发起人们的产品情感，消费者很可能接着会产生购买行动。消费者的情感主要有：爱情、亲情、乡情、友情、同情、恐惧、生活情趣等，还包括满足感、成就感、自豪感、归属感等。例如，孔府家酒《回家篇》电视广告，广告语“孔府家酒，叫人想家”，就是典型的感性诉求。

案例 7-9

保健品“金日心源素”的广告文案

广告标题：从心出发，关心父母。

广告正文：

小时候一直不知道爸爸为什么总是对自己那么严厉，所以和爸爸总是亲近不了。

直到有一天，自己有了孩子，才突然明白，天下父母的心都是一样的。

这时候，想对爸爸有所表示，心里面的话却总是说不出口。

其实说不说出来并不重要，重要的是：从心出发，关心父母。

我把金日心源素送给父母，我知道，爸爸的健康一定要从心开始。

先清后补，贯通气血。

让爸爸胸不闷，气不喘，睡得好。

广告口号：心好，一切都好。

广告先回忆童年时对父亲的感觉，再谈自己成年后对父亲的重新认识，突出了一种“亲情”意境，使广告颇具感染力和吸引力，然后将“金日心源素”作为送给父亲的礼物，就是一种典型的感性诉求和表现策略。

感性表现策略容易引人注目，但使用时需注意只有在品牌特性很难明显地用语言表述时和广告主不喜欢明确表现时，诉之于情才会有效。否则就会显得牵强、做作，达不到应有的效果。

感性表现手法主要来源于日常生活中最易激发人们情感的生活细节，具体可分为生活片断型、歌曲型、解决难题型、演出型、幽默型。

1) 生活片段型

生活片段型表现手法是指模拟某一类似真实生活场面，表现两人谈论或使用商品情况，以此来证实商品给消费者带来的收益。

案例 7-10

雕牌洗衣粉电视广告脚本——懂事篇

画面一：母亲亲吻酣睡的爱女，摇头叹息。小女儿 6～7 岁。《广州时报·求职广场》放于桌上，母女合影照片立于侧。

画面二：小女儿趴在枕头上。猛醒，满脸忧愁，若有所思。

(配音)女儿：妈妈最近总是唉声叹气。

画面三：母亲在招工启事广告栏前徘徊。

画面四：小女儿的背影，转头微笑，疾跑。

(配音)女儿：我要给妈妈一个惊喜。

画面五：小女儿在家中将脏衣服收集于盆中。搬凳子上柜台，拿出一袋雕牌洗衣粉，盛满一勺，放于盆中。随后端盆跑入卫生间。

(配音)女儿：妈妈说，雕牌洗衣粉只要一点点就能洗好多好多的衣服。可省钱了。

画面六：小院，小女儿将衣服一件一件晾于绳上。

(配音)女儿：看我洗得多干净。

画面七：小女儿可爱天真的面庞，笑容灿烂。

画面八：家中，小女儿坐在沙发上渐渐睡着。母亲自门外归来，见小女儿已睡熟。放下肩上的包，拿起茶几上的纸条。

画面九：(小女儿稚嫩的字)妈妈，我能帮您干活了。

(配音)女儿：妈妈，我能帮您干活了。

画面十：母亲的手颤抖，眼泪夺眶而出。低头亲吻睡梦中的爱女。音乐，小提琴独奏。

雕牌洗衣粉，字幕：只买对的，不选贵的。

雕牌——中国驰名商标。

画面定格商标。字幕：浙江纳爱斯公司。男声旁白：浙江纳爱斯公司。

【案例评析】

第一，把握时代的脉搏。在市场经济条件下，国有企业机制改革是大势所趋。大量的国企职工下岗正是这一变革时期的产物。过去，他们为中华人民共和国作出过奉献；现在，他们又要为改革付出牺牲。他们是弱势群体。他们在现实生活中所遇到的困难引起了全社会的关注和同情。广告创意者抓住了这一点，使雕牌具有了时代的气息。同时，也更贴近社会大众。

第二，把握传统文化。中华民族是一个重亲情、重家庭的民族。俗话说：百善孝为先。广告创意者深谙“穷人的孩子早当家”的道理，把纳爱斯公司企业文化建筑在中华民族传统文化的基础之上。真可谓，家庭用品进入家庭。

第三，把握情感诉求。现代社会中，人与人之间的直接交流却越来越少，以至于许多人批评现代社会缺乏人情味，并渴望获得真情。广告创意者以情为切入点，通过表现母女间的亲情，抓住了对感情有着深切渴望的人的心。全篇的声音部分都是以一个女孩子的口吻来表现的。给人以亲切自然的感觉。作者并没有运用赤裸裸的商业诉求形式，而是把雕牌的品牌特点和纳爱斯企业文化与人间的亲情紧密地融合在一起，以情感人，以情动人，以情服人。

第四，把握画面色彩。全篇画面的色彩柔和协调，并没有过于刺激的颜色和奢华的视觉效果，也没有给人以平淡的感觉。正如母女那平常却又感人至深的亲情一般，应验那句老话：平平淡淡才是真，美到极处是真实。

2) 歌曲型

歌曲型表现手法是指利用广告歌曲的形式传达广告主题。

形象广告主要以歌曲的音乐来表现广告主题，这种方式很容易引起消费者情绪和情感上的共鸣。优秀的广告歌曲不仅能引发消费者的好感，加深对广告的印象，而且还能变成这种品牌的标志，使人们一听到这种音乐和广告歌曲就联想起这种品牌的商品。在现代广告表现手法中这是最受人们欢迎的广告形式。

案例 7-11

多芬洗发水广告歌

拉直，卷烫，或晒晒阳光，再添点色彩，加点奔放，这就是我最爱中的几样。就算发丝干枯受损，变得一团糟，只要想起多芬我的最爱，秀发柔顺，一触难忘。

案例 7-12

五粮液“仙林青梅果酒”形象广告歌

青山高，云水长，青梅果儿已熟了。青山高，云水长，仙林花儿已开了，我盼阿哥回家乡。泪水流满了村边的小河，心里唱起思念的情歌。青山高，云水长，青梅果儿已熟了，我盼阿哥回家乡，美酒流满了村边的小河，心里唱起思念的情歌。

青山高，云水长，仙林花儿已开了。我盼阿哥回家乡，泪水流满了村边的小河，心里唱起思念的情歌。青山高，云水长，青梅果儿已熟了，我盼阿哥回家乡。美酒流满了村边的小河，心里唱起思念的情歌。山山水水永不分，风风雨雨常相随，青梅竹马情儿深，仙林青梅心儿醉。(图 7.3)

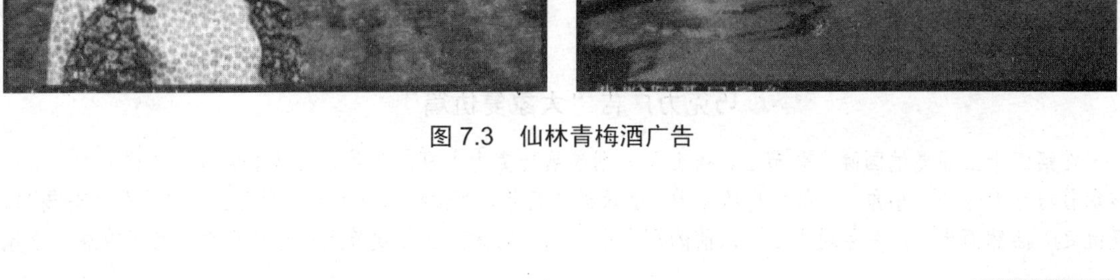

图 7.3　仙林青梅酒广告

图 7.3　仙林青梅酒广告(续)

案例 7-13

黄鹤楼形象广告歌

她从画中来，彩云丹顶鹤。明月吹玉笛，紫气相引约。何来空悠悠，古今无已楚天秀。千杯恩，十年舞，此去漫天游。情悠悠，黄鹤楼，黄鹤楼，情悠悠。千年盼归，万古绝唱黄鹤楼。千年盼归，万古绝唱黄鹤楼。

案例 7-14

五粮春形象广告歌

一江春水情不尽，我梦绕魂牵；一夜春雨梦不休，你多情缠绵；
一朝春露万花开，我美丽无限；一日春风人心暖，你风情万千；
一生情深似海，爱到春潮滚滚来。五粮春光灿烂，香醉人间三千年。

3) 解决难题型

解决难题型表现手法是指广告主把消费者经常碰到的难题，用夸张的手法展现出来，然后出现产品形象或介绍产品的优点，以此帮助消费者解决难题。

4) 演出型

演出型表现手法是指将广告编成一个节目，以此增强娱乐性，从而获得观众的注目。演出型广告由于表现题材固有的情绪形象的形成而带来改变品牌形象的效果。这一形式除喜剧小品型外，还可采用漫画型、音乐节目型、故事型等其他灵活多变的类型。

5) 幽默型

幽默型表现手法是指用幽默的人物或情节，表现广告内容，完成产品或服务诉求。幽默式诉求能使广告内容生动逗趣、俏皮轻松，因而很受消费者的欢迎。但在使用幽默表现广告内容时，切忌出现庸俗噱头和无理取闹的场面，否则会适得其反，易使消费者产生反感心理。

案例 7-15

巧克力广告“大象复仇篇”

在第四十三届戛纳国际广告节上，播出了一则参展巧克力电视广告片，其基本情节是这样的：一个小孩拿着巧克力逗一头小象，小象想吃巧克力，小孩见此情景，连忙把巧克力吞进肚里。小象感到十分委屈，复仇之心油然而生。许多年过去了，以前的那个小孩已经长大，在狂欢节上猛吃巧克力。受了委屈的小象也长大了，并且认出了猛吃巧克力者正是以前令它伤心的那个小孩，“新仇旧恨”一齐涌上心头，猛地一鼻子甩过去将其打翻……这则广告在轻松的笑声中，用幽默的人物或情节，表现广告内容，让人们仿佛闻到了巧克力的诱人香味。

3. 情理交融的广告表现策略

广告诉求的两种最主要方法各有优势也各有欠缺。理性诉求对完整、准确地传达广告信息非常有利，但是由于注重事实的传达和道理的阐述，往往会使广告显得生硬、枯燥，影响受众对广告信息的兴趣。感性诉求贴近受众的切身感受，容易引起受众的兴趣，但是过于注重对情绪和情感的描述，往往会影响对广告信息的传达。因此，在实际的广告运作中，常常将两种诉求方法合起来，即在广告诉求中，既采用理性诉求传达客观的信息，又使用感性诉求引发受众的情感，结合二者的优势，以达到最佳的说服效果。这种诉求策略，就是情理结合的广告诉求策略。情理结合诉求手法的基本思路是：既采用理性诉求传达客观信息，又用感性诉求引发诉求对象的情感共鸣。它可以灵活地运用理性诉求的各种手法，也可以加入感性诉求的种种情感内容。

情理结合广告在内容方面最突出的特性就是理性内容和感性内容的完美结合。理性内容偏重于客观、准确、公正，较有说服力，感性内容偏重于亲切、自然、生动，在亲和性方面更为突出，二者结合能够最大限度地加强广告信息的趣味性和说服力。

情理结合手法在广告文案的写作及广告运作中更为常用，但前提是产品或服务的特性、功能、实际利益与情感内容有合理的关联。

案例 7-16

星辰表的母亲节广告

星辰表的母亲节广告文案如下。

妈妈以时间换取我的成长：

推动摇篮的手就是统治世界的手，也是最舍不得享受的手。

1/4 的妈妈没有表：

不是买不起，只是她认为在家里忙家务，戴不戴手表都无所谓，何不把钱省下来做家用。

1/2 的手表是旧表老表：

妈妈们的手表至少有一半以上是旧表老表，有的是结婚前的，有的甚至是儿女嫌旧不要的……她们舍不得享受，即使是旧的，她们也认为蛮好的。

3/4 的妈妈还要戴表：

虽然妈妈经常为了料理家务而不方便戴表，但是她们偶尔外出购物、访友、娱乐身心时，她们需要佩戴一只表。

向伟大的母亲致敬，别再让母亲辛苦的手空着。本公司为庆祝母亲节，特地洽请星辰表提供最适合母亲佩戴的女表 5 000 只，即日起到 5 月 11 日，以特别优惠价供应，欢迎子女们陪同母亲前来选购，送母亲一份意外的惊喜。

【案例评析】

1. 广告诉求

把有关商品、劳务和企业等方面的信息，通过广告创意，运用各种符号及其组合，以形象的、易于接受的形式表现出来，达到影响消费者购买行为的目的，就是广告表现。这是一则母亲节广告，是属于想刺激消费者马上做出反应的直效广告，该广告采用的是理性与情感相结合的表现(诉求)策略。诉求内容是人性永恒主题，直切公众关心焦点。

2. 成功之处

(1) 由于是在当地母亲节期间所做的手表广告，文案贯穿着子女孝敬母亲这样的主题。这同样也是受众们在这一段时间里经常思考的问题。对于受众中的大多数人来说，理性思考的指数是异常明确的。可问题是孝敬母亲，未必就一定要赠送星辰表。因此，广告表现如何来起到吸引注意、引起兴趣、激发欲望、促使行动效果就显得十分重要。广告必须在引发受众购买星辰表的欲望方面发挥作用。

(2) 这则广告所确定的情感基调是："母亲以时间换取我的成长。"然后富有层次感地进行诉求。先是陈述了 1/4 的母亲没有表这样一个事实。妈妈将本可用来购买表的钱都花到家用上了(这样的母亲并不鲜见)。那么是不是该给至今没有表的妈妈买只表了呢？受众看到这里，每每心有所动。紧接着，又往前推进一步，指出：1/2 的母亲戴的是旧表、老表。抚育子女成长、终年辛劳的妈妈，即使有表，戴的也是早该淘汰的老表、旧表。

广告的潜台词是：妈妈有表就可以不为她买表吗？接着，广告又继续推进，提醒人们：3/4 的母亲还要戴表。妈妈毕竟有许多需要戴表的时候。广告在诉求过程中可说是情理交织，环环相扣，层层推进。至此，要为妈妈买一只表，已经成为子女们的无可抑制的强烈欲望。这时，广告及时地将想要为母亲买表的受众的目光，引向了星辰表。以星辰表母亲节的特供表促销，进一步激发消费者的购买欲望，并为星辰表赢得了消费者。

本 章 小 结

本章介绍了广告定位策略及广告表现策略。广告定位是指广告宣传活动中，企业通过突出商品符合消费者需要的个性特点，确定商品的基本品位及其在竞争中的方位，使消费者树立选择该商品的稳固印象。广告定位理论的发展共经历了四大阶段：USP 阶段、形象广告阶段、广告定位阶段、整合营销传播阶段。广告定位策略可分为实体定位策略和观念定位策略两大类。实体定位策略就是在广告宣传中突出商品的新价值，强调广告商品与同类商品的不同之处和所带来的更大利益的一种定位策略。在具体应用上可分为市场定位、功效定位、品质定位、价格定位、外形定位、服务定位等。观念定位策略是指广告策划中根据公众的接受心理，确定商品的附加形象，宣传商品的新理念的一种定位策略。常见的观念定位策略有心理定位、逆向定位、是非定位、比附定位、文化定位、情感定位等。

广告表现就是把有关商品、劳务和企业等方面的信息，通过广告创意，运用各种符号及其组合，以形象的、易于接受的形式表现出来，达到影响消费者购买行为的目的。影响广告表现的因素有广告主状况、广告商品特征、消费者特性、时代特色和人文特征。广告主要是运用语言、图像等符号系统来表现有关信息内容的。从符号分类上看，广告表现载体可分为语言文字和非语言文字两大系统。广告表现策略，也称广告诉求策略，是指用语言和非语言形式把广告创意反映在广告作品中的诉求方式。从广告诉求角度来看，常见的广告表现策略有三种：理性广告表现策略、感性广告表现策略、情理交融的广告表现策略。

思 考 练 习

一、单选题

1. 广告定位观念源自于(　　)两位著名的广告人艾克·里斯和杰克·特劳特。

A. 英国　　B. 德国　　C. 美国　　D. 法国

2. 根据哈佛大学心理学家米勒的研究，一般人不能同时与(　　)个以上的单位打交道。

A. 5　　B. 6　　C. 7　　D. 8

3．(　　)理论的核心就是使商品在消费者心目中确立一个位置。

A．USP 阶段　　B．形象广告阶段　　C．广告定位阶段　　D．整合营销传播阶段

4．“海飞丝、去头屑”的定位形式属于(　　)。

A．市场定位　　B．功效定位　　C．品质定位　　D．价格定位

5．“德芙”巧克力“如丝般的感觉” 应用的是(　　)。

A．市场定位　　B．功效定位　　C．品质定位　　D．价格定位

6．雕牌洗衣粉广告：“只买对的，不选贵的”应用的是(　　)。

A．市场定位　　B．功效定位　　C．品质定位　　D．价格定位

7．“人头马一开，好运自然来”，应用的是(　　)。

A．价格定位　　B．心理定位　　C．功效定位　　D．文化定位

8．艾维斯轿车租赁公司的“我们第二，所以我们更努力”应用的是(　　)。

A．价格定位　　B．心理定位　　C．功效定位　　D．逆向定位

9．广告语“孔府家酒，叫人想家”，就是典型的(　　)。

A．理性诉求　　B．感性诉求　　C．品质诉求　　D．文化诉求

10．(　　)是指在广告文案中使用肯定的语言告之消费者选用此商品的正确性。

A．鼓励诉求　　B．恐怖诉求　　C．一面诉求　　D．两面诉求

11．星辰表的母亲节广告的表现策略属于(　　)。

A．理性广告表现策略　　B．感性广告表现策略

C．情理交融广告表现策略　　D．恐怖广告表现策略

12．巧克力广告“大象复仇篇”的广告表现策略是(　　)。

A．生活片断型　　B．歌曲型　　C．解决难题型　　D．幽默型

二、多选题

1．广告定位理论的发展共经历了(　　)阶段。

A．USP 阶段　　B．形象广告阶段

C．广告定位阶段　　D．整合营销传播阶段

2．广告定位策略可分为(　　)两大类。

A．模拟定位策略　　B．实体定位策略

C．观念定位策略　　D．价格定位策略

3．常见的观念定位策略有心理定位、逆向定位、是非定位、比附定位和(　　)等。

A．价格定位　　B．文化定位　　C．功效定位　　D．情感定位

4．应用文化定位策略的广告有(　　)。

A．雀巢咖啡　　B．百年张裕葡萄酒

C．全聚德烤鸭　　D．诗仙太白酒

5．广告表现主要取决于(　　)及时代特色、人文特征等因素。

A．广告主状况　　B．广告商品特征　　C．消费者特性　　D．产品价格

6．从符号分类上看，广告表现载体可分为(　　)两大系统。

A．有声　　B．无声　　C．语言文字　　D．非语言文字

7．从广告诉求角度来看，常见的广告表现策略有(　　)。

A．形象广告表现策略　　B．理性广告表现策略

C．感性广告表现策略　　D．情理交融的广告表现策略

三、判断题

1．广告定位是产品定位。　　(　　)

2．在一些广告作品中，随意运用谐音，滥用成语等，这是应该提倡的创作倾向。　　(　　)

3．文化定位是广告定位中的实体定位策略。　　(　　)

4．广告定位理论的发展共经历了四大阶段：USP阶段、形象广告阶段、广告定位阶段、4CS阶段。（　）

5．广告主要是运用语言、图像等符号系统来表现有关信息内容的。（　）

6．广告的感性诉求策略一般用于消费者需要经过深思熟虑决定购买的产品或服务，如高档耐用消费品、工业品等。（　）

7．广告表现载体可分为语言文字和非语言文字两大系统。（　）

8．两面诉求是指既指出本产品的优点，同时也指出其微不足道的缺点。（　）

9．感性广告表现策略是指依靠图像、音乐、文字的技巧，诱导消费者的情绪，使其产生购买欲望的一种广告表现形式。（　）

10．情理结合诉求手法的基本思路是：采用理性诉求传达客观信息，又用感性诉求引发诉求对象的情感共鸣。（　）

四、名词解释

广告定位　产品定位　实体定位　观念定位　广告表现

五、简答题

1．什么是广告定位？其与产品定位有何区别？

2．广告定位理论的发展经历了哪些阶段？

3．广告定位策略有哪些？以实际案例加以说明。

4．广告表现有哪些载体？广告表现的作用是什么？

5．什么是广告表现？广告表现的影响因素有哪些？

6．什么是情理交融的广告表现策略？请以实际案例举例加以分析。

六、论述题

1．被称为“形象时代建筑大师”的大卫·奥格威指出：“每一广告都是对品牌印象的长期投资。”你对此有何看法？

2．广告表现有哪些策略？试比较五粮液“仙林青梅果酒”形象广告与五粮春形象广告的特点。有人认为，形象广告不如销售广告立竿见影。对此，你是如何认为的？

案例分析

天生的，强生的——给您婴儿般的肌肤

文案之一：

他，是上天的恩赐，天生就有柔顺的头发、柔嫩的肌肤。留住与生俱来的完美与娇嫩，只有强生的温和呵护。

强生婴儿爽身粉，经高温消毒，完全不刺激，保护宝宝天生幼嫩的肌肤，令他始终爽滑舒适。

天生的，强生的。

文案之二：

他，是上天的恩赐，天生就有柔顺的头发、柔嫩的肌肤。留住与生俱来的完美与娇嫩，只有强生的温和呵护。

强生婴儿洗发精，含无毒配方，质地温和，让经常洗发的你，不但不伤发质，并且让你的头发像婴儿般柔细。

天生的，强生的。

思考题：

1．什么是广告表现？该强生系列婴儿广告文案运用了哪些广告表现(诉求)策略？

2．试分析该广告的市场定位。

第 8 章 战术策略阶段Ⅱ——广告创意与文案策略

学习目标

通过本章学习，应该达到以下目标。

知识目标：熟悉广告创意与广告文案的含义，熟悉广告创意流程，掌握广告创意与文案策略。

能力目标：能够分析优秀广告作品的广告创意与文案写作特点，并能灵活运用理论，展开广告策划中的广告创意与文案写作实践，从而进入下一个策划环节。

知识结构

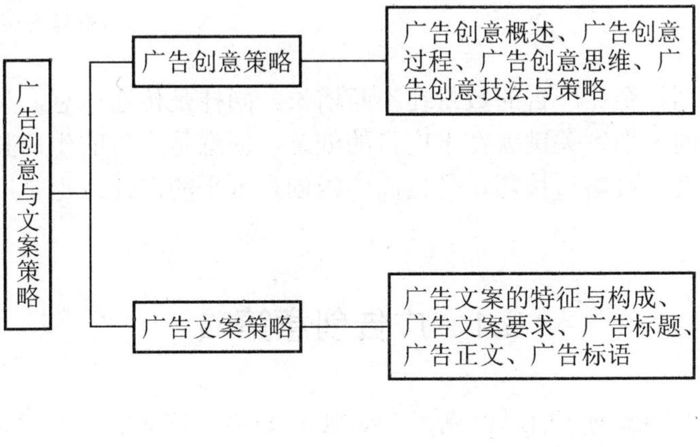

案例导入

七匹狼休闲男装 TVC 广告创意策略

一个狼一样的男子在高楼林立的都市中，行走、守候、观望、思考，遭遇失败挫折，遭遇竞争厮杀，他说："都市是森林，而我，是森林中的一匹狼。"

这个男子就是早些年因一首《我是一匹来自北方的狼》为中国人熟知的齐秦。此次他作为七匹狼品牌形象大使在新的七匹狼形象广告中向人们诉说了一段广告语。该广告把齐秦、狼、品牌这三者一并整合到了品牌内涵之中，借齐秦的明星魅力和独特的演绎把七匹狼的品牌精神表现得淋漓尽致。

1. 问题

中国男装市场，产品严重同质化，缺乏领导品牌，千篇一律的"明星广告"，造就了一批个性缺失的品牌。如何令七匹狼以鲜明的品牌个性从所有的男装中跳脱出来？

2. 策略

锁定目标消费群为 30～40 岁的男性都市精英，挖掘狼的精神，将狼的精神中积极的一面(如团队精神、锲而不舍、忠诚等特性)注入品牌内涵，为品牌创建独特差异性附加价值，形成与狼紧密相连的品牌个性。

3. 表现

广告片中以目标受众耳熟能详的《北方的狼》的演唱者齐秦为代言人，讲述一个在都市中奋斗的白领，如何面对自己，如何与外商谈判，如何与同伴共同进退等一个个感人故事，并通过他的内心独白娓娓道出现代都市生存哲学，其实，每个奋斗中的白领都是都市中的一匹狼。

广告文案(旁白)：说真的，喜欢狼。这个世界很现实，要生存，就要比别人更能适应环境，反应慢一点都不行。我喜欢像狼一样的思考，有时要沉住气；有时要宣泄自己，换个角度，失败和挫折也是财富。只要像狼一般牢牢守住目标，相信自己，相信伙伴，没有成不了的事。有时，我会想，都市是森林，而我，是森林中的一匹狼。七匹狼休闲男装。

4. 实效

这则广告被认为是最有品牌内涵的广告，齐秦名列年度最受欢迎十大明星广告代言人，七匹狼连续两年成为男装销量第一品牌。"都市是森林，而我，是森林中的一匹狼"成为目标受众流行的口头禅。

(资料来源：www.86wed.com.)

随着竞争的加剧，企业广告的数量在不断增长。同样是传递信息，为什么不同的广告在效果上有那么大的区别？关键就在于广告的创意，创意是广告的生命和灵魂。正确掌握广告创意与广告文案的策略与技巧，是提高广告创意水平的保证，也是广告策划成功运作的保障。

8.1 广告创意策略

美国著名广告大师威廉·伯恩巴克曾生动地说过："一位化学家不必花费太多，就可以用化学物质堆砌成人体，但它不是真正的人，它还没被赋予生命；同样，一个广告如果没有创意，就不能称其为广告，只有创意，才能赋予广告以精神和生命力。"由此可见广告创意的重要性。创意是现代广告创作的核心，是广告活动成功的关键。

8.1.1 广告创意概述

1. 广告创意的含义

在广告行业，“创意”是使用频率最高的一词。“创意是成功营销的核心”、“创意是广告策划的关键”等诸如此类的说法在竞争激烈的现代商业社会中非常普遍。在商业实战中我们也看到，只要有一个好的创意，就常常能够化腐朽为神奇，甚至濒临倒闭的企业凭借一个好的创意也可能起死回生。

那么，到底什么是创意？从字面上理解，创意即为“创造意象”，将抽象的概念用具体的、易于理解的形式表现出来。创意既是名词，又是动词。作为名词，创意是指创造性的想法、构思，即我们说的“好点子、好主意”；作为动词，创意是指提出创造性的想法或构思，即创造性的思维活动。新颖、独特是创意的两大特点。新颖，即标新立异、前所未有；独特，即别具一格、与众不同。

对于广告创意(Creative Advertising)的概念，学者和专家的表述各不相同，广告大师们也曾经对广告创意的概念做出自己的界定。大卫·奥格威指出：“要吸引消费者的注意力，同时让他们来买你的产品，非要有很好的特点不可，除非你的广告有很好的点子，不然它就像很快被黑夜吞噬的船只。”奥格威所说的“点子”，就是创意的意思。他认为“好的点子”即是创意。另一位美国著名广告大师詹姆斯·韦伯·扬(James Webb Young)在其名著 *A Technique for Producing Ideas* (《产生创意的方法》)中说道：“我想，‘Ideas’应该具有类似冒险故事里的神秘特质，就像在海上骤然出现的魔岛一般。”自此，Idea 作为“创意”一词被普遍认同，并开始广泛应用于现代商业社会的各行各业之中。

我们将广告创意的概念定义如下：广告创意是广告人员在调查分析的基础上，为了实现广告目标，以广告策略为基础，将抽象的广告概念转换成具象的艺术表现形式所进行的创造性思维活动。从动态的角度看，就是广告人员对广告活动进行创造性的思维活动。从静态的角度看，就是为了达到广告目的，对未来广告的主题、内容和表现形式所提出的创造性的主意。

2. 广告创意的特点

广告创意有以下几个特点。

1) 立足商品属性

广告创意不同于文学创作。文学可以天马行空，任我驰骋。广告创意则必须立足现实，体现真实。这个现实就是商品的实际属性。广告创意的艺术处理必须限制在不曲解商品的实际功能的范围以内，限制在不损害消费者利益的前提之下。所以，大卫·奥格威说：“广告创意实际是在‘戴着枷锁起舞’。”

2) 迎合消费心理

广告创意是通过一系列的心理活动来完成的。因此，研究广告创意的特征应该着力于探寻消费者心理活动的轨迹和特点，只有正确把握了消费者心理的广告创意才是好的创意。

3) 运用形象策略

广告创意虽然源于现实，来源于真实，却要打开想象的大门，集中凝练出主题思想与广告语，并且从表象、意象、意念、联想中获取创造的素材，形成形象化的妙语、诗歌、音乐和富有感染力的构图、画面，成为一幅完美的、形象化的艺术作品。

4) 借助丰富想象

广告创意不同于新闻写作。新闻是新近发生或发现的事实的报道。新闻必须绝对忠实于事实。而广告创意则可以想象，可以夸张，可以平添情节，可以制造悬念，可以戏剧化，可以音乐化……可以借助想象、幻想、猜想、联想与灵感，可以运用荒诞、怪异、幻视、变形等手法。

3. 广告创意的原则

1) 目标原则

广告创意必须与广告目标和营销目标相吻合。在创意活动中，广告创意必须围绕着广告目标和营销目标进行创意，必须是从广告服务对象出发，最终又回到服务对象的创造性行为。广告创意的轨道就是广告主的产品、企业和营销策略。任何艺术范围的营造，都是为了刺激人们的消费心理，促成营销目标的实现。广告大师大卫·奥格威说："我们的目的是销售，否则便不是广告。"如果广告创意脱离了目标原则，不管它多么美妙，都是一个莫名其妙、不知所云的失败广告。

例如，美的空调电视广告的画面上，巩俐面对着"美的"空调，然后回头嫣然一笑，随即响起一句广告口号"美的空调，美的享受"。这个"嫣然一笑"，并没有把成千上万的人导入"消费一族"，而是使人们对巩俐的笑难以忘怀。此广告的败笔在于：它将广告创意和营销目标本末倒置，它只让消费者注意到广告本身，却忽视了广告中的商品。

广告创意的目标原则告诉我们，任何创意都必须首先考虑广告创意要达到什么目的，起到什么样的效果。唯有妙不可言的创意和"步步为营"的营销目标有机融合在一起，才是一则成功的广告。

案例 8-1

黑人牙刷广告

黑人牙刷有两则平面广告，第一则广告上一只洁白的牙齿舒舒服服躺在浴缸里享受热水，另一则广告是一只白牙在雪白的枕头上安睡，发出均匀的鼾声，两只广告都配以文案"舒舒服服、干干净净"。一眼看去，很容易联想到黑人弹力洁齿牙刷独特的护齿功效，可以让刷牙变得更加舒服、洁净。拟人化的表现手法也显得很温馨，符合产品本身的特点。

2) 关注原则

日本广告心理学家川胜久认为："要吸引大众的眼睛和耳朵，是广告的第一步作用。"意思是说，广告创意要千方百计地吸引消费者的注意力，使其关注广告内容。只有这样，才能在消费者心中留下印象，才能发挥广告的作用。而要吸引消费者的注意力，同时让他们来买你的产品，非要有很好的点子(即创意)不可。因此，用各种可能的方法去吸引尽可能多的消费者的注意，是广告创意的一个重要原则。

3) 简洁原则

简洁原则又称"KISS 原则"。KISS 是英文 Keep It Simple Stupid 的缩写，意思是"使之简单"。广告创意必须简单明了，广告主题必须集中而明确，这样才能使人过目不忘，印象深刻。广告受众接受广告信息时通常是无意注意，过于复杂的情节化创意会冲淡广告信息，不利于广告信息传达。只有那些诉求主题明确、简洁、戏剧性的广告创意才能出奇制胜。如图 8.2 所示，这是沃尔沃汽车安全别针平面广告。这则广告没有广告词，只有一个形状像沃尔沃汽车的安全别针的图像。该广告以最简练的构图、最直观的形象，向受众传达了“沃尔沃汽车是最安全的汽车”这一广告主题。该广告作品获得 1996 年法国戛纳国际广告节平面广告金奖及全场大奖，被人们奉为广告创意的经典。

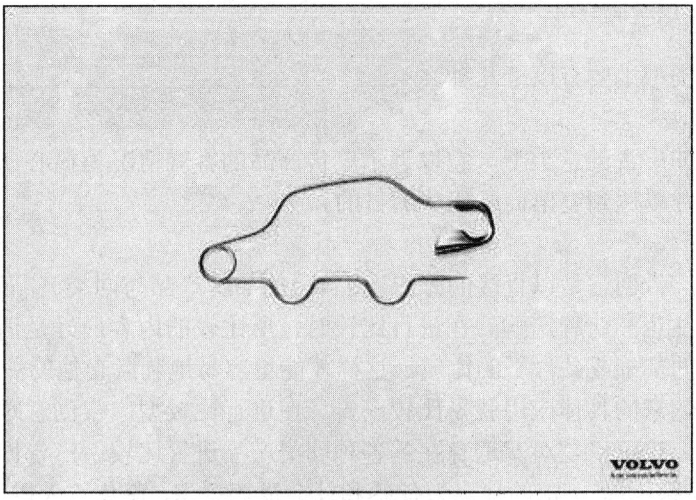

图 8.2　沃尔沃汽车安全别针平面广告

知识链接

戛纳国际广告节

戛纳国际广告节是四大国际广告节之一，其他三大广告节是：美国纽约广告节、美国自由女神广告节及英国广告节。戛纳广告节于每年 6 月下旬举行，每年大约有七千多位代表和一万多件作品逐鹿“戛纳”。评委会被分为独立的两组，一组负责评定电视广告，另一组负责评定平面广告。广告节决赛评审初期，允许参赛者目睹现场公布的每一阶段入围名单来增加现场气氛。各评委对本国作品采取回避投票的原则，评委的评审时间由自己掌握，以便仔细阅读文案，理解研究创意。在影视方面，第一轮决出 400 件作品，第二轮留下 200 件，然后从这 200 件作品中讨论决定各项目的金、银、铜“狮奖”。

4) 情感原则

情感是人类永恒的话题，以情感为诉求重点是当今广告创意的主流。因为在一个高度成熟的社会里，消费者的消费意识日益成熟，他们追求的是一种与自己内心深处的情绪和情感相一致的“感情消费”，而不仅仅注重于广告商品的性能和特点。因此，若能在广告创意中注入浓浓的情感因素，便可以打动人，从而影响人，达到非同一般的广告效果。许多成功的广告创意，都是在消费者的情感方面大做文章，从而脱颖而出的。

案例 8-2

美国贝尔电话公司的广告

一天傍晚，一对老夫妇正在进餐，电话铃响，老妇去另一房间接电话。回来后，老先生问：“谁的电话？”老妇回答：“是女儿打来的。”又问：“有什么事吗？”老妇人回答：“没有。”老先生惊奇地问：“没事？几千里地打电话来干什么？”老妇人呜咽道：“她说她爱我们。”两人顿时相对无言，激动不已。这时出现旁白：“贝尔电话，随时传递你的爱。”

这则广告以最易引起人们共鸣的亲情入手，通过远在千里之遥的子女用电话向年迈的父母传达爱心，从而赋予电话以强烈的感情色彩，营造了一种浓浓的亲情氛围，最后则水到渠成地推出要宣传的企业——贝尔电话公司。整个过程自然得体，情真意切，有很强的感染力。

4. 广告创意的类型

广告创意的类型主要有以下几种。

1) 商品情报型

这是最常用的广告创意类型。它以诉示广告商品的客观情况为核心，表现商品的现实性和真实性本质，以达到突出商品优势的目的。

2) 比较型

这种类型的广告创意是以直接的方式，将自己的品牌产品与同类产品进行优劣的比较，从而引起消费者注意和认牌选购。在进行比较时，所比较的内容最好是消费者所关心的，而且要是在相同的基础或条件下的比较。这样才能更容易地刺激起他的注意和认同。

比较型广告创意的具体应用就是比较广告。在进行比较型广告创意时，可以是针对某一品牌进行比较，也可以是对普遍存在的各种同类产品进行比较。广告创意要遵从有关法律法规及行业规章，要有一定的社会责任感和社会道德意识，避免给人以不正当竞争之嫌。在我国，对于比较广告有严格的要求，所以在进行比较型广告创意时一定要慎之又慎，以免引起不必要的麻烦或纠纷。

3) 戏剧型

这种广告创意类型既可以通过戏剧表演形式来推出广告品牌产品，也可以在广告表现上戏剧化和情节化。在采用戏剧型广告创意时，一定要注意把握戏剧化程度，否则容易使人记住广告创意中的戏剧情节而忽略广告主题。

4) 故事型

这种类型的广告创意借助生活、传说、神话等故事内容的展开，在其中贯穿有关品牌产品的特征或信息，借以加深受众的印象。由于故事本身就具有自我说明的特性，易于让受众了解，使受众与广告内容发生连带关系。在采用这种类型的广告创意时，对于人物择定、事件起始、情节跌宕都要做全面的统筹，以使在短暂的时间里和特定的故事中，宣传出有效的广告主题。在中国国内这几年的电视广告中，有不少故事型的广告创意，如“南方黑芝麻糊”广告、“孔府家酒”的广告、“沱牌酒”的广告等。

5) 证言型

这种广告创意有两层含义：一是援引有关专家、学者或名人、权威人士的证言来证明广告商品的特点、功能及其他事实，以此来产生权威效应。苏联心理学家肖·阿·纳奇拉什维里在其《宣传心理学》中说过：“人们一般信以为真地、毫无批判地接受来自权威的信息。”这揭示了这样一个事实：在其他条件相同的状况下，权威效应更具影响力，往往成为第一位的作用。

在许多国家对于证言型广告都有严格限制，以防止虚假证言对消费者的误导。其一，权威人的证言必须真实，必须建立在严格的科学研究基础之上；其二，社会大众的证言，必须基于自己的客观实践和经验，不能想当然和妄加评价。

6) 拟人型

这种广告创意以一种形象表现广告商品，使其带有某些人格化特征，即以人物的某些特征来形象地说明商品。这种类型的广告创意，可以使商品生动、具体，给受众以鲜明、深刻的印象，同时可以用浅显常见的事物对深奥的道理加以说明，帮助受众深入理解。

7) 类推型

这种类型的广告创意以一种事物来类推另一事物，以显示出广告产品的特点。采用这种创意，必须使所诉求的信息具有相应的类推性。例如，一个汽车辅助产品的广告，用类推的方法宣传为："正如维生素营养你的身体，我们的产品可营养你的汽车引擎。"

8) 比喻型

比喻型广告创意是指采用比喻的手法，对广告产品或劳务的特征进行描绘或渲染，或用浅显常见的道理对深奥的事理加以说明，以达到帮助受众深入理解，使事物生动具体、给人以鲜明深刻的印象的目的。比喻型的广告创意又分明喻、暗喻、借喻三种形式。

例如，皇家牌威士忌广告采用借喻，在广告中宣传："纯净、柔顺，好似天鹅绒一般。"塞尼伯里特化妆公司粉饼广告采用暗喻，宣传自己的粉饼为："轻轻打开盒盖，里面飞出的是美貌。"国外一家家电公司采用借喻，宣传自己微波炉的简易操作性，其广告语为："我家的猫用××微波炉烤了条鱼吃。"

9) 夸张型

夸张是指为了表达上的需要，故意言过其实，对客观的人、事物尽力作扩大或缩小的描述。夸张型广告创意是基于客观真实的基础，对商品或劳务的特征加以合情合理的渲染，以达到突出商品或劳务本质与特征的目的。采用夸张型的手法，不仅可以吸引受众的注意，还可以取得较好的艺术效果。

10) 幽默型

幽默是借助多种修辞手法，运用机智、风趣、精练的语言所进行的一种艺术表达。采用幽默型广告创意，要注意：语言应该是健康的、愉悦的、机智的和含蓄的，切忌使用粗俗的、令人生厌的、油滑的和尖酸的语言。要以高雅风趣的形式表现广告主题，而不是一般的俏皮话和耍贫嘴。

11) 悬念型

悬念式广告以悬疑的手法或猜谜的方式调动和刺激受众的心理活动，使其产生疑惑、紧张、渴望、揣测、担忧、期待、欢乐等一系列心理，并持续和延伸，以达到解释疑团而寻根究底的效果。

12) 联想型

联想是指客观事物的不同联系反映在人的大脑里而形成的心理现象的联系，它是由一事物的经验引起回忆另一看似不相关联的另一事物的经验的过程。联想出现的途径多种多样，可以是在时间或空间上接近的事物之间产生联想；在性质上或特点上相反的事物之间产生联想；因形状或内容上相似的事物之间产生联想；在逻辑上有某种因果关系的事物之间产生联想。例如，中国台湾爱达广告公司为阿迪达斯球鞋进行的广告创意。

广告标题：捉老鼠与投篮——两色底皮面超级篮球鞋。

广告图画：一只球鞋，一只小猫。

广告正文：猫在捉老鼠的时候，奔跑、急行、回转、跃扑，直到捉到老鼠的整个过程，竟是如此灵活敏捷，这与它的肉垫脚掌有密切的关系。

同样的，一位杰出的篮球运动员，能够美妙地表现冲刺、切入、急停、转身、跳投、到进球的连续动作，这除了个人的体力和训练外，一双理想的篮球鞋，是功不可没的。

新推出的阿迪达斯两色底皮面超级篮球鞋，即刻就获得喜爱篮球运动的人士的赞美。

因为，它有独创交叉缝式鞋底沟纹，冲刺、急停时不会滑倒。

因为，它有七层不同材料砌成的鞋底，弹性好，能缓解与地面的撞击。

因为，它有特殊功能的圆形吸盘，可密切配合急停、转身跳投。

因为，它有弯曲自如的鞋头和穿孔透气的鞋面，能避免脚趾摩擦挤压，维护鞋内脚的温度，久穿不会疲劳。

在上述广告创意中，“捉老鼠与投篮”的标题和“一只球鞋，一只小猫”的图看似都是“风马牛不相及”的，但是，广告主创人员则巧妙地利用联想把它们联系起来，给人以新颖、奇妙之感。他把猫捉老鼠的“奔跑、急行、回转、跃扑”和运动员投篮的“冲刺、切入、急停、转身、跳投”分解动作描绘得惟妙惟肖，最后的结论是：猫捉老鼠的灵活敏捷应归功于肉垫脚掌，篮球运动员的投篮命中应归功于一双理想的篮球鞋。广告正文中四个“因为”，把这种新型篮球鞋的特色与好处，说得淋漓尽致，令人折服。这个广告创意全部依靠“猫捉老鼠”这一形象的比喻，如果抽掉了这个形象，剩下的只有打篮球得有一双好的篮球鞋，这鞋子是如何、如何得好，广告效果肯定大为逊色。

13) 抽象型

抽象是与具象相对应的范畴。它是隐含于具体形象内部的质的规定性。在广告创意中采用抽象型的表现方法，是现代广告创意活动中的主要倾向之一。即在现代广告主题的创意表现上，越来越多的广告主和广告公司并不以广告的具体形象的表现为主调。而在某些时候更多地采用抽象式的内涵来表现。这种创意展示在社会公众面前，从直观上难以使人理解，但加以思维整合之后，就会发现，广告创意的确不凡。

广告创意并不局限于以上所列示的类型。还有如：解说型、宣言型、警示型、质问型、断定型、情感型、理智型、新闻型、写实型等，在进行广告创意活动中，均可加以采用。

8.1.2 广告创意的过程

广告创意是一个创造性思维持续活动的过程。几十年来，广告界的专家、学者们对广告创意过程进行过许多深入的研究，得出了不少颇有见地的成果。但是时至今日，广告创意过程却仍然是一个仁者见仁、智者见智的问题。早在20世纪初，中国著名学者、国学大师王国维就对艺术家修养与创造的阶段性过程特征做了深入的研究，提出了富有诗意的“三境界”学说，他说：“古今之成大事业大学问者，必经过三种之境界。‘昨夜西风凋碧树。独上高楼，望尽天涯路’，此第一境也。‘衣带渐宽终不悔，为伊消得人憔悴’，此第二境也。‘众里寻他千百度，蓦然回首，那人却在灯火阑珊处’，此第三境也。”在王国维的“三境界”说中，其一是登高望远、确立远大目标和灵感激发的阶段，这是创意思维的起点；其二是呕心沥血、坚忍不拔、上下求索的酝酿阶段，这是对灵感的发展和实施，是创意思维的关键阶段；其三是最终顿悟的阶段。王国维引用精妙的三句词道破了艺术创造乃至人生道路的三个阶段：起初的迷惘、继而的执著和最终的顿悟。这对我们研究广告创意的过程有着非常深刻的启示意义。

知识链接

王国维

王国维(1877—1927)：字伯隅、静安，号氏堂、永观，浙江海宁人，近代中国著名学者，杰出的古文字、古器物、古史地学家，诗人，文艺理论学家，哲学家，国学大师。1877 年 12 月 3 日出生于山东省泰安州城，是金庸、徐志摩、穆旦等人的同乡。作为中国近代著名学者，王国维从事文史哲研究数十载，是近代中国最早运用西方哲学、美学、文学观点和方法剖析评论中国古典文学的开风气者，又是中国史学史上将历史学与考古学相结合的开创者，确立了较系统的近代标准和方法。著有《人间词话》等名著。

有关广告创意过程的研究，不同的专家有不同的看法，发明头脑风暴法的亚历克斯·费赫尼·奥斯本(Alex Faickney Osborn)博士把创意过程分成 7 个阶段。

(1) 定向。即强调某个问题。

(2) 准备。即收集有关材料

(3) 分析。即把有关材料分类。

(4) 观念。即用观念来进行各种各样的组合。

(5) 沉思。即松弛促使启迪。

(6) 结合。即把各部分结合在一起。

(7) 估价。即判断所得到的思想成果。

美国广告泰斗詹姆斯·韦伯·扬对广告创意进行深入研究，提出了自己的五步骤创意流程模式。

(1) 收集资料。指如蜂采蜜，搜集各方面有关资料。

(2) 品味资料。指在头脑中对搜集的资料反复咀嚼，带着一种问题意识。

(3) 孵化资料。指在目标要求下，怎样去传达商品信息，对脑中事物进行综合重组排列。

(4) 创意诞生。指灵光突现，创意产生。

(5) 付诸实施。指创意最后定形、发展及付诸实施。

最有趣的莫过于加拿大内分泌专家、应力学说的创立者 G. 塞利尔(G. Cyrille)，他把创意与生殖过程相类比，提出“创意七阶段”模式。

(1) 恋情。指对真理、创意追求的强烈愿望与热情。

(2) 受胎。指发现和提出问题，确立问题，资料准备。

(3) 孕育。新思想、新观念酝酿、发育成熟。开始自己可能没注意到。

(4) 阵痛。这是新思想、新观念即将诞生的阶段，伴随着紧张、惶恐和令人窒息的兴奋。

(5) 分娩。这种创新智慧的痛苦而又幸福的“分裂”时刻，一个“高峰体验”的极乐时刻。

(6) 查验。像检查新生婴儿一样，使新创意受到逻辑和实验的验证。

(7) 生活。在这一步，让经过论证的“新创意”进入实践，在实践中逐步发展并接受进一步检验。

广告创意是一种创造过程，它必须符合创造性思维过程的一般规律。创造性思维过程并不像机械运动过程可以截然划分成几个阶段，分得越细越难反映创意过程的一般规律。我们认为英国心理学家约瑟夫·华莱士(Joseph Wallace)把创意过程划分成：准备、沉思、顿悟和验证四个阶段，更能准确地描述广告创意思维发展过程的一般规律。其实上面介绍的三种有代表性的观点，只是流程阶段划分上的粗细之分，繁简之别，他们在创意思维的整体发展过程的认识上是基本一致的，也都可以纳入这四个基本阶段。从广告创意角度我们可以这样来理解这四个阶段。

1. 准备阶段

准备阶段的中心工作就是为广告创意建立所需的信息情报、市场、产品、消费者、竞争、广告等研究基础。这阶段的主要工作有两大方面：

(1) 收集资料，听取建议，整理分析信息、事实和材料。即使是广告大师李奥·贝纳也自认为其天才创意的秘诀就在他的文件夹和资料剪贴簿内。

(2) 分析研究，对消费对象、产品、竞争品牌和竞争广告等进行研究，通过探索发现问题，寻找创意切入点。广告泰斗詹姆斯·韦伯·扬曾提到他的一个肥皂广告的创意经历，起初找不到肥皂特性，但经过一项肥皂与皮肤、头发的相关研究，得到厚厚的一本资料。在这本资料里得到广告创意达五年之久，在五年中这些创意使肥皂销量增长了十倍之多。

准备工作主要是对与创意直接相关的信息资料的收集和研究，它是进一步进行创造思维活动的基础，信息收集和研究的状况直接关系到以后创意的结果和品质。俄罗斯伟大的音乐家彼得·伊里奇·柴可夫斯基(Peter Icyich Tchaikovsky)说过：“灵感——这是一个不喜欢拜访懒汉的客人。”只有在准备阶段辛勤耕耘，才有希望结出创意的硕果。

此外，广告创意同时也是一个人综合调动运用一生知识、经验和掌握的信息去重新组合运用的过程。创意者个人的知识结构、信息储备、艺术修养、创造素质等也直接影响广告创意的水平。

案例 8-3

啤酒电视广告

有一则易拉罐啤酒电视广告，广告主题是突出开罐不用开瓶器，轻易一拉瓶盖便可以饮用，极为方便。日本发布的广告是一位姑娘用纤弱的手指轻轻一拉，啤酒罐盖便打开了，表示毫不费力。而美国发布的广告用一位50岁上下的老年人，这人相貌不扬，衣衫褴褛，右手拿着啤酒对着观众说：“从今以后不必再用牙齿了！”尔后他很得意地一笑，就在他笑的一瞬间，人们发现他两颗门牙没有了。这样，人们在惊奇之余，很快就强烈地感受到这种不必用开瓶器就能开启的啤酒所带来的好处，既形象又强烈，还能久久回忆，给人留下非常深刻的影响。

【案例评析】

这两则广告虽然推销的是同一种商品，但因其创意的出发点不同，所收到的广告效果也截然不同。前者是从商品本身的特点出发，直接把商品推销重点表现出来；后者则是从人性的角度出发，站在消费者的位置上，为消费者着想，表现出浓厚的人情味，因而更容易引起消费者的共鸣。在后一创意中，我们可以看到创意者的思维线索。新款啤酒的特点：不用开瓶器；消费者的利益：方便省事；人性满足：关心爱护。由此创意者找到了广告创意的基本概念——如何表现不用开瓶器的啤酒带给消费者的关心爱护。

可见，广告创意的成功，主要表现在对人性的成功挖掘和满足上。每一种商品并不是只能满足消费者的一种潜在欲望，我们要从中寻觅到商品、消费者与人性的结合。

2. 酝酿阶段

“沉思”其实就是创意处在酝酿状态的具体表现，创意酝酿状态并非“沉思”所能涵盖的。用“酝酿阶段”代替“沉思”，一般读者会更容易理解接受，也更为准确反映这一阶段特征。

沉思就是进入一种深度的思考探索精神状态。在问题意识引导下，人们头脑中对各种思维材料、形象、片言只语、记忆片断、抽象概念、声音节奏等进行不断排列、连接、组合、重构，按一种人们很少意识到的方式进行内在的加工组织。人处在苦思冥想中煎熬，在绞尽脑汁不得其解中期待，情绪显得焦躁、激动和不安。

在创意酝酿阶段，有时创作者暂时离开了他困扰的问题，把注意转移到别的地方，如散步、淋浴、听音乐等。这里讲的转移不是说扔掉，而是一种轻松的腾挪，带着淡淡的问题意识去放松，撇开原先思考的定势限制。放松阶段容易产生思维的跳跃，创作者以自己的能力把两样不同事物联系起来，进行组合创造。托马斯·阿尔瓦·爱迪生(Thomas Alva Edison)在寻找解决办法的过程中，就习惯于考虑一系列不同问题，每当问题陷入困境时，他就从这个问题转到另一个问题上。他“富有灵感”的时刻是非常零碎的空余时间，如在澡盆里、刮胡子时、擦皮鞋时、乘公共汽车或在林中散步时。1983年日本一家研究所对821名日本发明家产生灵感的地点进行调查，结果产生灵感的地点在户外最高，其次在家中，第三才是在工作环境中。各地点排序如下：①枕上：52%；②步行中：46%；③乘车中：45%；④家中桌旁：32%；⑤茶馆：31%；⑥办公桌前：21%；⑦资料室：21%；⑧浴室：18%；⑨厕所：11%；⑩会议室：7%。由上可见，广告创意人员在创意酝酿阶段掌握好调剂张弛的艺术也是很重要的。

3. 顿悟阶段

顿悟阶段指的是人们通过上述阶段酝酿成熟后，豁然开朗，进入解决问题，即产生、形成广告创意的阶段。进入这一阶段的重要标志是创意灵感的不期而至，这种不期而至的随机性，有时由于某种客观偶然原因诱发而来。灵感有暂时性、瞬间性和稍纵即逝的特点。苏东坡也深有感触地写到：“作诗火急追亡逋，清景一失后难摹。”当灵感一出现时，就要及时捕捉住，记录下来。有时情绪高涨，灵感如泉水般不断涌现，不断产生新想法，不断对前面想法进行修正，逐渐发展成创意雏形，即广告表达的意念。

罗瑟·瑞夫斯的“Anacin”头痛药电视广告创意就是在他一个餐厅等待吃午饭时产生的。当时他就在餐巾上涂鸦记录下了这一闪念的创意构想。他画下一个人头，人头上有3个格子，一格是电视，一格是吱吱作声的弹簧，一格是不停敲击的锤。这一创意为“美国家庭用品”公司带来了巨额利润，使它成为如何捕捉创意的典范。

如何才能有效捕捉住灵感，并不断发展完善它？这主要取决于创意者自身的素质。广告创意灵感是在广告创意过程中由于思想高度集中，情绪高涨，思虑成熟而突发的创造能力，是创作欲望、创作经验、创作技巧和诱发情景的综合产物。灵感不会降临到没有创作意识及创作准备的人中，创作欲望强烈的人，他的捕捉灵感能力更敏锐，只有具备良好创意素质、丰富创意经验和娴熟创意技能的人，才能把那瞬间性的灵感火花点燃成燎原的创意成果。反之，缺乏以上基本条件的人就常常会对灵感视而不见，失之交臂，即使抓住了也无法使偶然碰到的稍纵即逝的灵感触动演变成有价值的广告创意。

4. 验证阶段

验证阶段就是检验论证、发展完善广告创意的阶段。前一阶段由创意灵感生成的创意雏形虽然隐隐约约闪露着智慧光芒，但也往往带有一些不尽合理的成分。这些创意雏形是否可行仍有待验证推敲和进一步发展完善。

验证阶段的主要工作就是对上述阶段得到的这些初具轮廓的、粗糙的创意新想法，运用理论知识、思维逻辑检验论证其合理性和严密性，应用观察、实验等方法检查证明其实践上的可行性，并在验证基础上对创意加以修改、发展、完善，直至形成较成熟的创意构想。创意构想就是把创意形象化的构思用文字或其他符号表现出来，使之能与别人交流。

在检查验证、发展完善广告创意时，常常可将创意交给专家、同事、对象公众进行批评、征求修改意见。经集思广益，反复评估、推敲、修改，然后确定创意构想。大卫·奥格威的经典创意"这辆新型劳斯莱斯汽车在时速 60 英里时，最大噪声来自电钟"就是在写下 26 个不同标题后，请 6 位同仁评审后选出的。实践证明这一方法既简便又有效，目前已被广告公司广泛用于对广告创意构想的验证、发展和完善。

8.1.3 广告创意的思维方法

广告创意的思维方法一直是广告理论工作者关注的研究课题，从广告创意实践分析来看是相当复杂的，常见的有：形象和抽象；发散和聚合；顺向和逆向；垂直和水平；以及灵感、顿悟、直觉等思维方法。

1. 形象与抽象的思维方法

形象思维又称直觉思维，指借助于具体形象来进行思考，具有生动性、实感性等特点的思维活动。通俗地说，形象思维就是由"形"而及"象"，由"象"而及"形"的思维过程。

在广告创意中表现为运用抽象化手法来表现具体的事物或情感、意念等。例如，唇膏广告："集中一点，博取永久印象"；紧身胸衣广告："为你塑造最迷人的线条"；发酵粉广告："支撑面团的力量"等。由于抽象语言、意象的能指范围更广泛，使语言意味有了一定的模糊性和弹性，使语言的理解有更大的心理张力。经过接受者的二次创造，在消费者心中广告语言意象内容更丰富、更生动，更具美感。"永久印象"，"迷人线条"引发诸多美妙遐想。"线条"是指胸衣，指合体，指体形，高雅优美而富有情趣。而"支撑面团的力量"这一类抽象语言的运用，常使广告语言超乎常规，出语不凡，印象深刻。

抽象思维也称逻辑思维，它是借助概念、判断、推理等抽象形式反映现象的一种概括性、论证性的思维活动。抽象思维也贯穿于广告创意的全过程，在资料收集和分析归纳阶段，要运用抽象思维进行分析、综合、抽象、概括、归纳、演绎；比较推理、评估发展阶段，也要运用抽象思维对创意进行条理化、系统化、理论化。

形象思维以直觉为基础，通过某一具体事物引发想象而产生创意。海王银杏叶片的电视广告篮球篇，广告语触目惊心："30 岁的人，60 岁的心脏；60 岁的人，30 岁的心脏"，用非常形象的瘪下去的篮球和充满气的篮球来象征，给人印象相当深刻，和产品功效的联系也是十分巧妙的，产品的信念"健康成就未来"和广告片契合得很紧。再如，三菱 Trium 手机用飞机、滑雪者、帆船各自划出的一道弧线来表现产品的典型特征"简单一条线，带来乐趣无限”，让人享受“简易之美，沟通之美”，制作简单流畅，画面干净，与产品结合自然而有韵味。企业形象类广告中常常采用浅显的象征法，较多地以具体的人或物的形象来折射产品或服务的形象，三菱这一则广告是其中的佼佼者。

案例 8-4

海尔冰箱广告

海尔集团为新推出的一款银色变频冰箱做了一系列精美的广告。第一则广告中，深蓝背景下，画面左上角的下弦月、上弦月到满月，照耀着右下角的海尔冰箱，文案是“百变的月亮”，这是说明冰箱的变频功能；第二则广告中，一轮满月清辉静静照耀着冰箱，文案是“默默的月亮”，说明了冰箱的节能功效；第三则广告中，是湖边的冰箱和天空的一弯冷月，文案“冷冷的月亮”，说明的是冰箱的自动控冷技术；最后一则广告中，仍旧是美轮美奂的背景下的满月和冰箱，文案是“静静的月亮”，说明了冰箱的静音功能。就这样，广告把几个高科技的概念以经常带给人们美好想象的月亮表现了出来，正是化抽象为具体的杰作。

2. 发散与聚合的思维方法

发散思维又称求异思维、辐射思维，是指从一个目标出发，沿着各种不同的途径去思考，探求多种答案的思维。广告创意运用这一思维方法可以充分调动积淀在大脑中的知识、信息和观念，运用丰富的想象，海阔天空，重新排列组合，产生更多新的意念和方案。例如，运用发散思维，一个曲别针就有 3 000 种用途。

聚合思维又称求同思维、集中思维，是把问题所提供的各种信息集中起来得出一个正确的或最好的答案的思维。在广告创意中运用聚合思维有利于创意的深刻性、系统性和全面性，特别是在选择创意、验证创意时，聚合思维具有特殊意义。

发散思维与聚合思维有着明显的区别。从思维方向讲，两者方向恰好相反。从作用上讲，发散思维有利于思维的开阔，有利于空间上的拓展和时间上的延伸，但容易散漫无边、偏离目标。聚合思维则有利于思维的深刻性、集中性、系统性和全面性，但容易因循守旧，缺乏变化。在开发创意阶段，发散思维占主导；在选择创意阶段，聚合思维占主导。一个好的广告创意就在这种发散—聚合—再发散—再聚合的循环往复、层层深入中脱颖而出。

3. 顺向和逆向的思维方法

顺向思维是指人们按照传统的程序进行思考的方法，易形成习惯性思维。逆向思维是一种反常规、反传统、反顺向的思考方法。广告创意中采用的顺向思维是一条熟悉顺畅的路，但它往往会使创意思维陷入一种固定的方向，只想表达产品如何好，会给人带来什么好处等。当大家都从顺向寻觅时，逆向探索往往更能找到出奇制胜的创意新路。艾·里斯在《广告攻心战略——品牌定位》一书中说：“寻找空隙，你一定要有反其道而想的能力。如果每个人都往东走，想一下，往西走能不能找到你所要的空隙。哥伦布所使用的策略有效，对你也能发挥作用。”

例如，1989 年，加拿大西格拉姆酿酒公司在美国 150 家报刊同时刊出令人目瞪口呆的广告，“劝君切莫饮酒过量”。广告刊出一个月后，公司收到 15 万封赞扬信，称赞其对消费者的关心和诚实负责态度。在这期间销售量也增加了一倍。美国其他啤酒公司也如法炮制，安豪塞·布斯特公司提出“要学会抵制再来一杯的诱惑”，米勒公司则说：“酒客不是朋友”，并在电视台开启了节制饮酒的教育课。结果是，这些品牌酒的销量也都大增。

美国“七喜”汽水在可口可乐和百事可乐的夹缝之中，不和他们硬碰硬，而是另辟蹊径，寻找突破口，使出“非可乐”的招数，声明自己“不含咖啡因”，稳固地保持了自己第三品牌的地位。

案例 8-5

伦敦某街上的 3 家裁缝店

伦敦某条街道上有 3 家裁缝店。由于竞争激烈，其中一家率先打出了广告：“本市最好的裁缝店”；第二家也不甘示弱，紧跟着也打出广告：“本州最好的裁缝店”；第三家见状也打出广告，写的却是：“本街最好的裁缝店”。结果生意明显好于前两家。

在这个故事里，第三家裁缝店的广告如果写的是“全国最好的裁缝店”，由全市到全州再到全国，这是顺向思维，也是一般人常用的思维方式。但他写的是“本街最好的裁缝店”，别人都往大的方向想，他却往小的方向想，这就是逆向思维。但正因如此，使得他的广告格外引人注目，因为无论你是本市最好还是本州最好的，到了这条街上，我就是最好的，自然对目标受众产生了吸引力。

4. 垂直和水平的思维方法

(1) 垂直思维。又称纵向思维，是指人们根据事物本身的发展过程来进行深入的分析和研究，即向上或向下进行垂直思考，依据经验和过去所掌握的知识更新，逐渐积累和产生的想法。在广告创意中，创意人员往往要依据自己的经验对有关商品的知识进行思考，这种思考方法产生的创意，其改良、重版的成分较多。

前面提过的“七喜”汽水，曾在 1968 年以“非可乐”的定位突围，10 年后，销量下跌，立即在 1982 年年底重新定位为“不含咖啡因”的可乐，20 世纪 90 年代初又一次策划新的定位，标榜“与众不同、口味独特”，塑造幽默、创新、重视自我的品牌性格。“万宝路”香烟也是在分析了自己过去失败的女士淡烟定位后，才重新出发，塑造成为牛仔象征，转变为硬汉代表。但是这种垂直思维方法的改良带来的并不一定都是好的后果。可口可乐曾在 20 世纪 80 年代初期试图推出一种新口味的可乐，结果遭到了美国消费者的抵制，甚至引起了游行，最后不了了之。这说明单纯迷恋调查、追求创新而不顾品牌文化内涵的做法也是不可取的。

(2) 水平思维。又称横向思维，是指摆脱对某种事物的固有思维模式，从与某一事物相互关联的其他事物中分析比较，另辟蹊径，寻找突破口。要善于捕捉偶然发生的构想，沿着偶发构想去思考，从而产生意料不到的创意。习惯上人们往往是在原有知识和经验范围的基础上思索新的创意，一旦形成了一两个创意雏形后，虽然觉得不够理想，但这些固有的经验总是把人们的思路束缚住，使人们难以摆脱一些框框。这时不妨跳出原有观察和思考的框框，运用水平思考法往往可以带来新的突破。

垂直思维，就像一个人挖了一个洞，他只会在原有的洞穴向深处挖，即对一件事只能深入钻研；而水平思维，则是在地上多挖几个洞，从多方面来观察一件事。这两种思维方法要相互补充，但要革新思维，必须运用水平思维。在广告创意中运用这种水平思维方式，可以引发灵感，产生新构想，收到意想不到的创意效果。例如，图 8.3 所示是一组雀巢咖啡广告，利用蝴蝶猎艳、少女新欢、金鱼寻味和青藤爬墙等跳跃性、多元化的手法表现雀巢咖啡味美香浓的产品特性，采用的是典型的水平思维方式。

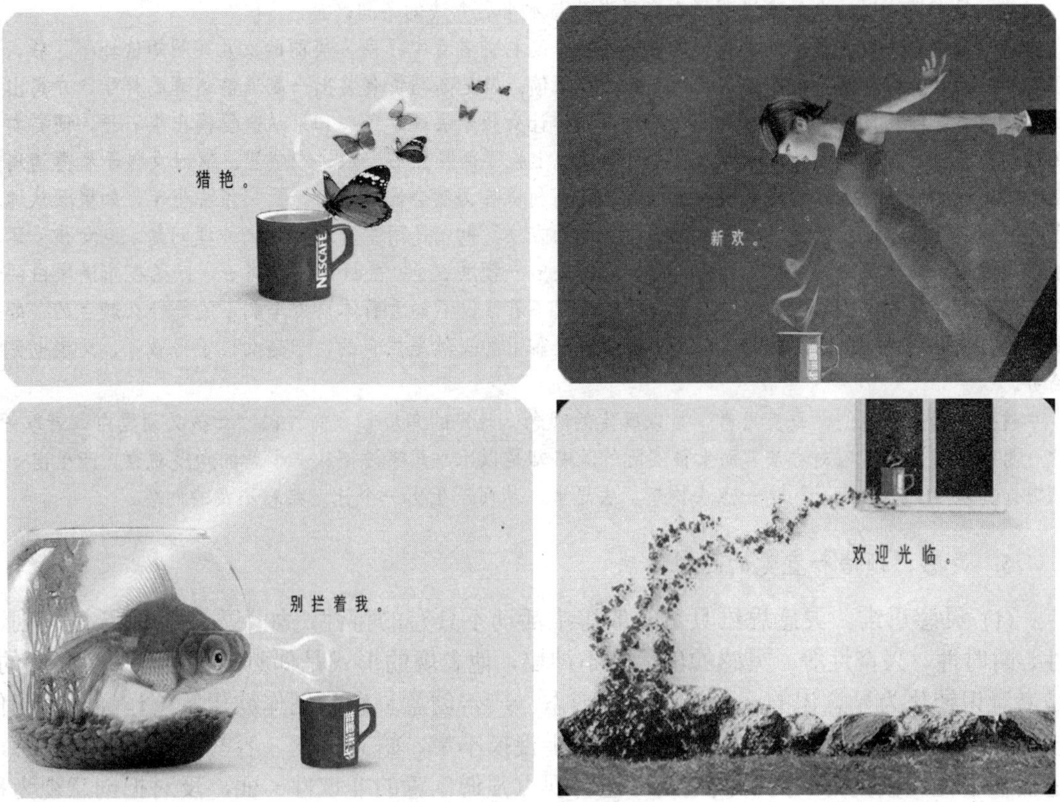

图 8.3　雀巢咖啡系列广告

案例 8-6

爱普生打印机广告

爱普生打印机的一则电视广告以有趣的情节展开。故事发生在一个展览会上，镜头先对准了一个精致的碎瓷花瓶，身为工作人员的朱茵正在四处巡视，不料一只花瓶跌落在地，朱茵近在咫尺却来不及扶住，眼睁睁看着花瓶变成一地碎片，不禁一脸懊丧。可是她立刻灵机一动，用爱普生打印机打出了一张栩栩如生的花瓶相片。展会开始后，一名专家在“花瓶”前掏出放大镜细细品味，啧啧称奇，哪知一阵微风吹过，相片卷落，专家目瞪口呆。正当他要找工作人员询问时，却见朱茵笑盈盈站在不远处，专家怒气冲冲奔过去，哪知眼前的“朱茵”也变成照片卷落了，原来那个也只是爱普生打印机打出的“朱茵”而已。整个故事跌宕起伏，通过水平思考法非常形象地把爱普生打印机的出色品质传达了出来。

知识链接

戴博诺的水平思考法

英国心理学家艾德华·戴·勃诺(Edward De Bono)博士首创水平思维法(Lateral Thinking)这就是“戴·勃诺理论”。戴·勃诺博士认为：“凡是一个人，都具有走路、呼吸与对事物思考的能力，思考的方法也因人而异。现行的教育方法，只注重知识传授而忽略了思考能力的启发，严重影响了一个人的创造能力。”“大多数的人，过于重视旧知识与旧经验，根据所谓旧经验，逐渐产生了‘创意’，这就是以垂直思考法观察或思考某一件事。这种思考方法，往往会阻碍‘创意’的产生。与其利用垂直思考法去产生创意，不如用水平思考法来得有救。水平思维是完全脱离既存的观念，对于某一件事重新思考与检讨的一种方法。”

戴·勃诺博士以一个妙喻说明了垂直思考法与水平思考法的不同。

古代有个商人破了产，欠了高利贷者很多钱。高利贷者看中了商人美丽的女儿，明知他还不了钱，却硬迫他马上还，否则便要拉他去坐牢，或以女儿抵债。但是高利贷者装出一副通情达理的样子，并想出了一个花招：说自己口袋里放进一黑一白两颗石子，让女孩子去碰运气。如果从袋里摸出黑石子，便要卖身抵债；摸出白石子可免债务。随后，他偷偷地从地上捡了两颗黑石子放进口袋里。这时女孩子看得清清楚楚，她想：如果当场揭穿其阴谋或拒绝取石子，高利贷者必然会恼羞成怒，拉父亲去坐牢，如果顺从地取出黑石子，便毁了自己。这些都是常人解决问题的方法，也就是用垂直思维法来处理问题。但女孩子运用水平思维法，另出新招，她毅然从高利贷者袋里取出一颗黑石子，并故意失手将石子跌落在布满黑白两色石子的地上。然后说：真对不起，石子丢在地上找不着了，不如看看你口袋里剩下的是什么颜色的，如果是黑的，就证明我取出的是白的了。高利贷者袋里剩下的当然是黑色的，于是女孩子得救了，父亲也免了债务。

这个比喻告诉我们，垂直思考，是以既定的观念、既定的角度和方向，以“女孩必须黑白二者取一”这一思维定式去思考应对办法。而女孩实际的策略却是以水平思考法，从一个新的角度观察，产生出一个新方向，以“剩下的石子”这一点去构想、去思考，从而产生出一个让人始料不及的创意。

5. 灵感、顿悟和直觉的思维方法

(1) 灵感思维。灵感思维具有一般思维活动不具有的特性，如突发性、跳跃性、创造性、瞬时性、兴奋性等。灵感的出现并不神秘，他表现的形式是偶然的，实际却是必然的，是潜意识转化为显意识的一种特殊表现形态。广告创意灵感是创作欲望、创作经验、创作技巧和诱发情景的综合产物。灵感现象由于捉摸不定、瞬息万变，容易使人产生神秘感，进而被玄化，被视为天赐神授之物。这种观点强调创意的非理性一面，反对把创意视为程序的产物，杜绝因匠气而削弱广告创意的神圣意味和专业性的现象。

(2) 顿悟。即领悟，是心理学关于学习的一种学说，由格式塔心理学者沃尔夫冈·苛勒(Wolfgang Köhler)提出，认为高等动物和人类的学习，根本不是对个别刺激做个别的反应，而是对整个情境作有组织的反应的过程。组织过程，指知觉经验中旧结构(格式塔)的豁然改组或新结构的豁然形成。它是一种突发的特殊思维现象，在创意过程中处于关键性阶段，属于创意的高峰期，是人脑的高层次活动。它比前两个更复杂，故钱学森喻之为“体型”的思维方式，比“面型”的形象思维多了一维。顿悟近似灵感，但在本质上有很大的不同。顿悟属于直觉的范畴，它是创造者对客观事物的规律性获得直觉认识的一种外在表现，有更多的理性成分，它是一种理性思维在经验积累的基础上，在一种适宜情境下受诱发而产生的结果。

(3) 直觉。直觉是一种对经验的共鸣的理解，是最敏锐的逻辑判断过程。直觉是对问题的内在规律(即客观事物的本质联系)的深刻理解；这种理解来自于经验和积累；它是在经验积累到一定程度突然达到理性与感性产生共鸣时，而表现为豁然贯通的一种顿悟式的理解；它是由于判断过于敏捷而呈现的貌似感性实为理性的理解。直觉是一种高素质、多经验的人才有的能力，他们能进行高密集、高速度的信息处理，在理解力、判断力、鉴赏力和洞察力方面都有非凡之处。在有经验的企划人员接到一个商品，通过各方面的了解后，容易凭直觉判断出应该采用品牌形象塑造还是采用定位策略；一个原始创意点子交到影视广告导演那里可以一下子拿出具体的分镜头脚本；创作总监凭职业直觉监督着广告创意的具体执行，不至使创意出现散落与变形。

案例 8-7

英特尔奔腾III处理器广告

有的时候，创意是一种突然降临的灵感。英特尔奔腾III处理器的广告主题是进入英特尔带来的工厂世界，会有超凡的感受和脱俗的畅想空间。但是如何表现这一主题呢？在电视广告片中，灵感的火花可谓无处不在地闪烁：三个蓝色皮肤的光头男子分别站在绿色的木板前，他们需要把模板翻过去，前两个男子分别用手压和用工具敲，发出“intel inside”的音乐旋律，但却没有把模板翻过来，而第三个男子灵机一动，找来一把梯子爬上去，然后再跳下去，利用自己的体重将木板翻了过去。这版电视广告精彩在于把英特尔品牌中的所有视、听觉元素都用到了广告中，从黑衣服、蓝皮肤的男子到绿色的木板，再到撞击木板时发出断断续续的“intel inside”的音乐旋律，无论色彩还是声音都是人们熟悉的，都与奔腾III的品牌标识和标准色，还有那每个电脑广告结尾那一贯的旋律保持一致。英特尔把这些熟悉的元素经过有趣的加工再次运用到广告中就更加深了人们对英特尔品牌在视听觉传播中的印象。而广告所要传达的意念则是英特尔的创意和创新精神，这种创意、创新精神之源正如英特尔所说，来自于奔腾III的强大动力。最终，英特尔又巧妙地把这种理念的东西转化到最终的产品和品牌上，从而在形式和内容上，从产品到品牌做到了和谐统一。

而在平面广告中，创意的灵感体现在媒体运用上。平面广告分成两版：第一版上只写着三种大声吆喝出的声音：“嗨！嗬！哈！”三个字，这版具有悬念感的广告其实是第二版广告的引子；第二版广告就在同一个媒体的另外一个版面上。原来这三种声音发自第二版广告中三个飞起脚来的武师，由于广角拍摄效果，三只绿色的鞋底就像排列在一起的奔腾III的形象。平面广告从媒体发布形式到广告创意给人们传达出的整体认知就是有创意，这正是英特尔所想表达的。

8.1.4 广告创意的技法

广告创意的基本特征是能够让广告对象感到颇有“余味”：即广告制作者不把一切都表露得明明白白，而是让广告接受者自己去品味其中新颖、含蓄、深沉、巧妙、曲折、诙谐、风趣的韵味和创意，并在不知不觉中欣然接受广告的劝导。

美国一家造纸公司为宣传企业形象，在广告创意上更是独辟蹊径。其广告通过介绍森林里树干的形成、枝叶的变化、果实的迁徙来娓娓道出森林的科普知识，并配以精美、生动的图片。最后才在广告的结尾处，简单地标出该企业的名字、产品及市场。这套广告的创意在于：贴近公众的关心焦点，在公众中树立起一个热爱大自然的可亲的企业形象。果然，此广告的创意效果得到了明显表现。当这套广告播出后，仅索要广告中森林知识材料的来函就达 50 万封，企业由此而声名远播。可见，广告有好的创意，能让企业站得比产品更高。

因此，研究“广告征服战”的“创意”技法，对于企业和广告制作人更好地利用及使用广告，使之转化为更大的社会、经济效益，无疑具有非常重要的意义。

分析广告的创意技法，可具体概括为“八法”。

1. 创形法

创形法的创意要旨在于：以推销企业为主，使企业形象得到良好创立。其创意依据是：企业是其产品的决定性因素，先有企业后才有产品。企业素质高，产品素质才高；企业形象好，产品销路才好，如可口可乐的广告。

2. 逆意法

逆意法的创意要旨即利用公众的逆反心理，通过形贬实褒的广告，以此赢得顾客的好评，从而取得出奇制胜之效。例如，美国俄勒冈州，有一家取名为“最糟”的餐馆。这家餐馆的外面竖着几块醒目的大广告牌：“请来跟苍蝇同坐”、“食物数此店最差，服务则更糟糕”。而此店门口橱窗里贴的即日菜谱介绍竟为“隔夜菜”。奇怪的是，这招牌告之“最糟”的餐馆，居然开业15年来一直是门庭若市，座无虚席。因为，无论是当地人，还是外地游客，都慕“最糟”之名而至，都想亲眼看看这家餐馆是否供应的饭菜最糟、卫生条件最差、服务态度最坏。同时，人们也为餐馆经理讲真话、敢揭短的可贵精神所感染，故而形成了这“最糟”餐馆的最佳经济效益和社会效益。

3. 音乐法

音乐法的创意要旨即通过精炼短小、高度概括、通俗明快、形象鲜明、个性突出、制作精致的广告音乐与画面和广告的丝丝入扣，使广告的艺术创意得到淋漓尽致的体现，从而达到其真正能具备发掘商品内涵、点缀商品特色、提高商品身价、增强商品魅力的功能，并使广大消费者一听就爱、一哼就会、一想就懂、百听不腻，在愉悦的音乐启迪中愉快地购买所需产品。

4. 包装法

包装法的创意要旨在于：通过在商品包装上狠下工夫，使产品的包装精巧。然后再在精美的包装上打上企业的名称，列出其生产经营范围并详尽介绍产品的功能、性能及其使用方法。这样，不仅会给消费者带来审美感、满意感和方便感，而且花钱不多，给企业带来的效益却很大。可谓两全其美的广告创意方法。

5. 换意法

换意法的创意要旨在于：为顺应市场消费者的消费心理和消费水平，将原来误导公众的广告创意进行一番无损本来面目的改头换面的修改，使公众改变对原广告误导的理解，使原来在市场上因创意误导消费而滞销的产品变为畅销产品。例如，德国米勒啤酒公司在初做米勒香槟广告时，在广告创意上总是以豪华的场面做广告背景，外包装也用的是金纸，其创意给消费者的感觉是：此系高档香槟的广告。其实，米勒香槟的价格并不贵，但却给消费者带来此酒只适宜较高生活层次的女性饮用的印象，因此销路不畅。米勒公司受挫后，即在原广告创意的基础上，采用局部换意法，去掉了香槟的包装金纸，换掉了原来那位漂亮的小姐，并在不改变香槟成分的前提下，让一群劳累一天的伐木工人跑到酒吧代美女痛饮米勒香槟。这一改一换，使米勒香槟以朴实无华的形象展现在众多消费者面前。于是，米勒香槟的销路大开。

6. 设谜法

设谜法的创意要旨在于：通过设谜来制造悬念，并将答案巧妙地寓于谜底之中，让消费者通过揣测谜底而自然去接受设谜广告的产品，从而实现产品渠道的畅通。例如，南京鹤鸣皮鞋店的广告也算得上是一大奇招。该鞋店在与一家读者面很宽的报纸订下三天广告版面后，第一天的整版只登出一个大问号，仅下面有寥寥一行小字：“欲知详情，请见明日本报底栏。”第二天照样刊登。直到第三天，谜底方才露面：“三人行必有我师，三人行必有我鞋——鹤鸣皮鞋。”

7. 省略法

省略法的创意要旨在于：通过省略广告信息的关键之处或主要内容，制造或明或暗的悬念，从而使受众产生急切的期待心理，刺激消费者产生迫切了产品的兴趣与欲望，并由此产生对产品的深刻印象。例如，云南花粉田七口服液广告：“人到中年无途，有我不一样……”这是一种有明显省略号的“明省”式广告；又如天津饮料厂打出“夏天，并不可怕”的路牌广告，虽其文句表面较完整，但其广告的主题并未直接显示出来，此旨在于诱导读者去探究广告的言外之意：天津饮料厂的饮料是消暑佳品。“暗省”的部分，即广告的主题。

8. 系列法

系列法的创意要旨在于：通过系列的广告形式加强受众对下一项广告的期待，又通过不断变化的形式强化受众的关注热情，直到合适的时候，才适合缓解受众的期待心理。而在这整个过程中，都不致使受众感到呆板、乏味。例如，中国台湾的野狼125摩托车广告，就采用了6天系列广告的形式。即第一天打出的广告是：“今天不要买摩托车，请您稍候6天”；后两天，广告只改动一字：“稍候5天”、“稍候4天”；第4天广告语略改为：“请再稍候3天”；直到第5天，广告才点出：“这辆令您满意的摩托车是‘野狼125’”；最后一天，即第6天，广告制作商才刊出大幅广告，不仅全面介绍该摩托车性能特点，而且正式推出该摩托车的制造单位是“三阳工业公司”。

8.1.5 广告创意策略

广告创意是广告人员在对市场、产品和目标消费者进行调查分析的前提下，以广告策略为基础，对抽象的产品诉求概念予以具象而富有艺术性地表现的创造性思维活动。创意是广告作品的灵魂，没有创意，广告就缺乏生命力。

广告创意策略是指在明确广告目标的前提下，分析目标竞争者和产品的特征，针对目标消费者做出利益承诺，并进行整合传播，尽最大可能地实现广告创意的全部内涵。

广告创意策略包括：目标性策略、针对性策略、原创性策略、震撼性策略、整合性策略。

1. 目标性策略

目标性策略要求在广告创意时必须围绕已确定的广告目标而进行。广告目标分为广告的营销目标和广告的传播目标两种。目标性策略实际上就是广告目标在广告创意中的运用。

2. 针对性策略

针对性策略就是在广告创意时必须具备创意的针对性的策略。这种针对性包括针对目标消费者、针对产品特征、针对不同的竞争者、针对不同的广告媒体四个方面。针对目标消费者是运用目标市场策略的结果，针对目标消费者的消费需求、心理需求和审美需求来创意；针对产品特征是广告产品定位策略和产品生命周期策略的具体运用，不同的产品有不同的突出特征，这种特征一般而言就是给予消费者的利益承诺；针对不同的竞争者是要了解竞争对手的产品与广告策略，并针对竞争对手的产品和广告来进行创意，可谓知己知彼，方能百战不殆；针对不同的广告媒体要根据不同的媒体特征进行创意。

3. 原创性策略

原创性策略要求赋予企业品牌个性。把商品品牌的认知列入重要的位置，并强化商品的名称、牌号，对于瞬间即失的视听媒体广告，通过个性的方式强化，适时出现、适当重复，使品牌与众不同，以求在消费者的头脑中留下深刻的印象。

4. 震撼性策略

在有限的版面空间、时间中传播无限多的信息是不可能的，震撼性策略广告创意要诉求的是该商品的主要特征，把主要特征通过简洁明确、感人震撼的视觉形象表现出来，使其强化，以达到有效传达的目的，力求引起受众注意并在心灵深处产生震撼。这种震撼来源于受众对广告创意产生的情感共鸣。

5. 整合性策略

整合性策略要求广告作品的创意要保持统一性。一则则广告，如果缺乏统一性，不能组合成为一个有机整体，就如同一个个汽车零件不能组装成为一辆汽车一样，只能是一堆废铁。这种统一性一般表现为视觉的相似性、言辞的相似性和情感的相似性。

8.2 广告文案策略

广告的内容基本上是由文字和画面两部分构成的，其中文字部分就是广告的文案。在广告策划中，广告文案的创作也是十分必要的。如何准确、简明、形象、动人的语言来表现广告，是要经过一番艰辛的劳动才能获得的。本节介绍广告文案的特征与构成、广告标题、广告正文、广告标语。

8.2.1 广告文案的特征与构成

1. 广告文案的含义

“广告文案”一词来自英文 Advertising Copy，又称“广告文稿”。在广告作品中，不论是简短押韵的语句，还是为音乐谱写的一段歌词，都属于广告文案的范畴。广告文案的概念分为广义与狭义两种。

广义的广告文案，其内容包括广告作品的全部，如广告文字、绘画、照片及其布局等。例如，报刊广告的广告文案不限于文字，也包括色彩、绘画、图片、装饰等。

狭义的广告文案是指广告作品中的语言文字部分，所有能传达特定的广告构想和诉求的语言文字符号都是广告文案。其中，语言指有声语言和口头语言；文字指书面语言(包括电视广告的字幕)。本书所讲的广告文案采用狭义的概念，即广告文案是指广告艺术表现形式中的语言文字部分，不包括绘画、照片等。

衡量一篇广告文案成功与否，主要看其能否有效地传播商品信息或企业形象信息；能否促进产品的销售或企业形象的建立；能否有效地使消费者了解产品给自己带来的利益。随着我国经济的发展，广告的形式日益丰富，广告媒体也越来越多。但是无论采用何种媒体，广告作品都必须有语言文字的部分。广告可以没有画面，如广播广告；可以没有声音，如报刊广告；但不能没有语言文字。据统计，广告效果的50%～75%来自语言文字部分。

2. 广告文案的特征

广告文案作为一种文体，具有独特的写作特征，主要表现在真实性、效益性、独创性和艺术性等方面。

1) 真实性

真实性是广告文案的生命所在。只有内容真实的广告，才能赢得消费者的信赖，才能建立起珍贵的信誉。虚假的广告一旦被识破，文案的生命力就丧失了，企业的信誉也将遭到破坏。因此，真实性是广告文案的首要特征。

在 2000 年，哈尔滨制药六厂一则关于“盖中盖”口服液的电视广告中有这样一幕：希望小学的学生在念一封寄给巩俐的感谢信。起因是巩俐得知孩子们生活困难，营养不良而导致严重缺钙，于是从哈尔滨制药六厂购得“盖中盖”口服液捐给他们。孩子们感激不尽，通过电视的旁白说：“巩俐阿姨，您寄给我们希望小学的‘盖中盖’口服液，现在同学们都在喝……”巩俐读完感谢信后激动地说：“‘盖中盖’口服液，真的不错。”广告播出不久，就有人揭露广告内容是虚假的。中国青少年发展基金会认为这则广告侵害了希望工程的名誉权，对中国青少年发展基金会造成了不良影响，随即对哈尔滨制药六厂提起诉讼。一时间，“巩俐阿姨虚假广告事件”在社会上引起了强烈的反响，给哈尔滨制药六厂带来了严重的负面影响。

2) 效益性

商品广告的最大特点是追求效益和利润，其最终目的是促进商品的销售。所以广告文案创作应该体现效益性特征。效益性特征是广告艺术区别于其他艺术的根本特征。

从 1998 年年底到现在，只要你打开电视，你都会看到熟悉的“脑白金”广告。这则广告案中的广告语“今年过节不收礼，收礼只收脑白金”已经成为家喻户晓的流行语。无论从美学、文学，还是制作的精美程度上来说，这则广告都显得直白、粗略而缺乏美感。但其广告文案中清晰的礼品定位，赢得了广大消费者的认可，帮助脑白金创造了销售奇迹，很好地体现了广告文案的效益性特征。

3) 独创性

为了使广告作品能在众多的竞争对手中显现，立于不败之地，广告文案就不能盲目跟风和模仿，应积极挖掘语言的潜能，突破常规，追求独特与新奇，赋予广告作品以吸引力和生命力，产生与众不同的魅力。这正是广告的独创性特征所追求的目标。

案例 8-8

富士胶卷的广告文案

北方有好景色，
南方有好景色，
西方有好景色，
东方有好景色，
绿就是绿，红就是红，蓝就是蓝，
所有的色彩，都在富士彩色胶卷中大彻大悟！

这则广告文案看似平凡，但实际上十分讲究写作技巧。它借鉴了中国古代民谣的手法，文案的前四句似乎就脱胎于“鱼戏莲叶东，鱼戏莲叶西，鱼戏莲叶南，鱼戏莲叶北”，利用反复的修辞手法，通俗有趣地表达了生活处处有美景的愉悦心态。

4) 艺术性

任何成功的广告都不能缺少艺术性。艺术性特征是广告的外在形式，是实现广告效益性特征的手段。这种手段可以令广告焕然一新，从众多的广告作品中脱颖而出，吸引和感染消费者，使他们产生极大的兴趣和强烈的购买欲望。

案例 8-9

Diploma 奶粉平面广告文案

标题：试图使他们相会？

正文：

亲爱的扣眼，

你好，我是纽扣，

你记得我们已经有多久没在一起了？

尽管每天都能见到你的倩影，

但肥嘟嘟的肚皮横亘在你我之间，

让我们有如牛郎与织女般地不幸。

不过在此告诉你一个好消息，

主人决定极力促成我们的相聚，

相信主人在食用 Diploma 脱脂奶粉后，

我们不久就可以天长地久，永不分离。

5) 整体性

广告文案是广告的语言文字部分，并不是广告的全部。因而一定要考虑到与广告其他部分的协调与融合，使之成为一个整体，相映成辉。广告文案与插图、色彩、结构关系密切。不同的媒体在各元素的组合上比例不同，但都应能更好地发挥出该媒体的优势，准确、有力地传达广告信息；否则，广告文案与其广告信息不同或自相矛盾，将会损坏广告的效果甚至破坏广告产品的品牌形象和市场定位。

3. 广告文案的构成

广告文案的完整结构包括标题、正文、标语和随文四个部分。但是，通过不同媒体传播的广告，其文案的结构形式也不尽相同。例如，霓虹灯广告是标题与正文合一；路牌广告、交通广告以图为主，文字部分非常精练，有时甚至标题、正文、标语合一；电视广告与广播广告则一般没有标题；印刷广告则各部分内容比较齐全。

1) 广告标题

广告标题是广告的题目，用来表明广告的主题，提示广告的主要内容，也是区分不同广告内容的标志。它在整个广告文案中具有画龙点睛的作用。所以，广告标题一定要简洁、醒目，使人一目了然，既有提示主题的作用，又要引起消费者的兴趣。

2) 广告正文

广告正文是广告的主体部分。广告的目标和内容，主要是通过广告正文去传递的。它与标题的关系是：标题在于吸引，正文在于说服；标题提出问题，正文回答问题。它是对广告主题的展开解释或说明，对标题中的广告信息进行较详细的介绍，向目标消费者展开详细诉求。诉求内容包括商品的品种、功能、性质、特点、用途、规格、价格、使用方法、销售方式、维修方式、优惠策略等。正文要能够说服消费者，坚定其信心并促成他们采取购买行为。

3) 广告标语

广告标语又称广告口号，是广告主从长远利益出发，在一定时期内反复使用的特定宣传语句。它的作用在于对消费者进行连续、反复的刺激，使他们对商品的独特个性或企业的经营特点加深理解与记忆，从而在消费者的头脑中形成强烈的印象。

4) 广告随文

广告随文又称附文，是广告正文之后的必要说明，介绍厂名、厂址、电话、电报、网址、购买手续、银行账号、经销部门等信息。四大媒体广告、路牌广告、邮政广告、交通广告、灯箱广告等，常常都有附文部分。附文对消费者的购买行为起到购买指南的作用。

案例 8-10

瑞士欧米茄手表报纸广告文案

标题：见证历史，把握未来。

正文：全新欧米茄碟飞手表系列，瑞士生产，始于 1848 年。对少数人而言，时间不只是分秒的记录，亦是个人成就的佐证。全新欧米茄碟飞手表系列，将传统装饰手表的神韵重新展现，正是显赫成就的象征。碟飞手表于 1967 年首度面世，其优美典雅的造型与精密科技设计尽显贵族气派，瞬即成为殿堂级的名表典范。时至今日，全新碟飞系列更把这份经典魅力一再提升。流行的圆形外壳，同时流露古典美态，金属表圈设计简洁、高雅大方，灯光映照下，绽放耀目光芒。在转动机件上，碟飞更显工艺精湛。机芯仅 2.5 毫米厚，内里镶有 17 颗宝石，配上比黄金还贵 20 倍的铑金属，价值非凡，经典时尚，浑然天成。全新欧米茄碟飞手表系列，价格由 8 000 元至 20 余万元不等，不仅为您昭示时间，同时见证您的杰出风范。备有纯白金、18K 金镶钻石、18K 金，及上乘不锈钢款式，并有相配衬的金属或鳄鱼皮表带以供选择。

广告语：欧米茄——卓越的标志。

瑞士欧米茄手表报纸广告文案传达彼此具有很强逻辑关系的信息，利用判断、推理来加强文案的说服力。

4. 广告文案的分类

可以根据不同的标准，从不同的角度将广告文案进行划分：

(1) 按媒体分。广告文案可分为报纸广告文案、杂志广告文案、广播广告文案、电视广告文案、网络广告文案、户外广告文案、其他媒体广告文案。

(2) 按文体分。广告文案可分为记叙文广告文案、论述体广告文案、说明体广告文案、文艺体广告文案。

(3) 按内容分。广告文案可分为消费物品类广告文案、生产资料类广告文案、服务娱乐类广告文案、信息产业类广告文案、企业形象类广告文案、社会公益类广告文案。

(4) 按诉求分。广告文案可分为理性诉求型广告文案、情感诉求型广告文案、情理交融型广告文案。

案例 8-11

肯德基“送出你的爱”网络广告文案

标题：送出你的爱。

标语：想通过网络表达你对他的爱？那就赶快加入我们吧！

正文：是爱在心口难开？还是当面说不出 Sorry？或者“说”爱还不够？那就通过肯德基的“送出你的爱”活动来展现你特别的表达方式，有多款卡片样式可供选择，还犹豫什么？快来参加吧！

随文：详情请见 www.××××××.com.cn 或者肯德基主页 www.kfc.com.cn。

画面说明：

标题和标语在画面的上方，中央是肯德基“送”给全体消费者的“爱”。

TO：亲爱的消费者

肯德基向您郑重承诺：我们将不畏艰难，更加努力，为消费者提供放心食品和优质服务。

FROM：肯德基

正文紧随其后，旁边有一个较大的可点击的按钮：点击进入，随文在画面下方。

整个画面色彩鲜艳，感觉活泼、动感，并配有可爱的动画，总体显得年轻、朝气。

8.2.2 对广告文案的要求

广告文案的撰写同一般文章的写作有不同的要求。它并不追求文字的华丽，也不完全要求成为受众鉴赏的对象。广告文案要服从广告传播活动的总体目标，符合广告总体设计的要求，能够在瞬间形成强烈的刺激，引起消费者的关注，使消费者认知、感觉，产生浓厚的兴趣和留下深刻的印象，并能具有强烈的号召力，促使消费者采取一定的购买行动。

1. 准确规范，点明主题

准确规范是广告文案中最基本的要求。要实现对广告主题和广告创意的有效表现和对广告信息的有效传播。首先，要求广告文案中语言表达规范完整，避免语法错误或表达残缺。其次，广告文案中所使用的语言要准确无误，避免产生歧义或误解。再次，广告文案中的语言要符合语言表达习惯，不可生搬硬套，自己创造众所不知的词汇。最后，广告文案中的语言要尽量通俗化、大众化，避免使用冷僻及过于专业化的词语。

2. 简明精练，言简意赅

广告文案在文字语言的使用上，要简明扼要、精练概括。首先，要以尽可能少的语言和文字表达出广告产品的精髓，实现有效的广告信息传播。其次，简明精练的广告文案有助于吸引广告受众的注意力和迅速记忆下广告内容。最后，要尽量使用简短的句子，以防止受众因繁长语句所带来的反感。

3. 生动形象，表明创意

广告文案中的生动形象能够吸引受众的注意，激发他们的兴趣。国外研究资料表明：文字、图像能引起人们注意的比例分别是 22%和 78%；能够唤起记忆的比例，文字是 65%，图像是 35%。这就要求在进行文案创作时采用生动活泼、新颖独特的语言的同时，辅助以一定的图像来配合。

4. 动听流畅，上口易记

广告文案是广告的整体构思，对于由其中诉之于听觉的广告语言，要注意优美、流畅和动听，使其易识别、易记忆和易传播，从而突出广告定位，很好地表现广告主题和广告创意，产生良好的广告效果。同时，也要避免过分追求语言和音韵美，而忽视广告主题，生搬硬套，牵强附会，因文害意。例如，白沙广告：在蓝天、青山、平湖、水草、绿野之间，白鹤点水，振翅高飞，人手扮鹤，心随鹤翔，并伴之一句浑厚的男音“这一刻，我已经飞了起来！鹤舞白沙，我心飞翔”，天人合一，物我两忘。让消费者再一次感受到淡泊无欲、超然志远的意境美。

8.2.3 广告标题

广告标题(Headline)就是广告的题目，是广告文案的高度概括。在多数情况下，广告标题也即广告主题。一则广告中，标题的好坏，对广告效果具有直接的和很大的影响作用。标题不妥或吸引力不够，很容易造成广告费的流失和浪费。

1. 广告标题的作用

人们在阅读文章的时候，先读题目来了解文章的梗概，俗语说：“题目是文章的窗口”。就道出这种含义和作用。人们在翻阅报纸杂志的文章时，也习惯于先读标题，以决定选读哪些感兴趣的文章。这是由于人们的工作和生活都十分紧张，节奏快，不可能用很多的时间去逐篇阅读。人们读广告的时候，其选读性更大，如果不是自己需要的商品或服务广告，更是懒得去看的，所以一则广告标题的优劣，往往决定着整幅广告命运。有人测验过：看一则广告，80%左右的人是先看标题的。也有人做出了估计，50%～70%的广告效果有赖于标题的设计，正文越长的广告，标题的作用越显得重要。因此，在撰写广告标题时，必须注意发挥标题的以下作用。

1) 强化广告主题

广告主题是广告商品定位的文字表述，是广告创意表现的前提。因而，在广告文案创作中，应依据广告主题来进行语言文字的表现。广告标题根据广告表现的要求可以有许多，但广告主题通常只有一个。若干标题围绕主题展开，加深受众对广告主题的印象和理解，从而加深品牌印象，提高广告效果。

2) 概括广告表现

广告表现是广告创意的艺术展示。广告信息由多种艺术形式组成。如音乐、图片、动作等。都可以对目标受众产生刺激，形成印象。但若没有一句很好的概括性的语句，这些表现就很难长时间存在于受众的心目中，记忆日渐稀薄，甚至完全遗忘。广告标题以较为简洁的语言文字对充实丰满的广告内容做出概括，更加容易记忆和传播，产生联想，使广告效果提升并持久。

3) 引起受众注意

现代社会广告信息量很大，人们每天都接触数以百计的广告信息。因而，大多数人对这些信息或是习以为常，熟视无睹；或大为抵触，充耳不闻。因此，若想使广告有效，至少让目标受众接触到广告信息，因而，标题就是异常重要。广告大师大卫·奥格威曾说过：“平均来说，读标题的人数是读正文的人数的5倍，因此，可以说，标题一经写成，就等于花去 1 美元广告中的 80 美分；如果你做的标题起不到推销的作用，那就等于浪费了 80%的广告费。”因而，广告标题必须能够抓住商品的目标受众，特别引起他们的注意，进而阅读广告正文。如果确实如此，广告标题的作用就实现了。

2. 标题类型

广告的标题，按其内容与组合形式的不同，可分为不同类型的广告标题。W·邓恩(W. Dunn)按组合方式把广告标题分为直接标题(Direct Headlines)、间接标题(Indirect Headlines)、复合标题(Combination Headlines)。按标题内容分为新闻式标题(News Headlines)、提示式标题(How-to Headlines)、疑问式标题(Question Headlines)、命令式标题(Command Headlines)。下面我们介绍直接标题、间接标题、复合标题。

1) 直接式标题

这类广告标题是以写实形式、简明的文字表明广告的主要内容，使人们一读就清楚广告说些什么。这种标题要求简明、确切。直接标题往往以品牌名、企业名或活动名称做标题名，一目了然，清晰直观。例如：

①“不打不相识”(打字机广告)；

②“选用永南双氟牙膏，再也没有牙病烦恼!”；

③“教育是留给孩子们最好的财富!”(某信托银行储蓄广告标题)；

④“现在波多黎各对新工业提供百分之百的免税”(波多黎各的招商广告)。

2) 间接式标题

这种标题不直接揭示广告主题、介绍广告产品，而是以间接的方式宣传产品的特点和功能，采用迂回的办法，层层递进，引导广告受众阅读广告正文，待将正文阅读完毕后，方可以明白其中意味。这类标题有点儿故弄玄虚之嫌，但若设计得当，效果十分理想。例如，国外有一则介绍方便面食品的广告标题“丈夫为什么离开家？”画面上是一个男子气呼呼地瞪着眼睛，一副很不高兴的样子。文案解释道：他结束了一天紧张的工作回家里，妻子已经外出，留下一张纸条，让他从冰箱中拿食品自己煮了吃。丈夫不善于烹饪，很不高兴地离开家，到街上餐馆吃饭。广告介绍这家公司已生产一批美味的方便食品，只要一加热就可以食用，就不会发生丈夫离开家的现象了。接着就对各种方便食品做了介绍。文案风趣诱人，读来备感亲切。

间接式标题在拟写时应注意间接“度”的把握，弯子绕得太大，给人以愚弄之感，反而会弄巧成拙。间接式标题的应用也很多，其中较好的还有：

①“猜一猜，是什么令英特尔奔腾处理器更加活泼动人”；

②“这个夏天谁最酷？”(买诺基亚 5110 送凉爽冰杯，当然最酷)；

③“有比脸面更重要的吗？”。

3) 复合式标题

当广告标题的内容比较多，而又需要全摆上去，以增强对受众的吸引力和印象时，便采用复合式标题方法。复合标题，是由引题、正题、副题三种标题组成的标题群。在组合的形式中，有的由上述三种标题组成；也有的由其中两种标题组成，如引题与正题，正题与副题等；还有的由一道正题与两道副题组成。

复合式标题中的各个部分分别起不同的作用。引题，又称眉题或肩题，是为说明广告信息的意义，或做交代背景时用的。正题，又称主题或主标题，一般用来点说明广告的主要事实。副题，又称副标题，一般做正题内容的补充说明如下：

(1) 含有引题、正题、副题的广告。

①某百货公司在国庆节前刊登报纸广告，其标题如下：

“庆祝中华人民共和国成立五十周年”(引题)；

“开拓经营领域，热情为您服务，促进百货流通”(正题)；

“我公司从十月一日起，在所属零售商店分别实行下列服务项目”(副题)。

② 某空调的广告标题。

“今年夏天最冷的热门新闻”(引题)；

“西泠冷气全面启动”(正题)；

“显示豪华气派，发动强力冷气，解放今年夏天”(副题)。

(2) 含有正题与副题的广告：

① 某药物的广告标题。

“复方菠萝酶片”(正题)；

“消炎镇咳良药”(副题)。

② 广州胜风除湿机的广告标题。

“把广州拧干”(正题)；

“在这个湿冷的季节，广州需要重量级胜风除湿王”(副题)。

③ 美国肉类研究所芝加哥总部肉产品广告标题。

“肉”(正题)；

“使你吸收所需的蛋白质成为一种乐趣”(副题)。

(3) 含有引题与正题的广告。例如，某酒厂的广告标题：

“××酿酒公司介绍”(引题)；

“您想饮上一杯美酒，欢迎品尝××名酒”(正题)。

此外，复合式标题也可由直接式标题与间接式标题来组成。

3. 广告标题的创作

广告标题创作并无固定模式，成功的标题是在深入透彻地理解了商品、市场和消费者之后而产生的灵感。下面介绍几种常见广告标题创作形式。

1) 陈述式

该方法不加任何修饰地陈述广告正文要点，让人一目了然，不含半点文字游戏或是隐含意思或双关语。“春绸(女式)衬衫，降价30%”就是一种再直接不过的标题。

2) 新闻式

这种形式通过分析产品的特点、销售方式，将消费者可能感兴趣的新闻构成广告的标题，不用过多地显示独具匠心的内容，有时只要做相关叙述即可。要注意，采用新闻式标题时，必须有真正称得上新闻的广告内容。如果读者发现广告根本没有新闻价值，就会影响其对媒体的信任程度。

3) 对比式

对比式即借用比较方式突出产品的独特之处，加深公众的印象。对比的方式很多，可以将广告对象进行自身比较，也可以将广告对象与同类竞争者比较，突出自身优势。对比式广告标题的创作应以本企业的产品质量和形象为基础，不得贬低他人、抬高自己，而应公平地进行介绍，让公众做出决定。有关广告条例规定，不能直接指出对方名称做对比，所以，对比时宜采用泛比。

4) 提问式

这种方式就是借公众的好奇心理和欲知下文的心理需求，以提问的形式创作广告的标题，从而促使消费者产生兴趣，引发他们思考，并产生共鸣，留下深刻的印象。添柏岚野外休闲鞋曾做过一则以精湛的制造工艺为诉求重点的广告，以深具趣味性的标题吸引读者："鞋上有342个洞，为什么还能防水？"

5) 颂扬式

这种方式从正面角度选用赞颂广告商品优点的词句作为广告标题，也称炫耀式、夸耀式，就是在标题中直接赞美、夸耀甚至炫耀广告企业、商品、服务的特征、功能、有效性。其写作特点是能在直接的赞美中让受众明白广告中信息的优胜之处。

案例 8-12

伊利纯牛奶广告文案

广告文案：无论怎么喝，总是不一般香浓！这种不一般，你一喝便明显感到。伊利纯牛奶全乳固体含量高达12.2%以上，这意味着伊利纯牛奶更香浓美味，营养成分更高！广告口号：青青大草原，自然好牛奶。

广告文案：一天一包伊利纯牛奶，你的骨骼一辈子也不会发出这种声音。每1 100毫升伊利纯牛奶中，含有高达130毫升的乳钙。别小看这个数字，从骨骼表现出来的会大大不同！广告口号：青青大草原，自然好牛奶。

广告文案：饮着清澈的溪水，听着悦耳的鸟鸣，吃着丰美的青草，呼吸着新鲜的空气。生活在如此自在舒适的环境中，伊利乳牛产出的牛奶自然品质不凡，营养更好！

【案例评析】

这三则系列广告，除角落里的品牌标识及产品包装外，没有任何图形。画面中心，巧妙地利用汉字字型的精心编排设计，通过一系列的象声词，分别表现人们迫不及待地喝牛奶的声音；因缺钙而导致的骨骼碎裂的声音；以及乳牛在舒适的环境中惬意地吃草哞叫的声音，调动受众的想象和联想，形成视觉冲击力。而广告文案又对画面主体文字做了形象的说明、注释和深化，道出了伊利纯牛奶诱人的浓香、纯真精美的品质和饮用后的效果及其根源，非常有说服力，很能打动消费者，是以文案写作为主要表现形式的典型佳作。

这种广告标题能使人产生美好的愿望，引发消费者行为。这种标题必须掌握好分寸，在具体运用中，用词要符合实际，中肯贴切，不可夸大事实，如果出现不真实的情况，就会引起受众的逆反心理，降低广告的宣传效果。

6) 承诺式

承诺式是指使用某种诉求方式，对消费者许诺某种利益或附加服务，劝诱消费者购买广告产品。常用的词汇有：免费、定能、优惠、美丽、气派、方便、减价、附赠等。除了直接用这些词汇承诺之外，还有间接的或暗示性的承诺方式，如松下空调的广告："每月省电17%，这您没想到吧！"

7) 悬念式

这种方式是用令人感兴趣而一时又难以做出答复的话作为标题，使读者由于惊讶、猜想而读正文。此类标题应具趣味性、启发性和制造悬念的特点，即在标题中设立一个悬念，迎合受众追根究底的心理特征，以吸引受众的特别注意。它经常和问答式标题配合运用，用问题的提出来制造悬念。当然，悬念和设问有所不同。设问的结果一般是受众可以预料的，而悬念一般是受众不能预料的，甚至是完全与受众的认知倾向、心理期待相反的事实。

8) 号召式

这种方式是用带有鼓动性的词句做标题，号召人们从速做出购买决定。此类标题多用于鼓吹时尚的或即时性的广告，文字要有力量，能起暗示作用，且易于记忆，使消费者易于被鼓动而采取购买行为。标题在文学修辞上应力求婉转，以回避一般人都不愿受他人支配的心理特点。例如，“请飞往北极度蜜月，当地夜长24小时”，这种标题成功的关键在于文字的鼓动性，有力量或者具有强烈的心理作用。

9) 比喻式

这种方式是用比喻的方式拟定广告标题。这种标题寻找诉求对象司空见惯的事物，与广告诉求重点做贴切、生动的类比，便于人们理解和接受。例如，保时捷汽车曾做过一则平面广告，它的标题是“她就像一个孩子，你还没有就不会理解拥有的感觉”，非常生动。再如，某冰箱的广告标题是“同住一座楼，气味不相投”，其意思是带格的冰箱就像楼房一样，一层一层，互不串味。

10) 抒情式

这种方式是借用散文抒情的形式拟定广告标语。由于这种标题情真意切，文字优美，能使公众产生喜悦之情和美好的向往，因而受到广告创作人员的喜欢。例如，红梅味精的广告标题是“红梅——献上颗颗爱心，洒下一片深情”。再如，某手表的广告标题是“在时光的流逝中，女人呼唤着爱；在时光的流逝中，男人呼唤着人生”。

4. 广告标题创作的原则

1) 主题突出

主题突出即广告必须主题鲜明、突出，让人一目了然。故弄玄虚、使人不知所云的广告标题只能是哗众取宠。如果一时找不到合适的词句，就应按鲁迅先生说的“写不出不要硬写”。

2) 引起注意

(1) 关注受众利益，适时传达承诺。目标受众总是接受那些与自身利益相关的广告信息，因此，广告标题一般不要在利益上含糊其辞，而应尽可能地明确承诺。例如，宝洁公司玉兰油的广告：“我们能证明你看起来更年轻！”据美国广告界人士说：“带有信息的广告标题，往往会有多出22%的人记住它。”

(2) 尽量把新的内容引入标题。人们往往关注新事物的出现、新产品的上市，并乐于接受新产品的信息和新的观念等。因此，涉及新闻报道的词总能吸引人们的注意，广告标题应善于应用这些词，如“新的”、“现在”、“宣告”、“改进”、“免费”、“革命”、“创新”、“重大进展”、“奇迹”、“令人吃惊”、“挑战”、“特殊”、“特价”等。例如，某啤酒的广告是“期待已久，喜庆上市。‘超爽’口味，即将在中国诞生”。

(3) 字体要区别于副标题和正文。一般来说，标题用大号文字(或不同字型、颜色)，排在醒目的位置，不要用文言文，更不要使用虚词，之、乎、者、也之类的字最好不用。但是，一些突出文化背景、众人熟悉的内容可以使用。例如，“孔乙己”茴香豆，利用“多乎哉？不多也”这样的经典词句，能让人回想起孔乙己在咸亨酒店吃茴香豆的背景，将浓厚的历史文化表露无遗。

3) 简明具体

广告标题力求生动、具体、形象、阐述直观。一般而言，短标题容易记忆，让人产生较深刻的印象。获权威认可的是，6～12 字的标题的广告效果最佳。然而，美国纽约零售业研究院与百货商店合作，曾对广告标题进行调研，结果发现字数在 10 个或 10 个以上的标题，只要有新内容、新信息，常常比短标题的效果更好。可见，广告标题并无最佳长度标准，但也不宜太短或太长。对于有多种特点和功能，必须传达多方面信息的商品，最好做系列广告。

4) 忌用否定词

广告标题应尽量不使用否定词。因为受众往往喜欢从正面接受广告信息，若在广告标题中使用否定词就容易造成负面影响。广告标题中最好说明事物是什么，避免说明它不是什么。

8.2.4 广告正文

正文是广告作品中承接标题，对广告信息展开说明、对诉求对象进行深入说服的语言或文字，是广告文案的中心部分。广告正文在不同的媒体中有不同的形式。在印刷广告中，正文为文字叙述，称为文稿；在广播广告中，正文以语言叙述，称为脚本；在电视广告中，正文以语言结合画面活动来叙述，称为故事版；在实物广告中，正文以文字结合商品实体来叙述，如橱窗广告、商品展销，称为说明。

1. 广告正文的作用

1) 配合标题

广告标题揭示了广告的“初衷”，而广告正文则是对这一“初衷”做进一步的说明。正文承接了标题，进一步给标题的承诺以有力的支持。

2) 完整地传达信息

正文可以更为具体地反映商品的各种信息，如特点、性能、质量、产地、服务方式等。消费者可以通过正文更多、更全面地了解广告产品或服务的各种信息。

3) 培养购买欲望

广告是通过向消费者传递产品或服务的信息，激发他们产生购买欲望并实施购买行为而达到推销产品或服务的目的。当产品质量与广告宣传的内容一致时，当广告中的主观情感诉求同生活中消费者的真实感受产生共鸣时，广告获得的效应就可想而知了。广告与消费者的情感沟通、对消费者的理性说服，主要在正文中展开。正文要采取各种说服手法，培养消费者的信任感，刺激消费者的购买欲望，号召并促使消费者采取购买行动。

2. 广告正文的类型

广告正文依体裁、风格、手法等不同，可划分为若干类型，如直述式、叙述式或描述式等。但具体到广告正文创作，不应选定某一种类型进行，而应该根据具体情况以将正文写得生动有趣为目的进行创作。因而，广告正文很有可能是几种类型的混合体。我们进行广告正文的分类仅是从理论上进行分析，理清思路，便于广告文案创作。

1) 直述式

直述式是直接阐述广告产品功能特性，以客观的表述介绍产品，没有过多的修辞与描绘。直述式广告文案的魅力在于商品本身的诉求力量，而非文案写作技巧。工业用品及部分日用消费品广告一般采用这种形式。

案例 8-13

北京亚都生物技术公司的新产品 DHA 的广告文案

广告标题：蕴藏深海寒带的奥秘，来自北京亚都的神奇。

广告副题：科学奉献亚都 DHA 缓释胶囊。

广告文案：最新一代智力保健品——亚都 DHA，是采用现代生物高技术研制开发的新型保健品，系缓释胶囊型，旨在补充人们大脑发育、智力增长所必需的重要物质。DHA 即二十二碳六烯酸，主要来源于深海鱼类的鱼油，乃是人类脑细胞生长发育必需的结构物质。

亚都 DHA 不仅是增进胎儿脑细胞发育、提高智力的营养物质，而且具有增强幼童、青少年和中老年人的思维判断能力、记忆力、反应速度和感觉功能的神奇作用。

广告口号：亚都 DHA——给您聪明的大脑、健康的心。

案例 8-14

哥伦比亚咖啡豆的广告正文

哥伦比亚咖啡豆，制成世界上最香浓的咖啡。

哥伦比亚安第斯山脉，是世界上种植咖啡的最好地方。那里有肥沃的火山土壤、温和的气候及适量的阳光和雨水，保证了每一粒咖啡豆的完美成长。待到咖啡豆成熟时，人们采用手工摘取，只有最好的咖啡豆才进行烘烤，以确保其独特的味道及芳香。假如您是一位咖啡爱好者，一定要选用哥伦比亚咖啡豆制成的咖啡。

在中国，唯有麦斯威尔超级特选速溶咖啡和生活伴侣杯装咖啡才是您最终的选择，与众不同!

该广告正文较为详细地陈述了哥伦比亚咖啡豆良好的生长环境、人工采摘方法及它独特的味道及芳香，使人对该产品不能不“口服心服”。

2) 说明式

说明式正文是以说明为主要表达方式而撰写的广告正文。这种文体的广告以人们对事物的理性认识规律为基础，或平铺直叙地介绍产品的特点和功能；或用逻辑推理的方式阐明事理，来说服消费者购买。文案重事实、重证据、重论证，不加任何修饰，不以技巧和独特性取胜。其魅力在于内容本身。这种文体的广告正文比较常见。写作时要注意：①用准确简洁、通俗易懂的语言文字实事求是地介绍产品或服务；②把文字与照片、图样、表格等各种形式有机地结合起来，增加直观效果，缩短篇幅。

案例 8-15

“一朵左旋维他命 C”护肤品广告文案

25 岁以后，选择左旋的三大缘由：

缘由一，25 岁以后，肌肤 28 天的新陈代谢开始减缓，出现皱纹、色斑、干燥、灰暗等症状。

缘由二，左旋维他命 C 能够激活新陈代谢，促进自身胶原蛋白合成，使弹力素重新发挥作用，抚平皱纹，发挥强大的保温、美白、抗衰老的三重功效。

缘由三，左旋维他命C显著的功效、极具针对性的定位、合理的价位和良好的品牌，是25岁以上女性必备的抗衰老精品。

3) 证言式

这种形式是在广告正文中提供权威人士或者著名人士对商品的鉴定、赞扬、使用和见证等，以达到对消费者告知、诱导和说服的目的。证言式正文常用的手法有：专家学者、权威人士和社会名流的证明；权威性的专业机构与专业报刊的评价；各种试验和消费者的调查与推荐。

这类广告正文是按证明书形式写成的，这里的“权威人士”可以是有真名实姓的，也可以是虚构的，但无论真假，他们都必须有资格为其所宣传的产品出示证言。例如，家庭用品的广告，最好选用家庭主妇提供证言，否则没有说服力。时下许多公司的广告正文都采取这种形式。例如，“严迪”这一广谱抗菌药品、李嘉存的“蓝天六必治”牙膏电视广告就采取了证言这种形式。

案例 8-16

蓝天六必治牙膏电视广告

清晨，小品演员李嘉存手持漱口杯具迎面向镜头走来，一面走一面向观众诉说着：“我的牙，全托蓝天六必治的福了，一点毛病没有。牙好，嘿，胃口就好，身体倍儿棒，吃嘛嘛香，您瞅准了，蓝天六必治!”

4) 公告式

公告式正文是用简洁的语句将广告项目、条件、事由、注意事项等交代清楚，常用于企业招聘广告、学校招生广告、企业更改商号启事、道歉声明、开业典礼、业务活动海报等。写作时要求以事实为依据，文字简明，具有新闻性。

案例 8-17

九江中视广告公司

标题：意料之外，情理之中。

正文：九江中视广告公司是一家专业的整合营销传播机构，主要代理中央电视台、国内各省市电视台、电台、报纸、杂志的广告发布，企业形象(CIS体系)设计咨询，产品营销策划，工业造型及商品包装设计。先后代理了昌河、解放等十余个汽车品牌的广告业务。2000年，在五粮液集团公司产品广告代理招标中中标，成为五粮液集团公司的广告代理公司之一，是“天地春”、“好酒”、“火爆”、“友酒”、“逍遥醉酒”的广告总代理。

5) 描述式

这类广告正文是以极其生动、细腻的描绘达到激发人们基本情感和欲望目的的一种广告文体。它读来恰似一篇散文，如果描绘真切感人，会给受众一个鲜明的形象和深刻印象，否则，就会让人觉得言之无物，枯燥乏味。

案例 8-18

中国台湾统一企业在父亲节所做的广告《爸爸的脚步》正文

爸爸的脚步，永不停止

曾经，我们携手走过千万步

逛过庙会，赶过集会
走过沙滩，涉过溪水
爸爸的脚步，陪我走过好长的路……
一面走，一面数
左脚是童话，右脚是盘古
前脚是龟兔，后脚是苏武
爸爸的脚步，是我的故事书
一面走，一面数
左脚一、三、五，右脚二、四、六
前脚是加减，后脚是乘除
爸爸的脚步，是我的算术
爸爸的脚步，是我的前途
为了孩子，为了家
爸爸的脚步，永不停止……
今天，让我们陪爸爸走一段路
赠送《健康养生特辑》。即使不能亲身随侍，也请打个电话，写封信、表达对爸爸深深的感恩之情①。

6) 曲艺式

曲艺是文学、音乐、表演相结合，以文学为主的、生动活泼的说唱艺术。许多广告文案的写作采用曲艺形式，借演员之口，将产品或服务的特征生动形象地表现出来。曲艺式正文包括故事型、相声型、快板书型等形式。例如，第五届全国广告作品展广播广告银奖作品“黑旋风牌吹风机”就是采用相声型广告这种曲艺形式来撰写的正文。

案例 8-19

黑旋风牌吹风机广告正文

甲：问您一个问题，您喜欢“吹”吗？

乙：你才喜欢吹呢？

甲：您算说对了，我的名气就是“吹”出来的。我能横着吹、竖着吹、飞着吹，能把直的吹成弯的，能把丑的吹成美的，能把老头吹成小伙儿，能把老太太吹成大姑娘。

乙：噢，都吹玄了。

甲：我从广东开吹，吹过了大江南北，吹遍了长城内外。我不但在国内吹，我还要吹出亚洲，吹向世界！

乙：啊！你这么吹，人们烦不烦哪？

甲：不但不烦，还特别的喜欢哦。尤其是大姑娘、小媳妇，抓住我就不撒手。

乙：好嘛，还是大众情人儿！请问您尊姓大名？

甲：我呀，黑旋风牌吹风机。

乙：嘿，绝了。

这则相声型广告与一般的精彩相声没有什么大的区别，只是多了传递产品信息、推广产品的功能。

---

① 万秀风、高金康. 广告文案写作[M]. 上海：上海财经大学出版社，2005.

7) 诗歌散文式

以诗歌、散文的形式来宣传广告作品的广告正文形式，称为诗歌散文式广告正文。这类文体的广告往往想象丰富，感情浓重，富有意境，语言优美，宣传效果亲切感人，是品味较高的广告常用的形式。白云边酒电视广告文案就是诗歌散文式的广告文案。

案例 8-20

白云边电视广告文案

画面一：古朴的衬底上映出“公元 759 年秋，诗仙李白游洞庭湖……”的文字。

画面二：水天一色静静的湖面上，一叶扁舟缓缓驶入，踏碎了月光的倒影。

画面三：李白伫立船首，微风吹拂着衣衫，一簇簇芦花从船头闪过。

画面四：秋叶飘零，李白卧于船首，船轻轻地在洒满月光的湖中行驶。

画面五：水中的月影像是巍峨的高冠，李白捻着胡须仰天吟诗：“南湖秋水夜无烟，耐可乘流直上天，且就洞庭赊月色，将船买酒白云边。”

画面六：朦胧月色中，小桥后、茅亭间亮着几点暖暖的烛光，酒幌随风摇曳。

画面七：李白卧于酒坛边，邀月对酌。

画面八：静静的月色荷塘，一只蜻蜓乍起，随即又落在荷叶上。

画面九：船下倒置着空空的酒坛中滴下一滴酒于水中。酒香诱来几条鱼儿，泛起阵阵涟漪。

旁白：白云边酒由此得名。白云边酒，历史悠久。白云边酒，香醇高雅。

画面十：又一滴酒滴于水中，在水纹散开处，化出“白云边”三个字，接着又化出白云边的酒瓶造型。

画面十一：古香古色的衬底上映出字幕——“白云边酒厂，中国湖北松兹”。

案例 8-21

房地产楼盘华都 · 星公馆文案

标题：用品位感动生活。
正文：当你还在追逐梦中的生活时，
我们就一直在创造。
江南生活的品味。
从烟柳画桥，
到郁郁叠翠的风景，
生活的色彩是如此和谐，
让人为之感动。
华都 · 星公馆，
用和风园林的事实，
缔造江南生活品位，
感动自己，感动这个城市。

8) 故事式

故事式正文是用故事形式写成的广告文案，它往往能将枯燥无味的广告信息变得饶有趣味。这类正文要使内容像小说的故事情节那样有矛盾冲突和结局，读来引人入胜，颇有微型小说的味道。此类正文写作往往是以某人遇到困难或麻烦而感到苦恼开始，以找到解决办法而圆满结束。其目的是告诉受众在遇到同样的困难时，采用同样的办法。

案例 8-22

箭牌衬衫广告文案

乔治·葛里宾(George Cribbin)为箭牌(Arrow)衬衫制作的一个广告是一段绝妙的对话式广告。广告画面上，一个衣冠楚楚的年轻绅士坐在矮凳上，跷着二郎腿和一匹马倾心交谈。那匹马半卧在地上，如图 8.4 所示。

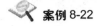

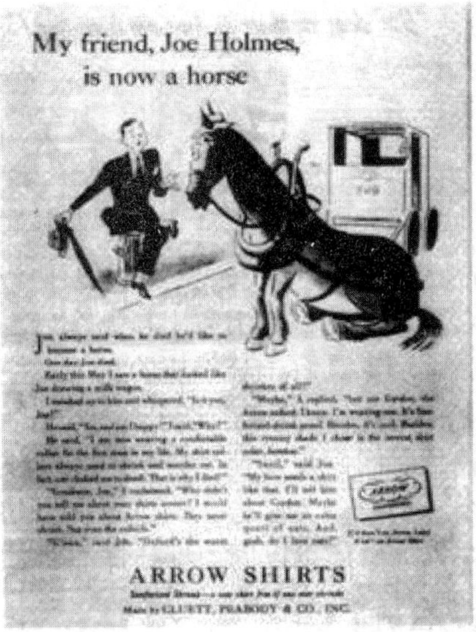

图 8.4　箭牌衬衫广告

标题：我的朋友乔·霍姆斯(Joe Holmes)，他现在是一匹马了。

正文：

乔常常说，他死后愿意变成一匹马。

有一天，乔果然死了。

五月初我看到一匹马，它看起来像乔。

我悄悄地凑上去对他耳语道：

“你是乔吗？”

“是的”，他说，“可是我现在过得很快活！”

“为什么呢？”我问。

“我现在穿着一件舒服的衣领，”他说“这是我有生以来的第一次。我衬衫的领子经常收缩，简直是在谋杀我。事实上，有一件把我窒息死了。这就是我的死因！”

“天哪，乔！”我失声叫道。

“你为什么不把你衬衫的事早点告诉我？我就会告诉你关于箭牌衬衫的事情。它们永远合身且不会收缩。甚至连织得最紧的深灰色棉布做的也不会收缩。”

“唉！”乔无力地说，“深灰色的棉布是最会收缩的了！”

“也许是”，我回答说，“但我知道箭牌的‘戈登标’衬衫是不会收缩的。我现在正穿着一件。它经过机械防缩处理，收缩率连 1%都不到！此外，还有箭牌所独有的‘迷淘戛’特适领。”

“‘戈登标’每件只售 2 美元！”我们谈话达到了高潮。

“真棒!”，乔兴奋地说，“我的老板正需要一件这种牌子的衬衫。让我来告诉他关于‘戈登标’的事。也许他会多给我1夸脱燕麦吃。天哪，我是多么爱吃燕麦呀!”

广告语：箭牌——机械防缩处理。

随文：如果没有箭牌的商标，那就不是箭牌的衬衫。

箭牌衬衫，机械防缩——如有收缩不合身者，奉送一件作赔。

【案例评析】

这是乔治·葛里宾自己所喜爱的广告之一。广告用简练的语言描述一个人和一匹马的对话，把产品信息详细的传达出来。大胆夸张，构想怪诞。“我的朋友乔·霍姆斯，他现在是一匹马了”——标题就具有很强的吸引力，奇特的广告文案引人入胜，让消费者忍不住要往下看。乔治·葛里宾认为好的广告一定要做到让读者看完广告的最后一个字才想去睡觉。事实上，在这一则广告里，他真的做到了。

8.2.5 广告标语

广告标语，又称“广告口号”、“广告语”，它是为了强化受众对企业、产品或服务的印象，在广告中长期反复使用的特定宣传用语。广告标语往往体现广告的定位、形象和主题，因此，好的广告标语能使受众一看到就识别出它出自哪个广告商品或是哪家企业。可见，广告标语对树立企业形象和品牌形象具有十分重要的作用。广告标语与商标共同构成了企业或商品的标志，前者是“语言标志”，后者是“图形标志”。

由于广告标语一般要在较长时间内反复使用，所以，写作一条令受众经久难忘的广告标语是广告文案创作中的一个重要任务。广告主为了求得一句精彩的广告标语，常常不惜花巨资到社会上广泛征集。广告标语还可以同商标一样注册登记，受到法律的保护。

1. 广告标语和广告标题的区别

广告标语和广告标题都处于广告文案中醒目的位置，是受人关注的部分，在表达主题、传递信息和表述结构上两者有相同的一面。甚至在一定的情况下，两者还可以相互替换，即广告标题就是广告标语。所以两者常常被人混淆。不过，两者的区别也是明显的，具体区别如下。

1) 作用不同

广告标语的作用主要是树形象，是为了集中体现广告定位、树立企业形象或产品品牌形象。广告标题的作用主要是抓“眼球”，是为了吸引受众的注意，激发他们的兴趣，并起到导入正文的作用。

2) 位置不同

广告标语在文案中的位置是较灵活的，既可放在正文的前面和后面，也可放在正文的中间，甚至还可放在文案的左边或右边。总之，只要能突出广告的主题，并与整个广告文案保持统一、和谐，广告标语可以放在文案的任何位置。广告标题的位置就比较固定，一般只能出现在广告正文的上方。

3) 地位不同

广告标语常常脱离广告画面、音响、正文而独立存在。因此，广告标语必须是一句意义完整的话，表达明确而完整的意思。而广告标题与正文、画面等保持着密切的关系，甚至有时离开了正文或画面，标题就会丧失意义。因而广告标题可以是一个词或词组，也可以是一句或几句话，其意义表达可以是完整的，也可以是不完整的；可以是明确的，也可以是含蓄的。与标题有关的另一些信息可以由正文、画面、音响来共同传递。

4) 使用次数不同

广告标语通常具有一定的稳定性，在较长时期内反复多次使用，其使用期较长。而广告标题则是附属于正文的，正文变了，标题就得变，它往往只能使用一次，随着正文宣传的结束而结束。如果某一产品要重做另一个版本的广告，那么就需要重写标题，而广告标语则可以沿用原来的。

2. 广告标语的写作要求

1) 高度精练，内涵丰富

广告标语要以最少的文字表达出最丰富的内容，反映事物的本质。例如，某结婚戒指的广告标语："永恒的爱情，无悔的爱！"寥寥数字，就把一枚戒指所蕴含的美好形象与祝福表现得淋漓尽致，使人马上联想到无限的爱意与幸福。再如：

①"宝马本色，成功标志"；

②"好空调，格力造"；

③"飞利浦，让我们做得更好"；

④"海尔，真诚到永远"；

⑤"诺基亚，科技以人为本"；

⑥"TCL 王牌，为顾客创造价值"；

⑦"非常可乐，中国人的可乐"。

2) 生动形象，朗朗上口，易念易记

广告标题虽不严格讲究对仗工整，合仄押韵，但也要力求生动有趣，真挚感人，具有通顺流畅的特点。例如：

①"牙好，胃口就好，身体倍儿棒，吃嘛嘛香"(蓝天六必治牙膏广告)；

②"高度无比，生命无穷"(红杉树香烟广告)；

③"滴滴香浓，意犹未尽"(麦斯威尔咖啡广告)；

④"不在乎天长地久，只在乎曾经拥有"(铁达尼手表广告)；

⑤"钻石恒久远，一颗永流传"(戴比尔斯钻石广告)；

⑥"农夫山泉有点甜"(农夫山泉矿泉水饮料)；

⑦"头屑去无踪，秀发更出众"(海飞丝洗发水广告)。

3) 意境深远

广告标语经常使用成语、俗语、谚语、名言、警句、格言，借助这些词句本身的意境，烘托和渲染广告意境，力求具有较好的宣传效果。例如：

①"悠悠寸草心，报得三春晖"(三九胃泰广告)；

②"寻寻觅觅无缘分，一见钟情上华帘"(窗帘广告)；

③"车到山前必有路，有路必有丰田车"。

4) 富有浓厚的情感色彩，鼓动性强

广告标语是广告的最后一关，必须打动消费者，晓之以理，动之以情，促使其采取购买行为。因此，广告标题要具有煽动性。例如：

①"让孩子赢在起跑线上"(口服液广告)；

②"亲爱的姑娘们，为什么不离开今夏的世界杯看台，来到一个'男人不爱足球爱佳丽'的国度呢"(瑞士旅游广告)。

5) 相对稳定

广告标语一旦投入使用后，一般不会因广告作品不同而有变化，它强调一致性，力求在各个不同意境的作品、不同时期的广告宣传中反复使用，给人以恒久稳定的印象。例如：

①“一切皆有可能”(李宁广告)；

②“我能/无限可能”(匹克广告)；

③“威力洗衣机，献给母亲的爱”。

3. 广告标语创作方法

不同的广告标语的宣传重点不同。通常企业在实施广告战略时，会考虑把广告标语制作的侧重点放在某一个方面，并会根据不同时期的战略需要而有所变化。常见的广告标语创作方法有以下几种。

1) 口语法

口语法即从人们日常生活的口语中选择适合产品特点和宣传主题的口语做标语。这种标语来源于公众的日常生活，口语化强，念起来很上口。例如：

①“味道好极了”(雀巢咖啡广告)；

②“一人吃，两人补!”(孕妇补品“新宝纳多”广告)。

2) 排比法

排比法是一种把三个或三个以上结构相同或相似、内容相关、语气一致的词语或句子组成一个整体的修辞方式。例如：

①“我健康，我献血，我自豪”(义务献血公益广告)；

②“真真正正，干干净净”(碧浪洗衣粉广告)。

3) 夸张法

夸张法是在不影响宣传内容真实性的前提下，对宣传内容的某一个特别之处做适当夸大或缩小，以引起公众的注意。例如：

①“今年20，明年18”(美容香皂广告)；

②“不老宣言”(抗皱霜广告)。

4) 对偶法

对偶又称对仗，主要运用于对联、诗歌等，是一种讲究语言工整、对应的艺术。例如：

①“美的生活，美的享受”(美的空调广告)；

②“珍爱生命，远离毒品”(禁毒公益广告)。

5) 顶真法

顶真法是在创作广告标语时，在遵循递进关系的前提下，让下句起始的字或词与上句末尾的字或词相同，组成递接紧凑、生动畅达的一组句子。例如：

①“车到山前必有路，有路就有丰田车”；

②“加佳进家家，家家爱加佳”(加佳洗衣粉广告)。

6) 谐音法

广告标语运用谐音，能起到一见如故、见之生情的效果。例如：

①“‘闲’妻良母，爱不‘湿手’”(全自动洗衣机广告)；

②“‘骑’乐无穷”(摩托车广告)；

③“步步为‘赢’”(李宁牌运动鞋广告)。

7) 仿词法

仿词法即通过对某一成语、俗语或诗词佳句中的个别字词进行形象化的换用，突出产品的名称或性能，以引起消费者的注意。例如：

①“此时无霜胜有霜”(声宝冰箱广告)；

②“一唱‘喔喔’天下白”(喔喔奶糖广告)。

8) 比喻法

比喻法即采用广告宣传内容与另一事物之间的某种相似性，用该事物象征宣传内容。例如：

①“给电脑一颗奔腾的芯”(英特尔广告)；

②“古有千里马，今有日产车”。

9) 双关法

双关是利用一个词语或句子同时表达两种不同意义的修辞方法。例如：

①“热气腾腾，蒸蒸日上”(电饭煲广告)；

②“第一流的产品，为足下增光”(鞋油广告)。

10) 反问法

对于显而易见的宣传内容，只问不答，比正面宣传更能引人注意。例如：

①“今天你喝了吗”(乐百氏广告)；

②“此处已摔死三人，你愿做第四位吗”(美国一高速公路旁的广告)。

11) 回环法

回环又称回文，即把两个句子或词组或是一个句子中的词语次序颠倒重复，表现两种事物或情理的相互关系。回环实际上是对偶的延伸。例如：

①“万家乐，乐万家”(热水器广告)；

②“长城电扇，电扇长城”。

本章小结

广告创意指的是为了传达广告策略，表现广告主题，将抽象的广告概念转换成具象的艺术表现形式所进行的创造性思维活动。广告创意要遵循目标原则、关注原则、简洁原则、情感原则。广告创意的类型主要有商品情报型、比较型、戏剧型、故事型、证言型、拟人型、类推型、比喻型、夸张型、幽默型、悬念型、联想型、抽象型等。广告创意过程可分成准备、酝酿、顿悟和验证四阶段。广告创意的思维方法有形象与抽象、顺向和逆向、垂直和水平、灵感和直觉等思维方法。广告创意技法有创形法、音乐法、包装法、换意法、设谜法、省略法、系列法等。广告创意策略有目标性策略、针对性策略、原创性策略、震撼性策略、整合性策略。

广告文案由广义与狭义之分，本书所讲的广告文案是指广告艺术表现形式中的语言文字部分，不包括绘画、照片等。广告文案的完整结构包括标题、正文、标语和随文四个部分。广告标题类型有直接式、间接式、复合式。常见广告标题创作形式有陈述式、新闻式、对比式、提问式、颂扬式、承诺式、悬念式、号召式、比喻式、抒情式等。广告正文的类型有直述式、说明式、证言式、公告式、描述式、曲艺式、诗歌散文式、故事式等。广告标语与广告标题的区别在于作用不同、位置不同、地位不同、使用次数不同。

思考练习

一、单选题

1. 广告创意( )阶段的中心工作就是为广告创意建立所需的信息情报、市场、产品、消费者、竞争、广告等研究基础。

A. 准备　B. 沉思　C. 顿悟　D. 验证

2. ( )就是在广告创意时必须围绕已确定的广告目标而进行。

A. 针对性策略　B. 目标性策略　C. 原创性策略　D. 震撼性策略

3. 沃尔沃汽车安全别针平面广告遵循了广告创意中的( )。

A. 目标原则　B. 关注原则　C. 简洁原则　D. 情感原则

4. 力求引起受众注意并在心灵深处产生震撼的广告创意策略是( )。

A. 针对性策略　B. 目标性策略　C. 原创性策略　D. 震撼性策略

5. 南方黑芝麻糊广告创意类型是( )。

A. 比喻型　B. 拟人型　C. 故事型　D. 类推型

6. 获权威认可的是，( )字的标题的广告效果最佳。

A. 1～3　B. 3～5　C. 6～12　D. 12～15

7. 某冰箱的广告标题是“同住一座楼，气味不相投”，用的是( )。

A. 悬念式　B. 比喻式　C. 号召式　D. 抒情式

8. 在印刷广告中，正文为文字叙述，称为( )。

A. 文稿　B. 说明　C. 脚本　D. 附文

9. 阿迪达斯球鞋“捉老鼠与投篮”广告创意类型是( )。

A. 夸张型　B. 幽默型　C. 悬念型　D. 联想型

10. “万宝路”香烟分析了自己过去失败的女士淡烟定位后，重新出发，塑造成为西部牛仔象征，转变为男子汉代表。这种广告创意的思维方式是( )

A. 逆向思维　B. 垂直思维　C. 形象思维　D. 发散思维

11. 米勒香槟酒定位由女性贵宾转向劳动工人，这种广告创意技法是( )

A. 音乐法　B. 包装法　C. 换意法　D. 设谜法

12. 用来表明广告的主题，提示广告的主要内容，这是广告文案中的( )

A. 标题　B. 正文　C. 标语　D. 随文

13. 松下空调的广告：“每月省电 17%，这您没想到吧！”，此广告标题的创作形式是( )

A. 陈述式　B. 颂扬式　C. 承诺式　D. 号召式

14. 一电饭煲广告“热气腾腾，蒸蒸日上”，此标语创作方法是( )

A. 谐音法　B. 双关法　C. 夸张法　D. 对偶法

二、多选题

1. 广告创意的原则有( )。

A. 目标原则　B. 关注原则　C. 简洁原则　D. 情感原则

2. 比喻型的广告创意分( )三种形式。

A. 抽象　B. 明喻　C. 暗喻　D. 借喻

3. 英国心理学家约瑟夫·华莱士把广告创意过程划分成( )阶段。

A. 准备　B. 沉思　C. 顿悟　D. 验证

4. 广告创意策略包括目标性策略、针对性策略、原创性策略及( )。

A. 现实性策略　B. 真实性策略　C. 震撼性策略　D. 整合性策略

5．广告文案的特征，主要表现在(　　)等方面。

A．真实性　　B．效益性　　C．独创性　　D．艺术性

6．W. 邓恩(W. Dunn)按组合方式把广告标题分为(　　)。

A．新闻标题　　B．直接标题　　C．间接标题　　D．复合标题

7．广告标题创作的原则包括(　　)。

A．主题突出　　B．引起注意　　C．简明具体　　D．忌用否定词

8．广告文案的完整结构包括(　　)。

A．标题　　B．正文　　C．标语　　D．随文

9．广告标语与广告标题的区别在于(　　)。

A．作用不同　　B．位置不同　　C．地位不同　　D．使用次数不同

三、判断题

1．创意是现代广告创作的核心，是广告活动成败的关键。(　　)

2．简洁原则又称“KISS 原则”。KISS 是英文 Keep It Simple Stupid 的缩写，意思是“使之简单”。(　　)

3．广告可以没有画面，如广播广告；可以没有声音，如报刊广告；但不能没有语言文字。(　　)

4．复合标题是由引题、正题、副题三种标题组成的标题群。(　　)

5．广告标语又称广告口号，是广告主从长远利益出发，在一定时期内反复使用的特定宣传语句。(　　)

6．国外研究资料表明：文字、图像能引起人们注意的比例分别是 78%和 22%。(　　)

7．广告标语与商标共同构成了企业或商品的标志，前者是“语言标志”，后者是“图形标志”。(　　)

8．美国广告泰斗詹姆斯・韦伯・扬对广告创意做过深入研究提出自己的准备、沉思、顿悟和验证四步骤创意流程模式。(　　)

9．伦敦某条街道上的第三家裁缝店采用的思维方式是形象思维方式。(　　)

10．要革新思维，必须运用水平思维方式。(　　)

11．英国心理学家艾德华・戴博诺博士首创垂直思维法。(　　)

四、名词解释

广告创意　广告文案　发散思维　水平思维　广告标语　广告正文

五、简答题

1．什么是广告创意？它有哪些类型？

2．试述广告创意的过程。

3．广告创意策略有哪些？

4．广告创意常见的思维方法有哪些？

5．广告文案有哪些特征？广告文案由哪些部分构成？

6．广告标题有哪些作用？广告标题有几种类型？

7．广告正文有哪些作用？广告正文有几种类型？

8．常见的广告标语创作方法有哪些？

9．请根据你现在使用的牙膏(具体品牌)，创作一份报纸广告文案。

案 例 分 析

张曼玉、王敏德爱立信手机经典广告文案

画面一：

在一个午夜的盛大宴会上，由张曼玉主演的女主人公身着漂亮的晚礼服轻盈地走在宴会之间，引来众

人的目光。

这时，由王敏德出演的男主人公满怀满怀深情的眼光紧紧地追随着她。

双方的目光有了刹那间的碰撞，昔日的感情一下子重新燃起，彼此开始在人群中急切地寻找。

最后，在手机的无声牵引下，张曼玉推开了一扇紧闭的门扉，两人忘情地紧紧相拥。音乐响起，礼花腾空而飞，一对昔日的情人遥望着灿烂而美丽的天空……

画面二：

一个鸽子鹊然飞起的教堂。身着婚纱的张曼玉在牧师的主持下就要身许他人，此时此刻，牧师的手机铃声骤响。

新郎感到异常地局促不安，似乎预感到什么。张曼玉毅然接过电话，遥远的回忆刹那间涌上心头，狂奔而出。教堂外的王敏德正握着手机。最后时刻的依然执著换来了张曼玉为感情抛弃一切的洒脱。

主题歌“What a Magic Moment”（魔力一刻)对整个过程做了完美的注释。

画外音：“一切尽在掌握”。

【案例评析】

这组广告的特点就是恰如其分地采用了明星路线，选择婚恋题材，由著名影星出演，辅之一波三折的情节，充分表达了爱立信积极进取、力求创新、促进沟通的品牌主张。“爱立信”让男女主人公在关键的时刻把握了自己的命运，在人生悲欢离合中创造着种种惊奇，最终获得了幸福、美满和成功。

广告的创意新颖，采用了感人的画面，把产品销售诉求对象定位在思考和领悟方面。它告诉人们手机不仅是现代的通信工具，它还能改变我们的生活，使我们更有人情味，更好地享受生活。这组广告把产品营销广告，变成了促使消费者对人性的思考，把爱立信刻画为一座建立友谊、互相关怀、信赖和理解的桥梁。广告布景、场面不仅感动人心，而且让人们去反思生活，得出自己的价值观。上述广告把爱立信“一切尽在掌握”淋漓尽致地展现在人们的面前，点出了广告的主题，完美地发挥了感性诉求和形象魅力作用。

讨论题：

1．如何将广告情节与广告主题材衔接，树立品牌形象？

2．明星广告中，什么样的广告创意更具沟通效果？

第9章 战术策略阶段III——广告媒体与推进策略

学习目标

通过本章学习，应该达到以下目标。

知识目标：熟悉广告媒体的分类，了解广告媒体的特点，并根据其特点选择适当的广告媒体；掌握媒体计划与评估；熟悉广告媒体组合策略，掌握广告推进策略。

能力目标：能够正确认识广告媒体与广告促销，灵活运用理论，展开广告媒体运用与广告推进策略实践，能根据实际情况制定适应广告活动需要的媒体、市场、促销与心理等策略，从而进入下一个策划环节。

知识结构

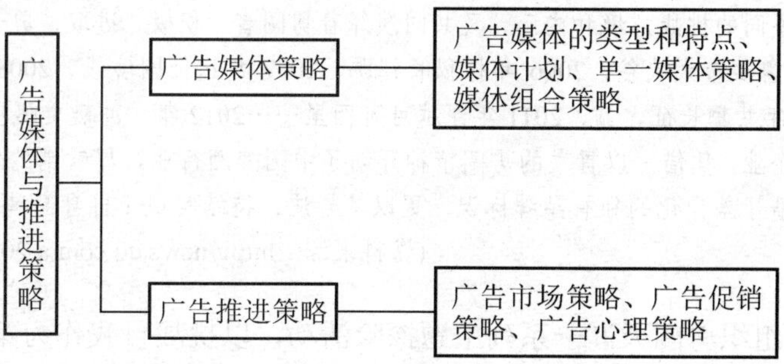

案例导入

雪花啤酒品牌营销 独创户外推广策略

雪花啤酒“勇闯天涯”活动不仅有效提高了雪花啤酒的知名度和影响力，也为自己向产品品牌升级奠定了良好基础。雪花啤酒“勇闯天涯”活动开办8年来，无论是从知名度还是参与度都有较大飞跃，但更大的飞跃是雪花啤酒“勇闯天涯”已由一个原创性的雪花啤酒活动品牌成功飞跃至具有较高忠诚度的产品品牌，并且雪花啤酒产品一经推出，就获得了消费者的无限青睐。

雪花啤酒“勇闯天涯”活动不仅给雪花啤酒公司带来了良好的口碑和利益，更为消费者提供了展示自我，敢于挑战的平台，让消费者在大自然的历练中，磨练自身品质，从而获得更完满的人生。

2012 年7月，全国持续时间最长、规模最大的原创品牌活动“雪花勇闯天涯——冲破雪线”正式启动，并在全国火热招募。

高原、雪山、荒野，携手勇闯队伍的极限任务，已成为雪花啤酒一年一度的户外大型活动。自 2005 年起，雪花“勇闯天涯”活动共计行走 10 余万千米，足迹遍及中国人迹罕至、极具挑战的天涯。此次目标直指世界极高峰的雪线之极，也是勇闯活动首次从地理地貌特征解密雪域高寒的震撼体验。

雪线就是永久性积雪的下限。中国是雪线极为丰富的冰雪国度，雪线高度自北向南逐渐递增，至青藏高原海拔最高可达6 000多米。雪线之上，是严苛恶劣的生命禁区，是勇闯精神的艰苦磨砺，更是咫尺天涯的人生巅峰。

成功“冲破雪线”，意味着对体能、技巧和意志力的全方位考验。为甄选各路勇士，本届活动招募将在全国 20 多个省份、60 多个城市全面落地，登录雪花啤酒官方网站和官方微博(@雪花啤酒勇闯天涯)，即可了解各地报名信息。荒岛求生、攀岩速降、高空断桥、负重徒步……通过层层严酷选拔，最终将在全国招募数十位勇士加入雪花勇闯队伍，于9月中下旬共同奔赴雪线。

据活动主办方华润雪花啤酒透露，此次冲破雪线的勇闯队伍，将由专业户外领队、地理学家、专业摄制组、高原医生及招募队员共同组成。活动期间，在保障活动安全性、专业性的同时，还将对地理地貌、环境保护、户外技巧等知识进行更深入的科学普及，实践智慧与勇气的双重历练，传承雪花啤酒“进取、挑战、创新”的品牌理念。

“雪花勇闯天涯”活动已经将勇闯的精神和向往天涯的心紧密联系了八年。山、水、峡谷、荒漠……不同路线诠释着人生不同的挑战意境和内涵，又共同演绎着勇闯者“积极、进取、勇于挑战”的雪花品牌精神。2005 年探索雅鲁藏布大峡谷、2006 年探秘长江源、2007 年远征国境线、2008 年极地探索、2009 年挑战乔戈里、2010 年共攀长征之巅、2011 年穿越可可西里……2012 年，冲破贡嘎雪线。华润雪花作为中国销量最大的啤酒企业，凭借一以贯之的勇闯精神开创了中国啤酒行业跨界营销的新模式。而每一次的探索与挑战，不仅打造了差异化的独有品牌标识，更以其专注、持续实现了自身品牌巅峰的不断攀越。

(资料来源：http://news.qq.com/a/20120724/001415.htm.)

雪花啤酒通过组织勇闯天涯一系列主题探险活动，以挑战自我作为策略推广核心，选择了合适的广告媒体策略与推进策略，从而塑造了雪花啤酒“积极、进取、勇于挑战”的品牌精神与形象。本章内容为广告战术策略的第三阶段，即广告媒体与推进策略。广告推进策略主要包括广告市场策略、广告促销策略、广告心理策略、广告实施策略等组成。

9.1 广告媒体策略

9.1.1 广告媒体的类型和特点

媒体一词译自英语的 Media。从传播学的角度看，媒体是指那些传达、增大、延长人类信息的物质形式。或者说，媒体是人体的延伸，是人用来传递信息和获取信息的工具、渠道、载体、中介物或技术手段。也可以理解为，从事信息的采集、加工制作和传播的社会组织，即传播机构。

广告媒体是指借以实现广告主与广告对象之间信息联系的物质或工具，凡是能刊载广告作品，实现广告主与广告对象之间信息传播的物质均可称为广告媒体。按不同的划分标准，可以将广告媒体划分为不同的类别，每种类别都具备区别于其他媒介的特点，一般把传统广告媒体分为大众传播媒体和小众传播媒体两大类。随着科学技术的进步，出现了很多新型媒体，统称新媒体。

1. 大众传播媒体

大众传播媒体主要是指报纸、杂志、广播、电视、电影等媒体。特别是前四种，是广告传播活动中最常运用的媒体，通常被称为四大广告媒体。

1) 报纸

报纸是传统的三大新闻传播媒体之一。报纸有较大的发行量，读者群大，阅读率高，广告接触率也较高。报纸的读者分布广泛，所拥有的读者群相对比较稳定，层次比较高，消费能力较强，广告信息比较容易推广。

报纸可以随身携带，可以不受时间和空间的限制，阅读方便，有较强的选择性和说服力。读者可以随心所欲地翻阅报纸，接受需要的广告信息，确认广告内容。

报纸广告制作比较简便，广告价格相对较低。报纸拥有特殊的版面空间和语言，对广告信息有较强的表现力，能比较详尽地对广告信息做描述和介绍，增强对广告的理解力。报纸广告的保存性好，可以根据广告主的要求，比较自由地选择刊登的时间和版面，并能在短时间内调整广告内容，适应性和机动性较强。

但是，报纸的读者需要有一定的阅读能力，报纸的大众化又使读者阶层范围比较广泛，缺少一定的针对性。报纸的时效性较短，只有一天甚至更短的时间，因而广告内容被反复阅读的可能性很小。报纸每天的版面也较多，广告分散在里面，读者很难完全注意到广告，传播效果不稳定，读者还容易出现“跳读”的现象，越过刊载广告的版面，从而影响广告的阅读率。

2) 杂志

杂志最大的特点是针对性强，保存期长，记录性好。读者层次和类别较为明确，尤其是专业性杂志，读者群大多比较稳定，对所订阅的杂志认同感较强，由此对刊登的广告也显现出较高的关心度和信赖度。杂志的读者生活水准一般较高，对于新产品或服务的反应比较敏锐，消费能力也较强。

杂志的自动阅读率比较高，常常被广泛传阅，还有被反复阅读的情况。杂志广告可承载的信息较多，可以比较自由地运用文字、图片、色彩等手段表现广告内容。杂志还可以做连页或折页来延展版面空间，运用一些特殊形式来表现广告商品，造成画面的震撼效果。另外，杂志印刷精美，能提高表现对象的美观程度与价值感，制作起来也比较容易。杂志具有较强的保存性，能延续广告的传播效果。

不过，杂志出版周期长，出版速度慢，发行范围有限，读者层面较狭窄，市场覆盖率低。由于发行间隔时间较长，缺乏即时性，因此对有时效性的广告，传播时间上较难适应。

3) 电视

电视是一种具有多种功能的大众传播媒体。自 20 世纪 30 年代问世以来，电视不断以新的面貌面向广大观众，在传播领域中产生了越来越大的影响，也是传播广告信息的主要媒体之一。

电视普及率高，收视对象层次广泛，能在极广的地域范围里，迅速传递信息，很容易配合新产品上市等促销活动。观众一般都在休闲的状态下收看电视，容易产生亲近感；同时，电视的播出形式是视听兼备，声画统一，具有较强的感染力，能使观众留下深刻印象。电视广告播出机动性强，不同类型的播出形式具有不同的效果。例如，赞助广告(时段)能加深理解，累积形象，传播及时，范围广泛，有利于扩大商品知名度；插播广告能突出重点，及时重复，在特定的地区和期间内传播具有集中性和针对性，传播效果明显。

电视已成为沟通观众的主要渠道，也越来越受到广告主的青睐，近些年来电视广告费直线上升。据统计，全世界广告费约有 1/3 投入电视媒体。中国电视广告收入自 20 世纪 90 年代后就超过报纸，1998 年，中国电视广告营业额为 135.6 亿元，占全国广告营业额的 1/4，比报纸广告收人多 30 多亿元人民币。

电视广告片因受时间限制，广告信息容量较少，不能详细传播商品特性。广告播出时因不同类型的广告交叉播出，相互干扰，减弱了广告传播的效力。电视广告瞬间即逝，如播出次数少，传播效果则会不明显；只有大量购买电视广告播出时段，反复重复播出，才可能实现预期的效果，但这样就要支出高额的广告费。电视广告的制作费用也很贵，这就不利于中小企业的市场开拓。

同时，观众收看电视的状况，也对传播效果产生负面的影响。观众不一定按电视节目顺序观看，而有可能随意选择节目，尤其在收看广告的时候心不在焉，往往随意换台或离开而影响实际的收视率。

4) 广播

广播传播速度快，时效性强，收听不受时间、地点限制，具有很强的机动性和灵活性。广播可以拥有众多节目主持人，每个节目能够形成个性特色，通过热线服务等，易于进行双向交流，引发想象力，产生亲近感，构成相对固定的听众群。

广播广告语言的口语化程度也较高，比较通俗，感性诉求力强。制作过程也简单，播出费用不高。收听对象特性明显，地区性电台能做有效的地方性广告，针对性强，促销效果明显。

广告客户逐渐认识到广播在传递广告信息方面的一些优势，广播广告的营业额在逐步提升。在中国，广播一直是有效的传播媒体，能覆盖广大农村和交通不发达地区，运用广播有利于新市场的开拓。

但广播只能用声音诉诸听众，而且时间短暂，保留性差，难以吸引听众，留下深刻印象。听众接收信息时的注意力也不是很集中，收听效果难以准测定。

5) 电影

电影虽然属于大众传播媒体之一，但相对于四大广告媒体来说，电影的影响力要小得多，但在传递广告信息方面也具有一定的优势。电影银幕面积大，声音效果好，真实感强，不受时间限制，诉诸观众的信息密集，诉求重点明确。电影广告一般在正片之前放映，观众接受广告信息时环境较舒适，心情较松弛，对广告有较少排斥心理，注意力较集中，因而能收到比较好的广告效果。

电影广告受放映时间和场地的限制，传播范围有限，且电影广告片拍摄费用也比较高，因而受重视的程度逐渐下降。但电影观众一般都是消费力比较强的群体，广告费用的投放量相对可以减少，在进行媒体组合时，可以考虑电影媒体。

2. 小众传播媒体

相对于大众传播媒体，还有很多用来传播广告信息的媒体，传播范围小些，受众群体少些，所以称为小众传播媒体。这些媒体往往可以直接影响消费者的购买行为，进行促销，能够弥补和配合大众传播媒介的传播活动，所以有时也可统称为促销媒体。

1) 户外广告

户外广告指设置在室外的广告，如霓虹灯、路牌、灯箱等。英文为 Out Door，简称 OD 广告。户外广告种类很多，特点也不一样。总体上看，户外广告一般传播主旨比较鲜明，形象突出，主题集中，引人注目。能够不受时间的限制，随时随地发挥作用，对过往行人进行反复诉求，使消费者产生多次重复记忆，达到印象积累的效果。

户外广告的制作越来越精美，欣赏价值较高，还可美化环境。例如，霓虹灯广告，以它多变的造型，瑰丽的色彩，构成华丽的夜景，成为城市的亮点和美化城市的手段。户外广告因其受空间和地点的限制，所以流动性差，信息无法流动传播。

2) 销售点广告

所有在商店、建筑物内外的，能够促进销售的广告物，或其他提供有关商品信息、服务、指示、引导的标志，如店内挂悬物，橱窗和柜台的设计、陈列，在店内外设立能标示产品特征的立体物，或散发单张的海报等，都称为销售点广告或销售现场广告(Point of Purchase Advertise)，简称 POP 广告。

POP 广告可在销售现场为消费者起到引导指示的作用，促成和便利购买；还能营造销售气氛，激发顾客的购买热情，促使消费者产生购买行为，直接提高购买率。所以有人称 POP 广告是临门一脚。

3) 直接广告

直接广告是直接进入消费者的家庭和工作场所，以及通过个人之间的信息沟通，表明比较具体的求购信息的广告形式的总称。

其中，邮寄广告(Direct Mail Advertise)，简称 DM 广告是最早开展、也是最主要的形式。它是将广告信息通过信件用直接邮寄的方法传达给目标消费者，介绍产品或服务，也可以寄优惠卡或附送样品、折价券等。

邮寄广告的形式可以不拘一格，有较大的自由度。可随意设计，发挥创造，给消费者以新鲜感。因受众没有阅读时间的限制，所传递的信息内容更丰富详尽。邮寄广告的设计要新颖独特，使目标受众愿意拆开，尽量降低对邮寄广告的抗拒心理。应注意的是，要与消费对象建立经常性的联系。还可发放问卷，调查目标消费者对商品的期望和建议，保持销售信息交流的畅通和愉悦。

平时还要注意积累资料，选好对象，建立用户花名册。花名册的资料应该准确、详细，包括邮寄对象的姓名、出生年月日、阶层、职业、兴趣等。

还有一些直接广告形式，如电话广告、上门广告、传单广告、物品广告、夹报广告等。

4) 交通广告

利用公交车、地铁、航空、船舶等交通工具，及其周围的场所等媒体做的广告，就是交通广告。交通广告因价格低廉，流动性强，且有着较好的传播效果，而受到企业的欢迎。

交通广告可运用多种形式来传递信息，可随交通工具流动，又可以固定在车站、机场、码头，具有稳定性。交通广告展示时间长，内容丰富，有持久性。

但使用公共交通工具的乘客流动性大，成分复杂，不容易进行市场细分。传播对象的针对性不强。另外，交通广告因交通工具和线路等的限制，广告接触面有一定的局限性。由于交通设施具有公共性，所以，对广告设计有较高的要求，必须具有一定的欣赏价值，增加美感。

3. 新媒体

随着人民生活水平的提高，广大消费者不再满足于单一的产品，而媒体也是如此。每一种新科技的发展给人们带来新的沟通方式，都有可能成为新媒体的载体。

1) 有线电视

有线电视(CATV)大约出现于20世纪40年代末，逐步发展成为一种综合信息网，具有双向传输功能，能够提供多种服务，如图文电视、电子报纸、电视购物、电视节目点播等，甚至可以与互联网联接。中国从20世纪70年代开始发展有线电视，现在已成为用户接收电视节目的主要手段。相应建立起来的有线电视台，服务性、娱乐性节目内容比较丰富，有较高的收视率。

2) 卫星电视

卫星电视(STTV)是运用卫星上的转发器，把地面传送的电视信号向预定地区播送的方式。卫星电视覆盖面积大、传送环节少、受地形影响小、稳定可靠，接收电视节目更加便利和清晰。

3) 数字媒体

数字媒体是通过现代信息科技的手段，以无线电波的方式传输信息，具有现代、时尚、简约的风格特征，体现着新时代、新人类气息的媒体。例如，现在已有的手机短信息、公交车内的液晶广告，它们让每个人可以独自分享广告与资讯的内容，具有充分的自我空间。这样，利用时尚数字新媒体，可以更有效地获知广告的回馈效果。毫无疑问，利用高科技与市场结合的新媒体形式在市场中会越来越多。

互联网被称为继报纸、广播、电视三大传统媒体之后的“第四媒体”。基于互联网的网络媒体集三大传统媒体的诸多优势为一体，是跨媒体的数字化媒体。网络媒体传播除具有三大传统媒体新闻传播的“共性”特点之外，还具有鲜明的“个性”特点，主要有即时性、海量性、全球性、互动性、多媒体性、新媒体特性。目前，互联网的发展出现了视频化发展趋势。搜索引擎、门户网站、新闻网站、社交网站与视频网站正在构成网络媒体的主流，互联网正在向 Web3.0 时代迈进。特别是 BBS 论坛、聊天工具、博客、微博等，更具有成本低、传播迅速且广泛的特点。

4) 互动媒体

互动媒体是通过受众群与广告的内容产生人机对话的形式，达到真切、新颖的广告效果，从而在广告传达的过程中使商品与受众形成互动的媒体。例如，科技馆的小机器人，当你走近它问它时，它会说话，甚至告诉你一定的活动项目内容，这种形式使广告更具新颖性。

5) 建筑物媒体

建筑物媒体通过利用高大、有标志性的城市建筑物外形来渲染广告气氛，产生真实巨大的场景性视觉传播效果。这种形式具有一举两得的功效，既可以高、远、快地提高传播率，又能够结合建筑物外形特点进行规划，从而达到美化城市景观的目的。借这种无声的新媒体形式发布的广告，是持久有效的。

6) 移动媒体

最引人注意的是移动的物体，如果利用转动、移动的物体，通过创意设计使其形成一种图案，或通过色带、标识等来形成人们的一种记忆，见缝插针地宣传商品，一定会取得极佳的广告效果。利用转动的风车与上下移动的电梯带等这样一些移动的视觉物体，可以给广告增加更多空间。

9.1.2 媒体计划

1. 含义和内容

1) 媒体计划的含义

根据广告目标的要求，在一定的费用内，把广告信息最有效地传达给目标消费者，而为此所做的策划，这就是广告媒体计划。媒体计划是广告整体策划中的一个重要组成部分，媒体计划指导着广告媒体的选择。

确定媒体目标是广告媒体计划的核心。媒体目标是广告信息经媒体传播后对现实的和潜在的消费者影响的程度。媒体目标要和广告整体目标联系起来考虑，通过一些具体的指标，如暴露度、到达率、收视率、影响效果等来体现和衡量。如何选择传播媒体，怎样进行组合，如何推出广告等，都是围绕着媒体目标来展开的。

媒体计划是广告计划在媒体选择部分的具体展开。由于媒体计划是广告投放前的运筹，因此，要从广告主企业的整体营销规划、广告目标、广告战略的要求出发，深入地对各类媒体进行研究分析，同时也要考虑广告文本的创作、广告费用的预算等因素的影响，来准确地选择合适的媒体。

媒体计划的实质，是确定媒体的选择方案。广告主企业投入大量的广告费用，其中八成以上是用来购买媒体的时间和空间的。广告能否取得效果，首先还是看广告信息是否被传播对象接触到，进而才能影响目标消费者，达到预期目的。这关键在于媒体计划是否周密，媒体选择策略是否得当。在广告运行的链条中，媒体计划处于相当重要的环节。

2) 媒体计划的内容

从总体上看，媒体计划主要围绕四个方面展开。

(1) 传播对象。广告活动对谁开展，广告传播的目标受众是谁，这是制订媒体计划时首先要明确的。在广告整体策划时，在制定广告表现战略时，广告的目标受众也都要予以考虑，广告媒体战略要与之具有一致性。

(2) 沟通渠道。这是需要重点策划的内容。即根据广告目标的总体要求，选择适用的媒体，使广告信息尽可能地接触目标消费者。制订媒体计划，要依据媒体的情况、目标受众接触媒体的情况来进行，使目标受众尽可能地接收到广告信息，保持信息沟通渠道畅通。

(3) 何时进行和如何进行。这两个方面，主要是考虑广告投放的时间和方式，特别是要根据广告预算的要求来考虑如何推出。媒体计划要做出具体的安排，做好广告排期表。

广告预算是确定的，媒体计划要在广告预算费用允许的条件下进行。选择媒体要与购买媒体所需的费用联系起来。尽管许多媒体都很理想，但如果广告费的预算不允许，那么也只能放弃，重新进行选择调整，使之既符合预算的要求，也能达到预想的传播效果。

2. 媒体评估

制订媒体计划，选择适用的媒体，需要对媒体进行考察评估。

1) 总体分析

进行总体分析时，要考虑以下四个因素。

(1) 媒体普及状况和受众成分。这主要是考察广告目标公众和媒体受众的关系。可以从三个方面考虑，也可以进行量化。

第一，要看某一媒体或节目的影响程度，包括发行或覆盖的区域，受众规模和构成等。这是对媒体或节目基本情况的了解认识。

第二，要看广告目标受众与媒体受众覆盖程度，也就是媒体被广告的目标受众接触的程度。广告目标受众的人数和成分，取决于媒体受众的人数和成分。他们之间的关系，可有下面几种类型：

①不相交，二者之间没有联系；②部分相交，二者之间有互相覆盖的情况；③全部相交，二者之间完全吻合，但在实际运作中一般是不可能出现的情况；④广告目标受众大于媒体受众，超过了媒体的影响范围。

只有广告目标受众与媒体受众出现相交的情况，媒体才具有被选择的条件，相交部分越大，媒体的适用性就越大。如果媒体受众小于广告的目标受众，那么这一媒体也是不理想的，需要通过其他方式来弥补。

这里引入一个概念，就是媒体质量评估参数。广告目标受众人数除以媒体接触人数的比例，就是相交程度的质量参数。质量参数<1 的媒体，就是理想的广告媒体。

第三，要看媒体被受众接触的程度，即媒体被受众阅读、收看、收听的状况。媒体的覆盖范围并不等于媒体被受众接触的程度，还要通过一些具体指标，如反复性(是否被反复收听、收看)、注意率(媒体不同时间或空间被注意的状况)、传阅率(读者相互传阅的情况)、吸引力、机动性、保存性等来进行评估。这个评估，还应该包括广告信息被接触的状况在内。

(2) 媒体使用条件。这一问题可通过三个方面来考察。

第一，考察购买媒体的难易程度，购买手续和过程是否简便易行。这关系到广告能否在合适的时段、合适的空间传播出来，能否及时有效地被目标消费者接触到。例如，晚上11 点以后播出的广告，就很少会引起人们的注意。

第二，考察媒体对广告的表现程度。有些媒体因为固有的特性，表现广告内容有一定的局限性。这要考察媒体对于广告的色彩、动静、声像等要素的再现能力。例如，对音像要求比较强的广告，电子媒体的表现能力就比印刷媒体要好得多。

第三，考察媒体制作广告的水平、风格。当然，广告的设计制作可由专门的广告制作公司去做，但有些媒体也设计制作广告，这方面的评估也不可忽视。

(3) 媒体的广告费用。不同媒体刊播广告的费用有很大的差别，如《人民日报》一个整版的广告费为 28 万元，《中央电视台》一套 21：20 插播的广告价格，5 秒的广告价格是 2.4 万元，30 秒是 8 万元。就同类广告媒体来说，《北京日报》整版黑白版的广告价格是 13.8 万元、《北京晨报》是 11 万元。但是，在费用上很难比较使用哪一种媒体更合适。可用计算相对广告费用的办法来做参考比较。

(4) 媒体的传播效益。通过对以上几个方面的综合评价，可以看出媒体的传播效益如何。

综合评价可运用比较的方法，即与广告目标相比较，分析某种媒体适合做哪种形式的广告，对广告目标的适应性如何；把各种媒体进行相互比较，看哪种媒体更适合实现广告目标，且相对费用更低。

2) 不同媒体分析

(1) 报纸和杂志。这两种媒体同为印刷媒体，在传播特点上有许多相似之处。

① 普及状况和读者阶层。考察了解发行量、发行范围、销售方式(如自办发行、邮局订阅、街头零售)、读者对象等方面的情况。

② 阅读状况。考察各个版面可能被阅读的情况。报纸要分别考核要闻版、专版、各类(新闻、体育、经济、娱乐、副刊)、某一版(全页、上半版、下半版、四分版面)被阅读的情况。杂志则要了解封面、封底、内页、插页等被阅读的情况。重点是考察不同位置版面的注意率。

注意跳读的问题，如跳版(页)、跳区、跳栏等影响阅读广告的因素。

③ 使用条件。考察印刷媒体对广告的表现力如何(如色彩、印刷质量)，广告版面的容量大小，与广告主的意愿是否相一致，自由度大小，发稿程序是否复杂，服务项目如何等。

④ 相对广告费用。用广告费除以发行量，然后进行比较，看是否合理、合算。

⑤ 效果评价。印刷媒体能增强信赖度和说服力，产生较深刻而持久的记忆度，增进理解力。报纸适合做新闻(报道式)性广告，有利于刊载需要加以详细说明的商品广告，也可做企业广告。不适合做依靠商品本身进行诉求的广告。杂志针对性强、选择性好、传阅率高，能产生较强的视觉冲击力。

(2) 广播和电视。这两种媒体同为电子媒体，也可放在一起分析考察。

① 收视设备普及状况。一是看广播电视覆盖的情况，影响哪些地区；二是掌握家庭收音机和电视机的普及情况；三是了解其他收听收看的状况，如交通工具附设收音机或电视机装置的比例，火车、飞机、船舶乘客等如何收看(听)广播、电视。中国广播的人口覆盖率已达 84.2%，电视的覆盖率已达 86.2%。随着高新通信技术在中国的广泛应用，近年来这两种媒体特别是电视媒体的覆盖范围越来越大。

② 受众状况。广播和电视节目，会因传播内容、特色、形式等的不同，而拥有不同的受众。一般来说，听众收听广播节目比较随意，注意力不够集中，但换台、换节目的频率

不如电视那样高，插播的广告有时反而容易被接触到。观众收看电视时注意力能够集中，一些特定节目对观众能产生吸引力，形成“定视性”。但有时会受到多个台、多种节目内容的影响，由于遥控装置的普及，换台、换节目比较容易，特别是插播的广告被跳过不看的情况，现在越来越普遍。

③ 媒体购买。广播广告费用较便宜，而电视广告价格较昂贵；都需要多次购买、多次播出才能产生传播效果。

④ 适应性。广播不适合做说明性广告，电视广告形象性强，能促进目标受众对广告内容的认知。

(3) 各类促销媒体。交通广告、销售点广告、直接广告、户外广告等，都有各自的特点，也要进行具体分析，恰当运用。

3. 影响媒体计划的因素

1) 外部因素

外部因素主要是指媒体之外影响制订媒体计划的诸多因素，侧重考虑以下方面。

(1) 产品的特点。产品有什么特性、处于何种生命周期、是名牌还是大路货等。例如，新开发的产品、新上市的商品，就要考虑选择能够扩大认知的媒体；如广告商品是技术复杂、性能难于理解的产品，则要选择有利于受众理解的媒体；如果属于名贵品牌的商品，所选择的媒体，其权威性就应该高一些，应该是受众心目中的主流媒体。

(2) 目标市场的特点。主要是根据目标市场的各种状况，如人文因素、受众的需求状况、生活习惯、媒体接触方式等，对目标消费者进行分类，为确定广告的推出方式提供依据。

(3) 经销系统的特点。企业和产品的销售方式、销售范围、各销售环节的配合等，应该了解企业的经销方式，使媒体能与营销方式相互配合，保证目标受众能够接触到广告信息。

(4) 竞争对手的特点。要摸清竞争对手各方面的情况，特别是运用媒体的情况，知己知彼，发挥优势，提高竞争能力。

(5) 广告文本的特点。所选择的媒体要能够体现广告作品的创作特色，有利于表现广告主题，有利于和目标受众沟通。当然，广告作品在创作时，就应该考虑到媒体选择的情况。

(6) 广告预算的内容。对媒体的选择和组合，应该在广告预算允许的范围内进行。要注意购买媒体时间和空间的费用总额，不能超过广告预算费用。

2) 内部因素

内部因素主要是指媒体自身因素对制订媒体计划的各种影响。

(1) 购买费用。购买媒体的费用，必须符合预算要求。总体上看，可能很多媒体都是适用的，非常需要的，但因为费用关系，就必须有所取舍。在具体媒体上，要结合与收视(听)率、阅读率、与广告文本的适应性等因素来综合考虑。

(2) 传播效益。选择媒体时，应把效益作为重要标准，争取最好的传播效果。这实际上也是对媒体业绩的考察，对其发行量、收视(听)率、到达率、每千人成本等各项指标的综合评估。另外，也要注意有效频度的问题，即消费者通过媒体，接触多少次广告信息，效果才为最大化。

(3) 可行性。各种媒体都有自身的传播特点，都有优势和不足，因此，要看媒体对广告文本和推出方式的适用程度。例如，电视能够促进认知，对影视广告有较好的表现力；广播适于向消费者告知商品的销售地点等信息，传递信息快；报刊能加深理解，能提供较为详细的信息内容，更适于推广一些理智型购买的商品。

(4) 媒体寿命。指媒体推出广告后持续影响受众的时间。不同类型的传播媒体，其寿命长短不一。电子类媒体的寿命最短，如广播、电视播出的信息瞬间即逝；印刷类媒体的寿命有长有短，报纸可能达两三天，杂志有可能达一两个月，而像电话号码簿上的广告(黄页广告)，其寿命可能长达一两年。了解各类媒体传播广告的寿命，安排广告投放的次数，保证广告作用的持续影响。

(5) 灵活性。指在媒体上推出广告的可以修正调整的程度。不同媒体的灵活性不同，电视的灵活性最低，广播的灵活性较高。要从企业的广告目标对灵活性的要求来考虑媒体的适用性。

(6) 协调性。主要是看媒体同其他营销环节相互配合的程度。从整体营销传播的角度，看媒体是否能与营销方法有效配合，是否符合企业进行整体营销传播的要求。例如，利用电视推出广告，能与企业开展较大范围的公共关系活动相呼应；在报纸上做赠品广告，可与推销员上门推销商品相配合。

9.1.3 单一媒体策略

1. 报纸广告策略

1) 体现新闻性特点，引起受众注目

报纸是一种专门传达新闻的大型媒体，由于发行渠道普遍和通畅，具有极高的新闻时效性。在大众传媒中，新闻总是对读者具有极大的吸引性。报纸广告一般都具有发行及时、传播面广的特点，因此，报纸广告适宜于诉求最新信息。在表达中，应突出媒体的这一特点，尤其在标题中加以表现，可以造成很大影响。新闻性可以在正题中加以体现。但由于报纸广告的图像视觉效果因纸质及印刷的原因，不可能达到最精美的表现，因此许多正题着力艺术性表达。在这种情况下，新闻性既可以通过正题来体现，也可以另设引题，专门突出新闻性。

2) 文案第一，图像第二

尽管现代印刷业为报纸的印刷质量提供了足够的保证，并由此而带来版式灵活、图文并茂的新特点，实现了从黑白到套红再到彩版的飞跃。但从报纸媒体本身的特征来看，文字仍是其首要的传播元素。这一点，将对报纸广告的创意、表现的内容、重点、主次、版面结构都有相应的指导意义。标题应醒目、富有新意，最后能强调产品的利益，充分吸引消费者的注意；正文应精简、准确，有针对性，能诱发消费者的购买欲望。

3) 重视报纸广告的图像

在报纸广告中，图像的配合也很重要。随着印刷技术的升级换代和大众欣赏要求的不断提高，报纸也在高新技术的支持下，不断拓展新的表现空间。报纸从原来的纯文字传播到加入黑白插图、套红印刷，从黑白摄影到现在的彩版技术，呈梯级演变，这也直接为报纸广告的表现带来了新的突破。图像的渗透与丰富，一方面为信息的传达提供了更多的表现渠道；另一方面，增添了报纸的表现元素，提高了观赏性，图文并茂，使读者更易于接收和理解信息。但是，归根到底，报纸仍以文字为主要传播元素，图像只是起辅助和配合的作用。

4) 采用悬念与系列性表达，增强吸引力

在报纸广告中适当运用悬念，可以有效刺激读者的阅读兴趣，并会借着悬念把这种兴趣和热情延续到下一轮广告中；系列性广告则可以分解产品的信息，使每一则广告主题鲜明，诉求单一，并维持消费者对品牌的关心度。一般而言，悬念式广告通常都是通过两则以上系列形式出现，同样，系列广告中也常常借助悬念这种技法。系列广告可运用形式多样的提示语，一致而又略有变化的标题，使每则广告的内容既各有侧重，又呈现出整体和谐性，具有形式美。

例如，沈阳金龙保健品有限公司出品的保龄参，广告有“亲情篇”、“节日篇”，惠泉啤酒系列广告则分“策略篇”、“技术篇”、“人才篇”等。标题强调产品名称，同一产品的共性，不同的标题各有侧重地道出其产品的特性等内容，如江苏天宝药业有限公司的“中脉烟克”系列广告，以“戒烟是爱”为主题，另有标题“一切为了孩子”、“一切为了妻子”、“一切为了父母”，分别以爱心、爱情、孝心的名义，重申“戒烟是爱”的主旨，劝导吸烟者加入戒烟行列。

5) 创造特殊版面，产生特殊效果

报纸广告按照在报纸里所在的位置来分类，可分为新闻下、新闻中、报眼、插排(散播在新闻标题中，旁白小型广告)、中缝、分类等。正常情况下，报纸以版面来计数，报纸广告也是常以整版的几何对分来确定规格，全版、半版、1/4 版、1/8 版……但报纸广告的版面也不完全是固定不变的，有时候，通过智慧、构思和公关策略，创造一些特殊版面。在位置、规格上突破传统，另辟蹊径，将能产生意想不到的特殊效果。版面形式如下：

(1) 跨版。跨版广告指的是广告内容跨越报纸的版面区分，从一个版面直接延伸到另一个版面，通常有两种情况，一种是两个全版之间的跨版，这种情况一般是在特定的时期展示企业实力和形象的；另一种多是版面之间 1/8、1/4 两个通栏的连接，一气呵成。这种情况，一方面是借用超长空间展现有气度或宽度特质的产品及说明个性；另一方面，由于跨版这种形式本身在阅读情况下蕴含一定的悬念，能有效激发读者的兴趣。

(2) L 形版面。L 形版面是指两个同等规格的版面相互连接，拼成正 90° 的排列，形成一个 L 形。这种版式安排得当，将会在工整规范的其他广告版面中脱颖而出，十分引人注目。另外，这种特殊的 L 形版面，在排版设计、广告内容的安排、文字与图像的配合方面都为广告创作人员提供了较为灵活的表现空间。形式与内容的搭配，将大大提高产品的特别性。

(3) 不规则版。即广告是不规则地散布在报纸的整个版面上的，造成视觉上的不协调，形成不规则美，从而吸引观众的注意力。

(4) 反白。这也是一种对比方式，是在色彩上故意颠倒排列以引起视觉上的冲击力，正常情况下，报纸印刷都是白底黑字，但有的广告为了突出所要强调的内容，将背景转换成黑色，而让文字(或图像)呈现白色。这样能够充分地体现主体信息，吸引更多消费者的目光。

(5) 装饰与留白。这是有效引起读者阅读兴趣和保持阅读方向的较好方法。装饰，有时候是为整个广告版面而装饰，有时候则是为广告所要强调的信息进行装饰，目的都是让消费者更注意广告要让他们注意的内容，如在广告四周加上边饰，就可以使所有要素聚集在一定范围之内，有利于区分其他版面；如在主信息上加注箭头、阴影、色块，就可以使相应的文字、图像醒目、突出，同时也美化版面，丰富了视觉效果。留白就是报纸广告中不编排任何要素的部分(甚至也可以以黑色或其他颜色为背景而非白色)。留白可以利用于对一个孤立的要素集中注意力，若能在文案周围大量留白，看起来它就如同位于舞台中央一般，十分抢眼。

2. 杂志广告策略

1) 注重图像视觉艺术

由于现代造纸和印刷技术的快速发展为杂志广告提供了品质精良的纸质和精密度极高的印刷效果，使印刷品越来越美，魅力无穷。现代杂志广告以视觉图像艺术获得了广大读者的青睐。但是，随着市场激烈竞争，杂志广告视觉图像的竞争也越来越加剧。这就要求这类广告首先要有一个具有较强冲击力的视觉图像，将广告意图通过视觉语言表达出来。彩色印刷是一项制作过程复杂、需众多人员参与的行业，从对原稿的照相、分色、制版、打样以至印刷、装订，都需要精密的仪器设备及丰富的经验和技术，特别是广告，讲求彩色、技巧、特殊效果的质量印刷。

2) 注重创意新颖性

正因为杂志媒体视觉效果显著，因此作者很容易将创作精力只集中于图像的视觉艺术本身，而忽视图像的内涵，这是不符合现代受众的审美心理的。现代广告受众对广告所表现的智慧美非常敏感，很关注广告全新的、巧妙的创意，这要求杂志广告必须将具有独创性的创意与精美的视觉图像结合起来，通过不同凡响的创意来表达内涵丰富的视觉形象。杂志广告的艺术欣赏性很高，有许多成功的广告是人们长久珍藏的艺术品。只有从创意内涵和视觉效果两方面配合表现，才能大幅度地提高其艺术价值。

3) 注意版面选择策略

一般来说，杂志广告都是一版一则，具有很大的独占性，很少受到其他广告的影响。但就版面种类来说则有好几种：封面、封底、封二、封三、插页、跨版双页等。版面类别不同，受众对其注意率也有较大差异。选择版面要根据广告目标和经济支持力来决定。注意率越大，广告有效率越高，特别对那些开拓市场和塑造形象的广告，效果尤佳。当然也需要较强的经济支持力。另外，杂志媒体具有较强的专业性，即使是大众杂志，其读者群也比大众性报纸小，而且比较固定，有一定的文化层次。因此，杂志的选择要注意广告目标与读者的对位。

4) 发挥形式多样的制作技巧

要开拓思维，充分运用现代技术手段制作杂志广告的新形式。例如，插页广告、跨页广告与杂志装订结构的巧妙结合，折页广告(从一折到多折)、联券广告(可撕下的礼品券、优待券、竞赛券等)、有声广告、立体广告、香味广告等。

5) 文案要有艺术性

在杂志广告中，标题常常和图像相得益彰，是艺术性很高的两个因素。因此，一定要创作出一个具有震撼力、感染力的标题来。广告正文是杂志广告中一项重要内容，可以写出一定的篇幅，读者的阅读率较高。但在必须表达的范围内也要简明扼要，惜墨如金。

3. 广播广告策略

1) 内容必须一听就明白

文字是有声语言的符号，但又不完全等同于有声语言。中国文字中有许多字音同字不同，写出来清清楚楚，但是只听读音却常常会引起误解，发生歧义，有时候甚至一点也听不懂。例如，“××商店出售食油”，是食用油还是工业用石油？“有75%的儿童缺锌”，以及“每到3月，桑事繁忙。”听起来都极容易闹笑话。

2) 必须整体规划三要素

一般来说，每一条广播广告都是用三种声音，即人声、效果声和音乐来传达信息的，所以在广播广告创作中要特别注意这三者的整体规划与把握。否则就可能成为“一条广告三张皮”，破坏广告效果。

3) 要有一个好的开头

一开始就要抓住人，因为大多数听众都是在无意注意状态下收听广播广告的，一般说来听众只会准时收听自己喜爱的节目而不会专门等待收听广告。所以广告的开头就很重要，如果开头不能引起人的注意，之后听众就很难再进入情况，广告的效力也就损失了大半，所以优秀的广告都会在如何开个好头上狠下工夫。

4) 要亲切感人

老舍先生说过：“世界上最好的文字就是最亲切的文字。所谓亲切就是普通话，别人这么说，我也这么说，不是用了一大车大家不了解的词汇。”所以说广播广告中的话要让人听着顺耳、顺心，必须以情感人。要像与朋友谈心聊天，和蔼可亲，不能教训人，要多用商量的口吻。只有这样才能贴近听众，而只有贴近听众，广告才有可能起作用。创作广播广告要尽量少用书面语言，少用华丽的语言，少用修饰的语言，而要多用生活中的口语，多用短句。

5) 尽量简洁单一

广播广告的听众较其他任何媒介的受众更多地处于一种随意状态下，而且没有视觉的参与，所以越是简洁单一的概念，越容易钻入听众的脑海，也越容易被记住。在信息爆炸的今天，只有单纯、简洁的东西才不会给疲惫的听众加重记忆的负担。广播广告最忌讳冗长、复杂，越是说得多，越是面面俱到，其效果则越是适得其反。

6) 充分调动人的想象力

广播广告只靠声音传播，因此它可以激发起人们丰富的联想，从而产生无穷的魅力。它那亲昵的话语、迷人的音乐、悦耳的音响，让人心旷神怡。借助听众的想象，广播可以完成其他任何媒体所不能完成的使命。难怪人说，“描述天下第一美女，最好用广播！”

7) 努力塑造的声音的个性

在五光十色的广告海洋里，没有个性、没有特征的广告是难以让人记住的，广播广告也是如此，在创作中一定要注意努力塑造一个与众不同的声音，一个令人难以忘怀的音乐形象，并注意始终保持统一。力争让听众一听到你的语音或旋律，就知道你来了，而不与其他任何品牌形象混淆。当然，这是一个长期的战略任务。

4. 电视广告策略

1) 把握动态演示，注重情感诉求

电视广告媒介是诸多广告媒介中唯一能够进行动态演示的感情型媒体。它以视听结合的方式刺激人的感官和心理，从而具备一种特殊的感染力。所以，电视广告应着重情感诉求而不是逻辑诉求。在实际运作中，电视广告应该特别注意情绪的渲染，注意动态形象的塑造，尽量避免静态画面。在视听语言的运用上，应该在允许的范围内尽可能加大视觉与听觉的刺激度，力求最迅速、最大限度地撩拨起受众的情绪，便之产生强烈而深刻的印象。

2) 信息要简洁、单一

电视广告的时间极为短暂，不可能承载过多的或复杂的信息。电视广告一定要使人易认、易记，尽量减轻观众的认知与记忆负担，否则观众是不会记住的。在当今“信息爆炸”的时代里，只有单纯、简洁、明确的信息才有可能被受众记住。

3) 适时对准目标受众

慎重地选择目标对象，是电视广告成功的关键。在策划电视广告之初，务必确切地把握住你的目标受众究竟是什么样的人，他们关心什么，喜欢什么，心理趋向如何，什么时候会坐在电视机前。否则，短短几十秒的电视广告是难以击中目标受众的。

4) 创意要有震撼力

电视广告在众多广告接二连三快速演播和受众厌倦的情况下，要靠创意的出奇制胜和震撼力给观众留下深刻印象。创意要充分发挥独创性和非凡的想象力。例如，美国著名的DDB 广告公司总裁威廉·伯恩巴克所指出的：“要使观众在一瞬间发生惊叹，立即明白商品的优点，而且永不忘记。”这才是杰出的销售创意。销售创意要有个性，要靠有力、明确且干净利落的构思来体现。

5) 技法综合运用

电视广告表现技法十分复杂，如不同景别(远景、全景、中景、近景、特写)的镜头语言，具有不同的表现力；不同的镜头运动方法(推镜头、拉镜头、摇镜头、跟镜头)具有不同的表现力；蒙太奇技巧等更是变幻丰富，“三维”和“特技合成”的合理应用能实现常理上不能实现的东西，包括物的创造及时空的自由穿梭转换等，增强广告的表现力。电视广告要综合运用其特点，克服单一化的呆板倾向。

案例 9-1

宝洁公司的媒体策略

有着 166 年历史的宝洁公司保持着很多企业营销创新的纪录，宝洁公司在发展过程中始终坚持与媒体建立策略型合作伙伴关系，保持着不断创新媒体资源的冲动。在中国市场，宝洁公司在品牌推广、与媒体建立战略合作伙伴关系，乃至广告传播策略的本土化方面，都堪称国际品牌的成功榜样。

宝洁公司自 1988 年进入中国后，很快在这样一个庞大的新兴市场确立了领导品牌的地位，其重要原因就是宝洁公司与媒体深入沟通，对媒体全面了解，为广告传播的成功奠定了基础。宝洁公司充分认识到中央电视台作为中国唯一的国家级电视媒体强大的传播价值，在媒体合作网络中一直重视与央视建立战略伙伴关系。过去几年里，宝洁公司与中央电视台频繁沟通，几乎每个月都保持与中央电视台广告部的面对面交流，电话交流更是接近每天一个电话的频率。

媒体投放着眼于长期市场目标，是一种战略行为。宝洁公司在业界被尊为“品牌教父”，它独到的媒介策略具有特别的重要性。宝洁的媒体投放策略有一个重要原则，就是不以短期市场销售为目的，而是着眼于3～5年甚至更长远的市场目标，着眼于与消费者的深度沟通，着眼于品牌强势地位的确定和品牌资产积累，这一切使得宝洁公司的广告投放表现为一种市场战略行动。在央视的广告投放，作为宝洁公司整个媒体策略很重要的一环，在宝洁整个品牌策略中起到了非常重要的作用。这不光是因为中央电视台是一个全国性覆盖的中央级媒体，不能单纯地以购买央视广告时段这样一个简单的买卖概念去衡量。中央电视台对宝洁的价值，更多地体现在整合市场营销回报的价值上。宝洁公司希望央视成为培养其产品消费潜力的一个市场营销伙伴，能够真正帮助宝洁公司吸引到更多的消费者。宝洁公司对媒体的期望是："媒体不仅仅是我们的一个广告时间供应商，还应是真正的策略性合作伙伴，我们希望从媒体那里拿到的不光是一个广告时间，而更多的是理解和长久的策略支持。"

(资料来源：贾洪芳，韩鹏. 广告策划[M]. 北京：北京大学出版社，2010.)

5. 户外广告策略

1) 具有很强的视觉冲击力

现代城市是户外广告的海洋，但能给受众留下深刻印象的只是极少数。这就要求户外广告必须以视觉冲击力引起受众的注意和兴趣。因此，广告必须巨大醒目，在视觉阈限占有一定位置。在内容设计上应有刺激性和震撼力，尤其是创意的内涵要足以诱发人们注意和兴趣。否则，户外广告只能美化城市，对广告主不会带来实际价值。

2) 简洁单纯

户外广告常常是以行进中的受众为对象的。这样的受众对广告的视觉注意力和持久力都很小。因此，户外广告设计绝不能太繁杂，而要力求简明单纯。文案要简化到最少，有时甚至可以减少到只有一个品牌名称。必不可少的文案和图像，都要突出产品或企业形象的主要信息，减少信息量，扩大可视度。标题是户外广告的眼睛，要下工夫写出好标题，才能既引起受众的注意和兴趣，又对其理解广告起到提示作用。

3) 开拓创意思路

户外广告一定要克服路牌告知的老程式，开拓思维，不拘一格，在创意上下工夫。例如，一则国外户外广告，创意很新奇：一块航空公司的广告牌只是一个立在机场边上的巨型边框，人们在通过边框看到正在起飞的飞机。中国深圳机场的"新鲜粒粒橙"广告，是以切开的巨型橙瓣模型做成的路牌广告等，这些广告以新奇的构思，给人一种首创的启迪。

4) 不拘一格，因地制宜

现代科技手段的发展，给户外广告开发创造了有利的条件。户外广告应充分利用现代科技手段，因地因势创造出新的形式，如福建漳州广告公司曾做过一则可口可乐户外广告，是利用路旁山势凿出一片山岩，又凿出可口可乐品牌标志，气势磅礴，蔚为壮观。日本利用一个三岔路口将麦当劳的"M"标志做成一个巨大的不锈钢立体拱门，车来人往，穿行其中，既树立了企业形象，又成为人人赞叹的城市美丽景观。

6. 网络广告策略

1) 网络广告尽可能与电子商务相结合

网络广告与电子商务是一对孪生姐妹，是网络经济的两大支柱产业。这也是跟网络广告的特征联系在一起的。因为网络是唯一一个有机会能够把广告 AIDA 四个步骤一气呵成的媒体。所以网络广告的一个趋势就是，纯粹的形象广告会越来越少，都带有产品销售的性质，都与电子商务相结合。

另外，消费者对购买方便性的需求也决定了网络广告要与电子商务相对合。一部分工作压力较大、高度紧张的消费者会以购物的方便性为目标，追求时间、精力、劳动成本的尽量节省，特别是对于需求和品牌选择都相对稳定的日常消费，这一点尤为突出。如果这些人在看到网上自己喜欢的产品广告后，能立即购买的话，就会大大提高广告的宣传效果，体现了网络广告的方便性。

2) 赋予网络广告更多的趣味性，增强其吸引力

在现代生活中，由于劳动生产率的提高，人们可供自由支配时间的增加，一些自由职业者或家庭主妇希望通过购物消遣时间，寻找生活乐趣，保持与社会的联系，减少心理孤独感。因此他们愿意多花时间和精力去购物，而前提是购物能给他们带来乐趣。而网络的无限性及网络广告的趣味性，就可使这一部分消费者在畅游网络天地时，在网络广告的指引下，单击鼠标，充分享受购物的乐趣。

网络广告含有比传统媒体广告更多的技术成分，特别是自网络技术问世以来，新技术不断涌现，网络成了实时、动态、交互的多媒体世界，呈现出一幅丰富多彩的画面，使得网络广告具有文字、声音、图片、色彩、动画、音乐、电影、三维空间、虚拟视觉等所有广告媒体的功能，满足人们求新、求变的心理，因而可以充分引起消费者的兴趣，吸引消费者。

3) 注重网络广告更深页面的设计

目前，我们国内的一些广告主在选择网络广告的版位的时候有很大的盲目性，他们仍沿用在传统媒体投放广告时的方式、方法。例如，我们知道报纸、杂志封面、封底的广告价格最贵，因为最容易被看到，只要有钱，就可以去买这个位置。因此，在各网站就出现一种情况，在流量非常大的首页，广告非常集中，而越往深处，广告越少。其实，从广告效果来看恰恰相反。从许多网站的经验来看，除了一些适合做在首页的大众消费品外，特别是对一些比较专业的产品来说，流量越大的页面，点击率越低，流量越小的页面，点击率越高。因为，越往深处，内容越专业，虽然暴露次数少，但是都是有价值的暴露。前不久，一家经营摄影器材的客户在新浪网上投放广告，开始在首页上做，结果点击率只有0.5%，最后换到深处的专业页面去做，结果点击率达20%，比在首页上增加了40倍。

4) 建立全面的资讯平台

在进行网络广告策划时，第一步要做的工作便是构建策划的资讯平台，主要包括以下几个方面。

(1) 明确广告目标资讯。广告目标指引着广告的方向，这一点对网络广告同样成立。只有明确了这次广告活动的总体目标之后，广告策划者才能决定网络广告的内容、形式、创意，甚至包括网站的选择、广告对象的确定。网络广告传播能达到的广告目标大体可分为两种。一种是推销品牌，像传统媒体广告一样，实现的是以信息传播为手段来达到影响受众的目的；第二种目标是获得受众的直接反应，这是网络广告与传统媒体广告所能达到目标的最大不同。

(2) 准确性的目标受众资讯。广告目标受众决定着网络广告的表现形式、广告的内容、具体站点选择，也就影响着最终的广告效果。不同的目标受众都有各自特有的生活习惯，如上网时间、所感兴趣的网页内容、对信息的反应速度等。针对不同的广告对象就要采取不同的广告策略。

(3) 竞争对手的随时资讯。俗话说："知己知彼，百战不殆"。在网络社会中，它同样是广告商战必要的前提考虑。你的竞争对象在网上有没有做广告？他们在哪些网站做广告？做什么类型的广告？广告主要诉求点是什么？投入量大不大？等等。只有与竞争对手对应起来考虑，在网络广告策划中才会做到有的放矢、突显个性。否则，可能会导致广告行为的盲目性。

9.1.4 媒体组合策略

媒体组合就是在对各类媒体进行分析评估的基础上，根据市场状况、受众心理、媒体传播特点及广告预算的情况，选择多种媒体并进行有机组合，在同一时期内，发布内容基本一致的广告。

运用媒体组合策略，不仅能提高广告的接触率和重复率，扩大认知，增进理解，而且在心理上能给消费者造成声势，留下深刻印象，增强广告效果。广告媒体组合要和市场营销活动联系起来进行。

1. 确定媒体的步骤和方法

进行媒体组合，首先是选择具体媒体。大体上经过确定媒体级别—媒体名称—广告单位等步骤。

1) 确定媒体级别

确定媒体级别需要考虑四个方面的问题。

(1) 媒体的优缺点。媒体传播上的优势和劣势都是相对的，主要根据广告活动的需要来评判。例如，有些媒体的灵活性较高，看来是优点，但如果广告主企业并不希望广告内容有较多的变动，这一优点对于他们就不重要了。

(2) 媒体的费用。在四大广告媒体中，电视的费用最高，报纸次之，广播和杂志再次之；小众传播媒体如路牌广告、交通广告更便宜；网络媒体与传统媒体相比，费用也不算高。有些媒体虽然理想，但费用较高，支付不起，只能放弃。同类媒体中的费用也是不一样的。例如，2000 年《农民日报》整版的广告报价是 10 万元人民币，《参考消息》整版的广告报价是 28 万元人民币。

(3) 广告效果的积累。这主要是考虑广告效果的累积问题。本次广告活动如果与以前的媒体选择相一致，就容易产生积累效果。

(4) 竞争对手运用媒体的情况。选择媒体级别，也要考虑怎样与竞争对手抗衡。一种是实力抗争，选择与竞争对手类似的媒体；一种是避开锋芒，选用与竞争对手不同类型的媒体，以形成声势，压倒对手。

2) 确定媒体对象

在被选定的媒体级别的基础上，再选择若干媒体对象，确定具体的媒体。例如，选择电子媒体，是选择中央电视台，还是选择北京人民广播电台，或是兼而有之。电子媒体的选择，一般要具体到某一个节目或某一时段。例如，选择报纸，就应确定是《人民日报》、《中国经营报》，还是《北京晚报》、《经济日报》等具体的报纸。

确定媒体对象，需要通过以下指标对媒体进行评估。

(1) 覆盖域。指广告媒体发挥影响的范围，或是媒体的普及状况。北京电视台的覆盖区域主要是北京地区，《农民日报》主要面对全国的农村读者。覆盖域是考察广告媒体的一个重要指标，广告主企业或广告经营单位在选择广告媒体时，首先就要考虑媒体是否能够影响到目标市场的消费者。

(2) 收视(听)率。是指专门收视收听某一特定电视广播节目的人数或户数的比例。通常是以 100 个家庭为基数，然后测定收视(听)节目的家庭所占的比例。广告主和广告公司往往以此来决定是否购买这一时段的广告，而电台和电视台也以此作为制定广告价格的一个依据。

(3) 到达率。其表示在一定时期内，不同的人或家庭接触某一媒体广告的比例。例如，计算电视节目的到达率，以 100 为基数，如至少收视一定节目或广告 1 次以上的家庭(不重复计算)为 20，则有 20%的到达率。

印刷媒体的到达率与发行量有关。发行量越大，被读者触及的可能性就越大，发挥的影响就可能越大。同时，还要考虑传阅率。传阅率高的，广告接触机会也越多。

触及率是广告经某一媒体传播后，触及到的人数与覆盖域内总人数的比例。

这里，接收人数是指接触到媒体或可能接触到广告信息的人数，但不可重复计算。触及率不能准确地表明触及广告信息人数与媒体受众之间的关系，但触及率高的，媒体的可用性也高。

(4) 毛感点。指广告通过媒体传播所获得的总效果，是各次广告传播触及人数比例的总和。电子媒体一般用总收视(听)率来表示，就是把一段时期的各收视(听)率相加得出的。因为电子媒体需要多次反复播出广告，观(听)众往往会多次接触到广告信息，就有一个频度的概念。

频度(Frequency)又称平均收视频度，是表示至少收视 1 次以上广播电视的家庭(人)的收视次数。把广播电视的到达率乘以频度，就可以知道总收视(听)率。印刷媒体的接触频度一般只有一次。

毛感点是可以重复计算的，经过累加后可能超过 100%。这一指标能够比较清楚地表明一则广告通过媒体所取得的总的传播效果。

(5) 权威性。这项指标主要是衡量媒体的影响力，是对媒体的传播效果在质的方面的考察。广告对消费者产生影响，一是广告作品产生的作用；二是广告推出后所产生的作用。不同媒体的权威性不同，如一家体育类报纸刊登体育用品的广告可能更有说服力，一个娱乐性的节目插播文化娱乐类的广告可能更有效果。一种资信较高的媒体所发送的广告可能更令人信服。从媒体本身来说，也会因其空间和时间的不同，使权威性有所差别。例如，在报纸要闻版刊登的内容，要比其他版面刊出的更具权威性；在电视台黄金时间播出的广告，要比其他时间播出的权威性强。

媒体的权威性也不是绝对的，媒体受众与目标消费者越接近，权威性才会越高。美国的女性杂志权威性较高，因为在美国家庭消费的主要支出者是妇女，广告主更愿意选择女性杂志刊载广告。电视台在黄金时间播出电视连续剧，具有较高的收视率，但绝大部分观众并不是广告主的目标受众，其权威性就相对弱些。而在另外的一般时段，节目的收视率虽然低一些，但针对性很强，影响力就大，广告价格也会低很多。

(6) 每千人成本。广告信息到达一千个人平均所付出的费用成本。一般的计算公式是：广告费用除以媒体的受众总量再乘以 1 000。这是通过媒体费用和到达效果的相互关系，来考察媒体成本效果的指标，是对媒体的效益评价，也是媒体选择的重要参数。

3) 确定广告单位

在确定具体媒体后，还要明确在媒体的何种位置上推出广告，也就是确定广告单位。不同类型的媒体具有不同的广告单位。

广播电视等电子媒体主要考虑：①电视广告片(CM)或广播广告的长度，如 5 秒、15 秒、30 秒等；②播出时段，如黄金时段、一般时段；③推出方式，如插播、赞助等。

报纸主要考虑广告篇幅的大小，如整版、1/2 版、通栏(*n* 行)等；广告版位，在哪一版，什么位置；色彩，是全彩、套色、还是黑白等。

杂志主要考虑广告刊登的位置，如封面、封底的 1～4 版、插页、活版页等；广告面积大小，如全页、折页、连页、1/3 页等；色彩，如四色、单色等。

户外广告主要考虑位置、高度、面积、周边环境等。

网络媒体则以像素、字节等来表示广告单位。例如，图标(Button)广告的大小一般为 80×30 像素。

广告单位不同，广告效果也不一样，广告价格也会有高低差别。

如何确定广告单位，首先要考虑的是广告价格问题。广告费用不足，广告单位的选择就要受到限制，要在位置、面积、时段等上与广告预算相适应。

其次，要根据广告战略的总体要求、广告信息量的大小，来考虑选择广告单位。还可参考同一类商品经常运用的广告单位，以及竞争对手使用的广告单位。

最后，在广告费用允许的情况下，选择相应的广告单位时，尽量提高注目率。在广告面积(时间长度)相同、费用支出相近的情况下，选用广告和编辑环境优良的媒体广告单位，以增强广告传播的质量。

另外，所确定的广告单位，还应与媒体内容的相关性联系起来。例如，在体育节目中插播体育用品广告；在娱乐新闻版刊载影视、劳务方面的广告等。

2. 优化媒体组合

1) 媒体组合的意义

媒体组合是广告媒体战略的核心。运用媒体组合策略，主要有以下作用。

(1) 增加总效果(GRP)和到达率。单个媒体对目标市场的到达率是不高的。即使是覆盖范围较大的媒体，也不可能将广告信息送达到目标市场的每一个人。所以，运用单个媒体，会导致目标市场内的许多消费者未能接触到广告信息。

如果运用媒体组合，同时利用两个或两个以上的媒体，就能把不同媒体的受众组合起来，使广告能影响更多的目标受众。

(2) 弥补单一媒体传播频度的不足。有些媒体的传播寿命较长，有些媒体的传播寿命较短。这就影响到受众对媒体广告的接触程度。只有增加传播的频度，使目标消费者能够多次接触到广告信息，才能取得较好的传播效果。有些媒体因广告的费用太高，难以重复使用。选择多种媒体，进行组合运用，就使受众在不同媒体上接触到同一广告内容，增加了频度，强化了重复效应。

(3) 整合不同媒体的传播优势。某些媒体固有一些特性，如电视具有形象性和直观性，报纸具有时效性和说明性，广播具有灵活性和经济性，杂志具有选择性，直邮广告具有直接性和直观性，销售点广告具有现场性等。但同时也有一些不足和缺陷，如费用高、时间慢、选择性差等。

通过组合，使媒体所具有的特性有机地结合起来，既使媒体特长得到发挥，又可弥合媒体缺陷。例如，电视和报纸组合，电视收视率一般比较高，影响较大，能够获得较理想的认知效果，报纸可以详细地介绍有关商品或劳务的信息，帮助目标消费者加深理解。这样，就使认知促进和理解促进有机地结合在一起，增加广告的重复率累积度。

(4) 减少成本，增加效益。媒体组合不是对媒体的简单排列，而是经过有机整合，发挥各自媒体特长，弥补不足的过程。组合后能够发挥整体效益，许多企业就可利用媒体组合的整体优势，在资金不足的情况下，组合多种费用低、效果一般的媒体，仍可形成一定广告阵势。例如，电视虽然有较强的传播效果，但广告制作费用大，播出费昂贵，一般企业难以承受，就可运用多种类型的小广告，配合促销活动，花钱不多，也能做得很好。

2) 媒体组合的方法

媒体组合包括两个方面，即媒体载体(Vehicle)的组合和广告单位的组合。

(1) 媒体载体的组合。就是对具体媒体进行组合。可以在同类媒体中进行，也可以在不同的媒体中进行；可以把自用媒体和租用媒体结合起来，也可以以租用媒体为主进行组合。

① 同类媒体组合。把属于同一类型的不同媒体组合起来使用，刊登或播放同一广告，就是同类媒体的组合运用。例如，把同属于印刷媒体的报纸与杂志组合，把全国性报纸与地方性报纸组合等。

② 不同类型的媒体组合。这是经常采用的一种方案，如把报纸与电视组合，把报纸与广播、电视组合等。这种组合，不仅能扩大接触的范围，而且可以有效地调动目标受众的感官。

③ 租用媒体和自用媒体组合。把需要购买的大众传播媒体与企业自用的促销媒体进行组合，如通过报纸、电视发布，同时还利用企业自备的销售点广告相配合。

(2) 广告单位的组合。广告单位指发布广告的媒体的具体时间、版面等基本单位，要在选择组合媒体的同时进行广告单位的组合。前文中已有介绍，这里不再赘述。

3) 善于运用不同媒体

运用多种媒体推出广告时，要善于筹划，深入分析媒体组合所产生的效果，进行优化，使组合的媒体能够发挥整体效应。因此，要注意以下三个方面的问题。

(1) 要能覆盖所有的目标消费者。把选中的媒体排在一起，将覆盖域相加，看是否把大多数目标消费者纳入了广告影响的范围之内，即媒体能否有效地触及到广告的目标受众。还可用另一指标来衡量：将媒体的针对性相加，看广告目标消费者是否能接收到广告。如果这两种形式的累加组合，还不能够保证所有的目标消费者接收到广告，就说明媒体组合中还存在着问题，需要重新调整。但是也要注意，媒体覆盖的范围不能过多地大于目标市场的消费者，以免造成浪费。

(2) 选取媒体影响力的集中点。媒体的影响力主要体现在两个方面：一是量的方面，指的是媒体覆盖面的广度，即广告被接触的人数越多，影响力越大；二是质的方面，指的是针对目标消费者进行说服的深度，即媒体在说服力方面的效果。组合后的媒体，其影响力会有重合。重合的地方，应是企业的重点目标消费者，这样才能增加广告效益。如果媒体影响力重合在非重点目标消费者上，甚至是非目标受众上，这样就造成广告经费的浪费。

因此，要以增加对重点目标消费者的影响力为着眼点，确定媒体购买的投入方向，避免浪费。

(3) 与企业整体信息交流的联系。企业要实现营销目标，也要运用营销策略，进行多种营销策略手段的组合。广告的媒体组合要与营销策略组合保持一致，要符合整合营销传播的要求。还要注意与企业公共关系战略相互配合。善于运用各种媒体，发挥整体效用。

9.2 广告推进策略

一般来说，广告推进策略是由广告市场策略、广告促销策略、广告心理策略、广告实施策略等组成的。其中广告实施策略见第 11 章内容。

9.2.1 广告市场策略

广告是市场的产物，它主要是为推销产品服务的，离开了市场活动，广告的存在也就失去了意义。任何企业的产品都只能满足一定的市场需求范围与市场需求目标，因此就必须根据市场需求目标的需要进行生产和销售，并制定相应的市场营销策略与广告策略。

广告的市场策略主要包括目标市场选择策略和广告市场策略。

目标市场是指企业为自己的产品选择一定的市场范围和目标，满足一部分消费者的需要。任何一个企业，都不可能满足所有消费者对某种产品的整体需要，而只能对消费者按不同的消费特征进行分类，形成各个细分市场，从中寻找最有利于发挥企业自身优势的细分市场作为企业的目标市场。目标市场策略，是企业在细分市场的基础上，选择出最有开发潜力的市场而采取的市场营销策略。企业所选择的目标市场不同，营销策略不同，广告策略也就不相同。目标市场策略一般可分为无差异市场策略、差异市场策略和集中市场策略。与此相应，广告策略也可以分为无差异广告策略、差异市场广告策略和集中市场广告策略。

1. 无差异市场广告策略

这是指在一定时间内向一个大的目标市场运用各种媒体组合，做同一主题内容的广告，运用这种策略最成功的例子是早期的美国可口可乐公司。在相当长的时间里，可口可乐公司拥有世界性的专利。该公司仅生产一种口味、一种大小瓶装的可口可乐，连广告字句也仅有一种。这种无差异市场广告策略，在新产品处于产品市场寿命期中的导入期与成长期阶段，或者在产品供不应求，市场上还无竞争对手时，或者在竞争不激烈的时期，是一种经常采用的策略。无差异市场广告策略，有利于运用各种媒体统一宣传广告内容，节省广告费用开支，并能迅速提高产品的知名度，达到创牌目标。但是，这一策略由于针对性不强，不能针对不同的目标市场受众实施广告诉求，因而采用此策略也越来越少。

2. 差异市场广告策略

这是指企业在一定的时间内，针对细分的目标市场，运用不同的媒体组合，做不同主题内容的广告。这种策略能够较好地满足不同消费者的需求，有利于企业提高产品的知名度，突出产品的优异性能，增强消费者对企业的信任感，达到扩大销售的目的。这是在产品进入成长期与成熟期，市场同类产品竞争激烈时，为适应产品差别化的需要而经常采用的策略。例如，可口可乐汽水也由于百事可乐、荣冠可乐、七喜汽水的崛起，采取差别市场策略，生产瓶装和罐装两种包装类型，罐装可口可乐还采用便启式包装，因而广告主题与表现手法也就不同。

3. 集中市场广告策略

这是指企业把广告宣传的力量集中在细分市场中的一个或几个目标市场上。实施此策略的企业追求的不是在较大市场占有较小份额。而是在较小的细分市场上占有较大的份额。因此，广告也只集中在一个或几个目标市场上。采取集中市场策略的企业，一般是本身资源能力有限的中小型企业，为了发扬优势，避免力量分散，只挑选对自己有利的、力所能及的较小市场作为目标市场。例如，英国一家小油漆企业无力参与整个油漆市场的竞争，只集中将公寓青年夫妇这一细分市场作为目标市场，依据消费策略和顾客心理要求，广告宣传以产品的“低价”和“满意的质量”为号召，定期更换靠近公寓附近的零售店的商品陈列和广告媒体，这就是一种集中市场广告策略。

上述三种广告市场策略，可以根据产品市场寿命期的不同阶段而有选择地使用。在某个时期可单独运用某种广告目标市场策略，也可综合地加以运用。

9.2.2 广告促销策略

广告促销策略是为配合市场营销，促进某商品或劳务的销售，激发短期的购买动机而采取的各种销售促进的广告策略，简称SP广告策略。它是一种密切结合市场营销而采用的广告策略。这种广告策略不仅告知消费者购买产品有什么利益，以说服其购买，而且结合市场营销的其他手段，给予消费者更多的附加利益，以引起消费者对广告的兴趣，在短期内收到即效性广告效果，有力地推动产品销售。它的最大的特点是在广告中告知消费者更多的附加利益，如有诱人的赠品、抽奖机会等，以促使消费者马上购买。

广告促销策略包括折价、馈赠、抽奖、文艺、公共关系等促销手段的运用。

目前广告促销策略已发展至活动行销、整合营销传播。

成功的广告，在于积极地利用有针对性的诉求，把广告主所需传播的信息进行加强，传播给消费者，从而引起消费者的注意，使消费者对广告主的产品发生兴趣，进而刺激需求，促使其产生购买行为。

整合营销传播也称整合营销沟通，是指企业整合本身的推广工具，整体向消费者进行营销。

1. 馈赠性广告促销策略

馈赠性广告促销策略是指企业通过发布带有馈赠行为的广告以促进产品销售的广告策略。这种促销策略可采用赠券、奖金、免费样品、折扣券、减价销售等形式。

这种奖励性的广告形式很多。例如，报刊广告赠券是颇为流行的一种，即在广告的一角设有回条，读者剪下来就可凭此回条到指定的商店购买优惠价格的产品或获得馈赠的小件物品。食品、饮料、日用品的报刊广告运用此策略较多，但应注意，广告中承诺的赠品应标明赠品的品种与数量，不应含糊其辞，更不能欺骗消费者。

馈赠广告有以下特点：

(1) 以附带馈赠行为为手段。

(2) 可以刺激消费者希望获得馈赠品的心理而扩大产品销售。

(3) 可以较准确地检验广告的阅读率。

2. 文娱性广告促销策略

文娱性广告促销策略指运用文娱形式发布广告以促进产品销售的广告策略。企业出资赞助文娱节目表演，使广告不再是一种简单的、直观的、赤裸裸的硬性产品宣传，而是演变成一种为人所喜闻乐见、多姿多彩的“广告文化”。并且，还可以通过定期进行一些文娱活动的同时发布简明扼要的产品广告。此外，还可以通过定期进行一些文娱竞赛节目，诸如猜谜语比赛、技术操作比赛、问答比赛等，给得胜者以奖励。

文娱广告有以下特点：

(1) 以伴随文娱性活动发布广告为手段。

(2) 减少广告的商业味，增加广告的知识性与趣味性。

(3) 使消费者在享受娱乐中了解产品信息，并使企业形象得以增强。

3. 中奖性广告促销策略

这是一种以抽奖中奖形式促进产品销售的广告促销手段。这种方法在国外十分流行，对推动销售有一定效果。但此法也为某些经营作风不正的企业提供了可乘之机，如以劣充优、混迹提价、克扣分量，甚至哄骗群众，从中牟取暴利。因此，在运用此广告策略时，必须注意社会效应与合法性。在中国，抽奖式有奖活动销售，其奖品价值不能超过 5 000 元，否则会被视为违反公平竞争原则。

中奖性广告促销策略具有以下特点：

(1) 以奖品或奖金为刺激手段。

(2) 购买者多为冲动性购买。

(3) 促使广告受众注意广告内容。

4. 公益性广告促销策略

公益广告是一种非营利性广告。它把广告活动与公益活动结合起来，引导人们关注社会，关心公众福利，具有正确的导向价值，因此深受消费者的欢迎。

公益广告的形式很多，如企业可以捐款捐物赞助公益事业，并发布广告扩大影响，如捐资助学，对老弱病残者、孤儿、受灾民众进行资助等；还可以赞助对社会有较大影响的活动，如对展销会开幕、工程落成、企业开张等表示祝贺；企业可以依据商品销售需要，举办诸如烹调技术、服装裁剪、卫生用品常识等免费专题讲座，实质上也起广告作用。

公益性广告促销策略具有以下特点：

(1) 以关心、赞助公益活动为发布广告的手段。

(2) 以办好事、争民心、赢取广大群众好感为目标。

(3) 有利于树立企业的知名度和信任度。

5. 捆绑性广告促销策略

1) 捆绑性广告促销策略的含义

捆绑性广告促销策略是指两个或两个以上的品牌或公司在广告促销过程中进行合作，

从而扩大彼此影响力的一种促销手段。它作为一种跨行业和跨品牌的新型营销方式，开始被越来越多的企业重视和运用。

2) 捆绑性广告促销的表现形式

捆绑性广告促销是捆绑促销的一种表现形式，捆绑促销的形式主要有以下几种：

(1) 优惠购买，消费者购买甲产品时，可以用比市场上优惠的价格购买到乙产品。

(2) 统一价出售，产品甲和产品乙不单独标价，按照捆绑后的统一价出售。

(3) 同一包装出售，产品甲和产品乙放在同一包装里出售。

3) 捆绑性广告促销的优势

(1) 捆绑广告促销可以降低销售成本。通过学习交流获得学习效应、提高营销效率、降低销售成本；通过共享销售队伍来降低销售成本；通过与生产互补产品的企业合作广告降低广告费用。

(2) 服务层次的提高。通过与其他企业共享销售队伍、分销渠道，使顾客能够更方便购买，得到更好的服务，来提高产品的差异性，增强顾客的忠诚度。

(3) 捆绑广告促销可以达到品牌形象的相互提升。弱势企业可以通过和强势企业的联合捆绑，提高企业产品和品牌在消费者心中的知名度和美誉度，从而提升企业形象和品牌形象。强势企业也可以借助其他企业的核心优势互补，使自己的产品和服务更加完美，顾客满意度进一步增强，品牌形象也更优化。

(4) 增强企业抗风险能力。通过企业间分工协作，优势互补，形成大的虚拟组织，提高企业抗冲击的稳定性。以虚拟的组织模式变“零散弱小的船只”为强大的“航空母舰”。

4) 捆绑广告促销的条件

不是所有的企业的产品和服务都能随意地“捆绑”在一起。捆绑促销要达到“1+1>2”的效果关键在于两种商品的协调和相互促进，而不能存在难以协调的矛盾。所以，捆绑促销的成功依赖于下列条件：

(1) 捆绑促销产品的互补性。互补产品的关系，使得顾客将它们的形象联系在一起，综合地而不是单独地衡量它们的功能，或者把它们作为一个整体来衡量购买使用成本。

因此，产品的互补性越强，消费者越有理由在购买一件产品的同时，需要另一种产品，这就消除了捆绑销售时的“强行搭配”之嫌。这时捆绑的优惠促销就成为了一种真正的动力而不是阻力。根据交叉弹性理论，一种商品的需求量和它的互补产品的价格是反方向变化的，那么，捆绑产品的降价能刺激彼此的需求，达到相互促进的效果。

(2) 捆绑产品目标顾客的重叠性。在捆绑销售中，两种产品的目标市场应有较大交叉的部分。只有这样，才能保证两种或几种同时捆绑销售的产品是目标消费者所需要的。

(3) 产品价格定位的同一性。根据市场营销学的观点，处于一定社会阶层的人，具有特定的行为标准和价值观，其购买需要的层次也是特定的。所以，进行捆绑销售的相互促进，依赖于两个产品都能满足这个需求层次的消费者需求。

5) 捆绑性广告促销策略具体运用

(1) 选择恰当的联合捆绑时机。一般来说，处于快速成长和产品畅销的市场形势中，企业产品不存在销售困难，因而捆绑的含义是有限的。只有那些市场信息多变，结构变革和竞争激烈的产业领域，捆绑共同体的形成有利于达到增强竞争力，实现捆绑各方的“共赢”，才适合采取捆绑营销模式。

(2) 确定合适的捆绑产品。选择那些互补性较强的产品，在某些情况下，也可以选择彼此独立的产品，但不能是彼此竞争的替代性产品。例如，2000年夏季可口可乐和北京大家宝薯片的零售终端捆绑促销，广告口号“绝妙搭配好滋味”，可口可乐和薯片就是互补品。

(3) 考察捆绑各方核心优势和资源。只有那些科研、生产、管理、营销、服务等方面拥有核心优势的企业，才能成为联合对象。而且，各方的资源互补性共享优势越强，与之结成共生关系的利益就越大。

(4) 估计捆绑促销方案的成本和收益。捆绑联合需要付出额外的成本费用，同时，可以增加比单独销售要高的额外收益。显然，只有在额外的收益大于额外的成本时，捆绑促销方案才是可行的。

(5) 重视合作企业的诚意和资信。合作伙伴的诚意和资信是捆绑促销容易忽视但却是非常重要的一个方面。良好的企业信誉和真心实意的合作能弥补某些方面的不足，而彼此欺诈则使捆绑各方一起受到损失。

案例 9-2

金龙鱼苏泊尔联合促销　开创品牌营销的新局面

2004年1月，在美丽的西子湖畔，“品牌联袂，引领健康新食尚”新闻发布会隆重召开。中国食用油第一品牌金龙鱼与中国厨具第一品牌苏泊尔强强联手，开展了一场精彩的联合促销的活动。

2003年12月25日～2004年1月25日，在卖场活动期间，消费者凡购买一瓶金龙鱼第二代调和油或金龙鱼AE色拉油，即可在服务台领取红运双联刮卡一张，凭双联刮卡享受购买苏泊尔产品的优惠。而购买苏泊尔产品价值108元以上，可获赠900毫升金龙鱼第二代调和油一瓶。而“好锅好油，健康美食”则是两者的联合品牌口号。此次苏泊尔与金龙鱼联手举办大型促销活动，是基于双方在“提倡优质生活、倡导健康美食”品牌理念上的契合，目的是集中双方优势，共同打造健康饮食文化，提升消费者的健康生活水平。

作为中国的知名品牌，与苏泊尔的合作是金龙鱼探索联合促销双赢的开端，而绝不是一般意义上的联合促销。有市场营销人士称，这是一个“天才的创意”，称叹金龙鱼在白热化的竞争环境下走出了一条跨行业强强联合的新路。很明显，和卖场的一对一营销相比，在这次合作中，双方在成本降低的同时，品牌和市场却得到了大幅提升。金龙鱼扩大了自己的市场份额，品牌美誉度得到了进一步加强，而苏泊尔，则进一步强化了中国厨具第一品牌的市场地位。

由于不是传统上的卖一赠一，因而这种“捆绑式”的合作使双方的品牌知名度和美誉度都得到了提升，从而形成了产品相互渗透，传播范围直接扩大的效果。更重要的是这种模式使得双方的广告资源及全国强大的销售网络得到了充分利用，双方在共同获利的同时节省了大量的广告费用。

从品牌理念的角度看，这次合作也是必然的。因为无论是金龙鱼还是引领行业的研发、制造商苏泊尔都是健康美食的倡导者，提倡优质生活的理念，双方都有着共同的目标消费者。

对于消费者来说，这种强强联合更是好处多多。首先，两个知名品牌联合，除了实惠之外，无疑提高了消费者对产品的信誉度。其次，由于宣传成本降低，企业可以更好地为购买产品的消费者服务。

从品牌营销模式方面来看，此次金龙鱼和苏泊尔的品牌联合推广活动在中国营销界是一个新的探索，这对整个行业，对于中国的企业都有非常大的启示，它起着一个标杆的作用，其营销思想必将成为中国营销界的主流思想。

(资料来源：http://finance.sina.com.cn，2004年01月12日.)

6. 公关广告促销策略

1) 公共关系的含义

公共关系是提高企业形象竞争力的法宝。它运用各种沟通策略、传播的手段、协调的方法，使企业营销进入一种艺术的境界。

詹姆斯·E. 格鲁尼格(James E. Gruning)教授在《公共关系管理》这本书中，有一个很经典的定义，他认为，公共关系是一个组织与其相关公众之间的传播管理(Managament of Communication，也可以翻译成沟通管理)。这个定义科学地揭示了公共关系的管理属性，以及公共关系的三个基本要素。

首先，这个定义强调公共关系是一种管理职能、管理行为，它不同于生产管理、销售管理，它是对一个组织传播行为、传播资源、传播过程和传播媒体的管理，是特指一个组织和它的公众之间的传播和沟通的管理。

其次，这个定义揭示了公共关系的三个基本要素：

(1) 公共关系的主体是组织。任何组织在它生存发展过程中都会和社会环境发生各种各样的关系，组织运用传播沟通的手段来处理这些关系，称为公共关系。所以公共关系不是指以个体为支点的人际关系。把公共关系和人际关系相混淆，是主体定位的偏差。不是说公共关系和个人无关，公共关系中也包括很多人际关系，但是它的主体定位不应在个人的层面上，而应在组织的层面上，这对公共关系职能的规范化、科学化是很必要的。

(2) 公共关系的对象(或称客体)是公众。公众总是与某个组织相关，他们的观点、态度和行为决定了这个组织的成败，组织必须和他们建立有效的沟通，争取他们对自己的了解、理解、信任、合作和支持。开展公共关系工作必须搞清楚谁是你的公众，谁对你的目标和利益具有直接的或间接的、现实的或潜在的影响力和制约力。

(3) 公共关系的手段是传播沟通。公共关系必须借助各种现代的传播技术、信息载体和沟通方式来实现组合和公众之间的有效传播。在知识经济的年代里、在信息爆炸的环境中、在全球经济一体化的条件下，组织在公众之间的传播沟通业务越来越频繁，掌握各种传播手段，强化组织的传播沟通能力非常重要。一个现代管理者不仅要懂经济、懂技术、懂行政，还要懂得如何沟通，所以MBA(Master of Business Administration，工商管理硕士)在核心课程中专门设有管理沟通的课程。

2) 传统的促销和公关营销的区别

两者在内容上有不同的侧重点。传统的促销指推销产品、技术、劳务，促销的目的是做成生意；公关营销不仅仅是推销产品，还推销企业品牌，树立企业良好形象，即便生意做不成，也要把关系建立起来，把企业形象树立起来。如果产品推销出去了，关系却给毁掉了，就是失败的推销。所以公关营销不仅仅瞄准顾客，还瞄准广大的社会公众。在功能上，公共关系不具有直接的推销功能，而是具有一种间接的促销功能。如果说推销就像鞭子抽在马背上能使马儿跑得更快的话，公共关系就是清除跑道上的沙石障碍，铺平跑道上的坑坑洼洼，给马儿创造跑得更快、更好的条件和环境。从效果上看，公共关系更注重长远目标和影响。

3) 广告公关策略运用

(1) 制造新闻事件。公共关系在营销传播中常用的一个手段是利用媒介关系，其中比较有特色的一个做法是利用一些偶发事件和突发事件制造新闻事件，创造轰动效应。但制造的新闻一定要以事实为基础，而不是伪造，必须符合新闻传播规律，包含新闻各个要素，有新闻价值，它不是一篇新闻稿，而是一个活动或一个事件。新闻事件只有满足以上几个要求才能引起新闻界的关注或产生轰动效应。人们常说记者要有灵敏的新闻鼻，要能闻出哪里有新闻。公关人员则要有新闻脑，能主动地制造新闻，或把有新闻价值的新闻挖掘出来，并通过一个活动展现出来，在这方面，公关人员在某种意义上比记者棋高一筹。制造新闻的思路很多，广州灭蟑药笔就是巧妙利用新闻事件得以促销推广。

案例 9-3

《死给你看》的新闻效应

制造新闻的思路很多。例如，广州有一家街道工厂，几年前生产了一种质量很好的灭蟑药笔，他们为这种产品做了不少推销活动，但销售效果并不理想，因为当时市场上各种产品竞争强烈，这个产品很不起眼。后来这个厂用制造新闻的手段诱发了《羊城晚报》的一篇新闻报道。这一天，他们厂派两个宣传人员到《羊城晚报》编辑部，他们先在地板上放了一个纸盒，声称要为记者、编辑们做一个现场表演。只见他们掏出一个粉笔头，在纸盒周围划上一个白圈，然后小心谨慎地打开那个纸盒一抖，只见从纸盒里爬出十几只蟑螂，很快爬到桌子底下、柜子底下去了。这一举动把记者、编辑们气坏了，但这两个人不慌不忙地给他们解释了事情的原因，并留下了二三十盒带去的灭蟑药笔。第二天，记者、编辑们发现躲起来的那些蟑螂果然都爬了出来死掉了。大家一看效果不错，就把带去的灭蟑药笔都分光了，用后都反映灭蟑效果很好。记者有感而发，写了一篇名为《死给你看》的新闻，新闻见报后，成千上万的定货单像雪片一样飞到厂家，为该产品打开了销售市场。该厂在巴黎、莫斯科举办的中国轻工产品展览会上也如法炮制，并很快打开了国际市场。这个案例告诉我们，产品可以不卖，但要让你先知道我、了解我、喜欢我，等需要时你就会想到我。

(2) 利用影视传播影响公司舆论。面对现代的国际传播竞争，衡量一个国家在国际上的地位，不仅要看其政治、军事、经济、科技实力，还要看其传播实力。

中国香港旅游业利用影视做宣传是非常成功的。香港政府旅游业协会拍过一部名为《在神秘的大幕后面》的旅游宣传片，该片反映了香港的旅游资源、人文特色。西方的观众从片中得到的信息是，香港是一个充满东方神秘色彩的城市，你要领略东方的文化特色，不一定到中国大陆，也不一定到泰国、韩国，你到香港就会一览无遗。而东方的观众从片中得到的信息是：香港是一个充满活力的现代化国际大都市，你不需要到巴黎、纽约，就到香港吧。一部片子成功地向东、西方不同文化背景的游客推销了香港的旅游形象。香港政府把这部片子赠送给留学生，让他们把录像带带回自己的国家。据香港旅游协会统计，投入一元港币(1 港币=0.785 8 人民币)的旅游宣传费，可以赢得 200 元港币的旅游综合收入。

(3) 利用名流效应。利用名流效应是公共关系人际传播里常用的手段。这方面的案例很多，基本的道理就是利用名人的光环效应。我们应该承认，名流对公众的影响力比一般的传播效果要好，借助名人效应，能够强化信息的影响力。

(4) 人际传播个性化。人际传播就要非常注意个性化设计，无论是一个电话、一个信函、一个卡片，都要非常有针对性的设计。这种设计来源于对传播对象的了解，所以做公共关系要建立公共关系档案，要不断更新，一旦需要时，就可以检索个人档案，对其进行针对性设计，会收到非常好的效果。

公共关系在营销中的做法还有：展览推广、知识营销、公关广告、主题赞助、网上营销、消费者系列化等。

7. 其他促销策略

在媒体竞争日益激烈的新形势下，如何开拓创新，利用独树一帜的宣传推广形式，吸引客户的关注，是营销人需要思考的问题。

与传统的宣传推广方式相比，活动营销具有非常明显的优势，它往往能在短期内迅速吸引眼球，实现最大化、最快速、最深度的传播效果；它能以更长远、更宽广的视角进行媒体营销推广，能够配合媒体定位，立体化地传递媒体信息，使媒体形象在目标受众中变得生动丰满，并给人留下难忘的印象。事件营销、体验营销、微博营销等广告形式都得到了广告主较为广泛的应用。广告主往往围绕某一营销主题或某一事件进行多种形式的广告整合运用。

1) 事件营销策略

事件营销是指企业在真实、不损害公众利益的前提下，有计划地策划、组织、举办和利用具有新闻价值的活动，通过制造有“热点新闻”效应的事件，吸引媒体和社会公众的注意与兴趣，以达到提高社会知名度、塑造良好的品牌形象，从而最终促进产品或服务销售的目的。事件营销是近年来国内外十分流行的一种公关传播与市场推广手段。

(1) 事件营销的特点。包括：①突发性强，时间紧迫；②市场机会大；③具有广泛的消费者受众面；④有高频率的媒体助阵；⑤信息复杂不易分辨。

(2) 事件营销的借势策略。借势是指企业及时抓住广受关注的社会新闻、事件及人物的明星效应等，结合企业或产品在传播上达到营销目的而展开的一系列相关活动。在事件营销中，借势策略主要有以下几种：

① 借明星之势。根据马斯洛分析的人性心理需求学说可知，当购买者不再把价格、质量当作购买顾虑时，利用明星的知名度去加重产品的附加值，并借此培养消费者对该产品的感情、联想，从而赢得消费者对该产品的忠诚。

② 借体育之势。体育活动已受到越来越多人的关注和参与，体育赛事是品牌最好的广告载体，体育背后蕴藏着无限商机，很多企业已意识到这一点并投入其间。借体育之势主要就是借助赞助、冠名等手段，通过所赞助的体育活动来推广自己的品牌。

③ 借新闻之势。企业利用社会上有价值的、影响面广的新闻，不失时机地将其与自己的品牌联系在一起，以达到借力发力的传播效果。

(3) 事件营销的造势策略。造势是指企业通过策划、组织和制造具有新闻价值的事件而吸引媒体、社会团体和消费者的兴趣与关注。在事件营销中，造势策略主要有以下几种：

① 借舆论造势。关于这一点，国内很多企业都已重视到了它的威力，企业通过与相关媒体合作，发表大量介绍和宣传企业产品或服务的软性文章，以理性的手段进行传播。此类软性宣传文章如今已经大范围、甚至大版面地出现在各种相应的媒体上。

② 借活动造势。企业为推广自己的产品而组织策划一系列宣传活动，以吸引消费者和媒体的眼球，从而达到传播产品信息的目的。

③ 借概念造势。企业通过为自己的产品或服务创造出一种“新理念”、“新潮流”，来加深消费者的印象，增强其购买动机。

案例 9-4

蒙牛的事件营销

2003 年，借势举世瞩目的“神舟五号”，策划了“中国航天员专用牛奶”；

2004 年，雅典奥运会前夕的备战阶段，蒙牛牛奶被选定为国家体育总局训练局运动员专用牛奶；

2005 年，申奥成功 4 周年之际，“志愿北京，蒙牛同行”大型演唱会在北京举行，蒙牛成为为奥运会提供志愿服务的“志愿北京”大型活动首席合作伙伴；

2005 年，赞助超级女声选秀节目，借助超女的人气推出蒙牛酸酸乳；

2006 年，蒙牛向 500 所贫困地区小学赠奶。温家宝总理在重庆考察时说：“我有一个梦想，让每个中国人，首先是孩子，每天都能喝上一斤奶。”

2) 体验营销策略

体验营销是指企业通过采用让目标顾客观摩、聆听、尝试、试用等方式使其亲身体验企业提供的产品或服务，让顾客实际感知产品或服务的品质和性能，促使顾客认知、喜好并购买这种产品(或服务)，最终创造满意交换，实现双方目标的一种营销方式。体验营销在方式上是一个大胆的创举，因其具有的优越性而被越来越广泛关注。体验营销策略作为企业用以拉近同消费者距离的一种重要的经营手段，正在成为企业获得竞争优势的新武器。

(1) 以体验不同生活方式为诉求。不同的人其生活方式也不尽相同，如有寻求冒险和挑战的，有追求喜欢豪华与尊贵的，有钟情无拘无束的，有喜欢恬淡与安逸的等，但无论哪种生活方式，都体现了人们对某一生活体验的向往与追求。体验营销要求企业必须对人们的生活方式趋势有敏锐的洞察力，最好成为新生活方式的创造者和推动者。企业可通过举办活动、利用偶像、改变或诉诸社会典范，而为顾客塑造一种不同凡响的生活方式体验。

(2) 以满足顾客的娱乐体验为诉求。以满足顾客的娱乐体验为诉求就是通过愉悦顾客而有效地达到营销目标。人们生来都愿意寻求欢乐并避免痛苦，几乎没有人会排斥促使其开心大笑的娱乐瞬间，所以企业可以巧妙地寓销售于娱乐之中，通过为顾客创造独一无二的娱乐体验，来捕捉顾客的注意力，达到刺激顾客购买和消费的目的。近年来在国内外兴起的娱乐购物、娱乐化零售和娱乐促销活动，就是体验营销策略的表现之一。其最大特点在于它去掉了传统营销活动中严肃、呆板、凝重的一面，使营销变得亲切、轻松和生动起来，因而比传统营销方式更能激发消费者的购买欲望。

(3) 以迎合顾客的审美情趣为诉求。以迎合顾客的审美情趣为诉求就是通过知觉刺激，而让顾客感受到美的愉悦、兴奋、享受与满足，从而有效地达到营销的目的。企业可通过选择利用美的因素，如色彩、音乐、形状、图案等，美的风格，如时尚、典雅、华丽、简洁等，再配以美的主题，来迎合消费者的审美需求，诱发消费者的购买兴趣并增加产品的附加值。在产品或服务越来越同质化的今天，这种营销能有效地吸引消费者的目光，实现企业及其产品、服务在市场上的差别化，从而赢得竞争优势。

(4) 以呵护顾客内在的情感为诉求。以呵护顾客内在的情感为诉求就是通过激发和满足消费者的情感体验来实现营销目标。人们的情感可分为感情与情绪两个方面，从正面的情绪到负面的感受，从温和的心情到强烈的感情，从喜怒哀乐到爱恨悲愁，都可纳入情感的范畴。而企业的任务就在于，认真探究消费者的情感反应模式，努力为他们创造正面的情感体验，避免或去除其负面感受，从而引导消费者对公司及其产品和服务产生良好印象，直至形成偏爱的态度。这种营销，能真正从消费者的感受出发，细心体察与呵护消费者的情感，是一种人性化的营销方式。

案例 9-5

情感促销：卖玩具

侨居美国的张先生正在为一个玩具娃娃大伤脑筋，因为它吃去了他不少美金。事情是这样的：

一年前，他走进玩具商店，打算购买一种新玩具给 8 岁的女儿，商店老板热情推荐了“海伦娃娃”。张先生眼前一亮，这是一款非常漂亮的布娃娃，金发碧眼，将活泼天真的小女孩塑造得栩栩如生，而且仅售 8 美元，此等物美价廉的东西岂有不买之理！玩具送给女儿时，女儿高兴地连呼“爸爸万岁”，让张先生倍感欣慰。

然而几天之后，他就骄傲不起来了。因为女儿竟然从玩具包装盒里翻出了商品供应单，提醒小主人说“海伦娃娃”应当有自己的各式服装。女儿一张口，父亲就同意，花了 100 多美元买回一大包“海伦服”；过了几天，女儿说要给“海伦娃娃”买化妆品，张先生明知“上当”也要买；后来又买了“海伦娃娃”需要的首饰和小玩具等。但是事情还没有完，玩具商店给女儿寄来新的供应单，上面说海伦喜欢上汤姆了(汤姆是一款男性玩具娃娃)云云。女儿就缠着张先生要买回汤姆，张先生不忍看到女儿因不如愿而挂在腮边的泪珠，也不忍让她心爱的海伦孤独，只得将“汤姆”娃娃买回。可是，女儿又在商店的提示下要求主持两个小娃娃的婚礼，还要给他们建立小家，哭笑不得中，张先生的 1 000 多美元又流进了玩具店。

一年后，玩具店的供应单又不约而至，张先生一看头就大了，上面说海伦和汤姆的“爱情结晶”——“芭比娃娃”已经出世了。张先生不由得感慨：天哪，这玩具娃娃的消费什么时候才是头啊！

(资源来源：滔红单. 卖玩具. 市场营销案例[J]. 2007(7).)

(5) 以提供一种好的氛围为诉求。氛围指的是围绕某一团队、场所或环境产生的效果或感觉。好的氛围会像磁石一样牢牢吸引着顾客，使得顾客频频光顾。以提供一种好的氛围为诉求的营销就是要有意营造这种使人流连忘返的氛围体验来吸引顾客，服务场所尤其适合采取此种策略。氛围作为一种品位、一种格调，它美妙动人的旋律，只能出自高超的演奏者之手。因此，氛围不能从别的企业照搬，也不可随意地拼凑，企业只有在具备了过硬的素质和丰富的创造力之后，才可期望氛围营销行之有效。

案例 9-6

索尼公司的体验营销

在 2000 年年底，索尼公司在北京东方广场正式开办了亚洲第一家体验型科技空间“SONY 探梦”，以其独有的方式，为人们提供了一个学习数码知识，体验科学神奇的科普娱乐场所。索尼公司利用其最先进的数码技术，使参观者不仅可以通过亲自体验和游戏，学习到声、光、色等各种基本科学原理，还可以学到很多以前从未接触过的数码知识。在人们聆听自己的声音，动手创造出自己喜欢的生命体，让机器人按照自己的意志行走的过程中，索尼公司的品牌形象也已不自觉地深深印在参观者的脑海之中。索尼公司采用体验营销方式，一方面可以使消费者的风险得到提前释放，经过体验后做出购买选择的正确性会大大提高，从而更好地保证其所购买的正是其所需要的，有利于培养消费者对产品的忠诚度。另一方面，也使消费者全方位地了解了产品的性能，这对于公司新产品的市场启动，具有很重要的意义。

3) 微博营销策略

微博即微型博客，是一个基于用户关系的信息分享、传播及获取平台，用户可以通过 EB、WAP 及各种客户端组件个人社区，以 140 字以内的文字更新信息，并实现即时分享。

微博营销指的是不同的个人与组织运用微博这种网络应用工具、借助于各类微博平台、并结合微博的传播特性所进行的市场营销、品牌推广或公共关系维护活动[①]。

在微博发展日益壮大的大环境下，其无疑已经成为企业打响品牌知名度、发展目标客户的一大渠道。对于微博的营销策略，具体因品牌和行业而异，必须根据自身企业制定合适的微博营销策略。但是这些策略并不是无迹可寻的。

(1) 行业信息时时监控主动出击。每天微博上大大小小的信息无可计数，其中一些信息可能涉及企业的品牌或者行业。对于这些信息，关键是要先发制人，可以使用一些软件来实时监控相关关键词的信息。例如，当有人在微博上提及如何使用相关的产品或者咨询品牌的信息时候，便可主动出击给予他有用的信息。或者对一些能吸引目标客户的信息进行转发等。同时也可以关注竞争对手的微博，实时监控竞争对手的微博热点，通过竞争对手挖掘潜在的目标客户。

(2) 图胜于文，借图发挥。一图可以胜过千言万语，而微博的字数有限，如果想吸引粉丝的注意或者更清晰地表达自己的想法，一张精美的图片是必不可少的。在一张图片里面，可以用来展示自己的最新产品，吸引目标客户。但是图片不单是为了展示产品，应更注重于访客的互动。例如，服装行业不能只发一些最新的服饰，同时也可以发一些与流行文化相关的图片，与客户产生互动。

(3) 平台有别，营销有差。目前的微博平台有很多，有主流的新浪微博，发展较好的腾讯微博，以及其他的搜狐微博、网易微博等。如果企业都在这些微博平台上开办微博，那么就需要确保每一个微博平台都有不同的操作方式和营销内容，谨慎地在这么多微博上发布相同的内容，否则就有可能出现过度营销的危险。因为不断收到相同内容的营销信息会使客户产生厌烦情绪，导致其取消对微博的关注，从而失去潜在客户。

(4) 善交客户，以友相待。微博营销是一种社交媒体营销手段，需要与访客进行互动。首先需要了解目标客户，以友相待，与客户建立一个良好的关系，提高用户的忠诚度。可以通过微博让企业品牌更加人性化，让目标客户真正体会到与他们交流的是一个实实在在的人，而不是枯燥的机器[②]。

案例 9-7

新浪微博快跑：随时随地分享

2010 年 8 月 28 日，新浪微博一周年。这一天，一场“微博快跑”活动绕城举行：10 辆造型各异的 mini 微博车队，载着特色礼物和 8 名网上征集的微博用户，从中关村出发，穿越北京的大街小巷，途经五道口、鸟巢、朝阳公园、天坛、西单、南锣鼓巷等北京地标性场所，将微博“随时随地分享”的精神传递给每一个路人。

“微博快跑”是新浪为庆祝微博开通一周年而组织的活动，是国内微博产品第一次大规模从线上延伸到线下，充分利用微博创新的特点，通过大胆突破常规的活动模式，以活动造事件，让博友自己创造内容并帮助传播。

从 8 月 20 日开始，“微博快跑”官方微博 ID 成立，通过话题讨论、悬念设置、投票 PK、礼品激励等为活动预热。活动当天，车队每到一站都会组织车内、现场和线上的网友进行互动，共产生 30 000 多条

① 史亚光. 企业微博客营销策略研究[D]. 华东师范大学，2011.
② 周丽怡. 企业微博营销策略[EB/OL]. http://abc.wm23.com/Queenie/172881.html，2012-5-17.

微博内容，引发各大媒体高度关注和报道。活动结束后第三天，百度搜索“微博快跑”获得 71 万条相关结果。通过裂变式的传播，“微博快跑”的信息瞬间传递到了更多的网民，用户品牌好感度、忠诚度大幅提升。因此，从某种意义上来说，这不只是一场成功的庆生秀，更是新浪微博发展的新起点。

9.2.3 广告心理策略

广告的心理策略的实质就是说服策略，说服本质上是一种沟通方式，它通过有效的信息诉求改变消费者头脑中已形成的某种认知，促使形成新的认知并由此改变人们的行为。说服策略旨在通过广告活动让消费者对广告产品及品牌产生良好态度，进而说服他们去购买广告传播的产品或服务。

1. 以理服人的心理策略

消费者的态度组成结构中有认知成分。不同的消费者的认知能力是不同的。针对知识水平较高、理解判断能力较强的消费者，采用双向式呈递策略较好。双向式呈递策略是把商品的优劣两方面都告诉消费者，让消费者感到广告的客观公正，结论由自己推出。因为这个层次的消费者普遍自对自己的判断能力非常自信，不喜欢别人替自己做判断。如果广告武断地左右他们的态度，会适得其反引起逆反现象，使其拒绝接受广告内容。但对判断力较差、知识狭窄、依赖性较强的消费者，采用单向式呈递信息的方式较适宜。这个层次的消费者喜欢听信别人，自信心较差。所以针对这些特点，广告应明确指出商品的优势，它能给使用者带来什么好处。直接劝告消费者应该购买此物，效果更明显。

2. 以情动人的心理策略

在消费者态度中，感情成分在态度的改变上起主要作用。消费者购买某产品，往往并不一定都是从认识上先了解它的功能特性，而是从情感上对它有好感、有愉快的体验，因而广告如果能从消费者的感情入手，往往能取得意想不到的效果。例如，威力洗衣机电视广告：画面上妈妈在溪边用手洗衣服，白发飘乱。镜头转换，是“我”给妈妈带来的威力洗衣机，神情急切。接下来是妈妈的笑脸，画外音是：“妈妈，我又梦见了村边的小溪，梦见了奶奶，梦见了您。妈妈，我给您捎去了一个好东西——威力洗衣机。献给母亲的爱!”画面与语言的配合，烘托出一个感人的主题。谁能不爱自己的母亲呢!这个广告巧妙地把对母亲的爱与洗衣机相连，诱发了消费者对爱的需要，产生了感情上的共鸣，在心中留下深刻美好的印象，对此洗衣机有了肯定接纳的态度。因此，在广告有限的时空中以理服人的传递信息，固然显得公正客观。而以情动人的方式，更容易感染消费者，打动他们的心。

3. 以品牌认知影响品牌态度的心理策略

品牌认知是指消费者对某一种品牌的产品的认识。消费者的品牌认知对品牌态度形成的影响，如通常我们对一个人的认识，影响着对这个人的态度一样。有时会因为这个人外貌漂亮或者帅气而喜欢她(或他)，有时会因为性格温柔或刚强而喜欢她(或他)。相反，有时也会因为这个人的某些不吸引人的地方而讨厌她(或他)。具体的心理策略如下。

1) 从商品的抽象功能着手

在现代竞争激烈的市场中，某种商品的具体功能可能与其他竞争品牌没有区别，此时仅介绍商品的具体功能就缺乏说服力。而从商品的抽象功能着手，却可能达到意想不到的说服效果。例如，马爹利酒的广告中有一句口号“饮得高兴，心想事成”，就是产品抽象功能的诉求；诺基亚移动电话广告，广告中所突出强调产品的“以人为本”也是抽象特性理念。

2) 承诺商品能给消费者带来某种好处

奥格威在谈论怎样创作高水平的广告时曾经指出，“你最重要的工作是决定你怎么样来说明产品，你承诺些什么好处”。在他所创作的成功的广告中，有许多广告就是采用承诺这一方法的。例如，在多芬香皂广告中，采用了这样的承诺：“使用多芬洗浴，可以滋润您的皮肤”。

3) 强调商品具有某一特点的重要性

有些商品的属性是每一种竞争品牌都具备的，正是因为这一缘故，各种品牌商品的广告都不愿意对这一属性加以介绍。因此，如果某产品广告率先针对一些特点加以介绍，就会使该产品处于先入为主的地位。例如，在别人都在介绍洗衣机的全自动功能、洗涤量大的特点时，强调洗衣机省电往往会更有说服力。上海大众轿车曾以售后维修服务作为诉求点发布了一系列报纸广告，其中有一则广告的标题是“全国超过 200 家维修站——即使你远在天边，上海大众的优质服务都近在眼前”，从“维修点多”的角度突出强调上海大众的售后服务水平。

4. 以广告音响效果对消费者展开情感诉求

音响是广播、电视广告的一个重要组成部分，它包括音乐和效果声。音响可以辅助广告画面和解说词塑造出某种特定的情感气氛，唤起人们的注意，产生心灵共鸣，从而加强广告信息的记忆。

总之，广告信息的传播能否被消费者认可、接纳，并深深地印在消费者脑海中，决定着企业广告的传播效果和经济效益。因此广告策划人要充分利用消费者广告心理接受特点，策划广告信息传播策略，用最经济、直接、有效的传播，引导消费。同时企业一定要做真实、诚信的广告，否则再好的广告传播策略对企业而言，都是苍白无力的。

本 章 小 结

广告媒体是指借以实现广告主与广告对象之间信息联系的物质或工具，凡是能刊载广告作品，实现广告主与广告对象之间信息传播的物质均可称为广告媒体。按不同的划分标准，可以将广告媒体划分为不同的类别，大众传播媒体、小众传播媒体和新媒体，每种类别都具备区别于其他媒介的特点。根据广告目标的要求、在一定的费用内、把广告信息最有效地传达给目标消费者，而为此所做的策划，就是广告媒体计划。影响媒体计划的因素有媒体之外的诸多因素和媒体自身因素的影响。单一媒体策略有报纸、杂志、广播、电视广告、户外广告、网络广告等策略。运用媒体组合策略，不仅能提高广告的接触率和重复率，而且在心理上能给消费者造成声势，留下深刻印象，增强广告效果。广告媒体组合要和市场营销活动联系起来进行。

广告推进策略是由广告市场策略、广告促销策略、广告心理策略、广告实施策略等组成的。企业所选择的目标市场不同，营销策略不同，广告策略也就不相同。广告策略可分为无差异广告策略、差异市场广告策略和集中市场广告策略。广告促销策略是为配合市场营销，促进某商品或劳务的销售，激发短期的购买动机而采取的各种销售促进的广告策略，简称 SP 广告策略。广告促销策略有馈赠性、文娱性、中奖性、公益性、捆绑性广告促销策略和公关广告促销策略，其他促销策略有事件营销策略、体验营销策略、微博营销等策略。广告的心理策略其实质就是说服策略，说服本质上是一种沟通方式，是通过有效的信息诉求改变消费者头脑中已形成的某种认知，促使形成新的认知并由此改变人们的行为。

思 考 练 习

一、单选题

1. (　　)最大的特点是针对性强，保存期长，记录性好。
A. 杂志　　B. 广播　　C. 电视　　D. 电影
2. 据统计，全世界广告费约有 1/3 是投入(　　)媒体。
A. 杂志　　B. 广播　　C. 电视　　D. 报纸
3. POP 广告是指(　　)。
A. 户外广告　　B. 销售点广告　　C. 直接广告　　D. 交通广告
4. OD 广告是指(　　)。
A. 户外广告　　B. 销售点广告　　C. 直接广告　　D. 交通广告
5. 邮寄广告(简称 DM 广告)是(　　)的形式之一。
A. 户外广告　　B. 销售点广告　　C. 直接广告　　D. 交通广告
6. (　　)被称为继报纸、广播、电视三大传统媒体之后的“第四媒体”。
A. 有线电视　　B. 互联网　　C. 互动媒体　　D. 建筑物媒体
7. 质量参数(　　)的媒体，就是理想的广告媒体。
A. 大于 1　　B. 等于 1　　C. 小于 1　　D. 等于 0
8. (　　)是指专门收视收听某一特定电视广播节目的人数或户数的百分比。
A. 覆盖域　　B. 收视率　　C. 到达率　　D. 毛感点
9. (　　)是指广告通过媒体传播所获得的总效果，是各次广告传播触及人数比例的总和。
A. 覆盖域　　B. 收视率　　C. 到达率　　D. 毛感点
10. (　　)是指企业在一定的时间内，针对细分的目标市场，运用不同的媒体组合，作不同主题内容的广告。
A. 无差异广告策略　　B. 差异市场广告策略
C. 集中市场广告策略　　D. 长期策略
11. 公益广告是一种(　　)。
A. 盈利性广告　　B. 微盈利性广告　　C. 非盈利性广告　　D. 薄利性广告
12. (　　)指两个或两个以上的品牌或公司在广告促销过程中进行合作，从而扩大彼此影响力的一种促销手段。
A. 公关促销　　B. 娱乐促销　　C. 公益促销　　D. 捆绑促销
13. (　　)指的是不同的个人与组织运用微博这种网络应用工具、借助于各类微博平台、并结合微博的传播特性所进行的市场营销、品牌推广或公共关系维护活动。
A. 微博营销　　B. 体验营销　　C. 事件营销　　D. 体育营销

二、多选题

1. 从传播学的角度看，媒体是指那些(　　)人类信息的物质形式。
A. 表示　　B. 传达　　C. 增大　　D. 延长

2. 广告媒体可以分成(　　)。

A. 大众传播媒体　　B. 小众传播媒体　　C. 新媒体　　D. 有声媒体

3. 报纸和(　　)通常被称为四大广告媒体。

A. 杂志　　B. 广播　　C. 电视　　D. 电影

4. 影响媒体计划的内部因素有：购买费用、传播效益、可行性及(　　)。

A. 科学性　　B. 媒体寿命　　C. 灵活性　　D. 协调性

5. 根据(　　)及广告预算的情况，选择多种媒体并进行有机组合。

A. 市场状况　　B. 产品质量　　C. 受众心理　　D. 媒体传播特点

6. 媒体组合包括两个方面，即(　　)。

A. 广告时间的组合　　B. 媒体载体的组合

C. 广告单位的组合　　D. 媒体费用的组合

7. 一般而言，悬念式广告通常都是通过(　　)以上系列形式出现。

A. 两则　　B. 3 则　　C. 4 则　　D. 5 则

8. 有时，报纸广告为引人注目会设计一些特殊版面，在位置、规格上突破传统，如(　　)。

A. 1/4 版　　B. L 形版面　　C. 不规则版　　D. 反白

9. 广告策略也可以分为(　　)。

A. 无差异广告策略　　B. 差异市场广告策略

C. 集中市场广告策略　　D. 长期策略

10. 公共关系的 3 个基本要素是(　　)。

A. 主体是组织　　B. 客体是公众　　C. 手段是传播沟通　　D. 方法是会议

11. 其他促销策略包括(　　)。

A. 事件营销策略　　B. 公关广告策略　　C. 体验营销策略　　D. 微博营销策略

12. 广告推进策略包括(　　)。

A. 广告市场策略　　B. 广告促销策略　　C. 广告心理策略　　D. 广告实施策略

三、判断题

1. 广告目标受众人数除以媒体接触人数的比率，就是相交程度的质量参数。（　　）

2. 不同类型的传播媒体，其寿命长短不一。其中报纸类媒体的寿命最短。（　　）

3. 报纸广告需要图像第一，文字第二。（　　）

4. 反白就是报纸广告中不编排任何要素的部分。（　　）

5. 广告促销策略是为配合市场营销，促进某商品或劳务的销售，激发短期的购买动机而采取的各种销售促进的广告策略，简称 SP 广告策略。（　　）

6. 广告促销策略包括折价、馈赠、对奖、文艺、公共关系、活动行销、整合营销传播等促销手段的运用。（　　）

7. 在中国抽奖式有奖活动销售，奖品价值不能超过 10 000 元，否则会被视为违反公平竞争原则。（　　）

8. 营销学的 4P 理论和 4C 理论是相对应的。4C 理论以企业为出发点，而 4P 理论则把消费者的实际需求摆在第一位。（　　）

9. 广告的心理策略其实质就是说服策略。（　　）

10. 公共关系的主体是公众，客体是组织，手段是传播沟通。（　　）

四、名词解释

广告媒体　广告媒体计划　到达率　毛感点　差异市场广告策略　SP 广告策略　捆绑性广告促销策略　事件营销　体验营销　微博营销

五、简答题

1. 广告媒体有哪些类型？

2. 什么是媒体计划？媒体计划的内容有哪些？
3. 影响媒体计划的因素有哪些？
4. 简述确定媒体的步骤和方法。
5. 简述媒体组合的作用和方法。
6. 广告市场策略与心理策略各有哪些？
7. 简述广告促销策略的种类和特点。
8. 捆绑广告促销的条件是什么？如何运用捆绑广告促销？
9. 举实例说明事件营销、体验营销、微博营销等手段在企业营销中的作用和意义。
10. 公关促销策略有哪些？传统的促销和公关营销的区别有哪些？

六、训练题

扬州欣欣“粥”系列食品

1. 企业简介

扬州欣欣食品有限公司于 1991 年由中国台湾吴英颂先生和扬州食品制造总厂等单位合资建成。其中亲亲八宝粥的诞生给内地传统的食品文化注入了新的活力，也给传统食品制造业带来了观念上的革命，再加上公司在经营过程中注重产品质量、注重售后服务、注重新品开发，在广告宣传中赋予产品以亲情、温情、人情，在企业形象建立方面注重并参与各种公益活动，使得公司在取得经济效益的同时，也取得了较好的社会效益。亲亲食品连续几年被评为“中国市场八宝粥类产品”市场占有率第一名、市场竞争力第一名和市场影响力第一名。

2. 产品简介

亲亲八宝粥，由纯天然高品质的谷类(糯米、麦仁、薏仁)、豆类(红豆、芸豆、绿豆、花生)及营养滋补品(桂圆)等加工精制而成的罐头食品。

3. 广告目标

(1) 突出品牌的温馨、温情、和谐等意境。

(2) 增进产品销售，提升品牌形象。

广告目标对象：一般消费对象。

必要列入事项：产品 LOGO(品牌标志)。

要求：请根据所给的信息资料，为本案例撰写一个 POP 现场促销广告。

案 例 分 析

从美宝莲的广告案例看新媒体的整合营销

前不久，在各大城市的地铁、公交车厢内都能看到“美宝莲”的视频广告——Mabel 的约会视频，视频内容根据 Mabel 的约会对象特质和美宝莲的睫毛膏色彩种类分为“黑色摇滚篇”、“蓝色商务篇”、“绿色书卷篇”、“棕色运动篇”，广告中不忘通过“约会突发状况情境”来传达产品的“防水”特性。

和大家以往见到的电视广告片不同，这是一则互动广告。首先，它具备任何可以进行“互动营销”的品牌特质：高品质的产品，具有竞争力的功能、质量、价格，完善的渠道、服务等等。其次，它具有优秀的广告规划和策划，重视创意和品牌的结合。但带给我们更多的启示是对新媒体的运用：Web2.0 是新媒体，博客是新媒体，视频是新媒体，手机是新媒体，分众也是新媒体。新媒体的大家庭越来越丰富，终端也越来越多，交互性越来越强。怎么运用新媒体来为品牌传播服务？答案只有一个：整合营销。

视频广告后简短一条信息就将“接受”过渡为“交互”，并巧妙地将“终端”转移至“网络”和“手机”，通过 POCO 网这一以图片兴趣聚合的同好社区平台实现了从传统的“视频单向广播”到一种互动的传播方式。

在 POCO 网的投票互动平台上，除了可以替 Mabel 投票选择男友外，还能欣赏“化妆视频”，体验“恋爱测试”。选择 POCO 网这一 Web2.0 网站投放，除了看重 POCO 网用户基数大、流量高，用户层年轻时尚的特性外，更是为了避开门户、娱乐、视频网站用户分散，人群广泛，互动度相对低的不足。而这种基于体验的社区互动，与美宝莲整体市场策略和公关计划相结合，与 POCO 网的受众利益和兴趣点相结合，多种新媒体整合的沟通方式连续性地与用户进行互动，教育并引导用户产生购买行动，同时对品牌、产品及服务产生有效认知。

或许，当产品的传播策略已经不是通过简单的购买版面、扩大投放面来达到传播效果的时候，如何花最少的钱去运用和整合尽量多的资源，并通过多种传播方式影响受众，达到传播效果的最大化和最佳化才是品牌选择媒体的最重要依据。

思考题：

1．目前可供企业选择的广告新媒体有哪些？

2．美宝莲如何进行新媒体的整合？

第10章 文本形成阶段

学习目标

通过本章学习，应该达到以下目标。

知识目标：熟悉广告策划书的概念，了解广告策划书的作用，掌握广告策划书的内容。

能力目标：能够正确认识广告策划书，灵活运用理论，展开广告策划实践；能够掌握广告策划书的撰写技巧，并能根据已完成的调查报告撰写实际的广告策划书。

知识结构

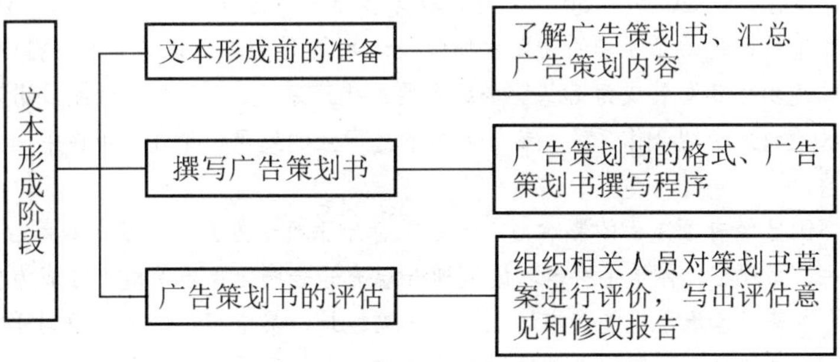

案例导入

诺基亚音乐手机广告策划书

一、前言
二、内容提要
三、市场环境分析
四、营销提案
五、创意设计提案
六、媒体提案
七、广告预算

一、前言

伴随着多功能手机在市场上的推广，音乐手机应运而生，成为成熟市场的新生产物及市场利润增长点，同时也是继百万像素手机后的市场新宠。对音乐手机后市的看好，以及较大的市场利润空间使得诸多手机厂商在此领域展开角逐，而消费者对音乐手机的关注，在一定程度上催生了音乐手机在市场上的繁荣。诺基亚作为手机行业的佼佼者，当然不会放过任何一个发展的机会，一场轰轰烈烈的音乐手机保卫战就此展开。

二、内容提要

诺基亚是移动通信的全球领先者，推动着更广阔的移动性行业持续发展。诺基亚致力于提供易用和创新的产品，包括移动电话、图像、游戏、媒体，以及面向移动网络运营商和企业用户的解决方案，从而丰富人们的生活，提升其工作效率。诺基亚股票在全球五个主要证券市场上市，股东遍布世界各地。

秉承“携手同行，共创未来”的宗旨，诺基亚和本地合作伙伴一起打造在中国长期发展的道路，并致力于成为最佳的合作伙伴。从 20 世纪 50 年代起，诺基亚就与中国建立了贸易关系。1985 年，诺基亚在北京开设了第一家办事处，开始了在华的初期发展阶段；90 年代中期，诺基亚通过在中国建立合资企业，实现本地化生产，并逐步将其发展成为诺基亚全球主要的生产基地；进入 21 世纪，诺基亚通过加强与中国在最新的通信技术领域的密切合作，深入参与中国信息产业的发展，并进一步将中国打造成为诺基亚全球的研发和人才基地。

虽然诺基亚在中国已经有了很大的影响力，但是在音乐手机这方面，诺基亚却落后于诸如索爱、LG、摩托罗拉等竞争对手。而现在，音乐手机市场的快速升温充分表明，音乐手机正在成为移动音乐市场的主力军。所以，如何使诺基亚音乐手机能在市场上占得一席之地，甚至超过其他竞争对手，成为音乐手机的领军者，这是本策划的主要目的。我们力求通过广告宣传，大范围地去介绍诺基亚全新系列音乐手机，同时向消费者灌输一种概念：音乐，让我说……

三、市场环境分析

(一) 音乐手机市场状况

1. 音乐手机市场潜力巨大，但目前市场开发不足

部分厂商的观望及市场上产品的不丰富，使得目前音乐手机在市场上处于酝酿的状态，市场规模不大，但其在市场上的发展潜力较大。从已经上市的 145 款机型来看，其中不乏大量成熟的、性能稳定的商业化产品；技术上，在上游部件厂商、软件厂商和部分手机厂商的共同努力下，已逐步攻克了由融合带来的操作复杂、存储容量有限、电池续航能力差、音质音效不好等技术细节问题，音乐手机产品正朝着性能完善和技术成熟的方向发展；在产品价格上，受产品成本和厂商定价策略影响所造成的高价格也已有所改善。

此外，在市场的高度关注、产品制造商供给力量的推动，以及消费者有效需求的多重作用下，音乐手机市场必将迎来高速成长。

2. 多种手机形态并行发展，音乐手机将超过拍照手机

虽然音乐手机大有超过智能手机等不同形态手机的势头，在市场上大行其道。但由于不同的产品定位及市场多元化需求，使得音乐手机、智能手机、游戏手机等能够在市场上处于并行不悖的状态。但同拍照手机相比，音乐手机优势明显，且将会比拍照手机更受市场欢迎。其主要原因为：拍照手机的市场发展、普及、产品的广泛应用，尤其在实用领域需要配套产业，如即时打印等方面的支持，但音乐手机作为娱乐性更强的产品类型，其实用价值更容易体现，这是音乐手机与拍照手机相比最大的市场优势，也是其在市场上的迅速发展、普及的重要原因。

3. 音乐手机市场产品处于混乱的状态

音乐手机市场混乱的最大表现是产品在概念上的模糊，将 MP3 手机等同于音乐手机。其次是在产品价格区间分布较广，造成产品的性价比上难以界定，甚至还有的厂商爆出 1 000 元以下的低价。此外，虽然目前音乐手机作为中端产品已与消费者心理预期价位相差无几，但与整体市场对比来看，其主流价位仍高于整体市场 2 000 元左右，这同样也就为音乐手机价格战及价格倾泻做好准备。

4. 国产厂商在音乐手机市场乏力

在音乐手机市场，虽然国产厂商夏新、联想等诸多厂商均有音乐手机面市，尤其是波导，其一连发布了 9 款音乐手机新品，但国产的音乐手机在整体市场上较低的关注度造成其市场竞争力不高。相比之下，国外厂商在音乐手机领域发展繁荣。

5. 联合成为音乐手机市场的一大看点

从诺基亚与微软、索爱与索尼、摩托罗拉与苹果的联合中可见，走向联合已成为提升在音乐手机市场竞争力的一大手段。而在中国 MP3 播放器市场，不乏纽曼、爱国者等在数字音乐市场的领先厂商，与他们的合作也将成为一种新的趋势。

(二) 音乐手机市场竞争

在索尼爱立信成功地利用以音乐播放为主要诉求的 Walkman 系列手机使得该公司全球市场占有率得以提高后，各家手机大厂商，如三星、摩托罗拉等大厂商便纷纷投入音乐手机市场的发展。

在 2006 年年初，全球手机市场占有率最高的诺基亚公司也宣布将推出副牌 XpressMusic 参与音乐手机市场的竞争，甚至连苹果公司都打算利用 iPod 打下的基础来进军音乐手机市场。由图 10.1 可知，音乐手机在 2004～2005 年年成长率高达 83.3%，2005～2006 年年成长率更高达 90.9%，预计 2007 年、2008 年也都有接近 50%的年成长率，这对于已经相当成熟的手机市场来说都是相当惊人的数字，也就是各主要国际大厂商都竞相投入这块市场的主要原因。

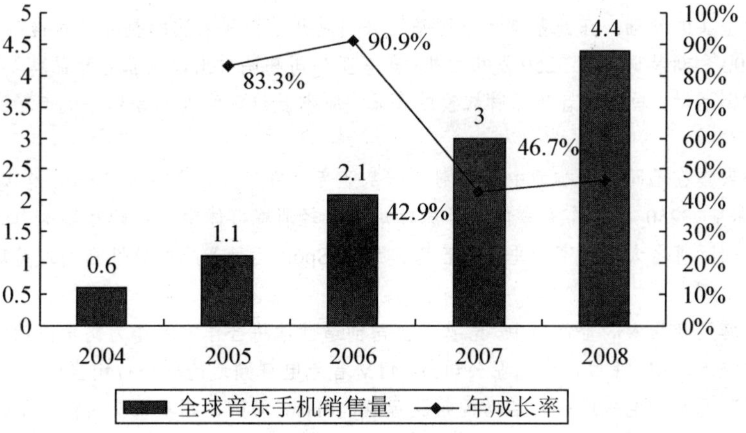

图 10.1 全球音乐手机产量预测(单位：亿台)

(资料来源：STPI 2006.4.)

而音乐手机之所以能够具有这样的成长爆发力，除了随身听本就是消费者习惯的硬体设备之外，音乐播放功能在电源耗用上处于目前手机电池可以接受的范围，且手机与随身听一样是随身携带的物品。而随着手机储存容量的增加，播放音质与播放功能的改善，在2004年后，音乐播放已几乎成为所有中高档手机必备的功能。

本报告认为，相对于电视，手机在手机银幕、电源等限制及相关数码内容上尚未成熟之时，音乐手机市场在2006～2008年3年中将成为各手机制造大厂的兵家必争之地，而在歌曲储存数量、音质、输入/输出的便利性、支援的音效格式乃至下载服务，都是决定各厂家是否能够打败众多对手拥有高市场占有率的主要因素。

更重要的是，除了手机制造业之外，音乐手机市场发展将扩及手机制造业、电信系统业与数码业这三大产业，整体产业链发展与成形，势必影响到未来手机在多媒体产业上商业模式的发展方向，值得多加留意。

(三) 诺基亚：音乐手机保卫战

诺基亚公司利用全线产品、全方位的营销攻略大力进攻音乐手机市场，成功地找回了自己在音乐手机市场应有的位置。

早在2003年，诺基亚公司推出了它的第一款音乐手机3300，但并没有作为最重要的产品线推广。相反，索爱这个后起之秀却利用Walkman这个经典品牌攻城掠地，迅速地把自己塑造成音乐手机的代言人。诺基亚公司作为行业老大当然不愿意眼睁睁地看着对手抢占市场，它需要发起一场攻势，树立自己在音乐手机领域应有的位置。实际上，与其说是一场攻势，不如说是一场保卫战，因为从战略上来说，它已经落到了后面。但它也有相当的品牌号召力，以研发实力和营销能力做后盾，有相当强的“后发优势”，但这场战役的结果不得而知。

2006年，诺基亚公司为此成立了专门推动音乐手机市场的项目组。以此为核心，集合广告、公关、互动营销一起，诺基亚公司开始在一个整合平台上制定音乐手机战略、规划音乐产品推广。

年初，诺基亚音乐网站音“悦”汇开通；4月，诺基亚公司首款以音乐为主打的时尚机型3250上市；5月，音乐手机旗舰诺基亚N91发布；8月，“爱运动，爱音乐”的个性音乐手机诺基亚5500 Sport推出；9月，全新音乐手机诺基亚5300、诺基亚5200、新装诺基亚3250和诺基亚N91 8GB亮相。上述7款音乐手机分别覆盖不同消费群体，完成了对各个市场区隔的成功合围，让诺基亚拥有了完整的音乐手机产品序列。再加上致力于移动音乐内容服务的诺基亚音“悦”汇，诺基亚成功树立了自己在整个音乐手机生态系统中的品牌地位。

产品是最为坚实的基础。在此基础上，诺基亚公司展开了更深层次的整合品牌推广。9月，借诺基亚5300、诺基亚5200和新装诺基亚3250发布之机，诺基亚公司高调推出以全新音乐品牌“音乐，让我说……”为主题的品牌营销活动，拉开了音乐品牌战役的序幕，原本就热火朝天的音乐手机市场竞争又多了一个强劲的对手。

不同人群会聚集在不同的影响力中心周围。诺基亚音“悦”汇、诺基亚3250、诺基亚5300、诺基亚5200和新装诺基亚3250的发布充分借助了潘玮珀在年轻消费群体中的口碑和影响力；高端机型诺基亚N91的助阵者是国际著名大提琴家李垂谊；诺基亚5500 Sport运动音乐的特性则通过篮球运动员巴特尔得到了淋漓尽致的发挥。

在与音乐品牌及音乐人的合作当中，诺基亚公司创造性地将合作内容作为病毒行销的元素注入到营销及传播的各个接触点之中。在目前诺基亚公司与MTV音乐电视频道的联合行销当中，众多极富创新和“音乐，让我说……”元素的电视广告、活动视频及音频、Flash动画、明星镜头将被大量地应用在电视、广播、互联网、WAP及终端等各个接触点。同样的合作形式也出现在了嘻哈歌手孔令奇为诺基亚创作的“音乐让我说话”的主题歌曲上。此外，诺基亚公司还通过大面积软性传播的方式来影响目标人群，并传递诺基亚公司的音乐理念。

在媒体传播上，诺基亚公司的媒体语言已不再是技术术语的罗列，而是本着“科技以人为本”的原则更加贴近消费者。许多音乐、娱乐、运动、户外、旅游、时尚、数码等媒体和传统的媒体一起进入诺基亚公司的传播链，从各个角度将诺基亚公司的音乐手机和音乐品牌信息传达给消费者。

2006 年，诺基亚公司在音乐手机市场耕耘的收获颇丰。易观国际的报告显示，诺基亚已经是消费者最认可的音乐手机品牌之一。看来，诺基亚公司的音乐手机保卫战已经大有收获，大有后来者居上的气势。

四、营销提案

(一) 目标人群

城市年轻人，18～25 岁，热爱音乐，喜欢与朋友们分享音乐，音乐是他们表达情感的一种方式，音乐是他们沟通的语言，快乐、痛苦、高兴……都可以通过音乐来表现。

(二) 产品定价

目前，诺基亚的音乐系列手机包括有 5300，5200，5500，3250，其价格为 1200～2200 元，适合年轻人这类的消费者，他们经济能力不够，但是追求时尚，消费欲望强，而这个价位也在他们的心理承受能力之内。

(三) 广告目标

(1) 支持全新系列音乐手机上市信息宣传。

(2) 介绍“音乐，让我说……”的概念。

(3) 建立诺基亚音乐手机品牌的领导地位。

(四) 产品定位

(1) 专为年轻人量身打造的音乐手机。

(2) 让你随时随地享受移动音乐带来的无限乐趣，并通过音乐表达情感，通过音乐认识、结交更多的朋友。

(五) 产品推广

沿用诺基亚公司以往的产品推出广告宣传，拒绝采用明星策略，运用时尚元素，张扬青春活力，唤起音乐的力量，吸引年轻消费者的目光。通过对“音乐，让我说……”的广告宣传口号的推广，促进诺基亚音乐系列手机 5300、5200、5500、3250 的销售。用富有创意的电视广告与吸引眼球的大幅户外广告引起受众的注意与购买欲望。

(六) 广告宣传

对“音乐，让我说……”的广告宣传口号的推广，让诺基亚公司的音乐理念深入人心，加深受众对诺基亚音乐手机的认识，维护并提升诺基亚音乐手机的知名度与市场地位，有效地传达创意的信息。

(1) 诺基亚免费音乐会。举办一个诺基亚音乐会，请港台流行歌手演出，入场不收分毫，但仅限 15 岁以上年轻人才可进入，同时在人们入场之后向他们派发产品宣传单，并在活动中间开展一次诺基亚音乐手机的走秀活动，让靓丽的模特带着手机向人们展示。

(2) 诺基亚音乐星球主题活动。建造一个体验馆，让人们感受音乐的魅力，同时达到宣传诺基亚音乐系列手机的效果。

(3) 诺基亚音乐系列手机展。举办一个诺基亚音乐手机展览会，邀请相关媒体参加，同时在会展中加入诺基亚巨型扑克(见下文介绍)，用以吸引人们的眼球。

(4) 诺基亚音乐让“礼”听，促销赠送活动。

购买任何一款诺基亚音乐手机，到诺基亚营业厅，凭购买收据玩诺基亚音乐明星问答游戏，答对三条，即可获得诺基亚音乐明星礼品。礼品有王力宏签名 CD，潘玮珀手办公仔等。

(七) 售后服务

(1) 认真校对诺基亚公司在各地的维修中心的地址、电话等，重新制作售后服务手册。

(2) 对顾客承诺非人为原因 7 天内出现问题的手机包换，3 个月保修。

(3) 加强对维修中心人员的教育，真诚待客，建立良好的维修中心形象。

五、创意设计提案

以电视和大型户外平面广告为主，力求在视觉上对消费者形成强大的震撼力和冲击力，向消费者介绍一种“音乐，让我说……”的概念，并让这种概念可以深入人心。

(一) 创意一：电视广告——诺基亚音乐星球

场景 1：一开始是一个星球的远景，星球表面上有一个模糊的音符在跳动，然后镜头慢慢拉近，然后看到星球上有一个牌子，写着：欢迎来到诺基亚音乐星球。接着镜头拉到星球里面，看到星球上面有好多的音符在跳动，人与人之间也是通过音乐来交流，他们交流的工具也不再是我们所熟悉的东西了，而是用诺基亚音乐手机来表达彼此的想法，那些在星球上调动的音符就是人们所交流的内容，最后人们都把手上的手机举起来，大唱：音乐，让我说……

(这是要表现出你可以随时随地享受诺基亚音乐系列手机所带来的音乐乐趣，也是向人们介绍“音乐，让我说……”这个概念。)

诺基亚音乐星球主题活动——这是和上面的电视广告相辅相成的一个活动，就是建立一个音乐体验馆，用音乐将整个空间覆盖起来，让人们可以在里面感觉音乐的魅力。将体验馆内部装饰成一个模拟海洋馆的样子，但是周围游动的并不是鱼，而是诺基亚音乐系列手机，用最优美的音乐去表现诺基亚音乐系列手机良好的音质，用音乐去捕获消费者的心。

场景 2：一开始音乐星球还是那么地平静，人们依然在享受着属于他们自己的音乐生活。但是突然有一群入侵者攻击了这个星球，人们很慌张地在逃，正当入侵者得意洋洋的时候，突然一个音符穿过其中一个入侵者的胸口，那个入侵者也随着消失了。镜头转到另一边，原来音乐星球上的居民都把自己手上的诺基亚音乐手机作为了一种武器，用手机发射出来的音符去攻击入侵者。不一会儿，入侵者全部被消灭，人们都举着手机在欢庆胜利。

(这个场景是要表现诺基亚音乐手机强大的音乐穿透力和震撼力，用音符可以更好地将“音乐，让我说……”这个概念表达出来，又不会过于直白。)

(二) 创意二：平面广告

平面广告一：音乐，打开脑袋让你说……

这是一个系列广告，有四个场景，分别用诺基亚四种音乐手机来表现。

第一个是一个人在学习的时候，看起来很认真在学习，脸上表情很专注，但是也有一丝痛苦的味道的透露了出来。仔细一看，他的后脑有一扇门打开了，那是一扇长方形的门，门口站着一个小人，就是那个学习的人的袖珍版，小人手上拿着手机，插着耳塞在听音乐，看起来很轻松，和学习的那个“大人” 形成鲜明的对比，在画面中加入“音乐，打开脑袋让你说……”这样一句话。

第二个场景是一个人在工作的时候，他正在会议室里开会，他在向同事们发表一些什么东西，可是他的后脑同样打开了一扇门，下面的情节跟第一个场景一样。

第三个场景是一个人在被老婆数落的时候，第四个场景是一个人在旅游的时候。

这个平面广告是想表现出音乐可以让我们拥有很轻松，很舒服的感觉，同时也是在说，音乐是我们生活的一部分，我们的生活随处都有音乐。

平面广告二：音乐，喜怒哀乐任你说……

这也是一个系列广告，用诺基亚这四种音乐手机分别表现出喜怒哀乐这四种情感，具体画面表现是这样的：第一个画面是将诺基亚音乐手机经过夸张变形，变成一张笑脸，画面讲求的是一种震撼力和视觉冲击力，所以要把整个画面做得夸张一点，然后其他画面也是用同样的手法表现出来。

这个平面广告是通过情感诉求来表现的，主要是想表达出音乐是人们表达情感的一种方式，音乐是他们沟通的语言，快乐、痛苦、高兴……都可以通过音乐来表现。而喜怒哀乐正是人们基本的情感表现。

(三) 创意三：实物广告——巨型扑克

制作诺基亚扑克。这个扑克跟普通的扑克不一样，它比普通扑克大很多倍，长 2 米，宽 1.6 米，用扑克牌里面最大的 4 张 K，将里面传统的图案改成诺基亚音乐手机的 4 个系列，然后加以产品的介绍，让观者可以一目了然。扑克里面的其他 4 张 Q 和 J 则换成索爱、摩托罗拉、LG 等诺基亚公司竞争对手的音乐手机，但只有图片，没有信息介绍，最后将这些大型扑克在诺基亚音乐手机产品宣传会上按照 K-Q-J 的顺序展览出来，这样可以很好地抓住观者的眼球。

之所以要在扑克中加入索爱等其他产品，是因为我们想在无形中制造一个观念，那就是：诺基亚才是音乐手机市场的领军者，因为 K>Q>J，所以表面上同时宣传其他产品，实际上是在更好表现自己。

六、媒介提案

此次活动的主要目标受众以年轻人为主，组成现代年轻人的主流就是所谓“80 后”。时下的年轻人，基本上不看报纸，看也就是浏览一下，所以上面的各类广告基本上对他们没有多大用处。电视广告则要与他们所关注的节目相配合，如轰动全国“超级女声”大赛中，电视产品广告大大影响了这批年轻人。杂志广告则更要注意选择能对他们产生冲击力的时尚人物或当红的体育或影视明星，同时还要印制精良。还要有一些公关活动，不断地维系着与他们的沟通联系。网络媒体是他们喜欢的形式之一，年轻人喜欢在购买前在网络上查资料，了解信息，网络对他们的购买行为有很大的影响。

媒体选择具体如下。

1. 电视。以全国性的主流电视媒体为主，尤其是受年轻人欢迎的电视频道，如娱乐、体育、影视频道为主，购买热门节目的黄金时段(表 10-1)。

表 10-1 电视媒体形式刊例价

媒体时间	月刊例价	月　计
湖南卫视《音乐不断》	30 145 元/15 秒	435 000 元/月
湖南卫视《音乐不断歌友会》	10 450 元/15 秒	450 000 元/月
CCTV5 体育新闻	30 400 元/15 秒	1 200 000 元/月
小计	2 085 000 元/月	

2. 户外媒体。在全国各大城市、各省主要二级城市投放户外大型标板广告、灯箱广告、车体广告。

(1) 候车亭灯箱。在北京、上海、广州、深圳等大城市，以及各省的重要二级城市的主要繁华路段的候车亭投放。灯箱的发布时间 30 天，每天 24 小时(晚上七点左右开始亮灯直到凌晨)

(2) 公交车车体广告。在路过市区主要路线的公交车上投放。车体广告流动性强，广告面积大，受众面广。强迫视觉，包括在站台等待上车、下车、在站台停留、看站牌名的市民都会看到，开车族也都会看到广告，无论是等车或者超车。

(3) 大型标板广告。在北京、上海、广州、深圳等大城市，以及各省的重要二级城市的主要繁华路段投放。无论到哪里都是视觉的焦点，广告面积大，受众面广。

3. 杂志。挑选有全国影响力的时尚类杂志投放创意平面广告。关注诺基亚音乐手机的时尚、活力的元素。

杂志形式刊例价：《城市》插页广告 40 000 元；《瑞丽》页面广告 50 000 元；《数字电子》封面广告 30 000 元；《女友》插页广告 25 000 元；《运动与休闲》插页广告 25 000 元。

4. 网络广告。挑选门户网站，著名电子产品网站，投放广告，刊登诺基亚音乐手机的测评，用口碑与实力吸引消费者的目光。

网络形式刊例价：太平洋电脑网网页旗幅广告＋测评 50 000 元；IT168 网页旗幅广告＋测评 30 000 元；新浪网页旗幅广告 40 000 元；搜狐网络视频广告 30 000 元；中关村在线网页旗幅广告＋测评 40 000 元。

七、广告预算

(一) 广告制作预算

电视广告：“诺基亚音乐星球篇”，约为 300 000 元。

平面广告一：“音乐，打开脑袋让你说篇”，约为 50 000 元。

平面广告二：“音乐，喜怒哀乐任你说篇”，约为 50 000 元。

实物广告费用：主要用于印刷制作诺基亚的宣传扑克牌，约为 600 000 元。

(二) 媒体投放预算

1. 电视媒体。2 085 000 元/月。

2. 户外媒体。以下报价以北京市户外媒体收费标准为参照。

(1) 候车亭广告。灯箱的标准统一尺寸为：350cm 长×150cm 高。以 30 天为期，约为 135 000 元。

(2) 公车车体广告。公交车车身广告实行 10 辆车为一组，每辆车费用为 1.2 万元，以 30 天为期，约为 120 000 元。

(3) 大型标板广告。购买以 "S" 型牌的广告牌(广告牌面积界超过 250 平方米，如分布于大型楼顶、路边的超大型广告牌)和 "B" 型牌(广告牌面积为 21～249 平方米，如楼顶、楼侧、立柱式等中型广告牌)为主；以 30 天为期，约为 200 000 元。

3. 杂志。根据所选择的杂志的报价统计出约为 170 000 元。

4. 网络广告。根据网络媒体报价，网络广告的费用约为 170 000 元。

总计：约为 3 880 000 元。

10.1 文本形成前的准备

10.1.1 了解广告策划书

把广告策划的意见撰写成书面的形式，以体现广告策略和广告计划的报告书，简称"广告策划书"，它是对广告决策的总体归纳和对实施过程的总体表述。

1. 广告策划书的概念

具体来说，广告策划书是由广告策划者将广告策划中提出的广告战略决策、广告战术策略和实施广告策略、检验广告策略的全过程以文字形式表现出来的一种应用性文件。经广告客户审核、认可后，使之成为广告活动具有策略指导和实施执行作用的纲领性指导文件。

2. 广告策划书的用途

广告策划书是整个广告活动的切入点，是对策划成果的总结和呈现，也是广告策划得以切实实施的操作蓝图。广告策划书通过对策略观点和实施计划的阐述，说服广告主接受广告策划人员的策略方针，并认可他们拟定的行动方案。它的主要用途体现在三个方面。

(1) 对广告公司而言，广告策划书是广告策划的成果体现，是广告人向广告客户陈述广告策划的重要文本。撰写广告策划书的目的是将广告策略整理成正规的提案给广告客户。

(2) 对广告客户而言，广告策划书是广告策划的实施纲要，是检查广告公司策划工作的重要依据。广告客户根据广告策划书判定广告公司对广告策略和计划的决策是否符合自己的要求。

(3) 对广告活动而言，广告策划书既是对一系列思维策划活动的总结，在经过广告客户认可后又是广告策划实施的开始。经过商讨决定下来的广告策划书是广告活动的唯一依据。

知识链接

广 告 提 案

企业为了更好地完成市场推广和信息传播，通常会在众多有实力的广告代理公司之间，通过比较，选择一家为自己服务。通常情况下，企业会同时向几家广告代理公司介绍基本情况，各代理公司可以自行决定参加提案的人选和人数，并在计划的时间内向企业进行提案，争取本公司的方案获得企业的认可，争取方案的执行。那么什么是提案呢？

广告提案就是一份具体的报告，是借助视听媒介进行口头表述的一种方式，它力求透过理性思考与逻辑辩证，将一个概念转化成可被具体评估或操作的报告。对于企业而言，广告提案是他们判断、选取优秀广告代理公司和方案的重要途径；对于广告代理公司来说，提案是争取业务、展示实力的战场。

提案活动可以分为三部分。

(1) 提案现场通过多媒体为介质提供视听信息演示；

(2) 提案者在提案现场进行口头表达；

(3) 准备书面计划书，在提案会后留给相关人员进一步阅读。

其中，第三部分的内容虽然是书面的部分，但主要侧重于向客户传达有关的“点子”和“主意”，多从创意的角度关注广告表现，很少涉及媒介组合和效果评估。严格来说，广告提案是我们所说的“广告策划书”的一部分和具体环节，其功能在于对提案建议的细节进行记录和分析，便于提案会后阅读理解，作用非常大。

广告策划书是从全局和系统的角度关注整个广告活动的全过程，不仅要从创意的角度关注广告表现，而且要从广告目标出发，极大地关注媒介组合和效果检验问题。

3. 广告策划书的类别

广告策划书的类别按其作用、时间或范围的不同，可以分为下列几种类别。

按广告策划的内容不同，分为广告调研策划、广告目标策划、广告战略策划、广告创意表现策划、广告媒介策划、广告预算策划、广告实施策略策划、广告效果反馈策划等。

按商品类别不同，分工业品、消费品两大类。以消费品为例，其中可以有食品广告策划、饮料广告策划、化妆品广告策划、药品广告策划。由于各种商品的性质与定位不同，在广告策划中的创意表现与策略也不相同。

按广告活动的领域不同，分为产品策划、竞争策划、促销策划、营销策划、公共关系策划、庆典活动策划、新闻传播策划、公司创立策划、连锁店策划、募集活动策划、游乐园策划、文艺演出策划、体育赛事策划等。

按时间长短不同，分为短期广告策划和长期广告策划。短期广告策划可以是一个单项活动，或是在一年之内的某一阶段性广告。长期广告策划也称广告战略策划，一般在一年以上。

4. 广告策划书的要求

1) 宗旨明确

广告策划的宗旨不是别的，而是为了从企业的战略目标出发，达成企业的营销目标。

2) 切实可行

为了保证广告策划书的切实可行，必须坚持对广告策划的具体内容进行可行性论证，这既是对广告主负责的一种表现，也是对策划者自己负责的表现。

3) 系统全面

系统全面，就是要求广告策划书做到从系统的思路出发，全面把握整个广告策划的过程，防止出现遗漏。

4) 言简意赅

这是广告策划目标得以理解、实现的关键。广告策划书不能太繁琐，在企业中，简洁实用的文档是提高工作效率的保证。

总之，对于广告策划书写作的总体要求就是做到宗旨明确、切实可行、系统全面和言简意赅。

10.1.2 汇总广告策划内容

广告策划人员在正式撰写策划书之前，应对广告策划的全部内容及各细节进行汇总整理。汇总整理的内容主要如下。

(1) 广告调查资料和广告调查报告；

(2) 广告战略决策内容资料，尤其是广告目标的内容资料；

(3) 广告策略计划及资料(包括广告定位策略、广告表现策略、广告创意策略、广告文案策略、广告媒介策略及广告推进策略等)；

(4) 广告效果评估计划及资料。

10.2 撰写广告策划书

在完成广告调查、研究和分析，制定出广告战略和策略并确定广告目标之后，应将广告策划的结果，编制成广告策划书。广告策划书是对一系列广告策划成果的提炼和综合，又是广告代理(广告公司)给广告客户(广告主)的一份作战计划。广告策划书并不是杂乱无章的拼凑，而应当自始至终贯穿着一条主线，即在企业总体营销目标中，广告宣传如何进行有效的配合，以取得最佳的经济效益和社会效益。

10.2.1 广告策划书的格式

广告策划书并没有一成不变的格式。在实战过程中，根据广告策划要解决的问题不同，策划内容和编制格式也有所不同。但是一份完整的广告策划书必然围绕着市场和广告推广进行撰写，因此其中有些要素是共同的。这里提供一个范本，作为广告策划书格式和要求的参考。

封面

一份完整的广告策划书包括一个制作精美、要素齐全的封面，要给广告客户留下良好的第一印象。策划书的封面可提供以下信息：

①策划书的名称；②广告客户名称；③策划机构名称；④策划完成日期；⑤策划书编号。

广告策划小组名单

广告策划小组名单可以向广告主显示广告策划运作的正规化，也可以表示对策划结果负责的态度。此名单可以放在封面，也可以单独占一页。

目录

目录是广告策划书的简要提纲，列举广告策划书各个部分的标题和页码，必要时还可以将各个部分的联系以简明的图表体现出来。

摘要

摘要是对广告策划书重点内容的摘取。一般情况下，广告客户因为工作忙碌，他们很难有足够的时间来阅读全文，特别是策划方案较长时，更难得也懒得看全文。摘要的目的是把广告策划的要点提炼出来，让广告客户快速阅读，掌握策划书的主要内容。

前言

前言部分首先要说明广告策划项目的由来，或点出企业的处境和面临的问题，详细说明广告策划的宗旨和目标，还应简明扼要地说明广告活动的时限、任务和目标。前言的内容不宜过长，以数百字为佳。

正文

第一部分：市场分析

这部分包括广告策划过程中所进行的市场分析的全部结果，以便为后续的广告策划部分提供有说服力的依据。撰写的思路是：根据营销环境分析，判断企业的经营和市场方向；通过竞争分析，把广告产品与市场中各种同类商品进行比较；结合产品分析，指出广告产品的特点和优点；再根据消费者分析，说明消费者的爱好和偏向；进而确定广告产品的目标市场和广告诉求点。

一、营销环境分析

(一) 企业市场营销环境中的宏观制约因素

1. 企业目标市场所处区域的宏观经济形势。总体的经济形势；总体的消费态势；产业的发展政策。

2. 市场的政治、法律背景。是否有有利或不利的政治因素可能影响产品的市场？是否有有利或不利的法律因素影响产品的销售和广告？

3. 市场的文化背景。企业的产品与目标市场的文化背景有无冲突之处？这一市场的消费者是否会因为产品不符合其文化而拒绝产品？

(二) 市场营销环境中的微观环境因素

例如，企业的供应商与企业的关系；产品的中间商与企业的关系。

(三) 市场概况

1. 市场的规模。整个市场的销售额；市场可能容纳的最大销售额；消费者总量；消费者总的购买量；以上几个要素在过去一个时期中的变化及未来市场规模的趋势。

2. 市场的构成。构成这一市场的主要产品的品牌；各品牌所占的市场份额，市场上居于主要地位的品牌；与本品牌构成竞争的品牌；未来市场构成的变化趋势。

3. 市场构成的特性。市场有无季节性，有无暂时性，有无其他突出特点。

(四) 营销环境分析总结

1. 机会与威胁。

2. 优势与劣势。

3. 重点问题总结

二、消费者分析

(一) 消费者的总体消费态势

例如：现有的消费时尚；各种消费者消费本类产品的特征等。

(二) 现有消费者分析

1. 现有消费群体的构成。现有消费者的总量；现有消费者的年龄；现有消费者的职业；现有消费者的收入；现有消费者的受教育程度；现有消费者的分布。

2. 现有消费者的消费行为。购买的动机；购买的时间；购买的频率；购买的数量；购买的地点。

3. 现有消费者的态度。对产品的喜爱程度；对本品牌的偏好程度；对本品牌的认知程度；对本品牌的指名购买程度；使用后的满意程度及未满足的需求。

(三) 潜在消费者分析

1. 潜在消费者的特征。总量、性别、年龄、收入、职业、受教育程度。

2. 潜在消费者现在的购买行为。现在购买哪些品牌的产品；对这些产品的态度如何；有无新的购买计划；有无可能改变计划购买其他品牌。

3. 潜在消费者被本品牌吸引的可能性。潜在消费者对本品牌的态度如何；潜在消费者需求满足程度如何。

(四) 消费者分析的总结

1. 机会与威胁、优势与劣势。

2. 潜在消费者。

3. 目标消费者。目标消费者群体的特性；目标消费群体的共同需求；如何满足他们的需求。

三、产品分析

(一) 产品特征分析

1. 产品的性能。产品的性能有哪些；产品最突出的性能是什么；产品最适合消费者需求的性能是什么；产品的哪些性能还不能满足消费者的需求。

2. 产品的质量。产品是否属于高质量产品；消费者对产品质量的满意度如何；产品的质量能否继续保持；产品的质量有无继续提高的可能。

3. 产品的价格。产品价格在同类产品中居于什么档次；产品的价格与产品质量的配合程度如何；消费者对产品价格的认识如何。

4. 产品的材质。产品的主要原料是什么；产品在材质上有无特别之处；消费者对产品材质的认识如何。

5. 生产工艺。产品通过什么样的工艺生产；在生产工艺上有无特别之处；消费者是否喜欢通过这种工艺生产的产品。

6. 产品的外观和包装。产品的外观和包装是否与产品的质量、价格和形象相符；产品在外观和包装上有无欠缺、外观和包装在货架上的同类产品相比是否醒目；外观和包装对消费者是否具有吸引力；消费者对产品外观和包装的评价如何。

7. 与同类产品的比较。产品在性能上有何优势和不足；在材质上有何优势和不足；在价格上有何优势和不足；在工艺上有何优势和不足；在消费者的认知和购买有何优势和不足。

(二) 产品生命周期分析

1. 产品生命周期的主要标志。

2. 产品处于生命周期的哪个阶段。

3. 企业对产品生命周期的认知。

(三) 产品的品牌形象分析

1. 企业赋予产品的形象。企业对产品形象有无考虑；企业为产品设计的形象如何；企业为产品设计的形象有无不合理之处；企业是否将产品形象向消费者传达。

2. 消费者对产品形象的认知。消费者认为产品形象如何；消费者认知的形象是否与企业设定的形象相符；消费者对产品形象的预期如何；产品形象在消费者认知方面有无问题。

(四) 产品定位分析

1. 产品的预期定位。企业对产品定位有无设想；企业对产品定位的设想如何；企业对产品的定位有无不合理之处；企业是否将产品定位向消费者传达。

2. 消费者对产品定位的认知。消费者认知的产品定位如何；消费认知的定位与企业设定的定位是否符合；消费者对产品定位的预期如何；产品定位在消费者认知方面有无问题。

3. 产品定位的效果。产品的定位是否达到了预期的效果；产品定位在营销中是否有困难。

(五) 产品分析的总结

1. 产品特性。是机会与威胁、优势与劣势及主要问题点。

2. 产品的生命周期。是机会与威胁、优势与劣势及主要问题点。

3. 产品的形象。是机会与威胁、优势与劣势及主要问题点。

4. 产品定位。是机会与威胁、优势与劣势及主要问题点。

四、企业和竞争对手的竞争状况分析

(一) 企业在竞争中的地位

例如：市场占有率；消费者认知；企业自身的资源和目标等。

(二) 企业的竞争对手

例如：主要的竞争对手是谁；竞争对手的基本情况；竞争对手的优势与劣势；竞争对手的策略。

(三) 企业与竞争对手的比较

例如：机会与威胁；优势与劣势；主要问题点。

五、企业与竞争对手的广告分析

(一) 企业和竞争对手以往广告活动的概况

例如：开展的时间；开展的目的；投入的费用；主要内容。

(二) 企业和竞争对手以往广告的目标市场策略

例如：广告活动针对什么样的目标市场进行；目标市场的特性如何；目标市场有何合理及不合理之处。

(三) 企业和竞争对手的产品定位策略

(四) 企业和竞争对手以往的广告诉求策略

例如：诉求对象是谁；诉求重点如何；诉求方法如何。

(五) 企业和竞争对手以往的广告表现策略

例如：广告主题如何，有何合理之处，有何不合理之处；广告创意如何，有何优势，有何不足。

(六) 企业和竞争对手以往的广告媒体策略

例如：媒体组合如何，有何合理之处，有何不合理之处；广告发布的频率如何，有何优势，有何不足。

(七) 广告效果

例如：广告在消费者认知方面有何效果；广告在改变消费者态度方面有何效果；广告在消费者行为方面有何效果；广告在直接促销方面有何效果；广告在其他方面有何效果；广告投入的效益如何。

(八) 总结

例如：竞争对手在广告方面的优势；企业自身在广告方面的优势；企业以往广告中应该继续保持的内容；企业以往广告突出的劣势。

第二部分：广告策略

一、广告的目标

(一) 企业提出的目标

(二) 根据市场情况可以达到的目标

(三) 对广告目标的表述

二、目标市场策略

(一) 企业原有市场观点的分析与评价

1. 企业原来面对的市场。指市场的特性及市场的规模。

2. 企业原有市场观点的评价。指机会与威胁、优势与劣势及主要问题点；重新进行目标市场策略决策的必要性。

(二) 市场细分

1. 市场细分的标准。

2. 各个细分市场的特性。

3. 各个细分市场的评估。

4. 对企业最有价值的细分市场。

(三) 企业的目标市场策略

1. 目标市场选择的依据。

2. 目标市场选择策略。

三、产品定位策略

(一) 对企业以往的定位策略的分析与评价

1. 企业以往的产品定位。

2. 定位的效果。

3. 对以往定位的评价。

(二) 产品定位策略

1. 进行新的产品定位的必要性。包括从消费者需求的角度；从产品竞争的角度；从营销效果的角度。

2. 对产品定位的表述。

3. 新的定位的依据与优势。

四、广告诉求策略

(一) 广告的诉求对象

1. 诉求对象的表述。

2. 诉求对象的特性与需求。

(二) 广告的诉求重点

1. 对诉求对象需求的分析。

2. 对所有广告信息的分析。

3. 广告诉求重点的表述。

(三) 诉求方法策略
1. 诉求方法的表述。
2. 诉求方法的依据。
五、广告表现策略
(一) 广告主题策略
1. 对广告主题的表述。
2. 对广告主题的依据。
(二) 广告创意策略
1. 广告创意的核心内容。
2. 广告创意的说明。
(三) 广告表现的其他内容
1. 广告表现的风格。
2. 各种媒体的广告表现。
3. 广告表现的材质。
六、广告媒体策略
(一) 对媒体策略的总体表述
(二) 媒体的地域
(三) 媒体的类型
(四) 媒体的选择
例如：媒体选择的依据；选择的主要媒体；选用的媒体简介。
(五) 媒体组合策略
(六) 广告发布时机策略
(七) 广告发布频率策略

第三部分：广告计划

一、广告目标
二、广告时间
例如：在各目标市场的开始时间；广告活动的结束时间；广告活动的持续时间。
三、广告的目标市场
四、广告的诉求对象
五、广告的诉求重点
六、广告表现
(一) 广告的主题
(二) 广告的创意
(三) 各媒体的广告表现
例如：平面设计；文案；电视广告分镜头脚本。
(四) 各媒体广告的规格
(五) 各媒体广告的制作要求
七、广告发布计划
(一) 广告发布的媒体

(二) 各媒体的广告规格

(三) 广告媒体发布排期表

八、其他活动计划

(一) 促销活动计划

(二) 公共关系活动计划

(三) 其他活动计划

九、广告费用预算

(一) 广告的策划创意费用

(二) 广告设计费用

(三) 广告制作费用

(四) 广告媒体费用

(五) 其他活动所需要的费用

(六) 机动费用

(七) 费用总额

广告预算书一般以图表的形式呈现，见表 10-2，其格式和内容根据业务需要的不同而具体拟定。广告预算书后一般还附加一段说明文字用来解释广告预算书的内容。

表 10-2　广告预算表格范例

项　　目	开支内容	费　　用	执行时间
市场调研费			
广告策划创意费			
广告设计费			
广告制作费			
媒介使用费			
公关/促销活动费			
管理费			
劳务费			
机动费			
合　　计			

第四部分：广告活动的效果预测和监控

一、广告效果的预测

(一) 广告主题测试

(二) 广告创意测试

(三) 广告文案测试

(四) 广告作品测试

二、广告效果的监控

(一) 广告媒体发布的监控

(二) 广告效果的测定

附录

广告策划书的附录应该包括为广告策划而进行的市场调查的应用性文本和其他需要提供给广告客户的资料。

一、市场调查问卷

二、市场调查访谈提纲

三、市场调查报告

10.2.2 广告策划书的撰写程序

广告策划书是广告策划结果的总结，因此，广告策划各个环节的内容和决策的结果都要在策划书中体现出来。广告策划书的撰写程序大致可分为四个阶段。

1. 分析研究阶段

这是撰写广告策划书的准备阶段，主要收集有关市场、产品、消费者等方面的资料，加以分析。我们可以把所有需要的资料列出来，然后分析其中哪些资料是已经掌握的，哪些资料还缺乏。针对缺乏的资料，需要通过什么方式来获得，进而确定调查计划。通过调查，对获得的资料进行统计、分析，做出完整的调查研究报告，而这份研究报告就是撰写广告策划书的基础。

2. 拟定提纲阶段

在分析研究的基础上，拟定广告策划书的写作提纲，并标志出核心内容和各个部分的重要程度。广告策划书的提纲应当简明扼要地说明以下内容。

(1) 对整个广告策划的背景分析，以上一阶段市场调查报告获取的资料为这一部分的主体。

(2) 从宏观角度确定广告策略，包括目标市场策略、广告定位策略、广告表现策略、广告媒介策略、广告创意策略。

(3) 广告预算的安排。

(4) 广告效果评估。

3. 分析研究，提出具体的可行性方案阶段

本阶段主要从微观的角度和实际操作角度，对广告战略、策略的每一个细节进行研究分析，形成满意的方案。

4. 撰写文本阶段

在广告策略思路和操作细节都基本清晰后，就可以着手撰写广告策划书了。根据提纲的要求，制定广告策划书，包括以下八个部分。

1) 广告环境分析

广告策划前必须对广告环境做出正确判断，在广告策划书中一般需要体现以下五个方面。

(1) 总体环境分析。总体环境即“大环境”，如自然、政治、经济、法律等，同处于一个时代、一个地域的企业都会面对同样的“大环境”。根据 4P 理论，这种环境属于“不可控因素”，绝大多数企业只能通过市场调查观察总体环境，却不能左右总体环境。

(2) 行业环境分析。行业环境即依照企业所处的行业态势。例如，假设为一家计算机

生产企业做广告策划，它所依存的行业环境就是计算机行业。在进行行业分析时，最好把相关的上下游行业都包括进去，也就是把CPU、硬盘、显示器、键盘、鼠标、软件等行业也包含进去。

(3) 竞争环境分析。竞争环境即同行业间的竞争状况。例如，一家手机生产企业所面对的竞争环境就是各手机生产者所形成的市场。需要注意的是，随着行业及市场环境的变化，计算机、电视机生产厂家也可能加入到竞争行列。

行业环境和竞争环境看似相似，其实有很大差别，主要体现在二者出发点的不同上。行业环境分析基本上是从总体的角度分析行业规模、行业利润、行业生命周期，识别行业特征，提炼行业成功因素等；竞争环境分析则以企业为出发点，分析各家同行与本企业的竞争状况，考察同行的优劣势，了解竞争对手的广告活动等。

(4) 产品分析。威廉•伯恩巴克曾说："产品，产品，产品，永远从产品出发。"通过产品调查，与竞争对手的相同产品、相似产品、互补产品、替代产品进行比较，辨别自己产品的优势与地位，并从中挖掘产品宣传的素材，进而为产品定位。

(5) 消费者分析。社会文化的迁移、消费偏好的改变等，都会给企业的生存环境带来变化，企业必须对消费者的状况做到深入了解。在市场细分的前提下，对消费者群体进行解剖，分析消费者的数量、分布状况、购买习惯、购买动机、爱好及行为等。通过对消费者的调查，了解和把握消费者的消费心理、消费需求和消费动机，从而提出有效的广告诉求重点。

2) 广告目标确定

确定的广告目标指明了广告策划的方向，也成为广告效果评估的重要指标。企业的广告目标分长期和短期，通过不同目标的实施，使广告达到传播信息、提高产品知名度、激发消费者的购买欲望、树立企业或品牌的良好形象等目的。在制定广告目标时，应尽可能具体，特别是广告活动发展过程中的阶段性目标，并应注意广告目标的可行性和可控性。

3) 广告主题确定

广告主题是广告的主旨和灵魂，是广告作品创作的统率，是广告达到预期目标而表达的基本观点。广告主题的确定，受到产品定位的制约，并要依据消费者的需求，比较其他同类产品而制定。根据USP理论，一则广告向消费者传递一个 "独特的销售主张"，并且这一主张有足够的力量吸引消费者产生购买行为。

4) 广告创意确定

大卫•奥格威指出："要吸引消费者的注意力，同时让他们来买你的产品，非要有很好的特点不可，除非你的广告有很好的点子，不然它就像很快被黑夜吞噬的船只。"奥格威所说的"点子"，就是创意的意思。广告创意是以广告主题为核心，以创造性的艺术构思为内容，以塑造广告表现形式为目的的创造性思维活动。创意是广告的灵魂，没有创意的广告就没有生命力和感染力。广告策划要运用各种思维方式，以最大限度打动和说服消费者。

5) 广告媒介选择

在广告策划中，广告创意和表现的策划驱动着广告媒介的计划，媒介策划活动和整个广告计划的制订实际上是同时展开的。广告媒介种类繁多，不同的媒介具有不同的特征。媒介选择的原则是以最小的成本取得尽可能大的广告效果，还要考虑广告媒介的组合。广告策划书中应说明：选择什么样的媒体，各种媒体应当如何组合，各媒体刊播的频次，媒体版面和节目的选择，预算的媒体分配，广告活动发展的各个不同时期的媒体战略，为什么做上述媒体选择，以及上述媒体能够实现的广告效果。

6) 广告执行计划

广告执行计划提供了达到广告目标而采取的具体措施和手段，其重点是制定这个广告活动的计划流程图，确切列出各项策划内容完成的具体日期和具体的实施方法。例如，广告应在什么时间、什么媒介发布出去，其发布的次数应该是多少，广告推出应采取什么样的方式，广告活动如何与企业整合营销策略相配合等。

7) 广告预算

广告预算是广告活动得以顺利开展的保证。制定合理的广告预算，以及围绕可行的广告预算而开展广告活动，是广告策划是否具有实施意义的重要指标。要决定某次广告活动的预算，首先要判断广告活动的种类，明确想要完成的广告活动设定的任务，以及广告费用的主要投入方向，继而拟定广告费用。

8) 广告效果评估

广告效果的预测和评价，是对广告策划的检验，也是对广告活动的反馈和保证。广告效果评估包括为广告创作而做的广告主题调查和广告文案测试，为选择广告媒体而做的广告媒体调查，为评价广告效果而做的广告前消费者的态度和行为调查、广告中接触效果和接收效果调查、广告后消费者的态度和行为跟踪调查，为了解同行竞争对手的广告投放情况而做的广告媒介检测等。

10.3 广告策划书的评估

编写好广告策划书草案后，应组织有关人员(如广告创意人员、策划人员、执行人员、企业广告负责人、文字工作者、财会人员等)对策划书草案进行评估和论证。评估可采用量表法，根据得分多少判断出优、良、中、差等组别，据此予以修改，并写出相应的评估意见和修改报告。

对广告策划书进行评估，表面上看是评价策划书，实际上涉及整个广告策划，评估的内容应比较全面，具体评估指标参见表10-3。

表10-3 广告策划书评估量表

项　目	项目总分	评估指标	指标分值	实际得分
文书结构	6	结构完整性 用词准确性 表达清晰性	2 2 2	
广告调查	8	方案科学性 结论可靠性	4 4	
目标调查	12	结合企业 结合产品 结合受众	4 4 4	

续表

项　目	项目总分	评估指标	指标分值	实际得分
定位策略	9	符合商品形象 突出品牌优势 富有特色	3 3 3	
表现策略	8	诉求对象明确 诉求符号有冲击力 诉求信息有感染力 诉求方式有心理依据	2 2 2 2	
创意策略	12	主题鲜明 主题准确 吸引力 新颖性	3 3 3 3	
文案策略	12	标题吸引性 标语鼓动性 正文有效性 表述冲击力	3 3 3 3	
媒介策略	8	有效性 整合性 符合受众媒介习惯 可行性	2 2 2 2	
推进策略	6	实用性 可操作性	3 3	
广告计划	6	系列性 连贯性 可行性	2 2 2	
经费预算	6	合理性	6	
想象量级	7	冲击力 说明力	4 3	

广告策划书经评估、修改后，向客户提交。在提交会上，策划小组相关人员进一步就广告策划书内容向客户进行陈述。客户认可批准后，方可对广告策划书进行实施。

本 章 小 结

广告策划书是在广告策划整体活动完成之后对广告决策的总体归纳和对实施过程的总体表述，它是广告人向广告主陈述广告策划的重要文本，也是广告策划切实实施的操作蓝图。广告策划书并没有整齐划一的格式，也没有完美无缺的范本。一般的格式包括封面、广告策划小组名单、目录、摘要、前言、市场分析、广告策略、广告预算、广告效果评估、附录等。

撰写广告策划书，要在对市场情况进行调查分析的基础上进行全面策划。按照拟定的策划书提纲，提出广告目标、广告对象、广告主题、广告创意、广告表现、广告媒介运用、广告执行、广告预算、效果评估等方面的策略建议。

为了提高广告策划书的可行性，撰写时应注意体现它的逻辑性、预见性和可读性。在学习范例的同时，根据需要灵活运用撰写格式。

思 考 练 习

一、单选题

1. (　　)是以广告主题为核心，以创造性的艺术构思为内容，以塑造广告表现形式为目的的创造性思维活动。

A. 广告标题　　B. 广告创意　　C. 广告媒体　　D. 广告策划书

2. 对(　　)而言，广告策划书是广告策划的成果体现，是广告人向广告客户陈述广告策划的重要文本。

A. 广告公司　　B. 广告客户　　C. 广告活动　　D. 广告媒体

3. 对(　　)而言，广告策划书是广告策划的实施纲要，是检查广告公司策划工作的重要依据。

A. 广告公司　　B. 广告客户　　C. 广告活动　　D. 广告媒体

4. (　　)是撰写广告策划书的准备阶段。

A. 分析研究　　B. 拟定提纲　　C. 可行性方案　　D. 撰写文本

5. (　　)是撰写广告策划书的最重要阶段。

A. 分析研究　　B. 拟定提纲　　C. 可行性方案　　D. 撰写文本

6. (　　)是对广告策划的检验，也是对广告活动的反馈和保证。

A. 广告创意确定　　B. 广告媒体选择

C. 广告效果的评价　　D. 广告预算

7. 借助视听媒介进行口头表述的一种方式，是力求透过理性思考与逻辑辩证，将一个概念转化成可被具体评估或操作的报告是(　　)

A. 策划报告　　B. 调研报告　　C. 广告提案　　D. 访谈报告

二、多选题

1. 广告策划书是由广告策划者将广告策划中提出的广告战略决策、广告战术策略和(　　)的全过程以文字形式表现出来的一种应用性文件。

A. 媒体组合战略　　B. 实施广告策略　　C. 检验广告策略　　D. 价格战略

2. 广告策划书按商品类别不同分(　　)两大类。

A. 短期广告策划　　B. 长期广告策划　　C. 工业品　　D. 消费品

3. 对于广告策划书写作的总体要求就是做到(　　)。

A. 系统全面　　B. 目的突出　　C. 切实可行　　D. 言简意赅

4. 广告策划书的撰写程序大致可分为(　　)阶段。

A. 分析研究　　B. 拟定提纲　　C. 可行性方案　　D. 撰写文本

5. 通过对消费者的调查，了解和把握消费者的(　　)，从而提出有效的广告诉求重点。

A. 消费时间　　B. 消费心理　　C. 消费需求　　D. 消费动机

三、判断题

1. 对广告公司而言，广告策划书是广告策划的实施纲要，是检查广告公司策划工作的重要依据。(　　)

2. 广告策划书并没有一成不变的格式，但是一份完整的广告策划书必然围绕着市场和广告推广进行撰写，因此其中有些要素是共同的。(　　)

3．根据USP理论，一则广告向消费者传递一个“独特的销售主张”，并且这一主张有足够的力量吸引消费者产生购买行为。（ ）

4．广告策划书中应说明：选择什么样的媒体、各种媒体应当如何组合、各媒体刊播的频次、媒体版面和节目的选择、预算的媒体分配、广告活动发展的各个不同时期的媒体战略。（ ）

5．长期广告策划也称广告战略策划，一般在三年以上。（ ）

6．广告策划书是对一系列广告策划成果的提炼和综合，又是广告主给广告公司的一份作战计划。（ ）

四、名词解释

广告策划书　广告提案

五、简答题

1．什么是广告策划书？它的主要用途是什么？

2．简述广告策划书的类型和要求。

3．广告策划书的主要内容有哪些？

4．简述广告策划书的撰写程序。

5．在广告策划书中一般要对哪些广告环境做出分析？

6．对广告策划书的评估内容有哪些？

7．如何向广告主进行广告提案陈述？

案例分析

唤醒那只沉睡的猫——北京“青年汇”CBD小户型推广策划案

广告主：青年汇　　实施时间：2004年

实施范围：北京　　核心策略：“猫匿”　　创新点：以猫为推广形象

一、背景

CBD的小户型供应量严重不足!我们的形象品质严重不足！但我们以前的广告多以销售与产品阐述为主，缺少对项目形象概念的塑造，对CBD小户型概念与优势的传播，并未达到应有的效果。将产品与概念完美结合，这是我们所要解决的首要问题。

二、CBD小户型的最大特征与卖点

(一) 附加值

CBD区域，国贸向东4 000米；32万平方米大型纯住宅社区；功能齐全的非过渡型小户型；河景与园林营造的生态居住环境。

(二) 目前状况

小户型热销；面积偏大户型销售略有难度；项目整体形象的风格档次欠缺；项目知名度不高，印象不深。

(三) 结论

1. 根据最大卖点——小户型来确定目标人群。

2. 对小户型的特点与优势进行诉求。

3. 为了大户型的销售，必须树立相应品质的项目形象。

三、目标消费群定位

(一) 定位人群

在CBD工作着的年轻白领阶层。

(二) 目标消费群描述

1. 生存状态

学历高、智商高、收入高、消费高;

节奏快、压力大、工作与生活无法区分;

有成就感、优越感、自信，但也有危机感;

人际关系职业化、漂移族，缺乏归属感。

2. 内心世界

想要享受生活，享受工作以外的自我;

渴望自由的生活，希望彰显个性;

唯我独尊，卓尔不群;

不丧失自我的情况下，追求群落感。

定位人群生存状态与内心世界之间的矛盾正是我们的入手之处。

四、推广目的——唤醒

唤醒定位人群内心对自由生活与自我本色的渴望，唤醒他们内心深处不为人知的另一面，从而引起他们对项目的认知与兴趣，并塑造项目独特的个性与形象。

形象设定——猫。

寻找一个有代表性的深入人心的形象，而在猫的身上，人可以窥见自己梦想的原型。我们比较一下猫和人的某些异同。

人:

想要享受生活;

渴望自由、个性的空间;

自我、卓尔不群;

优越感;

在压力下渴望轻松生活;

希望在职场游刃有余。

猫:

最懂得享受生活;

永远知道在哪里最舒服;

我行我素，桀骜不驯;

优雅、高傲;

慵懒、孤僻;

狡黠，任性。

我们可以看出，猫所具有的正是现代人所渴望的。所以现代人有很深的猫情结。

以下几部关于猫的数据和影视作品正是这些情节的最好诠释。

1.《加菲猫》

1978 年 6 月 19 日出版，售出 1 300 万本；在全世界拥有 2 600 万名读者；2004 年福克斯公司投资拍摄电影版《加菲猫》，掀起新一轮热潮。吉姆·戴维斯(Jim Davis)评价：“大家爱加菲猫，是因为认为想它说出来的话，做它做出来的事，却办不到。”

2.《机器猫》

1970 年，藤子·F. 不二雄创作的《机器猫》一炮打响；1979 年制成动画后，至今已被译成数十种文字在全世界发行。

它充满无限的想象力，机器猫胸前装满古怪道具的口袋里，其实承载着我们许许多多童年未曾实现的梦。

3.《猫和老鼠》

1940 年 2 月 10 日《猫和老鼠》第一部诞生，赢得了 7 项奥斯卡奖，破过无数纪录。故事出人意料，又合乎情理，显现出超人的智慧。可见，猫的精神在现代人内心根深蒂固。

2004 年 4 月，百老汇经典戏剧《猫》在京演出。创下新的纪录，掀起猫的热潮，“你猫了么”成为当下最流行的语言，为我们的推广奠定了基础。

2004 年 9 月，哈莉·贝瑞(Halle Berry)主演的《猫女》上映。也吸引为数众多的年轻一族关注，其中包括相当一部分我们的定位人群，这将为我们的推广创造最佳的时机。

猫表征着他们的梦想，猫情结为我们推广奠定了感情与文化的基础，猫的流行为我们创造了最佳的时机。在如此大好时机之下，我们大胆地推出了猫的主题系列(图 10.2)。

图 10.2　猫的主题系列

五、推广主题——猫匿 CBD

1. 猫的形象。表现定位人群在内心层面的另一个自我：优雅、叛逆、狡黠、任性、慵懒、孤僻、顽皮、高傲、真实、快乐……

2. 猫匿。以一种猫常见的形态，体现定位人群期望的在 CBD 工作与生活的状态：静中有动、慵懒之中暗藏机警，孤僻之中略显微狡黠。

3. CBD 强调区位的优势，进一步突出猫族与 CBD 秩序与状态的矛盾与和谐。

4. 猫匿 CBD。唤醒定位人群内心深处那只沉睡的猫，力求将我们项目的个性与定位准确传达出来。

六、广告个性——智慧个性与抽象风格的融合

(一) 画面

以猫的剪影形象为主要元素。

黑、白、红三色的组合。

(二) 文案

时尚新锐的语言风格。

智慧趣味的文字内涵。

(三) 为什么选用猫的剪影形象

1. 寓意内心深层的另一层面，是心灵的投影。

2. 摈弃具体的形象，以免过多限定了观者的思维。

3. 抽象的形象，涵盖更多的想象空间。

4. 非写实风格，既创造了神秘感，又表达出个性和现代感。

(四) 百老汇形象与本案

1. 经典剧目《音乐之声》、《猫》、《歌剧院的幽灵》和《西贡小姐》等。

2. 音乐较多受到爵士乐、摇摆乐影响，舞蹈较多受到摇摆舞、踢踏舞的影响，但是百老汇夸张、诡异的场面，华丽、铺张的布景，经典、传统的音乐与我们的风格有出入。百老汇与产品的契合点并不多，如果限定在百老汇的风格，以后的推广中会出现断层现象，后续性不强。

(五) 结论

百老汇若作为我们的表现符号并非最佳，但百老汇的精神和文化可以成为我们更深层次的思想内涵，有助于提升项目整体的品质与品味。

七、推广主题决定包装推广思路

以“猫逸 CBD”为核心全面包装，并以其为线索贯穿始终。我们采用报纸广告、户外广告(道旗、路牌、灯箱)，卖场包装、活动营销，大型演出活动，销售道具——楼书，借电影造势等手段进行品牌推广。

八、矛盾的戏剧性——报纸广告思路

将 CBD 的生活秩序和状态与猫族所代表的人群内心深处的另一面和梦想进行集中的对比，从而产生矛盾的特殊戏剧性效果，达到塑造项目形象、吸引定位人群的目的。

九、软文提纲——GOOD 猫逸，CBD——朝阳路上的猫族城邦

1. 都市猫族——CBD 工作着的年轻一族。

2. 享受慵懒与勤奋的最佳距离——国贸向东 4 000 米。

3. 一个精简储藏你孤独的快乐——承载全部生活欲望的小户型。

4. 猫咪最简单的愿望——有一个窗台能看风景。

5. 全世界都是你的游乐场——朝阳路的成熟生活配套。

十、传达项目理念的最佳方式——活动营销

吸引关注，凝聚人气，增强口碑效应，扩大项目的知名度和影响力；以各种文化形式与社区对接，形成独特的社区文化与性格；根据目标人群特性与项目风格，举办相应主题的活动，投其所好，可达到打动人心的目的；通过吸引关注，树立形象，达到促进销售的目的。

十一、系列活动策划方案

(一) 活动策划之一——开盘活动

1. 活动主题“猫”仿秀。

2. 活动时间。8 月 7 日。

3. 活动地点。售楼中心户外布景台。

4. 活动内容。猫舞模仿秀，由客户自愿参加；由主持人串场，现场播放《猫》剧片段，即时模仿比赛；设置不同等级奖项，评价出获奖表演者；现场颁发大奖，将活动推向高潮。

5. 奖品设置。一等奖：1～2 名，奖品为笔记本电脑一台；二等奖：4～6 名，奖品为 MP3 一个；三

等奖：10名，经典CD一张；入围奖：项目纪念品。

(二) 活动策划之二——巡展

1. 活动主题。GOOD猫逸CBD。

2. 活动时间。8月中旬。

3. 活动地点。CBD区域写字楼(汉威大厦、嘉里中心、国贸、京广中心)。

4. 活动内容。现场设置展台，由专门销售人员进行宣传推广；向目标人群发宣传资料与纪念品，以增强有效性。

(三) 活动策划之三——借《猫女》之东风

电影《猫女》在北京上映时间：2004年9月。

《猫女》正契合“猫逸 CBD”的理念；《猫女》所吸引的人群正是我们定位的目标人群；通过赞助的形式，在海报与门票上进行广告宣传，事半功倍；在影片开始之前插播广告，以最直接的方式达到项目的目的；在现场派发专有的猫形玩具和项目资料，进行延续性的宣传。

思考题：

1. 一个完整的广告策划报告是由哪几个主要部分构成的？

2. 本案中广告标题与广告文案的创作具有什么特点？

3. 请为小户型项目“花样年华”做一个广告推广策划方案。

第11章 实施测定阶段

学习目标

通过本章学习，应该达到以下目标。

知识目标：熟悉广告实施的策略，了解广告效果的含义与特性，熟悉广告传播效果测定、广告销售效果测定、广告社会效果测定的内容和方法。

能力目标：要求学生能够正确运用广告实施策略，熟练运用广告传播效果和销售效果的几种测定公式，对广告策划效果进行测定。

知识结构

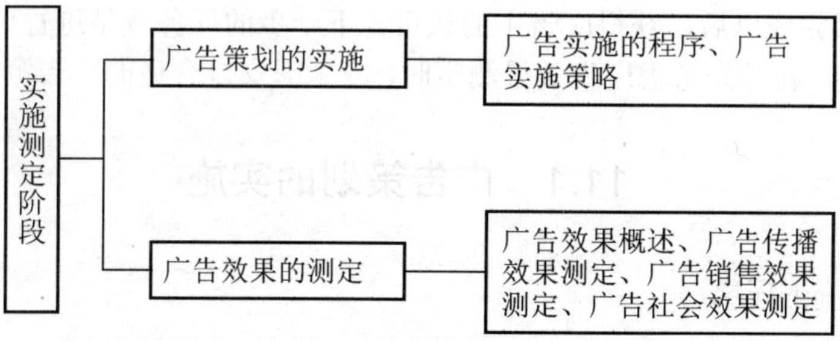

案例导入

联通公司的广告评价

随着中国电信市场运营主体的增加，国内电信市场竞争越来越激烈。中国电信、中国联通和中国移动等通信企业纷纷在各种媒体上不遗余力地刊登广告，提高品牌知名度，争夺市场份额。中国联通自 2000 年以来，随着在海外的成功上市，大幅度地提高了在电视媒体上的广告投放量，有资料显示，2000 年上半年中国联通电视广告投入量呈快速增长的趋势。这些电视广告的渗透率如何？消费者对它们如何评价？广告起到了何种作用？为了了解和评估中国联通，为中国联通的广告投放战略提供数据支持和决策依据，中国联通委托社会调查公司对广告效果进行了调研。

当时联通公司主要投放 6 个广告(以下均为广告名称简称)，主要是："篮球篇"、"婚礼篇"、"组合篇"、"千万篇"、"四海篇"、"上市篇"。通过调查、分析得出以下结论。

(1) 三成被访者在过去两个月内曾经看过令他印象深刻的电信企业的广告，其中看过中国联通广告的最多，其次是中国电信，再次是中国移动。由此可以看出联通广告的渗透率要好于后两者。

(2) 对于联通的 3 项业务的了解程度，了解"手机上网"的人最多，超过了六成，了解"一机多网"的最少，了解"如意通"居于二者之间；了解的主要渠道，三者均是以电视和报纸为主，对于"一机多网"和"手机上网"，通过报纸和电视两类渠道了解的人数相差甚微，而对于"如意通"通过报纸了解的人比通过电视了解的人稍多一些。调查显示，20～30 岁的人了解"如意通"和"手机上网"的人最多，30～50 岁的人了解"一机多网"的人最多。

(3) 对于联通广告，看过"千万篇"的最多，其次是"篮球篇"，看过"上市篇"的人最少。

比较而言，被访者对"千万篇"和"上市篇"这两个广告最容易理解，"四海篇"次之，对其余 3 个广告的理解程度稍差一些。对"组合篇"广告喜欢的人略多于其他几个广告，但总体来说调研对象对 6 个广告喜欢程度差别不大。调研显示，这 6 个广告的最大作用是加深了受众对联通品牌形象的认识。

(资料来源：http://www.56.com/w4g/play_album-aid-2156330_vidMTY3NDg3NzU.html.)

广告策划书完成以后，获得广告主的认可，下一步的任务就是进行广告策划的实施与广告效果的测定。在预先考虑广告效果测定时，应考虑安排合适的广告测定方法及计划等。

11.1 广告策划的实施

11.1.1 广告实施的程序

广告策划的实施是整个广告产生实际效果的中心环节，具有极其重要的意义。在这个阶段，广告策划人员根据广告策划书的计划、安排，设计与制作广告作品，制定全方位的实施策略，开展广告宣传，并进行必要的监督，及时调整广告宣传方案，广告活动按照广告计划执行，完成广告创作并制作广告作品，经过广告主的最后审核同意后，再送工商部门审批，审批通过后即可送到预定的媒介刊播。

实施阶段的主要内容包括广告表现计划的实施、广告媒介计划的实施和其他活动的实施等项目。

实施的程序如下。

① 确定策划实施的具体时间或阶段；

② 确定各项目负责人，并制定工作职责；

③ 实施具体项目。

实施的具体项目如下。

(1) 完成广告作品。

① 设计、制作用于发布的广告作品；

② 广告主审阅广告作品，检查是否达到广告策划书所表述的诉求策略、表现策略要求；

③ 工商行政部门审核广告，检查是否违反《广告法》。

(2) 购买广告媒体。按照广告媒体策略计划，组织对广告媒体的预订、购买。

(3) 广告发布。发布及发布后对媒体执行情况的监督。

(4) 广告费管理。主要对广告策划实施阶段的费用进行管理。

(5) 实施广告计划中规定的其他活动。

(6) 广告效果的测定。对广告实际产生的效果进行测定，用于评价广告活动，同时也用于下次广告活动的指导和参考。

(7) 广告策划的总结。对整个广告策划作业的全面总结。

11.1.2 广告实施策略

广告实施策略就是按照竞争制胜的原则，科学合理地筹划广告有序推进的策略，从而使广告策略发挥最佳效应。广告策略要实现由观念形态变为现实的行动，就必须有具体的实施策略。

广告实施策略是广告推进程序的最后阶段，它包括广告媒体策略、广告差别策略、广告系列策略、广告时间策略、广告地域策略、变相广告策略等。其中，广告媒体策略已在前面章节中已介绍过了，下面介绍其他几种实施策略。

1. 广告差别策略

1) 广告差别策略的含义

广告的差别策略，就是指在一定时间内，针对不同的营销目标，着重对产品、劳务及企业形象寻找不同于他人的特点，然后通过一切传播手段充分展示该特点的一种广告策略。

2) 广告差别策略的主要方式

(1) 产品差别广告策略。即使同类产品，也存在着功能、品质、价格、品种、包装及售后服务等诸多方面的差别。产品差别广告策略的目的就是要努力发现存在于产品间的差别，将它充分反映在广告作品中，让消费者看清自己产品的优点及带给消费者的实惠，加深消费者对广告产品的印象。

(2) 劳务差别广告策略。劳务差别即劳动力的素质方面的差别，主要体现在劳务的知识水平、专业技能及操作的熟练程度上。劳务差别直接制约着产品的内在质量、花色品种、包装、售后服务等方面的差别，在可能的情况下，劳务差别应是广告作品中一个需要重视的诉求信息。例如，在广告中着意宣传企业职工的知识水平、上岗前培训等信息，就是对劳务差别这一广告差别策略的具体运用。

(3) 企业差别广告策略。企业差别是指能代表企业特色、反映企业水平的各种差别，包括广告设备等“硬件”差别和技术、管理水平、服务措施、环境等“软件”差别。强调这些差别的目的在于给企业定位，树立起别具一格的企业形象，赢得消费者的好感与信赖。

2. 广告系列策略

1) 广告系列策略的含义

广告系列策略是企业在广告计划期内连续地和有计划地发布有统一设计形式或内容的系列广告，不断加深广告印象、增强广告效果的手段。广告系列策略的运用，主要有形式系列策略、主题系列策略、功效系列策略和产品系列策略等。

2) 广告系列策略的类型

(1) 广告形式系列策略。广告形式系列策略是在一定时期内有计划地发布数则设计形式相同、但内容有所改变的广告的策略。由于设计形式相对固定，有利于加深消费者对广告的印象，增加企业的知名度，便于在众多的广告中分辨出本企业的广告。这种策略的运用，适宜于内容更新快、发布频度大的广告，如旅游广告、文娱广告、交通广告和食品广告等。整体广告很注重这一策略的运用。

(2) 广告主题系列策略。广告主题系列策略是企业在发布广告时依据每一时期的广告目标市场的特点和市场营销策略的需要，不断变换广告主题，以适应不同的广告对象的心理欲求的策略。

案例 11-1

台湾“白兰”香皂系列广告策略

中国台湾国联工业公司在生产“白兰”洗衣粉的基础上，准备开发新的产品——香皂。生产前，广告主及其广告代理公司做了详细的调查，内容包括消费者对“白兰”商标的印象、香皂市场占有率、香皂的香型、品质、包装、销售对象及上市时机等。在收集分析有关资料后，广告主确定以“白兰”为商标，规定了香皂的品质、包装、香型及上市时机，并在此基础上形成了广告决策。运用报纸和电视两大媒体，再以杂志为媒体配合，先打出预告广告，紧接着是上市广告。在预告广告阶段中，电视广告先用“白兰”洗衣粉来介绍另一种也称“白兰”的新产品，造成消费者心目中存在的一种猜想。产品上市前一天，再推出主题“香的世界”的广告，告诉消费者，明天有一种很香的新产品上市，并且暗示了新产品的包装图案。正式上市的广告，主题是“我们不卖香水”进而推出“白兰”香皂。在报纸上，同样以这样的广告主题出现，彩色印刷，占了半个版面。选了几种报纸，轮流刊出。杂志上也以同样画面的广告出现。这种强烈的攻势，很快吸引了消费者，一时都将目标集中在这种新产品上。过了几天，推出第二则广告，主题是“我们不卖鸡蛋”。画面上显出这种新产品的制造原料中，含有润肤作用的蛋白霜。中秋节前，推出第三则广告，主题是“不是吃的月饼”。画面表现是促使消费者购买这种产品，作为礼品，赠送亲友。第四则广告，主题是“你不在乎的心，我们在乎”。书面显示这种新产品，即使用到只剩薄薄一片，仍然很好用，软硬适度，使购买它的消费者有用得很实惠的感觉。最后，推出的广告是随商品附赠“钞票夹子”，方便大家随身携带钞票。及时刺激消费者，企望顾客逐步养成长期购买习惯。这五则广告的推出，在当时台湾市场上引起了很大变化，使“白兰”香皂占据了市场。

(3) 广告功效系列策略。广告功效系列策略是通过多则广告逐步深入强调商品功效的广告策略。这种策略或是运用不同的商品观念来体现商品的多种用途；或是在多则广告中的每一则都强调一种功效，使消费者易于理解和记忆；或者结合市场形势的变化在不同时期突出宣传商品的某一用途，发挥立竿见影的促销作用。

(4) 广告产品系列策略。广告产品系列策略是为了适应和配合企业系列产品的经营要求而实施的广告策略。产品系列策略密切结合系列产品的营销特点进行，由于系列产品具有种类多、声势大、连带性强的特点，因而在广告中可以灵活运用。

3. 广告时间策略

广告的时间策略就是对广告发布的时间和频度做出统一的、合理的安排。广告时间策略的制定，要视广告产品的生命周期阶段、广告的竞争状况、企业的营销策略、市场竞争等多种因素的变化而灵活运用。一般而言，即效性广告要求发布时间集中、时限性强、频度起伏大。迟效性广告则要求广告时间发布均衡、时限从容、频度波动小。广告的时间策略是否运用得当，对广告的效果有很大影响。广告时间策略包括广告时限策略、广告时序策略、广告时机策略和广告频度策略。

广告的时限策略在时限运用上主要有集中时间策略、均衡时间策略、季节时间策略、节假日时间策略四种。广告时序策略包括提前广告策略、实时广告策略、延时广告策略。广告在频度上有固定频度和变动频度两种基本形式。

1) 广告时限策略

(1) 集中时间策略。该策略主要是集中力量在短时期内对目标市场进行突击性的广告攻势，其目的在于集中优势，在短时间内迅速造成广告声势，扩大广告的影响，迅速地提高产品或企业的声誉。这种策略适用于新产品投入市场前后、新企业开张前后、流行性商品上市前后，或在广告竞争激烈时刻，以及商品销售量急剧下降的时刻。运用此策略时，一般运用媒体组合方式，掀起广告高潮。

(2) 均衡时间策略。该策略是指在时间分布上较均衡的策略。其目的在于持续地加深消费者对商品和企业的印象，扩大商品的知名度和人们的记忆度。此广告策略较多运用在日常生活用品上，如花色品种较多而季节性不太强的商品。

在运用该策略时一定要注意广告表现的变化，要不断予以新鲜感，而不要重复同一广告内容，广告频率也要疏密有间，不能给人以单调感。

(3) 季节时间策略。该策略要求对季节性强的商品，在销售旺季到来前做好心理准备。销售旺季到来时，广告活动达到高峰期，以后逐步减少，季节末便停止广告。

运用该策略要掌握好不同商品或劳务的变化规律和季节的特点。广告过早，会增加广告费开支，过迟则会错过时机，直接影响商品销售。

(4) 节假日时间策略。运用该策略一般在节假日之前数天便开展广告活动，而节假日一过，广告即告停止。这类广告要求有特色，抓住节日的文化内涵，把商品品种价格、服务时间及异乎寻常之处的信息突出地、迅速地、及时地告诉消费者。

2) 广告时序策略

(1) 提前广告策略。广告效果具有延时性，因此许多企业采用提前广告策略，即广告早于商品进入市场，目的在于事先制造声势，先声夺人，让消费者在商品未上市时就翘首以待；等到商品在市场出现时，即可形成旺销。这种策略适用较广泛，它适用于全新商品和劳务的推出；适用于经过更新换代或部分改进后重新上市的商品；适用于季节性商品中旺季到来之前提前做广告，并延伸到旺季的到来。例如，江苏的芭蕾珍珠膏在进入中国香港市场之前的一个多月，就开始在香港大做广告，花费 1 500 万元港币，突出宣传该珍珠膏采用太湖珍珠加工而成，有权威部门化验分析证明，还提供了珍珠膏治疗面部皮肤病的报告。结果前 20 天的销售量就打破了香港市场上任何一种化妆品一个月的销售量，年营业额超过 200 万美元。

(2) 实时广告策略。该策略就是在产品上市的同时投放广告，激发消费者的购买欲望，提高产品的销售额。对于一些品牌成熟的产品，消费者对其有深刻的认识，广告只是起提醒作用。此种策略适用于老商品或供求平衡的商品。

(3) 延时广告策略。该策略是指广告晚于商品进入市场。一般情况下，这种策略适用于还没有把握的新商品，为谨慎经营，让商品先行于市面上，根据情况或多或少地做广告，针对消费者的反应再做广告。另一种情况是，商品上市后，先做一次试探性广告，看情况的发展变化后再决定广告的做法及规模。

3) 广告时机策略

利用媒介发布广告，还要善于利用和把握各种时机。广告的时机，指在时间上与广告商品、市场行情及人们的注意程度等有关的一系列机会。

(1) 利用产品与时机的内在联系开展广告活动。它是指广告主利用电视台或电台整点报时的特殊时段播放广告，以扩大产品、企业知名度的广告形式，通常为钟表企业所采用。例如，中央电视台第一套节目晚 7 时“新闻联播”前的报时广告曾有“罗西尼表为您报时”。钟表企业利用报时广告可以从侧面暗示产品的精准、可靠，使消费者对产品产生信任感，为产品树立起良好的形象，以示其在计时上的权威性。虽然罗西尼一年的广告费相当高，但效果极好。

(2) 利用重大活动时机做广告。全国性及世界性体育比赛、吸引人的电视剧、重大社会活动等都是推出广告的良好时机。例如，奥运会历来都是广告商重点注意的时机，许多企业都愿意把巨额广告费投放在奥运会期间。2006 年，OPPO 利用超级女声的影响，在节目中有计划地投放广告，浪漫的故事情节吸引了爱好音乐的青年消费者，“我的音乐梦想，OPPOMP3”的广告口号，再次刺激了人们为音乐梦想而激动的神经。产品与节目高度吻合，该品牌如名度迅速上升，企业业绩得到提高。

4) 广告时点策略

该策略是根据广告的时间价值和消费者接收广告的特点，科学地选择广告投放时点的策略。

(1) 黄金时间策略。黄金时间是收视率和收听率最高的时间。各种广告媒体的黄金时间有所不同。一般来说，广播、电视因人们的收视习惯不同，不同频道都有其各自的黄金时段，即收听、收视的高峰，在策划广告发布的时机时应充分利用视听的高峰时间。据中国有关部门调查表明，国内电视收视的黄金时间主要有：①“新闻联播”前：“新闻联播”前收视指南至 19 点报时的广告时段。②19 点报时：18:59:55～19:00:00。③“新闻联播”后标版:“新闻联播”与“天气预报”之间的广告时段。④A 特段：“天气预报”与“焦点访谈”之间的广告时段。⑤“天气预报”中：在“天气预报”节目中全国省会城市天气预报与其他城市天气预报之间的广告时段。

另外，周末和重大节日，如国庆节、春节等，也是收视的黄金时间。实践证明，在黄金时间的两头各安排一组 7 条广告为最佳，而每组中的头条和末条广告效果最好。

(2) 时间序列点策略。人们的记忆也有一定的规律，间隔一段时间会遗忘，间隔时间越长，遗忘量越多，因此，企业要根据该规律选择恰当的时点做广告。为了反复刺激消费者，以强化其对产品或广告的记忆，必须重复发布广告，媒体的组合运用可以实现一定程度的重复刺激。此外，广告媒体发布也可以采用有间隔性的发布策略，在连续性的发布过程中，适当地加以一定的间隔，每次以不相等的间隔时间出现。合理的间隔时间是“先短后长”，既节省广告费，又符合人们的遗忘规律，达到更好的广告效果。

5) 广告频度策略

广告频度是指一定时期内广告发布的次数，在策略上可根据实际情况需要，交替运用固定频度和变化频度的策略。

(1) 固定频度策略。固定频度策略是均衡广告时间常用的时间频度策略，其目的在于实现有计划的持续广告效果。固定频度法有两种时间序列：均匀时间序列和延长时间序列。均匀时间序列的广告时间按时限周期平均运用。例如，时间周期为 5 天，则每 5 天广告 1 次；若为 10 天，则每 10 天广告 1 次，以此类推。延长时间序列是根据人的遗忘规律来设计的，广告的频度固定，但时间间隔越来越长。例如，广告仍按总量 10 次、1 天 1 次进度推出，但广告发布时间延长到 20 天，第一拨以每天 1 次间隔，发布 4 次；第二拨以每两天 1 次间隔，发布 3 次；第三拨以每 3 天 1 次的间隔，发布 3 次。这是为了节约广告费，又按照人们的遗忘规律来设计的，使时距由密到疏，在广告费一定的情况下，延长了广告影响时间。

适用于这种媒体进度的广告商品，大都属于人们经常要购买的生活必需品，另外还有药品、电视机、洗衣机等产品。一般是根据消费者购买行为的时间和地点，选用相应的媒体，适时发布。

(2) 变化频度策略。变化频度策略是广告周期里用各天广告次数不等的办法来发布广告。变化广告频度可以使广告声势适应销售情况的变化。常用于集中时间广告策略、季节与节假日广告时间策略，以便借助于广告次数的增加，推动销售高潮的到来。

变动频度策略有渐进型、递减型和波浪型三种方式，如图 11.1 所示。

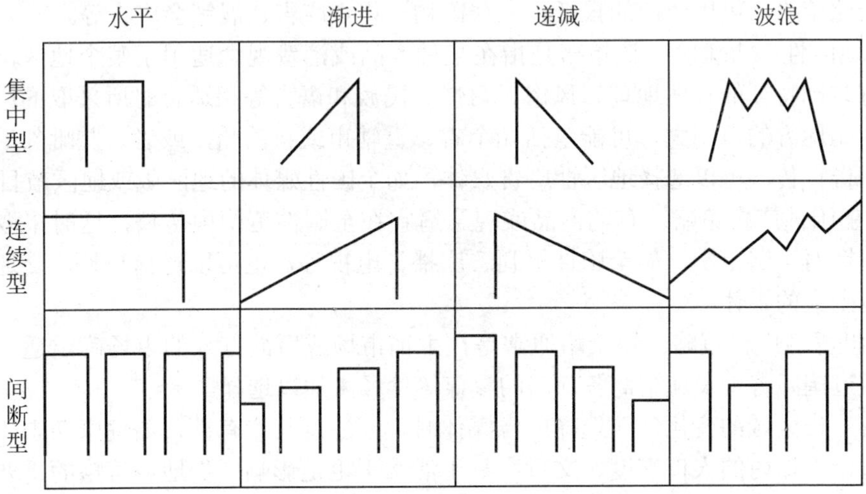

图 11.1　广告发布时间策略类型

① 渐进型。在一个广告周期内，广告频率由低到高，至高峰时戛然而止，节日性广告常用这种形式。例如，中秋节的月饼、元宵节的汤圆等商品，一般在节日期间消费，多采用这种方式促销。临近节日前使广告达到高峰，会起到很好的促销作用。

② 递减型。在一个广告周期内，广告频率由高到低，直至停止。例如，开展文娱活动，新影片上映，企业新开张或大酬宾等，均可用这种策略法。

③ 波浪型。在一个广告周期内，广告频率由低到高，再由高到低变化的策略。例如，电视广告第一天发布 1 次，第二天发布 2 次，第三天发布广告 3 次，直至频率达到最高；以后频率逐次下降，第六天 2 次，第七天 1 次。频率曲线呈波浪形。这种方式适用于季节性、流行性强的商品。

上述各种广告时间策略可视需要组合运用。例如，集中时间策略与均衡时间策略交替使用，固定频度与变化频度组合运用等。广告时间策略运用得法，既可以节省广告费，又能实现理想的广告效果。这是广告策略中极为重要的一环。究竟一个商品广告在一种媒介上投放几次，才可以使人们记住它，这一问题的研究目前还处在摸索阶段；但目前也有研究表明至少是 6 次，即一个人接触同一个广告 6 次便会记住这个广告。如果有关此类问题的研究有所突破，将会使广告的刊播工作在科学、合理、有效的轨道上运行。

4. 广告地域策略

广告地域策略是指为了适应广告区域的差别而依区域特点确定发布区域及区域表现策略等问题。其影响因素主要包括：经济发展水平的差别、人口密度的差别、气候条件的差别及人文习惯的差别。广告地域策略可分为广告区域选择策略和广告区域推进策略。

1) 广告区域选择策略

(1) 地方性广告策略。该策略是指当产品或观念仅在一个乡镇、城市、直接贸易区或某一生活范围内传播时所采取的广告策略，一般较重视选择地方性的广告媒体，如招贴、路牌等。

另外，有些行业的新产品，为了试探市场反应，有时需要在某个地方或商店开展试销，也可选择此策略，可用当地的报纸、大众读物、售点广告、展销会广告等。

(2) 地区性广告策略。该策略是指在某种产品或消费观念适用于某个地区，与这一地区内具有共同特征的自然地理、风俗、习惯、民族和语言等相适合时所采取的广告宣传策略。地区比地方的范围大，可能包括几个省、直辖市或自治州，或者一些毗邻的贸易区。地区性广告宣传，可以选择地区性广告媒体，如全国性媒体的地区版或地区节目。

(3) 全国性广告策略。有的商品或观念适宜在全国性范围内传播，这时采取的广告宣传媒体应针对全国范围，如全国性报刊、广播、电视等，也可以选择户外、交通、电影等流动性范围大的媒体。

(4) 世界性广告策略。该策略通常是在主销市场或所欲打入的市场确定适当的媒体，这可以通过国际咨询及使馆商务部门的参谋等途径来加以选择。

随着广告区域的变化，在选择广告媒体时，要注意其专有性，如健康杂志、体育报刊等。同时，地域内的人口密度、文盲率和生活水平也是影响广告地域策略的重要因素。一般来说，人口密度低的地区对媒体传播的速度与范围要求高，适宜运用电视、电台媒体；文盲率高的地区，不适宜用印刷媒体，电视、电台和户外广告会有好效果；生活水平高的地区，报纸、杂志、广播、电视的普及率较高，均被经常选用。由于企业面临的各个市场在政治、经济、文化、科技方面的差别，以及在传统习俗等方面的差别，不仅对于广告媒体的选择有决定性意义，而且对广告诉求重点的确定也十分重要。

广告地域策略在广告诉求和媒体选择上主要注意以下几方面问题：①广告内容应尊重不同地域广告受众的差别；②广告形式应符合地域内的习惯；③广告诉求重点应客观分析地域环境；④广告用语、用色、用图、道具应尊重地域内的禁忌；⑤各地区媒体覆盖度等。

2) 广告区域推进策略

(1) 全方位广告宣传策略。即在所选定的区域进行全面的广告宣传。

(2) 桥头堡式的广告策略。即通过选择一个有利点集中火力进行广告宣传，形成“桥头堡”，以此为扩散点，将产品及观念向既定的目标市场扩散。

(3) 逐次推进的广告策略。即按产品及消费观念运动的路线，根据人们对商品接受的规律性来有计划、分阶段地依次进入不同的市场。

(4) 轮番进入的广告策略。即当某名牌产品，品种系列齐全，同时占有几个不同的市场时，可以根据市场变化，将各个品种系列在不同的市场轮番进行广告宣传，以保持消费者对该企业产品的了解。

(5) 点面并重的广告策略。即抓住重点地区，集中力量开展广告宣传，同时面向其他地区做一般性宣传。

5. 变相广告策略

1) 变相广告策略的含义

变相广告策略是指企业不直接利用媒体发布广告，而是采用间接形式去达到宣传企业和产品的目的。

2) 变相广告策略的主要方式

变相广告策略的主要方式有：新闻报道、报告文学、商品信息发布会、专题演讲会、赞助文艺活动和体育比赛、赞助媒体和同类节目制作、参与社会公益事业、向受灾地区捐赠款物、示范表演、赠送纪念品等。

严格意义上说，变相广告策略属于社会公共关系活动而不是商品广告。但它有意无意地传播了企业和产品的信息，并使人们在接受这些信息时处于愉快和信任的心情中，避免了人们在接受广告时排斥、厌恶及不信任的情绪，达到了“不是广告胜似广告”的目的，是最理想的广告。

案例 11-2

“孩儿宝”公司中国战略

“孩儿宝”公司中国战略就是十分典型的运用变相广告策略而取得成功的范例。该公司是美国玩具行业的巨无霸，它生产的“变形金刚”在美国赚了 13 亿美元后，从 1986 年开始滞销。公司经过调查发现了玩具市场“新大陆”——中国，3 亿多儿童多为独生子女，中国的父母对孩子又多是溺爱型，舍得花钱为孩子“智力投资”。依据这一调查所得的资料分析，把公司产品“变形金刚”的广告做到中国各大媒体上，不失为一上佳策略。但是，“孩儿宝”公司却没有采用直接花钱去做广告的策略，而是采用变相广告策略，将一套名为“变形金刚”的动画系列片无偿送给中国广州、上海去播放。《变形金刚》动画片其实就是“孩儿宝”公司的变形金刚产品广告片。这种策略很高明，《变形金刚》节目片立即风靡全国，“威震天”、“擎天柱”一时间成了中国孩子们的偶像，几乎没有人不知道动画片中的变形金刚。眼看时机成熟了，“孩儿宝”公司才将“变形金刚”玩具大规模投入中国市场，顿时供不应求。就这样，“孩儿宝”公司几乎没花什么广告费就在中国拥有了成千上万的“变形金刚”忠实者。从这个案例中，我们不难体会到变相广告“不是广告胜似广告”的真谛。

11.2 广告效果的测定

广告活动是一个循环往复、不断反馈的动态过程。一项广告活动，经过周密的策划，精巧的构思，最后形成广告作品，再经过媒体传播，与广告受众接触，其间投入大量的广告费，就是希望产生一定的刺激和反应，取得理想的传播效果。在广告活动中，广告效果是最令人重视的问题。检验广告活动成败如何，主要是看广告效果的好坏，这需要通过一定的手段和方法进行测评，也是广告活动中不可缺少的重要内容。

11.2.1 广告效果概述

1. 什么是广告效果

任何一项广告活动都需要一定的物力、财力和人力的投入，并希望得到“产出”，实现既定的广告目标。而广告目标的实现，是由广告作品通过广告传播媒体，在与广告受众进行信息沟通的过程中完成的。广告作品被广告受众接触，会产生各种各样的直接的或间接的影响，带来相应的变化。这种影响和变化，就是广告效果。由于广告主开展广告活动的目的各不相同，他们希望得到的广告效果也会有所不同，但要求通过广告活动能够获取效益的愿望是一样的。

广告效果有狭义和广义之分。狭义的广告效果是指广告所获得的经济效益，即广告传播促进产品销售的增加程度，也就是广告带来的销售效果。广义的广告效果则是指广告活动目的的实现程度，是广告信息在传播过程中所引起的直接或间接变化的总和，它包括广告的传播效果、经济效果和社会效果。

2. 广告效果的类别

作为一种信息传播活动，广告所产生的影响和变化(效果)是广泛的、多种多样的，可以从不同的角度把广告效果分成很多种类。对广告效果进行分类，有利于对广告效果的更深入的认识，便于根据不同类型的广告效果，采取不同的测定方法，以取得较为理想的测定结果。

1) 按涵盖内容和影响范围来划分

按涵盖内容和影响范围不同，广告效果可分为销售效果、传播(心理)效果和社会效果，这也是最常见的划分方法。

(1) 广告的销售效果也称经济效果，是指广告活动促进产品或者劳务的销售，增加企业利润的程度。广告主运用各种传播媒体把产品、劳务及观念等信息向目标消费者传达，其根本目的就是刺激消费者采取行动，购买广告商品或劳务，以使销售扩大，利润增加。广告的经济效果是企业广告活动最基本、最重要的效果，也是测评广告效果的主要内容。

(2) 广告的传播效果也称广告本身效果或心理效果，是指广告传播活动在消费者心理上的反应程度，表现为对消费者的认知、态度和行为等方面的影响。广告活动能够激发消费者的心理需要和动机，培养消费者对某些品牌的信任和好感，树立良好形象，起到潜移默化的作用。广告的心理效果是一种内在的并能够产生长远影响的效果，主要是由广告自身产生的效果。

(3) 广告的社会效果是指广告在社会道德、文化教育等方面的影响和作用。广告能够传播商品知识，可以影响人们的消费观念，会被作为一种文化而流行推广等。由于广告所具有的特性，广告对社会所产生的效果是深远的，需要重视和引导。

2) 按产生效果的时间关系来划分

一项广告活动展开后，从时间关系上看，广告产生的影响和变化会有多种情况。

(1) 即时效果。广告发布后，很快就能产生效果。例如，商场里的 POP 广告，会促使顾客立即采取购买行动。

(2) 近期效果。广告发布后在较短的时间内产生效果。通常是在一个月、一个季度最多一年内，广告商品(劳务)的销售额有了较大幅度的增长，品牌知名度、理解度等有了一定的提高等。近期效果是衡量一则广告活动是否取得成功的重要指标。大部分广告活动都追求这种近期效果。

(3) 长期效果。指广告在消费者心目中所产生的长远影响。消费者接受一定的广告信息，一般并不是立即采取购买行为，而是把有关的信息存储在脑海中，在需要进行消费的时候产生效应，广告的影响是长期的、潜在的，也是逐步积累起来的。

从时间上分析广告效果的这几种类型，可以看出，检测广告效果，不能仅仅从一时所产生的效果来评判广告活动的好坏，更要从长远的眼光来看广告所发挥的作用。广告主在广告活动中，不仅要注意追求广告的即时效果和近期效果，而且应该重视广告的长期效果。在市场竞争加剧、需要运用整合传播的现代营销战略中，广告的长期效果更为重要。

3) 按对消费者的影响程度和表现来划分

广告经由媒体与消费者接触，会对消费者产生各种影响，并引起消费者的各种变化，按其影响程度和表现形式，主要可分为到达效果、认知效果、心理变化效果和促进购买效果。

(1) 到达效果。广告能否被消费者接触，要看有关广告媒体的“覆盖率”如何。如目标消费者是否订阅刊载广告的报纸，是否收视(听)带有广告的广播电视节目。这要注意广告媒体覆盖率的有关指标(如印刷媒体的发行量、电子媒体的视听率等)的测评，为选择广告媒体指出方向。但这种效果，只能表明消费者日常接触广告媒体的表层形态。

(2) 认知效果。是指消费者在接触广告媒体的基础上，对广告有所关心并能够记忆的程度，主要测定和分析广告实施后给予消费者的印象深浅、记忆程度等，反映广告受众在多大程度上“听过或看过”广告。一般通过事后调查获取有关结果是衡量广告是否取得效果的重要标准之一。

(3) 心理变化效果。是指消费者通过对广告的接触和认知，对商品或劳务产生好感及消费欲望的变化程度，一般经过知晓—理解—信赖(喜爱)等阶段，最后形成购买行动。这些态度变化是消费者欲采取购买行动的酝酿和准备。因此，测评消费者的心理变化过程中的各项指标(如知晓率、理解率、喜爱度、购买欲望率等)备受关注。消费者接触广告时所产生的心理变化，往往只能通过调查、实验室测试等方法间接得到。

(4) 促进购买效果。是指消费者购买商品、接受服务或响应广告的诉求所采取的有关行为。这是一种外在的、可以把握的广告效果。一般可以采取“事前事后测定法”得到有关的数据。但是消费者采取购买行动可能有多种因素，对这类效果的评价分析，也要注意广告之外的其他因素的影响。

3. 广告效果的特征

广告活动涉及各方面的关系，广告信息的传播能否成功，受到各种因素的影响，由此导致广告效果具有与其他活动所不同的一些特征，主要表现在五个方面。

1) 时间的滞后性

广告对媒体受众的影响程度由经济、文化、风俗、习惯等多种因素综合决定。有的媒体受众可能反应快一些，有的则慢一些；有的可能是连贯的、即时的，有的则可能是间断的、迟效的。实际上，广告是短暂的，即便是招牌广告，由于媒体受众的流动性，广告留下的影响也可能是片刻之间的。在这短暂的时间里，有的消费者被激起了购买欲望，很快就购买了广告宣传的商品；有的则要等到时机成熟时才购买该商品。这就是广告效果时间上的滞后性。时间的滞后性使广告宣传的效果不能很快、很明显地显示出来。因此，评估广告宣传的效果首先要把握广告产生作用的周期，准确地确定效果发生的时间间隔，区别广告的即时性和迟效性。只有这样，才能准确地预测某次广告活动的效果。

2) 效果的累积性

广告宣传活动往往是反复进行的。某一次广告宣传由于其传输信息的偶然性与易失性，很难立竿见影。某一时点的广告效果都是这一时点以前的多次广告宣传累积的结果。媒体受众由于多种因素的影响而没有很快产生购买行为。这段时间就是广告效果的积累期。广告主要进行广告宣传，突出广告的诉求点，以鲜明的特色来打动消费者，使他们产生购买欲望，最终达成交易行为。

3) 效果的复合性

广告宣传活动由于媒体不同，其形式也多种多样。随着经济、科技的不断发展，新的媒体大量出现，极大地丰富了广告市场。例如，动态看板广告就是一种新形式的广告。这种广告又称互动广告，是一种浮在水面上可以漂动的广告。1996 年 3 月 29 日，美国第一联美银行的动态看板广告驶过旧金山湾，广告说：“如果您对第一联美银行和富国银行合并不满的话，可以马上行动，换到格伦代尔联邦银行。”(格伦代尔联邦银行是第一联美银行的竞争对手，势力逊于后者。)这一广告形式使当地各大新闻媒体都对此进行了报导，起到了很好的宣传效果。

不同的广告媒体具有不同的特点，广告主可以综合加以利用，因而广告效果具有复合性，某一时期的广告效果也许是多种媒体广而告之的结果。在测定广告效果时，要分清影响广告效果或决定广告效果的主要因素，以确保测定的客观性与真实性。

4) 效果的间接性

广告效果的间接性主要表现在两个方面：受广告宣传影响的消费者，在购买商品之后的使用或消费过程中，会对商品的质量和功能有一个全面的认识。如果商品质量上乘并且价格合理，消费者就会对该品牌商品产生信任感，就会重复购买；另一方面，对某一品牌商品产生信任感的消费者就会将该品牌推荐给亲朋好友，从而间接地扩大了广告效果。

5) 效果的层次性

广告效果是有层次的，即有经济效果与社会效果、眼前效果与长远效果之分。只有将它们很好地综合起来，才有利于广告主的发展，有利于塑造良好的企业形象与品牌形象。广告策划者开展广告宣传活动时，不能只顾眼前利益，而进行虚假广告，更不能只要经济利益而不顾社会影响。

11.2.2 广告传播效果测定

在广告研究中，广告传播效果通常是指具有说服动机的广告信息对受众心理、态度和行为的影响，即广告传播活动在多大程度上实现了广告目标；同时也包括广告信息带来的一切影响和后果，这种后果可能是广告所期望的方向，也可能出乎广告传播目标以外的效果，既可能是积极的，也可能是消极的；既可能是显在的，也可能是潜在的。

广告传播效果是以广告的收看、收听、认知、记忆等间接促进销售的因素为依据的，而不是以销售情况好坏为标准来衡量评价广告效果的。因为广大公众与消费者的购买行为的产生要经历对企业与产品的注意、引起兴趣、增进记忆、加深认识印象的过程，广告宣传正是根据这一公众与消费者购买行为的产生过程来进行宣传说服的。

广告传播效果的测评，主要由广告本身传播效果测评和广告受众心理效果测评两大部分构成。

1. 广告本身传播效果测评

1) 广告作品效果测评

一个有效的广告作品是能够产生心理效果的作品，即能够影响消费者心理变化，引导消费者态度朝着既定的广告目标转变。因此，对广告作品应进行广告主题、创意、文案、表现手法等方面内容的测评。通过测评，使广告作品更趋完善，更具有冲击力和艺术感染力。

广告作品测评具体又包括以下三个内容。

(1) 广告主题测评。广告主题是贯穿于广告作品中的主线，要求鲜明、突出，诉求有力、针对性强。测评广告主题，主要围绕广告主题是否明确、能否被认可，诉求重点是否突出，与目标消费者的关注点是否一致，能否引起注意，能否满足消费者的需求等问题来展开。

(2) 广告创意测评。它主要是对表现广告主题的构思进行检测。检测创意有无新意，能否准确、生动地表现、突出广告主题，是否引人入胜，感染力如何。不同类型的广告测评也不一样。例如，电视广告可对其创意进行评价，平面广告则通过对其设计草图进行测试。对广告创意进行测评，便于充分了解目标受众的有关意见和建议，以便随时调整、修正已有的创意，选择最佳的创意方案，减少广告创作过程中的风险和成本。

(3) 广告完成稿测评。广告完成稿是指已经设计制作完成，但还未进入媒体投放阶段的广告样品。例如，电视广告样片、报纸杂志广告样稿等。测试广告完成稿，是对广告主题、创意、制作、表现手法等的进一步检测，有利于最后的修补和完善，以保证广告作品能够完美地与目标消费者接触。

2) 广告媒体效果测评

广告媒体效果的测评，就是调查消费者对于各种媒体，如报纸、杂志、电台、电视、户外广告等的接触情形。广告媒体的调查通常根据 3 个测定标准进行。一是媒体分布，例如，报纸、杂志的发行量；电视广播的到达范围，户外广告的装置情况。二是媒体的受众群，如读者群和收视群。三是广告的受众群，是对各媒体刊播的广告的接触群体。后两者的测量主要是考察媒体受众群与广告受众群之间的关系，以便于做出更精确的媒体计划。

主要的测定方法根据媒体的不同特质分为两大类：印刷媒体和电子媒体。

(1) 印刷媒体的测定方法。

印刷媒体主要是报纸、杂志及户外张贴广告。企业或广告公司选择印刷媒体的依据主要有两条：一是发行量数据，二是阅读率数据。由于中国缺乏像国外 ABC 行业协会那样的监督管理，各媒体宣称的发行量数据一直被广告界认为是失真的，阅读率便显得更为重要。

阅读率是指大概知道企业、商品、商标，但对具体广告内容不了解的读者比例；报纸阅读率可以反映某份报纸有多少人在读，他们是谁、怎么读、在哪儿读、关心那些版面、平时注意哪些广告，他们的生活习惯如何等。它是反映报纸读者规模和构成的客观依据，它不同于报纸发行量数据。

报纸广告的广告主关心的是能说明广告投放效果的数据，即阅读率数据和发行量数据。

阅读率的数据是通过对城市人口的抽样调查得到的，它能帮助广告主了解媒体的特色，包括平均每期阅读率、到达率、读者的个人特征、家庭特征、阅读环境、报纸来源、版面关注度等。

平均每期阅读率(AIR)是读者调查的基本常用指标，它表明对于每期报纸(对于日报是每天，对于周报是每周)的阅读人数占总人口的比例。媒体的广告发布一般都要经历购买版面(时段)、了解阅读率(收视率)及特定的读者群发展。实际上，广告主购买的不是报纸的版面，而是阅读该报纸的与其商品目标消费者群一致的读者。

千人成本是指 1 000 个读者看到广告所需要花费的广告费用，它是衡量每份报纸的成本高低，选择最优的广告投放方案的指标。例如，某家用小轿车厂商决定在某地开拓市场，目标消费群是月收入在 1 500 元以上的男性高收入人群。某地的两份地方报纸中，A 报的平均阅读率较高，为 48%；而 B 报只有 30%，两份报纸均广告价格相差不多，那么投放在 A 报的广告的千人成本低于 B 报。进一步分析数据，高收入男性对 B 报的阅读率是 35%，对 A 报的阅读率是 20%，计算目标消费者的广告千人成本，B 报就低于 A 报。对于此种家用轿车，选择 B 报投放广告，可以用较少的费用更多地到达目标消费群。

测量读者群和广告阅读状况有利于了解广告的认知效果。测定阅读情况，主要通过三个指标表明。

① 注目率。接触过广告的人数与读者人数的比例。测评公式为

$$注目率=\frac{接触过广告的人数}{阅读报刊的读者人数}\times100\%$$

② 阅读率。通过向接触过广告的人提问广告的主要内容，如主题、商标、插图等元素，测定能记得这些元素的人数所占的比利。阅读程度不同，记住的广告信息也不同。当被调查者能够记住广告中的一半以上的内容时，可称为达到精读率。阅读率的计算方法与注目率大致相同。

③ 阅读效率。阅读效率的计算是指不同程度的广告阅读者的人数与支出的广告费用之间的比利。这个方法可以测定出广告投入与取得广告效果之间的成本效益。公式为

$$广告阅读效率=\frac{报刊阅读人数\times每类读者的百分比}{支出的广告费用}$$

精读率是指认真阅读 50%以上广告内容的读者比例。在此基础上，可计算出广告阅读效率。每类读者比例是指注目率、阅读率、精读率。

关于认知率、注意率的计算公式，经常使用的有以下两种。

$$认知率=\frac{a}{b}\times100\%$$

其中，a—广告节目收视、收听人数；b—认知广告名称人数。

此公式多用于电子广告。

$$注意率=\frac{b+c}{a}\times100\%$$

其中，a—阅读报刊的人数；b—似乎看过报刊广告的人数；c—确实看过报刊广告的人数。

此公式多用于印刷广告。

(2) 电子媒体的测定方法。

广告电子媒体通常指的是广播和电视。主要是通过收视(听)率调查来测定广告媒体的接触效果。目前通用的视听率调查方法有以下几种。

① 日记调查法。由被调查者(抽样选出)将每天所看到或听到的节目一一填入调查问卷(表 11-1)。主要以家庭为单位，把全部成员收看(听)节目的情况按性别、年龄等类别填好。一般调查期间为一周或更长一点。在此期间，必须有专门的调查员按期上门督促填好问卷，调查结束后，收回问卷。经过统计分析得出的比例，就是视听率。

表 11-1　个人视听率调查问卷

年　　月　　日(星期　)

时间	电视台/电台	节　目	4～12 岁	13～19 岁		20～34 岁		35 岁以上		全体
				男	女	男	女	男	女	
19:00～20:00	CCTV-1									
	BTV-1									
	CCTV-新闻									

② 记忆式调查法。在节目播出当天，如果是下午或晚上的节目就在次日上午，调查人员立即进行访问调查，请被调查者回忆所看到的节目。从调查视听率角度而言，调查访问的时间离节目播出时间不能太久，以免有所遗忘。从调查目标受众对节目或电视台的态度而言，这是个可行的办法。问卷设计可在日记调查法的问卷基础上稍做修改。

③ 电话调查法。顾名思义，就是向目标受众打电话询问正在观看的节目。选定一个时间段(如 19:00～20:00)，请调查员同时向目标受众打电话，询问他们是否在看电视，看什么节目，有几个人在看等，并记录下访问结果。记录表上要有电话号码，以及被调查者姓名、性别、年龄段的记录。提问的问题要特别简单，时间不能太长，以免引起厌烦情绪，一般只设 4～5 个问题，如“您是否在看电视？→(是)请问您在看哪个频道？→请问您是不

是常看这个节目？→请问您现在几个人在看电视？→(否)请问您有否看过[ ]节目？→(回答有)您认为这个节目好不好？”

④ 机械调查法。采用机械装置进行收视率调查的公司，较早的有美国尼尔逊公司(Nielsen A.C.Co.)和日本电通广告公司。在目标受众家中安装自动记录装置(Audimeter)，按照时间自动在装置内的存储设备上记录下目标受众所观看的电视台、电视节目等。随着机械装置的不断发展，该装置也能够自动识别收看电视者的性别、年龄等信息。机械调查法可以以家庭为单位进行统计，也可以以个人为单位进行统计。

以上的收视率调查方法获得的信息既可以测量媒体或节目本身的收视情况，也可以从其中记录的收视群体信息(如年龄、性别等)的统计分析中，找到不同的目标受众，从而作为更为合理的投放广告的判断依据。

2. 广告受众心理效果测评

1) 广告心理效果指标

广告的作用在于引起消费者的注意，并产生心理变化，激起购买欲望，直至采取购买行动。一则广告的目的并不一定是直接获得销售效果，有时是为引起消费者的心理变化，改变消费者对品牌的态度，增加消费者对品牌的认知度、好感度直至对名牌的忠诚度，保持持续购买。从有关各种心理变化效果(表 11-2)中，可以看出，普遍认为消费者的心理变化都是经过这几个阶段的。

表 11-2 心理变化效果

美国全国产业协议会	R.J.拉比基	R.H.格利	爱德玛公式
1. 认识商品 2. 酿成接受商品的心理 3. 产生选择商品的愿望 4. 唤起购买商品的意图	关于商品(未知) 1. 知名 2. 理解 3. 确信 ↓ 购买行动	1. 知名 2. 理解 3. 确信 ↓ 购买行动	A 注意广告 I 关心广告 D 对商品产生需求 M 对商品有所记忆 ↓ 购买行动

广告心理效果测定的目的是为了了解广告对受众在知晓度、了解度和偏好度方面产生的影响。这三方面的具体内容可以用表 11-3 表示。

表 11-3 广告心理效果测定的三个方面

	含　义	计算公式
广告知晓度	广告受众了解某则广告的比例和程度	知晓度＝(被访者中知道某则广告的人数/被访者总人数)×100%
广告了解度	此则广告的受众对广告宣传的内容有较深入的了解的比例和程度	了解度＝(被访者中对广告宣传的内容有较深入了解的人数/知晓此则广告的人数)×100%
广告偏好度	对广告内容有较深入了解的受众对广告有好感的比例和程度	偏好度＝(被访者中对广告的内容有喜好的人数/了解此则广告的人数)×100%

2) DAGMAR 理论

美国学者 R.H.格利(R.H.Golley)于 1961 年发表了《根据广告目标测定广告效果》

(Defining Adverting Goals for Measured Advertising Results)，文中提出了测定广告心理效果的目标管理理论，称为 DAGMAR 理论。这个理论是结合经营过程中的目标管理和广告心理效果的阶段理论而形成的。它是一种广告管理技术，而不是新的调查技术。DAGMAR 理论中测定广告效果在于广告完成其传播任务的程度，即广告信息使消费者的态度向预期方向转变的程度。

例如，广告目标可定为：使某品牌的知名度由 5%提高到 10%；消费者对某品牌的理解度提高 5%。在测定这些传播效果的过程中，要注意排除其他因素如人际介绍、促销活动、公关活动等的影响。

在 DAGMAR 理论的基础上发展出一种 ARF(Advertising Research Foundation，广告研究基金会)理论，它的模式是从媒体普及→媒体接触→广告接触→广告认知→与广告的信息交流→销售效果。这两种模式成为测定广告效果的基本模式。

3) 广告心理效果测定方法

测验广告是否达到目标或者广告播出后取得了什么样的心理反应，常用的方法有态度量表和影射方法。

(1) 态度量表。态度量表用于测量消费者的心理反应的尺度，列出广告的各种测量元素，请消费者按量度直接做出评价，可用评价语句测量(表 11-4)，也可用打分的方法测量(图 11.2)。

表 11-4　广告态度测量表

评价元素	非常反对	反　对	无所谓	赞　成	非常赞成
很美的广告	√				
产品优良的广告		√			
有趣的广告				√	
……			√		

请给某个广告按以下指标打分，在您认可的分数下画“○”。(满分 10 分)

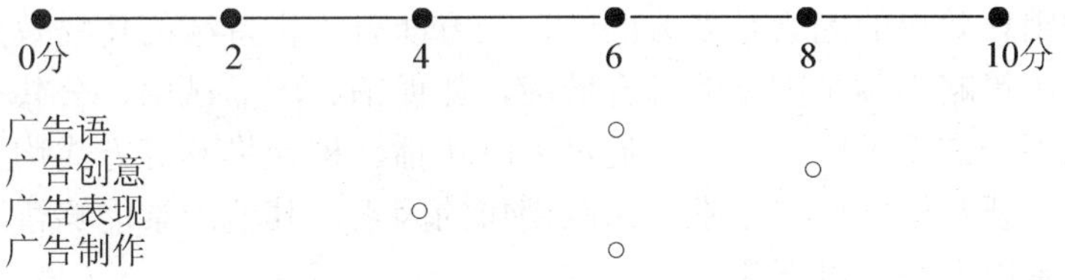

图 11.2　评分法

(2) 影射法。影射法是通过间接手段了解消费者的心理状态的方法。主要有：文字联想法、文句完成法、漫画测验法、主题统觉测验。

① 文字联想法。提出几个词语，请消费者按顺序回答他们所能联想到的情形，多用于商品、企业名称、广告语等的态度调查。例如，“宝洁”______，_______，______；“多芬”(名字)______，_______，_______。

② 文句完成法。请消费者将不完整的句子填充好。例如，“我认为中央电视台_______”；“_______时，药是必需的”。

③ 绘画联想法。预先画好人物，将其中的一个人的讲话空出来，使受调查者填充空白部分。这一方法可以测量出难以表达的感受。

④ 主题统觉测验。画一幅有购买情况的图片，请受访者将画中购买人的想法说出来，画面上没有任何提示信息，因此，受访者说出的情形就是自己本人的想法。日本舆论科学协会曾用这个方法做过消费者对钢笔、钟表、照相机等商品购买动机的调查，收到很好的效果。

(3) 要点采分法。要点采分法又称检查表测验法。首先设计一个广告要点采分表(广告效果评价表)，见表 11-5。然后请消费者给广告评分，以此来测定广告效果。

表 11-5　广告心理效果评价表

评价项目	评价依据				该项满分	实际评分
吸引力	信息是否单纯				10	
	是否能引起注意				10	
认知力	品牌名称是否记住				10	
	对诉求重点的认识程度				10	
说服力	广告引起的兴趣如何				10	
	对广告商品的好感程度				10	
行动力	由广告引起的立即购买行为				10	
	由广告唤起的购买欲望				10	
传播力	由广告创意而引起的传播程度				10	
综合力	广告的整体效果				10	
广告等级	最佳广告	优等广告	中等广告	下等广告		
广告得分	80～100 分	60～80 分	40～60 分	20～40 分		

11.2.3　广告销售效果测定

促进产品的销售效果的因素是多方面的，一方面有广告持续的传播效果的累积效应，另一方面也有营销策略中各个因素的综合效应，如促销、产品试用、公共关系等。同时，有的人购买商品不一定看过广告，而是通过人际传播、柜台推荐等方式购买。因此，测量广告销售效果时，要在确定广告是唯一影响销售的因素，其他因素能够暂属于不变量的条件下进行测定。常用方法有以下几类。

1. 实地考察法

在零售商店或超市的货架上进行直接调查。在售场展示 POP 广告，或在购物环境中播放广告片，请商品推销员或导购员在现场派发产品说明书和附加购买回函广告单，从现场的销售情况可以看出广告的效果。

还有一种方法是将同类商品的包装和商标卸除，在每一种商品中放入一则广告和宣传卡片。观察不同商品的销售情况，以此判断销售效果。不过这种方法用于实验室测验更为合适，在现实生活中，要消费者做出买无商标的产品的决定难度较大。

2. 销售地区测定法

销售地区测定法是较为常用的一种测定方法。把两个条件相似的地区(规模、人口因素、商品分配情况、竞争关系、广告媒体等不能有太大差异)划分为“实验区”和“控制区”，在实验区内进行广告活动，控制区内不进行广告活动。在实验进行前，将两个地区的其他影响因素(经济波动、重大事件的影响等)控制在相对稳定的状态下，最后，将两个区的销售结果进行比较，可测出广告的促销效果。这种方法也可应用于对选样家庭的比较分析。在计算销售额(量)的增长比例公式中，实验区的广告效果按照控制区的增减比例调整，见表 11-6。

表 11-6 控制地区与实验地区市场比较

变　量	实验广告前销售	实验广告期间销售	增减比例/(%)	调整增减比例/(%)
控制地区				
销售额	300 美元	270 美元	－10.0	
销售量	300	250	－16.7	
实验地区				
销售额	400 美元	480 美元	＋20.0	30.0
销售量	400	460	＋15.0	31.7

实验地区销售额增长率的计算为

$$400\text{美元}-(400\text{美元}\times 0.10)=360\text{美元}$$

$$\frac{(480-360)\text{美元}}{400\text{美元}}=0.30$$

3. 统计学方法

运用经济学上的统计学原理和运算方式，广告学上也发展了几种测定广告效果的运算方法，这种方法被认为更为科学和准确，也较为普遍实行。但也有人提出，广告效果的产生，不是靠单纯的数字那么简单。以下列出几种方法，以供参考。

1) 广告效果测定指数法

这种方法是假定其他因素对广告产品的销售没有影响，只有广告促销与产品销售有密切关系。具体做法为：广告刊播以后，广告策划者对部分媒体受众进行调查。调查的问题如下。

(1) 是否看过某则广告？

(2) 是否购买了广告宣传中的产品？

将这两个条件按 2×2 分割成 4 个矩阵，得出调查结果，见表 11-7。

表 11-7 广告调查结果

项　目	看过某则广告	未看某则广告	合计人数
购买广告产品人数	a	b	$a+b$
未购买广告产品人数	c	d	$c+d$
合　计	$a+c$	$b+d$	N

在表 11-7 中：a=看过广告而购买的人数；b=未看过广告而购买的人数；c=看过广告而未购买的人数；d=未看过广告也未购买的人数；N=被调查的总人数。

从表 11-7 中可以看出，即使在没有看过广告的被调查者中，也有 $b/(b+d)$比例的人购买了商品。因此，要从看过广告而购买产品的 a 人当中，减去因广告以外因素影响而购买的$(a+c)\times b/(b+d)$的人数，才能得出真正因为广告而唤起购买欲望的人数。用该人数除以被调查者总人数，所得的值就是广告效果指数(Adverting Effectiveness Index)，这个指数常用 AEI 来表示。其计算公式为

$$\text{AEI}=\frac{1}{N}\left[a-(a+c)\times\frac{b}{b+d}\right]\times 100\%$$

例如，某食品生产企业为自己的同一系列产品进行过两次电视广告宣传，经过调查，获得了有关资料，见表 11-8 和表 11-9。

表 11-8　该品牌产品第一次广告宣传

项　　目	看过电视广告	未看过电视广告	合计人数
购买广告产品人数	50	28	78
未购买广告产品人数	70	92	162
合　　计	120	120	240

$$\text{AEI}_{(\text{第一次})}=\frac{1}{240}\times\left[50-(50+70)\times\frac{28}{28+92}\right]\times 100\%\approx 9.17\%$$

表 11-9　该品牌产品第二次广告宣传

项　　目	看过电视广告	未看过电视广告	合计人数
购买广告产品人数	60	18	78
未购买广告产品人数	55	107	162
合　　计	115	125	240

$$\text{AEI}_{(\text{第二次})}=\frac{1}{240}\times\left[60-(60+55)\times\frac{18}{18+107}\right]\times 100\%=18.10\%$$

从两次计算结果可以看出，第一次广告效果指数为 9.17%，第二次广告效果指数为18.10%，第二次比第一次提高了 8.93 个百分点。如果两次的广告媒体选择、播放时间、广告预算总额相等，说明第二次广告策划明显好于第一次。因此，对第一次广告策划要进行策略性调整或修改。

2) 比例算法

(1) 广告费用比例法。为测评每百元销售额所支付的广告费用，可以采用广告费用比例这一相对指标，它表明广告费支出与销售额之间的对比关系。其计算公式如下：

广告费用比例=(本期广告费用总额 / 本期广告后销售总额)×100%

广告费用比例的倒数称为单位广告费用销售率，它表明每支出一单位广告费用所能实现的销售额。广告费用比例越小，表明广告效果越大。

(2) 单位广告费用销售增加率法。这种方法的计算公式为

$$单位广告费用销售增加率=\frac{本期广告前后销售额差}{本期广告费用总额}\times 100\%$$

(3) 广告效果比例法。广告效果比例法的计算公式为

$$广告效果比例=\frac{本期销售额增长率}{本期广告费用增长率}\times 100\%$$

广告费增加率越小，则广告效果比例越大，广告效果越好。

(4) 费用利润率、单位费用利润率和单位费用利润增加率法。这是一种综合方法，具体的计算公式为

$$广告费用利润率=\frac{本期广告费用总额}{本期广告利润总额}\times 100\%$$

$$单位广告费用利润率=\frac{本期利润总额}{本期广告费用总额}\times 100\%$$

$$单位广告费用利润增加率=\frac{本期利润增加额}{本期广告费用总额}\times 100\%$$

(5) 市场占有率法。市场占有率是指某品牌产品在一定时期、一定市场上的销售额占同类产品销售总额的比例。计算公式为

$$市场占有率=\frac{某品牌产品销售额}{同类产品销售总额}\times 100\%$$

$$市场占有率提高率=\frac{单位广告费用销售增加额}{同类产品销售总额}\times 100\%$$

$$市场扩大率=\frac{本期广告后的市场占有率}{本期广告前的市场占有率}\times 100\%$$

(6) 市场占有率与声音占有率。这种方法主要用来评价广告开支是多还是少。声音占有率是指某品牌产品在某种媒体上，在一定时间内的广告费用占同行业同类产品广告费用总额的比例。一般假设以下公式，即

$$广告费用占有率=声音占有率=注意占有率=市场占有率$$

换句话说，广告主广告费用占有率产生相应的媒体受众听见声音的占有率，并因此获得他们相应的注意占有率，从而最终决定他们的购买行为。美国广告专家派克·汉(Peck Hem)研究了几种产品消费的若干声音占有率与市场占有率之间的关系，发现老产品这一比例为1∶1，新产品的比例为1.5～2.0∶1.0。广告有效率是市场占有率与声音占有率之比。计算公式为

$$广告有效率=\frac{市场占有率}{声音占有率}\times 100\%$$

$$平均销售广告费用率=\frac{广告费用率}{产品销售额}\times 100\%$$

例如，A、B、C三家公司在某段时间的广告费用、声音占有率、市场占有率的情况列于表11-10。

表 11-10　三家公司的广告有效率

公司名称	广告开支/万元	声音占有率	市场占有率	广告有效率
A 公司	200	57.1%	40.0%	70%
B 公司	100	28.6%	28.6%	100%
C 公司	50	14.3%	31.4%	220%

从表 11-11 可知，A 公司花费了整个行业广告开支总额 350 万美元中的 200 万美元，因而其声音占有率为 57.1%，但其市场占有率只有 40%，用声音占有率除市场占有率，得出广告有效率为 70%，这说明 A 公司广告开支不是过多就是分配不合理；B 公司花费了开支总额的 28.6%，并且有 28.6%的市场占有率，结论是 B 公司的广告有效率为 100%；C 公司只花费了广告费用总额的 14.3%，然而得到 31.4%的市场占有率，说明该公司的广告效果非常好，也许应该增加广告费用，扩大广告规模。

(7) 盈亏临界点法。盈亏临界点法的关键是确定平均销售广告费用率。计算公式为

$$平均销售广告费用率=\frac{广告费用额}{产品销售额}\times 100\%$$

用符号代入推导如下：

$$L=\frac{X+\Delta X}{C}\Rightarrow L\times C=X+\Delta X$$

$$\Delta X=L\times C-X$$

其中：X—基期广告费用；ΔX—报告期广告费用增加额；C—报告期产品销售额；L—平均销售广告费用率。

如果计算结果 $\Delta X>0$，说明广告费用使用合理，经济效益好；$\Delta X<0$，说明广告费用使用不合理，需要调整广告宣传策略，压缩广告预算规模。

11.2.4　广告社会效果测定

1. 广告社会效果测定的内容

广告的社会效果是指广告刊播以后对社会某些方面的影响。这种影响既包括积极的影响，也包括消极的影响。这种影响不同于广告的心理效果或经济效果。广告策划者无法用数量指标来衡量，只能依靠社会公众长期建立起来的价值观念来对它进行评判。

广告的社会效果应该体现在以下几个方面。

1) 是否有利于树立正确的价值观念

广告的社会效果涉及社会伦理道德、风俗习惯、宗教信仰等意识形态领域。2005 年农夫果园策划了农夫汽茶“打劫篇”，该广告创意新颖，但是，广告宣传的观念对社会造成的不良影响较大，广告播放不久就被封杀。

2) 是否有利于树立正确的消费观念

正确的消费观念是宏观经济健康发展的思想基础，也是确保正常经济秩序的基础。有一段时间内，中国广告宣传倡导“超前消费”，认为“超前消费”可以刺激国民经济的发展，

加快国民经济发展速度。实践证明，“超前消费”只能带来较高的物价水平，扰乱正常的经济秩序。这种导向的广告宣传应该受到社会的谴责。

3) 是否有利于培育良好的社会风气

良好的社会风气是社会和谐发展的重要因素，广告作为社会文化的重要形式，肩负着正确引导公民行为，培养健康、积极的社会风尚的职责，如重视教育、爱护环境、节约能源、遵守公共秩序、遵纪守法等。如图 11.3 所示的《跌落地上》就是呼吁大家注意食品安全的公益广告。

图 11.3 《跌落地上》

资料来源：中国艺术设计联盟(http://opus.arting365.com/.)

2. 社会效果的测定原则

广告策划者在测定广告宣传的社会效果时，应该遵循真实性原则和社会规范原则。

1) 真实性原则

真实性原则，即广告宣传的内容必须客观、真实地反映商品的功能与特性，实事求是地向媒体受众传达有关广告产品或企业的信息。

广告传输的信息有单面信息和双面信息之分。单面信息是指只集中告知媒体受众有关广告产品的功能与优点，调动媒体受众的情绪，使他们产生购买欲望，但过分强调单面信息会使媒体受众产生逆反心理，有时甚至会产生怀疑；双面信息是指既告诉媒体受众产品的优点，同时也告诉他们广告产品存在哪些缺点或不足，使媒体受众积极对待。这种广告信息真实可信，常能赢得消费者的好感。

2) 社会规范原则

广告策划者在测定某一广告的社会效果时，要以一定的社会规范为评判标准，来衡量广告的社会效果。例如，以法律规范、社会道德规范、语言规范、行为规范等为衡量依据。

(1) 法规政策。广告必须符合国家和政府的各种法规政策的规定和要求。以广告法规来加强对广告活动的管理，确保广告活动在正常有序的轨道上运行，是世界各国通行的做法。法规管理和制约，具有权威性、规范性、概括性和强制性的特点。一般来说，各个国家的广告法规只适用于特定的国家范畴，如中国于 1995 年 2 月 1 日开始实施的《广告法》，就是适用于中国疆域(大陆)内的一切广告活动的最具权威的专门法律。而有一些属于国际公约性质的规则条令等，则可国际通行，如《国际商业广告从业准则》就是世界各个国家和地区都要遵从的。

(2) 伦理道德。在一定时期、一定社会意识形态和经济基础之下，人们要受到相应的伦理道德规范方面的约束。广告传递的内容及所采用的形式，也要符合伦理道德标准。符合社会规范的广告也应是符合道德规范的广告。一则广告即使合法属实，但可能给社会带来负面的东西，给消费者造成这样或那样的、包括心理和生理上的损害，这样的广告就不符合道德规范的要求。例如，暗示消费者盲目追求物质享受、误导儿童撒娇摆阔等。要能从建设社会精神文明的高度来认识，从有利于净化社会环境、有益于人们的身心健康的标准来衡量。

(3) 文化艺术。广告活动也是一种创作活动，广告作品实际上是文化和艺术的结晶。从这方面对广告进行测评，由于各种因素的影响，不同的地区、民族所体现的文化特征，风俗习惯、风土人情、价值观念等会有差异，因而也有着不同的评判标准。总的来看，广告应该对社会文化产生积极的促进作用，推动艺术创新。一方面要根据人类共同遵从的一些艺术标准；另一方面要从本地区、本民族的实际出发，考虑其特殊性，进行衡量评估。在我国，要看广告诉求内容和表现形式能否有机统一，要看能否继承和弘扬民族文化、体现民族特色、尊重民族习惯等；要看所运用的艺术手段和方法是否有助于文化建设，如语言、画面、图像、文字等表现要素是否健康、高雅，摈弃一切低俗的东西。同时也要看能否科学、合理地吸收、借鉴国外先进的创作方法和表现形式。

广告社会效果的测定方法分为两种情况。一是测量广告的短期社会效果时，可采用事前、事后测量法。通过接触广告之前、之后的消费者在认知、记忆、理解及态度反应的差异比较，可测定出广告的短期社会效应。具体的操作手段与测定广告传播效果的方法大体相同。第二种情况是测定广告的长期社会效果，这需要运用较为宏观的、综合的、长期跟踪的调查方法来测定。长期社会效果包含对短期效果的研究，但是还远不止这些，同时要考虑广告复杂多变的社会环境中所产生的社会效果。这方面的研究更多属于人文科学范畴。

本 章 小 结

广告策划的实施是整个广告产生实际效果的中心环节，具有极其重要的意义。实施阶段的主要内容：广告表现计划的实施、广告媒介计划的实施、其他活动的实施等项目。广告策略要实现由观念形态变为现实的行动，就必须有具体的实施策略。广告实施策略是广告推进程序的最后阶段，它包括广告媒体策略、广告差别策略、广告系列策略、广告时间策略、广告地域策略、变相广告策略等。

检验广告活动成败如何，主要是看广告效果的大小。广告效果有狭义和广义之分。狭义的广告效果是指广告所获得的经济效益。广义的广告效果则是指广告活动目的的实现程度，是广告信息在传播过程中所引起的直接或间接变化的总和，它包括广告的传播效果、经济效果和社会效果。广告效果可以从不同的角度把广告效果分成很多种类。广告效果的特征表现为时间的滞后性、效果的累积性、复合性、间接性及层次性。广告传播效果的测评，主要由广告本身传播效果测评和广告受众心理效果测评两大部分构成。广告销售效果的测定有实地考察法、销售地区测定法、统计学方法。广告的社会效果的测定只能依靠社会公众长期建立起来的价值观念来对它进行评判，应遵循真实性原则和社会规范原则。

思考练习

一、单选题

1. 广告(　　)是通过多则广告逐步深入强调商品功效的广告策略。

A. 形式系列策略　B. 主题系列策略　C. 功效系列策略　D. 产品系列策略

2. 广告(　　)是为了适应和配合企业系列产品的经营要求而实施的广告策略。

A. 形式系列策略　B. 主题系列策略　C. 功效系列策略　D. 产品系列策略

3. (　　)主要是集中力量在短时期内对目标市场进行突击性的广告攻势。

A. 集中时间策略　B. 均衡时间策略　C. 季节时间策略　D. 节假日时间策略

4. (　　)要求对季节性强的商品，在销售旺季的到来前做好心理准备。

A. 集中时间策略　B. 均衡时间策略　C. 季节时间策略　D. 节假日时间策略

5. 中秋节的月饼、元宵节的汤圆等商品，多采用(　　)广告变动频度策略促销。

A. 波浪型　B. 渐进型　C. 正态型　D. 递减型

6. 广告的(　　)是指广告在社会道德、文化教育等方面的影响和作用。

A. 传播效果　B. 环境效果　C. 经济效果　D. 社会效果

7. 广告的(　　)是指广告传播活动在消费者心理上的反应程度。

A. 传播效果　B. 环境效果　C. 经济效果　D. 社会效果

8. (　　)是指接触过广告的人数与读者人数的比例。

A. 注目率　B. 阅读率　C. 阅读效率　D. 精读率

9. (　　)是通过间接手段了解消费者的心理状态的方法。

A. 态度量表　B. 影射法　C. 要点采分法　D. 打分法

10. (　　)是指某品牌产品在一定时期、一定市场上的销售额占同类产品销售总额的比例。

A. 广告费用比率　B. 市场占有率　C. 声音占有率　D. 销售增长率

二、多选题

1. 广告实施阶段的主要内容包括(　　)等项目。

A. 广告表现计划的实施　B. 广告媒介计划的实施

C. 广告代理的实施　D. 其他活动的实施

2. 广告实施策略是广告推进程序的最后阶段，它包括广告媒体策略、广告差别策略、广告系列策略、广告时间策略及(　　)等。

A. 广告代理策略　B. 广告时间策略　C. 广告地域策略　D. 变相广告策略

3. 广告差别策略的主要方式有(　　)。

A. 时间差别　B. 产品差别　C. 劳务差别　D. 企业差别

4. 广告系列策略的运用，主要有(　　)。

A. 形式系列策略　B. 主题系列策略　C. 功效系列策略　D. 产品系列策略

5. 广告时序策略包括(　　)。

A. 提前广告策略　B. 实时广告策略　C. 加时广告策略　D. 延时广告策略

6. 广告变化频度策略有(　　)。

A. 波浪型　B. 渐进型　C. 正态型　D. 递减型

7. 广义的广告效果是指广告活动目的的实现程度，它包括广告的(　　)。

A. 传播效果　B. 环境效果　C. 经济效果　D. 社会效果

8. 广告按其对消费者的影响程度和表现形式，主要可分为(　　)。

A. 到达效果　B. 认知效果　C. 心理变化效果　D. 促进购买效果

9. 广告作品测评，具体包括(　　)。

A. 广告主题测评　　B. 广告主创意测评

C. 广告完成稿测评　　D. 广告效果测评

10. 测量广告销售效果时，常用方法有(　　)。

A. 实地考察法　　B. 销售地区测定法

C. 统计学方法　　D. 实证研究法

三、判断题

1. 广告系列策略就是指在一定时间内，针对不同的营销目标，着重对产品、劳务及企业形象寻找不同于他人的特点，然后通过一切传播手段充分展示该特点的一种广告策略。　(　　)

2. 一般而言，迟效性广告要求发布时间集中、时限性强、频度起伏大；即效性广告则要求广告时间发布均衡、时限从容、频度波动小。　(　　)

3. 一般来说，广播、电视因人们的收视习惯不同，不同频道都有其各自的“黄金时段”。　(　　)

4. 在一个广告周期内，广告频率由低到高，至高峰时戛然而止，节日性广告常用这种形式。(　　)

5. 一般来说，人口密度高的地区对媒体传播的速度与范围要求高，适宜运用电视、电台媒体。(　　)

6. 严格意义上说，变相广告策略属于社会公共关系活动而不是商品广告。　(　　)

7. 检测广告效果，不能仅仅从一时所产生的效果来评判广告活动的好坏，更要从长远的眼光来看广告所发挥的作用。　(　　)

8. 广告传播效果的测评，主要由广告本身传播效果测评和广告受众心理效果测评两大部分构成。　(　　)

9. DAGMAR 理论是结合经营过程中的目标管理和广告心理效果的阶段理论而形成，它是一种新的调查技术。　(　　)

四、名词解释

广告实施策略　广告差别策略　广告系列策略　广告频度策略　广告效果　广告传播效果
千人成本　偏好度　DAGMAR 理论　广告效果指数

五、简答题

1. 广告实施的程序与策略是什么？

2. 广告效果有哪些类别与特征？

3. 广告效果测评的内容有哪些？

4. 什么是 DAGMAR 法？

5. 什么是广告的心理效果？广告的心理效果有哪些特性？

6. 如何测评广告的心理效果？

7. 试用表格整理广告效果测评的类型、方法和常用技术，并指出各种方法的适用性。

8. 变相广告策略的主要方式有哪些？

9. 广告社会效果的测定原则有哪些？

10. 选定一个品牌的电视广告，试分析如果对该广告进行测评的话，应该选择什么样的测评指标和测评技术、方法。

案 例 分 析

“动感地带”广告效果调研

1. 测评背景及目的

“动感地带”(M-Zone)是中国移动通信公司继全球通、神州行之后推出的第三大移动通信品牌，2003 年 3 月正式推出。它定位在“新奇”之上，“时尚，好玩，探索”是其主要的品牌属性。“动感地带”(M-Zone)

不仅资费灵活，同时还提供多种创新型的个性化服务，给用户带来前所未有的移动通信生活。

“动感地带”这一全新的客户品牌采用新颖的短信包月形式，同时还提供多种时尚、好玩的定制服务。它以 STK 卡为载体，可以容纳更多的时尚娱乐功能。动感地带将为年轻一族创造一种新的、即时的、方便的、快乐的生活方式。它为年轻人营造了一个个性化、充满创新和趣味性的家园。它代表一种新的流行文化，用不断更新变化的信息服务和更加灵活多变的沟通方式来演绎移动通信领域的“新文化运动”。“动感地带”用创新的手段拓展了通信业务的外延，将无线通信和时尚生活融为一体，将引领令人耳目一新的消费潮流。

在移动公司的成功运作下，“动感地带”迅速走红，受到了广大年轻人的热烈欢迎。用户数量迅速突破 1 000 万，成为中国移动吸引年轻人群的一块金字招牌。从此，中国电信业进入品牌竞争时代。总的看来，“动感地带”的成功，最终要归功于一个完整细致的广告策划，以及对策划的彻底贯彻。

此次广告效果测评主要针对动感地带推出的一系列广告，区域性地评估其广告效果，洞察其广告在大学校园中的影响。了解顾客的需求与期望，检验移动投放的广告是否满足顾客的需求、期望，从而更好地为下一步的广告提供参考，为公司制定切实有效的广告投放战略，提高广告传播的效度，提供客观有效的资讯及建议。

2. 测评内容

动感地带的广告传播效果(核心)、广告销售效果、广告的社会效果，其中还有传媒的宣传效果。

(1) 广告传播效果集体考虑以下几个指标：到达率、注意率、理解度、记忆度等。

(2) 广告销售效果用广告效果指数(AEI)来进行测定和评价。

(3) 广告社会效果通过问卷设计特定内容(如其广告在引领社会时尚方面所起作用等)来定性衡量。

(4) 媒体的传播效果包括电视、网络、报纸杂志等媒体，测量其广告传播的准确和检验宣传是否到位。

(5) 最后是相关的个人资料，包括月收入、消费习惯等内容。

3. 测评结果与分析

1) 个人消费分析

(1) 大学生群体的消费习惯及生活方式。

首先，在调查中发现大多数学生的收入主要是来自父母给予和兼职打工所得，而且收入主要集中在 300～700 元，成一种正态分布的情况。收入情况如图 11.4 所示。

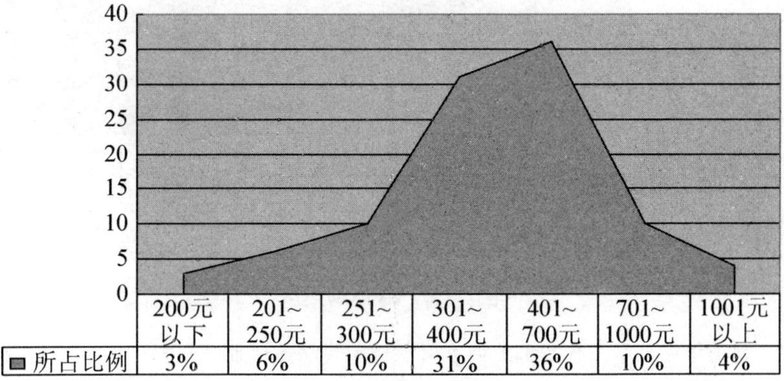

图 11.4 大学生群体的消费习惯及生活方式

其次，大学生的日常生活除了学习之外，主要时间用于上网、逛街、体育锻炼等活动上，这 3 项占据了 80%左右的业余时间。最后，大学生经常接触的媒体主要集中在网络、报纸杂志、户外路牌等项目上，而电视媒体由于特殊的原因在高校中并不受青睐(无有线电视网络等原因)。

(2) 总体上，在大学生话费构成中，有近 33%用于家庭联络等国内长途，34%用于同学联系和社交领域等本地通话，有 33%用于节假日问候等短消息服务。手机用户中有 70%的人有固定联系群体。

① 每天手机通话时段分布。白天上班时间是通话高潮，一半以上的用户集中在这个时间段；其次是傍晚、晚上 8～11 点、中午；晚上 11 点后通话者所占比例极低，不足 0.5%。(注：要注意研究并制定必要的方案给予提升话务量。)

② 话费支付方式。话费支付水平偏低，93%的手机用户话费与个人支付有关。由于大学生总体收入水平较低，移动通信对于普通大学生而言还不是生活必需品，购买手机的人不少是出于沟通需求和某种心理需要。

③ 话费额度。接近半数的人月电话费为 51～100 元，接近 2/5 的人每月话费在 50 元以下，每月话费 100～200 元的人占 5%，200 元以上的人只有 1%。轻量消费者占主体。

2) 广告传播效果(核心)

广告传播效果是指广告发布后对目标受众所产生的心理反映。主要包括到达度、注意率、记忆度和理解度等几大指标，下面将从这些方面针对调研情况逐个进行分析。

(1) 到达度。在测量到达度时我们主要分为 4 类媒体，即网络、电视、报纸杂志、逛街购物(主要指户外媒体)。从数据分析中我们发现网络媒体在高校校园中的到达度是最高的，达到了 98%，其次是户外广告达到了 88%，报纸杂志是 65%，最低到达度的是电视媒体，仅为 31%，如图 11.5 所示。经过调查我们发现在高校宿舍中的电视拥有率很低，因此影响了电视的到达度，这大大区别于居民生活中电视强势媒体的地位。

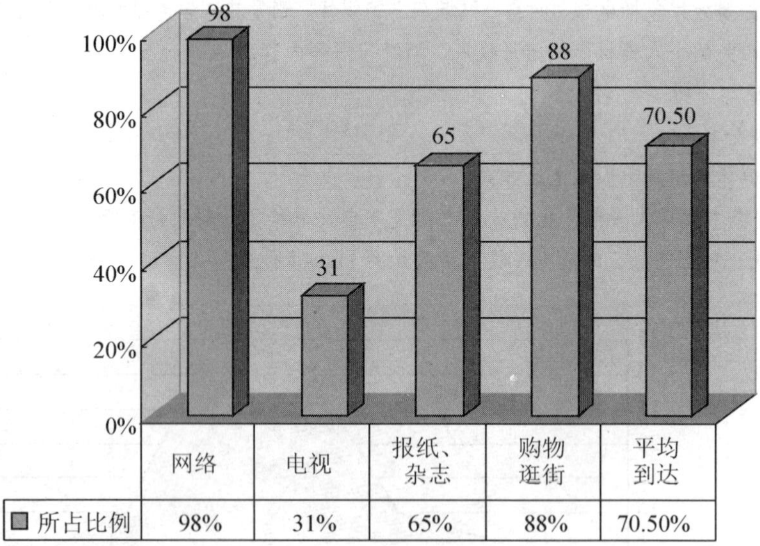

图 11.5　媒体到达度

(2) 注意率。调查结果显示，有 82%的调查对象接触过动感地带的广告和宣传，仅有 18%的人没看过类似的广告宣传。可见，在高校中动感地带的广告还是具有较大的覆盖规模的，基本上涵盖了大部分的目标受众，达到了较好的宣传效果。在看过广告的人中，对其注意度进行媒体划分，如图 11.6 所示。

由图 11.6 的蛛网图中可以看出因特网、路牌、传单等媒体处于引起受众注意的强势媒体地位，电视和广播不能很好地吸引大学生们的注意。这点在进行广告策划时应该引起我们的足够重视。

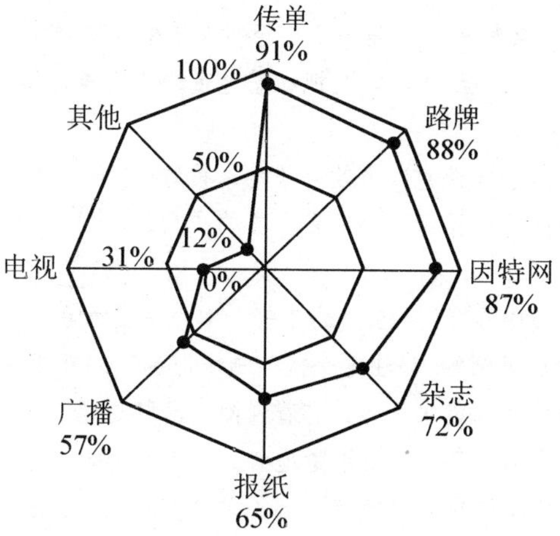

图 11.6　注意度媒体划分

(3) 记忆率。调查显示，调查中有 69%的人记得动感地带广告的形象代言人——周杰伦的名字，其中有 86%的人表示对周杰伦印象深刻；另外有 85%的人能够准确记住至少一个动感地带的广告词，如“我的地盘，听我的”。这样经过累积的广告记忆率高达 89%，这说明动感地带的广告推广是十分成功的，至少在高校来说是这样。

(4) 理解度。在理解度方面，有 54%的人能准确理解动感地带广告的含义，完全领会其意图。12%的人只能对广告的内涵做出片面的解释；剩下的 34%则对广告内涵十分含糊，不能领会其意。这从侧面说明了动感地带的广告在深入推广方面还有待挖掘，在广告设计方面继续改进，使更多的大学生能够体会广告的含义。

(5) 喜爱程度。既然动感地带的广告算是比较成功的，那么它的广告喜爱程度是多少呢？调查结果显示，有 83%的人由于种种原因表示喜欢动感地带的广告，只有 16%的人不喜欢，其余的 1%的人则没有做出表态。在喜欢动感地带广告的人群中有 94%表示喜欢广告的风格，90%喜欢它的形象代言人，认为周杰伦充分表现了年轻人个性化的一面，也有 69%喜欢它的广告词。不喜欢动感地带广告的人群中有 96%的人认为其广告过于张扬。

3) 广告促销效果

广告促销效果是指广告发布后对产品销售额和利润额的增减的影响度。其测度有很多方法，本文主要是采用广告效果指数法见表 11-11。

表 11-11　广告调查效果表

内容项目		广告认知		合计人数
		有	无	
购买	有	$a=56$	$b=31$	$a+b=87$
	无	$c=11$	$d=2$	$c+d=13$
合计人数		$a+c=67$	$b+d=33$	$N=a+b+c+d=100$

计算得出广告效果指数 $\text{AEI}=\dfrac{a-[(a+c)\times b/(b+d)]}{N}\times 100\%\approx 6.94\%$。由于动感地带的广告是新近推出的，因此本报告所测的 AEI 值因算其初始值为 6.94%大于零，因此其广告促销效果还是比较明显的。

4) 广告社会效果

广告的社会效果是指广告信息传播后，对受众产生的社会影响，包括法律规范、伦理道德、文化艺术等方面。在日常生活中动感地带广告对社会受众所产生的影响是随处可见的，由于动感地带的广告强调个性化，突出一种张扬的性格，从某种程度上迎合了年轻的大学生消费群体，因此可能导致某些受众去模仿广告行为。例如，模仿形象代言人的动作，以及把动感地带的广告语当作口头禅的行为。

4. 结论及建议

从以上的分析中可以发现动感地带的广告效果还是比较好的，从各大广告效果的指标体系显示的结果就很好地得到验证。同时也验证了外界对动感地带广告的成功运行的评价。

1) 结论

动感地带的目标群体主要集中在15～25岁的年轻人中，主要由高中生、大学生和刚刚毕业的大学生构成。他们心中都有自己的“意见领袖”，注重个性，追求时尚，对新生事物很感兴趣，思维活跃。而且对移动通信服务中的娱乐休闲社交的需求很大，有着强烈的品牌意识，并容易相互影响。周杰伦在“动感地带”的品牌语境中具备强烈丰富内涵。可以清楚地看到，周杰伦的状态正是“动感地带”目标消费群所向往达到的状态。周杰伦这个肖像符号准确地传达出了深刻内涵，使目标受众群在接受周杰伦这个肖像符号的同时遵循一定的逻辑进行信息的自我传播，最终形成对“动感地带”(M-ZONE)品牌内涵的高度认同。在品牌意义的传播过程中，“动感地带”(M-ZONE)的品牌口号“我的地盘，听我的”作为对品牌肖像符号的一个音响效果补充，对品牌形象的完整塑造起着重要的作用。“我的地盘，听我的”强烈地凸显了年轻人张扬的个性，对目标受众群进行深层次的心理关照，这样的对话是很震撼的。目标受众群有一种找到知己的感动和亲切，对品牌产生了极强的认同感和归属感。这种肖像符号(周杰伦)与语言符号(“我的地盘，听我的”)的“贴身”契合产生的传播力量是巨大的，传播效果自然不必多言。自此，周杰伦真正成为了一个与“动感地带”(M-ZONE)紧密相连的品牌符号。所以动感地带取得极大的成功与其合适的广告设计是分不开的。

2) 建议

下面针对调研的结果提出一些建议。

首先，我们认为动感地带在学校进行广告推广时，应该更加注意媒体的针对性，不能生搬硬套普通生活社区的推广方式，因为高校中的学生其生活的习惯和方式与普通的居民存在很大差异。例如，我们在分析注意度时所看到的，大学生们对电视较少关注，如图11.7所示。

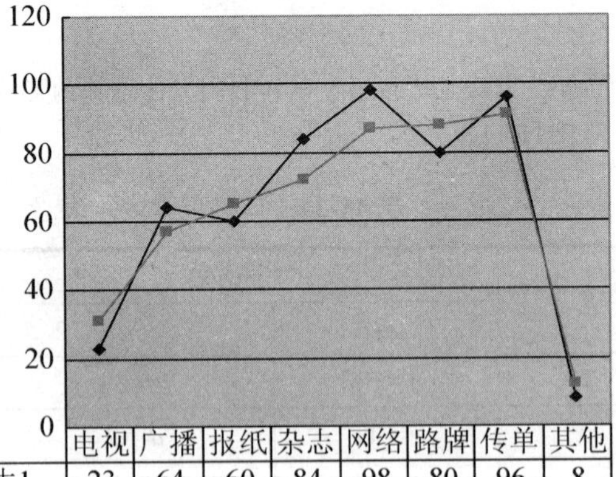

	电视	广播	报纸	杂志	网络	路牌	传单	其他
大学生1	23	64	60	84	98	80	96	8
普通居民2	31	57	65	72	87	88	91	12

图11.7 广告推广的各媒体与消费习惯所关注的媒体间的对比

我们应该选择最受关注的媒体进行广告推广才能使图中的两条折线更接近，从而使动感地带的广告发挥更大的效力。

最后结合调研报告我们认为，应该注重体验经济的方式。作为体验经济的一种，中国移动在做动感地带时，应注意和把握以下几点。

第一，体验经济的特点是消费者参与。“动感地带”本身参与性很强，这种方式抓住了积极活跃的因素，一下子成功了。对于其他的客户定位，也应该牢牢把握住消费者的参与点、热情点，找好切入点。

第二，个性化。中国移动推出“动感地带”和过去大规模生产不同，很多服务都是针对15～25岁年轻人的定制化服务，体现出个性的张扬、新奇等，这些都属于定制化服务产品的特征。未来“动感地带”发展中，个性化的张扬应该继续发展下去。

第三，体验经济是一种感性记忆。而且是难以忘怀的。例如，在市场买水果很便宜，到采摘点买就很贵。这是因为采摘这个活动本身有意义，产生难以忘怀的记忆，从而提高了水果的价值。这就说明感性记忆是非常重要的。“动感地带”引起的一系列的活动，如请周杰伦作为代言人，赞助“音乐盛典”、举办“街舞大赛”等，都是一种烘托造势，使消费者产生难以忘怀的体验的手段。营销重要的特点是要通过长久的设计、故事的编排产生难以忘怀的记忆。将来的工作可以围绕这些方面来开展，以产生更好的效果。

(资料来源：林昌华. 动感地带广告效果调研[J]. 市场研究，2007(4).)

思考题

1．“动感地带”的广告效果指数如何？广告促销效果明显吗？

2．什么是体验营销？在体验经济时代如何提高体验营销的社会效果？

思考题

第Ⅲ篇

实训案例篇

项目实训一

企业广告部或广告公司调查

一、项目任务

本章任务是企业广告部及广告公司访问调查，主要是要学生了解企业广告的工作流程及岗位设置，了解企业广告部门和广告公司的关系；调查广告公司一方面是让学生了解广告公司的岗位设置及工作流程，另一方面主要是就小组初步确定的策划项目主题征求广告公司人员意见，为进一步进行后续的项目策划奠定基础。

二、项目目的及要求

(1) 项目目的。了解需要、自我营销、学习知识、聆听信息、认知挫折、调整心态、掌握沟通技巧。

(2) 素质要求。诚心、虚心、执著、宽容。

(3) 能力要求。表达能力、沟通能力、学习能力、合作能力、组织能力。

三、操作过程

1. 确定调查对象

在教师的安排下，所在班级进行讨论，确定调查对象。主要调查当地具有代表性的企业及广告公司。调查对象要分出层次，主要是规模大、中、小的企业及广告公司。每个小组访问两个公司。

2. 确定调查内容及方式

在确定调查内容时要在全班进行讨论，选好一个同学做好记录，然后对所有同学的建议进行整理，分出类别，最后制作调查内容一览表。同学们在调查时可以根据表上的内容进行分项调查。按小组进行外出调查，教师强调注意事项。

3. 访问公司概况总结

访问调查完毕后每个小组对调查访问情况进行整理，写出所访问公司的概况、组织经营状况及拟策划项目设计征求意见有关的心得总结报告。要求有广告公司的基本资料、所访人员名片、合影留念等佐证材料。

四、参考内容

(1) 企业广告部门。①公司的规模，包括人员、注册资金、营业场所；②广告工作流程；③广告工作岗位设置；④企业广告部门和广告公司的关系；⑤公司广告工作方面目前的困境；⑥广告工作方面需要解决的问题；⑦所访广告工作人员的从业体会；⑧小组拟定的策划项目(包括调研题目)可行性商讨。

(2) 广告(策划)公司。①公司的规模，包括人员、注册资金、营业场所；②广告公司工作流程；③广告公司组织结构与岗位设置；④广告公司从事的业务；⑤广告公司目前的困境；⑥需要解决的问题；⑦所访广告工作人员的从业体会；⑧小组拟策划的项目(包括调研题目)可行性商讨。

五、提交材料

1. 总结报告

2. 佐证材料

公司基本资料(图片)介绍(包括纸质和电子)、所访人员名片、访问过程中的照片、与所访人员在公司的合影留念等佐证材料。

六、讨论汇报

讨论课中进行 PPT 汇报，其他小组参与讨论发言，教师指导建议。讨论课后提交经修改的访问公司概况总结(公司介绍、组织结构、经营制度、访问心得、拟策划项目)Word 打印版、电子版和 PPT 电子版。

七、讨论课考核标准

讨论课考核标准见表IIIA-1-1。

表IIIA-1-1　讨论课考核标准

班级名称：　　　　　　　　小组名称：　　　　　　　　讨论内容：广告公司访问调查

考核过程	考核内容			打　分	最终评价
小组考核	公司概况(20 分)		(60 分)		
	访问心得(30 分)				
	照片名片(10 分)				
个人考核	实践访问负责人姓名	按时到课(10 分)	(40 分)		
		项目准备(20 分)			
		讨论发言(10 分)			

八、评奖方法

根据各小组佐证材料及报告完成质量情况，评定优胜小组荣获“实践先锋”称号。

九、执行时间

项目实训一在第四周讨论课完成。

项目实训二

成立虚拟策划公司

一、项目任务

各小组分别成立虚拟策划公司，确定公司名称，明确岗位职责，进行项目策划准备。

二、项目目的及要求

(1) 项目目的。掌握广告策划运作流程，熟悉广告公司的内部组织结构，明确职责分工情况，由组长分配各组员角色任务，按要求进入角色。

(2) 素质要求。合作、责任、信任。

(3) 能力要求。组织能力、协调能力、管理能力、沟通能力。

三、操作过程

在学习广告策划的实践操作训练时，以六名左右同学组成一个项目小组的形式来完成。本章要求成立一个策划公司或广告公司，要求如下。

(1) 拟定广告公司名称。要求与当前已有广告公司名称不能重复，解释公司名称的由来。

(2) 明确小组人员工作职责。小组内部模拟策划公司进行分工，有总经理(全面负责，由组长担任)、业务主管(负责与真实客户的赞助费用事宜)、市场调查人员、策划人员(整个策划方案的总体设计)、广告创意人员、广告文案人员等角色人员，根据小组成员的性格特点胜任各自工作来确定相应岗位，并根据需要制作部门人员名片。

(3) 拟订策划项目名称。经上次访问广告公司后，由小组合作研讨最终确定拟策划项目名称。以后将在团队的协作下根据课程要求逐步完成分项目任务，直至最终完成整个广告策划项目。

四、讨论汇报

讨论课中进行 PPT 汇报，其他小组参与讨论发言，教师指导建议。讨论课后提交经修改的虚拟策划公司概况(公司名称、成员角色、拟策划项目名称、名片)Word 打印版、电子版和 PPT 电子版。

五、讨论课考核标准

讨论课考核标准见表ⅢA-2-1。

表ⅢA-2-1　讨论课考核标准

班级名称：　　　　　　　　　　　小组名称：　　　　　　　　　　　讨论内容：成立虚拟策划公司

考核过程	考核内容			打　分	最终评价
小组考核	公司名称(10 分)		(60 分)		
	小组角色(15 分)				
	名片特色(15 分)				
	策划项目可行性(20 分)				
个人考核	策划公司负责人姓名	按时到课(10 分)	(40 分)		
		项目准备(20 分)			
		讨论发言(10 分)			

项目实训三

调查报告的撰写

一、项目任务

各组针对自己的策划项目，进行项目前期调查，设计调查问卷，根据调研收集的数据整理成调研报告。

二、项目目的及要求

(1) 项目目的。熟悉广告调研流程，掌握广告调研内容与分析方法。
(2) 素质要求。理性、思辨、严谨、哲理。
(3) 能力要求。调研能力、逻辑能力、分析能力、概括能力、总结能力。

三、操作过程

1. 确定与策划项目有关的调查内容

在教师的指导下，对经讨论后最终确定的要进行广告策划的项目进行前期调查，设计问卷，撰写调查报告。

2. 调查实施

问卷数据收集可采用网上调查与实地调查相结合的形式，外出调查时按小组形式出行，教师强调注意事项。

3. 报告撰写

对收集的有效问卷数据进行统计分析，可采用 Excel 或 SPSS 数据分析软件撰写报告。撰写的广告调查报告为进一步编写广告策划书奠定了基础。

广告调查报告的参考提纲如下。

1. 市场分析

(1) 环境分析。
(2) 企业分析。
(3) 产品分析。
(4) 消费者分析。
(5) 竞争分析。
(6) 广告分析。

2. 存在问题

3. 对策建议

附录1：调查计划书
附录2：调查问卷

四、讨论汇报

讨论课中进行调查报告PPT汇报，其他小组参与讨论发言，教师指导建议。讨论课后提交经修改的调研报告Word打印版、电子版和PPT电子版。

五、讨论课考核标准

讨论课考核标准见表ⅢA-3-1。

表ⅢA-3-1　讨论课考核标准

班级名称：　　　　　　　　小组名称：　　　　　　　　讨论内容：调查报告

<table>
<tr><th>考核过程</th><th colspan="3">考核内容</th><th>打　分</th><th>最终评价</th></tr>
<tr><td rowspan="5">小组考核</td><td colspan="2">语言通顺(10分)</td><td rowspan="5">(60分)</td><td></td><td rowspan="8"></td></tr>
<tr><td colspan="2">格式准确(10分)</td><td></td></tr>
<tr><td colspan="2">市场分析(15分)</td><td></td></tr>
<tr><td colspan="2">存在问题(10分)</td><td></td></tr>
<tr><td colspan="2">对策建议(15分)</td><td></td></tr>
<tr><td rowspan="3">个人考核</td><td rowspan="3">调查分析
负责人姓名</td><td>按时到课(10分)</td><td rowspan="3">(40分)</td><td></td></tr>
<tr><td>项目准备(20分)</td><td></td></tr>
<tr><td>讨论发言(10分)</td><td></td></tr>
</table>

六、评奖方法

根据各小组完成的调研报告质量情况，评定优胜小组荣获“调研之星”称号。

七、执行时间

项目实训二与项目实训三在第七周讨论课完成。

项目实训四

与策划主题有关的某品牌广告文案撰写

一、项目任务

各组针对自己的策划项目，根据调研结果设计广告文案。课后各组根据教师意见修改，上传并提交广告文案。

二、项目目的及要求

(1) 项目目的。掌握广告文案的撰写，针对调研结果进行广告定位、利用广告文案表现创意。
(2) 素质要求。文学、开放、灵感、发散。
(3) 能力要求。创意能力、创新能力、写作能力、想象能力。

三、操作过程

(1) 确定与策划项目有关的某品牌广告文案的核心创意。
(2) 确定某品牌广告文案的标题、副标题、广告正文、广告口号。
(3) 确定广告文案的写作类型。

四、讨论汇报

讨论课中进行广告文案汇报，其他小组参与讨论发言，教师提出意见。讨论课后提交经修改的广告方案 Word 打印版、电子版。

五、讨论课考核标准

讨论课考核标准见表IIIA-4-1。

表IIIA-4-1　讨论课考核标准

班级名称：　　　　　　　　　　小组名称：　　　　　　　　　　讨论内容：广告文案

考核过程	考核内容		打　分	最终评价
小组考核	语言能力(10 分)	(60 分)		
	广告标题(10 分)			
	广告正文(15 分)			
	广告口号(10 分)			
	创意能力(15 分)			

续表

考核过程	考核内容			打　分	最终评价
个人考核	文案撰写 负责人姓名	按时到课(10 分)	(40 分)		
		项目准备(20 分)			
		讨论发言(10 分)			

六、评奖方法

根据各小组完成的某品牌广告文案的质量情况，评定优胜小组荣获“创意能手”称号。

七、执行时间

项目实训四在第十一周讨论课完成。

项目实训五

广告促销模拟演示

一、项目任务

在小组讨论、项目合作的基础上，采用全新的情景式体验进行小组“广告促销模拟演示”活动。

二、项目目的及要求

(1) 项目目的。能从事与项目策划产品相关的广告促销活动，掌握广告促销方案的制定与执行，能根据广告促销目标对目标顾客群体进行有针对的促销活动，从而熟悉和适应企业进行市场营销与管理相关岗位的职能和任务。

(2) 达到目的。营销自我、促销沟通、互动营销、娱乐营销、广告公关。

(3) 素质要求。合作、悟性、演技、才艺。

(4) 能力要求。合作能力、表演能力、沟通能力、创意能力、促销能力。

三、操作过程

(1) 需分析某一企业真实的产品经营和营销情景，并针对这些情景制定广告促销解决方案。这些情景可以广告独白的形式进行说明，然后在讨论课中与学生扮作的顾客互动进行角色模拟扮演，旨在训练和考核真实产品营销职业领域中众多的知识、技能和态度。

(2) 之所以选择与策划项目有关的广告促销活动，目的是通过这次促销演示，使同学们理解在现实中的广告促销并不是很容易开展的，怎样才能打动顾客，在于这次促销活动如何进行促销策划、如何分工、如何与顾客开展互动，有的放矢，诱导消费者产生购买行为。在仿真的情景模拟下，可以激发学生的好奇心，为进行后续的真实的广告策划做好铺垫，从而提高整个广告策划的能力。

(3) 具体方法。以小组为单位，进行 12 分钟与策划项目有关的广告促销活动，在讨论课现场展示，各人员明确分工，相互配合、通力合作，可以借用道具或课件、视频、声音、图像等工具，过程中可以有其他同学作为配角营造氛围用以互动。

(4) 邀请广告公司人员、课程组老师对小组进行现场点评与能力考核评价。

四、讨论演示

讨论课中进行广告促销活动现场演示，其他小组以顾客角色参与互动，教师提出意见。讨论课后提交经修改的广告促销活动方案的 Word 打印版、电子版。

五、讨论课考核标准

讨论课考核标准见表ⅢA-5-1。

表ⅢA-5-1 讨论课考核标准

班级名称：　　　　　　　　　　　小组名称：　　　　　　　　　　　讨论内容：广告促销模拟演示

考核过程	考核内容			打　分	最终评价
小组考核	促销主题(10分)		(60分)		
	促销能力(10分)				
	合作能力(15分)				
	创意能力(10分)				
	互动环节(15分)				
个人考核	广告促销负责人姓名	按时到课(10分)	(40分)		
		项目准备(20分)			
		讨论发言(10分)			

六、评奖方法

根据各小组完成的现场广告促销演示情况，评定优胜小组荣获“促销大王”称号。

七、执行时间

项目实训五在第十三周讨论课完成。

项目实训六

广告策划书撰写

一、项目任务

各组将前五次讨论内容进行串连汇总，根据广告策划书撰写内容及格式要求，撰写广告策划书。讨论课后各组根据教师意见修改，上传并提交广告策划书。

二、项目目的

(1) 通过本章项目实训，要求学生掌握广告策划流程及内容，学会撰写广告策划书。即针对调研结果能灵活运用广告定位、广告创意、广告文案、广告表现、广告媒介、广告推进、效果评估等策略。

(2) 素质要求。广博、开放、灵动、创意。

(3) 能力要求。合作能力、组织能力、沟通能力、创意能力、策划能力。

三、操作过程

汇总以下材料：

(1) 广告调查资料和广告调查报告。

(2) 广告战略决策内容资料，尤其是广告目标的内容资料。

(3) 广告策略计划及资料(包括广告定位策略、广告表现策略、广告创意策略、广告文案策略、广告媒介策略及广告推进策略等)。

(4) 经费预算及广告效果评估等内容。

四、讨论汇报

讨论课中进行广告策划书汇报，其他小组参与讨论发言，教师提出意见。讨论课后提交经修改的广告策划书 Word 打印版、电子版及 PPT 电子版。

五、讨论课考核标准

讨论课考核标准见表IIIA-6-1。

表ⅢA-6-1　讨论课考核标准

班级名称：　　　　　　小组名称：　　　　　　讨论内容：广告策划书

<table>
<tr><th>考核过程</th><th colspan="3">考核内容</th><th>打　分</th><th>最终评价</th></tr>
<tr><td rowspan="7">小组考核</td><td colspan="2">文书规范(5 分)</td><td rowspan="7">(60 分)</td><td></td><td rowspan="10"></td></tr>
<tr><td colspan="2">广告调查(10 分)</td><td></td></tr>
<tr><td colspan="2">广告目标(10 分)</td><td></td></tr>
<tr><td colspan="2">定位与表现(10 分)</td><td></td></tr>
<tr><td colspan="2">创意与文案(10 分)</td><td></td></tr>
<tr><td colspan="2">媒介与推进(10 分)</td><td></td></tr>
<tr><td colspan="2">经费预算(5 分)</td><td></td></tr>
<tr><td rowspan="3">个人考核</td><td rowspan="3">广告策划
负责人姓名</td><td>按时到课(10 分)</td><td rowspan="3">(40 分)</td><td></td></tr>
<tr><td>项目准备(20 分)</td><td></td></tr>
<tr><td>讨论发言(10 分)</td><td></td></tr>
</table>

六、评奖方法

根据各小组完成的广告策划书质量情况，评定优胜小组荣获“策划精英”称号。

七、执行时间

项目实训六在第十五周讨论课完成。

案例一

宁波天宫庄园广告策划书

前　言

天官庄园位于宁波市鄞州区下应街道湾底村，区域面积 1 600 亩，距鄞州新城区仅 3 千米。东临风景秀丽的东钱湖，西接宁波市高教园区，地理位置优越，是宁波著名的都市里的村庄。2004 年 1 月成立了宁波天官庄园休闲旅游有限公司，通过挖掘优势资源和建设新的旅游项目对湾底村乡村旅游进行有序的开发。

经过五年的建设与经营，目前天官庄园景区已建成：桑果园、深加工基地(酒厂)、酒文化公园、盆景园、科普基地、智能温室、净土寺、西江古村、村民新居、宁波市非物质文化遗产展示中心等，环区景观还有葡萄园、梨园、牡丹园、人生长廊、科普长廊、健身中心等，适合儿童、青少年活动，更有森林攀爬、烧烤垂钓等，令人流连忘返。

虽然天官庄园自身的条件在宁波当地比较理想，但是其知名度与当地的一些旅游景点比却略逊一点，其自身品牌也存在目标市场不明确、活动项目推广策划欠佳等问题。品牌营销面临着多方面的竞争压力。

本策划研究天官庄园的内外环境，找出解决问题的方法，以帮助天官庄园提高市场竞争力及市场占有率，提升品牌形象。

第一部分 市场分析

(一) 环境分析
(二) 企业分析
(三) 产品分析
(四) 消费者分析
(五) 竞争分析
(六) 广告分析
(略，见本教材 143 ~ 151 页，这里不再重复。)

第二部分 广告策略

(一) 广告目标

1. 目标表述

使天官庄园的品牌深入人心，让消费者不自觉地被吸引。通过温情的广告充分体现庄园的独特性，吸引消费者主动地关注和流连忘返，唤起消费者内心的情感需求，让天官庄园的旅游成为消费者的一种向往。

2. 完成目标的基本思路

首先，针对家庭、白领的群体可以在地方电视台新闻前后投入大量的广告，消费者接触广告的量越大则越有信服力。其次，针对情侣的广告也可以在电视台加强宣传，同时也可以投放在互联网上，因为现在的青年崇尚网络，接触网络广告的概率很大。最后，可以在大商场和人流集中地播放流动广告，效果也是有目共睹的。

(二) 目标市场

天官庄园主要的市场是在宁波市本地，抓住目标客户群体：上班族白领、有孩子的家庭和恋爱中的情侣。根据不同的客户群设计不同的广告。将广告投放到市场，在信息传播的过程中，要求传达给消费者这样的印象：①上班族白领：忙里偷闲，乐趣无限。目的是让消费者明白，在高度压力下的工作成效并不一定会有多高，懂得调剂工作、享受生活才称得上是真正的时尚白领。②有孩子的家庭：天伦之乐是可以掌握在自己手中的。目的是告诉消费者要懂得倾听孩子的心声，体会孩子的感受，孩子的快乐才是家庭真正的欢乐。③热恋的情侣：古典浪漫，享受不一样的婚礼。目的是告诉消费者美好的婚礼只有一次，爱她就要给她最特别、最具风情的婚礼，能让对方回味一生。

(三) 产品定位

据统计，截至 2007 年上半年，全宁波市有各种形式的农家乐休闲旅游业点共 198 个，竞争激烈，而天官庄园依旧占据着很大的市场份额。这与天官庄园当初正确的产品定位不无关系。近年来，由于人们生活水平的提高及乡村休闲娱乐的兴起，天官庄园通过调查研究及专家的分析，最后把发展方向定在了打造都市近郊型乡村休闲旅游区上，把整个村视作一个大景区来打造。这主要得益于他们的区位优势，目前宁波市没有可与之相比的地方。天官庄园瞄准的主要是以宁波市中层资产人群及举行婚庆的消费者为主的市场。

(四) 广告诉求

1. 美丽人生

广告的主题为浪漫的爱情，以卓越的创意、动人的形象、诱人的情趣、变换多样的艺术处理手法表达广告内容，从而使消费者产生身临其境并与之心灵对话的境界。人们有爱、情感和归属的需要，运用情调设计来揭示广告主题，进而唤起消费者潜意识里的需求。

2. 幸福温馨

广告以对幸福美满的憧憬为主题，以家庭的温馨、动人的形象来表达广告内容，从而引发消费者的感情共鸣。广告表现温暖而浪漫的家庭气氛，恰似一个美好的梦，慰抚人们寂寞的心灵，进而提出“天官庄园是您第二个家”。

(五) 广告表现

1. 广告主题策略

(1) 无论是游玩还是休闲，天官庄园都是你远离城市最好的选择。

(2) 天官庄园的游乐、休闲设施齐全，无论你是想烧烤或是一家人想远离城市的喧闹，品尝美味的农家菜，游览古镇风光，体验独特的享受，天官庄园都能满足你的要求。

2. 广告创意策划

(1) 广告创意核心内容。扩大天官庄园的宣传力度，针对特色活动进行宣传，提高庄园的品牌知名度和影响力。

(2) 广告创意说明。天官庄园的知名度并不是很高，所以我们要针对于不同的消费群体进行宣传，对家庭的宣传注重于温馨快乐，用孩子稚气的语言揭示出庄园的主题。对特殊的婚庆则采用古装婚礼的独特想法，吸引各地的新人来这里。

3. 天官庄园视频广告文案脚本

穿越结婚篇

背景：男子向女子求婚了，女子很开心，但心里总有一点点小小的遗憾，在这商业化气息严重的现代社会里想拥有个古典浪漫的婚礼怕只是一个梦了……

场景一：夕阳西下，幽静的小路上，一位女子悠悠地走着。她摸摸手上的戒指，心里想着，西式婚礼虽豪华气派，可总是缺少点什么，脸上一脸的无奈。突然间，前方亮起一片金黄的光圈，女子迷茫着不自觉地走了进去。

场景二：女子睁开眼睛，面前是一场极其隆重温馨的结婚典礼，到处是红艳艳的一片。

场景三：青石小巷子里，新娘穿着红色的凤冠霞帔，面露微笑，静静地坐在轿子里。新郎在旁边拱手向围观的群众致谢，锣鼓阵阵，唢呐声声。

场景四：一对新人在礼堂拜堂。三拜过后喝着交杯酒，周围人群阵阵喝彩声。

场景五：女子惊讶地看着面前的一幕幕，回身过去，眼前是大大的"天官庄园"招牌，不由领会道："天官庄园，古典浪漫婚礼好去处!"

温馨篇

背景：快速的时代步伐，很多人在用时间赚取了金钱的同时，渐渐丢失了很多和家人团聚的机会，钱可以再赚，而和亲人团聚的机会错过了，恐怕就难以弥补回去了。在一幢高楼里就生活着这样一群人……

镜头一：一个男性白领在办公室里忙碌着手头上的工作，来自手头上的工作和领导的指责，都让这个男子忙得焦头烂额。

背景音：此起彼伏的电话铃声和嘈杂的讨论声。

镜头二：男子下班回到家中，妻子殷切的问候、女儿天真的笑脸都无法让男子脸上有一丝的笑容，男子只顾自己走进卧室休息，整个家里显得特别的冷清。

旁白：有时候不是不想和家人快快乐乐地聚在一起，只是工作的疲惫总是让人提不起精神。

镜头三：在男子工作的案头上发现一张宣传单，上边写着"工作累了？找个时间和家人一起来天官庄园吧，这里将为您的生活注入另一种色彩!"(远处传来一位同事正抱怨着工作的繁多，并计划着周末大家要不要加班的讨论声)男子陷入沉思。

旁白：繁忙的生活中，也许需要释放一下心情。

镜头四：男子和家人出现在天官庄园，好玩的快乐城堡，新颖的采桑果活动，古色古香的西江古村……都让男子一家人玩得其乐融融，看着家人脸上的笑容，男子也露出了欣慰的笑容。

旁白："天官庄园，绿色休闲好去处。"

(六) 广告媒介

1. 对媒介策略的总体表述

针对天官庄园不同的顾客群体，设计了不同形式的广告方式，穿越结婚篇是针对网络传播的广告脚本，温馨篇是针对电视及移动的公交车、商场里的视频广告脚本。

2. 界定广告目标

(1) 针对于不同的消费群体。

(2) 电视和网络的脚本可以在全国范围内宣传天官庄园，而温馨篇则针对宁波本土的居民。

(3) 信息传播通过电视和网络覆盖全国。

3. 媒介的选择

(1) 媒介选择的依据：主要希望提高天官庄园的知名度，所以选择对消费者影响力较高的传播方式。

(2) 选用的媒介简介。

① 电视是确定广告性质的媒介。通过多种感官刺激，电视造就了今天的广告。电视为广告主提供了两个非同寻常的机会。第一，电视的多样化传播使品牌的价值得到了出色的创意表现。鲜明的色彩、流畅的动作，以及华丽的音响效果，所有这些因素都赋予品牌令人兴奋而又别具一格的色彩。第二，一旦品牌表现准备妥当，便能够以非常低的单位成本传播给百万消费者。

② 网络。网络是以地空合一的电信设施为传输渠道，以功能齐全的多媒体计算机为收发工具，依靠网络技术连接起来的复合型媒介。这种复合型媒介为人类的传播活动提供了一个崭新的平台，通过这个平台，人们可以向广大公众进行开放式的大众传播，可以从事横向和纵向的组织传播，也可以向特定的对象进行人际传播。

第三部分　公关策略

(一) 目的

最终目的是提高天官庄园知名度，最高目的是服务大众，让大家有一个放松身心的好地方。具体目的是让消费者了解天官庄园互动的活动项目，以及从活动中得到反馈，进一步了解消费者需求。

(二) 对象行为分析

(1) 对儿童群体，他们以“玩乐”为主，而他们的家长则希望通过这样的旅游让他们体会到劳动的艰辛，让他们分清五谷杂粮并能与家禽做朋友。

(2) 青年人处于人生中精力最旺盛的时期，也是最时尚的一族，他们的旅游则带有猎奇色彩。他们更期望在休闲旅游过程中获得更新鲜、更绚丽的活动内容。

(3) 中年人是最需要放松的一类群体，工作压力、家庭压力都明显高于其他群体。与劳累的旅游生活相比，他们更热衷于享受宁静、感受淳朴。简朴的农耕生活能激起他们的旅游热情。

(4) 老年人群体更是农家乐应该努力发展的对象之一。农家乐旅游的现状大都是工作日冷清、周末和节假日客流丰富；白天热闹、晚上冷清。而老年人都已经退休，所以在周一至周五应吸引老年游客。

(三) 活动策划

1. 天官庄园“九九重阳节，浓浓敬老情”游园会策划

活动目的：弘扬敬老爱老精神，提高天官庄园品牌层次，有助于开发老年人市场。

活动时间：重阳节。

活动地点：天官庄园景区内。

活动步骤：

(1) 邀请附近养老院的老人参加此活动，通知各媒体报道。

(2) 本次游园会免门票，请老人依次游览景区内各景点。并让景区内工作人员介绍景区的情况。媒体拍摄报道游园过程。

(3) 请老人一起吃重阳饭，饭菜以天官庄园里的农家饭为主，并让工作人员介绍，以此体现农家佳肴营养绿色健康的特点。

(4) 送老人回去，并赠送天官庄园旅游纪念品。

活动意义：

(1) 老年人市场是天官庄园一个新兴市场。都市老年人大都向往舒适恬静的生活环境，天官庄园正好可以以此为突破口，开发庞大的老年人市场。

(2) 在重阳节举办免费的老年人游园活动，提倡尊老敬老精神，有助于提高自身品牌形象。

2. 天官庄园“亲自参与互动，共享体验乐趣”活动策划

调查发现，对于那些参与性高的旅游景点，通过自身的参与，可以使游客更加切身地融入到自己想要玩乐的项目中，不仅可以让自己的身心得到缓解，而且可以增加许多美好的回忆。针对消费群体观念的转变，制定了此类体验系列活动。

活动目的：现代城市生活水平越来越高，生活节奏越来越快，人们难得有机会去野外放松娱乐体验别样滋味，认养果树、现场插花、手编工艺、水果采摘等活动给他们一个机会，让他们放飞心情，享乐休闲游玩的乐趣，同时增强天官庄园的知名度。

活动时间：7月初～8月末。

活动地点：宁波天官庄园内部场地。

主办单位：宁波天官庄园旅游有限公司。

承办单位：宁波市人民政府，鄞州区人民政府，湾底村支委会。

活动一：认养果树——护花(树)使者，我来当

(1) 天官庄园专门开发出大片的土地，在这一土地上种满了杨梅树、桃树、梨树等果树，在今年开春时特别向一些农庄游客推出了果树认养活动。按约定，凡在庄园内认养果树的游客，可以定期来庄园为果树施肥、浇水；到了果子成熟季节，所认养的果树上的果子则归游客所有。

(2) 在庄园开辟一块土地让游客们用来种植自己喜爱的果树及蔬菜。游客们可以在平时空闲时间前来浇灌、施肥等，或者可以选择让庄园内的员工进行管理，等到蔬菜瓜果成熟之后亲自下厨烧制享受。

活动二：现场插花——美化环境，我先来

每次游览结束，在庄园内都能找到各类各样的瓶瓶罐罐，可以重复利用这些可回收资源，由庄园提供花草优苗，供游客们进行盆栽或插花。

活动三：手编工艺品活动比赛

每周都会举办几场手编工艺品活动比赛，由师傅用稻草、麦秸、竹子演示手编草帽、竹框(篮)、手包等，开展游客手编比赛，要求在规定时间内完成一件作品。先看师傅当场演示，然后再手把手地教，待教学结束之后，进行比赛。

活动四：感受农事，体验农家乐事

(1) 安排游客进行垂钓比赛，谁钓的数量多即可获胜。

(2) 湾底村民带领有兴趣的游客们进行挖菜、锄地等活动，让那些来自城市的游客们体验农事，从中获得乐趣。

活动五：乡村婚礼体验

邀请一些打算近期结婚的情侣、刚刚结婚的年轻人、结婚很久的老年人来参赛，前提是他们对乡村婚礼感兴趣。主要是为他们举办一场与乡村有关的婚礼。主要的形式有以下两种。

(1) 古代花轿形式。主要是在庄园内的西江古村，具有古色古味的建筑，不仅让他们体验前所未有的结婚形式，同时也能回味过去的美好时光。

(2) 乡村田野形式。主要是在庄园内部的土地上举行，与城市里的婚礼不同，这个婚礼主要是在乡村的田野上享受大自然给他们的乐趣。

活动六：今天我最棒——清凉一夏，水做主

参照“今天我最强”水上竞技运动，减少难度较大的项目，普通游客只要对项目感兴趣就可以参加比赛，在炎炎夏日，体验清凉一刻。

活动七：垂钓——饕餮夏园，趣做主

组织游客进行钓鱼比赛，只要能钓到大鱼，就可以按市场价的半价买走，并免费赠送绿色环保袋。

活动八：水果采摘——自由人生，我做主

(1) 分成五组，以家庭亲子为主，遵循比赛规则，在采摘过程中不能随便浪费。在规定的时间里，进行蜜梨采摘，取前三名；

(2) 分成五组，以散客为主，自由搭配，取前三名；

(3) 分成五组，以学生为主，自由搭配，取前三名；

(4) 每组取得前三名，总共九组进行比赛，排列获奖顺序。

活动九：真人 CS 比赛——挑战自我，勇做主

挑战自我，发掘自己的潜能。组织游客们进行真人 CS 比赛，穿上迷彩服分组对战，丰富野外知识，培养团队精神。主要对象还是年轻人，分批进行比赛。

奖金设置：一等奖 1000 元；
二等奖 500 元；
三等奖 300 元。

奖品设置：一等奖 宁波天官庄园免费住宿三天，门票免费三次；
二等奖 宁波天官庄园免费住宿二天，门票免费二次；
三等奖 宁波天官庄园免费住宿一天，门票免费一次。

第四部分 广告预算

(一) 市场调研费用

本次天官庄园项目调研，调研地点为宁波天官庄园、万达广场、天一广场、高教园区，派出人员 5 人，调研实施约为 5 天，预算共为 5000 元。

(二) 广告策划费用

广告策划费用见表ⅢB-1-1。

表IIIB-1-1　广告策划费用

项　　目		规　　格	单价/万元
广告刊播费用	浙江卫视	15 秒，胶片	40
	腾讯网络	FLASH，15 秒	30
	人人网络	FLASH，15 秒	30
	移动公交	15 秒，胶片	10
广告制作费用	电视	15 秒，胶片	20
	网络视频	FLASH，15 秒	10
营销配合费用	10		
广告费总预算	150		

第五部分 效果评估

(一) 事前评估

聘请广告设计专家，测试广告设计和策划作品的主题、创意、文案等，主要测试广告作品的效果，预测广告作品的发布效果和实际效应。并对一部分目标群体进行广告投放测试。

(二) 售中评估

在广告进行投放期间，对广告投放的目标人群市场，使用民意调查法和资料统计法，进行现场评估广告效果，并用问卷或访谈获取数据资料，借以考察广告投放市场后所获得的市场知名度和占有率。

(三) 后期评估

评估媒介发布的监控和广告效果的庄园消费情况，并评估广告活动、公关活动在社会上投放后的效果，以便为以后的广告设计做铺垫。

附录 1：天官庄园调研报告(略)。

附录 2：调查问卷(略)。

(策划时间：2009 年 12 月)

(指导老师：杨佐飞，小组人员：尤巧巧、詹树平、方栋。)

案例二

享净明月山——2011年明月山主题活动策划案

前　言

明月山，国家级风景名胜区，位于中国江西宜春市，是以“奇峰险壑、温泉飞瀑、珍稀动植物和禅宗文化”为主要特色。这次策划延续明月山以往的经营理念，集观光和休闲于一体，打造“天然氧吧”明月山休闲旅游目的地。明月山的观光资源现已形成主打山、泉、林的集合，所以我们策划书的重点主要放在休闲资源的诠释和内容实践。以“享净明月山”为主题，以“周末家庭休闲游”及“穿越明月山”为主要活动，为其塑造良好的口碑，加强品牌形象，从而扩大市场。

一、旅游市场现状与竞争

(一) 旅游市场现状

中国的旅游业较长期地保持7%年均增长率，已经成为国民经济新的经济增长点，旅游业带动了相关产业和社会经济的全面发展，已经成为我国经济发展的支柱性产业之一。

(二) 旅游市场的消费特征

1. 观光型走向休闲度假型

旅游作为一种人类需求也可以按照休闲活动层次论从低向高分为娱乐、身心恢复，投入感情的参与，创造性的参与马斯洛需求理论的三个部分。旅游本质上就属于高层次的需求，本来就与自我发展和自我实现有关。按照事物的发展规律，旅游消费从质量和层次不高的观光型旅游开始，逐步趋向于有特色和个性化的休闲度假游和专项旅游。旅游者也具有更丰富的旅游经历，持有新的价值观、生活方式，对旅游消费更加灵活和独立。

2. 团队游到自助游

随着交通的便捷、私家车的普及、各种酒店等预订公司繁荣的发展，自助旅游的人越来越多。尤其大型节假日期间，旅行社报名参团人数激增，参团费用增长，自助游有充足的市场发展空间，同时弥补了传统旅行社的不足。

明月山成为中国风景名胜区自驾游示范基地

授牌仪式暨篝火晚会昨举行

2010年9月19日晚，中国风景名胜区自驾游示范基地授牌仪式暨篝火晚会在江西宜春明月山温泉风景名胜区明月广场举行。这标志着明月山正式成为继千岛湖、峨眉山等景区后的全国第五个获此殊荣的风景名胜区，同时也是江西省首个获得这一称号的景区。

图IIIB.2.1　授牌仪式现场

(资料来源：宜春新闻网，2010-09-20.)

3. 明月山的市场竞争

(1) 主要竞争对手

明月山的主要竞争对手集中在附近地区，车程2～3小时即可到达。较大的竞争对手包括：井冈山(5A级景区)、庐山、衡山。

① 井冈山：革命圣地、红色旅游名山、集革命人文景观与旖旎的自然风光为一体。

② 庐山：景区资源丰富、自然景观优美、文化底蕴深厚、景区知名度极高；

③ 衡山：中华寿岳、宗教圣地。

同等级的竞争对手包括：武功山、仙女湖(4A级景区)。

④ 武功山：高山草甸，户外休闲活动特色鲜明；对明月山的威胁：距离明月山景点较近，威胁比较大。景区组织的帐篷节会吸引走部分喜欢户外休闲活动的游客。

⑤ 仙女湖："江西千岛湖"，主推情爱文化及仙女文化，拥有众多休闲项目。对明月山的威胁：景区有众多游人参与性强，有刺激趣味的娱乐休闲项目，而景区的爱情文化对明月山爱情文化也有一点影响。

(2) 竞争分析

明月山的竞争劣势如下。

① 明月山与5A级景区相比，基础设施不够完善，影响力较小，知名度不够高，文化底蕴不够深厚，并且在观光资源的比较上也处于下风。在营销活动上，特色不够鲜明。

② 与4A级景区相比，明月山的户外休闲项目上挖掘不够深，观光资源无太大优势。

明月山的竞争优势如下。

明月山相比于其他景区，其独特的"天然氧吧"、月亮文化、一流的温泉及禅农泉月四种资源的集合是明月山独特的竞争优势所在。

二、明月山自身分析

1. 明月山景区自身分析

我们将明月山自身比喻成一个计算机系统，在对明月山进行优化之前，我们要对明月山系统自身信息有一个全面而客观的分析。

CPU：以"月亮文化"为核心概念下的营销。

主板：以"明月"主题中的爱情文化为主打。

硬盘：已形成3个小时路程的辐射圈。

内存：员工的素质和服务水平暂且达不到高级别景点的要求。

显卡：不具备多样化的消费体验。

显示器：借助"月亮文化节"，通过广告宣传形成一定的覆盖面。

2. 明月山的产品差异(竞争点)

①"天然氧吧"；②月亮文化；③一流的温泉；④禅、农、泉、月4种资源的集合。

三、消费者分析

(一) 旅游消费层次

我们按游客不同的个性特征和主导动机，可以将游客划分以下3个层次。

观光游览型：最普通、最常见的旅游活动形式；

娱乐社交型：以消遣娱乐、调剂生活、融洽感情和结交朋友为目的；

猎奇探险型：以满足特殊兴趣和爱好或寻求刺激为目的。

各类型需求分析如下。

猎奇探险需求：最高层次的旅游需求，求新和求刺激，他们喜欢有很强的参与性，通过户外探险，他们往往得到一种自我实现的心理满足。

娱乐社交需求：较高于观光游览需求的层次，希望在欣赏风景时能获得身心的放松，增进同游伙伴间的关系。

观光游览需求：所有旅游者最基本的旅游需求。

(二) 消费者的消费习惯

经对362份问卷的调查显示，旅游消费者在除去出游必须支付的各种门票及住宿费之外，参加景区的各种活动的支出最高。如果明月山景区能够提供众多的娱乐活动项目，游客在景区的支出会更多，如图ⅢB.2.2所示。

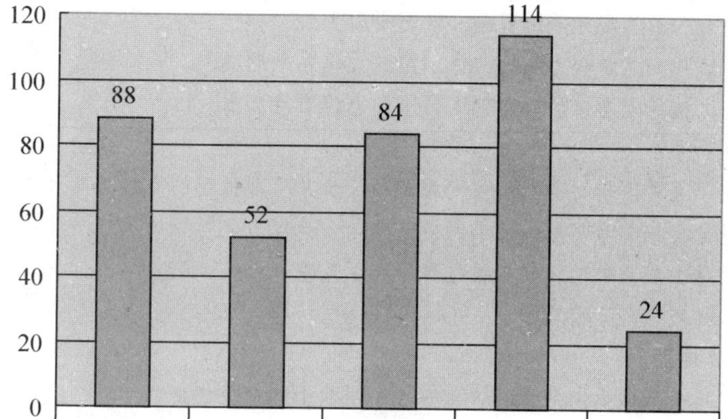

	各类门票	买纪念品	参加景区各种娱乐	食宿	其他
交通费除外的费用类别	88	52	84	114	24

图ⅢB.2.2　交通费除外的费用类别

(三) 消费者的媒介接触习惯

调查显示，互联网及亲友介绍这两种渠道分别占总渠道的30%左右，这两种渠道在消费者了解旅游地情况及出游参考的渠道中所占的比例远大于其他渠道。因此明月山景区广告的投放应侧重于网络广告，加强网络推广方面的力度。偶尔接触的旅游信息与出游参考信息对比如图ⅢB.2.3所示。

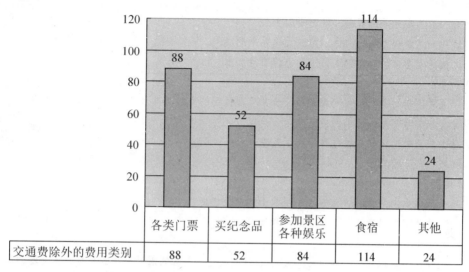

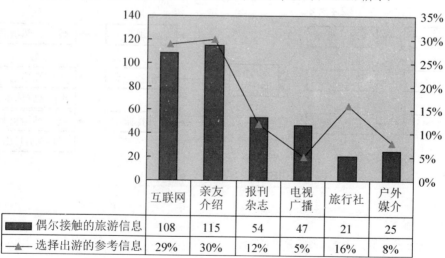

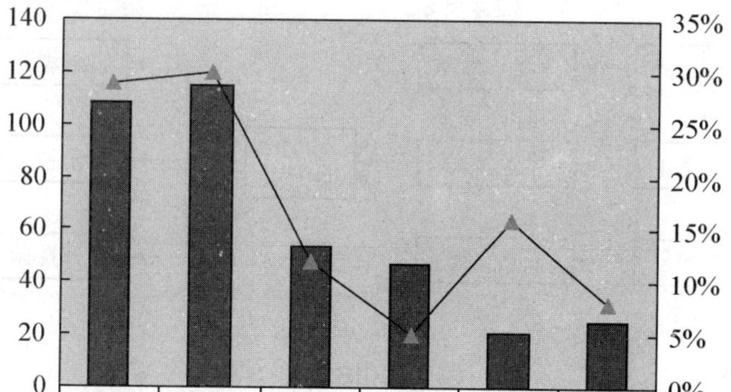

	互联网	亲友介绍	报刊杂志	电视广播	旅行社	户外媒介
偶尔接触的旅游信息	108	115	54	47	21	25
选择出游的参考信息	29%	30%	12%	5%	16%	8%

图ⅢB.2.3　偶尔接触的旅游信息与出游参考信息对比

四、明月山SWOT分析与启发

(一) SWOT分析

1. S：优势

① 拥有得天独厚的区域位置和较为完备的交通基础设施；

② 景区休闲旅游设施的不断完善；

③ 政府对明月山的大力支持；

④ 高端媒体的宣传扩大了明月山的知名度及美誉度。

2. W：劣势

① 没有一流的观光旅游资源，缺乏吸引力；

② 传统观光旅游势力强大，休闲旅游文化并未形成；

③ 景区接待能力较弱，内部人员服务意识有待加强。

3. O：机会

① 旅游消费的转型升级，休闲旅游刚起步并呈现强劲的发展势头；

② 月亮文化节为明月山带来的机遇；

③ 明月山成为中国风景名胜区自驾游示范基地；

④ 家庭自驾游日渐盛行。

4. T：威胁

① 武功山及仙女湖的休闲项目分散了明月山的部分客源；

② “山”的休闲项目远不如“泉”的自身优势。

(二) 明月山的启发点

① 明月山相比于其他景区，其“天然氧吧”、月亮文化、一流的温泉及禅农泉月四种资源的集合是明月山独特的竞争优势所在。

② 目前旅游市场消费特征逐步趋向于有特色和个性化的休闲度假游和专项旅游。

③ 结合市场趋势，让明月山以休闲资源为独特的突破口，赋予品牌和产品差异化特色，从而在激烈的市场竞争中求得发展。

(三) SWOT分析总结

SWOT分析总结如图ⅢB.2.4所示。

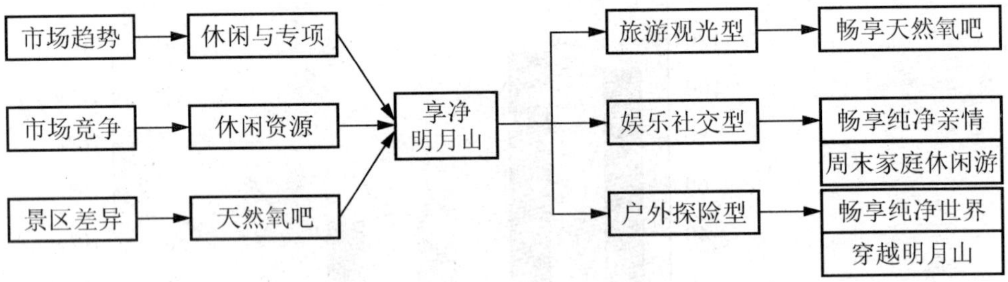

图ⅢB.2.4　SWOT分析总结

五、优化方案

(一) 主题传播方案

前期——景区产品服务改进，网络营销预热；

中期——主题营销活动宣传为主；

后期——大规模广告投放配合主题营销活动。

(二) 系统优化方案

系统优化方案如图ⅢB.2.5所示。

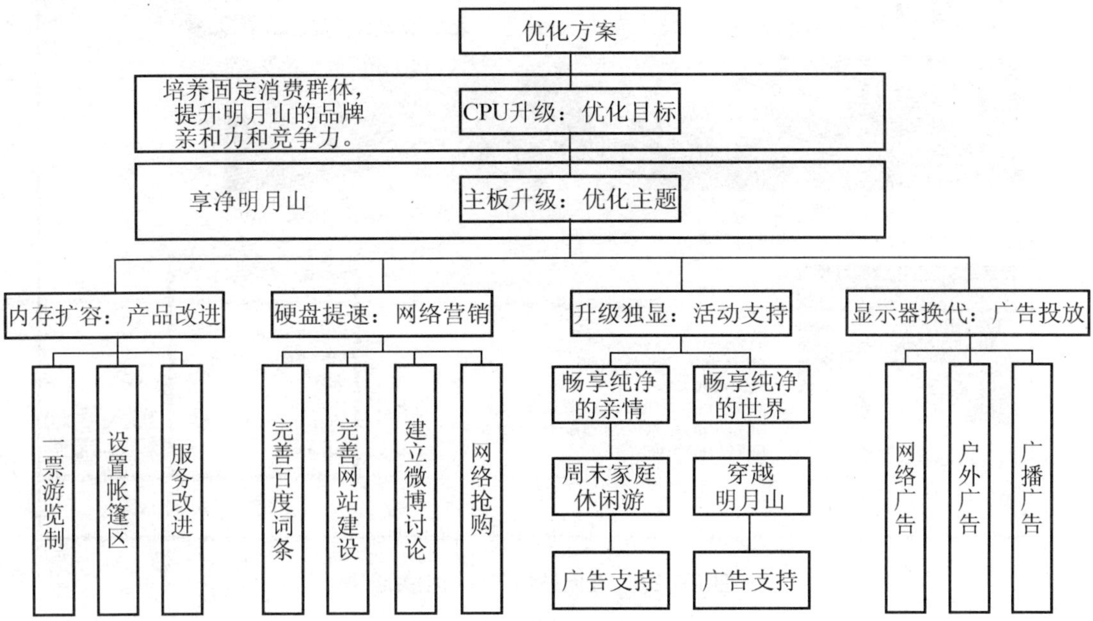

图ⅢB.2.5 系统优化方案

(三) CPU 升级：优化目标

我们优化的重点主要放在对于明月山休闲空间的诠释和内容实践上。

(1) 我们将“天然氧吧明月山”的理念融入休闲项目的打造上，变成实实在在的生活方式，一个明月山水与游客的交流空间。

(2) 我们要解决本土和邻近游客的需求，将明月山作为他们闲暇时度假首选。我们最终目的是通过广告宣传，形成统一的广告及促销策略，以“享净明月山”为主题，将“天然氧吧”的营销概念打造成明月山的核心竞争力，着重休闲旅游产品的打造，让游客到明月山享受到属于自己的一份纯净和快乐，培养固定消费群体，提升明月山的品牌亲和力与竞争力。

(四) 主板升级：享净明月山

“畅享天然氧吧”：每立方厘米 7 万多个负氧离子，35 倍于国家标准。

“畅享纯净的亲情”：抛弃所有烦恼，陪伴家人度过悠闲周末。

“畅享纯净的世界”：穿越巍峨群山，在明月的洗礼中感悟人生。

(五) 内存扩容：产品改进建议

实行一票制。整合包括景区门票、缆车、滑索、观光车及漂流等旅游项目，或者与其他景点相结合，推出一票制，培养游客对其他休闲旅游活动项目的兴趣，延长了游客游览时间。

设置营帐区。针对喜欢搭建帐篷的游客，在山顶开阔处建立营帐区，围绕营帐区设置相关设施的提供维护区，帐篷之间栽种一些灌木和观赏植物，美化环境的同时保护游客隐私。

服务改进。培训服务人员，增进员工与游客的交流，定期开展有关“优质服务先进个人”的评选，并给予一定的奖励。

长期改进。在现有户外设施的基础上，开发山顶休闲项目，推出更多的户外休闲旅游项目，在这些旅游项目设置完成之后，可以通过举办各种比赛性质的活动，以提高明月山档次及知名度。

(六) 硬盘提速：完善网络营销

完善百度词条。完善丰富百度百科词条，加入“享净明月山”的相关内容。

完善网站建设。完善明月山网站论坛建设，在网站主页添加明月山各类活动相关内容，如图ⅢB.2.6所示。

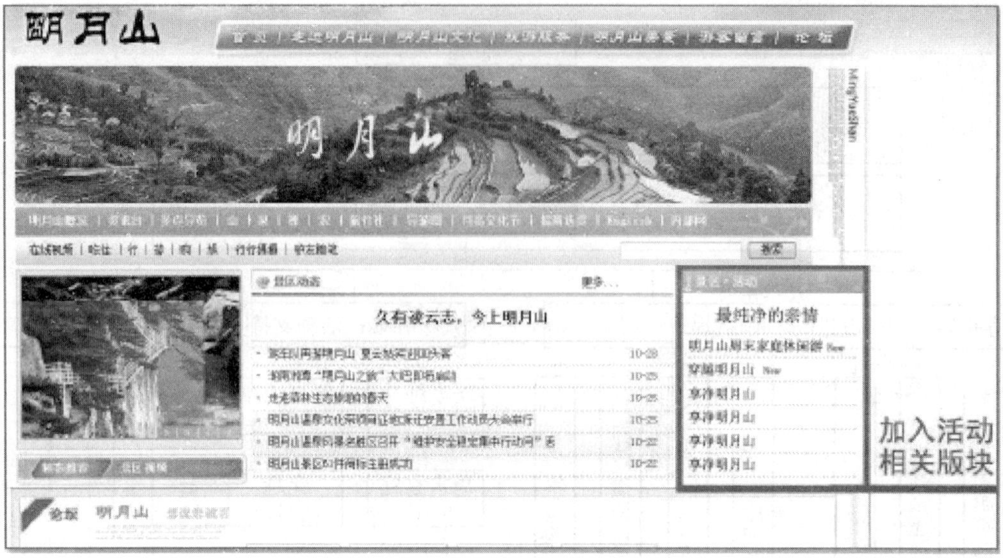

图ⅢB.2.6　在网站加入活动相关版块

微博话题讨论。建立明月山专门的微博话题讨论，吸引明月山的众多听众，将明月山的各种活动及其他有关明月山的各种信息及时传达给微博听众，接收微博听众的反馈，增加明月山与游客间的交流。

网络抢购。在产品改进完成后，可以在购物网站上设置明月山门票销售网店，以“享净温泉”为主题，发起1元秒杀明月山温泉旅游套票的活动，以低成本方式，吸引消费者的关注，提高明月山知名度，如图ⅢB.2.7所示。

图ⅢB.2.7　1元秒杀活动

(七) 升级独显：活动支持

1. 周末家庭休闲游——畅享纯净的亲情

活动目的：吸引以家庭为单位的游客前来明月山，将明月山打造成为周末家庭度假旅游目的地。

活动对象：家庭游客。

活动启动时间：2011 年 3 月 12 日(植树节)～3 月 13 日；以后每周末为活动日期。

周末休闲活动流程：

① 山下植物园中认养树木，园中可供野餐；

② 家庭成员登山；

③ 月亮湖垂钓大赛；

④ 晚上山顶篝火晚会，看日落赏明月，第二天凌晨观日出；

⑤ 游览天工开物园，一家人在共同劳作中交流情感，加深默契；

⑥ 温汤泡温泉，消除旅途疲劳。

媒介配合：

① 网络。大江网、红网。形式：网站首页通栏广告投放、旅游目的地推荐软文。

大江网、红网网旅游频道软文如下。

欢乐家庭 畅享最纯净的亲情

现代都市的喧嚣，有时让人无处可逃，商场和官场的重压让人喘不过气。期盼能有一个休闲的周末，没有任何烦恼，只有家庭，如果你也希望有个这样的周末，不妨带上一家人前来明月山。

② 报纸。江南都市报、潇湘晨报。形式：报纸广告投放、旅游目的地推荐软文(图ⅢB.2.8)。

图ⅢB.2.8 报纸广告

◆周末家庭休闲游——认养树木活动细则

树木认养详细安排：

① 景区入口处建立植物园，种上各种明月山特色花草树木，供游客认养；

② 认养程序：填写认养协议、领取认养证书、安放认养铭牌等；

③ 认养人可以获得认养树木的冠名权；

④ 认养包括普通认养及特别认养。

特别认养介绍：

“爱心林”认养——针对有小孩的家庭；

“爱情林”认养——针对新婚和已婚夫妇、未婚情侣；

“相约林”认养——针对学校或单位团体。

认养树木价格见表ⅢB-2-1。

表ⅢB-2-1 认养树木价格

类 型		价 格	回 赠
普通认养		270 元/3 年(90 元/年)	认养当日可免费 1 人门票
		400 元/5 年(80 元/年)	认养当日可免费 2 人门票
		700 元/10 年(70 元/年)	认养当日可免费 2 人门票，并赠送 1 张温泉票
特别认养	爱心林	800 元/10 年(80 元/年)	认养当日可免费 2 人门票，并赠送 1 张温泉票
	爱情林	458 元/5 年(90 元/年)	认养当日可免费 2 人门票
		800 元/10 年(80 元/年)	认养当日可免费 2 人门票，并赠送 1 张温泉票
	相约林	1518 元/20 年(76 元/年)	认养当日可免费 5 人门票

◆周末家庭休闲游——钓鱼大赛活动细则

竞速钓鱼：各家庭派出一名代表出战，以钓到鱼的时间长短决定胜负，最快者获胜。

奖励规则：第 1 名：现金 200 元；第 2 名：现金 100 元；第 3～5 名：明月山纪念品一份。

竞重钓鱼：各个家庭派出一名代表出战，以钓到鱼的重量多少决定胜负，最重者获胜。

奖励规则：第 1 名：现金 200 元；第 2 名：现金 100 元；第 3～5 名：明月山纪念品一份。

猜鱼。举办方派一位裁判捞鱼，猜对鱼的种类的家庭获胜。

奖励规则。猜对家庭奖励 100 元现金。

2. 穿越明月山——畅享纯净的世界

活动目的：吸引户外探险及户外摄影活动爱好者，增进明月山与游客间的互动，提升明月山品牌形象。

活动对象：户外活动爱好者。

活动时间：2011 年 5 月 1 日～5 月 3 日。

活动流程：

① 网站论坛活动宣传；

② 活动人员招募；

③ 活动启动仪式；

④ 参加活动人员穿越明月山并拍摄明月山优美风景；

⑤ 篝火晚会；

⑥ 活动季度末评选优秀摄影照片。

媒介配合：

网络。大江网论坛、红网论坛、极限户外论坛。形式：论坛活动专区、活动网站(图ⅢB.2.9)、户外旅游目的地推荐软文(图ⅢB.2.10)。

图ⅢB.2.9 活动网站

图ⅢB.2.10　户外旅游目的地推荐软文

◆穿越明月山活动细节

活动组织：景区招募并组织户外活动爱好者穿越明月山，活动人数控制在150～200人。

穿越线路：潭下景区—樟树下—烂泥湖—十八排—明月山乌云崖—太平山—友秀山庄—反泥塘—千丈岩—潭下景区。

活动优惠：参加活动人员免收门票，穿越活动结束之后，参与活动人员如有泡温泉需要，可凭摄影照片获得温泉酒店优惠票。

活动相关：穿越活动以一个季度为活动周期，待活动举办成熟之后，可以考虑把活动举办成徒步节形式的旅游活动盛典。

◆穿越明月山活动摄影大赛细节

活动组织：穿越明月山的同时，举办风景摄影大赛，鼓励户外爱好者来到明月山拍摄野外四季的风景、月夜及日出风景图片。

活动详情：摄影大赛以一个季度为活动周期，每季度评选出的优秀摄影图片作为景区季度户外活动宣传广告图，并给予一定奖励。

优秀评选：每个活动季度选取户外摄影爱好者拍摄的优秀图片，在下一个摄影活动季度首月10日在官网及活动网站上，公布上一季度获奖名单。

活动优惠：参加活动人员免收门票，穿越活动结束之后，参与活动人员如需要泡温泉，可凭摄影照片获得温泉酒店优惠票。

活动流程：

活动流程如图ⅢB.2.11所示。

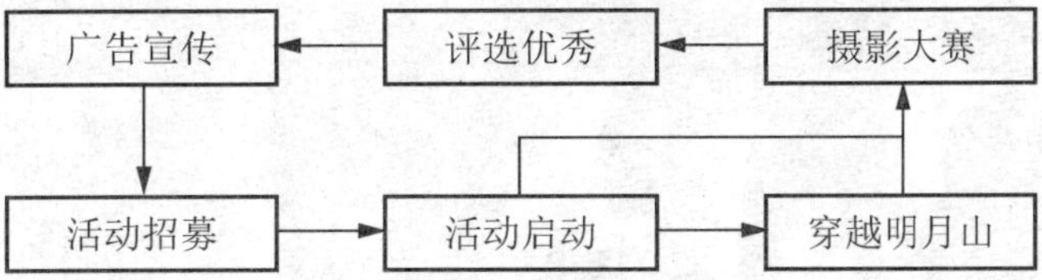

图ⅢB.2.11　活动流程

(八) 显示器换代：广告投放

1. 网络广告。大江网及红网上投放拉幕广告，如图ⅢB.2.12所示。

图ⅢB.2.12　网络广告

2. 户外广告。宜春、南昌、长沙三地投放公交车候车亭广告，如图ⅢB.2.13～2.15 所示。

图ⅢB.2.13　户外广告 1

图ⅢB.2.14　户外广告 2

图IIIB.2.15　户外广告 3

3. 广播广告。江西交通广播、湖南交通广播投放 15 秒广播广告。(广播脚本)

畅享天然氧吧篇

(森林中鸟的叫声，背景音乐压混)

男独白：来明月山吧。

这里的空气每立方厘米里有 7 万多个负离子，是国家标准的 35 倍。

(音乐渐停)明月山，畅享天然氧吧。

畅享纯净亲情篇

(欢快的音乐)

女独白：来明月山吧。

抛开所有烦恼，和家人一起度过一个悠闲的周末。

(音乐渐停)明月山，畅享纯净亲情。

畅享纯净世界篇

(悠扬的音乐)

男独白：来明月山吧。

穿越巍峨群山，在明月的洗礼中超越自己，感悟人生。

(音乐渐停)明月山，畅享纯净世界。

六、媒介投放

(一) 媒介策略

以网络投放为主，报纸、广播、户外为辅。

前期以活动宣传为主，后期以主题延续宣传为主，见表IIIB-2-2。

表IIIB-2-2　网络营销媒介策略

		网络营销	主题活动		主题延续
			家庭休闲游	穿越明月山	
时　　间		全　　年	3 月启动	5 月启动	5～10 月
媒介	网络媒体	网络营销	Banner 广告	论坛专区	软文、拉幕广告
	平面媒体		广告宣传		报纸软文
	广播广告				15 秒广告
	户外广告				公交站台广告

(二) 媒介选择

主打江西与湖南旅游市场，广告重点投放南昌及长沙市场。

报纸：选择两省影响最深的报纸，分别是《江南都市报》和《潇湘晨报》；

网络：选择两省最大的门户网站大江网与红网，以及全国最大的户外网站极限户外网；

广播：选择两省覆盖最大的交通广播，吸引自驾游游客。

户外广告：以公交候车亭广告为后期主题延续的广告媒体，公交车候车亭分布在交通、商业中心地带，视觉效果强烈，人流量、车流量大，确保广告的传播效果。各媒体特征见表ⅢB-2-3。

表ⅢB-2-3　各媒体特征

媒　　体	媒体特征
江南都市报	日发行量全省第一；千人广告成本全省倒数第一；广告影响力全省第一
潇湘晨报	发行量全省第一；湖南第一纸媒；湖南读者的首选报纸
大江网	江西网络门户网站；大江论坛为江西第一论坛；受众文化层次较高
红网	湖南第一新闻门户网站；主流人群影响力强
极限户外网	中国第一户外网站；中国最大的户外论坛；与明月山有着良好的合作
江西交通广播	江西唯一一家卫星传输、同频同步覆盖全省、24 小时播出的广播媒体
湖南交通广播	湖南最大的交通广播台

(三) 媒介排期表

媒介排期表如图ⅢB.2.16 所示。

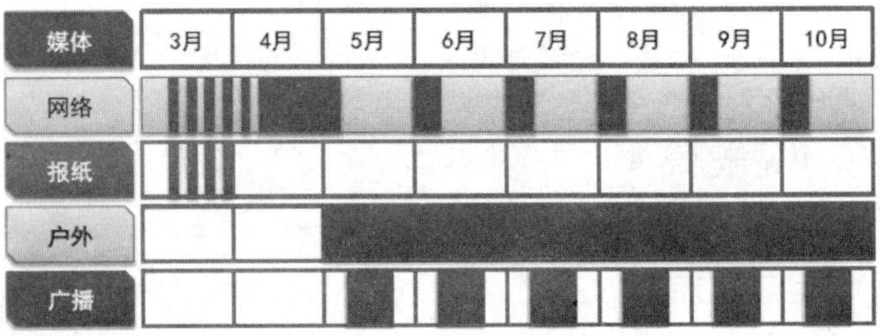

图ⅢB.2.16　媒介排期表

七、广告预算

广告预算如图ⅢB.2.17 所示。

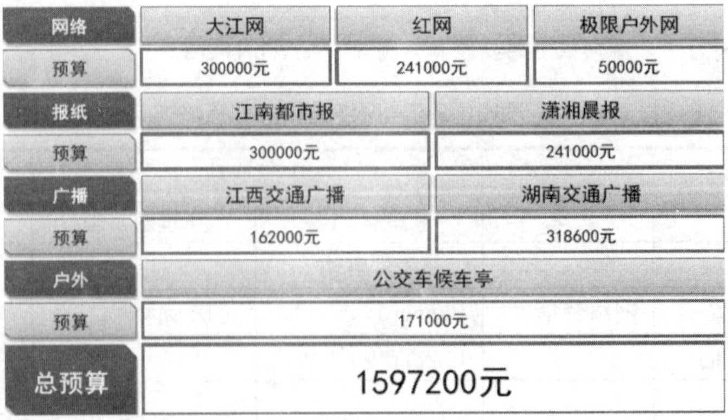
网络
大江网
红网
极限户外网
预算
300000元
241000元
50000元
报纸
江南都市报
潇湘晨报
预算
300000元
241000元
广播
江西交通广播
湖南交通广播
预算
162000元
318600元
户外
公交车候车亭
预算
171000元
总预算
1597200元

图ⅢB.2.17　广告预算

八、效果监测

监测明月山网站点击量，大江网论坛、红网论坛及极限户外论坛活动专区点击量，根据网站流量的增长情况，及时调整网络广告投放策略。

对前来景区游玩的游客，采用调查问卷法对游客进行抽样调查，了解游客获知景区活动信息的媒介及广告投放对游客的影响度。重点调查广告的可记忆性、传播性、说服性和告知性，以及目标人群对广告的知晓度，并对发现的问题及时做出调整。

附录 1：消费者明月山休闲旅游调研报告(略)。

附录 2：调查问卷(略)。

(资料来源：http://wenku.baidu.com/view/55d3dfdcad51f01dc281f1be.html.)

参考文献

[1] 乔治·贝尔奇，迈克尔·贝尔奇．广告与促销：整合营销传播视角[M]．6版．张红霞，庞隽，译．北京：中国人民大学出版社，2006.
[2] 肯尼思·E. 克洛，唐纳德·巴克．广告、促销与整合营销传播[M]．3版．冷元红，译．北京：清华大学出版社，2008.
[3] 纪华强．广告策划[M]．北京：高等教育出版社，2006.
[4] 唐先平，左太元，李昱靓．广告策划[M]．重庆：重庆大学出版社，2008.
[5] 覃彦玲．广告学[M]．成都：西南财经大学出版社，2009.
[6] 王艺．广告学[M]．广州：暨南大学出版社，2010.
[7] 王吉方．广告策划与实务[M]．北京：中国经济出版社，2009.
[8] 余明阳，陈先红．广告策划创意学[M]．3版．上海：复旦大学出版社，2007.
[9] 贺康庄，石青辉．现代广告理论与实务[M]．大连：东北财经大学出版社，2008.
[10] 陶应虎．广告理论与策划[M]．北京：清华大学出版社，2007.
[11] 崔晓文．广告学概论[M]．北京：清华大学出版社，2009.
[12] 严学军，汪涛．广告策划与管理[M]．2版．北京：高等教育出版社，2006.
[13] 吴柏林．广告策划：实务与案例[M]．北京：机械工业出版社，2010.
[14] 贾洪芳，韩鹏．广告策划[M]．北京：北京大学出版社，2010.
[15] 吴柏林．广告学原理[M]．北京：清华大学出版社，2009.
[16] 高丽华，从珩．广告策划[M]．北京：机械工业出版社，2009.
[17] 李宝元．广告学教程[M]．3版．北京：人民邮电出版社，2010.
[18] 江根源，等．广告策划[M]．杭州：浙江大学出版社，2007.
[19] 白云华，才新．广告策划[M]．北京：清华大学出版社，北京交通大学出版社，2009.
[20] 朱元双．广告理论与实务[M]．北京：对外经济贸易大学出版社，2009.
[21] 覃彦玲．广告案例精选[M]．成都：西南财经大学出版社，2009.
[22] 黄升民，段晶晶．广告策划[M]．北京：中国传媒大学出版社，2006.
[23] 陈培爱．广告策划与策划书撰写[M]．厦门：厦门大学出版社，2007.
[24] 贾丽军，肖开宁．中国艾菲奖获奖案例集[M]．北京：中国经济出版社，2010.
[25] 广告人杂志社．实战广告案例教程[M]．北京：机械工业出版社，2009.
[26] 郑新安．本土品牌梦工场：电视广告实战案例解析[M]．北京：清华大学出版社，2004.
[27] 莫凡，王成文．广告创意案例评析[M]．武汉：武汉大学出版社，2009.
[28] 戎彦，王憬晶．广告作品评析[M]．杭州：浙江大学出版社，2008.
[29] 吴粲，李林．广告策划学[M]．北京：中国人民大学出版社，2007.
[30] 赵国祥．广告策划实务[M]．北京：科学出版社，2009.
[31] 尹春兰，程桢．广告与促销[M]．北京：中国财政经济出版社，2006.
[32] 吴柏林．广告策划与策略[M]．2版．广州：广东经济出版社，2009.
[33] 黎瑞刚．现代广告运作[M]．南昌：江西科学技术出版社，1996.
[34] 屈云波．营销方法[M]．北京：企业管理出版社，2005.
[35] 万秀风，高金康．广告文案写作[M]．上海：上海财经大学出版社，2005.
[36] 刘友林．广告策划与创意[M]．北京：中国广播电视出版社，2003
[37] 丁俊杰．现代广告通论[M]．北京：中国物价出版社．1997.
[38] 徐智明，高志宏．广告策划[M]．北京：中国物价出版社．1997.

北京大学出版社本科财经管理类实用规划教材（已出版）

财务会计类

序号	书　名	标准书号	主　编	定价	序号	书　名	标准书号	主　编	定价
1	基础会计（第2版）	7-301-17478-4	李秀莲	38.00	24	财务管理理论与实务	7-301-20042-1	成　兵	40.00
2	基础会计学	7-301-19403-4	窦亚芹	33.00	25	税法与税务会计实用教程（第2版）	7-301-21422-0	张巧良	45.00
3	会计学	7-81117-533-2	马丽莹	44.00	26	财务管理理论与实务（第2版）	7-301-20407-8	张思强	42.00
4	会计学原理（第2版）	7-301-18515-5	刘爱香	30.00	27	公司理财原理与实务	7-81117-800-5	廖东声	36.00
5	会计学原理习题与实验（第2版）	7-301-19449-2	王保忠	30.00	28	审计学	7-81117-828-9	王翠琳	46.00
6	会计学原理与实务（第2版）	7-301-18653-4	周慧滨	33.00	29	审计学	7-301-20906-6	赵晓波	38.00
7	会计学原理与实务模拟实验教程	7-5038-5013-4	周慧滨	20.00	30	审计理论与实务	7-81117-955-2	宋传联	36.00
8	会计实务	7-81117-677-3	王远利	40.00	31	会计综合实训模拟教程	7-301-20730-7	章洁倩	33.00
9	高级财务会计	7-81117-545-5	程明娥	46.00	32	财务分析学	7-301-20275-3	张献英	30.00
10	高级财务会计	7-5655-0061-9	王奇杰	44.00	33	银行会计	7-301-21155-7	宗国恩	40.00
11	成本会计学	7-301-19400-3	杨尚军	38.00	34	税收筹划	7-301-21238-7	都新英	38.00
12	成本会计学	7-5655-0482-2	张红漫	30.00	35	基础会计学	7-301-16308-5	晋晓琴	39.00
13	成本会计学	7-301-20473-3	刘建中	38.00	36	公司财务管理	7-301-21423-7	胡振兴	48.00
14	管理会计	7-81117-943-9	齐殿伟	27.00	37	财务管理学实用教程（第2版）	7-301-21060-4	骆永菊	42.00
15	管理会计	7-301-21057-4	彤芳珍	36.00	38	政府与非营利组织会计	7-301-21504-3	张　丹	40.00
16	会计规范专题	7-81117-887-6	谢万健	35.00	39	预算会计	7-301-22203-4	王筱萍	32.00
17	企业财务会计模拟实习教程	7-5655-0404-4	董晓平	25.00	40	统计学实验教程	7-301-22450-2	裘雨明	24.00
18	税法与税务会计	7-81117-497-7	吕孝侠	45.00	41	基础会计实验与习题	7-301-22387-1	左　旭	30.00
19	初级财务管理	7-301-20019-3	胡淑姣	42.00	42	基础会计	7-301-23109-8	田凤彩	39.00
20	财务管理学原理与实务	7-81117-544-8	严复海	40.00	43	财务会计学	7-301-23190-6	李柏生	39.00
21	财务管理学	7-5038-4897-1	盛均全	34.00	44	会计电算化	7-301-23565-2	童　伟	49.00
22	财务管理学	7-301-21887-7	陈　玮	44.00	45	中级财务会计	7-301-23772-4	吴海燕	49.00
23	基础会计学学习指导与习题集	7-301-16309-2	裴　玉	28.00					

工商管理、市场营销、人力资源管理、服务营销类

序号	书　名	标准书号	主　编	定价	序号	书　名	标准书号	主　编	定价
1	管理学基础	7-5038-4872-8	于干千	35.00	29	市场营销学：理论、案例与实训	7-301-21165-6	袁连升	42.00
2	管理学基础学习指南与习题集	7-5038-4891-9	王　珍	26.00	30	市场营销学	7-5655-0064-0	王槐林	33.00
3	管理学	7-81117-494-6	曾　旗	44.00	31	国际市场营销学	7-301-21888-4	董　飞	45.00
4	管理学	7-301-21167-0	陈文汉	35.00	32	市场营销学（第2版）	7-301-19855-1	陈　阳	45.00
5	管理学	7-301-17452-4	王慧娟	42.00	33	市场营销学	7-301-21166-3	杨　楠	40.00
6	管理学原理	7-5655-0078-7	尹少华	42.00	34	国际市场营销学	7-5038-5021-9	范应仁	38.00
7	管理学原理与实务（第2版）	7-301-18536-0	陈嘉莉	42.00	35	现代市场营销学	7-81117-599-8	邓德胜	40.00
8	管理学实用教程	7-5655-0063-3	邵喜武	37.00	36	市场营销学新论	7-5038-4879-7	郑玉香	40.00
9	管理学实用教程	7-301-21059-8	高爱霞	42.00	37	市场营销理论与实务（第2版）	7-301-20628-7	那　薇	40.00
10	管理学实用教程	7-301-22218-8	张润兴	43.00	38	市场营销学实用教程	7-5655-0081-7	李晨耘	40.00
11	通用管理知识概论	7-5038-4997-8	王丽平	36.00	39	市场营销学	7-81117-676-6	戴秀英	32.00
12	管理学原理	7-301-21178-6	雷金荣	39.00	40	消费者行为学	7-81117-824-1	甘瑁琴	35.00
13	管理运筹学（第2版）	7-301-19351-8	关文忠	39.00	41	商务谈判（第2版）	7-301-20048-3	郭秀君	49.00
14	统计学原理	7-301-21061-1	韩　宇	38.00	42	商务谈判实用教程	7-81117-597-4	陈建明	24.00
15	统计学原理	7-5038-4888-9	刘晓利	28.00	43	消费者行为学	7-5655-0057-2	肖　立	37.00
16	统计学	7-5038-4898-8	曲　岩	42.00	44	客户关系管理实务	7-301-09956-8	周贺来	44.00
17	应用统计学（第2版）	7-301-19295-5	王淑芬	48.00	45	公共关系学	7-5038-5022-6	于朝晖	40.00
18	统计学原理与实务	7-5655-0505-8	徐静霞	40.00	46	非营利组织	7-301-20726-0	王智慧	33.00
19	管理定量分析方法	7-301-13552-5	赵光华	28.00	47	公共关系理论与实务	7-5038-4889-6	王　玫	32.00
20	新编市场营销学	7-81117-972-9	刘丽霞	30.00	48	公共关系学实用教程	7-81117-660-5	周　华	35.00
21	公共关系理论与实务	7-5655-0155-5	李泓欣	45.00	49	跨文化管理	7-301-20027-8	晏　雄	35.00
22	质量管理	7-5655-0069-5	陈国华	36.00	50	企业战略管理	7-5655-0370-2	代海涛	36.00
23	企业文化理论与实务	7-81117-663-6	王水嫩	30.00	51	员工招聘	7-301-20089-6	王　挺	30.00
24	企业战略管理	7-81117-801-2	陈英梅	34.00	52	服务营销理论与实务	7-81117-826-5	杨丽华	39.00
25	企业战略管理实用教程	7-81117-853-1	刘松先	35.00	53	服务企业经营管理学	7-5038-4890-2	于干千	36.00
26	产品与品牌管理	7-81117-492-2	胡　梅	35.00	54	服务营销	7-301-15834-0	周　明	40.00
27	东方哲学与企业文化	7-5655-0433-4	刘峰涛	34.00	55	运营管理	7-5038-4878-0	冯根尧	35.00
28	市场营销学	7-301-21056-7	马慧敏	42.00	56	生产运作管理（第2版）	7-301-18934-4	李全喜	48.00

序号	书　名	标准书号	主　编	定价	序号	书　名	标准书号	主　编	定价
57	运作管理	7-5655-0472-3	周建亨	25.00	74	公共关系学实用教程	7-301-17472-2	任焕琴	42.00
58	组织行为学	7-5038-5014-1	安世民	33.00	75	现场管理	7-301-21528-9	陈国华	38.00
59	组织设计与发展	7-301-23385-6	李春波	36.00	76	现代企业管理理论与应用（第2版）	7-301-21603-3	邸彦彪	38.00
60	组织行为学实用教程	7-301-20466-5	冀 鸿	32.00	77	服务营销	7-301-21889-1	熊 凯	45.00
61	现代组织理论	7-5655-0077-0	岳 澎	32.00	78	企业经营ERP沙盘应用教程	7-301-20728-4	董红杰	32.00
62	人力资源管理（第2版）	7-301-19098-2	颜爱民	60.00	79	项目管理	7-301-21448-0	程 敏	39.00
63	人力资源管理经济分析	7-301-16084-8	颜爱民	38.00	80	公司治理学	7-301-22568-4	蔡 锐	35.00
64	人力资源管理原理与实务	7-81117-496-0	邹 华	32.00	81	管理学原理	7-301-22980-4	陈 阳	48.00
65	人力资源管理实用教程（第2版）	7-301-20281-4	吴宝华	45.00	82	管理学	7-301-23023-7	申文青	40.00
66	人力资源管理：理论、实务与艺术	7-5655-0193-7	李长江	48.00	83	人力资源管理实验教程	7-301-23078-7	畅铁民	40.00
67	政府与非营利组织会计	7-301-21504-3	张 丹	40.00	84	社交礼仪	7-301-23418-1	李 霞	29.00
68	会展服务管理	7-301-16661-1	许传宏	36.00	85	营销策划	7-301-23204-0	杨 楠	42.00
69	现代服务业管理原理、方法与案例	7-301-17817-1	马 勇	49.00	86	企业战略管理	7-301-23419-8	顾 桥	46.00
70	服务性企业战略管理	7-301-20043-8	黄其新	28.00	87	兼并与收购	7-301-22567-7	陶启智	32.00
71	服务型政府管理概论	7-301-20099-5	于干千	32.00	88	统计学（第2版）	7-301-23854-7	阮红伟	35.00
72	新编现代企业管理	7-301-21121-2	姚丽娜	48.00	89	广告策划与管理：原理、案例与项目实训	7-301-23827-1	杨佐飞	48.00
73	创业学	7-301-15915-6	刘沁玲	38.00					

经济、国贸、金融类

序号	书　名	标准书号	主　编	定价	序号	书　名	标准书号	主　编	定价
1	宏观经济学原理与实务（第2版）	7-301-18787-6	崔东红	57.00	23	财政学	7-5038-4965-7	盖 锐	34.00
2	宏观经济学（第2版）	7-301-19038-8	蹇令香	39.00	24	保险学原理与实务	7-5038-4871-1	曹时军	37.00
3	微观经济学原理与实务	7-81117-818-0	崔东红	48.00	25	东南亚南亚商务环境概论	7-81117-956-9	韩 越	38.00
4	微观经济学	7-81117-568-4	梁瑞华	35.00	26	证券投资学	7-301-19967-1	陈汉平	45.00
5	西方经济学实用教程	7-5038-4886-5	陈孝胜	40.00	27	证券投资学	7-301-21236-3	王 毅	45.00
6	西方经济学实用教程	7-5655-0302-3	杨仁发	49.00	28	货币银行学	7-301-15062-7	杜小伟	38.00
7	西方经济学	7-81117-851-7	于丽敏	40.00	29	货币银行学	7-301-21345-2	李 冰	42.00
8	现代经济学基础	7-81117-549-3	张士军	25.00	30	国际结算（第2版）	7-301-17420-3	张晓芬	35.00
9	国际经济学	7-81117-594-3	吴红梅	39.00	31	国际结算	7-301-21092-5	张 慧	42.00
10	发展经济学	7-81117-674-2	赵邦宏	48.00	32	金融风险管理	7-301-20090-2	朱淑珍	38.00
11	管理经济学	7-81117-536-3	姜保雨	34.00	33	金融工程学	7-301-18273-4	李淑锦	30.00
12	计量经济学	7-5038-3915-3	刘艳春	28.00	34	国际贸易理论、政策与案例分析	7-301-20978-3	冯 跃	42.00
13	外贸函电（第2版）	7-301-18786-9	王 妍	30.00	35	金融工程学理论与实务（第2版）	7-301-21280-6	谭春枝	42.00
14	国际贸易理论与实务（第2版）	7-301-18798-2	缪东玲	54.00	36	金融学理论与实务	7-5655-0405-1	战玉峰	42.00
15	国际贸易（第2版）	7-301-19404-1	朱廷珺	45.00	37	国际金融实用教程	7-81117-593-6	周 影	32.00
16	国际贸易实务（第2版）	7-301-20486-3	夏合群	45.00	38	跨国公司经营与管理（第2版）	7-301-21333-9	冯雷鸣	35.00
17	国际贸易结算及其单证实务	7-5655-0268-2	卓乃坚	35.00	39	国际金融	7-5038-4893-3	韩博印	30.00
18	政治经济学原理与实务（第2版）	7-301-22204-1	沈爱华	31.00	40	国际商务函电	7-301-22388-8	金泽虎	35.00
19	国际商务	7-5655-0093-0	安占然	30.00	41	国际金融	7-301-23351-6	宋树民	48.00
20	国际贸易实务	7-301-20919-6	张 肃	28.00	42	国际贸易实训教程	7-301-23730-4	王 茜	28.00
21	国际贸易规则与进出口业务操作实务（第2版）	7-301-19384-6	李 平	54.00	43	财政学	7-301-23814-1	何育静	45.00
22	金融市场学	7-81117-595-0	黄解宇	24.00	44	保险学	7-301-23819-6	李春蓉	41.00

法律类

序号	书　名	标准书号	主　编	定价	序号	书　名	标准书号	主　编	定价
1	经济法原理与实务(第2版)	7-301-21527-2	杨士富	39.00	5	劳动法和社会保障法（第2版）	7-301-21206-6	李 瑞	38.00
2	经济法实用教程	7-81117-547-9	陈亚平	44.00	6	金融法学理论与实务	7-81117-958-3	战玉锋	34.00
3	国际商法理论与实务	7-81117-852-4	杨士富	38.00	7	国际商法	7-301-20071-1	丁孟春	37.00
4	商法总论	7-5038-4887-2	任先行	40.00	8	商法学	7-301-21478-7	周龙杰	43.00

相关教学资源如电子课件、电子教材、习题答案等可以登录 www.pup6.com 下载或在线阅读。

扑六知识网(www.pup6.com)有海量的相关教学资源和电子教材供阅读及下载(包括北京大学出版社第六事业部的相关资源)，同时欢迎您将教学课件、视频、教案、素材、习题、试卷、辅导材料、课改成果、设计作品、论文等教学资源上传到 pup6.com，与全国高校师生分享您的教学成就与经验，并可自由设定价格，知识也能创造财富。具体情况请登录网站查询。

如您需要免费纸质样书用于教学，欢迎登录第六事业部门户网(www.pup6.com)填表申请，并欢迎在线登记选题以到北京大学出版社来出版您的大作，也可下载相关表格填写后发到我们的邮箱，我们将及时与您取得联系并做好全方位的服务。

扑六知识网将打造成全国最大的教育资源共享平台，欢迎您的加入——让知识有价值，让教学无界限，让学习更轻松。联系方式：010-62750667，wangxc02@163.com，lihu80@163.com，欢迎来电来信。